U0785858

中国年鉴精品工程
High Quality Project of China's Yearbook

赤峰年鉴

2023 CHIFENG YEARBOOK

赤峰市档案史志馆 编

方志出版社
Publishing House of Local Records

图书在版编目（CIP）数据

赤峰年鉴. 2023 / 赤峰市档案史志馆编.—北京：方志出版社，2023.12
ISBN 978-7-5144-6159-6

Ⅰ. ①赤… Ⅱ. ①赤… Ⅲ. ①赤峰—2023—年鉴Ⅳ. ①Z522.63

中国国家版本馆CIP数据核字（2023）第253108号

责任编辑：张　颢
责任校对：张玉霞
责任印制：梅中英
出 版 者：方志出版社
地　　址：北京市朝阳区潘家园东里 9 号（国家方志馆4层）
邮　　编：100021
网　　址：http://www.zgfzcb.cn
发　　行：方志出版社图书营销中心（010-67110500）
印　　刷：赤峰彩世印刷有限责任公司
开　　本：889毫米 × 1194毫米 1/16
印　　张：31.75
字　　数：1082千字
版　　次：2023年12月第1版
印　　次：2023年12月第1次印刷
定　　价：300.00元

· 版权所有 侵权必究 ·

（如有印装质量问题，请与我社图书营销中心联系）

《赤峰年鉴》编纂委员会

主　　任　孟晓冰

副 主 任　徐立军　韩耀新　吕雪生

委　　员　姚金鹏　张志刚　王文龙　鲍云东　周春军

　　　　　高　健　樊洪华　张柏春　刘晓东　王建军

　　　　　王晨飞　仪修泉　孟庆辉

《赤峰年鉴（2023）》编辑部

主　　任　吕雪生

副 主 任　刘绍林　汪志红　白云玲

主　　编　袁洪军

编　　辑　孙美丰　王　慧　王江南　李俊鹏

校　　对　李俊鹏　王江南　王　慧　孙美丰　王　冉

索引制作　纪铁男

序

国务院办公厅2015年8月印发的《全国地方志事业发展规划纲要（2015—2020年）》（以下简称《规划纲要》）要求，到2020年要做到地方综合年鉴一年一鉴，公开出版，实现省、市、县三级综合年鉴全覆盖。《规划纲要》还要求，坚持存真求实，正确处理质量与进度的关系，将精品意识贯穿于年鉴编纂出版工作全过程。2015年12月，中国地方志指导小组办公室启动中国年鉴精品工程，将其与先期实施的中国志书精品工程视为姊妹工程，一道作为加强地方志质量建设的重要抓手。

实施中国年鉴精品工程有助于推动中华优秀传统文化传承发展。近年来，在党中央、国务院的高度重视和关心支持下，全国地方志事业发展迎来最好的发展时期。年鉴编纂发端于欧洲，鸦片战争后被引入我国，在我国走过了100多年的发展历史。在长期的编纂中，年鉴在内容和形式上不断发展，逐渐演变成为适合反映中国国情、具有鲜明中国特色的一种文化载体，并在改革开放后出现了快速发展的局面。2006年5月，国务院《地方志工作条例》颁布施行，明确将地方综合年鉴纳入地方志工作范畴，年鉴工作走上了有法可依的轨道。《规划纲要》出台，为从依法编鉴转变到依法治鉴指明了方向。2016年12月，中国地方志指导小组印发《全国年鉴事业发展规划（2016—2020年）》，更进一步明确了到2020年全国年鉴事业的任务书、时间表、路线图。经过多年的发展，年鉴工作已经成为地方志工作的重要组成部分，成为中华民族优秀文化传统的有机组成部分，其存史、育人、资政作用日益彰显。实施中国年鉴精品工程，是年鉴工作者紧扣时代脉搏、坚持创新发展的一项重要举措，对于坚定文化自信，传承弘扬好中华优秀传统文化意义重大。

实施中国年鉴精品工程有助于为全面建成小康社会提供更多智力支持和历史借鉴。党的十八大作出全面建成小康社会的战略部署。党的十八届五中全会提出到2020年如期实现全面建成小康社会的目标要求。完成《规划纲要》确定的目标任务是年鉴工作者的神圣使命，更是年鉴工作者以自身力量为全面建成小康社会献上的厚礼。一方面，可以更好地利用年鉴这种年度资料性文献，及时记录各地区在全面建成小康社会伟大征程中每年取得的新成绩和新经验、出现的新情况和新问题、涌现的优秀人物和典型事迹等；另一方面，可以更好地积累地情、国情资料，为推动经济社会发展和深化改革提供智力支持，为推进国家治理体系和治理能力现代化提供历史借鉴。

实施中国年鉴精品工程有助于全面推进地方志事业转型升级。地方志不是单纯修志编鉴工作，而是全体方志人“修志问道，以启未来”的一项事业，这项事业包含着巨大的时代担当与使命追求。地方志工作要在“五大建设”总体布局和“四个全面”战略布局中发挥与其自身价值、功能相匹配的作用，就要因时而谋、乘势而上、顺势而为，全面推进地方志事业转型升级。转型升级，当下最重要的目标就是完成“两全”目标，包括“年鉴全覆盖”目标；长远的目标就是基本形成地方志编修体系、理论研究和学科建设体系、质量保障体系、资源开发利用体系、工作保障体系“五位一体”的地方志事业发展综合体系，包括“五位一体”的年鉴事业发展综合体系。中国年鉴精品工程是一项探索工程，也是一项创新工程，是推进地方志事业转型升级的重要内容。通过实施中国年鉴精品工程，不仅有助于确保年鉴质量，不断编纂出版具有鲜明时代特征、年度特点和地域特色的精品年鉴，也有助于推动年鉴工作适应经济社会发展形势和时代需要，不断改革创新，与时俱进。

多年来，在中国地方志指导小组办公室的指导和全国各级地方志工作机构的共同努力下，年鉴种类数量快速增长，年鉴成果粲然可观，为实施中国年鉴精品工程奠定了坚实的基础。实施中国年鉴精品工程，就是要在全国地方志系统起到示范作用，进一步培育精品意识，打造精品年鉴，以点带面，在提高年鉴质量方面探索出一条切实可行之路，使这项探索工程和创新工程能够积累经验，发挥引领作用。

“万山磅礴，必有主峰；龙衮九章，但挈一领。”实施中国年鉴精品工程，是筑牢地方志事业特别是年鉴事业发展根基之举，其意义与价值不言而喻。但编修出年鉴精品佳作，绝非朝夕之功，需要付出长期艰辛的努力。希望通过实施中国年鉴精品工程，能够进一步推进年鉴质量建设，使年鉴真正成为传承中华民族优秀传统文化的重要载体，成为展示中国国情、地情的重要窗口，成为“为当代提供资政辅治之参考、为后世留下堪存堪鉴之记述”的资源宝库，在全面建成小康社会过程中作出更大贡献。

是为序。

中国社会科学院原副院长
原中国地方志指导小组常务副组长 李培林

编辑说明

一、《赤峰年鉴（2023）》以马克思列宁主义、毛泽东思想、邓小平理论、“三个代表”重要思想、科学发展观、习近平新时代中国特色社会主义思想为指导，坚持辩证唯物主义和历史唯物主义的立场、观点和方法，以铸牢中华民族共同体意识为主线，系统记述2022年赤峰市政治、经济、文化、社会和生态建设基本情况和发展情况，旨在为各界人士了解赤峰提供基本信息、为宣传赤峰提供基本资料、为研究赤峰提供基本素材。

二、《赤峰年鉴》是由赤峰市档案史志馆编纂的年度资料性文献。创刊于1996年，本卷为第29卷。

三、《赤峰年鉴（2023）》记述起讫时间原则上为2022年1月1日至2022年12月31日。为突出年鉴的时效性，卷首专题图片中的部分图片、附录中的“政府工作报告”选用了2023年资料。

四、《赤峰年鉴（2023）》新设区域发展、开放合作类目，对部分分目也做了调整，突出地方特色和时代特征。

五、《赤峰年鉴（2023）》设特载、大事记、市情概览、中共赤峰市委员会、赤峰市人民代表大会、赤峰市人民政府、政协赤峰市委员会、中共赤峰市纪律检查委员会 赤峰市监察委员会、民主党派·工商联、人民团体、法治、军事、经济管理、开放合作、农牧业、工业、建筑业、商贸服务业、金融业、旅游业、房地产业、交通·水利、邮政 快递·通信、城市建设、乡村振兴、区域发展、生态环境、科学技术、教育、文化、卫生健康、体育、社会生活、应急管理、旗（县、区）概况、人物·荣誉、附录37个部分。体例为条目体，分为类目、分目、条目，以条目为基本记述层次。部分交叉和相关内容采用参见法。个别地方设“链接”，收录相关资料，以扩展条目内容的信息量。全书收录条目1572条、表格73份、图片227幅。

六、《赤峰年鉴（2023）》主要内容经编纂委员会研究确定，资料由市各部门单位和旗（县、区）委指定专人撰写并经主管领导审核。图片资料由各供稿单位、赤峰日报社及赤峰市摄影家协会提供。

七、《赤峰年鉴（2023）》中所用数字，由于统计来源、口径、方式、时间不同可能有差异，引用时请以统计部门数据为准。数字用法、标点符号用法分别采用国家标准《出版物上数字用法》（GB/T 15835—2011）、《标点符号用法》（GB/T 15834—2011），计量单位采用国家技术监督局1993年12月发布的《量和单位》系列国家标准。附录收录的文献及统计资料未作变动。

八、《赤峰年鉴（2023）》的检索方法有目录和索引两种，索引编制主题索引和表格索引。

赤峰名片

- 全球环境500佳
- 全球重要农业文化遗产地
- 世界小米之乡
- 中国有色金属之乡
- 中国优秀旅游城市
- 中国天鹅之乡
- 中国北沙参桔梗之乡
- 中国牛羊肉食品之都
- 中国温泉之乡
- 中国草都
- 中国格斯尔之乡
- 国家卫生城市
- 国家森林城市
- 国家园林城市
- 全国双拥模范城
- 全国科技进步先进市
- 全国林业生态建设先进市
- 全国防沙治沙先进单位
- 全国社会治安综合治理优秀单位
- 蒙东承接产业转移示范区

数字赤峰 2022

◆ 土地面积90021平方千米
◆ 森林面积303.67万公顷
◆ 草原面积266.16万公顷

◆ 户籍总人口453.51万人
◆ 常住总人口400.1万人
　　蒙古族总人口98.56万人

◆ 地区生产总值2148.4亿元
◆ 第一产业增加值450.4亿元
　　粮食总产量656万吨
　　十二月末家畜存栏1276.89万头只
◆ 第二产业增加值723.4亿元
　　规模以上工业企业360家
◆ 第三产业增加值974.6亿元
　　国内旅游收入202.17亿元
　　公路旅客运输总量454.6万人
　　铁路旅客运输总量111.3万人

◆ 一般公共预算收入113.9亿元
◆ 社会消费品零售总额611.6亿元
◆ 外贸进出口总额154.2亿元

◆ 居民人均可支配收入27406元
◆ 居民人均生活消费性支出17082元

◆ 城镇常住居民人均可支配收入39416元
◆ 城镇新增就业人数3.02万人

◆ 农村牧区居民人均可支配收入16547元
◆ 农村居民最低生活保障人数31.85万人

◆ 普通高等学校5所
◆ 中等职业学校29所
◆ 普通高中44所

◆ 公共图书馆14个

◆ 医疗卫生机构4823个
◆ 医疗卫生机构床位32214个
◆ 医疗卫生技术人员35970人

◆ 期末金融机构人民币存款余额3258.8亿元
◆ 期末金融机构人民币贷款余额2589.4亿元
◆ 住户储蓄存款余额2642.3亿元

非凡十年·赤峰新跨越

2013—2022年，新时代伟大变革的十年。

从参加十三届全国人大历次会议内蒙古代表团审议时同赤峰代表交流，到2019年7月亲临赤峰考察并作出一系列重要指示，再到对赤峰具体工作作出重要批示，习近平总书记对赤峰的关怀令干部群众备受鼓舞。行进在中华民族伟大复兴的道路上，400万赤峰各族人民牢记嘱托，踔厉奋发，勇毅前行，像石榴籽一样紧紧抱在一起，大力弘扬“蒙古马精神”和“三北精神”，坚定不移走生态优先、绿色发展为导向的高质量发展新路子。

在9万平方千米的赤峰大地上，新时代这十年击鼓催征，创造了彪炳史册的人间奇迹，百姓收入更高，精神文化生活更丰富，绿水青山更美丽，群众就医办事入学更便捷，人民群众的获得感成色更足、幸福感更可持续……新时代中国特色社会主义在赤峰大地上呈现出蓬勃生机，实现历史新跨越。

党的十八大以来，赤峰市实现跨越式发展，中心城区建设再上新台阶。图为赤峰市中心城区锡伯河两岸（2022年）（市文旅局 供图）

弘扬少数民族传统文化，促进民族团结进步。图为少数民族文化展示（2015年）　　（赤峰日报社　供图）

民族团结

党的十八大以来，赤峰市准确把握和贯彻习近平总书记关于加强和改进民族工作的重要思想，落实中央民族工作会议精神，紧扣铸牢中华民族共同体意识工作主线，围绕完成“五大任务”和全方位建设“模范自治区”两件大事，以争创全国民族团结进步示范市为抓手，推动全市民族工作高质量发展。

全市建立以实体化、网络化为载体的铸牢中华民族共同体意识宣教体系；建立以理论研究、实践转化、人才培育、宣传宣讲、交流合作为主要内容的铸牢中华民族共同体意识理论研究体系。建成铸牢中华民族共同体意识主题公园等31个，全面推进中华民族共有精神家园建设。

1 2021年5月27日，松山区临潢家园社区开展“民族团结一家亲　同心共筑中国梦”主题宣传月活动（赤峰日报社　供图）

2 松山区铸牢中华民族共同体意识主题公园石榴籽妙喻雕像（2023年）（孙美丰　摄）

3 松山区铸牢中华民族共同体意识主题公园（2023 年）（孙美丰　摄）

4 2020年10月，赤峰市举办“加强民族团结进步教育　铸牢中华民族共同体意识”主题党日活动（赤峰日报社　供图）

5 赤峰市中小学校将民族团结意识内化于心、外化于行。图为赤峰市蒙古族小学开展“铸牢中华民族共同体意识”主题课间活动（2014年）（赤峰日报社　供图）

6 2019年9月11日，红山区哈达街道举办庆祝中华人民共和国成立70周年“民族团结一家亲　守望相助颂祖国”文艺汇演（赤峰日报社　供图）

7 2019年9月23日，阿鲁科尔沁旗举办第二届“农民丰收节”暨首届“民族团结杯”农牧民运动会。图为开幕式文艺演出（赤峰日报社　供图）

“加强民族团结进步教育 铸牢中华民族共同体意识”
主题党日活动

热烈庆祝中华人民共和国成立70周年
民族团结一家亲
守望相助颂祖国
1949-2019
建国70周年

阿鲁科尔沁旗第二届“农民丰收节”暨

守望相助
民族团结一家亲 同心共筑中国梦
主题万人签名活动启动仪式
团结奋斗

1 2
3

1 2019年9月27日，赤峰市举行“民族团结一家亲　同心共筑中国梦”主题万人签名活动启动仪式　（市民委　供图）

2 2020年8月25—29日，赤峰市举办少数民族参观团观摩活动　（市民委　供图）

3 2018年11月12日，赤峰市召开第八次民族团结进步表彰大会　（赤峰日报社　供图）

绿色发展

赤峰地处蒙冀辽三省区交界，地理位置十分重要，其生态建设与环境保护关系到华北、东北地区的生态安全；众多的人口、欠发达的市情决定着赤峰市面临着迫切的发展需求。正确把握绿水青山与金山银山之间的辩证关系，坚定不移走以生态优先、绿色发展为导向的高质量发展新路子既是必然要求，更是必然选择。

赤峰市坚持山水林田湖草沙系统治理，实施天然林、草原保护工程，开展大规模国土绿化行动，全市森林覆盖率和草原植被盖度分别达到35.8%和62.6%。三大产业立足资源禀赋、发展条件、比较优势等实际，紧紧抓住产业发展这个“牛鼻子”，推动经济发展由资源依赖型向创新驱动型转变、由粗放高碳型向绿色低碳型转变、由分散低效型向集约高效型转变。

赤峰市已经形成绿色发展的空间格局、产业格局和绿色低碳的生产方式、生活方式，为建设中国北方重要生态安全屏障增添新的绿意。

赤峰市坚持生态优先、绿色发展的新路子，森林覆盖率和草原植被盖度大幅提升。图为阿鲁科尔沁旗草原家庭牧场（2013年） （赤峰日报社　供图）

1 2 4 5

3

1 克什克腾旗达里诺尔湖被称为“百鸟乐园”，享有中国第三大天鹅湖美誉，每年春秋季节有大量天鹅在此栖息（2019年） （赤峰日报社 供图）

2 巴林右旗赛罕乌拉国家级自然保护区——森林草原湿地（2022年） （赤峰日报社 供图）

3 松山区皇家漫甸林网（2021年） （赤峰日报社 供图）

4 2019年，习近平总书记亲临马鞍山林场考察并强调，“守好这方碧绿、这片蔚蓝、这份纯净”。牢记嘱托、感恩奋进，时过3年，如今马鞍山林场天然林面积2800公顷，人工林面积4400公顷，森林覆盖率达到98.8%。图为马鞍山林场开展“牢记习近平总书记嘱托 发扬植树造林好传统”主题党日活动，组织职工在场区内补植苗木（2022年） （喀喇沁旗档案史志馆 供图）

5 2018年，阿斯哈图石林晋升为国家AAAAA级旅游景区，生态环境的持续改善换来旅游业的兴盛发展，2022年接待游客9.23万人次，实现旅游收入929.6万元。图为游客在阿斯哈图石林景区开展夏令营活动（2022年） （克什克腾旗档案史志馆 供图）

中国特色国际领先的能源互联网企业而奋斗
STATE GRID

1 赤峰市境内自西向东主要分布有浑善达克沙地和科尔沁沙地，总面积174.22公顷，占全自治区的52.2%。党的十八大以来，赤峰市坚决打好“三北”工程攻坚战，打好浑善达克沙地和科尔沁沙地歼灭战，通过科学安排重大生态保护修复工程项目，实现区域内可治理沙化土地的全覆盖。图为浑善达克沙地生态修复后的夏季景观（2022年）

2 2020年9月1日，松山区新城供电营业厅服务人员在“绿色能源展示区”为客户介绍电动汽车“一站式”服务流程

3 2022年，赤峰市规模以上工业企业风力发电量132.35亿千瓦时，首次突破130亿千瓦时。5年来，规模以上工业企业风力发电量年均增长6.7%。图为克什克腾旗风电厂（2013年）

4 红山区红山郡小学开展垃圾分类模拟活动（2022年）

（本页图片均由赤峰日报社提供）

发展高质量

党的十八大以来，作为环渤海经济圈和东北经济区的重要枢纽城市，赤峰市立足区位优势，自觉融入全国、内蒙古自治区发展大局，京蒙协作助推乡村振兴开启“加速跑”，赤峰通辽“双子星座”携手提升城市能级，城镇建设加速现代化进程，赤峰协调发展的“大格局”已经拉开。

打造赤峰高新技术产业开发区，构建“一区四园”布局，出台“飞地经济”政策、建设次临港产业区、退城进园、北部旗县限制新上工业项目等相关政策相继出台，助推工业集中集约发展。全市粮食产量连续十年保持500万吨以上，设施农业和牲畜存栏量居自治区首位，以“赤诚峰味”为核心的赤峰农畜产品在蓬勃发展道路上阔步前进。2022年度首列中欧班列（赤峰号）在红山区开行，经满洲里口岸出境直抵俄罗斯莫斯科市，助力赤峰市进一步服务融入“一带一路”建设，在建设国家向北开放重要桥头堡中实现更高水平开放和更高质量发展。

2022年5月18日，赤峰市举办以“活力大湾区　有‘峰’更精彩”为主题的面向大湾区宣传推介暨项目签约活动　　　　（赤峰日报社　供图）

1
2
3

1 赤峰市设施农业面积达12.5万公顷，蔬菜产量744万吨，均居自治区首位，是内蒙古首个进入粤港澳大湾区“菜篮子”生产基地的盟市。截至2022年末，赤峰市设施农业产值达14.72亿元，比2013年增长7.5%，实现全年生产、四季上市。图为宁城县大城子镇万亩番茄园区（2016年） （宁城县档案史志馆 供图）

2 2022年，赤峰市牲畜存栏2088.9万头只，出栏肉牛167.6万头，比2013年分别增加125.7万头只和44.8万头，牲畜总存栏量位居自治区第一。图为阿鲁科尔沁旗优质西门塔尔母牛群 （张祥熙 摄）

3 2013年，阿鲁科尔沁旗被授予“中国草都”称号。图为阿鲁科尔沁旗国家紫花苜蓿种植标准化示范区（2013年） （阿鲁科尔沁旗人民政府办公室 供图）

1 2022年5月5日，“赤诚峰味”农产品区域公用品牌发布会召开。赤峰市围绕打造中国北方重要的绿色农畜产品加工输出基地，全方位全地域打造农畜产品品牌，“敖汉小米”“赤峰牛肉”“赤峰绿豆”“赤峰番茄”等品牌入选中国特色农产品优势区名单、中国农业品牌名录、全国名特优新农产品名录 （赤峰日报社 供图）

2 2022年5月21日，赤峰市科技活动周启动暨国家级科技企业孵化器揭牌仪式在赤峰安快数字创意产教融合基地举行。这是2021年度内蒙古唯一一家新获批的国家级科技企业孵化器 （市科技局 供图）

3 2020年8月23日，赤峰市召开脱贫攻坚全面收官推进会，研究制定产业扶贫、稳岗就业、易地扶贫搬迁等方面的具体方法举措，巩固拓展脱贫成果。至年末，2013年全市建档立卡的46.8万贫困人口全部实现脱贫，871个贫困嘎查村全部出列（赤峰日报社 供图）

4 2022年，赤峰市旅游接待1577.38万人次，旅游收入202.19亿元，比2013年分别增长66%和39.4%，实现由季节性旅游向全域旅游转变。图为12月28日赤峰市达里湖冬捕季开幕式 （市文旅局 供图）

1 “智慧赤峰”应用平台整合城市运营管理、公共服务和社会公益三大领域的信息，利用智能化多元数据分析，实时反映城市运营状况。图为赤峰市精细化管理智慧城管平台（2021年）

（赤峰日报社　供图）

2 拓佳电子产业园是国内优先突破全面屏异形CNC切割技术的企业之一，生产的3D曲面屏实现5G信号零遮挡。图为精密仪器生产作业（2022年）

（赤峰拓佳电子产业园　供图）

3 2018年11月28日，赤峰市召开京蒙对口扶贫暨产业协作恳谈会，赤峰市及各旗县区与北京有关企业签署协议

（赤峰日报社　供图）

4 2022年，赤峰市有6个经济开发区，年末累计入驻企业745家，其中规模以上企业150家。图为赤峰高新技术产业开发区红山产业园（赤峰日报社　供图）

1
2
3

1 2019年8月11日，第二届天南地北赤峰人投资创业大会举行签约仪式。截至2022年末，赤峰市已连续举办5届赤子峰会

（赤峰日报社 供图）

2 2022年8月28日，通辽市有关部门参观赤峰博物院非遗体验中心，落实赤峰通辽"双子星座"相关决议 （刘阳 摄）

3 2022年4月6日，首列中欧班列"赤峰号"在红山区赤峰保税物流中心开行。全年开行8列，累计货值1.2亿元，运输货量800标准箱，开行目的地由俄罗斯莫斯科拓展到白俄罗斯科利亚季奇

（赤峰日报社 供图）

文化强市

拥有8000年厚重人文底蕴的赤峰，是中华文明的重要发祥地之一，蕴藏着诸多历史遗迹和珍贵文物，饱含着中华民族交往交流交融、多元一体的生动故事。

党的十八大以来，赤峰市学习贯彻习近平新时代中国特色社会主义思想，围绕“举旗帜、聚民心、育新人、兴文化、展形象”的使命任务，以社会主义核心价值观为引领，以满足人民文化需求和增强人民精神力量为着力点，大力实施“文化强市”战略。深化文化体制改革，推动公共文化服务标准化、均等化建设，实施文化惠民工程，开展群众文化活动，增强人民群众的文化获得感和幸福感。加强文物保护利用和文化遗产保护传承，增强中华民族凝聚力和中华文化影响力；推进文旅融合，让文化为旅游产业提供丰富内涵和多元产品，让“诗和远方”的故事更精彩。

内蒙古自治区干部教育培训基地——敖汉干部学院（2022年）

（赤峰日报社　供图）

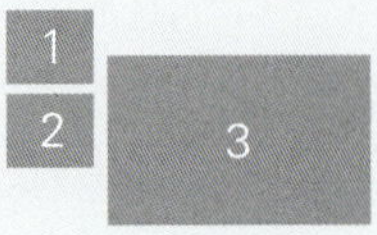
1
2
3

1 1971年，翁牛特旗发现红山文化C形碧玉龙，考古专家称之为“中华第一龙”。碧玉龙用整块墨绿色的岫岩玉雕成，高26厘米，体蜷曲，呈C字形

2 2012年5月，在敖汉旗兴隆沟红山文化遗址发掘出土5300年前的整身陶人像

3 辽中京大明塔。位于宁城县天义镇南城村辽中京遗址内，塔为八角形13层密檐式实心砖塔，总高82米，基座直径34米，每面长14米。大明塔历时近千年，是全国现存砖塔中保存最好、体量最大的古塔，为国家级文物保护单位（2022年）

（本页图片均由赤峰日报社提供）

1 赤峰市有非物质文化遗产195项，其中国家级非物质文化遗产5项。图为2019年7月17日古典民族史诗《格萨（斯）尔》非物质文化遗产传承人代表表演史诗说唱

（赤峰日报社 供图）

2 赤峰市有10支乌兰牧骑，在“民族政策宣传月”“宪法日”等时间节点开展惠民演出宣传活动，通过丰富多彩的文艺形式宣传党的民族团结政策，教育引导各族干部群众铸牢中华民族共同体意识。图为克什克腾旗法治乌兰牧骑惠民宣传演出（2019年）

（市委政法委 供图）

3 “那达慕”大会是蒙古族历史悠久的传统节日，也是蒙古族人民喜爱的一种传统的体育活动。那达慕举办时间一般为每年农历六月初四，内容主要有祭敖包、摔跤、赛马、射箭、搏克、武术比赛等项目。2006年5月20日，那达慕经国务院批准列入第一批国家级非物质文化遗产名录。图为草原那达慕大会搏克比赛（2013年）（赤峰日报社 供图）

1
2

1 2022年8月15日，赤峰市举办“到人民中去——京蒙文化交流惠民演出活动走进巴林右旗” （邰勇　摄）

2 2018年8月19日，赤峰市第十三届红山文化旅游节开幕。截至2022年末，赤峰市已连续举办15届红山文化旅游节 （市文旅局　供图）

1 2020年8月，《赤峰市志（1991—2014）》出版发行。2022年，《赤峰市志（1991—2014）》获赤峰市第十届社会科学优秀成果政府奖一等奖 （纪铁男 摄）

2 截至2022年末，赤峰市有各级各类学校1501所，比2013年增加31所。图为赤峰市红旗中学新城分校 （市教育局 供图）

3 截至2022年末，赤峰市有公共图书馆14个，馆舍总面积11.9万平方米，文献馆藏总量216.22万册件，年文献外借量327.23万册次。图为赤峰市图书馆综合阅览室（2023年） （罗艺帅 摄）

4 截至2022年末，赤峰市有博物馆22个，比2013年增加12个。其中国有博物馆14个，国有博物馆藏品数量36.3万件（组）。图为赤峰博物馆，2020年12月3日赤峰博物馆晋升为国家AAAA级旅游景区 （赤峰日报社 供图）

民生福祉

党的十八大以来，赤峰市在贯彻落实“以人民为中心的发展思想”中，突出普惠性、基础性、兜底性民生建设。全市46.8万贫困人口全部脱贫，8个国家级贫困县、2个自治区级贫困县全部摘帽。坚定实施乡村建设行动，因地制宜推进人居环境治理、厕所革命、生活垃圾和污水治理，农村牧区人居环境持续改善。加快提升基本公共服务均等化水平，城乡居民人均可支配收入增速连续三年高于经济增速，群众收入大幅增加。近十年来，全力改善城乡基础设施条件，新改扩建各类学校105所，新增学位6.6万个；深入推进健康赤峰建设，交通、能源、电力、通信等基础设施日趋完善。

党的十八大以来，赤峰市注重开展老年教育活动，学乐结合，寓教于乐。图为赤峰市老年大学剪纸课堂（2022年）　（赤峰日报社　供图）

1 2 3

1 赤峰市在“国防教育日”期间，开展形式多样的国防教育活动。图为林西县大营子小学开展国防教育文艺演出（2022年）

（赤峰日报社　供图）

2 2022年6月，阿鲁科尔沁旗举办“情暖童心·流动少年宫”系列活动。图为先锋小学拓展训练活动现场　（赤峰日报社　供图）

3 “十三五”期间，赤峰市本级财政多方筹措资金10亿元，实施办学条件提升工程，全面消除大通铺和“土炉子、土灶台、土厕所”现象，新改扩建各类学校105所，使农村牧区中小学办学条件得到根本改善。图为克什克腾旗经棚蒙古族小学在新改善的校园开展课间活动（2020年）

（克什克腾旗档案史志馆 供图）

1
2
3
4

1 赤峰市广泛开展就业技能培训工作，促进农牧民转移就业。图为巴林左旗隆昌镇姜家湾村笤帚苗扶贫车间女工制作笤帚苗工艺品（2019年）

2 赤峰市打造安快数字创意产教融合基地，引导高校毕业生就业创业。图为赤峰瑞马科技有限公司员工进行信息录入（2022年）

3 赤峰市对2000年以前建成、基础设施薄弱、居民群众改造意愿强烈的老旧小区，分年度进行全面改造，不断改善群众的生活环境。图为老人在改造后景色优美的红山区敬老院散步（2022年）

4 党的十八大以来，赤峰市注重人居环境建设，增加休闲娱乐场地建设面积。2022年，赤峰市人均健身场地面积2.4平方米，人均公园绿地面积19.2平方米，与2013年相比，场地设施更加齐全，环境更加优美。图为老年人在红山区长青公园开展“踢毽子”活动（2022年）

（本页图片均由赤峰日报社提供）

1 2022年2月6日，红山区爱卫办联合赤峰市第二中医蒙医医院在红庙子镇东南营子村开展“医疗服务到基层”健康义诊活动

2 2022年，赤峰市开展线上线下就业服务活动188场次，提供就业岗位12万个，达成就业意向人员3万余人。图为赤峰市春季大型招聘会报名现场

3 宁城县立足区位优势，大力发展林果产业，带动农民增收致富（2022年）

（本页图片均由赤峰日报社提供）

目　录

特　载

大事记

市情概览

中共赤峰市委员会

赤峰市人民代表大会

赤峰市人民政府

政协赤峰市委员会

中共赤峰市纪律检查委员会
赤峰市监察委员会

民主党派·工商联

人民团体

法 治

军　事

经济管理

开放合作

农牧业

工　业

建筑业

商贸服务业

金融业

旅游业

房地产业

交通·水利

邮政 快递·通信

城市建设

乡村振兴

区域发展

生态环境

科学技术

教　育

文　化

卫生健康

体　育

社会生活

应急管理

旗（县、区）概况

人物·荣誉

附　录

索　引

特　载

责任编辑　袁洪军

沿着习近平总书记指引的方向勇毅前行

从参加十三届全国人大历次会议内蒙古代表团审议时同赤峰代表交流，到2019年7月亲临赤峰考察并作出一系列重要指示，再到对赤峰具体工作作出重要批示，习近平总书记对赤峰的关怀令各族干部群众备受鼓舞、倍感振奋、倍增干劲，也将始终激励大家忠诚拥护“两个确立”、坚决做到“两个维护”，沿着习近平总书记指引的方向勇毅前行，建设更加美丽的赤峰。

增添民族团结的亮色

“要深入推进民族团结进步创建进社区，把社区打造成为各族群众守望相助的大家庭，积极创造各族群众安居乐业的良好社区环境。”“促进民族团结融合，促进各民族像石榴籽一样紧紧抱在一起。”……这是习近平总书记对赤峰市民族团结工作的谆谆教诲。

赤峰是典型的多民族聚居区，全市有46个民族，做好民族工作极其重要。市委、市政府贯彻落实习近平总书记关于加强和改进民族工作的重要思想，全面贯彻中央民族工作会议精神，以铸牢中华民族共同体意识为主线，按照“重在平时、重在交心、重在行动、重在基层”的理念和“人文化、大众化、实体化”总要求，在全市凝聚起“中华民族一家亲，同心共筑中国梦”的合力。

坚持用习近平新时代中国特色社会主义思想武装头脑。把学懂弄通做实习近平总书记关于加强和改进民族工作的重要思想作为一项重大政治任务，纳入党委（党组）理论学习中心组和党校（行政学院）必学必修内容，推动全市各级党组织和广大党员真正做到学深悟透、融会贯通、真信笃行。

坚决守护“模范自治区”崇高荣誉。把民族团结进步创建工作纳入赤峰市“十四五”规划，将建成全国民族团结进步示范市写入市第八次党代会报告。推出民族团结进步“一家亲”党建联合体和“城市民族综合服务体”工作模式，打造102个民族团结进步创建示范点和6条精品观学路线，培育“城市民族工作示范社区”“城市乌兰牧骑小分队”等特色品牌，深化各民族交往交流交融。

坚持开展常态化、全员化铸牢中华民族共同体意识教育。与中央民族干部学院合作举办专题培训班10期，开展教育培训宣讲5000余场，累计培训140余万人次；开展“我身边的民族团结进步故事”巡回宣讲、“国家的孩子”采访报道活动，推动“三个离不开”“五个认同”思想在各族群众心中扎根。

坚持民族团结从娃娃抓起。先后开展“结对子”“手拉手”“心连心”“一家亲”等交流联谊活动和“争做民族团结石榴籽”等主题实践活动1950余场次，实现全市青少年群体全覆盖、全知晓、全参与，守望相助、团结奋斗的薪火生生不息、代代相传。

坚持营造民族团结的浓厚氛围。在各级媒体播放刊发主题公益广告、宣传片、专题报道和专版文章6900余篇条，形成全方位、多层次、多渠道的宣教体系，推动全社会铸牢中华民族共同体意识。

截至2022年末，赤峰市202个集体被自治区党委政府授予“全区民族团结进步模范集体”称号，279名个人获“全区民族团结进步模范个人”称号，20个单位被国务院授予“全国民族团结进步模范集体”称号，22名个人获“全国民族团结进步模范个人”称号。

擦亮绿色发展的底色

“筑牢祖国北方重要的生态安全屏障，守好这方碧绿、这片蔚蓝、这份纯净，要坚定不移走生态优先、绿色发展之路，世世代代干下去，努力打造青山常在、绿水长流、空气常新的美丽中国”……这是习近平总书记对赤峰市生态文明建设的深情寄语。

赤峰地处蒙冀辽三省区交界，生态建设与环境保护关乎华北、东北地区的生态安全；众多的人口、欠发达的市情决定着赤峰迫切的发展需求。因此，正确把握绿水青山与金山银山之间的辩证关系，坚定不移走好以生态优先、绿色发展为导向的高质量发展新路子是必然要求也是必然选择。

着眼生态系统多样而脆弱的实际，强化生态保护红线、环境质量底线、资源利用上限的刚性约束，使绿色更加成为赤峰的鲜明底色。坚持山水林田湖草沙系统治理，实施天然林、草原保护工程，开展大规模国土绿化行动，近三年赤峰市完成造林种草 68 万公顷、退化林分改造 2.8 万公顷、退化草原修复 3.4 万公顷，森林覆盖率和草原植被盖度分别达到 35.8% 和 62.6%。

实施生态环境专项治理工程，加强科尔沁沙地、浑善达克沙地治理，实施老哈河、西拉木伦河、阴河、达里湖流域生态环境综合治理工程，重点区域生态环境持续好转。

深入打好污染防治攻坚战。2022 年，赤峰市中心城市环境空气优良天数 356 天，优良天数比例为 97.5%；全市地表水国控断面优良水体比例为 79.2%，超过自治区下达年度目标要求的 8.4 个百分点，地级以上城市集中式饮用水水源水质达标率保持 100%；加大控肥、控药、控膜力度，整治农业面源污染，土壤环境保持总体稳定。

坚持集中集聚集约发展。大力发展园区经济，创新实施“飞地经济”政策，推动入园的传统产业加快延链补链、转型升级，百万吨铜优势产能已形成，百亿级生物医药、百亿级新型化工、千亿级金属加工、千万千瓦级清洁能源“双百双千”基地已见成效。

实施创新驱动发展战略。加快培育战略性新兴产业，赤峰商贸服务物流园区、松山信息科技产业园等板块已成规模，推进京蒙（亦庄・赤峰）科创产业园等科创平台，带动赤峰产业提档升级、提质增效。全市有国家高新技术企业 89 家、科技创新平台载体 281 个。

远景零碳绿氢一期、华能巴林右旗 20 万千瓦高比例储能 + 生态修复风电、保绿资环年处理 200 万吨固废综合利用等一批绿色、环保的大项目相继开工，为赤峰绿色转型和动能转换提供支撑。赤峰绿色发展的空间格局、产业格局和绿色低碳的生产方式、生活方式已经形成，为建设北方重要生态屏障增添新的绿意。

2022 年，赤峰市实施老哈河、西拉木伦河、阴河、达里湖流域生态环境综合治理工程，重点区域生态环境持续好转。图为治理后的西拉木伦河　（李占华　摄）

坚持为人民服务的本色

“产业是发展的根基，产业兴旺，乡亲们收入才能稳定增长”……这是习近平总书记对赤峰人民的真挚牵挂。

作为内蒙古自治区第一人口大市，为创造赤峰人民更加美好生活不懈奋斗既是市第八届党代会报告中的有力号召，也是全市各级党员干部的孜孜追求。市委、市政府坚持以人民为中心的发展思想，在脱贫攻坚、乡村振兴、改善民生的进程中，留下真挚的为民情怀，绽放出一张张幸福的笑脸。

46.8 万贫困人口全部脱贫，8 个国贫县、2 个区贫县全部摘帽，赤峰市与全国、全自治区一起迈入全面小康社会，正持续巩固脱贫攻坚成果、协同推进“五大振兴”。以产业振兴为引领，近 3 年投入产业帮扶资金 81.9 亿元，实施产业项目 4448 个。建立健全防返贫动态监测和精准帮扶机制，2.9 万名易返贫致贫人口纳入监测范围、落实帮扶措施。实施乡村建设行动，因地制宜推进人居环境治理、厕所革命、生活垃圾和污水治理，农村牧区人居环境持续改善。赤峰市代表自治区通过国家 2021 年度巩固脱贫攻坚成果考核评估、第三方评估和东西部协作考核评价，成为自治区唯一入选 2021 年度中国扶贫发展中心脱贫攻坚和乡村振兴典型案例的城市。

坚持把改善民生、凝聚人心作为经济社会发展的出发点和落脚点，加快提升基本公共服务均等化水平，近 3 年民生领域支出累计达到 1260.4 亿元，占财政总支出的 72.8%。全力做好稳定就业和居民增收工作，城乡居民人均可支配收入增速连续 3 年高于经济增速，群众收入大幅增加。大力发展教育事业，近几年累计投入资金 100 多亿元，实施基础教育补短板和农村牧区薄弱学校改造工程，新改扩建各类学校

105所、新增学位6.6万个。推进健康赤峰建设，新改扩建医疗卫生机构35个，市医院新城分院、市传染病防治医院、市中医蒙医医院等一大批医疗机构开工建设或建成投用。改善城乡基础设施条件，京赤高铁、赤峰军民合用机场改扩建等重大工程相继投用，交通、能源、电力、通信等基础设施完善。

提升文化强市的成色

“要重视少数民族文化保护和传承，支持和扶持《格萨（斯）尔》等非物质文化遗产，培养好传承人，一代一代接下来、传下去。”“要引导人们树立正确的历史观、国家观、民族观、文化观，不断巩固各族人民对伟大祖国的认同、对中华民族的认同、对中国特色社会主义道路的认同。”……这是习近平总书记对赤峰文化事业的殷切关怀。

2022年11月30日，巴林右旗蒙古族小学在旗文化馆开展传承非物质文化遗产——《格斯尔》读书活动　（赤峰日报社　供图）

拥有8000年文明的赤峰，是中华文明的重要发祥地之一，蕴藏着诸多历史遗迹和珍贵文物，饱含着中华民族交往交流交融、多元一体的生动故事，如何保护好、利用好丰富的历史文化资源是面临的重大课题。市委、市政府重视文物保护利用和历史文化传承工作。2021年10月，武安州辽塔保护修缮项目通过验收。这座历经千年历史的建筑，习近平总书记高度关注并作出重要批示。随后，在中央、自治区的指导下，市委、市政府贯彻落实习近平总书记重要批示精神，作出安排部署，加大保护修缮力度，系统解决武安州辽塔结构安全和塔檐、塔身、塔台病害问题，让辽塔所蕴含的历史信息得以真实、完整地展现在广大群众面前。

“加大对红山文化遗址、辽上京和祖陵等遗址考古发掘保护和申遗工作力度，做好全域文物保护工作。”在市第八次党代会报告中，繁荣发展文化事业被列为今后5年主要任务的一部分，彰显出市委打造文化强市的坚定决心。2022年6月，辽代历史文化博物馆投入运营，实现立体式查看文物信息、全息投影观赏玉器制作工艺、VR体验历史场景；7月，市委书记带队到辽宁省朝阳市进行对接，深化两地共同推进红山文化遗址申遗工作；8月，赤峰市第十五届红山文化旅游节举行，再一次展现出赤峰悠久历史文化的神韵……

近年来，赤峰市创作《忠诚》《良心》《牧民永远歌唱中国共产党》等一大批话剧、歌舞。落实习近平总书记给乌兰牧骑队员回信精神，制定加快推进乌兰牧骑事业发展的实施意见，加强乌兰牧骑品牌建设，打造新时代“红色文艺轻骑兵”。组织中华文化进基层活动，各族群众对中华文化更加热爱、更加自豪、更加自信。

（赤峰日报社）

新时代十年赤峰市经济社会发展成就综述

党的十八大以来，赤峰市深入贯彻习近平总书记对内蒙古重要讲话重要指示批示精神，坚定不移走以生态优先、绿色发展为导向的高质量发展新路子，同全国一道如期全面建成小康社会、踏上向第二个百年奋斗目标进军的新征程。

一、地区经济实力持续提升

党的十八大以来，赤峰市经济社会全面发展，经济发展质量不断提升。2022年，全市地区生产总值2148.4亿元，稳居自治区第四位、蒙东地区首位。与2012年相比，年均增长6.09%。第一产业增加值450.4亿元，年均增长5.39%；第二产业增加值723.4亿元，年均增长6.46%；第三产业增加值974.6亿元，年均增长6.34%。人均地区生产总值达到53577元，扣除价格因素影响，是2012年的2.29倍，年均增长8.65%。

二、产业结构纵深发展

赤峰市坚持以经济建设为中心，农牧业基础地位巩固，工业化、城镇化快速发展，服务业发展水平不断提高。三次产业比例由2012年的24∶31.8∶44.2调整为21∶33.7∶45.3。与2012年相比，第一产业比重下降12.5个百分点，第二产业比重提高6个百分点，第三产业比重提高2.5个百分点，形成以农牧业为基础，服务业为主体，工业不断优化升级的经济发展新格局。

三、农业生产较快增长

全市粮食产量连续9年保持500万吨以上，设施农业面积和牲畜存栏居全自治区首位，成为自治区首个粤港澳大湾区“菜篮子”生产基地，“赤峰小米”列入自治区首批“蒙字标”内蒙古品牌。2022年，全市农林牧渔业总产值726.62亿元，较2012年增长83.7%，年均增长7%。农、林、牧、渔业总产值比重从2012年的53.6∶4.1∶40.3∶0.5调整到2022年的54.1∶2.7∶41.3∶0.4，种植面积不断扩大，粮食作物播种面积113.5万公顷，年均增长1.65%。粮食总产量656万吨，年均增长3.4%。

四、工业实现跨越式发展

赤峰市以高质量发展为主题，不断推动产业转型升级，工业生产能力日益增强。工业增加值由2012年的206.4亿元增加到2022年的485亿元，按不变价格计算，年均增长8.9%。规模以上工业产品销售率为97.4%，较2012年下降0.9个百分点。工业经济效益显著提高，全市规模以上工业企业实现营业收入1728.2亿元，与2017年相比，年均增长11.54%；规模以上工业企业实现利润总额41.9亿元，与2017年相比，年均下降7.7%。

五、服务业发挥引擎作用

2022年，全市服务业增加值974.6亿元，较2012年增长1.2倍，年均增长8.2%，快于GDP增速6.2个百分点。传统服务业稳定发展，全市交通运输仓储和邮政业增加值年均增长5.1%。现代服务业发展壮大，全市金融业增加值年均增长9.7%，2022年金融业增加值占第三产业增加值的10%，较2012年提高8个百分点。龙腾国际广场、辽文化产业园、蒙古王城、小米博物馆和兴隆田园综合体等建成投运，推进中国（赤峰）跨境电子商务综合试验区建设，万达广场和红星美凯龙等大型商圈拉动作用增强。

六、固定资产投资平稳增长

2022年，全市固定资产投资较上年增长7.1%，年均增长2.6%。产业投资结构逐渐转变为“三二一”的发展格局。其中，第一产业投资比重提高35.7%，第二产业投资比重提高39.1%，第三产业投资比重降低7.1%。推进投资主体多元化，民间投资占比连续10年超过半数，2022年达到57.9%。房地产市场运行平稳，全市房地产开发投资总量由2012年的139.9亿元增长到2022年的170.6亿元，年均增长2%。全市房地产开发投资占固定资产投资的比重由2012年的26.3%升至2022年的24.64%。

七、内外贸易繁荣活跃

全市消费市场潜能持续释放，激发居民消费活力。2022年，全市社会消费品零售总额611.6亿元，与2012年相比，年均增长5.4%。其中，城镇消费品零售额490.8亿元，年均增长3.7%；乡村消费品零售额120.8亿元，年均增长10.4%。城镇占据消费市场的主体地位，但随着农村居民收入水平的提高，乡村消费潜力加快释放。对外经济贸易水平整体跃升，全市外贸进出口总额实现154.2亿元，较2017年增长1.5倍，年均增长20.1%。其中，进口总额113.9亿元，年均增长21%；出口总额40.3亿元，年均增长18.1%。

八、民生福祉更加殷实

赤峰市积极适应经济发展新常态，坚持新发展理念，注重提升人民群众获得感，提高群众收入水平，增强民生福祉。2022年，全市常住人口城镇化率达到54.63%。全市全体居民人均可支配收入27406元，较2014年增长83.4%，年均增长7.9%。按常住地分，城镇常住居民人均可支配收入39416元，年均增长7.2%。农村牧区常住居民人均可支配收入16547元，年均增长9.6%。城乡居民收入差距不断缩小，城乡居民人均收入比值为2.38，较2014年缩小0.47。农村常住居民人均可支配收入年均增长快于城镇常住居民人均可支配收入2.4个百分点。教育事业均衡发展，截至2022年末，全市有普通高中44所，普通初中106所，普通小学394所，中等职业教育学校29所，初中阶段毛入学率为99.7%。社会保险覆盖持续扩面，全市城乡居民基本养老参保人数173.1万人。高龄津贴普惠制和老年人意外伤害保险实现全覆盖。医疗服务水平稳步提高，“十三五”时期新改扩建医疗卫生机构56个，每千人拥有执业（助理）医师数由2012年的2.3人提高到2022年的3.8人。就业形势持续改善，2012—2022年，全市城镇登记失业率均控制在4.1%以内。在岗职工平均工资89274元，较2012年增加44926元，工资水平翻了近一番。 （市统计局）

立足“五个定位”，促进赤峰经济社会高质量发展

建设现代化区域中心城市

建设现代化区域性中心城市就是以赤峰中心城区规划区域（红山区城区、松山区城区、喀喇沁旗和美园区）和元宝山区城市规划区域为主体，以提升城市核心竞争力、综合承载力、辐射带动力为目标，高起点规划、高标准建设经济实力强劲、产业能级高端、资源配置高效、人文魅力彰显、发展环境优越的区域中心城市，使城市经济发展更有活力、城市建设管理更有品质、城市文化建设更有内涵、城市公共服务更有温度。

建设现代化区域中心城市，赤峰市优势明显。赤峰处于蒙冀辽三省区接壤处，是环渤海经济圈和东北经济区的重要枢纽城市。从国家战略看，东北振兴、西部大开发、京津冀协同发展战略机遇叠加，有更多的政策支持和优势互补；从经济发展看，赤峰经济总量居蒙东前列，是蒙东高质量发展排头兵；从区位优势看，赤峰地处中国版图咽喉的中部，沟通中原与塞外、华北与东北的“三省通衢”；从交通优势看，赤峰距离北京、沈阳等中心城市400千米左右，距锦州、秦皇岛等港口不足300千米，铁路、公路、航空网络完备；从城市能级看，赤峰是内蒙古第一人口大市，城镇化率达54.63%，推进城镇化潜力大；从创新动力看，赤峰科教资源丰富，大中专院校多，基础教育实力雄厚；从文化实力看，赤峰历史厚重、文化灿烂，是中华文明和中华民族重要发祥地之一。

立足于建设区域化中心城市建设，赤峰市加快产城融合先导区建设。优先打造红山区高新区泰领海创生物科技园、医药健康产业园、红山区哈达和硕区域、松山区数创科技产业园、喀喇沁旗和美园区。新华商圈、赤峰金融商务区、赤峰·中关村信息谷科技创新基地、红山物流园区、红山绿色食品产业园、红庙子组团6个产城融合优质服务集中区加快提升。通过建设现代农业产业园区、培育龙头企业、塑造区域品牌，打造绿色农畜产品精深加工集散中心；通过做大做强铜产业、做优做精铅锌铝产业、培育发展精深加工产业，打造金属冶炼深加工集中区；通过建设中心城区核心商圈、发展中心城区专业市场集群、构建“枢纽＋通道＋网络”的现代物流体系，打造现代物流枢纽城市；通过打造辽蒙海陆开放合作试验区、内蒙古融入京津冀协同发展先行区、国家承接产业转移合作示范核心区，构建自治区对外开放合作新高地。

建设国家承接产业转移合作示范区

建设国家承接产业转移合作示范区，就是要充分发挥赤峰市作为京津冀产业辐射带、东北经济区和华北经济区结合部的区位优势，把握住京津冀、环渤海、长三角、珠三角等地区的产业转移窗口期，承接产业链整体转移和关联产业协同转移，以此加快

2022年，赤峰市中心城区建成区面积为130平方千米，常住人口100.85万人。图为赤峰新城俯瞰　（赤峰日报社　供图）

构建赤峰市的现代产业体系，实现更绿色、更高质量的发展。

创建国家级承接产业转移示范区是产业链的再造与升级。赤峰市持之以恒抓转型，经济总量稳居全自治区第四，传统产业提升取得明显成效，电子科技、医药、新材料、先进装备制造等新兴产业集群初步形成，已经具备承接产业转移的独特优势和良好基础。赤峰市全力打造承接平台，把创建示范区的“新机遇”转化为发展的“新能量”：加大基础配套建设，全力推动内蒙古赤峰高新技术产业开发区晋升为国家级高新区；充分利用北京人才、科技、产业等集聚优势，将京蒙（亦庄·赤峰）科创产业园建设成为行业科技创新与产业深度融合的标杆；内蒙古赤峰有色金属开发区林西产业园和林东产业园在承接有色金属及稀有金属材料冶炼、非金属加工、新材料、资源利用等领域的产业项目持续发力；内蒙古赤峰冶金化工开发区克什克腾旗产业园和巴林右旗产业园在重点承接煤化工延链补链、新型建材、绿色农畜产品加工等领域挖潜增效；内蒙古赤峰农畜产品开发区翁牛特旗产业园和敖汉产业园在重点承接绿色有机肉食品、农畜产品深加工、特色沙生植物加工、小米及中蒙药材种植加工、万头肉牛全产业链等领域的产业项目做精做细；内蒙古承接产业开发区重点围绕黑色金属冶炼、化工、机械制造等领域，加大招商引资力度；内蒙古赤峰商贸服务物流园区着力推进专业市场建设，引联提升物流企业，完善枢纽通道基础设施和物流配送体系建设，扩容升级商贸物流园区；赤峰产城融合先导区统筹规划设计、完善基础设施和服务配套，加大招商引资力度，构建产业和城市融合发展的新格局。

扩大对外开放，开拓更广发展空间。深度融入京津冀，围绕食品加工、生物医药、信息技术等产业，与央企、知名企业、龙头企业对接合作，在赤峰建设生产基地，吸引科研机构在赤峰建设研发中心和转化基地；借势环渤海港口通道，对接环渤海，强化与锦州港、天津港等港口合作，推进东北陆海新通道建设，推动次临港经济区建设；深化与东北地区的合作，把握国家推进东北振兴战略的重大机遇，加强与东北三省在科技创新、农畜产品加工等方面的合作，推动实现更高层次的互利共赢；围绕赤峰、通辽“双子星座”，联合打造承转区，共同推进国家级蒙东承接产业转移合作示范区建设，打造蒙东地区区域合作示范新高地；全面参与大循环，借助城市之间发展梯差与互补链，加强与长三角、珠三角、成渝等地区的合作，承接产业链整体转移和关联产业协同转移。

建设商贸服务型国家物流枢纽承载城市

赤峰市地处东北和华北的结合部，自古就有“京畿门户”“旱码头”之称。赤峰市实施一系列重要举措，推动传统商贸服务业转型升级：全力打造城市商圈，推进新华商圈、桥北商圈、万达商圈、帝豪商圈、永业商圈等城市商圈建设；大力发展夜间经济，顺应消费升级趋势，推动传统消费提质扩容，新型消费加快成长。大力发展专业市场，推动红山区、松山区、喀喇沁旗中心城区专业市场群建设；支持旗县区建设特色专业市场；加快建设专业突出、分工明确、门类齐全的现代专业市场体系。创新培育电商平台，大力发展电商经济，高水平规划建设直播电商基地，打造赤峰网红直播基地，推动直播电商赋能传统批发市场、大型商场，通过电商直播带动线上、线下商品交易快速增长。

提升外贸发展水平。全市有羊绒、羊绒制品、杂粮杂豆国家级外贸转型升级基地3个，专业化工、医药自治区级外贸转型升级基地2个。赤峰市羊绒国家外贸转型升级基地是自治区第一家羊绒出口国家级基地。赤峰至天津港铁海联运集装箱班列开通运行，天津港赤峰无水港正式授牌。完善赤峰保税物流中心功能，申建海关特殊监管场所、推动现有铁路专用线进入园区、力促赤满欧班列双向常态化运行，打造区域性集货中心。加快跨境电商综合试验区建设，全面构建信息共享、在线金融、智能物流、电子商务信用、统计监测和风险防控“六大体系”，实现跨境电商业务全程网上办理，提升进口企业的落地分拨能力。

创新发展现代物流业。赤峰市陆海空一体运输体系基本形成，11条国省干线公路穿城而过，高等级公路建成里程居自治区首位；高铁开通，融入北京和沈阳的2小时交通圈和经济圈；玉龙机场20余条航线顺利启航；赤峰是内蒙古距离环渤海港口最近的城市，内蒙古B型保税物流中心坐落于此，赤满欧国际班列和赤峰（元宝山）国际物流港至天津港海铁联运班列开通运行。电商物流、保税物流、陆港物流、冷链物流、金融物流等新兴业态蓬勃兴起。

在物流业整体进入以质量和效益提升为核心的发展新阶段，赤峰市通过创新驱动，加快物流业高质量发展。大力发展商贸物流园区，中心城区重点推进红山物流园区基础设施建设；把松山区商贸物流城建成产城一体、融合发展的现代商贸物流业集聚区；喀喇沁旗依托临空临港经济区项目、蒙东医药物流园项目，打造现代商贸物流枢纽和智慧物流枢纽。培育壮大物流企业，打造现代商贸物流品牌，促进产业规模化发展；引进国内外知名物流企业和平台入驻，提升赤峰市物流业发展质量、效率和竞争力。实施物流标准化建设，应用新技术、新装备加快物流仓储智能化改造，推动赤峰市大型仓储设施扩容升级。提升冷链物流水平，推广应用移动冷库，提升产地冷藏保鲜能力；扩大冷链物流覆盖面，提升标准化水平。建设便捷高效的物流通道，把设施联通作为对外开放的先导性工程，加大铁路、公路、航空等基础设施建设力度，构建绿色、高效、顺畅的现代流通体系。加快完善县乡村三级配送体系，完善农村牧区快递服务网络，提高行政村快递服务覆盖率，全面畅通“工业品下乡”和“农产品进城”双向流通渠道。

2022 年，赤峰市打造特色文化旅游和生态休闲度假基地。图为喀喇沁旗亚太森林小镇　　（市林草局　供图）

建设国家特色文化旅游和生态休闲度假基地

赤峰市以建设国家特色文化旅游和生态休闲度假基地为目标，加快旅游业供给侧结构性改革，发挥文旅产业的综合带动作用，提升赤峰文旅产业核心竞争力，促进文旅产业全域全季全时、差异化高端化发展，推动旅游产业向更高水平迈进。打造国家特色文化旅游和生态休闲度假基地，赤峰市有基础，更有底气：赤峰市已开发旅游景区近百家，国家 A 级景区 48 家，其中 AAAAA 级景区 1 家、AAAA 级景区 7 家。全国工业旅游示范点 2 家，全国特色景观名镇（村）8个，首批全国乡村旅游重点村1个，国家休闲农业和乡村旅游示范县 3 个、示范点 3 个。全市直接从事旅游业 8 万人，间接就业 25 万人，旅游业已经成为全市吸纳社会就业最多的行业之一。3 年来，赤峰市累计实施旅游产业项目 124 个，总投资 462.1 亿元。新建、改建旅游厕所 183 座，旅游公路完成建设 1000 余千米。

开发核心产品，让赤峰旅游更有硬度。大力发展草原风光游，整合北部旗县草原、森林、湿地等优势自然资源，建设世界旅游目的地和中国草原自驾游胜地；保护性开发原生态游牧系统，打造原生态游牧文化旅游度假区、国家草原自然公园和格斯尔文化生态保护区；科学开发西拉木伦河生态旅游资源，做好“青山绿水、水草相依”的生态旅游文章。深度开发大漠极限运动游，创新开发大漠体验、沙漠极限、生存训练、攀岩抱石等项目和沙漠生态休闲旅游，打造沙漠度假类主题景区；拓展大漠游线产品，建设大漠极限运动和休闲度假旅游胜地，打响大漠旅游品牌。提档升级休闲度假游，发挥南部旗县区生态、区位优势，有序开发森林、冰雪、温泉、民俗等休闲旅游资源，打造覆盖全市、辐射周边的休闲度假旅游胜地；丰富完善中心城区休闲集聚功能，引进主题乐园、开发休闲项目、建设文化娱乐设施、发展夜间经济，打造具有赤峰特色的风情体验式商圈和文旅融合打卡地。创新发展历史文化体验游，推动文旅深度融合，打造历史文化主题景区，策划文化体验项目，研发文化创意商品，强化游客文化体验，为旅游产品“筑魂”。发展红色旅游，深入挖掘赤峰丰富的革命历史和红色文化资源，深化红色文化研究，完善红色旅游产品体系，构建“一核、两廊、多节点”的红色旅游发展格局。持续打造乡村旅游集聚区，落实乡村振兴战略，加快培育创意农业、田园综合体和亲子互动体验等乡村旅游精品，发展一批特色旅游重点村和接待户，打造一批乡村旅游集聚区。加快发展冬季旅游，以 2022 北京冬奥会为契机，依托赤峰市冰雪、温泉、民俗等冬季旅游资源，构建多样化、个性化、特色化的冬季旅游产品供给体系，推动“冷资源”向“热产业”转变。

强化要素保障，让赤峰旅游更有厚度。打造特色化餐饮体系，深度挖掘赤峰地域特色美食、特色小吃，打造特色食材主题餐饮系列，培育“赤峰味道”餐饮品牌；布局赤峰美食体验地图，全方位展示赤峰美食文化、民俗风情。构建标准化住宿体系，依托地域文化建设一批富有赤峰特色的文化主题酒店，推动具备条件的酒店进入国家金鼎级和银鼎级序列。培育创意性购物体系，完善旅游商品研发、设计、生产、销售等全产业链，培育“旅游购物中心 + 沉浸式文旅商业综合体 + 旅游购物街区”的购物体系。强化旅游交通网络建设，实施重点景区与主干道路连接工程，开辟重点景区市内旅游公交专线，优先解决旅游景区景点运力问题，完善客运枢纽旅游综合服务功能，推进公共运动休闲设施建设。

建设中国北方重要绿色农畜产品输出基地

作为传统的农牧业大市，赤峰市粮食产量连续多年突破 500 万吨、牲畜存栏连续多年位居自治区前列、蔬菜种植面积和产量稳居自治区首位。

赤峰市区位优势明显，是连接华北、东北和内蒙古东西部的交通枢纽，交通便利，距离北京市区仅315千米，各类农畜产品能够新鲜直达，保证北京市民能够每天吃到新鲜优质的赤峰味道。生长纬度适宜，赤峰市地处高纬度干旱、半干旱地带，日照充足、昼夜温差大，各类作物品质优良、口感上乘。赤峰市有绿色、有机、地理标志农产品认证企业123家，认证产品319个，认证面积超7万公顷，宁城县和松山区被农业部确定为无公害蔬菜标准化生产示范县。全市260家企业录入国家农产品质量安全追溯平台，生产、收购、贮藏、运输各环节全程可追溯。赤峰已经在北京、上海、广州、山东等大中城市和满洲里、二连浩特等口岸建立销售网点，是自治区首个进入粤港澳大湾区“菜篮子”生产基地的盟市，产品远销日本、韩国、俄罗斯等国外市场。

赤峰市松山区大庙镇公主岭万亩设施农业种植基地　（赤峰日报社　供图）

固本强基，让赤峰农牧业更有底气。稳定粮食产能，藏粮于地、藏粮于技，加强粮食主产功能区和重要农产品生产保护区建设，加快打造高产优质玉米、杂粮、杂豆和马铃薯产业带。推进蔬菜产业提档升级，打造南部设施蔬菜规模发展核心区和北部设施蔬菜特色发展优势区，推动“赤峰黄瓜”“赤峰辣椒”等更多蔬菜品种进入自治区农畜产品特色优势区，全面提升蔬菜错季上市和持续供应能力。实施优质肉牛增量提效工程，推动基础母牛“扩群增量”，加快高水平肉牛繁育基地、标准化肉牛养殖基地建设，引进国际高端肉牛品种开展试验示范，全面提升肉牛品质和养殖效益，推动肉牛产业集群加快迈向高端化。实施肉羊提质增效工程，提倡“少养、精养”，因地制宜推广“昭乌达肉羊”“蒙古羊”“杜蒙”“杜寒”等优质品种，全面提升单体养殖效益。稳定猪禽生产，科学划定猪禽集中养殖区，合理控制单体养殖规模，推动养殖场标准化改造。壮大特色优势产业，打造高产优质林果、杂粮、杂豆、精耕细作型中药材和北方道地优质中蒙药材仿野生栽培主产区，优化糖料、油料等经济作物的品种结构和区域布局，发展特种养殖业，因地制宜建成一批特色产业基地。强化饲草料保供能力，建设优质饲草料种植基地，扩大全株青贮玉米种植面积，加快灌木类饲料和玉米秸秆转化利用，建成一批规模较大的饲草料储备库和加工厂，优质饲草供应能力稳步提升。实施奶业振兴行动，建设优质高产绿色奶源基地，推广优质奶牛品种，培育引进大型奶牛养殖企业，推进中小型奶牛养殖场标准化升级改造，促进奶牛存栏和牛奶产量稳定增长。

龙头带动，让赤峰农牧业更有活力。打造农畜产品加工基地，围绕纳入自治区农牧业产业集群范围的玉米、肉牛、蔬菜等10个重点产业，实施“龙头企业带动能力提升工程”，促进农畜产品就近就地转化增值。加快现代农牧业产业园建设，推动生产要素向园区集中、优势产业向园区集聚、政策资金向园区倾斜，实现特色优势产业优质高效集约发展。

品牌塑造，让赤峰农牧业更有名气。构建区域公用品牌体系，集中打造“赤峰小米”“赤峰荞麦”“赤峰羊肉”“赤峰牛肉”等单产业品牌体系，全力提升区域公用品牌影响力。推进农牧业生产标准化，编制生产技术地方标准，制定优质特色农畜产品团体标准，打造一批具有较高知名度的企业品牌和产品品牌。

（赤峰日报社）

大事记

责任编辑　袁洪军

1月

4日 赤峰海关签发首份RCEP(《区域全面经济伙伴关系协定》)原产地证书，标志着RCEP明确的关税减让政策在内蒙古东四盟市（呼伦贝尔市、兴安盟、通辽市、赤峰市）正式落地。

5日 市人民检察院与赤峰学院附属医院举行医学合作暨辅助办案医学专家库建设启动仪式，建立全自治区检察机关首家辅助办案医学专家库。

9日 赤峰黑龙江商会成立大会暨挂牌仪式举行。

10日 市委、市政府举行2022年招商引资冬季攻坚成果网签大会，涉及生态环保、设施农业、新能源、新材料、医药化工、装备制造、城乡建设、商贸物流、数字经济、文化旅游等领域的114个项目集中进行网上签约，计划总投资753.5亿元。

11日 中国共产党赤峰市第八届委员会第二次会议暨全市经济工作会议召开。

同日 喀喇沁旗牛家营子北沙参、牛家营子桔梗、喀喇沁旗羊肚菌被纳入“全国名特优新农产品”名录。

13日 喀喇沁旗被认定为第三批自治区级全域旅游示范区。

18日 由市政府主办，市商务局、中国银联内蒙古分公司承办的“迎新春惠民消费促进活动”，利用银联云闪付平台向全市发放36万张1200万元电子消费券。

19日 赤峰市蓝色轻骑兵综合服务队暨消防科技成果示范应用基地揭牌仪式在内蒙古交通职业技术学院举行。

21日 赤峰首个新建商品房“交房即交证”项目举行颁证仪式。市不动产登记中心工作人员、税务局工作人员为红山区红山郡六期的业主现场制发不动产权证书，内蒙古首地房地产开发有限公司负责人为业主发放钥匙。红山区红山郡六期的业主成为赤峰市首批新建商品房“交房即交证”政策的受益者和见证者。

22日 交通运输部、财政部、农业农村部、国家乡村振兴局联合下发《关于命名“四好农村路”全国示范县的通知》，巴林左旗被命名为国家级“四好农村路”示范县。至此，在全自治区12个国家级“四好农村路”示范县中，赤峰市占3个（喀喇沁旗、松山区、巴林左旗）。

1月 《赤峰市地名志》《赤峰市地名文化丛书》编纂完成。

同月 宁城县4000千瓦高压固体蓄热供热机组上线运行，标志着自治区东部最大清洁能源供热站落成。

2月

10—13日 政协赤峰市第八届委员会第一次会议举行。会议表彰市七届政协以来反映社情民意信息工作先进单位和先进个人；审议通过政协赤峰市第八届委员会第一次会议关于常务委员会工作报告的决议、关于提案审查情况的报告及政治决议。

11—14日 赤峰市第八届人民代表大会第一次会议举行。会议表决通过关于政府工作的决议、关于赤峰市2021年国民经济和社会发展计划执行情况与2022年国民经济和社会发展计划的决议、关于赤峰市2021年财政预算执行情况和2022年全市及市本级预算的决议、关于赤峰市人大常委会工作报告的决议、关于赤峰市法检两院工作报告的决议。

16—17日 市委书记万超岐，市委常委、副市长生效友率队赴上海市考察远景科技集团和创诺医药集团，并同企业负责人座谈，深入洽谈合作项目，对接合作事宜。

18日 中共赤峰市第八届纪律检查委员会第二次全体会议举行。会议审议通过市纪委常委会所作的《坚持稳中求进，注重守正创新，扎实推动纪检监察工作高质量发展》工作报告。

21日 自治区交通运输厅、财政厅、农牧厅、乡村振兴局联合下发《关于认定2021年度“四好农村路”示范旗县的通知》，克什克腾旗和林西县为第五批“四好农村路”自治区级示范县。至此，在全自治区38个自治区级“四好农村路”示范县中，赤峰市占7个（红山区、元宝山区、阿鲁科尔沁旗、巴林右旗、林西县、克什克腾旗、敖汉旗）。

2月 内蒙古大地云天化工有限公司入选自治区高质量发展重点工业企业，也是赤峰市唯一入选的企业。

3月

7日 市政府与中国电力建设股份有限公司、北京大地远通（集团）有限公司举行签约仪式，围绕优势互补深化地企合作、助力地方能源结构调整实现绿色低碳转型展开务实交流，并共同签署赤峰规模化清洁能源综合利用基地合作框架协议。

20日 赤峰市集中开展打击商标恶意抢注行为专项行动。旨在突出知识产权高质量创造导向，应对商标恶意抢注新趋势，回应社会关切，严厉打击严重违反诚实信用原则、违背公序良俗、扰乱商标注册秩序的商标恶意抢注行为。

21日 赤峰市首个整县屋顶分布式光伏项目在宁城县签约。

25日 赤峰搭建完成“玉龙出行”智能停车管理平台和“玉龙出行”微信小程序，累计接入276个停车场共1.9万个停车泊位数据。

28日 赤峰市与远景科技集团举行战略合作协议签约仪式。双方围绕绿色氢能产业基地、零碳产业园、智能风机制造、共享储能、能碳管理系统、森林碳汇等领域开展深入合作。其中，风光制绿氢一体化示范项目总投资400亿元，一期项目将于2年内投产。

31日 内蒙古自治区森林消防总队赤峰支队、红山区林草局、红山区应急管理局联合在红山国家森林公园举行“森林消防站”挂牌仪式。森林消防站建设以“早扑灭、早救援”和快速到达现场实施救援为目标，高效处置森林草原火灾，最大限度地保障人民生命财产安全。

同日 松山区职教中心被教育部确定为“全国职业教育信息化标杆校”建设单位。

3月 中国科协公布“2021年科普中国信息员典型代表”名单，赤峰市10人入选，占自治区入选人数的三分之一。

同月 市委办公室印发《第八届赤峰市委巡察工作规划（2022—2026）（试行）》，全面贯彻落实党中央和自治区党委关于巡视巡察工作新部署新要求，强化管党治党政治责任，明确巩固、深化、发展工作思路，提出今后五年市委巡察工作“路线图”“任务书”，推动八届市委巡察工作持续向纵深发展。

4月

2日 赤峰市推进高质量发展重点项目建设动员大会暨春季集中开工仪式举行。此次春季集中开工仪式在11个旗县区同步举行，主会场设在赤峰高新区元宝山产业园内蒙古大地云天化工有限公司厂区。集中开复工项目336个，总投资1370亿元，其中新建项目179个，计划总投资453.2亿元，涉及新能源、新材料、精细化工等多个领域。

6日 市生态环境综合行政执法支队、市生态环境局巴林左旗分局被生态环境部评为2021年生态环境保护执法大练兵表现突出集体；市生态环境综合行政执法支队于贵森被生态环境部评为2021年生态环境保护执法大练兵表现突出个人。

同日 中欧班列“赤峰号”首发开行仪式在赤峰保税物流中心举行。中欧班列“赤峰号”的开行，让赤峰成为全自治区首个开通国际无水海运、陆运双通道的城市。列车从赤峰保税物流中心始发，经满洲里口岸出境开往俄罗斯莫斯科市，运行总里程8129千米。

同日 赤峰商贸服务物流园区管委会揭牌仪式在物流园区商务广场举行。赤峰商贸物流园区管委会是市政府派出机构，主要负责推进园区内陆港、保税物流中心和跨境电子商务综合试验区等工作。

同日 赤峰市出台《轻微违法行为依法免予处罚清单》，在市场监管、卫生健康、自然资源、生态环境、交通运输、文化旅游、劳动保障、农牧等23个行政执法领域，针对包括5类市场主体（国有企业、集体企业、私营企业、外商投资企业、个体工商户）推出212项免予处罚事项。

8日 市司法局张树国被自治区司法厅记个人二等功。

10日 市医院新城分院建设项目一期工程奠基暨开工仪式举行。

18日 赤峰市春季招商引资成果网签大会举行。大会共进行4轮签约，12个旗县区及赤峰高新技术产业开发区分别与广州广钢气体能源公司、中国三峡新能源、华能新能源蒙东分公司、中科智能（北京）科技等企业签约。大会集中签约141个项目，总投资803.9亿元，项目涉及产业发展、城市建设、乡村振兴、基础设施、民生改善、生态环保等多个领域。

19日 克什克腾旗被授予“中国摄影创作基地”称号，成为内蒙古自治区唯一获此荣誉的地区。

同日 赤峰市安快数字创意有限公司申报的“安快创业谷”获“国家级科技企业孵化器”备案公示。至此，红山区国家级大众创新创业载体已达5家，包括国家级科技企业孵化器2家、国家级备案众创空间3家，领跑全市。

22日 由中国考古学会、中国文物报社共同主办的“新时代百项考古新发现”评选结果揭晓，位于巴林左旗的辽上京皇城西山坡佛寺遗址入选。

同日 赤峰市举办“万企兴万村”行动启动仪式，发布《汇聚力量再出发振兴乡村再建功——赤峰“万企兴万村”行动倡议书》。

24日 市机关事务管理局公务管理科被人力资源和社会保障部、国家机关事务管理局授予“全国机关事务工作先进集体”。

26日 市卫生健康委、市乡村振兴局、市医疗保障局联合印发《赤峰市大病集中救治技术推广工作方案》，确定在全市19家综合医院和6家中蒙医院开展大病集中救治技术推广工作，针对30个病种分别成立专家组。

28日 远景赤峰大兆瓦智能风机总装基地建设项目奠基仪式在赤峰农畜产品开发区翁牛特旗产业园举行。

29日 市政府举行中心城区2022年中环路快速化改造工程、玉龙大街与王府大街分车带综合改造工程、雨污分流改造工程新闻发布会，向市民详细介绍相关工作情况。

同日 翁牛特旗农村信用联社海拉苏信用社一笔2000万元的贷款发放到赤峰市志盛农牧业科技发展有限公司的账户上，成为赤峰市首笔以农业资产作为担保发放到位的贷款，也是政府、银行、担保公司三方联合开展“政银担”合作机制的生动实践和政府性融资担保机构创新农村农业产权抵押方式的有益探索。

4月 内蒙古硒望田野生态农业开发有限公司出口的“富有机硒营养小米”获全球富有机硒营养食品认证中心认证。

5月

5日 赤峰市农产品区域公用品牌“赤诚峰味”发布会在赤峰农牧科技产业园举行。同时发布品牌口号——“赤诚心，赤峰味”和品牌LOGO。

同日 赤峰农牧科技产业园举行开园仪式。市领导共同为入驻产业园的市农业科学研究所、林业科学研究所、动物疫病预防控制中心、农牧业综合检验检测中心、气象灾害防御中心、乡村振兴研究院6家单位揭牌。

13日 在内蒙古敖汉干部学院挂牌设立赤峰市乡村振兴干部培训基地。7月，敖汉干部学院通过全国干部学院办学质量评估，被中组部纳入全国干部党性教育基地备案目录。

17日 华能巴林右旗20万千瓦高比例储能+生态修复风电项目开工仪式在查干诺尔镇举行。项目总投资13.65亿元，总装机容量20万千瓦，安装单机容量为6250千瓦风电机组32台，新建一座220千伏升压站，所发电量通过该升压站接入500千伏巴林变电站。该风电场等效年利用小时数3059小时，年发电量为6.12亿千瓦时。

20日 阿鲁科尔沁草原游牧系统通过联合国粮农组织（FAO）专家线上考察，入选全球重要农业文化遗产名录，成为全球重要农业文化遗产地，是全球唯一一个蒙古族特色的草原游牧系统。

同日 市政府办公室印发《赤峰市“十四五”林业和草原保护发展规划》，明确“十四五”期间林业草原保护发展的总体目标、总体布局、六大主要任务和八大重点建设项目。

21日 北京唐浩电力工程技术研究有限公司赤峰分公司油品检测中心、赤峰市第二医院重症学科等5个集体，邢晓玲、布仁其木格等8名个人分别获自治区“五一巾帼标兵岗”“五一巾帼标兵”称号。

24日 由市卫生健康委主办，12家旗县区公立中医（蒙医）医院共同参与的赤峰市中医（蒙医）紧密型医疗联合体签约成立。

26日 赤峰市非公经济人士理想信念教育基地在市委党校举行揭牌仪式。

5月 市公共资源交易中心制定的《赤峰市公共资源交易平台行政区域内远程异地评标管理办法》发布施行，实现全市评标专家和各旗县区交易中心设施场所、监管环境的资源共享。

同月 中央电视台先后在《新闻联播》《晚间新闻》《风华国乐》栏目4次宣传报道赤峰市艺术剧院（赤峰市乌兰牧骑）服务群众、展现经典作品、彰显时代新貌的先进事迹。

6月

1日 市政府联合中国银联内蒙古分公司共同开启赤峰市“相约夏日、惠购赤峰”电子消费券发放活动，通过银联云闪付App平台，统一向全市发放1亿元电子消费券。

2—30日 喀喇沁旗举办第1届文化旅游节。

4日 经国家知识产权局审核批准，赤峰东黎羊绒股份有限公司和赤峰圣伦绒毛制品有限公司使用“赤峰羊绒”国家地理标志专用标志。因该标志颜色为红色，故简称为“红标”。

15日 市国资委贯彻落实国务院、内蒙古自治区关于国有企业房租减免工作的决策部署，发布《关于国有企业落实疫情期间减免服务业小微企业和个体工商户租金工作的通知》，27家国有企业共办结租金减免申请436宗，办结率100%，减免金额620.27万元。

21—22日 自治区党委书记孙绍骋到赤峰市，围绕激励干部担当作为进行调研。

23日 内蒙古支线供水工程赤峰朝阳线施工开工仪式在敖汉旗举行。该工程是2022年国家实施的55项重点工程之一，也是稳住经济大盘的重点项目之一。总投资110亿元，赤峰部分总投资40亿余元，境内输水管线长170余千米，工期54个月，计划2026年底建设完成并具备输水条件。

同日 宁城县五化镇宋三家村委会妇联主席邢淑梅获内蒙古自治区妇联颁发的“首届北疆巾帼志愿服务十大感动人物”称号。

6月 赤峰学院获批1个国家级和4个省级一流本科专业建设点。

7月

2日 宁城县农产品区域公用品牌“宁城宁果”发布会在赤峰市农牧

科技产业园召开，并举行农牧业重点项目、品牌授权签约仪式。

6日 由市总工会主办、市体育局协办的首届职工运动会在赤峰体育中心开幕。来自各旗县区总工会及部分市直企事业单位的20支代表队参赛。本次运动会以“中国梦·劳动美——喜迎二十大·建功新时代”为主题，开展气排球、网球、乒乓球、游泳等项目比赛。

7日 市退役军人事务局举行退役军人和其他优抚对象优待证首发仪式。

9日 赤峰市乡村振兴干部培训基地揭牌暨第四期新时代基层干部主题培训班开班仪式在敖汉干部学院举行。

同日 “松山区新时代文明实践社区科普体验中心”揭牌仪式在松山区振兴街道金御华城社区举行。作为赤峰市首家基层科普与文明实践相互促进、融合联动的社区科普体验中心，为广大居民搭建“零距离”接触高科技的平台。

12日 赤峰首届新媒体大会在敖汉干部学院召开。

13日 赤峰市中心城区市政基础设施标准化养护服务项目公开招标完成，中标单位为北京市政路桥管理养护集团有限公司，服务期限为3年，中标金额为每年2.01亿元。

15日 “榜样就在身边”第七届赤峰市道德模范颁奖典礼暨新时代好少年发布仪式举行。为30名道德模范、25名道德模范提名奖获得者以及15名新时代好少年进行颁奖。

15—16日 2022年度红山文化高峰论坛在红山区举办。来自国内20余家知名考古研究院所的40余名专家学者围绕论坛主题“比较视野下的红山文化与中华文明起源探索”进行研讨交流。

17—20日 赤峰市党政代表团赴京走访对接，同北京市支援合作办公室、北京市国资委、对口帮扶的北京7个城区和经济技术开发区围绕产业合作、乡村振兴、科技创新等领域开展深入交流。

18日 喀喇沁旗马鞍山村和三家村、松山区大乌良苏村、巴林左旗大良沟村4个重点村获评第二批自治区乡村旅游重点村。

同日 赤峰二中国际实验学校和美分校揭牌，标志着赤峰市首个跨区域集团化办学分校成立。

19日 自治区民委公布“全区第八批民族团结进步示范区示范单位候选名单”，157个地区和单位为第八批全区民族团结进步示范区示范单位。翁牛特旗、喀喇沁旗、赤峰学院、松山区第十幼儿园等15个地区和单位入选，数量居全区首位。

20日 市政府颁布《赤峰市妇女发展纲要（2021—2030）》《赤峰市儿童发展纲要（2021—2030）》，并于7月26日召开新“两纲”颁布新闻发布会。

同日 “投资赤峰 共赢未来”2022年赤峰市招商引资京津冀推介会在北京举行。举行招商引资项目签约仪式，来自京津冀地区29家企业的负责人同赤峰市成功签约项目29个，计划总投资336.36亿元。推介会上展出“赤诚峰味”系列产品，这是“赤诚峰味”品牌首次亮相北京。

25日 市政府与赤峰学院共建共管的赤峰市乡村振兴研究院成立。

26—27日 以“带回梦想·荣耀家乡”和“投资赤峰·共赢未来”为主题的2022年度“赤子峰会”暨夏季招商引资签约大会举行，签约项目152项，计划总投资568.72亿元。

27日 总投资50亿元的赤峰宏福现代农业产业园项目在喀喇沁旗锦山镇开工建设。一期项目规划建设35万平方米的Venlo式现代智能温室和5万平方米附属配套设施。

同日 国家林业和草原局三北局调研组到翁牛特旗调研科学绿化等工作，指出要坚持在生态优先的前提下，谋划发展生态经济，挖掘林业的经济功能，实现兴林和富民协调发展。

28—30日 全国草种质资源普查试点工作启动会议在克什克腾旗召开。

8月

2—4日 第31届内蒙古农业博览会暨第10届蒙东农机展在赤峰国际会展中心举办。本届农博会和农机展共有600余家农、林、牧、水企业报名参展，设置展位700余个，接待2.6万人次。意向交易额突破7.2亿元，现场签约项目486项。

5日 中心城区巡游出租车“95128可蚁点”约车服务平台上线运营发布会在赤峰中关村召开，标志着全新升级的“95128可蚁点”约车服务平台正式起航。平台完成入驻出租车驾驶员2571人，订单成交量近4万单。

5—7日 由市妇联主办的“巧手匠心 筑梦发展”——赤峰市妇女巧手产品展卖会在松山区众联广场举行。来自12个旗县区的100余家妇女巧手企业、基地、大户集中展卖500余款特色产品。

8日 由市体育局、市体育总会联合主办的赤峰市首届体育节在体育中心开幕。本届体育节历时两个多月，有32个比赛项目，合计参与人数达到万人以上。

同日 全国第2届中药材（蒙药材）产业高质量发展大会在喀喇沁旗举行。喀喇沁旗是“全国生态农业试点旗”，中药材种植历史悠久，是我国北方道地优质中蒙药材生产地。

12日 赤峰市全域旅游高质量发展大会暨“玉·见红山”蒙冀辽五城文旅联盟成立大会召开。为新组建的赤峰文化旅游发展（集团）有限责任公司揭牌，五城代表共同签署联盟协议。

17日 市林业科学研究所承担的自治区科技重大专项“文冠果优系选育快繁与集约经营关键技术研究”

通过验收。

18—24 日　赤峰举办“绽放金秋，安居惠民”商品住宅交易会。全市共完成首次网签备案 3891 套，面积 47.05 万平方米，总金额 33.09 亿元。是赤峰市参展企业数量最多、规模最大、补贴最高、范围最广、到场人次最多、销售金额最大的一次房交会。

20 日　赤峰机场完成新旧航站楼转场搬迁工作，T2 航站楼正式启用。新航站楼新增 11 个 C 类机位、1 个隔离机位、9 个登机廊桥，设计年旅客吞吐量 278 万人次。新航站楼建筑面积 3.1 万平方米，是原航站楼的近 6 倍，在国内支线机场率先实现自助行李托运、自助安检、自助登机。

20—21 日　赤峰市第 9 届就业创业博览会暨人才交流大会（高校毕业生就业专场）在红山区万达广场举办。共有 203 家企业参会，入场人数 6950 人，达成就业意向 2173 人。

22—31 日　“喜迎二十大 奋进新征程”第 15 届红山文化旅游节在松山区玉龙广场举行。

26 日　赤峰市劳务品牌“巴林左旗笤帚工”形象代言人李艳垒获“全国特色劳务品牌形象代言人”称号，“松州模具工”形象代言人杨国连获“全国劳务品牌形象代言人征集展示活动参与项目”奖。

31 日　市艺术剧院（市乌兰牧骑）创作出品的大型原创话剧《五福岭》获内蒙古自治区第 15 届精神文明建设“五个一工程”奖。

9 月

1 日　三座店水利枢纽中心城区引供水工程通过竣工验收。中心城区引供水工程项目历经 3 年建设，投入使用后每年最大供水量为 4465 万立方米，有效缓解城区水资源短缺的现状。

3 日　市司法局被评为全国司法行政系统先进集体，阿鲁科尔沁旗巴彦温都尔司法所所长那顺陶格陶被评为全国司法行政系统先进工作者。

同日　赤峰鸣春食用菌专业合作社、宁城县汐子奶农专业合作社、敖汉旗润园蔬菜种植专业合作社被命名为“自治区巾帼现代农牧业科技示范基地”。

22 日　巴林左旗林白铁路项目衙门庙至白音诺尔段开工仪式举行。该项目计划总投资 36.3 亿元，其中衙白段总投资 22.8 亿元、白白段总投资 13.5 亿元。

23 日　东山生态文化旅游区、和润景区、红山文化博物馆 3 家景区被自治区文旅厅评为国家 AAA 级旅游景区。

同日　宁城县入选全国 100 个农业现代化示范区。

24 日　远景零碳技术（赤峰）有限公司零碳绿氢一期项目在赤峰高新区元宝山产业园开工建设。该项目是全市年内重点项目之一，是赤峰市打造绿色低碳园区的重要支撑。

27 日　总投资 50 亿元的赤峰宏福现代农业产业园项目在喀喇沁旗锦山镇开工建设。一期项目规划建设 35 万平方米的 Venlo 式现代智能温室和 5 万平方米附属配套设施。

同日　敖汉旗检察院被授予“全国人民满意的公务员集体”称号，受到习近平总书记等党和国家领导人亲切会见。

28 日　赤峰市图书馆松州书院揭牌成立。

10 月

1 日　赤大白铁路乌丹客运列车地企联调测试现场会在赤大白铁路乌丹客运站召开，翁牛特旗首趟客运铁路地企联调测试成功。

11 日　市政府召开全市高标准农田建设项目调度推进会，对全市高标准农田建设和奶业振兴工作再调度、再推进。

24 日　市委召开全市干部大会，专题传达学习贯彻党的二十大精神。会议强调，要按照党中央和自治区党委部署，做好党的二十大精神学习宣传贯彻工作。各级党员领导干部带头深入学习，各级党委（党组）结合实际开展学习研讨，面向广大群众开展宣传宣讲活动，在全市上下迅速掀起学习宣传热潮。

26 日　松山区大夫营子乡大碾子村、大夫营子乡娘娘庙村、老府镇大乌良苏村、大庙镇小庙子村入选第六批中国传统村落名录公示名单。

28 日　赤峰市举行秋季招商引资网签大会，与全国 95 家企业签约项目 95 个，计划总投资 382 亿元，涉及产业发展、城市建设、商贸物流、基础设施、民生改善等多个领域。

同日　市委召开“担当作为好干部”表彰大会，来自各行各业、各条战线的 100 名优秀干部受到表彰，8 名受表彰干部代表作交流发言。

10 月　赤峰红十字狼途应急救援队和赤峰市红十字医院（赤峰学院附属医院）获“中国红十字会总会红十字模范单位”称号。

11 月

1 日　赤峰市第一部精神文明建设领域的地方性法规《赤峰市文明行为促进条例》施行。

同日　宁城县忙农镇（肉牛）、松山区老府镇老府村（设施蔬菜）、巴林左旗三山乡（苍术）、林西县统部镇（肉牛）、被农业农村部评为第十二批全国“一村一品”示范村镇。

7 日　在农业农村部公布的全国 100 个丰收节庆特色活动名单中，敖汉旗兴隆沟农民庆丰收活动和喀喇沁旗番茄节活动上榜，占全自治区入选名单的三分之二。

14 日　陈彦、张久成被文化和旅游部评为“全国 2022 年度乡村文化和旅游带头人”。

15 日　喀喇沁旗马鞍山村、松

山区大乌良苏村被文化和旅游部评定为第四批全国乡村旅游重点村。

17日 市总工会“赤峰工惠”万家普惠商城App上线。已有近400家商户入驻商城，注册会员3万名，为会员提供线下优惠服务。

28日 阿鲁科尔沁旗赵树峰被授予“全国优秀城乡社区工作者”称号，林西县新林镇五星村被授予“全国优秀基层群众性自治组织”称号。

30日 赤峰市脱贫攻坚后评估暨“开展三变改革促进乡村振兴”试点工作部署会召开。市乡村振兴局解读《赤峰市关于“开展三变改革促进乡村振兴”试点工作的实施方案》，部分地区负责人进行交流发言。

同日 阿鲁科尔沁旗创建“全国科普示范县”工作通过检查验收，入选2021—2025年度第二批全国科普示范县（市、区）认定名单，获“全国科普示范旗”称号。

12月

1日 市市场监督管理局依据《中华人民共和国广告法》《中华人民共和国中医药法》《医疗广告管理办法》等法律法规，针对医美行业发布“12条禁令”。

2日 市林业科学研究所承担的“半干旱区适应干旱造林技术研究”和参加的“沙地云杉人工林生长潜力评价与栽培模式研究”“燕山山地油松人工林高效培育技术研究”3项科研成果通过科技成果评价，研究成果整体水平达到国内领先水平。

5日 市图书馆学雷锋志愿服务站被文化和旅游部评为“2022年文化和旅游志愿服务典型案例”。

8日 第5届“中国创翼”创业创新大赛全国总决赛开赛，内蒙古分赛场设在赤峰市。自治区有4个项目入围全国总决赛，其中林西县苏人牧场10万亩荒山生态治理项目以总成绩排名第三获得二等奖，巴林左旗笤帚苗项目获得三等奖，宁城剪纸文创产品创新研发项目获得优秀奖。

同日 退役军人于得洋、李春华被评为2022年度内蒙古自治区“最美退役军人”。

12日 宁城县总工会右北平“司机之家”被全国总工会确认为2022年最美站点。

13日 赤峰市首家女企业家协会——克什克腾旗女企业家协会授牌成立。

20日 赤峰市第10届社会科学优秀成果政府奖评选结果公布，《赤峰市志（1991—2014）》《赤峰地区清代蒙满文档案汉译汇编》等7部作品获一等奖，《敖汉旗志（1986—2005）》《民国时期赤峰县公署档案精选》等48部作品分获二、三等奖。

26日 人力资源和社会保障部发布《关于表扬国家技能人才培育工作突出贡献单位和个人的通知》，对为国家技能人才培育工作做出突出贡献的63家单位和72名个人给予表扬。赤峰工业职业技术学院被授予“国家技能人才培育工作突出贡献单位”称号。

27日 第9届世界小米起源与发展会议在敖汉干部学院召开。国内外专家学者，国内知名小米企业代表，国内部分央企、国企代表，各级媒体记者以及敖汉旗企业代表260余人参加会议。

同日 市社会福利院刘阳获内蒙古自治区首届“最美养老护理员”称号；林西县社会福利院孙艳茹获内蒙古自治区首届“最美养老护理员”提名。

同日 国家民委对第十批全国民族团结进步示范区示范单位拟命名名单予以公示，赤峰市巴林右旗幸福之路苏木和喀喇沁旗马鞍山村被列入。

28日 第九批“全国民主法治示范村（社区）”名单发布，宁城县大城子镇瓦南村和敖汉旗萨力巴乡萨力巴村2个村入选。

29日 京蒙（亦庄·赤峰）科创产业园项目在北京开工。该产业园位于北京经开区核心地段，项目总投资6.22亿元。

同日 内蒙古首个国家考古遗址公园——辽上京国家考古遗址公园通过专家组评审，获批挂牌。

30日 由市林科所选育申报的“蒙樱1号”“三川页”“蒙樱2号”“蒙樱3号”4个新品种获林草植物新品种权授权。

市情概览

责任编辑　孙美丰

市情概览

自然地理

【位置面积】 赤峰市地处内蒙古自治区东部，东北地区西端，西辽河上游，大兴安岭西南段山脉与燕山北麓山地，内蒙古高原、西辽河平原的复合截接部位。地理坐标：北纬 41° 17′ 10″ ~ 45° 24′ 15″，东经 116° 21′ 07″ ~ 120° 58′ 52″。全市总面积 90021 平方千米。市政府驻赤峰市松山区。东邻辽沈，南近京津唐，西北靠锡林郭勒大草原，交通四通八达。距离北京、沈阳等中心城市 400 多千米，距离锦州、秦皇岛等港口不足 300 千米，是内蒙古距离出海口岸最近的地区。

【地形地貌】 赤峰市地处内蒙古高原向松辽平原过渡地带，北部为大兴安岭南段山地，燕山山系的七老图山屏于西部，努鲁尔虎山呈于东南侧，构成三面环山的半环形，地势西高东低，海拔一般在 300 ~ 2000 米，海拔最高 2067 米（克什克腾旗大光顶子山），东部海拔最低不足 300 米。赤峰地貌属山地丘陵区，中低山和丘陵约占土地总面积的 70% 以上。

【气候水文】 气候 赤峰市地处中纬度地带，属中温带半干旱大陆性季风气候区。因受南太平洋和印度洋西南季风支配，又被西伯利亚和蒙古高原的干燥高气压团侵袭，形成冬季漫长而寒冷，春季干旱多大风，夏季短促炎热、雨水集中，秋季气温下降快、霜冻降临早的气候特征。赤峰市三面环山，具有山水林田湖草多种类型，地形地貌复杂多样，光、热、水地域分布不均，小气候资源丰富。2022 年，赤峰市平均气温为 7.9℃，降水量 343 毫米，无霜期 146 天，日照时数 2906 小时。

水文 赤峰市地处辽河流域的最上游，是西辽河流域的主要产流区。境内有 4 个流域八大水系，总流域面积 9 万平方千米，流域有西辽河流域、大凌河流域、内陆河流域、滦河流域，水系包括老哈河水系、西拉木伦河水系、新开河水系、教来河水系、达里诺尔水系、锡林郭勒水系、大凌河水系及滦河水系。全市有河流 333 条（流域 50 平方千米以上）、湖泊 128 个、水库 69 座。主要河流有老哈河、英金河、西拉木伦河、查干木伦河、乌力吉木伦河、教来河等内陆河。

【自然资源】 土地资源 赤峰市土地总面积 869.15 万公顷，其中湿地面积 7.07 万公顷、耕地面积 184.34 万公顷、种植园面积 1.49 万公顷、林地面积 329.37 万公顷、草地面积 264.72 万公顷、城镇村及工矿用地 22.31 万公顷、交通运输用地 3.50 万公顷、水工建筑用地 0.18 万公顷、水域及水利设施用地 9.36 万公顷、其他土地面积 46.81 万公顷。全市山地和丘陵面积大，平原面积小。山地、丘陵、高原（含台地）占总面积的 86.8%，平原占 13.2%。

植物资源 赤峰市地处华北、东北以及内蒙古植物区系的交接地带，各植物区系在境内相互渗入，植被成分复杂，又具有一定的过渡性。主要植被类型有森林灌丛草原、干草原、草甸草原、草甸、沙生沼泽等。境内分布有苔藓类植物 326 种、野生维管束植物 1433 种，其中有野大豆、紫椴、黄檗、大花杓兰等 10 种国家重点保护野生植物。克什克腾旗白音敖包沙地云杉为世界珍稀濒危物种。

动物资源 赤峰市有野生脊椎动物 515 种。其中，哺乳动物 63 种，鸟类 393 种，爬行动物 14 种，两栖动物 5 种，鱼类 40 种（土著野生鱼 28 种）。全市分布着 137 种重点保护野生动物，其中国家重点保护野生动物 105 种、内蒙古自治区重点保护野生动物 32 种。其中珍稀濒危的哺乳动物有豹、黑熊、马鹿、斑羚、猞猁、兔狲、水獭等。珍稀濒危的鸟类有大鸨、丹顶鹤、金雕、中华秋沙鸭、猎隼、遗鸥、黑鹳、大天鹅、小天鹅、疣鼻天鹅等。

矿产资源 赤峰市地跨大兴安岭和华北地台北缘两大金属成矿带，是国内重要的贵金属和有色金属基地之一。全市已发现矿产资源 80 余种、矿产地 1600 余处，主要金属矿产有铜、铅、锌、锡、钨、钼等有色金属，金、银等贵金属以及铁等黑色金属储量丰富。境内石灰石、萤石、硅石、

表 1　赤峰市 2013—2022 年平均水资源量统计表

单位：万立方米

旗县区	地表水资源量	地下水资源量	重复量	水资源总量
红山区	839	3716	0	4555
元宝山区	4473	8568	267	12774
松山区	15274	15337	5129	25482
阿鲁科尔沁旗	17602	25359	2561	40400
巴林左旗	18725	9863	3487	25101
巴林右旗	20889	18767	11332	28324
林西县	12136	7430	1455	18111
克什克腾旗	64800	38606	14206	89200
翁牛特旗	16157	34734	3401	47490
喀喇沁旗	8140	6967	2442	12665
宁城县	24392	11632	8424	27600
敖汉旗	20011	22078	4693	37396
合　计	223438	203057	57397	369098

（市水利局）

叶蜡石、膨润土等非金属矿产资源也非常丰富，其中巴林石已成为四大国石之一。全市设探矿权 475 宗、采矿权 726 宗。建成敖汉旗吉隆矿业撰山子金矿、敖汉旗金陶股份金厂沟梁金矿、松山区柴胡栏子金矿、喀喇沁旗大水清金矿、克什克腾旗银都矿业拜仁达坝银多金属矿、巴林左旗双尖子山银铅矿、克什克腾旗拜仁矿业铜锌多金属矿、克什克腾旗维拉斯托矿业铜锌多金属矿、林西大井子矿业银铜矿、巴林左旗赤峰中色白音诺尔铅锌矿、巴林左旗山金红岭铅锌矿、林西县利拓矿业边家大院铅锌矿、阿鲁科尔沁旗敖仑花铜钼矿、克什克腾旗黄岗铁锡矿、元宝山区平庄煤业（集团）元宝山露天煤矿等一批骨干型矿山。

水资源　赤峰市多年平均水资源总量 36.9 亿立方米，其中地表水 22.34 亿立方米，可利用量 8.93 亿立方米。2022 年，全市实际开发利用水资源总量 22.39 亿立方米，地表水实际开发利用量 5.19 亿立方米。地表水富集于河流、湖泊和水库。地下水资源量 20.30 亿立方米，可利用量 12.20 亿立方米。地表水与地下水重复量 5.74 亿立方米。人均占有水资源量 853 立方米。

【自然灾害】　2022 年，赤峰市遭受干旱、暴雨洪涝、冰雹、大风、雪灾等多种气象灾害，给广大人民的生命财产及工农牧业生产、基础设施、交通运输等造成一定的损失。统计结果显示，全年出现暴雨洪涝灾害 14 点次，造成农作物受灾面积 7.39 万公顷，成灾面积 6.07 万公顷，绝收面积 4556 公顷，直接经济损失 3.93 亿元；冰雹灾害 17 点次，造成农作物受灾面积 5.82 万公顷，成灾面积 3.52 万公顷，绝收面积 3265 公顷，直接经济损失 5.1 亿元；大风灾害 16 点次，造成农作物受灾面积 1.82 万公顷，成灾面积 1.34 万公顷，绝收面积 1577 公顷，直接经济损失 1.52 亿元；干旱灾害 1 点次，造成农作物受灾面积 1.26 万公顷，成灾面积 1.26 万公顷，绝收面积 2692 公顷，直接经济损失 1.32 亿元；低温冻害 6 点次，造成农作物受灾面积 8072 公顷，成灾面积 2.29 万公顷，绝收面积 7168 公顷，直接经济损失 8072 万元。

（孙美丰　贾玉红　谭靖然　闫　鸽　汪晓梅）

历史人文

【建置沿革】　战国时期，燕将秦开率军北征击败东胡，燕置上谷、渔阳、右北平、辽西、辽东五郡。赤峰以南属右北平郡（治所在宁城县甸子乡黑城村）。西汉元狩四年（前 119），在上谷郡（今河北省怀柔东南）置护乌桓校尉监领乌桓，右北平乌桓大人乌延曾在赤峰地区建牙帐。曹魏初年（220），分东西部鲜卑，赤峰为东部宇文鲜卑占据，其部落首领曾在紫蒙川建牙帐。东晋建元二年（344），赤峰地区南部属前燕昌黎郡，北部为库莫奚、契丹部游牧之地。隋唐时设饶乐都督府和松漠都督府。辽代，赤峰市全境属上京临潢府和中京大定府，上京是辽王朝的首都，中京是最大的陪都。金代，地方行政区域设置为路、府、州、县，赤峰全境属北京路。元代，赤峰市属中书省的上都路、辽阳行省的大宁路、全宁路和应昌路。明代，在边疆地区设置都司、卫所和属部进行控制，今赤峰地区的设置大体以永乐（1403—1424）初年为线，分两个时期：前期属大宁都司，后期属奴儿干都司所辖的兀良哈三卫。清代，今赤峰市大部属昭乌达盟，部分属卓索图盟。民国时期，先后属于 1914 年设置的热河特别区和 1928 年由特别区改建的热河省。

1949 年中华人民共和国成立，先后隶属于热河省和内蒙古自治区，1969 年划归辽宁省，1979 年划回内蒙古自治区，1983 年撤销昭乌达盟行政公署建制，实行市管县体制。

【区划】　赤峰市是隶属于内蒙古自治区的地级市。设 3 个市辖区：红山区、松山区、元宝山区；辖 7 旗 2 县：阿鲁科尔沁旗、巴林左旗、巴林右旗、克什克腾旗、翁牛特旗、喀喇沁旗、敖汉旗、林西县、宁城县。

表 2　2022 年赤峰市行政区划一览表

单位：个

旗县区	乡镇街道	社区	嘎查	村
阿鲁科尔沁旗	街道：欧沐沦、罕乌拉 镇：天山、双胜、天山口、坤都、巴彦花、绍根、扎嘎斯台 苏木：巴拉奇如德、罕苏木、赛罕塔拉、巴彦温都尔 乡：新民、先锋、乌兰哈达	15	98	147
巴林左旗	镇：林东、隆昌、哈拉哈达、白音勿拉、十三敖包、富河、碧流台 苏木：乌兰达坝、查干哈达 乡：花加拉嘎、三山	18	20	146
巴林右旗	镇：大板、查干诺尔、宝日勿苏、索博日嘎、巴彦琥硕 苏木：巴彦塔拉、幸福之路、西拉木伦、查干木伦	14	91	71
林西县	镇：林西、官地、新城子、新林、五十家子、大井、统部 乡：大营子、十二吐	14	—	104
克什克腾旗	镇：经棚、宇宙地、土城子、达来诺日、同兴、芝瑞、万合永 苏木：巴彦查干、达日罕乌拉、浩来呼热、乌兰布统 乡：新开地、红山子	21	40	84
翁牛特旗	镇：乌丹、桥头、五分地、海拉苏、乌敦套海、梧桐花、广德公、亿合公 苏木：新苏莫、白音套海、阿什罕、格日僧 乡：解放营子、毛山东	25	64	165
喀喇沁旗	镇：锦山、美林、王爷府、小牛群、牛家营子、乃林、西桥 乡：十家满族、南台子	14	—	161
宁城县	镇：天义、大明、大城子、右北平、八里罕、五化、大双庙、小城子、汐子、忙农、黑里河、三座店、必斯营子 乡：一肯中、存金沟	22	—	305
敖汉旗	镇：新惠、四道湾子、下洼、四家子、金厂沟梁、贝子府、长胜、兴隆洼、黄洋洼、牛古吐、古鲁板蒿 苏木：敖润苏莫 乡：玛尼罕、萨力巴、丰收、木头营子	24	6	216
红山区	街道：西屯、三中街、永巨、东城、铁南、南新街、站前、哈达、长青、西城、桥北 镇：文钟、红庙子	57	—	27
松山区	街道：松州、铁东、向阳、振兴 镇：穆家营子、初头朗、老府、大庙、哈拉道口、上官地、安庆、王府、太平地 乡：大夫营子、夏家店、岗子、当铺地满族、城子	89	—	244
元宝山区	街道：西露天、平庄城区、平庄东城、平庄西城、云杉路、马林 镇：元宝山、风水沟、平庄、五家、美丽河 乡：小五家	55	—	66

（市民政局）

【人口】 截至2022年末，赤峰市常住人口400.1万人，其中城镇人口218.6万人、乡村人口181.5万人；常住人口城镇化率为54.64%，比上年增长0.9个百分点。男性人口203.2万人，女性人口196.9万人。全年出生人口2.16万人，出生率为5.39‰；死亡人口3.18万人，死亡率为7.93‰。

【民族】 赤峰市共有46个民族。常住人口中，汉族人口282.8万人，占全市人口的多数；少数民族人口117.3万人，占全市总人口的29.3%，其中蒙古族人口98.6万人。全市少数民族人口占比超30%的旗县区4个（阿鲁科尔沁旗、巴林左旗、巴林右旗、喀喇沁旗）、苏木乡镇39个（含2个满族自治乡）、嘎查村575个。

【宗教】 20世纪80年代初，赤峰市各宗教团体恢复活动，宗教信仰自由政策重新得到落实，先后恢复和建立佛教协会、伊斯兰教协会、天主教爱国会、天主教教务委员会4个爱国宗教团体。2017年，成立基督教三自爱国运动委员会和基督教协会。截至2022年末，全市有依法登记的宗教活动场所113座（处），其中藏传佛教寺庙23座、汉传佛教寺庙12座、道教寺观1处、伊斯兰教活动场所26座、天主教活动场所32座（处）、基督教活动场所19处。61名宗教界人士当选各级人大代表和政协委员。

【人文】 赤峰历史悠久，文化灿烂。境内有8000年的人类文明史，是草原文明的重要组成部分。因红山文化标志性器物C形碧玉龙出土于此，赤峰又被称为玉龙之乡。这里产生了红山文化、契丹辽文化、草原青铜文化、蒙元文化、移民文化5次文化高峰。

北宋至和二年（1055），为祝贺辽耶律洪基登基，宋朝派遣欧阳修为国信使出使辽国，受到辽道宗殊礼相待，赐御宴时特派尚父燕王萧孝友等4位重臣作陪。返宋时，欧阳修作

蒙古族男子冬季服饰　　（任久奎　摄）

诗两首记录辽国的风土人情。熙宁八年（1075），辽国派使者到宋朝东京要求重划疆界，宋辽双方谈判僵持不下，可能再次爆发战争。沈括用3天时间查找当年订立澶渊之盟的原始档案，查到宋、辽两国议定的以古长城为界的文本。宋神宗任命沈括为出使辽国的全权大使，继续谈判边界的领土归属问题。沈括回到东京后，把辽国沿途所见的地理、人情风貌等进行整理，写成《熙宁使虏图抄》一书，对研究辽代历史地理具有重要价值。唐朝大将军尚可孤，契丹（大辽）开国皇帝耶律阿保机，著名契丹女政治家、军事家萧绰（萧太后），元朝曾任大将军的孛兰奚、元臣，清朝战功卓著的大将军乌尔滚、罗布僧、蒙古史学家拉喜朋斯克、达日玛代来，清末民初兴教育办实业曾任清蒙藏事务局（民国中央的蒙藏事务委员会）总裁的开明王公贡桑诺尔布、发明家特睦格图等，均已其超人睿智和光辉业绩载入史册。在中国共产党的领导下，从大革命、抗日战争、解放战争到抗美援朝，赤峰各民族中更是英雄辈出：经李大钊介绍入党的早期中共党员内蒙特委书记韩麟符、中共克什克腾旗左翼旗支部书记萧生嘎，蒙古族进步青年乐景涛、德勒格尔，长期坚持地下抗日斗争的王逸伦、杨雨民、高桥，解放战争中董存瑞式战斗英雄徐汉林、花木兰式特级战斗英雄郭俊卿、黄继光式战斗英雄麻俊坤等。

【风俗】 特定的居住环境和生产生活方式，形成赤峰地区独特的劳动生活、婚丧嫁娶、饮食、歌舞戏曲、节庆、信仰祭祀等民族习俗，其中以蒙古族风情最具特色。蒙古族能歌善舞，蒙古民歌和安代舞、筷子舞、好来宝等歌舞粗犷豪迈。蒙古族服饰主要由首饰、长袍、腰带、靴子组成，华丽美观。奶茶、奶酒、手把肉、烤全羊等食品、饮品，最能体现蒙古民族的豪爽热烈。那达慕作为每年一度的草原盛会，展示蒙古民族在游牧生活中传承下来的竞技、游艺和体育项目。清末民初，大批汉族人从山东、河北等地迁入赤峰地区定居。迁入的汉民族带来了中原的风土人情、民间习俗，使中原农耕文化与北方游牧文化不断交汇融合。赤峰地区随之出现中原地区汉族的诸多生活习俗，如依河建村、日出而作、日落而息、求学逐仕等。庙会是赤峰传统的民俗活动，比较有特色的有老赤峰街的孟兰庙会、关帝庙会和现今规模较大的宁城大明庙会等。

【方言】 赤峰市汉语方言形成于清代，属北方方言区的冀鲁系。赤峰方言与普通话比照，语法差别甚微，语

音差别较大。蒙古语方言大体上分为“巴林土语，翁牛特和敖汉（简称敖翁）土语，阿鲁科尔沁土语，克什克腾土语，喀喇沁和宁城（简称喀宁）土语”5个土语区域。赤峰汉民族多为山东、河北地区移民，而以山东最多。当时移民东北叫下关东，即现在所说闯关东。由于东北地广人稀，山东等地农民便拖家带口来到关外谋生。赤峰地区地理上属于东北，也是移民目的地之一。部分山东移民汇集赤峰，不仅形成独特的生产生活方式，也形成独特的赤峰地方方言。赤峰地方话虽多有变化，但仍可以在山东话中找到踪迹。

【市花 市歌】 1989年7月6日，赤峰市首届人民代表大会常务委员会第27次会议决定，将大丽花（草本）定为赤峰市市花。大丽花原产墨西哥，菊科丽花属，球根花卉，别名大丽菊、大理花、山药花，多年生草本，茎中空，叶对生，花色丰富。因其适应性强、花开繁茂、花色艳丽而在赤峰广泛种植，深受市民喜爱。大丽花的生长特性也体现赤峰人民不畏艰难、顽强拼搏的坚强意志。1996年7月25日，赤峰市第三届人民代表大会常务委员会第二次会议决定将王燃作词、呼格吉夫作曲的《草原上有一座美丽的城》定为赤峰市市歌。

（孙美丰　勾振伟）

经济社会发展

【改革开放】 2022年，赤峰市聚焦经济高质量发展，实施经济体制改革。加大“双百双千”基地建设，落地信息技术产业招商引资项目22个；制定《赤峰市实施工业项目“飞地经济”政策的指导意见》，引进“飞地项目”36个；落实“科技兴蒙”行动，建成科技创新平台载体205个，新认定市级重点实验室5家、技术创新中心5个；实施“双倍增”行动，备案国家科技型中小企业137家，国家高新技术企业125家；引进海外人才、科学技术奖获得者109人。推进“放管服”改革，制定《赤峰市打造最优营商环境行动方案》；完善“12345”热线功能，实现企业诉求“接诉即办”；推出“一件事”集成服务20个，政务服务事项较法定时限压缩75.5%，即办件比例提高至56.7%。深化财税金融改革，制定医疗卫生等6个领域改革方案；制定《赤峰市落实新的组合式税费支持政策工作实施方案》，累计新增减税降费、退税缓税62.7亿元。推进国资国企改革，现代企业制度、法人治理结构逐步健全，经营性国有资产全部实现集中统一监管；推动28家托管企业划归国资委和集团公司管理，推进混合所有制改革，谋划混改事项32个，签约14个。构建开放型经济新格局，推进蒙东国家承接产业转移示范区申报工作；京蒙·亦庄科创产业园项目开工建设。制定《赤峰市落实东北振兴战略行动方案》，探索发展新路径。推出B2B出口业务，为全市对外贸易企业再添“黄金通道”。

【经济发展】 2022年，赤峰市地区生产总值2148.4亿元，比上年增长2%。其中，第一产业增加值450.4亿元，增长4%；第二产业增加值723.4亿元，下降1.1%；第三产业增加值974.6亿元，增长3.1%。三次产业比例为21∶33.7∶45.3。人均地区生产总值5.36万元，比上年增长2.4%。

农业　全年农作物总播种面积137.2万公顷，比上年增加0.1万公顷。其中，粮食作物播种面积113.5万公顷，增加1.2万公顷；经济作物播种面积23.7万公顷，减少1.2万公顷。全年粮食产量656万吨，比上年增加31.2万吨，增产5%。全年谷物产量627.7万吨，比上年增产5.5%。

工业建筑业　全年全部工业增加值增长1.5%。其中，规模以上工业增加值增长1.9%。在规模以上工业中，分经济类型看，国有企业下降4.2%，国有控股企业下降4.5%，股份制企业增长2.4%，外商及港澳台投资企业下降11.7%。分门类看，采矿业下降14.3%，制造业增长11.5%，电力、热力、燃气及水生产和供应业下降4%。分轻重工业看，轻工业增长5.9%，重工业增长1.5%。分重点行业看，能源工业下降15%，冶金工业增长14.9%，食品工业增长3.2%，化工行业增长5.3%。从主要工业产品产量看，全市原煤产量1523.9万吨，比上年下降11.3%；发电量367.4亿千瓦时，增长5.4%；铁矿石成品矿202.2万吨，增长24.9%；十种有色金属106.6万吨，增长2.7%；钢材711.9万吨，增长70.3%。全年建筑业增加值下降6.3%。全市具有资质等级的总承包和专业承包建筑业企业209家，比上年增加7家；有施工量的企业房屋施工面积863.7万平方米，下降35.7%；竣工房屋面积446.1万平方米，下降19.6%；房屋建筑竣工率51.6%。

商贸服务业　全年批发和零售业增加值207.6亿元，比上年增长6.8%；交通运输、仓储及邮政业增加值82亿元，增长4.1%；住宿和餐饮业增加值23.4亿元，下降14.3%；金融业增加值99.6亿元，增长2.6%；房地产业增加值104.7亿元，下降3.2%；信息传输、软件和信息技术服务业增加值27.5亿元，增长12.1%；租赁和商务服务业增加值29.2亿元，下降2.5%。全年规模以上服务业企业营业收入比上年下降4.3%。

对外贸易　全年对外贸易进出口总额154.2亿元，比上年增长25.3%。其中，出口40.3亿元，增长30%；进口113.9亿元，增长23.7%。全年实际利用外商投资0.3亿美元，比上年下降16.8%。

交通邮电业　全年公路货物运输量1.94亿吨，比上年下降5.5%；公路货物运输周转量247.6亿吨千米，下降4.4%。公路旅客运输总量454.6万人，比上年下降17.4%；公路旅客运输周转量6亿人千米，下降19.8%。全年完成邮政行业业务总量9.5亿元，比上年下降4.3%。快递服务企业业务量3675.4万件，比上年下降7.5%。年末移动电话用户468.6万户，比上年末增长1.3%。固定宽带用户125.6万户，增长11.2%。

【社会事业】 **科技** 2022年，赤峰市全年科技成果登记107项，比上年增长214.7%。授权专利1926件，下降15.6%。签订技术合同183份，下降38%；技术合同成交金额2.1亿元，增长26.6%。

教育 赤峰市有中等职业学校29所，全年招生1.1万人，下降12.7%；在校生3.47万人，下降1.1%；毕业生1.05万人，增长38.2%。有普通高中44所，全年招生2.68万人，下降3.6%；在校生8.22万人，增长1.1%；毕业生2.59万人，增长3.6%。有初中106所，全年招生4.26万人，下降0.5%；在校生12.76万人，增长1.9%；毕业生4.04万人，下降8.4%。有小学394所，全年招生3.68万人，下降15.8%；在校生25.13万人，下降2.1%；毕业生4.26万人，下降0.2%。初中阶段毛入学率为99.7%，小学适龄儿童入学率为98.3%。

文化 全市有艺术表演团体10个，其中乌兰牧骑9个。全市有公共图书馆14个，其中地级馆1个、县级馆13个；国家一级馆3个、国家二级馆2个、国家三级馆5个。全市公共图书馆馆舍总面积11.9万平方米，文献馆藏总量216.22万册件，年文献外借量327.23万册次，专业技术人员占比90%以上。全市有不可移动文物古迹7340余处，其中全国重点文物保护单位50处、自治区级重点文物保护单位69处，市级重点文物保护单位88处、旗县区级重点文物保护单位204处。境内历代长城1054千米，约占自治区长城总长度的三分之一。全市有博物馆22家，其中国有博物馆14家，三级以上博物馆10家。国有博物馆藏品数量36.3万件（组），包括一级文物662件（组），二级文物1544件（组），三级文物2640件（组）。广播节目人口综合覆盖率99.52%，电视节目人口综合覆盖率99.54%。

卫生 全市有医疗卫生机构4823个，其中医院105家，在医院中有公立医院35家，民营医院70家；农村牧区卫生院241个，妇幼卫生机构13个，专科疾病防治院（所）1个。年末卫生技术人员3.6万人，其中执业（助理）医师1.5万人，注册护士1.46万人。

体育 全年发展二级运动员75人。社区和嘎查村共有健身点3274个。全年开展各类全民健身赛事415场次。开展赤峰市体育人才"选星行动"，年度注册青少年运动员突破900人。全市销售体育彩票7.5亿元。

【人民生活】 **收入与支出** 2022年，全体居民人均可支配收入2.74万元，比上年增长6.4%。按常住地分，城镇居民人均可支配收入3.94万元，比上年增长5.2%。从主要收入构成看，工资性收入2.35万元，增长5.6%；经营净收入8729元，增长4.6%；财产净收入1723元，增长2.4%；转移净收入5476元，增长5.3%。农村牧区居民人均可支配收入1.65万元，比上年增长8.3%。从主要收入构成看，工资性收入5284元，增长7.4%；经营净收入8170元，增长8.9%；财产净收入247元，增长5.1%；转移净收入2846元，增长8.5%。全年全体居民人均生活消费性支出1.71万元，比上年增长0.4%。按常住地分，城镇常住居民人均生活消费支出2.12万元，比上年下降2.7%。农村牧区居民人均生活消费性支出1.35万元，增长0.8%。

就业 全年城镇新增就业人数3.02万人，比上年增长0.18万人。其中失业人员再就业1.17万人，就业困难人员实现就业1.15万人。全市农牧民转移就业70.94万人。城镇新增登记失业人员3.9万人，比上年增长0.94万人。认定就业帮扶车间77家，帮助1300余人实现家门口就业。开发公益性岗位兜底帮扶，全市脱贫人口公益性岗位在岗3800人。

生活与保障 赤峰市参加城镇职工基本养老保险人数111.85万人，比上年末增长4.5%。参加城乡居民社会养老保险人数173.1万人，增长2%。参加基本医疗保险人数397.6万人，下降0.6%。年末共有2.1万人享受城镇居民最低生活保障，最低生活保障月人均补助水平由上年的593元增加到783元。31.85万人享受农村牧区居民最低生活保障，最低生活保障月人均补助水平由上年的295元增加到506元。参加失业保险人数29.04万人，比上年增加1.08万人，累计领取失业保险金人数4226人。全市有民办公办养老机构128个，床位1.49万张。全年有34万人得到国家最低生活保障救济。

【生态环境】 2022年，赤峰市地表水国控断面优良水体比率为91.3%，超过自治区下达年度目标20.5个百分点，地级以上城市集中式饮用水水源水质达标率保持在100%。中心城市环境空气细颗粒物（$PM_{2.5}$）平均浓度降至每立方米18毫克，比上年下降18.2%；空气质量优良天数为356天，增加8天，优良天数比率为97.5%，增加2.2个百分点，全年无重污染天气；6项主要污染物均达到国家标准。全市森林面积303.67万公顷，森林覆被率35.84%。草原面积268.43万公顷，草原植被盖度62.6%。全市建立各级各类自然保护地48个，总面积150.4万公顷，其中自然保护区28个、森林公园14个、地质公园4个、国家湿地公园1个、沙漠公园1个。境内分布有苔藓类植物326种、野生维管束植物1433种。全市有野生脊椎动物515种。

（孙美丰　朱　鹏　孙向阳）

中共赤峰市委员会

责任编辑　王　慧

中共赤峰市委员会

综　述

【党的政治建设】　2022年，赤峰市委坚持正确政治方向，把“两个确立”“两个维护”作为最高政治原则和根本政治责任，时刻在思想上对标对表、行动上紧跟紧随、执行上坚定坚决。强化理论武装，把学习贯彻习近平总书记重要讲话重要指示批示精神同学习贯彻党的十九届六中全会精神、二十大精神有机结合，在全市上下深入开展“全面现代化，赤峰怎么干”大讨论，引领带动各级领导干部增强政治判断力、政治领悟力、政治执行力。市委常委班子及时修订工作规则、议事决策规则和“三重一大”事项清单，带头严格执行。

【党的二十大精神学习宣传贯彻】　2022年，党的二十大胜利闭幕后，赤峰市委开展“全面现代化、赤峰怎么干”大讨论，组织全市党员干部以党的二十大精神为指引，围绕落实“五大任务”谋思路、定举措，做法得到中组部肯定。举办市级领导专题读书班，学习党的二十大报告和有关文件，示范引领全市党员干部读原著学原文悟原理。开展县处级领导干部示范培训，首批对110名党政正职进行集中培训，并组织12个旗县区委书记、18个市直部门“一把手”作交流研讨，市委书记现场点评。指导各地发挥党校（行政学院）、敖汉干部学院主渠道作用，分级分类培训轮训党员干部7.8万余人次。围绕学习贯彻党的二十大关于党的建设和组织工作部署要求，组成7个调研组开展党建大调研，召开组织系统专题务虚会，找准贯彻落实结合点和突破口。

【统筹疫情防控与经济社会发展】　2022年，赤峰市委统筹疫情防控与经济发展工作，坚持“外防输入、内防反弹”，动员社会力量筑牢联防联控、群防群控战线，提高疫情防控的科学化精细化规范化水平，确保群众生活有序和经济平稳运行。市委把经济工作作为中心工作，用政治眼光观察和分析经济问题，谋大事、议大事、抓大事，加强学习提高，转变与新时代新任务新要求不相适应的思维习惯、陈旧观念，提升驾驭经济工作的能力水平。加强规划设计，制定“五个定位”行动方案，研究“六个赤峰”实施意见，分产业制定完善一系列促进发展的行动方案，配套出台稳经济举措38条和助企纾困措施10项，细化促消费、稳就业、保市场主体专项扶持政策，稳住全市经济基本面。发挥四大班子整体效能，建立市级领导包联旗县区、重点企业、重大项目工作机制，帮助协调解决存在的问题和困难。强化报账意识、交卷意识、成果意识，促进各旗县区、各相关方面盯项目、提效率，把主要精力聚焦到抓经济、促发展上来，调度经济运行在合理区间。优化产业结构，推动传统产业转型升级和新兴产业培育壮大，一批战略性新兴产业项目落地实施。狠抓招商引资，建立市级领导担纲的产业链招商方式，推行“春夏秋冬”四季集中签约、重点项目随

2022年12月28日，以“投资赤峰　共赢未来”为主题的赤峰市冬季招商引资项目签约大会在克什克腾旗举行。图为项目负责人进行网络签约

（赤峰日报社　供图）

时签约“长流水、不断线”的招商模式，签约项目1028个，到位资金332.3亿元，项目落地率82.8%。狠抓资源要素节约集约利用，开展“五个大起底”行动，推动解决一批遗留问题项目。加强对外开放，开行中欧班列“赤峰号”，外贸进出口总额138.1亿元。实施创新驱动发展，全社会研究与试验发展经费投入突破4亿元，农牧科技产业园和人力资源产业园投入运营。

【加强和改进民族工作】 2022年，赤峰市委把握铸牢中华民族共同体意识主线，开展民族团结进步宣传教育和创建活动，让“三个离不开”“四个与共”“五个认同”深入人心，促进各民族交往交流交融，引导各族群众始终感党恩、听党话、跟党走。落实自治区建设“模范自治区”要求，推动各民族互嵌式发展，构建“一家亲”民族团结进步党建联合体和“城市民族综合服务体”。

【深化改革】 2022年，赤峰市委印发《中共赤峰市委全面深化改革委员会2022年工作要点》，确定9个重点改革领域39项重大改革事项。推进国资国企改革，推动28户托管企业划归国资委和集团公司管理，推进混合所有制改革，谋划混改事项32个，签约14个。引进海外人才、科学技术奖获得者109名，科技特派员、企业科技特派员等基层科技人才3000余名。制定《赤峰市实施工业项目“飞地经济”政策的指导意见》，引进“飞地项目”36个。落实“科技兴蒙”行动，建成科技创新平台载体205个，新认定市级重点实验室5家、技术创新中心5家。深入实施“双倍增”行动，备案国家科技型中小企业137家，国家高新技术企业125家。京蒙·亦庄科创产业园项目开工建设。推进“放管服”改革，制定《赤峰市打造最优营商环境行动方案》，推行“双随机、一公开”监管，实现“进一次门、查多项事”。完善“12345”热线功能，实现企业诉求“接诉即办”。推出“一件事”集成服务20个，政务服务事项较法定时限压缩75.5%，即办件比例提高至56.7%。

【从严治党】 2022年，赤峰市委加强干部队伍建设，实施“十百千”培优育才工程，创新推行“督考联动”，构建选育管用全链条管理机制。制定激励干部担当作为措施16条，评选出市级“担当作为好干部”100名，树立干事创业鲜明导向。推动编制、人才、资金等各类资源向基层倾斜，“最强党支部”创建率46%。出台“清廉赤峰”实施意见，坚决纠治“四风”，严肃查处公共资源交易、疫苗购销等领域腐败问题，营造风清气正的政治生态。把党的建设、从严治党管党提到新的高度。及时组织学习习近平总书记相关讲话和党中央、自治区党委重要全会精神。及时研究党风廉政建设和反腐倡廉工作，狠抓党员干部作风建设。 （李建华）

表3 2022年赤峰市委重要文件一览表

时间	文件名称
2月24日	中共赤峰市委关于印发《中共赤峰市委员会工作规则》和《中共赤峰市委员会常务委员会议事决策规则》的通知
3月10日	中共赤峰市委办公室、赤峰市人民政府办公室政协赤峰市委办公室关于印发《赤峰市2022年度政协协商计划》的通知
3月25日	中共赤峰市委员会、赤峰市人民政府关于印发《赤峰市打造最优营商环境行动方案》的通知
3月25日	中共赤峰市委办公室关于印发《赤峰市2022年度政党协商计划》的通知
5月11日	中共赤峰市委员会印发《关于建设清廉赤峰的实施意见》的通知
5月25日	中共赤峰市委办公室、赤峰市人民政府办公室关于印发《2022年全市招商引资工作实施方案》的通知
7月7日	中共赤峰市委办公室、赤峰市人民政府办公室关于整合压减督查检查考核事项切实为基层减负的通知
8月24日	中共赤峰市委员会关于印发《赤峰市加强干部管理激励担当作为若干措施（试行）》的通知
8月31日	中共赤峰市委员会、赤峰市人民政府关于表彰2022年赤峰市五一劳动奖的决定
9月26日	中共赤峰市委员会、赤峰市人民政府关于表彰2021年度全市招商引资先进个人的决定
10月26日	中共赤峰市委员会关于命名“担当作为好干部”的决定
11月12日	中共赤峰市委、赤峰市人民政府印发《赤峰市进一步支持民营经济高质量发展的工作方案》的通知
12月20日	中共赤峰市委、赤峰市人民政府印发《赤峰市关于深入贯彻习近平生态文明思想推进全社会资源全面节约集约的实施方案》的通知
12月27日	中共赤峰市委、赤峰市人民政府关于印发《赤峰市推动产业优化升级促进经济高质量发展实施方案（2022—2025）》的通知
12月27日	中共赤峰市委、赤峰市人民政府关于进一步加强招商引资工作的意见
12月30日	中共赤峰市委关于以党的二十大精神为指引凝心聚力推进赤峰全面现代化建设的决定

（市委办公室）

重要会议

【八届二次全委会暨经济工作会议】 2022年1月11日，中国共产党赤峰市第八届委员会第二次全体会议暨全市经济工作会议召开。出席全会市委委员53人、候补委员12人。全会以习近平新时代中国特色社会主义思想为指导，贯彻落实十九届六中全会精神，贯彻落实习近平总书记对内蒙古重要讲话重要指示批示精神，贯彻落实中央经济工作会议、自治区第十一次党代会、自治区党委十一届二次全会暨全自治区经济工作会议、市第八次党代会部署要求，总结2021年工作，安排2022年重点任务。

【八届四次全委会暨经济工作会议】 2022年12月26日，中国共产党赤峰市第八届委员会第四次全体会议暨全市经济工作会议召开。出席全会的市委委员51人、候补委员9人。全会贯彻党的二十大和中央经济工作会议，自治区党委十一届四次、五次全会精神，听取和讨论市委常委会工作报告，总结2022年工作，部署2023年经济社会发展工作。审议通过《中共赤峰市委关于以党的二十大精神为指引凝心聚力推进赤峰全面现代化建设的决定》。

【市委常委会会议】 2022年，中共赤峰市委八届常委会共召开会议28次。传达习近平总书记重要讲话和中共、自治区党委重要会议精神，研究落实贯彻讲话精神措施及全市涉及党的建设、从严治党、经济社会、文化事业发展、民族团结、民生保障等中大工作。其中：

1月8日，中共赤峰市委八届十四次常委会会议召开，传达学习习近平总书记在1月6日中共中央政治局常务委员会会议听取全国人大常委会、国务院、全国政协、最高人民法院、最高人民检察院党组工作汇报和中央书记处工作报告时的重要讲话精神，听取市人大常委会、市政府、市政协、市法院、市检察院党组2021年工作情况和2022年工作安排汇报，研究部署下一步工作。

1月26日，中共赤峰市委八届十七次常委会会议召开，传达学习习近平总书记在省部级主要领导干部学习贯彻党的十九届六中全会精神专题研讨班开班式上的重要讲话精神、在十九届中央纪委六次全会上的重要讲话精神，习近平总书记对政法工作的重要指示精神、关于加强党内法规制度建设的重要指示精神，中央政法工作会议、全国政法队伍教育整顿总结会议、全国党内法规工作会议精神，中共中央关于加强巡视整改和成果运用的有关文件精神，中共中央、国务院关于2022年全面推进乡村振兴重点工作的意见以及自治区党委有关重要会议精神，研究贯彻落实措施。

2月14日，中共赤峰市委八届十八次常委会会议召开，传达学习习近平总书记在中共中央政治局第三十六次集体学习时的重要讲话精神，在中国文联十一大、中国作协十大开幕式上的重要讲话精神，对信访工作作出的重要指示精神，学习《中国共产党纪律检查委员会工作条例》、中央办公厅国务院办公厅《关于加快推进媒体深度融合发展的意见》和自治区实施措施，传达全国、全自治区宣传部长会议精神和全自治区领导干部学习贯彻党的十九届六中全会精神专题研讨班精神，安排部署全市贯彻落实措施。

3月8日，中共赤峰市委八届二十次常委会会议召开，传达学习习近平总书记参加十三届全国人大五次会议内蒙古代表团审议时的重要讲话、习近平总书记在中央党校（国家行政学院）中青年干部培训班开班式上的重要讲话精神，《国家新型城镇化规划（2021—2035年）》《地方党委和政府领导班子及其成员粮食安全责任制规定》《中央生态环境保护督察整改工作办法》精神，全国、全自治区组织部长会议精神，研究贯彻落实措施。

3月24日，中共赤峰市委八届二十二次常委会会议召开，学习中共中央、国务院印发的《信访工作条例》，中共中央办公厅、国务院办公厅关于文物工作的有关意见精神，全国、全自治区统战部长会议精神，研究贯彻落实措施。

4月2日，中共赤峰市委八届二十三次常委会会议召开，传达学习习近平总书记对安全生产工作的重要指示精神、李克强总理关于安全生产工作的批示精神和全国安全生产工作会议精神，中央有关文件和自治区有关文件、会议精神，研究贯彻落实举措；听取全市一季度经济运行情况、中央第三生态环境保护督察组交办群众环境信访件边督边改工作情况、疫情防控工作情况、2021年市委党建工作情况汇报，安排部署下一步工作；审议有关文件和事宜。

4月21日，中共赤峰市委八届二十四次常委会会议召开，传达学习中央、自治区有关文件精神，研究全市贯彻落实举措；听取一季度经济情况、推进市域社会治理现代化工作情况、全市安全生产大检查工作开展情况汇报，安排部署下一步工作；审议有关文件和事项。

4月26日，中共赤峰市委八届二十六次常委会会议召开，通报中央第三生态环境保护督察组发现的克什克腾旗“违规占用国家森林公园，生态破坏问题突出”典型案例，剖析产生问题的原因，对整改落实工作提出要求、作出安排。

5月1日下午，中共赤峰市委八届二十七次常委会会议召开，传达学习4月26日召开的中央财经委员会第十一次会议、4月29日召开的中央政治局会议精神和习近平总书记对湖南长沙居民自建房倒塌事故作出的重要指示精神，研究贯彻落实措施。

5月9日，中共赤峰市委八届二十八次常委会会议召开，传达学习5月5日中央政治局常委会会议精神和5月7日自治区党委常委会会议精神，研究进一步做好全市疫情防控工作；听取全市重点项目和重点产业链、重点领域专班、专项工作推进组工作进展情况汇报，研究做好当前经济工作的具体措施。

5月31日，中共赤峰市委八届二十九次常委会会议召开，传达学习习近平总书记在中共中央政治局第三十九次集体学习时的重要讲话精神，中办、国办《关于推进以县城为重要载体的城镇化建设的意见》精神，自治区党委书记孙绍骋关于奶业振兴的批示精神，听取市政府关于稳住经济大盘政策措施落实情况的汇报，安排部署下一步工作。

6月22日，中共赤峰市委八届三十次常委会（扩大）会议召开，专题传达学习自治区党委书记孙绍骋在赤峰市调研时的讲话精神和近期有关讲话精神，研究贯彻落实措施。

7月8日，中共赤峰市委八届三十一次常委会会议召开，传达学习习近平总书记在中共中央政治局第四十次集体学习时的重要讲话精神、中共中央办公厅印发的《纪检监察机关派驻机构工作规则》和自治区党委《关于激励干部担当作为的十二条措施》，研究贯彻落实措施，部署近期重点工作。

7月15日，中共赤峰市委八届三十二次常委会会议召开，传达学习全自治区经济社会高质量发展座谈会和全自治区推进奶业振兴现场会精神以及孙绍骋书记有关批示精神，研究贯彻落实措施。

7月26日，中共赤峰市委八届三十四次常委会会议召开，传达北京市·内蒙古自治区东西部协作工作座谈会精神并通报市党政代表团走访对接北京市有关方面情况，传达学习自治区党委、政府《关于深入贯彻落实习近平生态文明思想推进社会资源全面节约集约的指导意见》《关于推动产业优化升级促进经济高质量发展的实施意见》《关于深化土地综合整治促进高质量发展的指导意见》《内蒙古自治区碳达峰实施方案》，听取全市上半年主要经济指标完成情况汇报，研判当前经济运行态势，安排部署促进高质量发展的具体措施。

8月5日，中共赤峰市委八届三十五次常委会会议召开，传达学习习近平总书记在省部级主要领导干部“学习习近平总书记重要讲话精神，迎接党的二十大”专题研讨班上的重要讲话精神、在中央统战工作会议上的重要讲话精神、在新疆考察时的重要讲话精神，7月28日中共中央政治局会议精神，传达学习自治区党委常委会会议有关精神，安排部署做好下半年促进经济社会发展和维护安全稳定工作。

8月31日，中共赤峰市委八届三十七次常委会会议召开，学习贯彻全自治区经济社会高质量发展座谈会和工业经济运行座谈会精神，听取全市8月份经济运行情况汇报，研究解决存在的困难和问题，就做好下一阶段经济工作进行安排部署。

9月21日，中共赤峰市委八届三十九次常委会会议召开，听取市疫情防控工作指挥部关于本轮疫情处置情况汇报，总结经验教训，查找问题根源，就提升疫情防控水平和应急处置能力提出要求。

9月30日，中共赤峰市委八届四十次常委会会议召开，研究贯彻落实自治区党委关于改进工作作风有关要求的具体措施，安排部署近期重点工作。

10月28日，中共赤峰市委八届四十二次常委会会议召开，传达学习自治区党委书记孙绍骋和自治区党委副书记、自治区主席王莉霞关于奶业振兴的批示精神，听取市政府关于1—10月份经济运行情况和“五个大起底”行动开展情况汇报，研究做好下一步工作。

11月21日，中共赤峰市委八届四十三次常委会会议召开，传达学习自治区党委十一届四次全会精神，研究做好岁末年初经济发展工作和疫情防控工作。

11月29日下午，中共赤峰市委八届四十四次常委会会议召开，听取近期全市疫情防控工作汇报，对做好下一步防控工作进行研究、提出要求。

12月12日，中共赤峰市委八届四十五次常委会会议召开，传达学习12月6日中央政治局会议精神、中央办公厅关于构建新发展格局有关文件精神和自治区“五大任务实施方案”精神，听取2023年拟实施重点项目进展情况和推进在建重大项目进展情况汇报，研究部署促进经济高质量发展工作。

12月16日，中共赤峰市委八届四十六次常委会（扩大）会议暨2022年度全市党组织书记抓基层党建工作述职评议会议召开，听取各旗县区委书记和市委直属机关工委、教育系统党工委、卫生健康系统党工委、高新区党工委、非公经济和社会组织党工委、国资委党委书记抓基层党建工作述职，并进行现场测评。

12月23日，中共赤峰市委八届四十七次常委会会议召开，传达学习中央经济工作会议和自治区党委十一届五次全会暨全自治区经济工作会议精神，研究贯彻落实措施。

12月27日，中共赤峰市委八届四十八次常委会会议召开，传达学习中央农村工作会议精神和习近平总书记对爱国卫生运动作出的重要指示精神，传达学习自治区党委有关重要精神，安排部署市委八届四次全会暨全市经济工作会议任务落实工作。

（新吉利）

组织工作

【概况】 2022年，赤峰市委组织部统筹实施领导班子和干部队伍建设“一提双增”（提升干部政治能力和履职能力；持续增强各级领导班子整体功能；持续增强干部监督管理效能）、基层党建“三强三优”（强政治、强作风、强作用，优职能、优队伍、优保障）、人才工作“强心活点”（开展三引进一培养、三服务一促进行动，打造赤峰市科创高地，解决人才紧缺问题）三大工程，开展重点难点问题集中攻坚、组织部门政治建设两项行动，抓落实、求实效，创先进、争一流，推动全市组织工作高质量发展。6月，《赤峰市抓党建促乡村振兴工作研究》获全自治区组织工作调研成果三等奖；参加自治区党委组织部组织的“强国复兴有我”青年党员视频大赛活动，组织全市青年党员入选优秀作品26部，位列自治区盟市首位；在自治区对12个盟市“组织工作提升年”成效考核中，赤峰市被评为“优秀”等次。按照党中央和自治区党委统一部署，全市组织系统采取自下而上、上下结合、反复酝酿、逐级遴选的办法，完成2名党的二十大代表推荐考察工作。开展“担当作为、强市有我”“我为赤峰发展献一策”等主题活动，营造喜迎盛会浓厚氛围。常态化开展涉组涉干信访维稳、安全保密、舆论宣传专项排查整治，为党的二十大召开营造安全稳定的社会环境。（朱海阔）

【党组织和党员队伍状况】 2022年，赤峰市有基层党组织11368个。其中，基层党委584个，党总支947个，党支部9837个；机关基层党组织1965个，事业单位基层党组织2293个，企业、社会等基层党组织7110个。43个城市街道、132个苏木乡镇、304个社区（居委会）、2060个行政村均建立党组织，覆盖率100%。党员总数为25.44万名，女党员7.2万名，占党员总数的28.29%。少数民族党员7.19万名，占28.3%。大专及以上学历党员13.21万名，占51.95%。年内发展党员3783名。其中，发展女党员1706名，占45.1%；发展少数民族党员1386名，占36.63%；发展35岁及以下党员2759名，占72.94%；发展具有大专及以上学历的党员2525名，占66.75%。提交入党申请3.96万名，发展入党积极分子2.43万名。

（张泽鹏　李俊鹏）

【基层组织建设】 2022年，赤峰市开展“最强党支部”示范点示范基地创建活动，“最强党支部”创建率46.1%。深化党建引领网格化治理，建立“群众有诉、党员服务”工作机制，4.4万余名专兼职网格员、1700余支网格服务团队下沉到2.04万个网格开展服务。完善党群服务中心体系，建设四级党群服务中心（站）2790个，形成“15分钟服务圈”。加强社区工作者职业体系建设，开展社区党组织、社区党组织书记“双十佳”评选。推行“专编定选”，面向嘎查村（社区）党组织书记招录公务员和事业编制人员27名。实施“北疆模范机关创建”、国有企业“四强四优”创建、高校“三抓三促进”行动等项目。加强党员队伍教育管理，严把发展党员政治关，对3783名新发展党员进行政治素质审查。推行“非公党工委+行业党委”模式，成立出租车、总商会等行业党委10个，形成以非公党委牵头抓总的“1+10”行业党建工作体系。开展“两个覆盖”百日攻坚行动，完善领办1个党建项目、组织1次暖心服务、打造1个红色学堂等“六个一”工作机制，单列发展党员指标207个，全市新经济组织和新社会组织党组织应建尽建率80%以上。

【干部教育培训】 2022年，市委组织部建立能力素质提升机制，开展换届后履职培训需求评估调研，谋划促进高质量发展培训专题8个，举办政治能力、履职能力、专业化能力提升班20期，市委书记、市长等9名市领导上台授课，培训干部3800余人次。依托自治区“干部培训半月谈”，组织全市3000余人次线上听取中组部领导和自治区党委常委专题授课。选派1000余名干部到北京、长三角、大湾区学习新兴产业与高新技术、低碳经济与现代能源等专业知识。开展新时代基层干部主题培训和实战能力提升专项行动，市县两级举办基层干部系列培训2700余期8.2万余人次。把铸牢中华民族共同体意识教育作为各级党校（行政学院）教育培训的重点内容，开展相关专题培训110余期1.7万余人次。开展“学党的创新理论、做‘四个特别’干部”主题培训，共培训县处级领导

2022年7月18—22日，赤峰市召开乡镇党委书记“抓党建促乡村振兴”拉练会。图为参会人员在林西县新林镇实地观摩　（市委组织部　供图）

干部和教育、民族系统干部1400余人次。

【干部选拔任用】 2022年，市委组织部细化干部考核具体举措18条，梳理政治表现正负面清单107条。推行“非提拔任用谈话制度”，坚持“三个不限定”与5692名干部开展“非提拔任用谈话”。探索开展“政治家访”，全方位多角度掌握政治表现。巩固旗县区班子达标成果，市县两级党政工作部门分别完成配备目标任务的78.8%和63%。战略性培养优秀年轻干部1485名。建立配备使用预警机制，对19个配备进展缓慢的部门领导班子进行通报提醒。开展市直部门科级干部“择优比选”，统筹29个科级领导岗位面向全市进行公开比选，补齐市直机关科级年轻干部缺口。执行新修订的领导干部报告个人有关事项规定，健全完善审核把关、查核处理等工作机制，如实报告率提高到97.34%。学习贯彻公务员法及配套法规，做好分级分类考录、考核、遴选和培训，以及参公单位重新认定等工作。开展典型选树宣传，全市组织系统获全国“人民满意公务员集体”1个、全国“人民满意公务员”1名。

【激励干部担当作为】 2022年，市委组织部出台激励干部担当作为措施16条，开展“担当作为好干部”推荐评选，市级表彰担当作为好干部100名，并将评先评优与干部选拔任用挂钩，树立实干实绩鲜明导向。制定优化干部管理工作具体意见。开展关心关爱基层干部专题调研，研究细化7条具体举措，向一线倾斜待遇保障。建立不胜任干部召回制度，细化20余种“下”的具体情形、7种“下”的具体方式，对不干事不担当、群众意见较大、不适宜担任现职的171名领导干部进行免职和“回炉”历练，对3名领导干部进行组织处理。加强对“下”后干部的跟踪管理，制定受处理处分干部观察期管理评估具体措施，重新使用受处理处分影响期满干部37人。

【重点难点问题“揭榜领题”活动】 2022年，市委组织部贯彻落实全国、全自治区组织部长会议精神，聚焦完善干部政治素质考察考准考实工作机制、健全培养选拔优秀年轻干部常态化工作机制、激励干部担当作为、健全领导干部能上能下机制、提升干部能力推动高质量发展等12个重点难点问题，召开“揭榜领题”专题推进会议。印发《2022年全市组织工作项目书》，建立市、旗县区2个层面《组织工作破解重点难点问题项目台账》，并进行季调度，破题解题。

【“红色物业”提质城市基层治理】 2022年，市委组织部推进“揭榜领题”项目落实，把创建“红色物业”作为深化党建引领城市基层治理的抓手，破解物业管理瓶颈问题，提升城市基层治理水平。推进“交叉任职”，引导社区党组织书记通过法定程序兼任物业企业副经理，吸纳物业企业负责人担任社区“两委”兼职委员，约束规范物业行为、提高服务水平。全市新建物业党组织53个、物业企业“交叉任职”比例为64%；部门监管与行业自律“双管齐下”，整合物业管理资源力量。建设“阳光监督平台”，组建市县两级物业行业党组织，细化明确任务清单11项，建立服务质量动态评价体系。每季末亮出“红黑榜”，由主管部门、街道社区、业主委员会、居民代表四方主体评价物业服务质量，在监管平台和市级主流媒体公开发布，倒逼物业服务质量提升。因地制宜推行“红色物业”四种模式，补齐物业管理短板。在街道设置城市管理办公室，专人专职负责物业管理。深化街道赋权增能，推动街道、社区全面参与物业招标、承接查验、项目交接，前移监督关口。推行社区党组织领导下的物业企业、居委会、业委会“1+3”民主协商机制，每月召开民主协商会议解决小区物业问题；鼓励社区与物业合署办公。将“红色物业”纳入网格治理体系，择优选聘物业管理人员担任网格员，全市300余名物业人员担任小区“楼宇管家”，组建红色物业服务队500余支。

【组织部门政治建设专项行动】 2022年，市委组织部部署开展“政治建设专项行动”，研究制定加强改进组织部门政治建设若干措施，建立贯彻落实习近平总书记重要讲话重要指示批示精神重点任务台账，举办组工业务大讲堂6期，制定组织部门《政治建设工作指要》《办理事项指要》《政务工作指要》，开展“清廉教育”，锻造模范部门和过硬队伍。

【人才工作】 2022年，赤峰市投资6.2亿元在北京亦庄建设占地1.76公顷的“北京亦庄·赤峰科创产业园”，打造“人才飞地”。实施“三引进一培养”（引进高端领军人才及团队、青年人才、优秀工程师，培养本土优秀人才）“三服务一促进”（2022—2025年，全区将集中选派教育、医疗卫生、科技等领域优秀中青年人才和优秀年轻干部3.6万人次，开展“三服务一促进”帮扶行动助力乡村振兴）重点人才行动，深化“事业编企业用”“绿色通道”等做法，引进中科院院士、国家技术发明二等奖获得者等高层次人才24人、人才团队3个。开展“玉龙英才”评审，对全市具有行业领军性的8名个人、20个团队予以表彰，发放奖补资金100万元。

（朱海阔）

宣传工作

【概况】 2022年，赤峰市委宣传部围绕中心、服务大局，巩固壮大主流思想舆论阵地。市委讲师团会同旗县区理论学习轻骑兵小分队，围绕二十大精神等专题累计开展宣讲7000余场次，受众35万余人。1064篇优秀视频、图文稿件被中宣部和自治区级平台刊载。开展群众性文艺文化活动，举办全民阅读、书法绘画摄影作品展等活动7300余场，完成“一村一月一场电影”放映任务5000余场。

【理论学习】 2022年，市委宣传部制定印发《市委理论学习中心组2022年度学习计划》和《县级党委（党组）理论学习中心组2022年度学习安排意见》，落实定期调度、定期通报、巡听旁听、督查考核等工作机制，完成覆盖各市直部门和旗县区的一轮次巡听旁听工作，对各旗县区党委（党组）学习情况进行通报，提升全市理论学习质量。市委理论学习中心组开展学习研讨18次，全市县级党委（党组）理论学习中心组开展各类学习研讨活动1080次。推进“学习强国”学习平台建设，巩固拓展党史学习教育成果，开展“四史”宣传教育，深化“我为群众办实事”实践活动，推动党史学习教育常态化、制度化。

【学习宣传二十大精神】 2022年，市委宣传部制定印发《赤峰市学习宣传党的二十大精神工作方案》，市委理论学习中心组开展二十大精神专题学习研讨和读书班，带动全市各级党组织开展学习活动1.6万余场次。组建8支分众化宣讲团开展“党的二十大精神进万家”活动，依托学习讲堂、新时代文明实践中心（所、站）等阵地开展分众化宣讲。组织全市各级各类媒体统一开设“学习宣传贯彻党的二十大精神”“全面现代化 赤峰怎么干”等专题专栏23个，刊发相关报道2400余篇条，在《人民日报》、中央广播电视总台、《内蒙古日报》等媒体刊发《牢记嘱托 奋力开创高质量发展新局面》等优质稿件89篇。利用全市各类宣传阵地载体张贴悬挂党的二十大精神宣传标语2800余条，户外大屏、LED显示屏等电子载体刊播宣传标语和图案5000万余次。组织开展“党的二十大知识竞赛”“学习二十大精神读书分享会”等主题宣教活动1300余场，举办书法绘画展、广场舞表演等群众性文化活动300余场。

【新闻宣传】 2022年，市委宣传部围绕习近平新时代中国特色社会主义思想、经济社会发展、创建全国文明城市等重大主题，组织全市各级各类媒体开设专题专栏150余个，推出新闻稿件7万余篇条。举办国家级和自治区级媒体见面会和赤峰行活动，建立赤峰新闻外宣素材库，在国家级主要媒体刊发稿件520余篇，8篇在《人民日报》头版刊发，12条在央视《新闻联播》播出。聚焦医保、就业、防疫等热点问题召开18场新闻发布会。推进旗县区级融媒体中心建设，整合“新闻+”经营模式，提升县级融媒体中心服务质量。举办“赤诚峰味”农产品区域公用品牌发布会，并在新华社现场云等中央媒体现场直播，全网浏览量突破3000万人次。提升赤峰城市形象的美誉度、知名度、影响力，推出系列外宣新媒体产品，《赤峰》中英文外宣画册深受海内外欢迎，央视《味道》栏目持续报道赤峰美食，内蒙古广播电视台与赤峰签订战略合作协议。

【意识形态责任制落实】 2022年，市委宣传部加强教育、民族、宗教、新闻、出版、文艺、文化、哲学社会科学、展陈展览9个重点领域重点阵地管理，开展意识形态工作责任制落实情况专项督查、重点领域意识形态阵地风险排查和各级各类自媒体、网站、公众号、社团检查，排查整改风险隐患。落实分析研判联席会议制度，召开月度意识形态工作联席会议。开展“净网”“清源”“秋风”“固边”“护苗”等专项行动，加大打击“黑广播”和整治“灰广播”力度，开展非法卫星电视地面接收设施整治专项执法行动，维护广播电视传播秩序和阵地安全。

【文明城市创建】 2022年，市委宣传部制组织召开文明城市创建指挥部工作会议5次、创城工作推进会7次，建立责任落实、专项整治、学习培训、督查考核等制度机制，印发《测评体系任务分解》《市级领导、地区部门责任清单》等指导性文件，开展环境卫生、交通秩序、飞线治理等专项行动。推出市级领导包联片区工作制度，下沉包联街道、社区开展工作调研130余次，投入物资370万余元帮助基层解决问题447个。开展“创建全国文明城市·志愿者在行动”志愿服务活动，推出《创城曝光台》《创城随手拍》《整改进行时》等栏目，通报创城工作成效，曝光不文明行为。在公交站点、主次干道、公共场所刊播公益广告1.4万处，实现测评点位公益广告全覆盖。整理上报创城网报材料，总结创城经验，提升创城质效。以文明城市创建为统领，深化文明村镇、文明单位、文明家庭、文明校园等创建互动，开展“守村规、改陋习、重诚信、讲互助”移风易俗活动。

【文化强市建设】 2022年，市委宣传部召开推进文化强市建设工作座谈会，制定《赤峰市“十四五”文化改革发展规划》，落实年度文化体制改革工作要点任务，推进昭乌达剧场、红旗剧场等国有文化企业改制任务。实施中华文明探源工程，加大对红山文化遗址发掘保护和申遗工作力度，完成武安州辽塔修缮及周边环境整治工作。推动文化旅游融合发展，以“红山玉龙——中华第一龙”城市IP为主打品牌，在旅游景区、地标建筑、户外大屏等推广使用玉龙元素，设计推出中华第一龙、中华第一凤等系列文创产品，举办第十五届红山文化旅游节，打造赤峰文化强市新品牌、新形象。出台培育文化产业新业态工作方案，扶持规模以上文化企业，为文化企业出谋划策、抒困解难。建立市县两级重点项目库，指导旗县区实施重点项目策划制作47个。开展乌兰牧骑“学·创·演”活动，推出精品文艺创作《玉龙街九号》《五福岭》《龙凤呈祥》等58部，开展“送欢乐 送文明”活动890场。开展群众性文艺文化活动，举办全民阅读、书法绘画摄影作品展等活动7300余场，推进草原书屋一体化改革，完成“1村1月1场电影”放映任务5000余场。（许德华）

2022年5月10日，赤峰市新的社会阶层人士统战工作实践创新基地授牌仪式暨2022年第一次联席会议举行　（市委统战部　供图）

统战工作

【概况】 2022年，赤峰市委统战部组织民主党派调研全市重点项目，参与中蒙医药产业招商引资，引进重点项目6个；促成自治区促进民营经济发展项目签约项目4个，计划总投资1.63亿元。指导成立赤峰留学人员联谊会，推动成立呼伦贝尔赤峰商会。打造民族团结进步创建精品示范点102个、观学路线6条。“关爱自闭症儿童蓝色行动”入围中央统战部“光彩之星”年度重点项目，是自治区唯一入选项目。

【政党协商】 2022年，市委统战部举办民主党派学习贯彻政治协商条例座谈会和学习贯彻统战工作条例培训班。召开民主党派学习贯彻党的二十大精神部署会、座谈会，组织民主党派开展“矢志不渝跟党走，携手奋进新时代”政治交接主题教育。组织民主党派调研全市重点项目、参与“集中社会服务”“社区共建”活动。

【党外知识分子和新的社会阶层人士统战工作】 2022年，市委统战部开展无党派人士政治面貌认定工作，完善重点人物库。落实“双走访”“双报告”制度。双走访为统战部定期走访党外代表人士所在单位和本人，了解掌握其政治表现、思想状况、履行职责、廉洁自律等情况；双报告为党外代表人士向统战部报告履职成效及其他有关重要事项，统战部向上一级统战部报告有关重要情况。指导成立赤峰留学人员联谊会。完成市知联会、市新联会换届工作。创成自治区级实践创新基地2家、市级实践创新基地6家。启动赤峰市“少年急救官”公益项目（“少年急救官”公益项目活动是新的社会阶层人士“人人参与自救互救，共建共享文明社会”社会服务主题活动之一，目的是从小培育孩子的风险识别和自救互救能力，树立社会责任感，践行社会主义核心价值观，长大成为担当民族复兴大任的时代新人）。举办“唤醒赤峰之美”影像作品征集大赛等活动。

【党外代表人士统战工作】 2022年，市委统战部加强党外人士思想政治引领，支持各领域开展主题教育和各类培训活动。培养党外代表人士，完善各领域党外代表人士数据库。落实领导干部与党外代表人士联谊交友制度，推动领导干部与党外代表人士结对子，常态化进行谈心交流，凝聚思想共识。举办党外干部能力素质提升班，培训100余人。全年3批次提拔处级党外干部8名。

【助力民营经济高质量发展】 2022年，市委统战部组织召开全市民营经济高质量发展大会。开展“我为优化营商环境献一策”、银企对接等暖企助企系列活动。完成各级工商联（总商会）换届工作。成立赤峰市总商会党委，打造民企党建示范基地30家。参与中蒙医药产业招商引资，引进重点项目6个。促成自治区促进民营经济发展项目暨“赤子家乡行”签约项目，计划总投资1.63亿元。建立全市非公经济人士理想信念教育基地。制定《年轻一代非公经济人士教育培训规划（2022—2025）》，举办网络培训班25期。实施“百企精英”计划，动态调整民企、民营企业家数据库。常态化开展非公经济人士综合评价工作。65家民企投资1.4亿元助力乡村振兴，带动脱贫户就业2511人。

【统战理论研究和实践创新】 2022年，市委统战部依托铸牢中华民族共同体意识研究中心发布课题21

项，形成研究成果。编印《赤峰统战》理论研究和实践创新专刊，自治区党委统战部采纳理论研究论文 12 篇。举办全市统战理论研究和信息工作培训班。编印《赤峰统战工作》46 期、《党外之声》5 期，向自治区相关部门报送各类信息 1170 条。

（赵坚石）

政策研究

【概况】 2022 年，赤峰市委政策研究室起草重要文稿及主要领导讲话 10 余篇，开展重点课题研究，形成调研报告 16 篇。在中央生态环境保护督察期间，完成督察组交办赤峰市 33 批 454 件举报案件办理和报告的初审及复核。

【市委文稿起草】 2022 年，市委政研室承担市委重要文件的起草工作。完成《中共赤峰市委常委会 2022 年度工作要点》《中共赤峰市委关于建设“两个屏障”工作情况的报告》《赤峰市贯彻落实习近平总书记关于建设我国向北开放重要桥头堡的重要讲话重要指示批示精神进展情况报告》《中共赤峰市委关于以二十大精神为指引凝心聚力推进赤峰全面现代化建设的决定》等文稿的起草任务。完成市委主要领导在全市传达学习贯彻党的二十大精神干部大会、党的二十大精神专题读书班暨市委理论学习中心组第十四次集体学习会、全市县处级正职领导干部学习宣传贯彻党的二十大精神专题培训班、市委八届四次全会暨全市经济工作会议等会议上的讲话。

【调查研究】 2022 年，市委政研室坚持问题导向，听取基层和群众意见建议，既运用座谈会、个别访谈、实地走访等传统方法，又运用知网数据库、学习强国等网络资源，吸收采纳专家智库的意见建议，提高调研报告的实效性和科学性。开展重点课题研究形成调研报告 16 篇，其中《翁牛特旗强力推动困难民营企业盘活重整的做法值得借鉴》被自治区党委政研室《调查与研究》采用并获自治区党委政府主要领导签批，被《内蒙古工作》选用 4 篇。

【党刊信息编印】 2022 年，市委政研室围绕市委重要决策部署、重要会议精神开展党刊信息编印工作。制定编审工作制度，提高办刊质量。印发《赤峰工作》6 期，其中 4 篇被《内蒙古工作》采用。印发《外埠信息》13 期，以介绍先进地区的优秀经验和实践成果为主，每期选择 2 ～ 3 个主题进行摘录编发。

（姜路鸿）

机构编制管理

【概况】 2022 年，赤峰市委编办制定年度用编计划，控制用编数量，确保财政供养人员只减不增。全市公务员考录、高校毕业生招聘、人才引进、军转安置等使用编制 3600 名。其中，1500 名用于补充中小学教师，2100 名用于补充苏木乡镇、基层卫生院、高校等其他各类机关事业单位工作人员。加大人才引进力度，全市人才引进用编 903 名。建立健全中小学教职工编制动态调整、编制“周转池”等制度，压缩非教学人员比例，优化全市中小学教师队伍。在中小学教职工编制总量内，依据全市各类中小学校和特殊教育学校的实际班级数，综合考虑在校生总数、现有编制与实有教职工数、地区因素等，科学测算、动态调整各旗县区中小学教职工编制总量。探索将公立医院及其他教育卫生公益服务类事业单位可调剂使用的编制，专项用于解决结构性超编、旗县区中小学教职工公开招聘计划和逐年缓解全市幼儿园编制缺口。

【巩固深化机构改革成果】 2022 年，市委编办督导涉改事业单位按照“三定”规定履行职责，推动全市事业单位落实改革任务。开展苏木乡镇（街道）机构设置、编制配备、职责履行等改革落实情况调研，针对调查中发现的共性问题，制定苏木乡镇（街道）党政内设机构和事业单位职能职责公示参考模板，提出苏木乡镇（街道）规范悬挂牌匾的工作建议。为合理界定苏木乡镇（街道）与旗县区直属部门的职责边界，编制城乡管理领域《县乡共同承担事项责任清单指导目录》。对市委宣传部、敖汉干部学院、赤峰学院、赤峰市应用技术职业学院等部门内设机构、职能职责等机构编制事项进行调整。

【事业单位法人登记管理】 2022 年，市委编办优化法人登记工作流程，推动全市事业单位法人证书电子化。全年完成事业单位设立登记 9 个、变更登记 24 个、注销登记 48 个，事业单位年度检验 108 个，事业单位法人公示信息抽查 4 个单位。党政群机关统一社会信用代码证书业务办理事项 35 个。中文域名网站审核事项 35 个，挂标网站 138 个。为解决无公告网站的问题，协调中央编办域名注册管理中心，开通全市事业单位法人公告事项对外公告网站。

【机构编制工作法定化】 2022 年，市委编办针对部分地区和单位存在的用编列编程序不规范、实名制系统维护不及时等问题，制定全市统一用编管理制度，规范用编申报、审批权限、列编销编等事项。运用机构编制核查成果，以机构编制核查问题整改为抓手，提升机构编制管理水平。依托机构编制实名制系统开展用编审核、定期核查及日常监控，对全市机关事业单位机构设置、人员编制和领导职数等情况开展监督检查，发现问题及时整改。

（高佳茹）

市直机关党建

【概况】 2022年，赤峰市委直属机关工作委员会贯彻落实新时代党的建设总要求，规范发展党员290名。组织干部下沉2万余人次，协调7个职能部门梳理纾困帮扶政策116项。通过联学模式，集中培训1.2万余人。

（方 冲）

【机关党组织和党员队伍状况】 2022年，市直属机关工委直接管理市直机关党组织108个，管理各级机关党组织1110个，其中党委85个、党总支39个、支部986个；管理党员20519名，其中在职党员15667名（机关事业单位14219名，非公有制单位1448名）、离退休党员4852名。年内预备党员转正510名，发展对象290名。

（季小佳 李俊鹏）

【思想政治建设】 2022年，赤峰市直机关各级党组织落实“第一议题”制度，推动政治机关意识教育。实行“三张清单”（建立问题清单，不怕揭短亮丑；建立整改清单，确保兑现承诺；建立责任清单，促进抓好主业）和基层党建“三级联述联评联考”［三级联述，即市、县、乡镇党委书记就抓基层党建工作分别向上一级党委进行专项述职；三级联评，即组织基层党组织、党员和群众代表对县、乡镇、村党组织抓党建工作情况进行评议；三级联考，即把抓基层党建工作情况作为市、县、乡镇和部门党组（党委）、领导干部年度考核的重要内容］，压实管党治党政治责任。坚持“讲政治、守纪律、负责任、有效率”标准，创建模范机关。构建书记领学、培训研学、活动比学、实时督学的联学模式，集中培训1.2万余人。督促指导机关党组织和广大党员学习党的二十大报告，集中开展线上宣讲，组织4000余名党员干部参加专题辅导，把学习贯彻党的二十大精神作为“三会一课”、学习活动日、理论中心组等党内政治生活重要内容，开展专题培训、领导干部领学、专家辅导、研讨交流，覆盖党员2万余名。依托“赤峰机关党建”公众号、视频号等载体，与市直各单位新媒体平台同步联动。实施青年干部理论提升工程，组建市直机关青年理论学习小组245个，推出“微党课我来讲”教育品牌，经验做法被《内蒙古工作》刊发。

【基层组织建设】 2022年，市委直属机关工委指导40个基层党组织完成新建、更名、换届等工作。将5个非公经济党组织划转属地管理。开展标准化党支部建设，市直机关标准化党支部率为85%。各级党组织开展重温入党誓词、过政治生日、铸牢中华民族共同体意识等主题党日活动。实施基层党建“三强三优”工程，推进“最强党支部”创建工作，市直机关“最强党支部”率为45%。开展“最强党支部”示范点、示范基地建设专题培训，对示范点、示范基地建设“一对一”指导，推出“一支部一品牌、一单位一特色”创建模式，打造公安局“忠诚铸警”、司法局“律心向党，赤诚服务”等市级示范基地2个；市检察院“三抓三强化”、市政务服务局“三个服务”工作模式等市级示范点9个；培育市级“最强党支部”10个。组织引领市直党组织和广大党员开展“担当作为 强市有我”系列活动。围绕经济发展开展“我为赤峰发展献一策”活动，收集各类发展思路、方法举措30类230条，调研报告210篇；开展“优化营商环境，我是党员我行动”活动，收集意见建议472条，梳理差距不足347条，制定改进措施495个。开展“我为基层和群众办实事”活动，2800余名党员干部下社区、上街区，办实事1379件。在文明城市创建中，组建党员先锋队18支。组织市直73个党组织包联开展纾困帮扶工作，投入帮扶资金42.33万元，协调7个相关职能部门梳理纾困帮扶政策116项，架起政企“连心桥”。

【党风廉政建设】 2022年，赤峰市市直机关开展廉洁主题宣教活动130场次。加强机关纪检队伍力量，市直党组织的机关纪委、纪检委员全部建齐配齐。监督指导机关纪委执纪审查调查工作，组织编制《赤峰市直属机关纪委监督执纪工作程序规定》《规范文书样式》等文件，提升机关纪检工作规范化水平。依纪依

2022年12月15日，2022年度市直机关党委书记抓基层党建述职评议会议在赤峰国际会展中心礼堂召开 （市委直属机关工委 供图）

规审理派驻纪检组移送和机关纪委申请备案案件27件。

【“微党课·我来讲”青年党员教育品牌】 2022年，市委直属机关工委打造“微党课·我来讲”青年党员教育品牌，包括党史故事我来讲、党建微课堂、纪检微课堂、学习荐读4项内容，采取青年党员自愿报名、自行组稿和录制视频、统一审核发布方式进行。3月起，赤峰机关党建视频号每天更新推送“微党课·我来讲”视频。“微党课·我来讲”青年党员教育品牌着眼于新时代青年党员群体特点，以提高青年党员政治素养、锤炼政治品格为落脚点。11月，举办“党史故事我来讲”优秀作品评选活动，参评作品99部，经过网络投票、评审委员会评审，评出一等奖12部、二等奖20部、三等奖25部，在赤峰机关党建公众号发布推广。选送13部作品参加自治区Vlog视频大赛并全部获奖。 （方 冲）

保密管理

【概况】 2022年，赤峰市委保密委员会办公室和赤峰市国家保密局开展保密宣传“七进”系列活动，组织机关单位观看保密警示教育片117场。制发责任制落实任务清单，推进机关单位保密工作责任制落实。赴机关单位讲授保密专题课37场，培训2000余人次。

【宣传教育】 2022年，赤峰市以学习宣传保密法律法规为主线，开展重点人员保密宣传教育，创新方式方法，完善工作机制。利用全民安全教育日、国家网络安全宣传周、保密法宣传月等时间节点，开展《中华人民共和国保密法》《中华人民共和国密码法》宣传工作，通过悬挂宣传条幅、制作宣传展板、发放宣传单等方式，扩大保密宣传教育覆盖面。编印保密宣传资料1.8万余册、折页4万余页、挂图500余幅、海报1000余张。开展保密宣传“七进”（进企业、进校园、进机关、进社区、进农村、进家庭、进公共场所）系列活动，坚持正面宣传和警示教育相结合，组织机关单位观看保密警示教育片，达到以案释法、以案释警作用。以领导干部和涉密人员为重点，将保密“两识”教育纳入市委党校、敖汉干部培训学院领导干部任职、新录用公务员初任培训课程。针对不同部门、不同行业、不同人群，通过“主动送课”“量身定课”方式，组织保密宣传讲师赴机关单位讲授保密专题课。将保密“两识”教育列入全市党政办公系统培训内容，提升党政机关领导干部保密能力和水平。联合市委直属机关工委组织机关单位人员赴市保密警示教育实训平台开展保密主题党日活动。借助互联网和新媒体平台，拓宽保密宣传教育渠道，开通“赤峰保密”公众号，定期推送保密常识和警示案例。组织全市机关单位61个门户网站、379个微信公众号、548个微信工作群发布保密宣传信息。在《赤峰日报》刊登14期典型失泄密案例，在市广播电视台、公交公司、玉龙机场播放保密公益宣传片。组织全市机关单位7000余人参加保密普法线上知识培训。

【监督指导】 2022年，赤峰市落实机关单位保密工作责任制，将落实保密工作责任制情况纳入机关单位考核和市委巡察内容。制发责任制落实任务清单，对市直机关单位主要负责人递送保密工作“一封信”，对各机关单位开展保密自查自评、定密解密、信息系统和信息设备保密管理等工作提出具体要求。制发保密日常联系指导工作办法，常态化对12个旗县区和100家直属机关单位、中区直驻赤单位、开发区和相关企事业单位有针对性开展保密业务联系指导，提升全市保密工作水平。根据不同阶段保密工作重点任务，组织开展保密自查、保密专项检查、保密综合检查，坚持边检查、边指导、边排查保密安全隐患等工作，攻克保密工作难点，消除泄密风险点，实现以查促改、以查促管。建立保密检查座谈机制，及时掌握机关单位保密工作存在的薄弱环节，有针对性地进行业务指导。对于重点涉密单位，到重点涉密单位展开座谈，听取工作意见建议，提出具体要求。 （韩 啸）

2022年7月10日，市国家保密局在兴安社区开展普法活动

（市国家保密局 供图）

老干部工作

【概况】 2022年，赤峰市有离休干部521人，平均年龄92.96岁。其中，抗战时期的11人，解放战争时期的510人；享受自治区政府副主席级医疗待遇1人，享受按自治区政府副主席级标准报销医疗费待遇8人，享受副厅级医疗待遇1人。其中，市直离休干部190人，旗县区离休干部301人，平煤投资公司离休干部30人。全市有退休干部6.45万人。

【组织领导】 2022年5月31日，赤峰市委八届29次常委会会议传达学习习近平总书记对全国老干部工作作出的重要指示精神和《关于加强新时代离退休干部党的建设工作的意见》精神，听取老干部工作情况汇报，研究贯彻落实措施。召开赤峰市老干部工作领导小组会议，研究《关于加强新时代离退休干部党的建设工作的意见》贯彻落实举措，审议建立《赤峰市干部荣誉退休制度》及市老干部工作领导小组（市老年大学校务委员会）组成人员、职责分工调整事宜，落实市委书记在征求老干部意见建议座谈会上的重要指示精神。

【政治待遇落实】 2022年，赤峰市委老干部局完善离退休干部订阅报刊、参观学习、走访慰问等政治待遇。春节前夕，市委、市政府领导带队，走访慰问101名市级离退休干部、28名干部遗孀、1名红军遗孀，电话慰问易地安置和异地居住的18名离休干部。

【生活待遇落实】 2022年，市委老干部局制发《市直离休干部“一人一策”实施方案》《市直离休干部“一人一策”实施清单》，完成574名离休干部“一人一策”精准服务建档立卡及“一对一”结对工作，做到结对、问题、对策、效果“四个精准”。市直离休干部医药费“一卡通”直接结算，提高老干部体检标准。为特困离退休干部建档立卡，建立“一对一”服务清单，为112名生活困难离休干部发放困难补助23.4万元，为4名特困离休干部争取到自治区特困帮扶资金。

【服务离退休干部】 2022年，市委老干部局围绕老干部工作融入应对人口老龄化国家战略开展专题调研，探索开展“党建＋志愿服务＋时间银行”的互助养老新模式，鼓励引导离退休干部参与互助式养老志愿服务。与赤峰市碧野养老服务中心合作推出“碧野便民服务”小程序，支持一键下单，为老干部提供小时工、保洁、定期巡诊、助浴、助餐等服务。开展“传承红色基因、守护前辈健康”主题活动，组织医疗专家与抗日离休干部结对提供家庭“保健医”服务。以“融合党建”为依托，发挥全市335个党群服务中心阵地作用，免费向离退休干部开放，确保离退休干部就近学习、就近活动，就近发挥作用，就近享受服务。

【老干部权益保障教育活动】 2022年3月1—31日，市委老干部局联合市市场监管局、消费者协会等部门，以市老年大学老年教育消费基地为依托，开展“关爱夕阳”老年消费教育活动。通过宣传消费维权法律法规，普及科学消费知识，引导老干部树立正确消费理念，提升依法维权意识和风险防范能力。11月20日，市委老干部局举办老年人权益保障专题讲座。以《中华人民共和国老年人权益保障法》为主要内容，重点围绕老年人日常生活中常见的财产、继承、赡养、社会保障、法律援助等方面法律知识作出详细讲解，并利用典型案例进行深度解读。讲座结束后，向与会人员印发老年人权益保障知识测试题，夯实老干部工作者法律基础，提升为老年人维权能力水平。

【老干部作用发挥】 2022年，市委老干部局组织离退休干部开展“建言二十大”和“我看中国特色社会主义新时代”调研活动，召开座谈会13场次，收到各种形式建言200余条。开展“奋进新时代”群众性主题宣传教育系列活动。成立离退休干部新时代文明实践志愿服务支队，通过“我的新红山”志愿服务平台志愿服务，与红山区委宣传部干部联合开展“红声传习、银龄建功”“全民健康、银

2022年5月31日，赤峰市老干部宣讲团宣讲员、喀喇沁旗“银发人才”志愿者服务队队长黄凤鸣到蒙古族实验小学为孩子们讲述少先队成立时的故事

（赵林海　摄）

龄建功”“乡村振兴、银龄建功”离退休干部志愿服务品牌项目，示范引领老干部发挥余热。挖掘各行业各领域的老专家、老教授、老模范等银发人才资源，建立离退休干部“银发人才”信息库，组织老干部宣讲团成员围绕“理论知识、医疗养生保健、农牧业实用技术”等方面开展专题宣讲。全市各级关工委在中小学校组织传承红色基因、古诗文竞赛、书画展、红色诗歌朗诵等红色系列主题教育活动。

【文化活动】 2022年，赤峰市老年大学开设声乐、乐理、合唱、二胡、电子琴、拉丁舞、交谊舞、国画等老年“乐龄教育”课程，践行健康老龄化理念，每季度开展心脑血管疾病的预防、心肺复苏、糖尿病预防、健康饮食、生理健康等知识讲座。开设太极拳特色班，弘扬民族文化。鼓励老年社团组织开展反映老干部文化生活、精神世界的文艺创作，赤峰市诗词学会创办的《赤峰诗词》诗刊出版发行98期，刊登诗词曲6万余首；市老年书画协会创办的《赤峰老年书画报》出版35期；组织编辑出版书画精品集《夕阳翰墨》和《夕阳情怀》。 （张　婧）

党校工作

【党校培训】 2022年，市委党校落实市委《2018—2022干部教育培训规划》和年度培训任务要求，举办各类培训班22期，培训学员5000余人次。全年理论教育和党性教育课程均达到总课时的70%以上。发挥校史馆和党性教育馆的红色教育基地作用，面向全自治区、全市开展场景化实训化教学，接待培训各类党员干部近5000人次。集中组织理论中心组学习会12次，开展专题学习30余次，征集各类学术研讨征文53篇，在主流媒体发表理论文章20余篇，3名教师理论文章在自治区党校系统征文中被评选为优秀作品。社会主义学院被自治区委统战部、内蒙古社会主义学院确定为现场教学基地，党性教育馆被自治区委统战部、内蒙古社会主义学院确定为现场教学点。

【科研工作】 2022年，市委党校提出两个服务：服务教学第一线，提升科研对教学的辅助功能；服务发展第一线，提升科研对咨政的支持功能。通过完善科研机制、提升科研能力、转化科研成果，实现教学与科研、科研与咨政互动。完成自治区揭榜课题子课题科研任务，全校共立项校内外科研课题23项，征集各类学术研讨论文53篇，出版、印发《赤峰党政干部论坛》《决策参阅直通车》等期刊3期。1名教师参与的中央社院科研课题被《人民日报》内参采用，3名教师分获自治区社院科研课题一、二、三等奖，1名教师获自治区党校系统优秀科研工作者称号，市委党校获自治区党校系统优秀科研工作组织奖。

【教学管理】 2022年，市委党校根据市委《2018—2022干部教育培训规划》，推进教学“供给侧”改革，针对12类培训对象，改进学科体系、创新教学内容、优化教学布局，强化优势学科、扶持特色学科、夯实基础学科。区分不同培训对象、不同培训时长，一班一策、精准施策。在互动式教学方面，开发一批案例式、访谈式、情景模拟式、项目参与式教学专题，提高互动式教学课程的比例。在网络式教学方面，通过开设“微课堂”、推出“云党课”等形式，构建面向社会、辐射全市、覆盖所有党员干部的线上教学平台。在体验式教学方面，构建以市委党校为中心、辐射9个旗县党校、550个现场教学点的“一心多点”教育培训体系，设置党建引领乡村振兴、基层治理、民族团结等精品教学路线30条，集中设置具有一定示范性、针对性和实效性的现场教学点50个。定期召开教学质量分析会，制定出台《新专题试讲办法》。贯彻敢抓敢管、严抓严管，宁严勿松、宁紧勿散、宁苦勿纵的原则，加强学员管理，严肃学习纪律、生活纪律，把端正学风、净化班风落到实处，营造良好学习氛围。

【服务保障】 2022年，市委党校加强物业服务管理，提升餐饮和服务质量水平，达到学员、社会、教职工“三满意”效果。完成市级领导干部学习宣传贯彻党的二十大精神专题读书班、全市县处级正职领导干部学习二十大精神专题研讨班等保障任务。成立校园建设项目专项推进工作组，倒排工期，集中攻坚。校园工程各项前期基础工作移交市代建中心履行招投标程序。 （白　玮）

赤峰市人民代表大会

责任编辑　王　慧

赤峰市人民代表大会

综　述

【人大代表构成】　2022 年，赤峰市有人大代表 409 人。其中，男性 292 人，女性 117 人；中共党员 263 人，民主党派工商联无党派人士 24 人，群众 122 人；红山区 41 人，松山区 44 人，元宝山区 32 人，宁城县 44 人，林西县 24 人，翁牛特旗 38 人，敖汉旗 45 人，喀喇沁旗 30 人，阿鲁科尔沁旗 27 人，巴林左旗 31 人，巴林右旗 21 人，克什克腾旗 25 人，解放军 7 人。年内人大代表新任职 76 人，接受辞职 3 人，免职 22 人。

（蔡丽婷）

【依法履职】　2022 年，赤峰市八届人民代表大会共召开常委会会议 6 次、主任会议 14 次；制定地方性法规 1 件、修改 4 件、废止 17 件；听取和审议专项报告 15 项，督办落实审议意见 11 项，开展调研 15 次、视察 3 次、执法检查 1 次、专题询问 1 次；任命国家机关工作人员 76 人次，批准任命 12 人次、接受辞职 7 人次、免职 27 人次。

【协助召开市委人大工作会议】　2022 年 4 月 25—29 日，赤峰市人大常委会党组按照市委要求，组成 2 个调研组赴 6 个旗县区就县乡人大工作和自身建设情况进行调研，形成《关于全市县乡人大工作和自身建设情况的调研报告》；7 月 11 日，市人大常委会党组会同市委办公室，组织召开市委人大工作会议筹备工作座谈会，对照自治区党委《贯彻落实中央人大工作会议精神重点任务及分工方案》，听取市直 16 个部门、12 个旗县区人大常委会对召开市委人大工作会议的意见建议；8 月中旬，市委人大工作会议召开后，市人大常委会党组印发工作提醒函，督促市直相关部门和各旗县区对照《贯彻落实中央人大工作会议精神重点任务分工台账》，对号入座，压实责任；9 月上旬，召开市直部门工作调度会，对市级层面的贯彻落实情况进行跟踪调度；9 月下旬，市人大常委会党组组成 6 个调研组，深入各旗县区就贯彻落实中央、自治区党委、市委人大工作会议精神情况进行调研，实地查看县乡两级人大工作开展情况和会议精神贯彻落实情况，查阅档案台账，听取旗县区党委工作汇报，与当地组织、宣传、统战、编办、财政、发改等部门负责人和部分街道人大工委主任、乡镇人大主席及三级人大代表进行座谈，形成调研报告提交市委，并就加强市县乡三级人大自身建设向市委建议请示。

【决定权和任免权行使】　2022 年，市人大常委会围绕全市工作大局，对事关全市经济社会发展的重大事项依法作出决议决定，作出关于批准 2021 年市本级决算、批准 2022 年市本级预算调整方案和关于废止部分规范性文件等决议决定，把市委关于经济社会发展战略决策转变为地方国家权力机关的意志。围绕贯彻落实监察法、监督法以及地方组织法，修订《赤峰市人民代表大会常务委员会人事任免办法》，完善流程，使任免工作规范化、制度化。坚持党管干部与人大依法任免相统一原则，发扬民主，依法办事。截至年末，任命国家机关工作人员 76 人次，组织新任命的国家工作人员进行宪法宣誓，维护宪法权威。

【人大常委会自身建设】　2022 年，赤峰市加强新时代人大自身建设，不断提升人大工作法治化、规范化水平。锚定“四个机关”（政治机关、权力机关、代表机关、工作机关）建设目标，规范机构设置，优化人员结构，配齐人员力量，提高人大代表履职水平。落实理论学习中心组学习制度，建立党组会议“第一议题”学习制度，党组带头学，主任会议延伸学，机关干部广泛学。执行《党委（党组）落实全面从严治党主体责任规定》，落实全面从严治党主体责任。建立主任会议成员接待、走访、联系代表，常委会组成人员联系代表、代表联系人民群众等制度。组织代表列席常委会会议、工作委员会专题调研座谈会议，听取人大常委会组成人员工作通报会，保证代表知情知政。拓宽代表联系群众平台，实现镇乡街“人大代表之家”全覆盖，村、社区“代表联络站”规范化建设。提高代表履职能力，举办3期代表履职能力培训班，组织实施代表与选民见面述职并接受评议。新制定修订加强和改进新时代人大代表工作的意见、代表履职登记制度、代表述职评议制度、代表优秀建议评优制度、代表退出办法（试行）等7项制度，新调整修订制度占常委会工作制度的70%。

（杜欣洋　李俊鹏）

重要会议

【市八届人大一次会议】 赤峰市八届人大一次会议于2022年2月11—14日举行。市八届人大代表总额409名，出席代表395名，符合法定人数。2月10日召开预备会议，选举产生由44名成员组成的会议主席团，选举会议秘书长，表决会议议程。会议期间，举行3次全体会议、4次主席团会议和1次财政经济委员会会议。经与会代表投票选举，孙艾芳当选为赤峰市第八届人民代表大会常务委员会主任；王旺盛当选为赤峰市人民政府市长。边中悦、田向存、骆秀燕、张恒、高希华、孟和达来当选为赤峰市第八届人民代表大会常务委员会副主任，杨中新当选为赤峰市第八届人民代表大会常务委员会秘书长；生效友、孙海涛、郭喜、李靖靖、杨牧、孟晓冰、赵志刚当选为赤峰市人民政府副市长；睢利当选为赤峰市监察委员会主任；梁建武当选为赤峰市中级人民法院院长；李建平当选为赤峰市人民检察院检察长（须报经内蒙古自治区人民检察院检察长提请内蒙古自治区人民代表大会常务委员会批准）；于宝君等33人当选为赤峰市第八届人民代表大会常务委员会委员。

会议表决通过赤峰市第八届人民代表大会监察和司法委员会、财政经济（预算）委员会、教育科学文化卫生委员会、城乡建设环境资源委员会、民族宗教外事侨务委员会、农牧委员会、选举任免代表联络委员会、法制委员会、社会建设委员会组成人员名单。表决通过《关于政府工作报告的决议》《关于赤峰市2021年国民经济和社会发展计划执行情况与2022年国民经济和社会发展计划的决议》《关于赤峰市2021年财政预算执行情况和2022年全市及市本级预算的决议》《关于赤峰市人大常委会工作报告的决议》《关于赤峰市中级人民法院工作报告的决议》《关于赤峰市人民检察院工作报告的决议》。

【常委会议】 2022年，赤峰市人大常委会召开会议6次。

2022年2月14日，赤峰市八届人大一次会议任职宣誓仪式在赤峰国际会展中心礼堂举行　（市人大办公室　供图）

4月7日，赤峰市八届人大常委会第一次会议召开。听取和审议并通过关于全市检察机关适用认罪认罚从宽制度情况的报告，听取和审议关于2021年度全市环境状况和环境保护目标完成情况的报告、关于2021年规范性文件备案审查工作情况的报告；审议通过赤峰市人大常委会2022年工作要点；对《赤峰市文明行为促进条例（草案）》进行一审；颁发市八届人大常委会立法咨询顾问聘任书和基层立法联系点牌匾；任免国家工作人员。

7月5日，赤峰市八届人大常委会第二次会议召开。听取和审议并通过关于检查《内蒙古自治区促进民族团结进步条例》实施情况的报告、关于全市“四好农村路”建设情况的报告、关于全市畜牧业服务体系建设情况的报告、关于2021年赤峰市及市本级财政决算的报告、关于2021年度赤峰市本级财政预算执行和决算草案以及其他财政收支情况的审计工作报告，听取关于2021年赤峰市及市本级财政决算的审查报告；表决通过关于市八届人大一次会议主席团交付的第8101号、8107号议案办理情况的报告，表决通过关于批准2021年市本级决算的决议、关于废止部分规范性文件的决定；任免国家工作人员。

9月1—2日，赤峰市八届人大常委会第三次会议召开。听取和审议并通过关于企业作为被执行人的执行案件办理情况报告审议意见研究处理情况的报告、关于2022年赤峰市国民经济和社会发展计划上半年执行情况的报告、关于2022年赤峰市及市本级财政预算上半年执行情况的报告、关于全市城乡居民基本养老保险工作情况的报告；表决修订《赤峰市人民代表大会常务委员会人事任免办法》《赤峰市人民代表大会代表履职评价办法（试行）》，制定《赤峰市人大常委会关于加强和改进新时代人大代表工作的意见》《赤峰市人民代表大会代表退出办法（试行）》；审议通过关于修改《赤峰市禁牧休牧和草畜平衡条例》等4件地方性法规的决定；表决通过《赤峰市文明行为促进条例（草案表决稿）》；任免国家工作人员。

10月31日，赤峰市八届人大常委会第四次会议召开。就传达学习贯彻党的二十大精神作安排部署；听取审议并通过关于全市退役军人服务保障工作情况报告审议意见研究处理情况的报告，关于保护传承优秀民族文化、推进中华民族共有精神家园建设情况的报告，关于市八届人大一次会议代表建议、批评、意见办理情况的报告；任免国家工作人员。

12月9日，赤峰市八届人大常委会第五次会议召开。听取和审议并通过关于赤峰市国有自然资源资产管理情况的报告、关于全市义务教育阶段实施“双减”情况的报告、关于《赤峰市国土空间总体规划（2021—2035年）》编制情况的报告、关于检查《内蒙古自治区促进民族团结进步条例》实施情况报告审议意见研究处理情况的报告、关于《中华人民共和国防沙治沙法》《内蒙古自治区实施〈中华人民共和国防沙治沙法〉办法》执行情况报告审议意见研究处理情况的报告、关于2022年赤峰市本级预算调整方案的报告；作出关于批准2022年赤峰市本级预算调整方案的决议；任免国家工作人员。

12月24日，赤峰市八届人大常委会第六次会议召开。审议《赤峰市电动车管理条例（草案）》；听取和审议并通过赤峰市第八届人民代表大会常务委员会代表资格审查委员会关于个别代表的代表资格的报告、关于召开赤峰市第八届人民代表大会第二次会议的决定；任免国家工作人员。

（杜欣洋）

人大立法

参见《法治·人大立法》

人大监督

【经济发展监督】 2022年，赤峰市人大常委会听取和审议审计工作报告、上半年计划和预算执行情况的报告，审查批准2021年市本级决算、2022年市本级预算调整方案，跟踪审计查出问题整改情况，对专项债券发行使用情况、2020年以来财政资金保障基层“三保”工作情况进行专题调研，保障经济社会平稳运行。听取和审议赤峰市国有自然资源资产管理情况报告，跟踪监督行政事业性国有资产管理情况、全市优化营商环境工作情况的报告审议意见落实情况，规范国有资产运作，助力经济社会高质量发展。

【生态文明建设监督】 2022年，市人大常委会听取和审议市政府关于2021年度环境状况和环境保护目标完成情况、国土空间总体规划编制情况的专项工作报告，巩固提升治理成果，推动解决突出环境问题，引领绿色集约发展。开展2022年绿色赤峰行动，对全市绿色矿山建设情况报告的审议意见处理情况、市政府《中华人民共和国防沙治沙法》执行情况进行跟踪监督，解决群众身边的生态环境突出问题。

【民生服务保障监督】 2022年，市人大常委会围绕群众关注的交通、医疗、教育、就业、食品安全等民生热点问题，听取和审议市政府关于全市“四好农村路”建设情况、关于全市城乡居民基本养老保险工作情况和关于全市义务教育阶段实施“双减”情况的报告。跟踪监督退役军人服务保障、整治群众反映的问题、全市食品安全监管工作情况等报告审议意见落实情况。

【涉民族法律法规执行情况监督】 2022年，市人大常委会对《内蒙古自治区促进民族团结进步条例》实施情况进行执法检查并开展专题询问，以法治护航民族团结进步事业健康发展。对保护传承优秀民族文化、推进中华民族共有精神家园建设情况进行调研并听取和审议市政府专项报告，推动全市各民族优秀文化传承保护和创新交融，建设共有精神家园。跟踪监督《中华人民共和国国家通用语言文字法》执行情况报告的审议意见研究处理情况，依法规范推广普及国家通用语言文字。

【聚焦维护社会公平正义开展监督】 2022年，市人大常委会加强对审判工作和检察工作的监督。组织代表对市中级人民法院涉企诉讼、一站式法律服务及市人民检察院未成年人检察工作进行视察，推动市中级人民法院提升新时代化解矛盾纠纷能力，推动检察机关加快未成年人检察社会支持体系建设，保护未成年人健康成长。听取和审议市人民检察院《关于认罪认罚从宽制度适用情况的报告》，推动司法理念更新，提升办案质效；跟踪监督《关于企业作为被执行人的执行案件办理情况的报告》审议研究处理情况，维护企业合法权益。

【民生实事监督】 2022年，市人大常委会围绕解决好人民群众操心事、烦心事、困难事，发挥职能职责，提升重点民生实事工作成效。各旗县区重点民生实事项目共103项。组织旗县区、乡镇（街道）两级人大开展民生实事项目人大代表票决制工作，制发《关于认真做好县乡两级民生实事项目人大代表票决制工作的通知》，坚持党委领导、人大主导、政府主抓，发挥人大代表主体作用。旗县区票决县级项目100个，投资总额20.15亿元；苏木乡镇街道票决乡级项目548个，投资总额16.02亿元。

表 4　2022 年赤峰市各旗县区民生实事一览表

单位：个

旗县区	项目数	项　目　名　称
阿鲁科尔沁旗	12	1. 农村牧区“智志”双扶；2. 双胜小学学生餐厅建设；3. 老旧小区配套基础设施改造；4. 农贸市场硬化；5. 西市路两侧绿化硬化；6. 公共停车场建设；7. 公路安全防护；8. 老清河子桥改造；9. 农村牧区人居环境整治；10. 北部游牧区游牧通道建设；11. 农村牧区饮水老旧管道维修；12. 岗台小学运动场人工塑胶草坪改造
巴林左旗	12	1. 农田改造提升项目；2. 巴林左旗肉牛综合服务体系建设项目；3. 农村牧区人居环境治理项目；4. 城市基础设施建设改造项目；5. 巴林左旗十三敖包镇海兴至林东镇后兴隆地通村路建设项目；6. 巴林左旗隆昌镇黄家营子至林东镇双井段公路提质改造工程；7. 林东城区人防工程；8. 巴林左旗自来水小区等 22 个老旧小区节能改造项目；9. 巴林左旗十三敖包镇镇区生活污水处理及配套管网工程；10. 丰水山寄宿制学校综合楼建设项目；11. 农村牧区及林东城区安全饮水工程；12. 沙里河治理工程
巴林右旗	10	1. 巴林右旗老旧小区改造项目，总投资 5600 万元；2. 巴林右旗背街小巷照明工程，总投资 184.4 万元；3. 巴林右旗旱改水冲厕所运维管理项目，总投资 2196 万元；4. 巴林右旗农村牧区路桥提质改造项目，总投资 3786.6 万元；5. 巴林右旗农牧产业培育示范项目，总投资 1180 万元；6. 巴林右旗良种补贴项目，总投资 900 万元；7. 巴林右旗第五幼儿园建设项目，总投资 2600 万元；8. 大板实验小学综合教学楼建设项目，总投资 1400 万元；9. 格斯尔体育公园建设项目，总投资 2598 万元；10. 巴林右旗就业技能培训及高素质农牧民培育工程，总投资 110 万元
林西县	8	1. 乌兰牧骑场馆项目，总投资 1250 万元；2. 老旧小区改造项目，总投资 4750 万元；3. 农村公路建设项目，总投资 5041 万元；4. 农村危桥改造项目，总投资 818 万元；5. 第三幼儿园项目，总投资 2650 万元；6. 失能和半失能特困人员集中照料服务设施项目，总投资 3027 万元；7. 工人文化宫项目，总投资 1615 万元；8. 农村污水处理项目，总投资 3715 万元
克什克腾旗	10	1. 达日罕小学白音门德教学点教学楼及附属用房建设项目，计划总投资 424 万元；2. 经棚第二小学综合教学楼建设项目，计划总投资 2017 万元；3. 克旗文化服务中心项目，计划总投资 3800 万元；4. 克旗经棚镇区经九街道路及附属工程建设项目，计划总投资 698.65 万元；5. 经棚镇区新建水冲公厕项目，计划总投资 650 万元；6. 国道 G303 经棚至热水塘公路路灯建设项目；7. 克旗经棚镇区经十一街东延道路及附属工程建设项目，计划总投资 933 万元；8. 老旧小区改造项目，计划总投资 2467.8173 万元；9. 经棚绕城公路（东环路）建设项目，计划总投资 1.54 亿元；10. 克旗基础母牛扩群提质行动项目，计划总投资 4562 万元
喀喇沁旗	8	1. 老旧小区改造项目；2. 雷营子旅游公路改造项目；3. 牛家营子镇中心幼儿园建设项目；4. 锦山城区环卫提升改造项目；5. 和美工贸园市政道路建设项目；6. 基层医疗卫生与疾病预防控制体系提升建设项目；7. 锦山城区基础设施改造项目；8. 农村饮水安全巩固提升项目
宁城县	10	1. 教育基础设施提升项目；2. 城区道路建设项目；3. 城区老旧小区改造项目；4. 辽中京公园建设项目；5. 城区垃圾转运站建设项目；6. 城区公厕改造项目；7. 城区背街小巷硬化亮化项目；8. 城区路灯节能改造项目；9. 城区停车场建设项目；10. 城区路沿石降高项目
敖汉旗	5	1. 敖汉旗老旧小区配套基础设施建设项目；2. 敖汉旗新惠区养老院建设项目；3. 敖汉旗应急救灾物资储备库建设项目；4. 敖汉旗新惠第七幼儿园建设项目；5. 敖汉旗古鲁板蒿中心幼儿园建设项目
红山区	8	1. 红山区第二十二小学建设项目，总投资 5089 万元；2. 银马片区老旧小区改造项目，总投资 4027 万元；3. 街巷整治项目，总投资 2600 万元；4. 农村公路提质改造项目，总投资 2029 万元；5. 公厕运转站建设项目，总投资 1000 万元；6. 红庙子镇西水地村安全饮水工程水质深度净化项目，总投资 174 万元；7. 乌兰哈达公园婚俗文化园建设项目，总投资 680 万元；8. 综合文化活动中心提档升级项目，总投资 100 万元
松山区	10	1. 投资 9500 万元，实施九中扩建项目；2. 投资 4200 万元，建设 1 处雨水泵站；3. 投资 2000 万元，改造 36 个居民小区；4. 投资 1300 万元，建设 5 座城市书吧；5. 投资 1200 万元，改造提升振兴和八家 2 处便民市场；6. 投资 1103 万元，实施 23 处农村安全饮水巩固提升工程；7. 投资 1000 万元，实施 7 所中心卫生院、6 所一般卫生院改造提升工程；8. 投资 700 万元，维修改造 5 万平方米城区人行道路；9. 投资 420 万元，建设学校周边护学通道，设立学校周边道路减速带；10. 投资 300 万元，改造 5 条城区巷道
元宝山区	10	1. 投资 5651 万元，实施西城小学建设工程；2. 投资 4083 万元，实施向阳四小区老旧小区改造工程；3. 投资 2247 万元，实施兴发住宅楼等 9 个老旧小区改造工程；4. 投资 2041 万元，实施向阳三小区老旧小区改造工程；5. 投资 1768 万元，实施第八幼儿园建设工程；6. 投资 2000 万元，实施牛头山生态修复一期工程；7. 投资 858 万元，实施农村公路危旧桥梁改造工程；8. 投资 300 万元，实施中小学校舍维修工程；9. 投资 338 万元，实施农村供水保障工程；10. 投资 400 万元，实施平庄城区天山路硬化改造工程

（市人大办公室）

【代表视察】 2022年，赤峰市人大常委会组织人大代表开展专题视察。11月3日，部分全国、自治区、市、旗（县、区）四级人大代表到市中级人民法院和市人民检察院进行视察。11月4日，市人大常委会组织部分全国、自治区、市、旗（县、区）四级人大代表先后到红山区、松山区及市直属9所学校，就开展教育高质量发展专题进行视察。12月8日，市人大常委会组织部分全国、自治区、市三级人大代表，到赤峰高新区红山产业园、东山产业园、元宝山产业园，喀喇沁旗，红山区，松山区视察全市经济社会发展情况。 （杜欣洋）

2022年11月3日，市人大常委会组织部分全国、自治区、市三级人大代表到市法院视察诉源治理及立案、审判、执行工作情况 （市人大办公室 供图）

代表工作

【代表建议】 2022年，赤峰市人大常委会组织代表提出议案建议，督促承办部门办理，听取和审议市政府关于代表议案建议办理情况的报告，组织各级人大代表视察相关情况。按照内容高质量、办理高质量的目标要求，召开代表建议交办会议，听取和审议市政府关于代表建议、批评和意见办理情况的报告，推动建议办理由答复满意向结果满意转变。市八届一次人代会期间代表提出的2件议案和271件建议，均按期办复。

【代表履职培训及联络工作】 2022年，市人大常委会加强代表初任培训，举办3期代表初任履职培训班。鼓励代表自学，提高政治理论水平、法律知识素养和履职业务能力。制定履职补贴发放办法，给无固定工资收入的代表发放履职补贴，激发代表履职热情。深入旗县区调研督导，加强代表家站建设，优化代表家站功能，为代表依法履职提供保障。截至年末，增加代表之家、代表联络站270个。开展常委会联系人大代表、人大代表联系选民工作，市人大常委会组成人员通过召开代表座谈会、深入代表所在地区及单位走访等形式，联系市级人大代表409名。制定《关于做好市人大代表密切与人民群众联系工作的意见》。代表到企业调研走访，反映群众诉求，自觉接受群众监督。

【代表履职监督】 2022年，市人大常委会完善人大代表履职平台建设，制定《关于加强和改进新时代人大代表工作的意见》，为开展代表工作提供指导。修订完善《赤峰市人民代表大会代表履职评价办法（试行）》，对代表履职情况进行量化打分和评价。制定《赤峰市人民代表大会代表退出办法（试行）》，规范代表履职行为、明确代表履职要求，规范代表劝辞、罢免程序，保证人大常委会工作权威。 （杜欣洋）

表5 2022年赤峰市第八届人大一次会议重点督办代表建议一览表

序号	标　　题	提出代表
1	《关于加强青少年心理健康教育的建议》（81221号）	敖春兰
2	《关于建立赤峰工业经济“金三角”的建议》（81187号）	贾国龙
3	《关于加快推进医药产业发展的建议》（81037号）	贾云星
4	《关于简化辩护律师看守所会见当事人提交资料的建议》（81132号）	王彦欣
5	《关于加快推进居家嵌入式养老发展的建议》（81244号）	丁秀君
6	《关于加快交通路网建设和管理精细化的建议》（81064号）	于长春
7	《关于促进牧区肉牛产业发展的建议》（81232号）	孟根仓
8	《关于肉牛养殖产业发展的建议》（81225号）	徐昊华
9	《关于加快非遗文创研发和推广的建议》（81025号）	苏胜国
10	《关于在市区内建设开放式体育场所的建议》（81210号）	马尚发
11	《关于加强封山禁牧的建议》（81271号）	季鹏飞

（市人大办公室）

赤峰市人民政府

责任编辑　王　慧

赤峰市人民政府

综 述

【三大产业发展】 2022年，赤峰市聚焦转型升级，推进三大产业提质增效，构建现代产业体系。工业方面，中唐特钢精品钢、久日新材料等48个工业项目竣工投产。实施得丰焦化、富邦铜业等技改升级项目125个。研究制定新能源产业发展思路和规划布局，谋划申报一批市场化并网和百万千瓦新能源大基地项目。推进总装机100万千瓦集中式保障性并网新能源项目7个。实施工业开发区基础设施提升工程5个，新建、盘活标准化厂房142万平方米。农牧业方面，新建高标准农田6.83万公顷。粮食产量连续10年保持在500万吨以上，荷斯坦奶牛、西门塔尔乳肉兼用牛存栏突破31万头。“赤诚峰味”农产品区域公用品牌正式发布。新增赤峰明绿豆、龙香大米等“绿色食品”农产品161个。赤峰市农牧科技产业园建成投用。服务业方面，组织开展各类促消费活动1000余场次，实现销售收入28.5亿元。发放电子消费券、各类补贴1.53亿元，消费撬动比1∶13。红山区电商基地建成运营。开行中欧班列“赤峰号”，跨境电商进出口额实现3.2亿元。实施文旅产业重点项目71个，完成投资22亿元。喀喇沁旗马鞍山村、松山区大乌良苏村入选第四批全国乡村旅游重点村。市文旅集团挂牌成立。全市金融机构存贷款余额分别增长15%和6%。

【基础设施建设】 2022年，赤峰市完善基础设施，优化功能配套，改善城乡面貌。实施总投资168.8亿元的中环路快速化改造、玉龙大街分车带综合改造等中心城区基础设施项目66项。新改扩建供水、供热、雨污分流等管网68.6千米。玉龙新机场投入使用，巴林右旗通用机场建成完工，纳入自治区统筹建设清单通用机场11个。推进跨区域调水支线工程、东台子水库工程。中燃朝阳至赤峰天然气长输管道主体工程建成完工，进入通气试运行准备阶段。启动编制中心城区慢行系统、环卫设施、智能停车专项规划。搭建物业管理服务监督平台，419个老旧小区实现物业管理全覆盖。

【生态环境保护】 2022年，赤峰市坚持保护优先，强化系统治理，筑牢生态安全屏障。完成市级国土空间规划编制，科学划定“三区三线”，国土面积29.74%划入生态保护红线。打好污染防治攻坚战，中心城市优良天数比例97.4%，国考断面优良水体比例87.5%，土壤环境总体稳定。全年造林3.7万公顷、种草7.6万公顷、防沙治沙4万公顷、水土流失综合治理11.5万公顷。全市森林覆盖率35.8%、草原综合植被盖度64.5%。第一轮中央环保督察及“回头看”反馈问题全部完成整改，自治区环保督察反馈问题整改完成率99.3%。开展非煤矿山整治和绿色矿山“回头看”，建成绿色矿山42家。落实国家和自治区“双碳”战略，实施“碳达峰十大行动”。深化土地综合整治，消化批而未供土地1080公顷，处置闲置土地940公顷，提升土地节约集约利用水平。

【城乡协调发展】 2022年，赤峰市通过城乡道路一体化建设、生态环境建设，助力乡村振兴，推动城乡建设协调发展。改造城镇棚户区240套、老旧小区247.6万平方米。省道505线十家至大坝沟、丹锡高速公路梧桐花互通等干线工程建成通车，实施经棚至乌兰布统高速公路、省道504线五十家子至林西等项目，开工建设农村公路530千米。推进集通铁路电气化改造工程，林东—白音华铁路复工建设。实施乡村振兴项目884个，助力农村集体经济发展。投资1.34亿元完成农村电网巩固提升工程，提高农村电网承载力及农村用电安全性。制定《赤峰市农村牧区生活垃圾治理提升五年行动方案》，明确全市农村牧区生活垃圾治理工作目标。完成1.01万户厕改任务，依托现有城镇、乡镇生活污水集中处理设施分类开展污水治理，完成80个村污水治理任务。生活垃圾收运处置体系覆盖55%以上行政村。

【助企纾困】 2022年，赤峰市顶住经济下行压力，多措并举开展助企纾困，保障规模以上企业、中小微企业运转。落实国家、自治区稳住经济一揽子政策措施和自治区贯彻落实意见

40条，制定出台稳经济措施38条、稳房地产政策29条，推出优化营商环境100条、高质量发展政策清单200条。新增减税降费、留抵退税、缓缴税费59亿元，发放稳岗返还资金、一次性留工培训补助1.76亿元。全市银行业机构办理延期还本2790家、延期付息207家。开展“我为企业找市场”、助企纾困活动，推动98家规模以上企业扭亏为盈、稳产运行。

【营商环境优化】 2022年，赤峰市成立优化营商环境工作领导小组，统筹协调优化营商环境整体工作。3月25日，出台《赤峰市打造最优营商环境行动方案》，以体制机制根本性变革为主线，从10个方面提出优化营商环境具体改革举措100条。完成自治区优化营商环境任务181个。深化市县乡村四级一体化政务服务体系建设，完善基层便民服务中心和便民服务站点功能。实行企业代办员制度，办理代办帮办项目1457件。“12345”政务服务热线实现接诉即办。58项许可事项实现“市县同权”无差别办理。119个“一件事”集成服务全面铺开。提高“一网通办”能力，企业审批事项全程网办比例提高至62.6%。新注册企业全程电子化登记占比97%。加强招商引资工作，“一中心两专班”有效运行，优化升级“8+18”产业集群产业链机制，举办“赤子峰会”、京津冀招商引资推介会、“投资赤峰·共赢未来”招商引资网签大会，全年引进签约项目730个，到位国内区外资金332亿元。

【社会事业发展】 2022年，赤峰市推进各项社会事业发展，实现基本公共服务均等化。扩大教育资源供给，推动教育事业均衡发展，推进中高考改革及“双减”工作，建成投用学校19所，完成主体工程学校11所。赤峰大学创建取得实质性进展。加强公共卫生体系和疾病预防控制体系建设，市医院新城分院被列为自治区级区域医疗中心，市儿童医院主体完工，市残疾人康复中心启动建设。连续27年保持“国家卫生城市”称号。提升公共文化服务水平，文物大数据平台建成投用，辽上京国家考古遗址公园获批挂牌，武安州辽塔加固维修工程竣工验收，辽代历史文化博物馆开放试运营。《赤峰市文化志》《赤峰记忆》《赤峰市地名文化丛书》等系列丛书完成编撰。推进全民健身公共服务体系建设，形成开放办体育、融合办体育格局。

【民生保障】 2022年，赤峰市民生支出占财政总支出74%，城乡常住居民人均可支配收入持续增长。发放创业担保贷款超1亿元。新增城镇就业1.8万人，农牧民转移就业67万人，安置退役军人203人。实施医保付费方式改革试点。提高养老、低保、特困人员救助供养标准。养老保险、医保参保覆盖率分别为86%和97%。城乡最低生活保障标准比上年分别增长4%和10%，发放各类补助救助资金超16.1亿元。推进中高考改革、“双减”工作，19所学校建成投用，11所学校完成主体工程。市医院新城分院被列为自治区级区域医疗中心，市儿童医院主体完工，市残疾人康复中心启动建设。连续27年保持“国家卫生城市”称号。以“全国文明城市”创建为抓手，加强中心城区建设管理，提升市民获得感和满意度。在自治区率先完成10.6万吨农牧民冬季取暖用煤拉运保障任务。科学应对多轮疫情冲击，守护人民群众身体健康和生命安全，守住“零重症、零死亡、零外溢”底线，全人群全程免疫接种率87.7%。先后派出26批816名医务人员驰援吉林省、呼和浩特市、乌兰察布市等地区，捐赠各类物资价值近1000万元。

2022年7月20日，赤峰市招商引资京津冀推介会在北京举行，推介会上展出“赤诚峰味”系列产品　（赤峰日报社　供图）

【安全风险检查】 2022年，赤峰市开展工矿企业、交通运输、冶金工贸、城镇燃气、经营性自建房等行业领域和场所风险隐患专项整治，排查发现问题全部清零，生产安全事故起数和死亡人数分别下降69.2%、67.4%。加强食品药品安全监管，建立食品安全“两个责任”，冷链食品、非冷链物品实现监管追溯全覆盖。开展“化积案、治重访、促稳定”攻坚行动，中联办交办信访事项化解率99.8%，妥善解决房地产遗留问题265个。加强各领域风险防范化解工作，打击各类违法犯罪活动，八类主要刑事案件和命案发案数实现“双下降”。完成党的二十大和北京冬奥会、冬残奥会等服务保障任务。

（杨松桥）

表 6　2022 年赤峰市人民政府重要文件一览表

文　号	文　件　名　称
赤政字〔2022〕1 号	赤峰市人民政府关于公布赤峰市征地区片综合地价补充制定补偿标准的通知
赤政办发〔2022〕7 号	赤峰市人民政府办公室关于印发《赤峰市全面推行农村牧区公路“路长制”工作方案》的通知
赤政办发〔2022〕8 号	赤峰市人民政府办公室关于公布 2022 年度市政府重大行政决策事项目录的通知
赤政办发〔2022〕16 号	赤峰市人民政府办公室关于印发赤峰市“十四五”残疾人事业发展规划的通知
赤政办发〔2022〕17 号	赤峰市人民政府办公室关于印发《赤峰市 12345 政务服务便民热线管理办法》的通知
赤政办发〔2022〕18 号	赤峰市人民政府办公室关于修改《赤峰市设立医药产业发展引导资金 鼓励医药企业做大做强的奖励办法》部分条款的通知
赤政办发〔2022〕20 号	赤峰市人民政府办公室关于印发赤峰市“十四五”林业和草原保护发展规划的通知
赤政办发〔2022〕22 号	赤峰市人民政府办公室关于印发赤峰市“十四五”人力资源和社会保障事业发展规划的通知
赤政办发〔2022〕23 号	赤峰市人民政府办公室关于印发赤峰市人民政府 2022 年立法工作计划的通知
赤政办发〔2022〕31 号	赤峰市人民政府办公室关于印发《赤峰市自建房安全专项整治工作方案》的通知
赤政办发〔2022〕32 号	赤峰市人民政府办公室关于印发赤峰市“十四五”教育事业发展规划的通知
赤政办发〔2022〕33 号	赤峰市人民政府办公室关于印发赤峰市“十四五”医疗保障事业发展规划（2021—2025）的通知
赤政办发〔2022〕34 号	赤峰市人民政府办公室关于印发《赤峰市防汛抗旱应急预案》的通知
赤政办发〔2022〕36 号	赤峰市人民政府办公室关于印发赤峰市奶业振兴行动方案（2022—2025）的通知
赤政办发〔2022〕39 号	赤峰市人民政府办公室关于印发《关于建立完善职工基本医疗保险门诊共济保障机制的实施细则》的通知
赤政办发〔2022〕41 号	赤峰市人民政府办公室关于印发赤峰市基础测绘“十四五”规划的通知
赤政办发〔2022〕45 号	赤峰市人民政府办公室关于印发《赤峰市本级公共资源交易管理办法》的通知
赤政办发〔2022〕50 号	赤峰市人民政府办公室关于印发赤峰市“十四五”卫生与健康事业发展规划的通知
赤政办发〔2022〕51 号	赤峰市人民政府办公室关于印发《赤峰市新增限额以上商贸流通企业奖励措施》的通知
赤政办发〔2022〕53 号	赤峰市人民政府办公室关于印发赤峰市“十四五”应急体系建设规划的通知
赤政发〔2022〕55 号	赤峰市人民政府关于废止《赤峰市中心城区企业“退城进园”工作的实施意见》及有关事宜的通知
赤政办发〔2022〕56 号	赤峰市人民政府办公室关于印发《赤峰市“一老一小”整体解决方案》的通知
赤政办发〔2022〕57 号	赤峰市人民政府办公室关于印发《赤峰市新增工业用地“标准地”改革工作实施细则（试行）》的通知
赤政发〔2022〕82 号	赤峰市人民政府关于建设生产、供销、信用“三位一体”综合合作组织体系 推进乡村振兴的实施意见
赤政发〔2022〕114 号	赤峰市人民政府关于印发《赤峰市促进高校就业生就业创业的若干政策》的通知
赤政发〔2022〕122 号	赤峰市人民政府关于印发《赤峰市文化和旅游产业高质量发展优惠政策》的通知
赤政发〔2022〕159 号	赤峰市人民政府关于印发赤峰市本级行政权力中介服务事项清单（2022）的通知

（市政府办公室）

重要会议

【市政府全体会议】 2022年，赤峰市政府召开全体会议2次。

4月29日，赤峰市政府召开全体会议，贯彻落实国务院第五次廉政工作会议精神，研究部署政府系统党风廉政建设和优化营商环境工作。

12月23日，赤峰市政府全体（扩大）会议召开，会议通报市政府班子成员最新分工情况、中央及自治区环保督察反馈问题整改情况、“五个大起底”行动开展情况、2023年新建重点项目前期手续集中攻坚情况，研究加强政府自身建设、做好当前各项工作。

【市政府常务会议】 2022年，赤峰市政府召开常务会议21次。

1月8日，赤峰市政府第一次常务会议召开，听取重点工作大督查情况、2021年主要经济指标完成情况和2022年主要经济指标安排情况、2022年预算安排情况汇报；研究全市碳汇工作有关事宜、北洼子医养结合建设项目有关事宜、中环路项目公司融资有关事宜。

1月25—26日，赤峰市政府第二次常务会议召开，传达自治区“两会”精神并安排部署全市重点工作；传达学习《2030年前碳达峰行动方案》；通报2022年全市重点项目前期手续办理情况；听取赤峰人力资源服务产业园区建设，全市粮食购销领域腐败问题专项整治工作，煤炭资源领域违规违法问题专项整治，全市人防系统腐败问题专项治理调查整顿发现问题整改处置工作进展，违法违规占用耕地重点问题整治工作，全市环保督察进展、破坏草原林地违规违法行为专项整治行动，城镇公共收费停车场建设管理领域腐败和作风问题专项整治，城镇燃气安全有关情况汇报，全市金融领域专项整治工作情况汇报；审议《赤峰市村庄河湖环境整治“春季”行动方案》《赤峰学院校园（一期工程）建设PPP项目实施方案》《赤峰市开发区以案促改整改方案》《政府工作报告（讨论稿）》，市政府、喀喇沁旗政府与东岳氟硅科技集团有限公司投资协议书，《赤峰市安全生产委员会议事规则》《赤峰市“十四五”巩固拓展脱贫攻坚成果同乡村振兴有效衔接规划》《赤峰市2022年京蒙协作项目安排和资金分配方案》；研究全市重点产业链及招商专班调整，林西县、翁牛特旗变更自治区生态环境保护督察部分反馈问题整改措施，市检察院申请基础设施维修改造资金和办案办公经费，赤峰高新区东山产业园2022年基础设施、土地储备及重点项目有关事宜。

2月17日，赤峰市政府第三次常务会议召开，传达自治区领导在发电供热企业中长期合同工作通报上的批示精神，听取市中心城市管道燃气经营问题整改有关情况汇报，审议《2022年招商引资工作实施方案》《赤峰市“十四五”生态环境保护规划》《2021年赤峰市城市体检工作实施方案》，研究中心城区热源企业2021—2022年供热期财政补贴、喀喇沁旗和美工贸园西外环桥和西外环路建设工程使用一般债券、赤峰市中心城区再生水利用配套管网PPP项目合同调整、市农牧业科技产业园入驻追加财政经费、辽上京遗址周边棚户区拆迁改造项目申请专项债券资金有关事宜。

2月25日，赤峰市政府第四次常务会议召开，听取自治区营商环境大会通报问题举一反三整改工作汇报，审议《赤峰市创新优化营商环境行动方案》，研究全市项目建设和固定资产投资事宜。

3月21日，赤峰市政府第五次常务会议召开，听取创新和优化营商环境相关工作举措、对2018年以来市本级政府投资项目进行集中绩效评价、市本级行政事业单位信息化建设情况汇报，审议《赤峰市有关部门安全生产工作职责分工》《赤峰市生命安全体验馆建设规划方案》《赤峰市安全生产专项整治三年行动存在问题的整改方案》《赤峰市人民政府远景能源有限公司战略合作框架协议》《赤峰市属国有企业参与风电光伏新能源开发工作方案》《市政府2022年度重大行政决策事项目录》《赤峰市农用薄膜管理实施办法》《赤峰市政府与内蒙古保绿资环科技有限公司投资协议书》，研究兑现隐性债务风险化解奖励、中心城区雨污水溢流调蓄池建设、赤峰市域外调水工程有关事宜。

3月28日，赤峰市政府第六次常务会议召开，听取全市房地产有关情况汇报，审议《赤峰市“十四五”住房城乡建设事业规划》《赤峰市“十四五”工业和信息化发展规划（2021—2025）》《赤峰市妇女发展纲要（2021—2030）》《赤峰市儿童发展纲要（2021—2030）》《赤峰市“十四五”水安全保障规划》《赤峰市矿产资源总体规划（2021—2025）》《赤峰市“十四五”农牧业农村牧区现代化发展规划》《赤峰市“十四五”林业和草原发展规划》《赤峰市“十四五”医疗保障事业发展规划》《赤峰市“十四五”市场监管规划》《赤峰市“十四五”残疾人事业发展规划》《赤峰市法治政府建设实施方案（2021—2025）》《关于加强基层消防治理工作的指导意见》《赤峰市加快保障性租赁住房实施意见》，研究赤峰市中环路快速化改造PPP项目征迁资金调整和变更建设内容，玉龙大街、王府大街分车带综合改造项目完善设计，市交通运输局招聘道路运输车辆政府监管平台合同制工作人员有关事宜。

4月2日，赤峰市政府第七次常务会议召开，传达学习习近平生态文明思想，研究中央生态环境保护督察交办群众信访案件核查处理有关事宜，审议《赤峰市人力资源和社会保障事业发展“十四五”规划》。

4月22日，赤峰市政府第八次常务会议召开，听取粮食安全工作情况汇报，审议《赤峰市保障粮食安全加快粮食产业经济发展实施意见》《赤峰市“十四五”科技创新规划》《赤峰市“十四五”民政事业发展规划》《赤峰市“十四五”教育事业发展规划》《赤峰市“十四五”退役军人服务和保障规划》《赤峰市“十四五”应急体系建设规划》《赤峰市中小学幼儿园安全管理规定》《中心城区房地产项目验收问题处理意见》《赤峰市德润排水有限责任公司企业国有产权转让实施方案》《赤峰市落实东北振兴战略行动方案》《开展“我帮企业找市场”行动方案》《赤峰市种业振兴行动实施方案》《赤峰市文旅集团组建方案》，研究开发区以案促改、筹建赤峰乡村振兴研究院、市政务服务中心新址建设、市肿瘤医院申请专项债券事宜。

5月13日，赤峰市政府第九次常务会议召开，听取市人防领域腐败问题治理、违规违法占用耕地整改进展情况、自建房安全隐患排查整治、城镇燃气安全领域排查整治、中央生态环境保护督察组反馈问题、以案促改问题整改进展情况、市金融领域专项整治总结汇报，听取《赤峰市“十四五”期间重点产业发展研究报告》，研究驻呼联络处办公用房、粮食领域问题整改（粮食大厦资产管理）、市住房公积金中心闲置房产处置、内蒙古金融资产管理有限公司置换市城建集团到期债务事宜。

5月15日，赤峰市政府第十次常务会议召开，听取“赤诚小镇”建设、“赤诚峰味”品牌运营及种质资源库建设相关工作、运达风电股份有限公司新能源项目招商、三座店引供水工程供水水量、信访工作情况、第一季度督考联动综合督查有关工作汇报，审议《赤峰市新能源项目招商引资实施方案》《赤峰市基础测绘“十四五”规划（2021—2025）》《关于建设生产、供销、信用“三位一体”综合合作组织体系助力乡村振兴的实施意见》《赤峰市“相约夏日、惠购赤峰”电子消费券发放实施方案》《政府购买赤峰市中心城区市政基础设施标准化养护项目实施方案》《关于进一步优化营商环境激发市场主体活力满足群众住房合理需求的若干意见》《赤峰市人民政府2022年立法工作计划》，研究市中心城区“车路协同”项目建设、调整企业使用三座店地表水费用及宏泽供水公司代收净水费、省道513线赤峰机场平交道口改造方案及费用问题、全市智慧工业园区建设资金补贴、启动市残疾人康复中心建设项目、农牧学校家属楼征拆资金有关事宜。

6月6日，赤峰市政府第十一次常务会议召开，听取2021年度自治区营商环境评估结果汇报，审议《赤峰市关于贯彻落实国家和自治区稳住经济政策措施的实施意见》《中共赤峰市委赤峰市人民政府关于做好2022年全面推进乡村振兴重点工作的实施意见》《赤峰市奶业振兴行动方案（2022—2025）》《新增限额以上商贸流通企业奖励措施》《赤峰市文化旅游产业高质量发展优惠政策》，研究赤峰工业创新研究院、高新区东山园区智慧园区项目建设、实施市妇幼保健院迁址新建项目、市本级参公人员死亡抚恤执行标准、第二批专项债券和第一批一般债券资金分配事宜。

6月24日，赤峰市政府第十二次常务会议召开，听取高考综合改革工作和使用国家统编教材工作汇报，审议《赤峰市防汛抗旱应急预案》《赤峰市安全生产举报奖励办法》《关于促进高校毕业生就业创业的若干政策》《赤峰市公共资源交易管理办法》、行政许可等四张清单、《赤峰市“十四五”文化旅游发展规划（2021—2025）》《关于赤峰鼎铭小额贷款有限责任公司金融风险处置方案》《市教育局直属学校和赤峰学院校园安全提升工程概算资金》《赤峰市奶业振兴、肉牛产业信贷风险补偿基金实施方案》《赤峰市乡村振兴信贷风险补偿基金实施方案》，研究高新区东山产业园建设年产3600吨高性能钨钼棒丝材及制品研制项目和标准化厂房项目、高新区东山产业园叶赤线跨铁立交项目土地征收及报批有关费用、赤峰低空飞行服务站建设资金、农牧科技产业园开园仪式及“赤诚峰味”系列发布会工程签证、追加国家园林城市复查迎检工作经费预算、建设红山区东城北片区给水工程及桥北区域给水管网扩建工程事宜。

7月7日，赤峰市政府第十三次常务会议召开，传达学习习近平总书记关于统计工作重要讲话指示批示精神及有关文件精神，传达全国、自治区统计造假不收手、不收敛问题专项纠治会议精神，传达自治区职教大会精神，审议《赤峰市“十四五”卫生与健康事业发展规划》《赤峰市“十四五”红十字事业发展规划》《关于建立完善职工基本医疗保险门诊共济保障机制的实施细则》及应急预案，研究关于采取盘活存量资产和PPP模式实施高新区东山产业园基础设施建设、国道305线大黑山至羊场段一级公路建设项目有关事宜。

7月25日，赤峰市政府第十四次常务会议召开，传达国家和自治区节能工作座谈会精神，听取全市能耗双控形势及下一步工作建议、赤峰农牧科技产城融合先导区（赤诚小镇）策划方案编制、创建全国民族团结进步示范市工作情况汇报，审议《赤峰市文旅产业投资引导基金方案》《进一步促进房地产市场健康发展意见》《赤峰市政府与内蒙古能源发电投资集团公司战略合作框架协议》和《赤峰市政府与广州广钢气体能源股份有限公司工业气体及氟基特气研发生产示范基地项目投资协议》，研究达里湖冬捕旅游季等三项重点工作事宜、2021年度全市招商引资先进个人评选表彰、提前拨付市医院国药融资项目和市肿瘤医院国药融资项目补助资金、全市公安机关公开招录警务辅助人员事宜。

8月5日，赤峰市政府第十五次常务会议召开，审议《赤峰市工业项目“拿地即开工”实施方案（试行）》《赤峰市“十四五”金融业发展规划》《赤峰市鼓励企业上市挂牌奖励办法》《赤峰市政府与浙江运达风电股份有限公司新能源投资合作协议书》《高新区与浙江运达、安徽驭风三方投资协议书》《高新区与浙江海得、安徽驭风三方投资协议书》，研究赤峰市恒大珺睿府项目融资，市城建集团与中国电建新能源公司、北京大地远通公司合建项目公司合作事项，修改《赤峰市禁牧休牧和草畜平衡条例》等4件地方性法规，赤峰市房产商品住宅交易会政府财政补贴事宜。

8月30日，赤峰市政府第十六次常务会议召开，听取“五个大起底”工作开展情况、全市1—7月政府债务化解和债券支出管理工作情况汇报，审议《关于提高赤峰市城乡居民和职工基本医疗保险待遇的意见》《赤峰市建设现代化区域中心城市发展规划》《赤峰市职业教育提质培优三年行动方案（2022—2024）》《赤峰市中心城区有桩公共共享助力自行车项目特许经营实施方案》《市国资集团与浙江运达合作框架协议》《市国资集团与远景能源公司合作框架协议》《赤峰市新增工业用地“标准地”改革工作实施细则（试行）》《赤峰市深化土地综合整治促进高质量发展实施意见》《赤峰市工业园区考核评价办法（2022年修订）》《关于推进全市工业园区高质量发展的实施意见》，研究赤峰农牧科技产城融合先导区（赤诚小镇）有关事宜，启动东山园区增量配电网试点项目，赤峰启辉氧化铝业发展有限公司氧化铝项目增资扩股，赤峰市国有企业混合所有制改革，京蒙（亦庄·赤峰）科创产业园项目，申报海绵城市建设示范城市，市政府、喀喇沁旗政府与北京宏福农业合作集团合作建设“赤峰宏福现代农业产业园—龙山农旅康养小镇”项目，小新地片区重点项目落地，赤峰市新城新建义务教育学校，建设国家区域医疗中心，赤峰市见义勇为基金会初始注册资金，赤峰市新能源资源配置及开发，调整红山区、松山区国有土地出让收入分成，创建文明城等专项资金拨付等有关事宜。

10月20日，赤峰市政府第十七次常务会议召开，审议《赤峰市关于深入贯彻习近平生态文明思想推进全社会资源全面节约集约的实施方案》《赤峰市“十四五”服务业发展规划》《赤峰市“十四五”公路、水路交通运输发展规划》《赤峰市奶业振兴发展规划（2022—2027）》《赤峰市地方特色乳制品产业发展规划（2022—2027）》《赤峰市全面贯彻执行〈内蒙古投资负面清单（2022年版）〉分工方案》《关于分解各旗县区“十四五”和2022年能耗强度降低目标的建议》《赤峰市推动产业优化升级促进经济高质量发展的工作落实方案》《赤峰市突发事件总体应急预案》《赤峰市生产安全事故应急预案》，研究赤峰市德润排水有限责任公司企业国有产权转让、申报第三批专项债券发行项目、建设赤峰智慧教育云平台、赤峰学院口腔医学实验实训大楼项目建设、国资集团增加注册资本金、实施赤峰红色文化旅游提升工程和“赤峰往事”工程有关事宜。

11月4日，赤峰市政府第十八次常务会议召开，听取赤峰金通铜业有限公司铜冶炼工艺升级搬迁改造项目二期工程评估论证，赤峰中骥新能源有限公司一期年产液氨16.2万吨、LNG11.5万吨焦炉煤气综合利用项目评估论证情况汇报有关情况汇报，审议《关于进一步支持民营经济高质量发展的工作方案》《贯彻落实第二轮中央生态环境保护督察报告整改方案》《关于推进园区标准化厂房建设发展的指导意见》《中心城区进一步促进房地产健康发展的意见》，研究赤峰市中心城市管道燃气经营项目招标，市城建集团、富龙公用集团共同公开选择投资方合资新设公司，赤峰市残疾人康复中心建设项目，贯彻落实国务院食安委关于食品安全“两个责任”，高新区皮带管廊防护涵洞工程，赤泥堆场工程，东山水务公司及园区水务特许经营权转让事宜。

11月25日，赤峰市政府第十九次常务会议召开，听取“五个大起底”（待批项目、“半拉子”工程、闲置土地、沉淀资金、开发区建设五个方面大起底行动）进展、销号情况汇报，审议《赤峰市抓“三变”改革促乡村振兴试点工作实施方案（征求意见稿）》《赤峰市推动肉牛生产发展扶持政策（2023—2027）》《赤峰市推动肉牛生产发展实施方案（2023—2027）》《赤峰市推动肉羊生产发展实施方案（2023—2027）》《赤峰市健全重特大疾病医疗保险和救助制度实施办法》，研究中心城区实行限制燃放烟花爆竹、调整《赤峰市关于加快发展人力资源服务业的若干政策》部分内容事宜。

12月8日，赤峰市政府第二十次常务会议召开，审议《赤峰市国土空间总体规划（2021—2035）》《赤峰市气象灾害防御办法（草案）》《赤峰市电动车管理条例（草案）》。

12月22日，赤峰市政府第二十一次常务会议召开，审议《赤峰市知识产权资助及奖励办法》《赤峰市关于进一步加强招商引资工作的意见》《赤峰市促进建筑业高质量发展的实施意见》《政府工作报告》。

（刘世奇）

【市政府专题会议】 2022年，赤峰市政府召开专题会议38次。

表7　2022年赤峰市人民政府专题会议一览表

时　间	会　议　议　题
1月13日	研究红山区、松山区重点房地产项目欠薪有关事宜
1月14日	2022年部分重点企业家座谈会会议纪要
2月17日	研究集通铁路电气化改造项目“三电”及管线迁改、外部电源供电工程建设有关事宜
2月28日	研究高新区2#固废处理场项目封场留存土方外排有关事宜
3月2日	研究市图书馆文化综合体项目前期手续办理有关事宜
3月3日	研究中心城区城市建设重点工作有关事宜
3月3日	研究市老年体协脱钩改革与发展经费有关事宜
3月15日	研究部分县级集中式饮用水水源保护区划定（调整）审查有关事宜
3月22日	研究赤峰恒大房地产项目有关事宜
4月8日	研究市高铁公司重点工程建设有关事宜
4月19日	研究国电赤峰化工有限公司重组后复工复产有关事宜
4月22日	研究喀喇沁旗、红山区、元宝山区、松山区小型厨余垃圾处理项目建设有关事宜
4月25日	研究中心城市道路交通信号灯维护建设有关事宜
5月10日	研究中央环保督察反馈赤峰中色锌业有限公司危险废物贮存场问题整改有关事宜
5月10日	研究赤峰军民合用机场雨水入河工程纳入机场改扩建工程事宜
5月17日	研究创建文明城市工作及疫情防控有关事宜
5月27日	研究浙商银行资金存放有关事宜
6月13日	研究中环路快速化改造PPP项目既有国有建设用地划拨有关事宜
6月13日	研究中心城市“飞线”治理有关事宜
6月14日	研究中心城区水源、水厂改扩建工程，第四水厂建设项目工程变更、现场签证有关事宜
7月16日	赤峰市与辽宁省朝阳市关于共同推进红山文化遗址申报世界文化遗产工作会议纪要
7月25日	研究林白铁路项目重新启动建设等有关事宜
8月1日	研究中心城区再生水环城输水管网工程已竣工验收部分资产划转及赤峰市德润排水有限责任公司产权转让有关事宜
8月11日	研究高新区马林有色金属产业园铁路专用线新建工程结算评审事宜
8月17日	研究北部中心敬老院、市社会救助综合服务中心、市综合养老服务标准化示范中心等项目建设有关事宜
9月1日	研究赤峰吉隆矿业有限责任公司撰山子金矿年新增18万吨金矿石选矿扩建项目手续办理有关事宜
9月27日	研究红山区、松山区有关学校建设项目涉及人防工程事宜
10月10日	研究赤峰中色锌业有限公司工业废渣填埋场项目建设有关事宜
10月12日	研究红山区原市气象局办公楼及院落改造事宜
10月26日	研究内蒙古保绿资环科技有限公司200万吨铜冶炼废弃渣综合利用项目“飞地”事宜
10月27日	研究蒙东国际物流港项目有关事宜
11月3日	研究中科赤峰产业创新研究院经费调整事宜
11月7日	研究教育领域重点项目建设事宜
11月24日	研究高新区东山产业园标准化厂房（一期）项目建设财政评审有关事宜
12月9日	研究中心城区城市建设重点工作有关事宜
12月9日	研究赤峰恒大住宅项目有关事宜
12月12日	研究智慧工业园区平台数据接入有关事宜
12月13日	研究小新地片区C11-03等地块控规调整事宜

（市政府办公室）

营商环境建设

【概况】 2022年，赤峰市建设市县乡村四级政务服务体系。全市网上申请办件80.8万件。区域评估成果共享应用625次，为投资162.9亿元的141个项目节约资金1060万元。与通辽市、兴安盟开展跨盟市通办合作，与河南省信阳市开展跨省通办合作。推出企业设立、智能审批等“一件事”集成服务119个，网上办理42万余件。

【优化营商环境方案出台】 2022年3月25日，赤峰市出台《打造最优营商环境行动方案》。方案聚焦“一网通办”“一网统管”，提高政务服务水平；聚焦政务服务中心标准化建设，实现“只进一扇门，能办所有事”；聚焦“一件事一次办”，构建全周期集成服务模式；聚焦重点领域改革，打通关键环节堵点难点；聚焦激发市场主体活力，提升体制机制保障水平；聚焦维护投资者合法权益，打造公平、公正、公开法治环境；聚焦健全“12345”热线运行机制，建设便捷高效的政务服务“总客服”；聚焦政企良性互动，服务端口下沉前移；聚焦“清廉赤峰”建设，构建立体化、规范化、全方位监管体系；提供组织和制度保障10个方面具体改革举措100条。

【“市县同权”事项确定】 2022年，赤峰市确定市本级行政许可事项213项、旗县区级事项226项、市县同权事项58项、市本级中介服务事项39项，同步取消中介服务事项24项，下放中介服务事项1项。市县乡村政务服务事项入驻自治区政务服务平台8.62万项，统一对外提供网上服务。其中市本级入驻政务服务事项1172项，市级政务服务事项即办件比率为66.58%、承诺时限压缩比率为83.34%、最多跑一次事项比率为100%。

【集成服务事项优化】 2022年，赤峰市围绕企业、群众全周期服务，在自治区推出103件“一件事一次办”的基础上，推出企业设立、无人工干预智能审批、缴费纳税、涉企一照通办、企业间不动产转移、企业注销、不动产登记与水电气暖联办过户、水电气暖协同报装、电力线路铺设涉及的市政项目审批、新生儿出生、新生入学、扶贫助残、困难救助、军人退役、公民退休、公民身后16个“一件事”集成服务，经过整合集成，承诺时限压缩82.8%，申请材料精简65.9%，跑动次数压减76.3%。该集成服务在市、旗县区两级政务服务大厅推开，截至年末，全市“一件事”办件48万余件。市本级第一批“告知承诺”事项清单29项、“容缺后补”事项清单67项。各部门针对“告知承诺”“容缺后补”制定出台实施细则。

【“拿地即开工”改革】 2022年，赤峰市深化工程建设项目审批制度改革，出台《工业项目“拿地即开工”实施方案（试行）》，重点项目实现土地“供地即可用”“拿地即开工”。项目建设用地出让方案审查前，完成工程设计方案和各类评估评价报告编制。由相关审批部门对项目全程代办帮办、跟踪指导服务，实行并联预审批。12月30日，高新区管委会通过“赤峰市工程建设项目审批管理系统”，为高新区有色金属高端新材料产业园标准化厂房（一期）建设项目线上办理《建设用地规划许可证》《建设工程规划许可证》和《建筑工程施工许可证》，首次实现签订土地出让合同后，1个工作日内受理、办结涉及规划、土地、施工等开工前期全部手续，进入建设阶段。

【跨省通办合作】 2022年，市政务服务局与通辽市开展跨盟市通办合作事项79个，与兴安盟开展跨盟市通办合作事项78个，与河南省信阳市开展“跨省通办”合作事项114个。在政务服务领域推行“相互授权、异地受理、远程办理、协同联动”的工作模式，实现异地企业和群众“就近办、异地办”。

【企业代办员“帮您办”】 2022年，赤峰市、旗县区两级政务服务大厅全部设立“帮您办”专区，配备专兼职代办帮办人员390人，其中各级政务服务中心配备专职代办员83人，审批部门配备代办人员307人，对外公布“帮您办”事项720项。截至年末，办理代办帮办项目1457件，其中政府投资类704件、社会投资类753件。

【电子证照应用】 2022年，赤峰市认领发布政务服务共享目录4449项、共享需求清单353项、共享负面清单22项，为市发改委、市自然资源局、市市场监管局、市民政局、市住房城乡建设局、市公共资源交易中心等部门提供共享资源205项；完成电子证照数据汇聚237类587万条，已对接证照类型的签章数据586万条，电子证照签章率为99.87%，电子证照实际入库326万条。为1.18万项政务服务事项“减材料”提供支撑。全年制作电子签章1743枚。全市3553项政务服务事项实现“免证办”。

【政务服务“无差别”受理】 2022年，赤峰市各级政务服务大厅设立综合受理窗口180个，配备工作人员206名，346个部门9119项政务服务事项全部纳入综合窗口受理。全市各级政务服务大厅综合窗口受理35.9万件。

【“12345”政务服务热线】 2022年，赤峰市政务服务热线“12345”完成26个部门35条热线归并整合，与“110”“120”“119”“122”公共

赤峰市“12345”热线中心服务座席专区接听回复群众来电

（市政务服务局　供图）

服务热线、“创城随手拍”平台联动，设立企业服务专席4个，由33个部门选拔93名专家组建涉企“政策专员”库，实现涉企诉求“接诉即办”。建立热线领导小组、运行制度、知识库、“一月一评”等保障和支撑机制。截至年末，热线接到群众诉求48万余个，直接答复38万余个，转办9万余个，工单响应率96.73%、办结率96.72%、解决率88.88%。

【市县乡村四级政务服务体系建设】2022年，市政务服务局规范各级政府服务大厅软硬件建设，统一功能定位、统一名称标识、统一基础设施、统一运行模式，采取“专区+综窗”设置。规范市本级、12个旗县区政务服务大厅、177个苏木乡镇（街道）便民服务中心、2398个嘎查村（社区）便民服务站建设。乡镇代办事项增加到60项，村级代办事项增加到20余项，入驻内蒙古政务服务网赤峰站点，统一对外提供服务。

【延时服务】2022年，赤峰市229个部门6027件高频事项推行“早晚弹性办”“午间不间断”的延时服务，办件量5996件。服务范围包括公安、不动产、医保、社保、卫生、民政、教育等部门业务。特别是违章处理、身份证办理、身份证挂失补办、结婚登记、不动产登记等事项，解决群众“上班没空办、下班没处办”问题。

市政务服务中心综合窗口“蒙速办·一次办”　（市政务服务局　供图）

【政务信息公开】2022年，市政务服务局加强政府网站集约化建设，实现40个单位网站集约运行。截至年末，市政府网站采集信息1.89万条，编辑发布政务公开信息4400条，编辑发布专题专栏信息550条，向自治区报备政策解读154次。通过市政府网站公开市本级制发文件44件、规范性文件5件、政府常务会议信息17条，发布政策解读60次，召开新闻发布会13次，举办在线访谈3期。公开单位部门预算154家，答复依申请公开28件。

【蒙速办蒙企通】2022年，赤峰市通过“蒙速办”“蒙企通”开通事项1.18万项，通过“蒙速办”办理4.02万件。“蒙速办”特色应用总计335项，开设志愿者服务专区、生活缴费专区、家政服务专区、医疗就诊专区、工程建设项目服务专区等14个专区，访问量3290万余次。全市“蒙企通”平台注册企业9.08万家，发布信息1974条，收到企业咨询投诉310条。（张继扬）

信访工作

【概况】2022年，赤峰市信访局开展“化积案、治重访、促稳定”攻坚行动，综合运用调解等多种手段化解信访事项1500余件，其中化解5年以上信访积案114件。加强基层基础建设，畅通信访渠道，提高信访源头治理能力。解决“两拖欠”信访问题205件。县乡两级联席会议召开1077次，化解信访事项1210件。

2022 年 9 月 27 日，市领导在赤峰接访中心接待来访群众

（市信访局　供图）

【来信来访】　2022 年，市信访总量 1.81 万批 1.88 万人次，比上年增长 49.66% 和 44.99%。其中，来信 5825 件，比上年增长 99.83%，占全市信访总量的 32.09%；来访 2428 批 3064 人次，比上年增长 45.13% 和 22.46%，占全市信访总量的 13.38% 和 16.31%。进京走访 230 人次，比上年下降 69.54%；赴自治区走访 68 人次，比上年下降 67.15%；进市走访 450 人次，比上年下降 6.05%。

【信访工作责任制】　2022 年，市信访局协调领导干部接访下访、包联包案和阅批群众来信工作。协调各级领导干部包案化解信访事项 343 件，化解率 98.31%；市县两级领导干部共 3273 人次接待来访群众 5437 人。深化"管行业就管行业信访"理念，推动相关部门出台政策时化解本领域历史遗留问题。

【积案化解】　2022 年，市信访局"治重化积"专项工作实现清仓见底。对反复"倒流"事项加强督查督办、跟踪调度，中央联席办（中央处理信访突出问题及群体性事件联席会议办公室）交办的信访事项 988 件和自治区交办的 82 件全部按期化解。省级领导包案事项 16 件全部化解，市级领导包案事项 122 件，化解 121 件。开展"化积案、治重访、促稳定"攻坚行动，综合运用行政、经济、法律、调解等多种手段化解信访事项 1500 余件，其中化解 5 年以上信访积案 114 件。加大信访资金投入力度，协调责任地区、部门投入资金 7948.68 万元，化解疑难复杂信访事项 772 件。协调责任企业投入资金 2.93 亿元，解决"两拖欠"信访问题 205 件。

【信访源头治理】　2022 年，赤峰市通过完善联席会议运行规则、定期调度召开会议情况等方式推动基层联席会议实体化运行，全年县乡两级联席会议召开 1077 次，化解信访事项 1210 件。完善矛盾纠纷隐患排查化解，采取动态台账管理。开展排查 13 次，逐件逐人落实"五包"（定责任包重点、定领导包化解、定措施包扶助、定机制包排查、定实效包督导）责任。提升初次信访事项办理和责任单位满意率，压实首办工作责任，健全完善信访事项受理、转送、督办流程，全年信访事项及时受理率、按期办结率均为 100%，初次信访事项一次化解率 95%。开展"三率"（信访事项及时受理率、信访事项按期办结率、信访事项处理群众满意率）水平日常监测，全市"三率"水平位居自治区前列。

【《信访工作条例》宣传贯彻】　2022 年，市信访局组织开展《信访工作条例》"五进"（进乡村、进社区、进学校、进企业、进单位）活动，各地区、各部门通过召开理论中心组学习会、集中研讨、知识竞赛等方式开展学习 398 次，市党政主要领导撰写学习心得在《内蒙古日报》刊发；12 个旗县区委书记在《赤峰日报》发表学习心得体会。市信访局组织 5 支宣讲队深入基层进行宣讲。将信访工作纳入各级党校（行政学院）教育培训内容，常态化开展教育培训。制定《赤峰市贯彻落实〈信访工作条例〉措施及责任分工方案》，明确责任部门和完成时限。市县两级联席会议重新调整联席会议成员单位，制发《赤峰市信访工作联席会议规则》，规范完善联席会议运行机制。各级党委常委会、政府常务会议定期听取信访工作汇报，安排部署重点工作；各地区各部门树立"管行业就管行业信访"的工作理念，完善"党委统一领导、政府组织落实、联席会议协调、信访部门推动、各方齐抓共管"的工作格局。　（杜鹏飞）

外事与涉港澳台侨事务

【友好城市共建】　2022 年是中日邦交正常化 50 周年，赤峰市与日本稻泽市共同参加中国人民对外友好协会组织的"友好城市 共享未来"——中日友城青少年线上"虚拟互访"系列活动。　（贺　丽）

【涉港澳台侨事务】　2022 年，赤峰市外事部门梳理涉港澳台侨领域信息，排查风险隐患，制定应急预案。举办业务能力提升及侨情数据统计软件应用培训班，完善全市港澳台侨数据库。开展为侨服务工作调研和"为侨办实事"活动，走访慰问在赤侨胞侨眷侨属，发放慰问金 5.5 万元。完成由自治区台办主办的为期 7 天的

"同心内蒙行 共话两岸情"——情寄草原·相约红山主题活动。支持引导市海外联谊会理事企业参与疫情防控工作，捐赠防疫物资价值7万元。

（哈 伦）

市直机关事务管理

【办公用房管理】 2022年，赤峰市机关事务管理局采取移交、划拨、置换等方式灵活管理闲置房产。调剂安置闲置办公用房面积2.69万平方米。完成红山区解放街社区卫生服务中心及市住房公积金中心多年闲置房产跨层级调剂使用，会同市财政局协调市教育局等13家单位向市财政局划拨闲置房产2.05万平方米，以注册资本金的形式注入市投资担保集团，避免国有资产流失和办公用房资源浪费。调整安置市商务局、市文联等单位办公用房5000余平方米；采取改造申报、必要性审查、出具复函等程序严控改造事宜。完成19家单位23个办公用房维修改造项目必要性审查，节约财政资金120万元。

【公务用车管理】 2022年，赤峰市本级完成自治区公务用车集中统一管理试点工作，指导旗县区加快推进集中统一管理体制改革，推广巴林左旗三山乡基层公务出行保障先进经验，破解基层公务出行难题。完成巴林左旗三山乡保障基层公务出行专项领域示范区域申报工作，10月获得国家机关事务管理局批准。依托信息化监督管理平台，对全市公务用车使用情况开展集中检查，发现存在问题用车记录75条，向17个部门、单位发出《公务用车使用不规范问题清单》并跟踪整改。

【公共机构节能管理】 2022年，市机关事务管理局印发《关于组织开展第三批节约型机关创建工作的通知》，完成自治区管理局下达节约型机关创建单位75家。开展全市公共机构节能宣传周、全国低碳日宣传活动，通过云答题、云宣传、云学习和社区普法等形式开展宣传教育，线上有奖答题活动总浏览量为19.6万人次。开展线下公共机构有害垃圾有奖收集活动，参与活动人数1.3万人次，市本级及旗县区公共机构共回收处置各类废弃电器品5批次1万余台件。针对学校、医院及党政机关等市本级重点用能单位开展执法监督检查。委托第三方机构编制《赤峰学院附属医院能耗诊断及降耗方案》，提升能源管理效能。推进市党政综合楼分布式光伏发电建设、中央空调机组改建项目和能源管理云平台建设项目。中央空调机组改建项目作为国内首个地市级党政综合楼固体储热清洁供暖项目在赤峰投入运营，向自治区申报公共机构绿色低碳技术项目。

【规范公务接待】 2022年，市机关事务管理局印发《副厅级以上领导同志公务接待标准有关规定》《关于进一步规范公务接待工作的通知》，推进公务接待工作制度化、规范化建设。开展公务接待专项督查调研，完成对市直属机关后勤保障中心的督查调研工作。召开公务接待工作自查剖析整改会议，编发客情信息134期。

【综合服务保障】 2022年，市机关事务管理局开展党政综合楼区域设备设施维修维护工作。截至年末，完成综合楼外墙干挂理石及栏杆维修项目、综合楼办公区停车场改造项目、中央空调机组改建等维修改造任务。利用信息化平台调度保障市直党政机关公务出行7000余次，服务里程185万千米。完成2022年度"赤子峰会"、全市农牧业高质量运行发展大会、全市旅发大会等保障任务9批次。

（王志坤）

2022年6月13—19日，市机关事务管理局在玉龙家园小区开展"节能降碳反浪费协同增效 促进经济发展全面绿色转型"宣传周活动

（市机关事务管理局 供图）

政协赤峰市委员会

责任编辑　王　慧

政协赤峰市委员会

综　述

【市政协委员构成】　2022年，政协赤峰市第八届委员会设21个界别，即中国共产党界，民革、民盟、民建界，民进、农工党、九三学社界，无党派人士和新的社会阶层人士界，共青团青联界，工会界，妇女联合会界，工商联界，科协和科学技术界，台属和归侨侨眷界，文化艺术界，社会科学界，经济企业界，农牧界，教育和体育界，新闻出版界，医药卫生界，社会福利和社会保障界，少数民族界，宗教界，特邀界。中共党员158人，占比39.8%，符合政协委员比例要求。党外委员239人，占比60.2%。其中，民主党派79人，占比19.9%；无党派人士31人，占比7.8%；群众129人，占比32.5%。女性137人，占比34.5%。少数民族146人，占比36.8%。非公有制经济人士47人，占比11.8%。新的社会阶层人士49人，占比12.3%。党员领导干部110人，占比27.7%。大专及以上文化程度委员人选375人，占比94.5%，其中研究生学历62人、博士研究生7人。

【服务中心工作】　2022年，赤峰市政协落实市委各项决策部署，参与文明城市创建、项目管家、招商引资、农村改革促进乡村振兴等活动，围绕促进各项工作提建议、出思路、助落实，做到市委有号召、政协有行动，市委有部署、政协有落实。

【宣传工作】　2022年，市政协利用微信公众号、网站等阵地，落实意识形态工作责任制。加强对新闻宣传和意识形态的领导，确保政协系统意识形态和新闻宣传工作政治安全、导向正确。秉持“宣传政协工作 服务政协委员”理念，加强微信公众号及网站建设，拓宽政协宣传工作新渠道。截至年末，“赤峰市政协”公众号推送文章、转发新闻稿件702篇，阅读量10万次以上。向自治区政协微信公众号投稿80篇，采用43篇，阅读量近5万次。

【政协自身建设】　2022年，市政协改进工作作风，发挥常委会示范带动作用，提升“两支队伍”（政协机关干部队伍和政协委员队伍）能力，为政协履职打牢坚实基础。加强常委会建设，完善常委会工作规则，制定常委年度述职办法。建立同各旗县区政协联合培训、协同监督、联动协商等机制，形成政协系统工作合力，提高整体效能。强化与外地政协的交流协作，接待湖北省、新疆克拉玛依市、包头市政协等12批次100余人的区内外到赤学习考察团组，组织主席会议成员带队赴北京、甘肃、贵州等地学习先进做法，拓宽推进工作的思路举措。依托全国政协北戴河培训中心、敖汉干部学院，组织市、旗县区政协委员、机关干部开展委员学习培训80余次，累计培训4000余人次。开展“制度建设提升年”活动，推动政协工作制度化、规范化、程序化。深化理论研究工作，协商民主理论课题首次被纳入市社科联基金项目。借助各级各类媒体和政协“一网一号”主阵地，扩大对内对外宣传，全面展示政协工作成效和委员履职风采。推动政协“云平台”应用、会议室智能化改造、履职App建设，提高智慧政协水平。　（王健楠　李俊鹏）

重要会议

【政协全体会议】　2022年2月10—13日，政协赤峰市第八届委员会第一次会议召开。会议协商市政府工作报告、市政协常委会工作报告、提案工作报告、市中级人民法院工作报告、市人民检察院工作报告以及其他报告。委员们就地方经济、政治、文化、社会和生态文明建设领域协商议政，提出建设性意见和建议。6名委员作大会发言。

【政协常委会议】　2022年，政协赤峰市常务委员会召开5次会议。

2月13日，赤峰市政协常委会召开第一次会议。审议通过政协赤峰市第八届委员会常务委员会关于专门委员会设置的决定；审议通过政协赤峰市第八届委员会副秘书长任命名单；审议通过政协赤峰市第八届委员会各专门委员会组成人员名单。

8月9日，市政协常委会召开第二次会议。围绕“增加科创资源供给，助推高质量发展”开展专题协商议政。会议邀请自治区科技厅资源配置处处长王宇昕作专题讲座，市科技局、高新区管委会、赤峰学院、农牧科学研究院、部分旗县区政协进行情况通报，与会人员进行互动交流。

10月26日，市政协常委会召开第三次会议。传达学习贯彻落实党的二十大精神，审议通过有关人事任免事项，政协常委、委员与市直有关部门、各民主党派团体围绕“水资源集约节约利用”开展专题协商。

11月22日，市政协常委会召开第四次会议。围绕“加快文化事业发展·提升赤峰文化软实力”开展专题议政协商，以视频形式连线部分市政协委员、旗县区政协委员，开展远程协商。

12月25日，市政协常委会召开第五次会议。会议听取市政府关于提案办理情况的通报；审议通过市政协八届二次会议的决定、议程、日程、会议主持人名单、秘书长名单、工作报告的报告人名单等；审议通过《市直机关和旗县区提案办理绩效考评办法》；听取政协常委述职报告及各专门委员会工作报告。（王健楠）

协商议政

【概况】 2022年，赤峰市政协聚焦市委政府中心任务，开展协商议政，共组织常委会专题协商3次、专题协商会5次、提案办理协商会2次。开展多次调研交流活动。

【专题协商】 2022年4月28日，市政协召开全市高标准农田建设工程应用情况专题协商会议。8月16日，召开发展现代装备制造产业协商会议。9月24日，召开“推动法定职责履行，提升矛盾化解能力”专题协商会议。11月30日，召开“民品民贸企业助力乡村振兴，推动民族地区经济社会高质量发展”专题协商会议。12月8日，召开“西辽河流域山水林田湖草沙系统治理”专题协商会。

2022年12月9日，全市政协系统推进“赤诚协商”工作交流会议在赤峰国际会展中心礼堂召开 （赤峰日报社 供图）

【提案办理协商】 2022年12月6日，市政协召开“保护修复阴河上游生态环境和创建流域乡村振兴示范区”提案办理协商会。12月8日，市政协召开“加快元宝山区蒙东国际物流港建设 助力打造赤峰市商贸服务型国家物流枢纽承载城市”提案办理协商会。

【调研交流】 2022年，市政协组织部分委员开展专题调研活动。3月28日，市政协调研组到高新区松山产业园调研产城融合工作进展情况，就企业发展、技术创新、重点领域应用工作进行交流。6月6日，市政协“发展新能源现代装备制造产业”议题调研组到赤峰龙源风力发电有限公司开展专题调研。参与自治区政协组织的调研活动7次，接待陕西省、湖北省、河北省张家口市、河南省漯河市、新疆维吾尔自治区克拉玛依市，包头市、呼伦贝尔市、通辽市、阿拉善盟等省、市政协到赤峰市学习交流9批次70余人次。市政协主席、副主席分别带队赴北京市、河北省、辽宁省、甘肃省、湖北省、贵州省等地学习先进做法。

【赤诚协商】 2022年，市政协把握政协履职创新重点，打造基层协商特色品牌“赤诚协商”新载体。“赤诚”旨在突出真诚协商、全程协商；选群众急难愁盼的事，提升群众的参与度；坚持“不调研不协商”，采取“1+3+N”的模式，即：委员工作室一名主任召集、委员和群众代表及党政主管部门三方固定参加、其他各方谁相关谁参加。事项议透，成效落实。确保问题找得准、建议能办理，盯反馈、盯推进直至办结。让群众“不白来”“没白说”。截至年末，“赤诚协商”开展120场（次）。（王健楠）

民主监督

【概况】 2022年，赤峰市政协围绕产城融合、未成年人保护、医养结合、宗教三级网络作用发挥等开展民主监督，边监督、边建言、边助推，意见建议被有关部门采纳应用。联合市人民检察院建立公益保护协同监督机制，被列入市年度十大法治事件。

【提案工作】 2022年，市政协制定《重点提案督办办法》《提案办理绩效考评办法》，提升制度保障能力，完善提案征集、审查、交办各环节工作。集中走访提案承办单位21家，召开重点提案督办会议8次，提高提案办理实效。创新党政领导领办机制，遴选重点提案15件、重要提案30件，市委书记、市长带头领办，市委政府领导督办相关领域提案，督促相关部门推动解决问题。397件立案提案全部办复。评选表彰优秀提案30件、承办提案先进单位7家、承办提案先进个人10名。

【提案建议及落实】 2022年，市政协委员提交提案477件，立案397件，全部办复完毕。确定“加快文化事业发展，提升赤峰文化软实力”“增加科创资源供给，助推高质量发展”等协商议题，提出建议37条；配合自治区政协开展三级联动监督式协商，以“水资源节约集约利用”为题，提出建议23条。市委、市政府成立综合协调、项目申报、政策完善等工作专班落实提案建议。出台《赤峰市支持“专精特新”中小企业发展若干政策措施》《赤峰市肉牛产业数字化改造试点工作方案》《赤峰市法治文化阵地建设“三年提升工程”实施方案》等政策文件；筹集资金6991万元，建设改造柴胡栏子烈士陵园等项目、打造“红山玉龙品牌”和“赤峰史前文明”等文化项目、推进市职业教育公共实训基地建设、为33家企业引进44名紧缺人才等人才行动，提升提案建议办理质效，促进提案建议成果转化落实。

表8 2022年赤峰市政协委员优秀提案一览表

序号	提案名称	提案人
1	关于打造蒙东地区国际国内物流枢纽助力赤峰经济腾飞的提案	关海军
2	关于进一步支持我市专精特新中小企业发展的建议	杜金宏
3	关于加快肉牛产业发展的几点建议	特木尔巴根
4	关于找准定位发挥优势推动中蒙药产业高质量发展的提案	韩风雨
5	关于推进我市南部四旗文旅产业大融合大发展的建议	敖汉旗政协等4家政协
6	关于切实搞好乡村规划推进乡村振兴的建议	谢树祥
7	关于加强年轻一代民营企业家发展的建议	赤峰市工商联
8	关于围绕产业兴旺推进乡村振兴的提案	张　华
9	关于将飞地项目优先落地于赤峰农畜产品开发区的提案	呼格吉乐图等12人
10	关于推动赤峰市农村电商直播发展助力乡村振兴的建议	吴德宝
11	关于推进赤通合作几点建议	苑鸿飞
12	关于推进赤峰综合保税区申建的提案	史广海等19人
13	关于支持共建农业科技现代化先行县探索科技支撑乡村振兴有效途径的提案	蔡永慧等4人
14	关于加快松山产城融合先导区发展的建议	秦玉浩等6人
15	关于加强我市林木种苗工作的提案	民革赤峰总支
16	关于加强赤峰市对外宣传工作的提案	陈中责
17	关于加强本土历史文化普及的提案	乌凤军等18人
18	关于加强农村文化建设的提案	农工党赤峰市委
19	关于加强我市重要农业文化遗产保护和利用的建议	国　华
20	关于加强赤峰市物质文化遗产保护的建议	民进赤峰市委
21	关于加强红色文化资源保护开发利用打造红色文旅的提案	张艳秋
22	关于双减政策执行过程中存在的问题和建议	刘灵艳
23	关于进一步规范基层法律服务工作的建议	张柏松
24	关于打造更友好人才生态让青年人才在赤峰更有为的提案	马海茹
25	关于提升我市心理健康服务能力的提案	民盟赤峰市委
26	关于加强村级公路养护的提案	崔　曼
27	关于加大智力障碍和自闭残疾人职业教育发展支持力度的建议	民建赤峰市委
28	关于保护修复三座店水库及阴河上游生态环境和创建流域乡村振兴示范区的建议	孙丽雯等4人
29	关于加快西辽河上游流域山水林田湖草沙生态保护修复工程的提案	九三学社赤峰市委
30	关于开展绿色碳汇能力评估探索碳汇管理新路径的提案	李灵犀

（市政协办公室）

【反映社情民意】 2022年，赤峰市政协聘请特邀信息员，加大反映社情民意信息工作力度。发挥舆情汇集和民意表达功能，引导委员深入基层，围绕党政重视、群众关心的民营经济、学前教育、交通治理、城市建管等问题建言献策。整理上报各类信息1600余篇，被采用860余篇，居自治区首位，进入全国政协信息直报点前列。（王健楠）

委员工作

【委员履职平台建设】 2022年，赤峰市政协推进“赤诚协商”议事平台建设，召开专题推进会，推动政治协商向基层延伸。市本级围绕“中心城区道路标志合理化设置”“丰富社区群众文化生活”等10项议题开展协商；旗县区围绕“为陪读妈妈提供灵活就业”“传统游牧夏季转场”等议题开展协商活动100余次。为便于委员联系基层、服务界别群众，市县两级政协建成委员工作室215个。

【委员履职服务管理】 2022年，市政协把规范引领委员履职作为工作重点，编印履职导引，制定评价办法，出台《重点提案督办办法》《提案办理绩效考评办法》，提升制度保障能力，提出量化标准和具体要求。蔡富廷、王振良、国华、王韫添等51名委员被评为优秀委员；九三学社赤峰市委提出的《关于加快西辽河上游流域山水林田湖草沙生态保护修复工程的提案》、乌凤军等18名委员联名提出的《关于加强本土历史文化普及的提案》、关海军委员提出的《关于打造蒙东地区国际国内物流枢纽助力赤峰经济腾飞的提案》等30件提案被评为优秀提案。

【委员履职培训】 2022年，市政协拓宽委员学习渠道，组织市政协委员参加全国政协第139期干部培训班、自治区政协2022年凝聚共识主题宣讲会和自治区政协“传达贯彻习近平总书记重要指示深入开展政协委员读书活动”座谈会等；邀请全国、自治区、市三级政协专家进行专题讲座，组织开展以界别为单位的“政协提案和社情民意信息撰写”培训、“调研协商”培训、提案专题培训、界别委员日常集体学习等学习培训80次4000余人次。

【委员参与社会服务】 2022年，市政协组织委员围绕中心工作开展社会服务活动。新闻出版界组织部分界别委员到宁城县福利院开展爱心捐赠活动；市政协各专门委员会联系各界别开展“凝心聚力展英姿，赤诚协商迎‘三八’”系列活动；农工党部分政协委员到元宝山区开展健康义诊活动，为近200名社区群众提供义诊和咨询服务；教育界委员举办“庆‘六一’暨‘我与政协有个约定’亲子阅读活动”，科学技术界、工会界、共青团、青联界部分委员企业捐赠防疫物资驰援林西县；无党派人士和新的社会阶层人士组织部分书法名家、政协委员举办“喜迎二十大 建功新时代”书法名家笔会活动。8月29日，市政协少数民族界别委员工作室暨“石榴籽读书屋”揭牌成立。各民主党派、市工商联以集体名义作会议发言41次，参与重点调研视察活动58次380余人次，提交集体提案47件，反映社情民意信息232条。开展“书香政协”建设，以专委会联系界别为单位，成立网上读书群7个，全年开展“千名委员共读一本书”等线上线下阅读分享活动42次，指导各旗县区政协开展各类委员读书活动178次。（董佳祺）

2022年6月1日，市政协教科卫体委在教育界委员工作室举办“庆‘六一’暨‘我与政协有个约定’亲子阅读活动”（市政协办公室 供图）

中共赤峰市纪律检查委员会
赤峰市监察委员会

责任编辑　王　慧

中共赤峰市纪律检查委员会 赤峰市监察委员会

综　述

【巡视巡察上下联动】 2022年，赤峰市纪委监委研究审议《第八届赤峰市巡察工作规划（2022—2026）（试行）》《赤峰市委2022年巡察工作要点》，制定《关于加强和改进对村嘎查（社区）党组织巡查监督的具体举措（试行）》。对国资国企系统和群团组织开展常规巡察，发现问题203个，移交问题线索10件10人，推动立行立改事项10件。落实自治区党委巡察指导督导反馈意见，研究制定整改方案，提出整改措施37项，全部完成整改；强化对旗县区巡察工作的指导督导，加强巡查制度建设，组建巡察组组长库、专业人才库。

【纪检监察体制改革】 2022年，市纪委监委召集反腐败协调小组会议2次，制定印发《行贿人“黑名单”信息库管理暂行办法》《监察机关检察机关互涉案件沟通协调工作办法》。出台健全市委巡察机构与市纪委监委协作配合机制的意见，与市检察院围绕行政检察和监督工作制定沟通协调办法。加强对市直机关纪委履职情况监督指导，出台《赤峰市直属机关纪委监督执纪工作程序规定（试行）》。深化派驻机构改革，组建工作专班，制定《派驻（出）机构问题线索管理办法（试行）》等系列工作制度。市本级采取“室组”联动方式开展监督检查752轮次，发出提醒函、建议函和纪检监察建议310份，发现并督促整改问题791个。

【纪检监察干部监督管理】 2022年，市纪委监委推进“三化”（标准化、规范化、专业化）建设，加强干部队伍建设。把政治建设摆在首位，推进党史学习教育常态化长效化，制定常委会会议和书记专题会议议事规则。推进学习型机关建设，建立机关青年学习小组制度，探索开展全市范围以案说案活动3期。加强干部培养锻炼，实行机关全员办案和旗县区干部季度轮训机制，全年教育培训覆盖1500余人次，选派80名干部参加自治区专案办理。强化干部选拔任用，市本级提拔交流晋级55人次，择优调训专业型干部20名，公开比选正科级领导干部2名。健全完善内控机制，制定纪检监察干部监督工作前置监督办法等4项制度。坚持刀刃向内，受理反映纪检监察干部问题线索44件，立案9件，处分5人。

重要会议

【中共赤峰市第八届纪委第二次全会】 2022年2月18日，中国共产党赤峰市第八届纪律检查委员会第二次全体会议召开，出席全会的有市纪委委员27人，列席142人。全会总结回顾2021年纪检监察工作，安排部署2022年任务。全会审议通过市纪委常委会工作报告。全会认为，2021年，全市纪检监察工作稳中有进，全市党风廉政建设和反腐败工作取得显著成效。协助市委推动全面从严治党向纵深发展，为全市经济社会高质量

2022年2月18日，中国共产党赤峰市第八届纪律检查委员会第二次全体会议在赤峰国际会展中心礼堂召开　（市纪委监委机关　供图）

发展提供保障。全会提出，2022年将召开党的二十大，做好纪检监察工作意义重大。全市各级纪检监察机关要坚持以习近平新时代中国特色社会主义思想为指导，全面贯彻中共十九大和十九届历次全会精神，深入贯彻落实习近平总书记对内蒙古重要讲话重要指示批示精神，增强“四个意识”、坚定“四个自信”、做到“两个维护”，按照十九届中央纪委六次全会、自治区纪委十一届二次全会和市第八次党代会部署安排，坚持稳中求进工作总基调，立足新发展阶段，完整、准确、全面贯彻新发展理念，服务和融入新发展格局，推动高质量发展，弘扬伟大建党精神，永葆自我革命精神，坚持全面从严治党战略方针，坚定不移将党风廉政建设和反腐败斗争进行到底，深化不敢腐、不能腐、不想腐一体推进，惩治震慑、制度约束、提高觉悟一体发力，取得更多制度性成果和更大治理成效，加强纪检监察机关规范化法治化正规化建设，发挥监督保障执行、促进完善发展作用，推进清廉赤峰建设。

【赤峰市党员领导干部警示教育大会】 2022年1月10日，赤峰市党员领导干部警示教育大会召开，会议学习习近平总书记关于全面从严治党的重要论述，分析当前全市反腐败斗争形势，剖析违纪违法典型案件，教育引导全市党员干部以案为鉴、以案促改，推进全市党风廉政建设和反腐败斗争走向深入。会议组织观看警示教育片《扬利剑 除顽疾 促发展——为建设区域中心城市、打造“双子星座”提供坚强保障》。会议强调，全市各级党组织和广大党员干部特别是领导干部要充分认识全市反腐败斗争形势的严峻性和复杂性，始终保持清醒认识和准确判断，以永远在路上的坚韧和执着，推动全市党风廉政建设和反腐败斗争走深走实。要深刻汲取教训，持续筑牢拒腐防变的思想防线。各级党委（党组）和纪检监察机关要聚焦发展要务，把广大干部的精力凝聚到干事创业上来。加强政治建设，忠诚拥护“两个确立”、坚决做到“两个维护”，贯彻落实习近平总书记对内蒙古工作重要讲话重要指示批示精神，推动党中央和自治区党委决策部署落实到位。会议要求，全市各级党组织要迅速传达贯彻会议精神，抓紧抓好警示教育、以案促改工作，营造本地区本领域良好政治生态。要深入推进全面从严治党，紧盯重大工程、重点领域、关键岗位，严肃监督执纪问责，强化不敢腐的震慑，扎牢不能腐的笼子，增强不想腐的自觉。要层层压实管党治党工作责任，为迎接党的二十大胜利召开提供坚强政治保证。

【赤峰市领导干部警示教育会议】 2022年9月28日，赤峰市领导干部警示教育会议召开。会议播放市纪委监委制作的《除疾破障护发展 纠风治腐守民生》清廉赤峰建设警示教育专题片。 会议对全市党风廉政建设和反腐败斗争面临的形势进行分析，要求全市各级党组织和广大党员干部要切实增强建设清廉赤峰的紧迫感责任感，深刻吸取反面典型教训，警钟长鸣、防微杜渐，一体推进不敢腐、不能腐、不想腐。要全面贯彻落实党中央决策部署和自治区党委工作要求，扎紧制度笼子，健全完善制度体系。各级党委（党组）要担负起全面从严治党的主体责任，党委（党组）书记要认真履行第一责任人职责，管好班子、带好队伍。纪检监察机关要聚焦主责主业，强化监督、铁面执纪，建设良好政治生态。

党风廉政建设

【干部作风建设】 2022年，赤峰市纪委监委密切关注“四风”苗头性、倾向性、隐蔽性问题，紧盯重要时间节点开展明察暗访，查处享乐主义、奢靡之风问题29个，批评教育帮助和处理49人，其中给予党纪政务处分32人、通报案例14批次33人。纠正贯彻落实党中央决策部署装样子、做选择、搞变通等问题，纠正工作中过度留痕、检查考核过多过频等加重基层负担问题，查处形式主义、官僚主义问题81个，批评教育帮助和处理157人，其中给予党纪政务处分106人，通报案例14批次27人。注重纪法情理贯通融合，把握事实证据、思想态度、纪法标准，科学运用“四种形态”批评教育帮助和处理3711人次，第一、二、三、四种形态分别占比61.5%、27.4%、5.7%、5.4%。强化规范问责，涉及环保督察责任和措施落实不力问题上报自治区纪委监委审核，确保查清事实、区分责任、做出处理，防止和纠正滥用问责、不当问责等问题。

【信访举报办理】 2022年，市纪委监委加强信访举报办理工作，紧盯突出问题。建立按月部署制定任务、按周调度抓落实、跟踪督办促进度的工作机制。截至年末，接收信访举报4080件，比上年下降39.30%。其中，初次检举控告886件，比上年下降63.98%；办结率99.55%；实名检控反馈满意率92.95%。

【“千名纪检监察干部入千村访源治理”活动】 2022年，赤峰市县两级纪委监委以“存量清零、增量随清”为目标，一体推进调查研究与信访工作，包村入户察民情、解民忧，开展“千名纪检监察干部入千村访源治理”活动，全市共派出1319人深入村居1351个，解决问题552件次，化解不满意信访问题183件次，纳入全自治区重复举报治理的102件信访件全部化解。

【乡村振兴领域不正之风和腐败问题专项整治】 2022年，市纪委监委有效保障民生福祉，持续关注就业创业、教育医疗、养老社保、生态环保、优抚救助、安全生产、食品药品安全、执法司法等领域群众诉求，开展乡村振兴领域不正之风和腐败问题专项整治，加强对重点项目、重大资金、重要环节的监督检查，立案27件，给予党纪政务处分45人，组织处理4人。严肃查处侵害农牧民合法权益的“微腐败”。

【常态化扫黑除恶斗争】 2022年，市纪委监委常态化开展“打伞破网”工作，查处包庇纵容黑恶势力的“保护伞”，让人民群众感受到公平正义就在身边。处理涉恶案件失职失责人员15人，其中给予党纪政务处分7人、组织处理8人。

【激励干部担当作为】 2022年，市纪委监委落实“三个区分开来”（把因缺乏经验先行先试出现的失误与明知故犯行为区分开来，把国家尚无明确规定时的探索性试验与国家明令禁止后的有规不依行为区分开来，把为推动改革的无意过失与为谋取私利的故意行为区分开来）要求，查处诬告陷害问题2件2人，综合运用书面澄清、当面澄清、会议澄清、通报澄清等方式，为受到不实举报的18名干部进行澄清正名，及时消除思想顾虑和负面影响。

监督执纪

【政治监督】 2022年，赤峰市纪委监委强化理论武装，建立常委会第一议题制度，通过常委会会议、理论中心组学习、专题辅导等方式开展集体学习40次。围绕党的二十大战略部署强化政治监督，完善政治监督有效路径，健全台账管理、动态跟踪、限期办结、“回头看”等监督措施，运用下沉式、嵌入式、调研式等监督方式，提升监督实效。严明政治纪律和政治规矩，印发《2022年度政治监督台账》，细化24项监督具体内容和33项具体措施，完善“建账+对账+督账+销账”闭环工作法，以党内政治生活庸俗化交易化问题集中治理为契机，与市委组织部联合派出8个督查组，对全市143个地区部门和企事业单位开展督导，发现问题及时解决。

【疫情防控监督】 2022年，市纪委监委建立疫情防控监督专班，健全“平战转换”工作机制和“一问、二看、三督促、四报告、五回头”监督机制，紧盯重点领域和关键环节。全市派出监督检查组1.49万个（次），发现并督促整改问题8657个，提出意见建议6347条，发送提醒函、督办函等450余份，印发通报39批次，通报部门单位275个，点名曝光284人，处理失职失责人员83名，给予党纪政务处分2人，诫勉谈话16人。

【优化营商环境监督】 2022年，市纪委监委助力优化营商环境，护航企业健康发展，以《赤峰市打造最优营商环境行动方案》为抓手，市县两级纪委监委共处置损害营商环境问题线索117件，立案47件，处分50人，移送司法机关6人，通报曝光典型案例7起，自治区优化营商环境大会通报涉及赤峰的5件问题及线索全部办结。

【中央环保督察转交信访件办理】 2022年，赤峰市推动中央环保督察反馈问题整改落实到位，坚守生态环境安全底线。配合做好中央环保督察转交信访件办理工作，压实主体责任，严格审核研判、追责问责、请示报告等流程，接收交办信访件454件，办结率达99.1%。

审查调查

【腐败问题整治查办】 2022年，赤峰市纪委监委处置问题线索2371件，立案1130件，处分1371人，上缴国库资金6.25亿元。整治国有企业、政法、粮食购销、公共资源交易等权力集中、资金密集、资源富集领域的腐败，开展煤炭资源、新能源领域违规违法问题整治，铲除破坏政治生态、阻碍经济发展的系统性、行业性、地域性腐败毒瘤，查办的公共资源交易领域腐败案被评为2022年自治区“十大法治事件”。查办疾控系统疫苗购销领域腐败案件，开展全市疫苗采购接种领域突出问题专项整治。

【审查调查机制完善】 2022年，市纪委监委提升办案质效，制定监督执纪执法专题会议制度，建立案件质量季度自查和年度互查、抽查机制，对旗县区拟通报案例实行提级审核。严守办案安全底线，落实开案培训考试制度，组织安全检查12次，印发通报4期，保证办案“零事故”。做实做细查办案件“后半篇文章”，建立分工明确、责任明晰的以案促改责任体系，推动健全行业部门内部监管体系，完善纪检监察建议提出、督办、反馈和回访监督机制，实现查处一案、警示一片、治理一域的综合效应。发出纪检监察建议224份，针对发现的问题与市政府开展2轮会商对接，督促相关职能部门开展以案促改。

【审查调查警示教育】 2022年，市纪委监委营造廉洁氛围，筑牢不想腐的思想堤坝，拍摄《除疾破障护发展 纠风治腐守民生》专题片，编发《违纪违法领导干部案例汇编》，协助市委召开全市警示教育大会，以近两年查处的民生领域和营商环境领域典型案件为素材摄制警示教育专题片，向领导干部编发典型案例警示教育汇编。推进清廉赤峰建设，协助市委制发实施意见，各地区、各部门制定三年行动计划和年度任务台账，健全清廉民意调查和第三方评价机制。与赤峰学院合作成立专项研究小组，开展清廉指数评价体系和清廉学术研究，推进清廉赤峰建设。（王　昆）

巡察工作

【概况】　2022年，赤峰市开展2轮巡察，上半年完成对市国资委和5家市属国有企业6个部门党委的常规巡察任务，下半年完成对市总工会、团市委、市残联等10个群团组织的常规巡察任务。围绕自治区党委巡察指导督导反馈意见，协同旗县区、相关职能部门完成整改落实。选派5个市委巡察指导督导组，对12个旗县区委开展巡察工作指导督导，提升旗县区巡察监督质量。

【巡察工作规划】　2022年1月15日，八届市委巡察工作领导小组召开第二次会议，研究审议《八届市委巡察工作规划（2022—2026）（试行）》。3月8日，市委第20次常委会会议审议通过，3月28日印发全文。

【八届市委第二轮巡察】　2022年4月20日，八届市委巡察工作领导小组召开第三次会议，审议通过《八届市委第二轮巡察工作方案》。4月25—28日，举办巡前培训班；29日，召开动员部署会；5月6日，八届市委第二轮巡察6个巡察组分别进驻市国资委和富龙集团、交投集团、城投公司、平投公司、国资集团6个部门（单位）党委，开展为期40天的常规巡察。6月17日，巡察组完成巡察，共发现问题83个，移交问题线索10件10人，推动立行立改事项7件，形成专题报告4篇。7月7日，八届市委巡察工作领导小组召开第四次会议，听取6个巡察组工作情况汇报。8月3日，市委书记万超岐主持召开书记专题会议，听取八届市委第二轮巡察情况汇报。

【八届市委第三轮巡察】　2022年7月7日，八届市委巡察工作领导小组召开第四次会议，审议通过《八届市委第三轮巡察工作方案》。8月1日，召开动员部署会；2日，举办巡前培训班；3日，八届市委第三轮巡察派出的4个巡察组和选人用人、意识形态专项检查组分别进驻市总工会、团市委、市妇联、市科协、市残联、市红十字会、市工商联、市侨联、市社科联、市文联10个群团组织，开展为期45天的常规巡察。9月19日，经市委巡察工作领导小组同意，八届市委第三轮巡察结束时间由9月19日延期至9月30日，信访受理截止时间延期至9月27日18时。9月30日，完成巡察和专项检查任务，共发现问题120个，推动立行立改事项3件，形成专题报告2篇。11月1日，八届市委巡察工作领导小组召开第五次会议，听取6个小组工作情况汇报。12月6日，市委书记万超岐主持召开书记专题会议，听取八届市委第三轮巡察情况汇报。

【巡察指导督导】　2022年，赤峰市委巡察办围绕自治区党委巡察指导督导反馈意见，成立工作专班，制定整改方案，建立清单台账，协同旗县区、相关职能部门完成整改落实。除办公用房和干部年龄结构问题正在跟进解决外，其余问题均已完成整改。全年指导督促12个旗县区委开展常规巡察27轮次，完成对153个部门（单位）和37个苏木乡镇（街道）、474个嘎查村（社区）党组织的政治监督任务；选派5个巡察指导督导组，采取跟办、跟组的方式，对12个旗县区委巡察工作开展指导督导。

【巡察反馈整改】　2022年8月4—5日，八届市委第二轮巡察6个巡察组分别向赤峰市国资委和赤峰富龙公用（集团）有限责任公司、赤峰市交通投资（集团）有限公司、赤峰市城市建设投资（集团）有限公司、赤峰平煤投资有限责任公司、赤峰国有资本运营（集团）有限公司5家国有企业党委进行"一对一"现场反馈。巡察反馈会议传达学习中央、自治区党委关于巡视巡察工作新部署新要求和市委书记听取八届市委第二轮巡察情况汇报时的讲话要求，向被巡察单位主要负责人和领导班子反馈巡察情况。12月7日，八届市委第三轮巡察4个巡察组分别向市总工会等10个群团组织进行"一对一"现场反馈。传达市委书记听取八届市委第三轮巡察情况汇报时的讲话精神，通报巡察发现的主要问题，对整改工作提出要求。

【"三化"建设年活动】　2022年是巡察工作正规化法治化规范化建设年，赤峰市委巡察办成立"三化"建设工作领导小组，制定印发《2022年度市委巡察机构规范化法治化正规化建设工作方案》，将目标任务逐项分解细化为3方面19项具体工作，完善组织架构、健全制度机制、强化学习培训、加强信息化建设。修订完善制度机制17项，举办巡察业务培训班5期，完成巡视巡察工作网络平台和现场巡察单机系统应用。旗县区围绕职责履行、巡察监督、队伍建设等建立健全各类制度机制37个，依规依纪依法开展巡察。　（孙浩然）

民主党派·工商联

责任编辑　王　慧

民主党派·工商联

民革赤峰市总支委员会

【概况】 民革赤峰市总支委员会下设红山支部、松山支部、元宝山支部、市直属一支部、市直属二支部 5 个支部。2022 年，民革赤峰市总支委员会开展“矢志不渝跟党走 携手奋进新时代”主题教育活动，向市两会提交提案 15 件，开展重点课题考察调研工作 6 次。

【组织建设】 2022 年，民革赤峰市总支召开五届三次、四次、五次、六次全委会和政治交接主题教育推进会及 4 次理论中心组学习会。组织党员参加“民革内蒙古大课堂”线上直播培训。推动松山区支部参加第三批“示范支部”创建活动。完成民革成员名册统计更新，完成拟发展党员信息录入、备案报备等组织发展工作。总支经过考核，新发展党员 2 名，上报自治区委。

【参政议政】 2022 年，赤峰市两会期间，民革市总支提交提案 15 件，其中《关于加强赤峰市林木种苗工作的提案》《关于做好退化林分改造修复工作的提案》集体提案 2 件、《关于支持赤峰市抓好退化林分改造的建议》联名提案 1 件和《关于加强推进乡村振兴过程中村干部队伍建设的建议》《关于在市区内建设开放式体育场所的建议》《关于进一步做好赤峰种业振兴工作的建议》《关于关爱留守儿童的建议》《关于落实碳达峰、碳中和目标推动建议》等个人提案 12 件。参加“生态文明建设”政党协商座谈会、《市政府工作报告》征求意见座谈会等，撰写年度重点课题调研汇报和全市经济形势座谈会发言材料，提交政党协商座谈会书面协商报告《解放思想 改革创新 担当作为》1 篇。开展“赤峰市肉牛养殖产业发展”“赤峰市农牧业产品品牌建设和管理情况”“强化提升中、蒙医药产业，促进康养结合新业态”等方面的议题调研，形成调研报告 6 篇。市总支报送的《退化林分改造修复工作面临新问题》《互联网伪科普信息亟待治理》《破解税收政策矛盾促进西部欠发达地区国家高新技术企业发展》等信息被自治区政协采用。

2022 年 6 月 19 日，民革赤峰市总支委员会到巴林右旗开展“矢志不渝跟党走 携手奋进新时代”主题教育活动 （民革赤峰总支 供图）

【社会服务】 2022 年，民革赤峰市总支组织开展“建设绿色赤峰 贡献民革力量”义务植树活动、健康义诊活动、“送法进乡村、进校园”活动和“助力乡村振兴 共建美好家园”农牧科技成果与实用技术推广活动等民革党员下基层系列活动。组织开展新春走访慰问老党员活动和“博爱·牵手”关爱困难党员慰问活动。

【农牧科技成果与实用技术推广活动】 2022 年 7 月 8 日，民革赤峰市总支到巴林右旗开展“助力乡村振兴 共建美好家园”送科技到基层、民革党员助力乡村振兴实践活动。邀请市农业技术服务中心推广研究员现场指导肉牛适用养殖技术和种植业实用技术。在巴林右旗大板镇宝拉格嘎查肉牛养殖示范基地，研究员向肉牛养殖户就肉牛改良、防疫等实用技术进行讲解，帮助养殖户解决具体技术问题。在赛罕街道大板村，研究员到利农农业合作社，对大棚种植户进行果蔬实用技术现场指导培训，传授芹菜、黄瓜、辣椒的种植与病虫害预防技术、对当地特殊的自然条件和地理环境适合种植的农作物及多肉植物的种植技术进行讲解。（呼和巴拉）

民盟赤峰市委员会

【概况】 民盟赤峰市委员会下设赤峰学院委员会，市直属、红山区、元宝山区、松山区4个总支。盟员中教育、文化界盟员占比59.7%、法律界盟员占比8%、科技界盟员占比20.2%。2022年，民盟赤峰市委完成重点课题调研、市政协专题协商调研，开展送医下乡等社会服务。主委吕东明被民盟自治区委评为“参政议政工作先进个人”。

【组织建设】 2022年，民盟赤峰市委召开领导班子民主生活会，对照检查和落实整改任务，提高解决自身问题能力，提升领导班子建设水平。成立民盟市委教育、医疗、参政议政专门委员会。为规范和统一各基层组织发展盟员，制定《民盟赤峰市委盟员入盟流程》。吸收政治素质好、知识层次高、代表性强的人士入盟，发展盟员9名。

【参政议政】 2022年，民盟赤峰市委参加市民主党派、工商联和无党派人士2021年调研成果汇报暨2022年重点调研选题协商座谈会、政府工作报告征求意见座谈会、全市各民主党派党的二十大精神座谈研讨会、全市生态文明建设协商座谈会等政党协商会议6次，就《全市政党协商计划》《重点课题调研成果落实工作分工方案》《政府工作报告》、全市生态文明建设，与市委、市政府等有关部门进行会议协商和书面协商。围绕自治区政协部署的联合开展水资源节约集约利用专题监督性协商工作，参与完成对喀喇沁旗、克什克腾旗水资源节约集约利用专题监督性协商和调研。组成调研组通过实地走访、召开座谈会等形式，完成《数字经济和数字技术在赤峰地区农业发展中的作用》《“双减”政策下教育如何发挥职能作用》2个重点课题的调研工作，并上报民盟自治区委和市政协作为集体提案。完成市政协法制委《推动法定职责履行、提升矛盾化解能力》等专题协商调研。盟员中各级人大代表和政协委员建立信息工作微信群，落实调研和信息工作任务。印发《民盟赤峰市委2022年度社情民意信息任务分工》。《加快建设赤峰儿童专科医院和儿康项目的建议》等9篇社区民意信息被市政协采用。

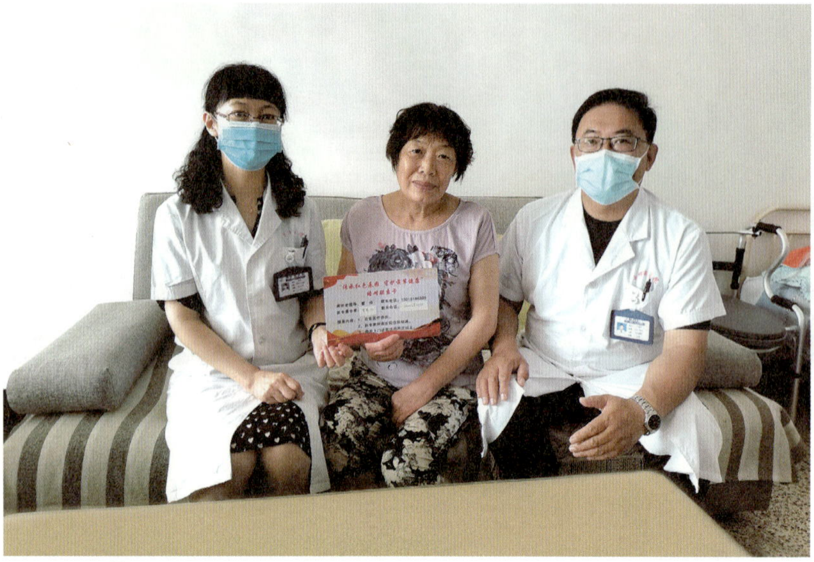

2022年6月26日，市委老干部局、市民盟医专委与抗日离休老干部开展“一对一”结对帮扶　（刘志刚　摄）

【社会服务】 2022年，民盟元宝山区总支联合元宝山农商银行为古山小学赠送价值6000余元的学习用品和助学金。民盟市委医专委联合市委老干部局组织医疗卫生专家为4名离休老干部开展结对送医服务。部分盟员与特邀医师、律师参加全市统一战线集中“社会服务日”活动，开展健康体检、医疗义诊、法律咨询等服务。

【未成年人心理健康保护课题调研】 2022年，民盟赤峰市委调研组一行到翁牛特旗、喀喇沁旗就提升心理健康服务能力调查研究课题进行调研。围绕心理健康与心理疾病预防和治疗领域存在的困难和问题、建议等与部分师生探讨交流。向市政协提交《全面加强未成年人心理健康保护工作》提案，针对未成年人心理健康工作存在的认识偏差、缺少资金支持和激励机制、专业人才匮乏、社会心理健康服务发展不平衡、对接机制差等问题，从管理体系、人才队伍、观念更新等方面提出建议。该提案被民盟内蒙古区委采用，并向自治区政协提交，被自治区政协列为重点督办提案，被全国政协委员向全国政协提交。

（勾振伟）

民建赤峰市委员会

【概况】 2022年，民建赤峰市委员会在册会员147人，其中经济界人士占比78.9%，女会员占比35.4%。民建市委赴各地调研9次，撰写调研报告13篇，关于职业教育、水资源利用方面的提案被市政协评为优秀提案。

【组织建设】 2022年，民建赤峰市委开展政治学习、组织宣传、会务发展等活动31次，覆盖会员、会友249人次。参加由民建中央、内蒙古区委，中共赤峰市委统战部、市政协组织的学习会、培训会66人次。贯彻落实领导班子民主生活会、述职和评议制度，落实领导班子成员分工联系基层组织制度。通过“会员之家”建设，加强基层组织建设。发展6名优秀青年入会，截至年末，在册会员147人。

【参政议政】 2022年，民建赤峰市委开展政党协商和参加政协专题协商，围绕政府工作报告、调研成果及转化、生态文明建设、改革创新、招商引资等主题，参加市各级党委、政府、政协召开的协商会、座谈会、情况通报会等17次。组织“看产业”系列调研活动，围绕“稳市场主体、为小微企业纾困解难”“碳达峰、碳中和落实情况”、农业科技发展情况等方向，赴市内各产业园区调研9次，形成集体调研报告13篇、社情民意信息35篇。在赤峰市两会召开期间，民建市委提交的3篇大会书面发言被采用、3件集体提案被立案答复，其中《支持特殊教育学校开展职业教育》的提案被评为优秀提案。就“水资源节约集约利用”开展专题监督性协商。

【社会服务】 2022年，民建赤峰市委走访会员企业5家，了解企业生存现状，助力解决困难。联合其他民主党派共同组织企业界成员赴国电公司开展调研活动。参与市委统战部集中“社会服务日”活动，到红山区、松山区、元宝山区、翁牛特旗等地开展捐资助学、帮扶慰问、关爱残疾人等活动。截至年末，开展社会服务活动37次，直接为社会捐款捐物总价值32万元，协调捐赠物资价值30万元。

【“微笑守护”儿童慈善救助活动】 2022年4月8日，民建赤峰市委邀请中华思源工程基金会、北京嫣然天使儿童医院共同发起的“微笑守护”儿童慈善救助活动走进赤峰。“微笑守护”儿童慈善救助活动为具有赤峰市户籍的0～18周岁患有眼、耳、唇腭裂等先天性疾病患儿提供免费义诊筛查，对符合救助标准的患儿家庭提供全额救助治疗。活动前期的儿童家庭摸底排查工作由民建赤峰市委与市民政部门开展，全市290余个儿童家庭报名参加义诊活动。当日率先为中心城区和翁牛特旗130余个儿童家庭进行免费义诊筛查，后续义诊活动在旗县区继续开展。 （丽　娜）

民进赤峰市委员会

【概况】 2022年，民进赤峰市委员会有会员171人，其中教育、文化界别84人。向赤峰市政协提交集体提案16件、个人提案14件；完成专题调研报告2篇；免费为1.4万余名学生进行8项视力检测；成立开明画院赤峰分院。疫情期间，开展募捐行动，共筹集善款6000余元、生活物资价值2400元，无偿提供办公场所1000余平方米。

【组织建设】 2022年，民进赤峰市委召开主委会、委员会，就全年工作计划、重点工作、组织建设及新成员发展等重大会务进行安排部署。召开领导班子民主生活会，坚持问题导向，对照会章要求，班子成员开展批评和自我批评，达到统一思想、促进团结、互相监督、共同提高的目的。发挥骨干带头作用，开展基层组织活动。

【参政议政】 2022年，民进赤峰市委参加市委统战部组织的各民主党派和党外人士座谈会，围绕市委、市政府重点工作确定年度调研课题，建言献策。在赤峰市两会召开期间，提交集体提案16件、个人提案14件，其中《加强天然草场改良建设，助力赤峰牧区“三生”统一》提案入选大会发言。召开年度参政议政工作会议，结合各自专业特长承担调研选题。形成《推进惠民书屋工程 打造“书香赤峰”》《赤峰市推进自治区级产城融合示范区建设对策研究》调研报告2篇。

【社会服务】 2022年，民进元宝山区支部与民进红山区总支参加“强国复兴有我共植同心林”植树活动；民进企业支部开展“送教下乡”活动，向红山区文钟镇政府捐赠儿童、科普、文学、社科、人文等方面的图书200余册，助力乡村文化振兴；民进书法家代表参加市委统战部集中“社会服务日”活动，现场赠送书画作品30余幅。成立开明画院赤峰分院，开展“春联万家”活动，组织书画界民进会员走进基层撰写春联，把祝福送到百姓家。

【“科学用眼 守护光明”公益活动】 2022年6月27日，民进元宝山区支部与赤峰贺杰眼视光中心联合开展“奋进十四五、喜迎二十大”系列主题之“科学用眼 守护光明”公益活动。为元宝山区挚诚学校、建昌营小学、民族中学等9所学校学生进行视力筛查，免费为1.4万余名学生开展8项视力检测，包括裸眼视力、矫正视力、视力串镜检查等。帮助学生及家长及时发现问题，助推学校开展视力保健工作，提高学生预防眼睛疾病、保障用眼健康、增强预防近视意识。 （白云朋）

农工党赤峰市委员会

【概况】 农工党赤峰市委员会有党员266人，下辖1个基层委员会、2个总支委员会、11个支部委员会。2022年，农工党市委就生态文明建设、“健康赤峰”建设等课题开展调研和协商，向市政协提交大会发言和提案28件；组织开展《健康普及讲座》视频录制工作，通过各种活动赠送光盘2000余套，惠及群众5万余人。

【组织建设】 2022年，农工党赤峰市委加强领导班子建设，健全完善制度体系，制定工作规则和会议制度、参政议政工作管理办法、联系基层制度、民主生活会制度、述职和民主评议制度等各项规章制度，将制度建设贯穿于自身建设、履行职能全过程，保障工作有效运行。贯彻民主集中制，坚持重大事项会议决策机制，每季度召开一次市委（扩大）会议，就重点工作作出决策和部署。召开领导班子民主生活会，班子成员通过述职述学述廉，开展批评与自我批评，形成履职尽责、团结奋进氛围。

【参政议政】 2022年，农工党赤峰市委开展政党协商，就政府工作报告、经济高质量发展、助企纾困、生态文明建设及“绿色赤峰”建设等全市重点工作提出意见建议。参加政治协商，向市政协提交大会发言3件、集体提案8件、个人提案17件，被市政协评为反映社情民意信息工作先进单位。就生态文明建设、“健康赤峰”建设等课题开展调研和协商，形成《关于加大青少年儿童近视眼防治力度推动健康赤峰建设》《关于能耗双控和“双碳”目标新形势下“两高”项目高质量发展情况》调研报告2篇。开展中医药传承创新发展重点课题调研并形成调研报告。履行民主监督职能，发挥民主监督作用，多名党员担任各级特邀（约）监督员。

【社会服务】 2022年，农工党赤峰市委参加市委统战部同心服务团，到元宝山区天山社区、松山区关家营子乡开展社会服务活动，组织20余名医疗专家到社区、乡村义诊；与市政协机关联合，到元宝山区银河社区

2022年8月25日，市政协机关联合农工党赤峰市委员会到元宝山区东城街道银河社区开展“健康义诊进社区，同心共创文明城”义诊活动

（市政协办公室　供图）

开展“健康义诊进社区 同心同创文明城”活动，服务居民1500余人。

【健康知识普及专题讲座】 2022年，农工党赤峰市委连续第5年组织党内医疗专家，分别就高血压、风湿性心脏病、脑中风、甲状腺功能亢进症等常见病、慢性病的预防和自我保护、症状自检、治疗及康复方法等内容进行专题讲解，并录制成视频在网站、公众号上发布。针对农村地区部分群众网络使用不便的实际，将视频制作成光盘免费赠送，通过各种活动赠送光盘2000余套，惠及群众5万余人。

（刘慧芳）

九三学社赤峰市委员会

【概况】 九三学社赤峰市委员会下设红山支社、松山支社、元宝山支社、医药卫生一支社、医药卫生二支社、高教一支社、高教二支社、市直支社、农牧环境支社、企业支社10个支社。2022年，九三学社市委提交调研报告6篇、政策研究论文3篇。社员成慧娟被选为国家乡村振兴重点帮扶县科技特派团团员；社员周学超申请的“一种方便调整行距的播种机”项目获国家发明专利。九三学社市委被九三学社中央评为“社会服务先进集体”。

【组织建设】 九三学社赤峰市委11名社员参加2022年7月5—6日在呼和浩特举行的九三学社内蒙古自治区第九次代表大会。主委孙德欣当选九三学社内蒙古自治区第九届委员会常务委员会委员，并当选九三学社第十二次全国代表大会代表。成立九三学社赤峰市委内部监督委员会、农牧林专门委员会、青年工作委员会和文化工作委员会。制发《九三学社赤峰市委专门委员会通则》《九三学社赤峰市委青年工作委员会通则》《九三学社赤峰市委工作委员会通则》。制定完善《九三学社赤峰市委社内监督制度》《九三学社赤峰市委会议议事工作制度》《九三学社赤峰市委委员联系基层组织制度》《九三学社赤峰市委集体提案管理办法》《九三学社赤峰市委社会服务管理办法》等15项工作制度，并编印形成《九三学社赤峰市委员会制度汇编》，下发到每个支社。

【参政议政】 2022年，赤峰市两会期间，九三学社赤峰市委提交大会书

面发言3篇，集体提案3件；委员个人书面发言2篇，个人提案21件、议案2件。报送社情民意信息65篇，其中市政协采用13篇、自治区政协采用6篇、自治区领导批示1篇、九三学社中央采用2篇。针对职业教育、养老队伍建设、生态保护、物业管理、水资源集约节约、乡村振兴等方面内容开展调查研究，形成《关于赤峰市中等职业教育提质培优行动发展路径的对策建议》《新时代人口老龄化背景下的养老护理人才队伍建设对策研究》《关于推进山水林田湖草沙生态保护修复工作的建议》《关于物业管理问题的现状调研报告》《赤峰高新技术产业开发区水资源使用及集约、节约水资源情况调研报告》《赤峰市乡村振兴背景下农业农村产业融合发展对策研究报告》调研报告6篇。按照自治区政协三级联动工作安排，撰写《水资源集约节约利用调研报告》，并在市政协常委会上进行专题交流。报送统战理论政策研究论文3篇。

【社会服务】 2022年，九三学社赤峰市委组织市医院血管外科、神经内科10名专家社员为松山区大庙子镇老百姓义诊，接诊300余人；组织医疗专家、农牧业专家线上指导医疗义诊和农业技术咨询3次，受益群众400余人；组织25名专家参与市委统战部集中“社会服务日”活动，接诊村民1000余人，发放宣传手册1000余份；组织市医院专家社员在“世界听力日”“世界减盐周”期间举办科普宣教活动，免费提供咨询，免费发放健康科普材料200余份；组织农业专家到松山区当铺地满族自治乡开展农业技术指导，为农民解决田间地头的实际难题。九三社员、国家乡村振兴重点帮扶县科技特派团团员成慧娟到巴林左旗开展笤帚用高粱提质增效栽培技术培训和田间指导。

【第10届关爱自闭症儿童蓝色行动】 2022年4月2日，九三学社赤峰市委连续第10年发起关爱自闭症儿童公益活动。3家爱心企业向赤峰红十字关爱自闭症儿童基金捐款2.4万元；赤峰红十字关爱自闭症儿童基金向4所自闭症儿童康复机构捐赠4万元，全部用于自闭症康复机构补充康复设备。关爱自闭症儿童蓝色行动项目被中国光彩事业促进会评选为2022年“光彩之星”宣传推介项目。

（徐敏兰）

2022年4月1日，九三学社赤峰市委员会举办“为了星星的孩子”第十届关爱自闭症儿童蓝色行动　（九三学社赤峰市委　供图）

赤峰市工商业联合会

【概况】 2022年，赤峰市工商业联合会联系对接项目46个，引进项目26个，帮助20余家民营企业与外地达成合作意向。连续四年获评“全国工商联民营企业调查点工作先进基层单位”称号；赤峰青年企业家商会、赤峰江苏商会和林西蔬菜商会荣获年度全国“四好”商会称号；全市有6家民营企业上榜年度内蒙古民营企业100强。

【组织建设】 2022年，赤峰市召开工商业联合会（总商会）第八次代表大会，选举产生工商联第八届执行委

2022年6月21日，市工商联与建设银行赤峰分行、蒙商银行赤峰分行举办“惠企纾困·走进金融——赤峰市工商联‘暖企助企’系列活动暨银企对接会”

（市工商联　供图）

员会委员224名和常务委员87名，完成换届工作。推进商会建设，新成立海南赤峰商会、呼伦贝尔赤峰商会。开展“五好”（领导班子好、会员发展好、商会建设好、作用发挥好、工作保障好）工商联、“四好”（政治引领好、队伍建设好、服务发展好、自律规范好）商会建设活动，赤峰青年企业家商会、赤峰江苏商会和林西蔬菜商会获2022年度全国“四好”商会称号。

【服务民营经济发展】 2022年，市工商联围绕企业实际需求搭建政治引领、政企沟通、政策宣传、金融对接、法律服务、就业招聘、宣传推介“七大服务体系”。协助市委、市政府召开民企座谈会，收集民营企业在生产经营中存在的困难7类105个，均得到具体答复和办理。开展“惠企纾困 走进金融”“税银联动 携手惠企”银企对接会，与蒙商银行、松山农商行、市投资担保集团公司签订战略合作协议；与市检察院建立保护民营企业知识产权协作机制；按照国家工商联系统统一部署，与市司法局合作常态化开展“万所联万会”工作。

【招商引资】 2022年，市工商联开展“赤子家乡行”活动14次，联系对接项目46个，成功签约项目13个。为精细化工产业链和中蒙药产业链引进项目26个，计划总投资20.48亿元。引进赤峰宏文劳务派遣有限公司投资6500万元建设年分选塑料片3万吨及造粒1万吨项目。组织部分民营企业赴沈阳、西安、广州、长沙等地考察调研，帮助20多家民营企业与外地企业达成合作意向。牵头组织举办内蒙古民营经济赤峰行活动、“我帮企业找市场”暨各旗县区名优特产品展销会、赤峰·杭州推介会等；协办中国高粱产业供应链会议，来自全国260余家高粱贸易企业、白酒企业等参会。组织开展“鸿雁嘉宾赤峰行”活动5次，开展专题座谈会6次，为本地企业创建交流合作平台。推动成立海南赤峰商会、呼伦贝尔赤峰商会。

2022年7月18日，内蒙古自治区促进民营经济发展项目赤峰行暨浙江省赤峰商会“赤子家乡行”项目签约大会在赤峰市会议中心举行　（王鑫垚 摄）

【非公党建“两个覆盖”】 2022年，市工商联推动非公党建“两个覆盖”（组织覆盖和工作覆盖），加强与市直相关部门的联系，开展与非公企业生产经营紧密结合的党建活动12次、专题培训3次，800余人次非公企业党员、群众参加活动。帮助非公企业解决在生产发展中遇到的实际问题10余件。举办学习党的二十大精神知识竞赛，全市工商联系统干部、所属商协会、民营经济人士2000余人参与。成立赤峰市总商会党委，在全市创建民营企业党建工作示范点30个。

【“万企兴万村”行动】 2022年，市工商联启动“万企兴万村”行动。截至年末，有98家企业结对帮扶88个嘎查村，投入资金2.59亿元，带动农牧户5019户1.2万人，带动脱贫户（含监测户）1236户2845人。

（石玉龙）

人民团体

责任编辑 王 慧

人民团体

赤峰市总工会

【组织建设】 2022年，赤峰市总工会成立12个蹲点活动工作小组，选派7名机关干部赴各旗县区基层工会，开展为期3个月的蹲点工作。把推进新就业形态劳动者工会工作、发展和谐劳动关系作为重点攻坚内容，重点推进建会入会一体化，聚焦货车司机、快递员、外卖配送员、网约车司机等建会入会工作。开展赤峰市工会第七次代表大会组织人事工作，培训旗县区工会、市直行政企事业单位70余人次。实施联系引导社会组织、维权维稳等服务职工工作，运行、维护和操作网格化管理平台，提升服务职工能力，推行赤峰市工会维护劳动领域政治安全网格化管理平台的普及、应用。（李俊鹏）

【劳动和技能竞赛】 2022年，市总工会采取“培训、练兵、比武、晋级、激励”为一体的劳动技能竞赛模式，开展“劳动竞赛十百千万工程”（选树十家技术比武示范企业、建设百家职工创新工作室联盟、创建千家劳动竞赛优秀组织单位、开展万名技术能手技能提升行动），发挥各级工会职工学校、培训中心及职工网上课堂的作用，与自治区总工会同步启动15个全自治区引领性劳动和技能项目，涉及物流运输、医疗等行业115个工种，4000余家企事业单位，超过30万名职工参加比赛。开展“安康杯”竞赛活动、全市职工“工伤预防五年行动”和市卫生健康委牵头组织的“职业病预防”“健康企业建设”活动，推动在重点行业领域开展职工安全技能竞赛，提高职工事故防范、应急处置和自我保护能力。

【劳动模范选树】 2022年，赤峰市加强劳动模范的审核管理，依托内蒙古劳模管理平台，全面掌握劳模基本情况，实时更新维护劳模信息。落实劳模待遇，组织市级以上劳模进行疗养，为国家级劳模开展体检服务。截至年末，全市有国家级劳动模范49人、工人先锋号集体16个、五一劳动奖状单位5个、五一劳动奖章获得者33人，自治区级劳模733人、工人先锋号集体147个、五一劳动奖状单位48个、五一劳动奖章获得者140人，市级劳模1733人。

【北疆工匠与赤峰工匠】 2022年，赤峰市推进自治区工匠学院建设，申报1家自治区工匠学院，建成“技工之家”。按照推荐程序推荐，优中选优，推荐8人申报自治区“北疆工匠”，禹长征获得“北疆工匠”称号。开展第1届“赤峰工匠”选树活动。按照公平、公开、公正的原则，从全市各行各业从事生产服务、技术研发工作的优秀职工中优中选优，综合研判申报人员的技术创新成果、掌握的绝活绝技、帮带作用和其他突出贡献等方面，经过推荐申报、资料评审、专家评审打分、展示答辩、综合考察、公示等环节，确定金广辉等10人为赤峰工匠，涉及建筑业、医疗业、农业、矿业、餐饮业、医药制造、机械制造和可再生能源8个行业领域。

【公益法律服务】 2022年，市总工会开展“遵法守法·携手筑梦”服务农牧民工公益法律服务等专项行动，开展法治教育宣讲活动75场次，提供法律咨询930余人次，惠及劳动者5200余人次。联合市中级人民法院、市司法局、市人社局共同成立“诉调对接中心”，建立“法院＋工会”劳动争议诉调工作室11家，受理案件698件，涉及金额471.12万元。聘请法律顾问开展法律援助和法律体检，覆盖企业235家；办理劳动者法律援助案件34件，惠及劳动者189人；挽回劳动者经济损失68.65万元。办理拖欠工资法律援助案件302件，追回欠薪156万元。制定《赤峰市工会维护劳动领域政治安全网格化管理实施方案》，加强全市工会维护劳动领域政治安全网格化管理平台建设，通过统计分析、监测预警、数据筛选、数字档案、舆情动态报送等网格化管理功能，为劳动者和用人单位维权提供服务。推行“1+1+N”（将各类企业按属地管理划分多个网格，旗县区选配1名网格长、各网格选配1名网格员，百人以上平台企业选配N个预警信息员）的预警工作模式，形成逐级排查、梯次预警工作格局。开展平等协商，签订集体合同和工资专项集体合同1642份，覆盖职工6.17万人，正常生产经营的已建工会企业集体协商建制率动态保持在80%以上，百人以上已建工会企业开展年度集体协商、签订工资专项集体合同保持在90%以上。加强集体协商指导员队伍建设，市县两级总工会培训集体协商指导员和职工方代表1500余人。

【职工文化“六个年度品牌”建设】 2022年，市总工会打造职工运动会、职工春晚、职工乌兰牧骑、工会融媒体中心、职工文化艺术培训中心、“赤峰工惠”万家普惠商城6个年度品牌，提升健康文明、全员参与的职工文化。举办首届全市职工运动会、全市职工书画展。全市各级工会职工文化阵地总建筑面积3.7万平方米，年指导新建职工书屋10个，投入20万元配备各类图书，申报建成全国职工书屋示范点1个、自治区职工书屋2个、便利型职工阅读站点2个、劳模书架3个。

【“两新”组织建会入会】 2022年，市总工会建立网约车司机、外卖配送员、快递员、货车司机4个新业态行业建会入会专项推进小组，统一部署和组织开展工作。通过准备部署、摸底调研、建会入会、总结验收、巩固推广5个阶段，推动项目落实。派工作组到各旗县区就全市范围内新业态、新就业群体建会入会和权益保障状况开展专题调研，摸清底数，提供数据支撑。开展网约车联合基层工会建会、赤峰市重点项目农民工入会等启动仪式，召开新业态行业主管部门、新业态劳动者座谈会。截至年末，新业态企业建会233家，发展会员1.4万名。所有建会企业纳入工业园区、乡镇苏木党组织管理。

【困难职工帮扶】 2022年，市总工会走访企业700余家，筹集慰问款物总额2624万元，慰问职工4.32万人；开展困难职工家庭生活状况监测预警和预防返困集中行动，对280户建档立卡困难职工实施精准帮扶，累计发放救助金660万元；开展“关爱留守儿童 情系贫困学生”慰问活动，投入资金15.5万元慰问千名留守贫困儿童。

【女职工维权行动月活动】 2022年3月，市总工会开展女职工维权行动月活动，组织学习《中华人民共和国工会法》《女职工劳动保护特别规定》《内蒙古自治区工会劳动法律监督条例》；聚焦女性劳动者权益，联合相关部门、企业开展送法律、送健康、送温暖活动。市总工会在微信公众号开设“职工法治课堂”，发布女职工劳动保护及劳动安全知识宣传视频等12次；结合“法律体检”活动，督促企业落实女职工权益保障法律法规，并对女职工产假休假待遇、临时用工合同、女职工劳动保护、女职工权益保护专项集体合同签订和履约等方面的不规范行为提出整改要求。217家企业开展法律监督和“法律体检”活动，涵盖女职工3726人。督促7家企业制定相关制度、65家企业签订女职工专项集体合同。市总工会对2起拖欠女农民工工资案件实施法律援助，帮助女职工讨回拖欠工资10.84万元。

【就业招聘春风行动】 2022年，市总工会组织开展促就业“春风行动”大型网络视频招聘会46场，入场企业1500家次，提供就业岗位6.7万个，线上浏览量17.73万人次。利用“京津冀蒙跨区域大型招聘会”平台，投入资金96万元，培训下岗失业人员738人。

【职工医疗互助保障服务】 2022年，市总工会组织开展医疗互助保障工作，在职职工医疗互助活动参互单位1499家，参加总人数14.89万人；女职工特殊疾病互助保障活动参互单位

2022年7月26日，市总工会在松山区政府广场举办“致敬劳动　情系司机”送法慰问活动　（市总工会　供图）

546家，参加总人数2.99万人。

【“赤心筑梦”工程】 2022年，赤峰市印发《职工队伍“赤心筑梦”工程五年行动实施方案（2022—2026）》。在市电视台开辟大型专栏节目《“赤心筑梦”工会在行动》，播出40期，各融媒体平台累计点击量近10万次；在市总工会微信公众号及网站开设“2022最美职工”“巾帼风采”“强国复兴有我”等多个专题系列，拓展优秀作品传播渠道，推动职工文化网络传播。

【“赤峰工惠”万家普惠商城服务】 2022年，赤峰市总工会推出“赤峰工惠”万家普惠商城微信小程序，围绕吃、住、医等八大消费板块，形成工会组织与工会会员之间的良性互动，提升数字化便民服务能力。近400家商户入驻商城，超过3万名会员注册进入商城。 （李 洋）

共青团赤峰市委员会

【概况】 2022年，共青团赤峰市委员会有下级组织9217个，其中团的领导机关12个、团委367个、团工委90个、团总支190个、团支部7030个。团员共13.5万人，其中2022年新发展团员5708名。

【组织建设】 2022年，赤峰市开展团支部对标定级工作，提升一般组织，整顿落后组织。开展“一专一站两联”工作，组织各级团代表进入团代表联络站联系服务青年11万余人。依托“智慧团建”系统，完成全市9000余个团组织、13.5万名团员，1.8万名团干部基础信息录入和新发展团员入团志愿书电子档案扫描上传工作。把控各领域团员发展关键要素，全市纳新团员5708名。开展新业态新就业群体党建带团建，与市委组织部联合下发《关于开展新业态新就业群体党建带团建专项行动方案》，参照行业党委设置组织架构，成立物业、商贸物流等10个行业系统团委。利用9个党群服务志愿者驿站位于中心城区的空间优势，开展宣传推介活动，常态化为外卖骑手、环卫工人等群体提供服务。创新设计发布市级“红领巾奖章”特色章玉龙章，完成市级三星章评选表彰、四星章审核推报。开展“学习二十大，争做好队员”等实践活动6124场次，覆盖少先队员24.7万人次。加强“红领巾讲解员”“网上少先队”等平台建设。推动全市中小学校及有条件的社区100%建立少工委或少先队活动组织。打造“赤峰市少先队实践教育地图”，建设30余个少先队实践教育基地（营地）。对照团干部选用、团组织设置和运行、团员教育管理等方面工作要求，聚焦破除“机关化”作风和“行政化”依赖，以实际行动推动共青团改革。完成红山区共青团改革试点评估，总结试点经验成果，按照上级团委统一部署，推广到全市所有旗县区。

【青少年思想政治引领】 2022年，赤峰市打造3条市级示范性文旅研学精品路线，全市3000余名少先队员参与各级各类文旅研学活动。举办“石榴籽手牵手 红领巾跟党走”赤峰—通辽少先队文旅研学夏令营，助力打造蒙东地区“双子星座”。开展“赤峰青年说”主题团日活动，在央视频、新华网累计直播观看人数107万人次。通过举办示范性集中入团仪式、新兴青年文化艺术节等各类主题教育实践活动，加强青少年思想政治引领。开展赤峰地区青年运动史资料征集工作，查阅历史档案3387卷，一对一访谈青年典型、团青工作者、重要事件当事人、知情人等314人，追踪相关线索225条，成立专班对史料进行提炼、整理，邀请专家学者评

2022年8月11日，团市委在赤峰市青少年宫组织开展“石榴籽手牵手 红领巾跟党走”赤峰—通辽少先队文旅研学夏令营活动 （团市委 供图）

审把关，形成青运史学习主题团课，累计接待团体68个2800余人。组织全国（全自治区）优秀青年典型、创业青年、基层团干部代表共唱赤峰市青少年版《一起向未来》，开展主题绘画征集、青年冰雪主题交友等7个活动项目，历时近2个月，覆盖青少年5万余人。举办全市各族各界青少年“同心筑梦向未来”铸牢中华民族共同体意识主题演讲比赛。选拔5名少先队员、3名中学生完成“民族团结同心营”活动。通过利用“互联网+民族团结”“寻访参观+民族团结”等实践模式，增强各族各界青年对铸牢中华民族共同体意识的实践认同、理论认同、情感认同。

【服务经济社会发展】 2022年，赤峰市组织开展“绿色农畜产品输出基地建设”学习观摩、“建设商贸服务型国家物流枢纽承载城市”学习观摩培训会、团企会“商”——商贸物流行业青年观摩学习等活动，覆盖青年1万余人。聚焦《2022年全市招商引资工作实施方案》目标任务，成立招商引资工作领导小组，明确引进落地项目五项原则。联合下发《关于开展“青春建功 强市有我”国企、非公企业共青团青年先锋行动的通知》，班子成员先后赴北京开展招商推介工作，发放招商政策宣传材料2000余份。

【服务青年成长发展】 2022年，赤峰市推动《内蒙古自治区中长期青年发展规划（2018—2025）》实施，召开赤峰市青年工作联席会议第三次全体会议，上下联动，全市各级青年工作联席会议全体会议全部召开。分别与中国银行赤峰分行、蒙商银行赤峰分行签署战略合作协议，围绕全市团员青年实习、见习等成长历程，在青年金融知识普及、促进青年就业创业、年轻干部双向挂职等方面开展务实合作，实现优势互补。举办青年就业创业专题讲座，开展青年创客走进蒙商银行等活动，为地方经济社会高质量发展注入新动能。组织开展“与法同行 健康成长”“宪法宣传周”等青少年法治宣传活动，全市团组织累计开展法治宣传活动50余场次、覆盖青少年4万余人，开展自护教育活动70场次、覆盖未成年人5万余人次。依托各级“12355”青少年服务平台组建法律、心理等领域专家团队，登记在册专家190人。按照自治区团委2022年“创青春”中国青年创新创业项目支持计划，选拔科技创新“攀登计划”5人、大学生乡村创业帮扶计划2人。开展乡村振兴、创业就业、金融知识专题培训7场。推动“共青团促进大学生就业行动”和大学生社区实践计划，促进大学生顺利就业。创造性开办“团青学堂”。邀请各领域专家、讲师进行线上线下专题讲座授课，累计开展学习9次，近6000人参与学习。搭建线上线下“青听”平台，组织动员全市各级团组织开展“青听”活动71场，了解各领域青年需求，畅通服务青年渠道，对接解决实际问题100余个。

（李汭璘）

赤峰市妇女联合会

【概况】 2022年，赤峰市妇女联合会开展线上线下宣传引领活动1300余场次，参与覆盖人数30万余人次；扶持妇女巧手创业增收基地20余处，培育选拔100名“巧手好师傅”；接待处理婚姻家庭纠纷类案件5500余件，调解成功率为89%。赤峰鸣春食用菌专业合作社、宁城县汐子奶农专业合作、敖汉旗润园蔬菜种植专业合作社被命名为“自治区巾帼现代农牧业科技示范基地”。市人民检察院高级检察官隋亚靖被全国妇联授予“2021年度全国三八红旗手”称号。

【组织建设】 2022年，赤峰市落实“党建带妇建、妇建促党建”工作要求，发挥妇联组织的桥梁纽带作用，加强组织建设。拓展妇联组织有形覆盖和有效覆盖，指导大光顶子旅游有限公司、克什克腾旗申通仓储物流有限公司成立妇女委员会，推动妇联组织向新经济组织、新社会组织、新媒体行业、新业态新就业群体拓展。实施“基层妇联领头雁培训计划”，建设高素质专业化的妇联干部队伍，举办妇联执委培训班，采取线上线下相结合的方式，培训基层妇联执委1856人次。截至年末，赤峰市妇联组织有12个旗县区妇联、176个苏木乡镇街妇联、2059个嘎查村妇联和323个社区妇联，有赤峰市直属党政机关事业单位妇联组织82个（其中妇联29个、妇委会53个），旗县区级党政机关事业单位妇联组织371个（其中妇联61个、妇委会310个）。全市建立“两新组织”（新妇女、新媒体）妇女组织262个（其中妇联31个、妇委会231个）。

【妇幼维权】 2022年，市妇联联合市检察院、市法院、市司法局、赤峰学院成立赤峰市巾帼志愿普法宣讲团，开展普法活动450余场次，“女童保护”未成年人防性侵专项培训140场次，推送普法信息350余条，覆盖群众超5万人次。预防化解矛盾，助力社会治理，常态化开展婚姻家庭纠纷排查和拐卖妇女儿童犯罪线索摸排工作，建立完善排查台账。依托全市12个婚姻家庭纠纷人民调解委员会，提供婚姻家庭咨询和调解服务，共接待处理案件5500余件，调解成功率89%。加强与人大、政协、公安、检察院、法院、司法、民政等部门的沟通协作，确保各类维权机构发挥作用。与市检察院、市法院签订妇女儿童权益工作领域合作框架协议，成为自治区妇联系统首个以官方合作协议形式固定合作机制、共享合作资源、开展共建活动的案例。

【妇女发展】 2022年，赤峰市投入资金200万余元，扶持各类妇女巧手

2022年8月5—7日，“巧手匠心 筑梦发展——赤峰市妇女巧手产品展卖会”在众联广场举办 （市妇联 供图）

创业增收基地20余处，培育选拔市级“巧手好师傅”100名，遴选410名妇女巧手人才重点培养，举办各类技能培训80余期，覆盖妇女4200余人。举办巧手产品展卖会，100余家妇女巧手企业参与，直接销售和现场订单总额50万元。在农村牧区举办各类农村妇女素质技能提升培训、高素质女农牧民培训班130余期1.58万余人次。联合人社等部门在城镇推介女性就业岗位3000余个。推进“美丽家园”创建工作，组织动员妇女参与生态建设和乡村治理，全市各级妇联因地制宜开展美丽家园创建活动600次，直接参与妇女近2万人，覆盖家庭近10万个。

【寻找最美家庭活动】 2022年，赤峰市开展寻找“最美家庭”活动，通过“荐讲秀展评”，深化“家·与时代同行”寻找最美家庭主题实践活动，将廉洁家庭、民族团结进步家庭、绿色家庭等类型纳入最美家庭寻找范围，累计评选最美家庭1500余户，超8万户家庭参与其中。以“亲子携手 共向未来”为主题开展亲子活动60余场次，辐射带动10万户家庭参与。

【关爱家庭活动】 2022年，市妇联开展“爱心阿姨”结对关爱活动30场次，200余名留守儿童受益。利用重要时间节点，开展关心关爱活动近90余次，累计慰问400人次。争取贫困母亲“两癌”救助、“母亲水窖”、母亲邮包、“春蕾计划”等各类公益项目资金累计近300万元，100余名妇女和家庭受益。

【“两纲”实施】 2022年7月20日，赤峰市政府颁布《赤峰市妇女发展纲要（2021—2030）》《赤峰市儿童发展纲要（2021—2030）》，并于7月26日召开新“两纲”颁布新闻发布会。12个旗县区全部以政府文件颁布出台“两纲”，并以新闻发布会的形式向社会公布，在自治区率先完成全部旗县区颁布“两纲”任务。完善工作机制保障新周期“两纲”实施。以机构建设、制度建设、能力建设、督查考核、项目推进为途径，推动各旗县区、市直各成员单位落实“两纲”任务。市政府将落实“两纲”纳入政府工作报告，市妇儿工委办制发《赤峰市人民政府妇女儿童工作委员会职责与制度汇编（试行）》，推进“两纲”颁布、实施等系列工作。

【巾帼志愿服务“阳光站”】 2022年，赤峰市林西县发挥全国级“阳光站”、阿鲁科尔沁旗自治区级“阳光站”两个先进站点带动作用，选树优秀典型。为全市巾帼志愿者、巾帼志愿团队配备服装、队旗、牌匾，提升巾帼志愿服务对广大妇女的引领、联系和服务作用。常态化开展各类巾帼志愿服务活动，加强巾帼志愿服务在“一老一小”中的带动引领作用，提炼总结并推广林西县、阿鲁科尔沁旗巾帼志愿“阳光站”的巾帼志愿服务品牌工作成功经验，多方动员优秀女性加入巾帼志愿的队伍中，组织参与扶贫济困、妇女发展、家庭教育等各项工作。截至年末，全市巾帼志愿者9000余名、巾帼志愿服务团队200余个。 （王相璠）

赤峰市科学技术协会

【概况】 赤峰市科学技术协会推动科普工作与学会工作共同发展，提升五大重点人群（青少年、农牧民、产业工人、老年人、领导干部和公务员）的科学素质，实现服务企业创新、青少年科技教育、组织建设“三项提升”。科普中国信息员队伍建设被自治区科协授予“盟市科协优秀组织单位”称号；市科协被评为全国2021年青少年科学调查体验活动优秀组织单位，获2022年“科创筑梦”青少年500米口径球面射电望远镜（FAST）“中国天眼”观测方案征集活动优秀组织单位；在自治区公民科学素质大赛年度总决赛中，市科协获三等奖、优秀组织奖、最佳策划奖。

【组织建设】 2022年，市科协强化组织建设，召开市科协七届二次全委会，明确组织领导、工作目标、工作任务。广泛开展调研，赴旗县区、市属中小学、科研院所、产业孵化基地调研基层科协组织建设、校园科协、特色产业发展、科普教育基地建设、“科普+”工作开展等情况，推动科协工作横向联合、纵向发展。落实2022年内蒙古“基层科普行动计划”

项目。推荐红山区科协等7家单位申报“重点人群科学素质提升”等共计13个子项目，完成新时代文明实践科普示范点建设。截至年末，全市累计建立基层组织703个，其中苏木乡镇（街道）科协175个、企业科协40个、高校科协3个、中小学科协485个。

【科技平台建设】 2022年，市科协打造集学术交流、创新驱动、智库建设和建家交友于一体的服务科技工作者平台。完成年度科研课题征集和评审立项，立项课题219个。开展“金智学术技术交流”活动10余场次。组织“喜迎二十大，建言新发展”建言献策征集活动，形成高质量建议30余篇，选编2篇建议呈报市委、市人大、市政府、市政协和有关单位参阅；督促22家学会、协会参加年审，协调成立赤峰智慧农业协会和赤峰林草学会，筹备成立赤峰交通科技学会；强化科技振兴乡村经济的作用，组织学会、科研机构下基层，满足旗县区农牧业发展中的科学技术需求，开展“经科融合助力乡村经济振兴”活动5次；组织专家调研企业需求，对企业一线技术人员开展创新方法培训，开展服务企业技术革新、人才培训、信息咨询等活动3次。

【科技志愿服务】 2022年，市科协启动赤峰市新时代文明实践科技志愿服务助力乡村振兴旗县行科技志愿服务活动，组织科技志愿服务进校园、进社区、进企业、进农村牧区、进家庭等系列活动34场，发放宣传单5万余份，参与人数2.6万余人。开展食品安全主题宣传活动进社区、进学校、进乡村、进企业，开展讲座14场，发放宣传单2000份，增强公众防范意识和抵制假劣食品的意识。

【人才队伍建设】 2022年，赤峰市有注册科普信息员11.6万余人、科技志愿者3.39万人，科技志愿者队伍503支，组建476人的科普专家团。新认定赤峰市优秀科普专家23人、优秀科普信息员81人、优秀科技志愿者28人、科普工作优秀组织单位9家。在“全国科技工作者日”期间，以遴选推荐自治区优秀科技工作者、创新先锋岗、创新先锋号，组织认定、推荐、宣传优秀科技工作个人60人、团体8个。联合市人社局向自治区科协、自治区人社厅推荐优秀科技工作者5人。实施“青年人才科研托举”计划，对60名青年人才实施科研托举计划，精准帮扶青年人才科研事业发展。自治区科协授予市科协、红山区科协“全区优秀组织单位”称号，评选出自治区优秀科普专家2人、自治区优秀科普信息员14人、自治区优秀科技志愿者6人、自治区优秀科技志愿服务队5支。（邱　佳）

2022年7月28日，市科协组织科技志愿者到红山区第十七小学开展探究实验科普活动　（赤峰日报社　供图）

【松山区新时代文明实践社区科普体验中心揭牌】 2022年7月9日，赤峰市首家社区科普体验中心——松山区新时代文明实践社区科普体验中心揭牌仪式在振兴街道金御华城社区举行。科普体验中心投入建设资金31万元，总建筑面积600余平方米，设有科普体验厅、科普书屋、科普大讲堂（影院）、科普展厅4个功能区，满足科普讲座、科普学习、科普体验、科普展览等需求。科普体验厅以“体验科学”为主题，配备科技展台3个、互动科普展品35件，通过声、光、电磁、机械运动等基础科学展品的体验和展示，揭示科学奥秘和探索历程；科普书屋配备图书3000余册，供居民借阅浏览；科普大讲堂能同时容纳100余人开展科普讲座学习，并兼具影院功能；科普展厅承接小型科技巡展活动。（孙美丰）

赤峰市归国华侨联合会

【组织建设】 2022年，赤峰市归国华侨联合会健全侨联班子队伍建设，完善侨联工作运行机制，召开五届五次全委会议，增补委员13名，补选主席1名。推进专兼挂职相结合的干部队伍建设，8月，市委组织部发文、各旗县区委组织部考核推荐，1名旗县优秀青年干部到市侨联挂职。推进基层侨务工作，指导阿鲁科尔沁旗侨联成立，推动赤峰学院侨联成立，建设赤峰学院和全宁街道金和社区两个“侨胞之家”。截至年末，市侨联有下级组织21个。其中，旗县区级侨联7个，街道乡镇级侨联3个，“侨胞之家”11个。

【服务地方经济发展】 2022年，赤峰市获自治区侨联拨付经费98万元，用于新侨创业园继续建设、办公多媒体设备采购、运营及开展活动。“新侨双创苗圃”入驻企业8家，新侨创业园获批松山区级创业孵化基地称号。组织园内企业参加各类创业创新大赛、培训、辅导、探讨会7次，5家企业及项目获“优秀创业项目”称号。加强海外人才工作，成立中国赤峰日本、丹麦、俄罗斯圣彼得堡海外人才工作站，成立北京星纳传媒和他山石智库海外引才服务站，拓展赤峰市引才引智渠道。

【基层侨务工作】 2022年，市侨联加强基层侨务指导工作，指导阿鲁科尔沁旗和“赤峰学院”侨联成立，建设赤峰学院、松山区全宁街道金和社区两个“侨胞之家”，市侨联先后来到松山区玉龙街道、全宁街道金和社区进行走访调研，为社区解决实际困难，扩大“侨胞之家”建设覆盖面。

【权益保障】 2022年，市侨联与市法院建立涉侨纠纷多元化解机制，向自治区申报“连心侨——维护侨益”项目，在“侨胞之家”实现侨法宣传角、涉侨纠纷调解室（站）建设全覆盖。与市法院联合成立涉侨纠纷调解组织，通畅归侨、侨眷的利益诉求渠道，做好权益保障工作。组织开展普法宣传专题培训，下发《习近平论侨务暨涉侨法律法规》《侨务工作手册》，邀请市委讲师团、市委党校讲师作专题辅导。“知侨护侨 凝侨聚侨”读书会传达学习《中华人民共和国归侨侨眷权益保护法实施办法》等内容。召开聘请法律顾问委员会委员专题会议，确定市侨联五届委员会法律顾问委员会委员人选，向全市侨界群众宣传国家法律法规政策、义务提供法律咨询、引导群众依法表达利益诉求、协调解决涉侨疑难问题和信访事项，累计开展维护涉侨权益工作4次。

【走访调研】 2022年，市侨联坚持传统节日慰问、住院看望制度，走访侨界代表，送去党和政府的关怀温暖。3月，市侨联主席房敏一行到赤峰市新侨创业园调研，在赤峰新侨创业管理咨询有限公司、昆跃建设科技集团、广州中科鑫汇生物科技有限公司、青青牧语乳业、内蒙古智游天下旅游文化创意产业有限公司调研赤峰新侨创业园运营现状和新侨人才引进工作等情况，并同园区新侨创业代表进行座谈交流。

【第16届“珍珠班”招生工作】 2022年，赤峰市成功申请第16届“珍珠班”，批准招生计划人数为53人，并完成招录工作。

【“亲情中华·为你讲故事”网上营】 2022年12月，由中国侨联主办，内蒙古侨联、赤峰市侨联、宁城县侨联承办的2022“亲情中华·为你讲故事”网上营内蒙古自治区赤峰市宁城营正式开营，来自蒙古国旅蒙华侨蒙中友谊学校的78名营员和校长、老师通过腾讯线上会议，共同对话中华民族五千年文明，推动中外文化的传播交流。自2020年以来，市侨联与缅甸、西班牙、加拿大、蒙古国等国家的中文学校举办4期网上营活动。

【赤峰华侨书画院落成】 2022年，市侨联建设全自治区侨联系统首家华侨书画院，建立赤峰华侨书画院红山洞藏创作基地。组织开展“翰墨侨心”系列主题线上书画展，开展“喜迎二十大·翰墨写侨心”书画篆刻展暨赤峰华侨书画院首届院展，全市12个旗县区的80余件优秀作品入选。组织书画家及爱好者参与NPO法人日中国际交流中心在日本福冈市美术馆举办的“国际公募·第五届国际书画展”。 （尚佳乐）

法　治

责任编辑　王　慧

法治

人大立法

【地方性法规制定】　2022年，赤峰市实现立法与经济社会发展相衔接，市人大常委会召开全市立法工作会议，推动立法规划和计划的实施，按照《赤峰市人大常委会立法规划和立法计划编制实施的规定》，编制《赤峰市第八届人大常委会立法规划（2022—2026）》和《赤峰市人大常委会2022年立法计划》。制定出台《赤峰市文明行为促进条例》，为创建全国文明城市提供法治保障。

【地方性法规修订】　2022年，赤峰市出台《赤峰市人民政府常务会议议题合法性审核工作规则》《关于推进全市苏木乡镇（街道）合法性审核全覆盖工作的实施方案》，实现“有件必备、有备必审、有错必纠”。开展优化法治化营商环境大讨论活动，修订印发《政法部门优化营商法治环境百项措施》。对《赤峰市红山文化遗址群保护条例》《赤峰市禁牧休牧和草畜平衡条例》《赤峰市地下水保护条例》《赤峰市农村牧区人居环境治理条例》4件地方性法规进行打包修订。截至年末，合法性审核226件，反馈自治区地方性法规规章征求意见30余件。

【地方性法规废止及备案】　2022年，赤峰市人大常委会开展法规、规范性文件清理工作，对涉及民族、计划生育、城镇建设动迁安置等内容的5类17件规范性文件予以废止。对市人大常委会作出的相关决定决议和备案审查的规范性文件进行清理。书面通知市政府对制定的规章、规范性文件，旗县区人大常委会对作出的决定、决议进行清理，形成清理工作报告报送自治区人大常委会。加强规范性文件备案审查工作，完善审查工作流程，明确报备机关、审查工作机构和相关委员会的工作职责。审查市政府和旗县区人大常委会报送的规范性文件13件，指导旗县区人大常委会按时听取备案审查工作情况报告。

【《赤峰市文明行为促进条例》颁布实施】　2022年11月1日，《赤峰市文明行为促进条例》施行。《条例》由市八届人大常委会第三次会议表决通过，经自治区十三届人大常委会第三十七次会议审查批准。《条例》共六章、四十四条，分为总则、文明行为基本规范、倡导与鼓励、促进与保障、法律责任和附则6个部分，文明行为的表现形态和市民反映比较强烈、意见比较集中的不文明现象，对维护公共环境卫生等12个方面和文明社区建设等5个领域共86项文明行为进行规范。同时，规定完善制度机制、投诉举报等10项制度措施；对乱贴小广告，快递、外卖配送等服务企业从业人员不遵守交通法律法规2项违法行为进行行政处罚。

（王秀达）

政法委与综治

【概况】　2022年，赤峰市委政法委提升社会稳定风险评估工作质效，开展安全生产风险隐患排查整治“百日攻坚”行动，建成各级各类调解组织2799个，诉前调解成功案件1.9万余件。筹建市见义勇为基金会。市县乡村四级市域社会治理中心实体化运行，整合政法、公共安全、公共服务等数据资源，搭建四级社会治理指挥体系。

【维护社会稳定】　2022年，赤峰市政法系统圆满完成二十大期间赤峰市社会稳定各项工作，受到自治区通报表扬。常态化开展扫黑除恶斗争，宣传贯彻《中华人民共和国反有组织犯罪法》，累计核查涉黑恶线索99件，办结71件；破获刑事案件45件、刑拘犯罪嫌疑人94人；开展专项整治行动59次，针对行业乱象发出监察建议书、司法建议书、检察建议书、公安机关提示或建议函190份。提升社会稳定风险评估工作质效，重新调整确定97名稳评专家人才、48家社会稳定风险评估定点委托单位，开展重大事项社会稳定风险评估227件。开展打击、整治养老诈骗专项行动，破获刑事案件54件，追赃挽损5560.32万元。

【平安赤峰建设】　2022年，赤峰市政法系统强化党政机关，水、电、

2022年3月3日，赤峰市政法机关优化法治化营商环境座谈会在赤峰市会议中心召开　（邵志伟　摄）

油、气、热，校园、医院、商场、广场等重点场所的安全防范，检查各类场所2万余家。开展安全生产风险隐患排查整治“百日攻坚”行动，排查整治问题隐患2136处。加大进京通道查控力度，落实京赤、冀赤协作机制，党的二十大维稳安保期间，启动旺业甸、甸子检查站一级查控勤务。

【市域社会治理】　2022年，赤峰市市县乡村四级市域社会治理中心实体化运行，市域社会治理任务标准量化，试点任务指标完成97.45%。整合政法、公共安全、公共服务等数据资源，搭建四级社会治理指挥体系。向市财政申请资金400万元，筹建市见义勇为基金会，推动全市见义勇为事业发展进步。制定《赤峰市党建引领基层网格化治理工作方案》，推动健全网格划分标准、队伍组成、职能职责和相关工作制度。探索“党建+社会治理”模式，在网格建立党支部2030个、党小组7487个。网格服务能力提升，全市90%以上的网格可实现帮办代办，提供帮办代办服务449项。排查社会各类矛盾纠纷2.34万件，化解2.3万件，化解率98.3%。建设以人民调解为基础，人民调解、行政调解、行业性专业性调解、司法调解优势互补、有机衔接、协调联动的“大调解”体系。建成各级各类调解组织2799个，诉前调解成功1.9万余件。代表自治区在中央政法委第七次市域社会治理现代化试点工作经验交流会上作典型发言。

【见义勇为表彰】　2022年，赤峰市根据《内蒙古自治区见义勇为人员奖励和保护条例》等有关规定，授予鞠耀祥、刘奕麟2人“赤峰市见义勇为模范”称号，授予韩雪等5人“赤峰市见义勇为先进个人”称号，授予王雪东等16人“赤峰市见义勇为积极分子”称号。

【政法队伍建设】　2022年，赤峰市政法系统分层分级开展政治轮训132场次，提升政法干警政治理论水平。贯彻中央《关于巩固全国政法队伍教育整顿成果推进全面从严管党治警的意见》和自治区实施方案要求，制定具体落实措施40条，对部分旗县区和市直政法单位开展政治督察、纪律作风督查巡查、执法监督检查，教育引导政法干警知敬畏、存戒惧、守底线，巩固政法队伍教育整顿成果。

（张祺硕）

法治政府建设

【全面依法治市】　2022年4月29日，赤峰市委召开全面依法治市委员会第5次会议，安排部署2022年工作要点，将自治区党委依法治区办公室督察反馈问题细化为23项具体问题，制定整改措施88项，按月调度，推动各项整改工作落实。完成自治区党委依法治区办公室对盟市政府开展的依法治区考核，完成对旗县区和市直各部门2022年度依法治市考核。开展全面依法治市课题研究，征集2022年法治调研课题48个，市社科联立项课题2个、上报自治区理论研究规划课题6个。调研报告《地方法治政府研究》在《中国司法》杂志刊发。

【政府立法调研】　2022年，赤峰市召开全市立法工作会议，提高立法质量效率。对《赤峰市城乡社区网格化服务管理条例》《赤峰小米保护条例》《赤峰市农村牧区人居环境治理条例》等10项地方性法规进行立法调研，使立法前期工作更具前瞻性、可行性和操作性。征集小切口立法建议项目35项，编制小切口立法专项计划。发挥智库作用，组织立法咨询顾问对重点问题进行论证。对燃放烟花爆竹、城区养犬等相关立法项目建议进行研究论证，保证立法工作适应经济社会发展新形势、人民群众新期待。发挥12个基层立法联系点“直通车”作用，在法规立项、起草、审议、修改等各环节听取群众意见建议，保障立法直接反映和体现民情民意、民智民心。不定期召开论证会，发挥立法咨询顾问作用，对立法工作重点问题进行论证。召开新闻发布会，宣传通过的法规，增强立法实效性。

（杜欣洋）

【法治政府建设规划】　2022年，赤峰市贯彻落实中共中央、国务院

《法治政府建设实施纲要（2021—2025）》和自治区实施方案精神，印发《赤峰市2022年法治政府建设工作计划》《赤峰市法治政府建设实施方案（2021—2025）》。点对点向市发改委、市教育局等35个承担法治政府建设重点工作任务的市直部门发送《法治政府建设年度重点任务提示函》，督促跟进，保障完成法治政府建设各项工作任务。将开展党政负责人履行推进法治建设第一责任人职责及法治建设落实情况专项督察列入市委、市政府年度督查工作计划，开展督察自查，形成报告。落实法治政府建设报告制度，形成《赤峰市2022年法治政府建设情况报告》，经市委、市政府审签后报送自治区党委政府。

【政府文件及合同审查管理】 2022年，赤峰市司法局完成市政府常务会议议题合法性审核254件，包括一般性文件242件、规范性文件7件、合同协议2件、重大行政决策1件、地方性法规1件、规章1件。印发《重大行政决策程序规定》《政府常务会议议题合法性审核工作规则》《政府合同管理办法》，范围涵盖市、旗县区、苏木乡镇三级政府，内容涉及一般性文件、规范性文件、行政决策、政府合同等决策领域，确保审核范围、内容全覆盖。制定《赤峰市重大行政决策专家咨询费管理办法》，规范市政府重大行政决策专家咨询费管理工作。配合市政府办公室组建市政府首批重大行政决策咨询论证专家库。指导各部门按照市政府年度重大行政决策事项目录，履行重大行政决策程序。根据审核内容的复杂程度，结合市政府议事决策规则，建立双重或多重审核机制。对于规范性文件，建立起草单位内部审核及印发前市司法局合法性审核的双层审核机制；对于重大行政决策，执行认识问题、界定问题、找出差距，确定决策目标，确定决策标准、确定每个标准的权重，拟定决策方案及分析方案的“五步走”决策流程，突出合法性审核的把关定向职能；对于政府重大合同、市政府常务会议议题、市政府党组会议议题、市政府专题会议议题，建立承办单位、市司法局和市政府法审团队三重审核格局。开展行政规范性文件常态化清理工作和行政规范性文件定期清理工作，对2022年以前发布的14件规范性文件予以废止或宣布失效。 （刘洁娜）

【行政复议与应诉】 2022年，赤峰市市县两级行政复议机关办理行政复议案件571件，比上年增加16.5%。在审结的516件行政复议案件中，撤销、确认违法、责令履行89件，直接纠错率为17.24%。市县两级行政复议机关针对自然资源确权、不动产登记、行政处罚、信息公开等行政执法工作中存在的事实不清、证据不足、违反法定程序、业务档案不规范、怠于参加行政复议等问题，制发“行政复议意见书”8份、“行政复议建议书”4份。制定《行政复议案件窗口受理工作规则》《行政复议应诉岗位职责管理规定》等制度7个。规范行政复议立案工作，畅通行政复议受理渠道。对重大复杂案件、涉企复议案件实行“三必须”（必须听证审理、必须专家论证、必须集体评议）制度。印发《行政复议应诉文书材料立卷归档规定（试行）》《行政复议行政应诉文书格式示范文本（试行）》《行政复议案卷查询管理办法》《行政复议案卷评查标准（试行）》，规范行政复议案件文书立卷归档、办理程序及听证、调查取证等行为。印发《行政复议案件繁简分流办法（试行）》，建立健全行政复议案件繁简分流、简案快审、繁案精审工作机制，提升行政复议规范化水平。规范行政复议文书制作和案卷归档工作，通过规范格式、严格行文、案卷评查、交流研讨等方式提高行政复议文书质量。参加自治区优秀行政复议文书评选活动，获得一等奖、二等奖、三等奖各1篇。健全完善行政机关负责人出庭应诉制度，建立由市县两级司法行政机关、两级法院督促行政机关负责人出庭应诉联动工作机制。强化被诉行政机关党政主要负责人履行推进法治政府建设第一责任人职责，“既出庭又出声”“既出声又管用”，化解行政争议。全市两级法院审理行政诉讼一审案件886件。

【行政执法指导监督】 2022年，赤峰市司法局落实行政执法公示制度、全过程记录制度、重大执法决定法制审核制度和行政执法责任制，编制行政执法责任制4412项、重大执法决定法制审核目录3378项、综合行政执法事项2284项、轻微违法行为免于处罚事项清单212项、不予行政强制措施清单43项。建立“政府检察院联动”机制，将行政执法监督与行政检察监督相结合，与市检察院开展联合行政执法案件专项评查活动，对全市8个重点领域的101起行政处罚案件进行评查，并通报典型优案和典型差案，提升行政执法部门执法办案水平。开展《中华人民共和国行政处罚法》、行政裁量权基准和行政执法监督平台应用培训，自治区内首批实体执法证件发放1769个，涵盖市本级执法主体69个，涉及执法领域37个。在自治区率先制定《苏木乡镇（街道）综合行政执法规范（试行）》，规范综合行政执法行为。完善自治区市县乡四级全覆盖的行政执法协调监督体系，全市选取60个司法所开展苏木乡镇（街道）行政执法监督试点工作。

【人民调解员、陪审员、监督员制度落实】 2022年，赤峰市司法系统创新党建引领党建＋三调联动、党建＋部门联治、党建＋行业联调、党建＋一站式解纷联破、党建＋品牌调解联防、党建＋基层基础联建的“六联”模式，构建以人民调解为基础，人民调解、行政调解、行业性专业性调解、司法调解优势互补、有机衔接、协调联动的“大调解”工作格局。建立健全专业性、行业性人民调解组织154个、人民调解委员会2830个，在市县两级成立进驻法院诉调对接中心13个，建立诉调对接中心人民调解委员会13个。开展矛盾纠纷排查化解专项行动，调处矛盾纠纷2.72万件，调处成功2.68万件，调处成功率98.5%，涉及金额5.55亿元。落实人民调解员任职条件和分级培训制度，对全市9933名人民调解员进行专项培训，提升工作能力。实施新时代司法所规范化建设三年行动，申报自治区示范所4个、自治区一级司法所59个。举办全市司法所长培训班，加强全市司法行政基层基础建设，提高基层司法所长业务能力。实施监督体系工程，人民监督员171人次参与案件监督评议125件；参加市检察院座谈活动2次，参加听证等各类检务活动25次；人民陪审员履职1.13万人次，参与案件调查4815件，参与案件审理9633件，参与案件评议8625件。　（隋佳林）

公　安

【概况】　2022年，赤峰市公安机关打掉自治区最大“电诈”团伙，涉案金额1.7亿元。打击养老诈骗，涉案资金9000万余元，追赃挽损5640万元。开展安全检查2312次，出动警力1.61万人次；加强网络安全检查，行政拘留22人；招募文明交通志愿者561名，发放各类创城宣传资料5万余份。圆满完成北京冬奥会、全国两会、党的二十大等重大安保任务。全年全市公安机关14个集体、11名个人获全国公安系统先进奖励。

【刑事犯罪侦查】　2022年，赤峰市刑侦部门围绕党的二十大安保维稳工作主线，聚焦“保底线、争一流、创亮点”的工作要求，保持严打态势，全市刑侦工作总体呈现刑事案件破案增长、电诈案件破案增长分别高于全区18.7和134.2个百分点；破获各类刑事案件6220起、比上年上升17.1%，破获侵财案件4040起、比上年上升24.25%，破获电诈案件2667起、比上年上升171.59%；有广泛社会影响的大要案件全部破获的“两高三升一全破”良好态势，实现打击破案效能明显提升、命案防控水平明显提升、大案要案攻坚水平明显提升、电诈治理能力明显提升、刑侦队伍核心战斗力明显提升的“五个明显提升”工作成效。

【经济犯罪侦查】　2022年，赤峰市公安机关经侦部门依托“云端”主战模式，开展公安部、公安厅部署的打击非法集资犯罪、“歼击22”（打击利用离岸公司和地下钱庄向境外转移赃款专项行动，建立跨部门联动协作信息共享机制，堵塞向境外转移资金非法通道）“骗取留抵退税”“打击治理洗钱违法犯罪”等专项行动。立案298起，破案157起，涉案总金额2.04亿元。其中，侦破部督“7·16”虚开发票案和“5·13”非法经营案2起并发起全国集群战役，8起案件被列为公安厅督办案件。获公安厅通报表扬1次、集体三等功1次。组织以“防范风险、打击非法、保护合法”为主题的恳谈会、座谈会10余次；联合人民银行、税务、保险、市场监管等部门出台办案协作机制6个；深入全市中小企业，开展各类宣讲20余次。依托“5·15”全国公安机关打击和防范经济犯罪宣传日，组织全市经侦部门采用“线上+线下”宣传方式开展普法宣传，出动民警2300人次，开展宣传活动60余次，制作展板200余块，发放宣传单1万余份，受理咨询2000余人次。开展涉企案件整治专项工作，梳理排查全市涉企案件，规范涉企案件侦办全流程。入选自治区打击经济犯罪精品案例4例。

【公共安全整治】　2022年，市公安局对全市1800名爆破作业人员进行培训考核。举办全市剧毒、易制爆危险化学品治安管理培训班。对涉枪单位进行安全大检查，对涉枪单位新申请持枪人员进行实弹培训考核2次。发布《关于号召广大群众积极举报涉枪涉爆违法犯罪线索的通告》。“平安校园”建设实现全市中小学与城市幼儿园专职保安员配备率100%，中小学封闭化管理100%，中小学与城市幼儿园一键式紧急报警、视频监控系统达标率100%，城市“护学岗”设置率100%，符合安装条件的学校硬质防冲撞设施安装率100%的“五个100%”工作标准。开展安全检查312次，整改安全隐患19处，出动巡逻警力1.61万人次，制止现行滋事行为22起。协助排查化解医患纠纷3起。对供水、供电、供气、供热、供油、信息通信网络等基础设施开展安全保护行动，检查重点单位547处，下达整改通知书10份。联合市场监管、住建、卫健等部门开展“双随机、一公开”检查4次。检查输油气管道198千米、加油加气站60个。组织宣传防范活动15场次，发放宣传单2万余份。

【禁毒工作】　2022年，赤峰市禁毒部门在自治区禁毒工作绩效考核中位列第一名。坚持严打攻坚，实现毒品犯罪打击“全链条”。深化禁毒专业队伍和机制建设，发挥“缉毒打击专业队”“禁毒情报研判专班”等专业队伍优势力量，落实“网技情侦”联合打击毒品犯罪工作机制，开展毒品案件全链条打击。确立并侦破部级毒品目标案件2起、厅级毒品目标案件4起，破获涉毒洗钱案3起。全市依托各类时间节点，以禁毒宣传“六进”“禁毒宣传进万家”、在校学生毒品预防教育“五个一”等专题活动为抓手，组织开展开学“禁毒第一课”、全民禁毒网络答题、“全民禁毒宣传月”，市禁毒义务宣传员“梅林组合”录制禁毒公益歌曲助力禁毒宣传，组织参加自治区推荐联合国毒品和犯罪问题办公室2022年度青年论坛活动及自治区禁毒主题短视频大赛，开展《内蒙古自治区禁毒条例》学习宣传贯彻及2022年度青少年毒品预防教育数字化平台注册应用工作，提升全民禁毒知晓率。

【网络犯罪打击】 2022年，赤峰市公安机关加强网上巡查，处置各类突发舆情事件。依托大数据资源和技网侦察手段，对网上谣言信息和攻击炒作等信息开展溯源工作。加强重点阵地网络安全管理，营造清朗文明和谐网络环境。检查重点保卫目标190家，发现问题隐患38处，远程检测重要信息系统152个，发现15家单位存在高危漏洞19个，下发责令限期整改通知书38份，督导完成网络安全整改任务。开展“电竞宾馆”实名登记制度专项督导，完成实名登记系统安装工作22家。加强网络安全执法检查，办理网络安全行政案件87起，行政拘留22人，行政罚款、警告65人。开展专项网络安全执法检查，督导21个系统完成网络安全等级保护测评工作，下发限期整改通知书5份。

【食品药品和环境领域犯罪惩治】 2022年1月5日，赤峰市公安局生态环境食品药品犯罪侦查支队组建，加挂“赤峰市森林公安局”牌子，市、县环食药和森林公安机构整合完毕。全年破获食品药品和环境领域刑事案件309起，其中公安部督办案件3起，公安厅督办案件39起，侦破刑事案件数、部督厅督案件数均列自治区首位，采取刑事强制措施401人，涉案价值2.4亿余元，比上年增长228.95%，完成中央环保督察等重点工作任务。在自治区公安厅对各盟市环食药侦工作绩效考核中，位居第一名。

【诈骗犯罪惩治】 2022年，赤峰市公安机关以三轮“百日攻坚”为抓手，建立并完善一系列打击防范机制，推动反诈治理工作纳入平安建设考核，通过联合市委政法委对行业治理不力地区及单位采取专项督导、警示约谈等措施，开展无诈社区、楼栋创建等活动，提高综合治理水平。各级刑侦部门坚持严打方针，提升整体打击质效。全市立案电信网络诈骗案件6336起，比上年下降7.04%；破案2667起，上升172%；损失金额4.4亿元，下降21.4%，实现“两升两降”工作目标。

2022年5月6日，赤峰市公安刑侦工作会议暨打击治理电信网络诈骗犯罪百日攻坚行动表彰会议在赤峰国际会展中心礼堂召开 （市公安局 供图）

【治安行政管理】 2022年，赤峰市公安系统开展夏季治安打击整治“百日行动”。赤峰市夏夜治安巡查宣防两轮集中统一行动战果居自治区第一。4个一线所队被评为公安厅二等功集体。开展“双清双打”专项行动，清剿各类风险隐患，打击突出违法犯罪活动，实现破案、清缴、追逃“三升”，发案、财损、亡人“三降”的“三升三降”目标，警情数字化指标比上年下降11.3%。开展打击整治枪爆违法犯罪专项行动。赤峰市枪爆危险物品“3345”管理模式在全国推介。对全市爆破作业人员进行培训考核，对涉枪单位进行安全大检查。发布《关于号召广大群众积极举报涉枪涉爆违法犯罪线索的通告》。清查收缴各类枪支69支、各类子弹1.1万发、炸药2.7万千克，打击处理107人。开展打击黄赌、“扫黄打非”违法犯罪专项行动。打击黄赌刑事、行政受立案数均列自治区第一。侦办黄赌刑事案件176起，采取刑事强制措施286人；办理黄赌行政案件2100起，处罚9300人，打掉涉赌窝点12处。开展“三查一控”专项行动，工作经验在全自治区推广学习。为全市易肇事肇祸精神障碍患者投保，成为引领自治区的先进做法。松山区公安分局向阳派出所被命名为全国“枫桥式派出所”，红山区公安分局长青街派出所被命名为自治区第一批“枫桥式派出所”。

【矛盾纠纷化解】 2022年，市公安局发挥信访工作领导小组作用，完善市县乡村四级接访工作机制和部门、警种协调解决信访问题的工作制度，综合运用领导接访下访、实地督导调研、召开座谈会议等方式和法律、政策、经济、行政等措施，处理群众反映的难点、热点问题，预防群体访风险。开展源头治理工作，从信访源头抓起，预防和减少公安信访问题，早发现、早重视、早采取措施，消除疑难积案形成的基础。下发工作提醒、情况预警、督办通知等20余份，降低隐患风险。落实信访督查督办倒查工作机制，核查各类投诉、举报、信访等渠道推送的线索，避免形成疑难信访积案问题。

【户籍管理】 2022年，赤峰市公安系统开展户籍管理清理整顿工作，提升户籍管理基础信息质量，开展死亡未注销、重复户口等数据清理。截至年末，死亡注销户口2.35万人次，重登误登注销户口292人次，户口冻结99人次。依托“内蒙古自治区公安政务服务”平台，开展“互联网＋户政”“互联网＋居住证”便民业务，办理业务1266件；首次申领居民身份证实现“跨省通办”，办理业务15件；开展新生儿出生“一件事”户籍登记业务，办理业务141件。

【出入境管理】 2022年，市公安局出入境管理支队开展打击妨害国（边）境管理犯罪专项行动—2022反偷渡行动。落实国家移民管理局“非紧急、非必要，不出境”政策，精准服务、严格把关，从严从紧签发管理出入境证件。优化法治化营商环境，推出便民措施落实到位、高层次人才“一对一”服务到位、涉外企业走访联系到位、辖区外籍人员管理到位“四到位”工作法。设置老年人等需扶助群体窗口、增设大字体、大按钮页面展示等6项便利老年人办理出入境证件的新举措。依法压减出入境证件办证时限由7个工作日统一调整为5个工作日（不含邮寄时间）。为急需出国（境）的重症病人提供上门办理出入境证件服务。普通护照、往来港澳通行证等出入境证件实现“全国通办”。

【公安监所管理】 2022年，赤峰市公安监管民、辅警打赢多轮多次的监所疫情防控阻击战，完成党的二十大安保维稳重大政治任务。全市监所获个人二等功1人、个人三等功10人、个人嘉奖24人，市局监管支队党支部被评为“最强党支部”。阿鲁科尔沁旗看守所连续10年被公安部评为标兵看守所，敖汉旗拘留所被公安部评为“爱民模范”先进集体，松山区看守所被公安部评为“全国公安监管部门抗击新冠肺炎疫情成绩突出集体”；5个监所党支部被公安厅评为“最强党支部”。

【道路交通安全管理】 2022年，市公安局制定《全市预防道路交通事故十项措施》和“双研判”（交通管理支队各业务科室结合各部门承担的职责任务每月进行分析研判，组织各旗县区交管大队每月对当地道路交通安全形势进行分析研判）工作机制，每月月初和节假日等重要节点前，制发《交通安全形势分析研判》，指导各地区有针对性开展工作。部署开展事故预防“亮警灯”系列专项行动，开展周末夜查、“一盔一带”等交通违法行为专项整治统一行动，每天保证三分之二以上警力上路执勤。支队、大队、中队层层签订工作责任状，落实路面包保责任制。以各交管大队班子成员责任片区为单位，划分责任区105个，落实包保民警296人。会同交通运输部门开展打击“黑车”专项整治行动，查处“黑车”170辆。实施农村道路安全隐患突出路口路段治理、恶劣天气交通安全高影响路段优化提升“两大攻坚任务”，完成部督13处、省督2处、市级自选的4处隐患突出路口路段整改工作，完成省道105线608KM+300M省级挂牌督办恶劣天气高影响路段优化提升工作。招募文明交通志愿者561名，在中心城区46处路口开展文明交通劝导活动。深入中小学校、外卖企业、居民小区等61家单位开展交通安全知识讲座，发放各类创建文明城宣传资料5.51万份。

【车辆及驾驶员管理】 2022年，赤峰市有机动车驾驶人157.86万人，驾驶人保有量位居自治区第一。年内新增驾驶人7.54万人，其中小型汽车驾驶人6.98万人、大型货车驾驶人1156人、重型牵引挂车驾驶人623人、摩托车驾驶人2287人。公安交管部门利用公安大数据分析研判功能，对全市辖区内大型旅游客车、大型公路客车、重型货车、重型挂车、危险货物运输车、面包车、校

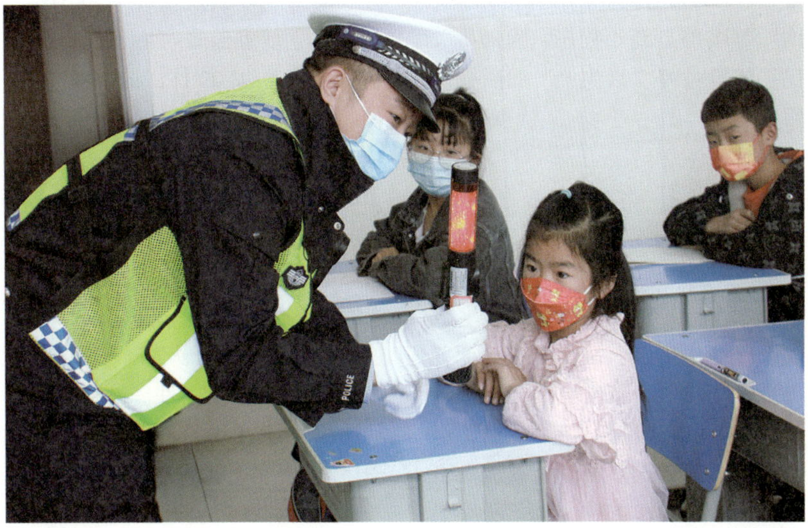

2022年3月25日，市公安局交通管理支队三大队到赤峰新城蒙古族实验小学，为学生讲解交通安全知识　（赤峰日报社　供图）

车、“营转非”大客车等8类重点车辆逾期未检验、未报废及持A、B类驾驶证重点驾驶人逾期未审验、未换证等突出隐患全面摸底，建立任务清单，集中开展上门排查，督促车主及时办理检验、报废手续，督促驾驶人办理审验、换证业务，清缴源头隐患，确保道路交通安全。

【警务服务】 2022年，赤峰市做好安保维稳装备物资保障，为重大活动期间安保工作和夏季治安打击整治“百日行动”“双清双打”专项行动发放单警装备累计440余套。为松山区老府进京检查站、宁城甸子公安检查站、喀喇沁旗旺业甸进京公安检查站配发48万元的检查防护装备。警保支队申请疫情防控专项经费，为支援呼和浩特市以及巴林左旗、林西县、松山区等疫情防控人员保障个人全套防疫物资。做好局机关战疫情期间各项物资装备保障工作，对疫情指挥中心、技侦网安支队、反诈中心等部门进行送餐服务。规范使用公务用车，为113辆公车安装GPS，除特种用车外，GPS车辆安装率100%，燃油费比上年下降23.3%，节约经费22.36万元。新增“暖警惠警”服务事，警保支队在“峰警宝”公众号平台原有服务事项基础上新增“线上点餐”“家政服务”“出差住宿标准查询”等暖警惠警小程序，为局机关民、辅警做好“指尖上”的后勤微服务。（胡　松）

检　察

【概况】 2022年，赤峰市检察机关进行监检衔接配合，提前介入职务犯罪案件13件，依法起诉55人。加强行政执法与刑事司法衔接配合，打击侵犯知识产权犯罪行为。加强刑事执行监督，深化“四检合一”办案模式，守护未成年人平安成长。运用文检技术还原举报线索真相案例入选最高检典型案例。32个集体和43名个人获自治区级以上表彰奖励，敖汉旗检察院被授予全国“人民满意的公务员集体”称号，1名干警被授予全国“三八红旗手”称号。

【刑事检察】 2022年，赤峰市检察机关维护社会大局稳定，打击各类刑事犯罪，批捕1021人，起诉3766人。突出惩治严重影响群众安全感的犯罪，起诉危害公共安全犯罪1339人，起诉故意杀人、强奸、绑架等侵犯公民人身权利、民主权利犯罪441人，起诉抢劫、盗窃、诈骗等侵财犯罪654人，起诉招摇撞骗、寻衅滋事等扰乱公共秩序犯罪744人，起诉黄赌毒犯罪239人，“扫黄打非”工作获自治区党委宣传部嘉奖。常态化开展扫黑除恶斗争，依法起诉金某某等28人涉嫌组织、领导、参加黑社会性质组织罪案。到包联村开展“民族团结一家亲”活动，汉蒙双语办案136件，依法维护各民族群众合法权益。落实“少捕慎诉慎押”刑事司法政策，对情节轻微犯罪依法不捕579人、不诉1340人，加大羁押必要性审查力度，建议释放或变更强制措施137人，诉前羁押率比上年下降17.42个百分点，减少社会对立面。深化诉源治理，认罪认罚从宽制度适用率91.67%，一审服判息诉率91.51%。牵头设立侦查监督与协作配合办公室，监督立案29件，监督撤案40件，书面纠正侦查活动违法305件。

【刑事诉讼法律监督】 2022年，赤峰市检察机关加强刑事诉讼监督，对有案不立的监督立案29件，对立案不当的监督撤案43件，追捕漏犯9人，追诉漏犯75人，对认为确有错误的刑事裁判提出抗诉24件，提出审判活动违法监督25件，书面纠正侦查活动违法356件。提升刑事办案质量，开展“清理积案提升质效”专项活动，出台一体化办案指导意见，制定侦查监督与协作配合工作细则，延长审查起诉期限、退回补充侦查案件数比上年分别下降89.82%和56.64%；刑事检察“案—件比”为1.09，“件”比上年下降21.18%，相当于压减500余个非必要办案环节。提出刑事抗诉案件24件，刑事抗诉采纳率50%；书面提出纠正刑事审判活动违法数28件，法院采纳数28件，刑事审判活动违法监督采纳率100%。推进建立无罪判决、撤回起诉案件反向审视、分析报告和情况通报制度，完善规范刑事检察权制约监督体系。

【民事检察】 2022年，赤峰市检察机关加强民事诉讼裁判监督，全市两级检察院共受理各类民事诉讼监督案件868件，提出民事抗诉和再审检察建议58件，提出民事审判活动监督检察建议32件。开展民事执行监督专项活动，提出民事执行活动监督检察建议232件，起诉拒不执行判决裁定犯罪2人，合力破解“执行难”。加强释法说理工作，支持法院正确裁判364件，引导服判息诉60件。加强虚假诉讼监督，会同市法院、市公安局印发《关于防范和惩处虚假诉讼的若干意见》。松山区检察院监督“套路贷”虚假诉讼案25起，法院全部改判。受理老年人诉请支付赡养费、残疾人维权、受家暴妇女离婚等案件依法支持起诉25件，帮助农民工讨薪240万余元。

【行政检察】 2022年，赤峰市检察院深化行政检察监督，依法护航民生，办结行政诉讼监督案件22件，对认为确有错误的行政裁判提出再审检察建议，以检察建议监督纠正行政审判违法情形13件，监督非诉执行违法情形73件。开展土地执法查处领域行政非诉执行监督专项活动，办结案件17件，发出检察建议13件，涉及土地面积9.4公顷。常态化开展行政争议化解，通过监督纠正、促成和解、司法救助等方式，实质性化解行政争议案件12件。加强行政违法行为监督，与市监委建立行政检察和监督工作沟通协调机制，与市人社局建立行政执法与行政检察衔接工作机制，监督纠正行政机关违法行使职权或不行使职权案件 25 件。

【公益诉讼检察】 2022 年，市检察院聚焦群众反映强烈、党委政府支持、有社会影响的案件，立案 420 件，发出诉前检察建议 372 件，提起行政公益诉讼 1 件，提起民事公益诉讼 2 件，提起刑事附带民事公益诉讼 11 件。聚焦绿色赤峰建设，完善跨部门跨区域生态保护协作机制，梳理中央环保督察重点案件线索 10 件，起诉破坏环境资源保护犯罪 144 人，办理生态环境领域公益诉讼案件 207 件，督促清理固废垃圾 249.4 吨，追索环境损害赔偿 187.1 万元。与自然资源、生态环境、林业和草原等部门建立协同机制，建立“专业化监督 + 恢复性司法 + 社会化治理”生态检察工作机制，督促主动纠错或依法履职，诉前整改率 99.72%。落实最高检“八号检察建议”，办理该领域公益诉讼 71 件。加大对制售假药劣药、有毒有害食品犯罪的打击力度，起诉 18 人，办理该领域公益诉讼 20 件。针对“消”字号抗（抑）菌制剂非法添加问题开展专项监督，制发检察建议监督下架不合格产品 4700 余盒（支）。助推乡村振兴，打击危害农村牧区安全、侵害农牧民利益等犯罪，起诉生产、销售伪劣种子、农药和违法占用耕地、草地、林地等犯罪 73 人。开展专项活动助力文明城市创建，制发检察建议 70 件，监督整治城乡人居环境。参加市域社会治理现代化试点工作，制发社会治理类检察建议 61 件，回复率 100%。

【诉讼监督】 2022 年，赤峰市检察机关运用好侦查监督平台，及时发现和纠正刑讯逼供、非法取证等侦查违法行为，规范强制措施和侦查手段适用。更新审判监督工作理念，提高抗诉工作质效，坚持二审程序抗诉与审判监督程序抗诉并重的工作理念，提升抗诉工作质量和效果。协调各方力量进行诉源治理，通过个案办理推动类案问题解决和预防。强化审判监督，在重视抗诉的同时，重视运用纠正违法、检察建议、口头监督等监督方式，提升监督效果。

【社会治理风险防控】 2022 年，赤峰市检察机关坚持总体国家观，维护社会秩序稳定，营造安全稳定的社会环境。严厉打击各类危害国家安全、涉恐和枪爆违法犯罪，市检察院对全市两级院办理的涉国家安全类案件统一把关，对重大、敏感、复杂案件加强指导。助力市域治理和风险防控，按季度向市国安办报送国安情报信息专刊，向市委政法委报送《邪教犯罪市域溯源治理》。开展舆情风险隐患排查工作，以“在办案程序中存在办案瑕疵可能引发网络炒作的隐患”等 10 个问题为重点排查内容，逐案制定预案，做好释理说法工作。依法打击网络政治谣言和有害信息犯罪，强化司法责任落实，筑牢涉检意识形态安全屏障。

【特殊人群司法保护】 2022 年，市检察院开展“温暖青春检爱同行”守护未成年人平安成长专项行动，把司法保护融入家庭、学校、社会、网络和政府保护，形成合力，获评全自治区“维护妇女儿童权益先进集体”。针对严重监护失职，发出督促监护令 345 份，比上年上升 23.3%。贯彻《中华人民共和国家庭教育促进法》，开展家庭教育指导 70 次。落实强制报告制度，对未履行报告义务督促整改、追责 5 件。落实入职查询制度，推动密切接触未成年人行业入职查询 1.1 万余人次，推动对 3 名前科劣迹人员作出开除、解聘处理。深化检察机关涉及未成年人刑事、民事、行政、公益诉讼“四检合一”办案模式，推动未成年人滥用成瘾性药物右美沙芬片问题、“黑校车”问题、学校周边无证售烟和校园周边井盖安全问题整治，全市涉未成年人犯罪人数连续三年呈下降态势。其中，起诉侵害未成年人权益犯罪由 2019 年的 263 人下降到 2022 年的 171 人；起诉罪行严重的未成年人犯罪由 2019 年的 146 人下降到 2022 年的 63 人。

【职务犯罪检察】 2022 年，赤峰市检察机关保持反腐高压态势，受理一审公诉案件 78 件，依法起诉 55 人，其中厅局级以上 4 人、县处级 4 人。科学合理配置办案力量，做实指定管

2022 年，市检察院开展“温暖青春 检爱同行”守护未成年人平安成长专项行动，把司法保护融入家庭、学校、社会、网络和政府保护。图为工作人员在社区讲解未成年人保护方面的知识 （市检察院 供图）

辖、提前介入、羁押必要性审查等各个环节的工作，提前介入职务犯罪案件13件。进行监检衔接配合，与市监委建立互涉案件沟通协调机制，发挥检察机关在反腐败工作中的作用，直接查办司法机关工作人员相关职务犯罪7人，移送市纪委监委处理8人。

【经济和金融犯罪检察】 2022年，赤峰市检察机关打击经济犯罪，坚持惩治犯罪、保障权益、促进发展、优化治理相统一，受理案件466件943人。起诉破坏金融管理秩序犯罪81人，起诉金融诈骗犯罪7人；起诉生产、销售伪劣商品犯罪29人；起诉妨害对公司、企业的管理秩序犯罪7人；起诉扰乱市场秩序犯罪53人。助力企业纾困，推动涉案企业合规改革，联合市工商联等9个部门成立第三方监督评估机制管理委员会，办理企业合规案件4件。与公安、市场监管等部门建立协作配合机制，形成护企合力，监督纠正涉企民事行政裁判、执行不当案件75件，清理涉企积案7件，化解涉企矛盾纠纷。聚焦创新赤峰建设，构建知识产权检察职能集中统一履行模式，加强行政执法与刑事司法衔接配合，对侵犯知识产权犯罪批捕9人、起诉12人。敖汉旗检察院牵头多部门合力保护“敖汉小米”品牌。打击整治养老诈骗行为，最高检挂牌督办一起17人特大诈骗案，被害人数接近800人，涉案金额1.1亿余元，针对该案暴露的问题向主管部门制发的检察建议，获评自治区优秀检察建议。开展打击治理电信网络诈骗犯罪大整改、大提升百日攻坚行动，联合公安机关制定证据收集指引，起诉145人。开展“迎接二十大、优化法治化营商环境、服务保障高质量发展”大讨论活动，实施“联商”工程，健全联系企业八大沟通平台；实施“暖商”工程，开展暖心企业十大主题活动；实施“护商”工程，办好护航企业十类重点案件；实施“稳商”工程，加强涉企经营十类法律监督；实施“安商”工程，构建助企安心经营十项制度机制，经验做法被自治区检察院转发。

【控告申诉检察】 2022年，赤峰市落实“群众信访件件有回复”，“12309”检察服务中心接待群众1986次，安排值班律师48次，值班律师接待人民群众100余次。落实公开听证制度，在办案中坚持“能听证尽听证”原则，将公开听证作为常态化办案机制在全市推开。选任184名专业人士组建听证员库，组织听证会146件次，比上年上升26.96%。巩固“我为群众办实事”实践活动成果，结合司法办案，受理办结国家赔偿监督案件2件，受理司法救助案件156件；救助生活陷入困境受害方164人，发放救助金159.2万元；救助生活困难农民28人，救助未成年人12人，救助残疾人3人，救助妇女22人。

【刑事执行检察】 2022年，赤峰市两级院共办理减刑、假释、暂予监外执行监督案件358件，提出纠正意见86件，赤峰监狱纠正98件（含上年结余12件），书面监督意见采纳率为114%。发现监狱、看守所违法违规案件33件，提出纠正意见33件，书面监督意见采纳率为100%。发现司法行政机关监外执行和社区矫正违法违规案件30件，提出纠正意见30件，书面监督意见采纳率为100%。核查纠正罪犯脱管6人、漏管4人。向法院财产刑执行不当提出纠正意见22件，纠正22件，书面监督意见采纳率为100%。办结司法工作人员相关职务犯罪线索25件，其中移送纪委监委3件8人、立案侦查4件7人。加强刑事执行监督，完成对包头、锡林浩特监狱和红山区、松山区社区矫正巡回检察。

【检察监督】 2022年，赤峰市检察机关深化政法队伍教育整顿成果，“逢问必录”成为铁规、常态，市县两级检察院重大事项填报155件。将司法责任追究与内部流程监控、案件质量评查等管理手段相结合，形成内部监督闭环，1个基层检察院被取消评选先进资格，1名员额检察官被追究司法责任。主动接受纪检监察监督，巩固“十项作派十类干警”专项整治活动成果，综合运用监督执纪“四种形态”批评教育帮助19人，党纪政务处分7人。推进基层检察院“一院一品”“一院多品”工作，成立提质增效优化指标督导组，完善联系基层、对口指导制度，优化业绩考核评价办法，以强质效激发干事创业源动力。开展公开法律文书清查工作“回头看”，巩固公开法律文书清查整改成果。向市人大常委会专题报告工作、主动接受专题调研各1次；与市政协建立协同监督机制，合力保护公益诉讼，邀请代表委员视察工作、参与检察活动624人次，办理代表委员书面意见建议249件。建立法律监督年度报告制度，首次向市委报告2021年度法律监督工作，基层检察院同步落实；召开主题开放日活动47场次，邀请人民监督员监督检察办案活动164件次，市检察院获评“自治区人民监督员选任管理先进集体”。按照“能公开尽公开”原则，依法处理案件信息公开的程序、范围、对象。（徐靖靖）

法院

【概况】 2022年，赤峰市法院受理各类案件14.52万件，审执结13.38万件，法官人均结案252件，受理、办结案件数均居自治区首位，综合质效升至自治区第二名。开通涉企诉讼“绿色直通车”，清理涉企2年以上未审执结案件130件。坚持宽严相济刑事司法政策，推进律师辩护全覆盖。与司法、工会、人社部门联合成立“诉调对接中心”，化解劳动争议纠纷856件。开展长期未结案件“春雷·百日清积”专项行动，平均办案周期由75天下降至45天。建立全市法院审判人才库，牛占龙获评“全国优秀法官”，孙艳红、邓宏涛获评“自治区专家型法官”。

【刑事审判】 2022年，赤峰市中院审结刑事案件4012件，判处刑罚罪犯4379人，审结故意杀人、故意伤害、抢劫等严重暴力犯罪案件477件，比上年下降37.65%。开展打击治理电信网络新型违法犯罪专项行动，审结电信诈骗及关联犯罪案件178件406人。防范化解金融风险，依法审结非法吸收公众存款等破坏金融管理秩序、金融诈骗案件58件172人。常态化开展扫黑除恶斗争，审结涉黑恶案件2件47人。开展打击整治养老诈骗专项行动，依法打击、规范整治、宣传教育，审理涉养老诈骗案件6件23人，为被害人追回现金1000万余元。

【民事审判】 2022年，市法院开展“为群众办实事示范法院”创建活动。审结教育、医疗、住房等民商事案件8.6万件。坚持法理情理相结合，审结婚姻家庭、继承纠纷8476件。加大群众维权力度，保护民事主体合法权益，审结侵权责任纠纷、人格权纠纷6680件。贯彻依法保护劳动者权益与促进用人单位健康发展并重理念，审结劳动争议、人事争议案件2958件。加强涉军维权工作，与驻军部队签订双拥共建协议，设立“军人军属权益保障法官工作室”，依法维护军人军属合法权益。

【商事审判】 2022年，市法院审结物权纠纷案件4214件；合同、准合同纠纷案件6.49万件；与公司、证券、保险、票据等有关的民事纠纷

2022年7月12日，赤峰市中级人民法院一审公开宣判青海省人民检察院原党组书记、检察长蒙永山受贿一案　　（市法院　供图）

1979件。聚焦市场主体司法需求，优化法治化营商环境，出台服务保障企业发展制度机制21项，开通涉企诉讼“绿色直通车”，开展优化营商环境座谈、法律服务“进企业”活动116场次，清理涉企2年以上未审执结案件130件。实施优化法治化营商环境“四大工程”，发布典型案例23个。克什克腾旗法院依法宣告彭某某对非国家工作人员行贿案无罪，维护企业家合法权益，被自治区委政法委评为典型案例。市中院作为自治区政法系统优化营商环境“大讨论”活动先进典型，在总结大会上作经验介绍。

【行政审判】 2022年，市法院审结行政案件2057件，推动行政机关负责人常态化出庭应诉，全市出庭应诉率99.5%，比上年上升33个百分点。印发《行政机关败诉案件分析》《行政执法风险提示》，为行政机关依法行政提供司法指引，促使行政机关规范工作，行政机关败诉案件189件，败诉率8.84%，下降9.16%。建立涉府案件府院信息通报机制，及时与被诉行政机关沟通立审执各阶段情况，合力推动案件实质性化解，积存的27件涉府案件全部执结。深化行政民事交叉案件一并审理机制建设，创新运用司法调解、人民调解、行政调解“三调联动”机制，在解决行政争议中，一并调解解决民事争议，化解行政争议。

【案件执行】 2022年，市法院执结案件5.4万件，执行到位资金91亿元。加强失信惩戒，列入失信被执行人名单2165人次，限制高消费3.5万人次。开展涉营商环境、涉民生领域等专项执行行动，执结涉金融案件4968件，兑现金融债权22.5亿元。采取“活封活扣”方式及时解封换封涉农涉企执行案件172件，盘活资产5830万元。在自治区率先构建涉政府案件“零强制”执行机制，促进涉行政机关案件自动履行。贯彻善意文明执行理念，灵活运用执行措施，化解内蒙古凌志马铃薯科技股份有限公司系列案件，帮助企业重启发展。

【诉源治理】 2022年，市法院融入市域社会治理体系，打造“法院+”联调共治模式。落实《赤峰市法院关于加强诉源治理推动矛盾纠纷源头化解的实施方案》，市中院与市司法局、市总工会、市人社局联合成立“诉调对接中心”，建立“法院+工会”劳动争议诉调对接机制，化解劳动争议纠纷856件。在全市范围内设立“法官便民工作室”351个，将人

民调解、行政调解、行业调解等非诉解纷力量引入法院开展多元解纷，实现矛盾纠纷就地发现、就地化解。强化诉讼与非诉讼衔接，诉前调解成功案件2.7万件，调解成功率81.8%；司法确认5088件，节省诉讼费用310万元。10个基层法院新收案件量均呈下降态势，全市法院受案总数比上年减少3.8万件。

【人权司法保障】 2022年，市法院推进律师辩护全覆盖，为被告人指定法律援助律师2842人。坚持宽严相济刑事司法政策，对自首、立功等被告人依法从宽处理，对52名被告人依法宣告无罪。准确适用认罪认罚从宽制度，审结认罪认罚案件2516件。加强未成年人司法保护，审结未成年人犯罪案件135件176人，落实未成年人犯罪记录封存制度。坚持“当赔则赔、应救尽救”原则，向权益受损主体支付国家赔偿金142万元。对93件114名生活存在急迫困难的当事人发放司法救助金402.2万元，为经济困难当事人缓减免交诉讼费236万元。

【智慧法院建设】 2022年，市法院推进信息技术与审判执行工作融合，上线政法系统大数据智能化办案应用平台、“四类案件”监管、执行点对点查控等11个信息化系统。与市仲裁委签订《区块链存证常态化应用合作备忘录》，在自治区率先开展“法院+仲裁”区块链技术应用。推进现代化诉讼服务体系建设，推广24小时自助法院、云上法庭，在线立案、送达得到普及。加强基层基础建设，全市法院新建科技审判庭12个，市中院对诉讼服务中心进行升级改造，基层法庭实现直接立案、互联网法庭全覆盖。

【知识产权司法保护】 2022年，市法院完善知识产权“三审合一”（知识产权民事、刑事、行政案件统一集中审理），与市公安局加强协作配合，加大对侵犯知识产权犯罪行为的打击力度；与市场监管部门建立联动解纷机制，形成知识产权司法保护整体合力，审结知识产权案件350件。市中院联合市市场监管局、市检察院等相关部门组织开展知识产权宣传周活动，加大知识产权司法保护力度，增强全社会尊重和保护知识产权意识。

【破产审判改革】 2022年，市法院创新审判机制，在兴业集团破产案件审理中，应用实质合并重整方式，解决集团3家关联公司债务危机，保障220家债权人、126.9亿元债权得到公平受偿，避免区域性金融风险的发生。该创新案例获评2022年度赤峰市“十大法治事件”。成立“赤峰破产管理人协会”，提升破产案件审理效能。推进府院联动机制建设，在“蒙都羊业”破产案件审理中，通过府院联动，形成企业破产司法处置合力，完成破产重整，保护108家债权人的投资利益，帮助企业纾困解难。

2022年8月25日，赤峰破产管理人协会第一次会员大会暨成立大会在市司法局召开　（市法院　供图）

【家事审判改革】 2022年4月，市法院牵头建立多部门参加的诉前调解机制，制定《全市法院关于加强诉源治理推动矛盾纠纷源头治理的实施方案》，促进形成家事纠纷多元化解工作格局。强化机构人员配置，提升家事审判专业化能力和水平。巴林左旗法院成立以员额法官李爱民命名的“爱民工作室”，在家事审判中深化诉源治理。推进预防和制止家庭暴力工作，与妇联、公安、民政等部门建立反家暴联动机制，在普法宣传、信息互通、联动保护等方面加强合作。印发《关于进一步加强办理人人身安全保护令工作的通知》，要求全市法院在对家庭暴力受害者的救助过程中，加强与妇联、公安、民政、医院等部门的合作，推进一站式人身安全保护令申请工作，保护受害人权益。

【法院机制改革】 2022年，市法院健全法官动态调整机制，遴选员额法官79人。落实司法职业保障，择优选升高级法官83人。深化专业化审判和审判权运行机制改革，发挥审判委员会、专业法官会议作用，集体“会诊”重大疑难案件。上诉案件发回重审率2.28%，比上年下降7个百分点。落实院庭长办案制度，院庭长办案6.5万件，占全部案件的48%。建立《审判人员和审判辅助人员权力和责任清单》，分层分级制定市中院和基层法院绩效考核办法，实行量化考评。

【“蒙马奔腾2022”专项行动】 2022年，市法院部署开展“蒙古马奔腾2022”专项行动。加强审判精细化管理，提升审判执行质效，对质效指标实行“日监督、月通报、季分析督办”全程监管，每月分别制发市中院和基层法院审判执行态势分析，补齐短板弱项。全市两级法院均成立速裁快审团队，高效审结案件4.9万件。市中院立案一庭打造“简案快审直通车”品牌，审结案件3116件，占二审民商事案件的41%，结案率98%，平均审理用时25天。阿鲁科尔沁旗法院实施“速调速审”模式，依法化解蒙商银行借款合同纠纷1443件。

【“春雷·百日清积”专项行动】 2022年，市法院开展长期未结案件“春雷·百日清积”专项行动。制定《全市法院未审执结案件“春雷—百日清积”专项行动工作方案》和《全市法院优化营商环境、清理涉企执行积累专项行动方案》，对全市审制执行工作运行态势进行分析研判，列出积累清单。通过开展活动，1年以上未结案件全部动态清零，实现负增长，比上年减少237件。平均办案周期由75天下降至45天。市中院在自治区法院重点工作推进会上作审判执行工作经验介绍。

【“纪律作风建设年”活动】 2022年，市法院开展“纪律作风建设年”活动，确定10个方面41项重点任务，提升审判质效和司法公信力。开展党内政治生活庸俗化交易化问题集中治理、弘扬“蒙古马精神”大实践活动。市中院党组与驻院纪检监察组开展沟通会商，一体推进不敢腐、不能腐、不想腐。坚持用制度管人管事管案，编印《规章制度汇编》《工作方案汇编》。开展“以案促改”专项行动，集中整治司法作风突出问题，常态化排查整治执行领域顽瘴痼疾。坚持刀刃向内、自我革命，运用监督执纪“四种形态”处理处分干警32人。开展“揭榜领题”工作，建立全市法院审判人才库，培养盟市级审判业务带头人13名。编印《赤峰市法院破产裁判规程》《保险纠纷中常见疑难问题法律适用解析》等裁判指引，推动法律适用、裁判尺度统一。开展案件“两评查”、办案之星评比等“岗位大练兵”活动，提升法官队伍业务能力。（孙雁南）

司法行政

【概况】 2022年，赤峰市司法局建成“智慧司法云平台”，对接整合普法数据4.6万条。构建以人民调解为基础，人民调解、行政调解、行业性专业性调解、司法调解优势互补、有机衔接、协调联动的“大调解”工作格局。运用远程网络法律服务模式，推动公共法律服务实体平台、热线平台和网络平台融合。实施司法行政系统信息化“百日会战”活动，以大比武促进信息化应用，以系统应用促进信息化发展。开展政法大数据智能化应用平台试运行工作，完成2个试点单位智慧矫正中心基础建设。1个单位获评全国司法行政系统先进单位；1人获评全国司法行政系统先进个人；《克什克腾旗对社区矫正对象刘某某依法进行监督管理案例》等3个案例被列入司法部优秀案例。

【普法宣传和教育】 2022年，市司法局在自治区率先研发“八五普法全民法律知识竞答平台”上线，连续6个月开展全民日常学法活动。明确各级党和国家机关普法职责任务，健全完善普法责任制。印发《赤峰市法治文化阵地（基地）建设“三年提升工程”实施方案》《赤峰市关于加强社会主义法治文化建设重点任务落实举措》，按照“一嘎查村（社区）一特色”要求打造基层法治文化示范阵地。印发《关于开展2022年度法律志愿服务进乡村“1155”工程的通知》《关于开展赤峰市2022年度“法律明白人”“法治带头人”网上学习培训的通知》，依托“智慧普法依法治理云平台”，培养“法律明白人”2707人，统一发放证书和徽章。成立“八五”普法讲师团，下设13个分团，开展法律法规宣传。开展民主法治示范嘎查村（社区）建设，评选自治区级示范嘎查村（社区）26个。宁城县大城子镇瓦南村和敖汉旗

2022年8月12日，市司法局在松山区长途汽车站广场开展普法夜市宣传活动
（市司法局　供图）

萨力巴乡萨力巴村2个村入选第九批“全国民主法治示范村（社区）”。各旗县区启动以“营造法治化营商环境助力经济发展”为主题的普法夜市宣传活动。开展“法治事件、法治人物”评选活动，12月30日举行揭晓仪式。联合市农牧局印发《关于加快推进农村学法用法示范户培育工作的通知》，培育示范户590户，为推进乡村振兴奠定法治基础。落实媒体公益普法责任，连续6年每周在《内蒙古法制报》固定专栏进行法治宣传报道；与赤峰广播电视台合作播出《法治赤峰》栏目82期。建成“智慧司法云平台”，对接整合普法数据4.6万条。

【公共法律服务】 2022年，赤峰市印发《“十四五”公共法律服务体系建设方案（2022—2025）》《公共法律服务“三个一”活动方案》。完善市县乡村四级一体化服务网络，建成市级公共法律服务中心1个、旗县级公共法律服务中心12家、苏木乡镇公共法律服务工作站176家、嘎查村公共法律服务工作室2392个，实现四级公共法律服务机构100%全覆盖，全年提供法律服务5.9万人次。开展法律志愿服务活动，累计开展线上及线下法治培训95场次9017余人次，讲解法治课869场次、受众2.57万人次，依托“赤峰市智慧普法依法治理云平台”，培养“法律明白人”2707人。

【法律援助】 2022年，赤峰市有法律援助中心13个，接待各种形式法律咨询9302件，受理法律援助案件6801件。其中，民事案件3630件、刑事案件3133件、行政案件66件；为受援人挽回经济损失417.84万元。市县两级法律援助机构在同级法院、检察院、看守所设立法律援助工作站，并派驻律师定期值班，提供法律帮助。全市受理通知辩护法律援助刑事案件2650件，实现审判阶段刑事案件律师辩护全覆盖。《中华人民共和国法律援助法》正式实施后，全市组织法律援助机构学习班22场次，开展研讨交流17场次，组织专题培训35场次。法律援助案件在受理和答复咨询同时录入法律援助管理系统，实现即办即录，案件办理和咨询事项实现100%录入。

【“法援惠民生”活动】 2022年，赤峰市法律援助中心制定印发《2022年赤峰市“法援惠民生关爱残疾人”法律援助工作实施方案》等一系列面向残疾人、农牧民工、乡村振兴专题活动的工作计划，要求全市法律援助机构紧盯重点人群，开展法律援助专项活动。全年受理农牧民工维权案件1032件，挽回经济损失405.3万元，提供农牧民工法律咨询2452人次；受理残疾人法律援助案件342件，接待咨询1356人次，上门服务73次；深入农村牧区、集市等场所开展“法律援助助力乡村振兴”宣传活动36场次，现场解答法律咨询2200余人次，受理法律援助申请103件。

【人民调解】 2022年，赤峰市建立指挥调度、分析研判、预警评估、调处分流、跟踪回访和“首问负责”等制度体系，形成市指挥中心—旗县区指挥中心—苏木乡镇（街道）站—嘎查村（社区）室四级解纷平台上下联动的工作机制。简单易解的纠纷由调解员以群众自我管理方式调和；性质单一、涉域面窄的矛盾纠纷一般在嘎查村（社区）室协调化解；复杂疑难、涉域面较大的矛盾纠纷集中在苏木乡镇（街道）站化解，做到小事不出村、大事不出镇；重大疑难矛盾纠纷由旗县区、市平台统筹力量联破。全市调解组织共调解案件2.72万件，调解成功2.68万件，成功率98.6%，涉案金额5.55亿元。

【社区矫正】 2022年，赤峰市接收社区矫正对象1.76万人，解除1.64万人。截至年末，在册社区矫正对象1240人，其中判处管制5人、判处缓刑1209人、裁定假释3人、决定暂予监外执行23人，重新违法犯罪率控制在低于千分之二的水平。深化社区矫正机制建设，制定《赤峰市社区矫正工作实施细则》《赤峰市社区矫正工作档案管理办法》，落实社区矫正对象分类管理制度，守住社区矫正工作安全稳定底线。加强戒毒警察参与社区矫正工作、“智慧矫正”试点建设工作，管控社区矫正对象，形成常态化工作机制。

【律师事务】 2022年，赤峰市司法系统深化律师行业突出问题专项治理，建立法检离任人员从事律师职业动态管理名册，制发《赤峰市律师行业服务收费参考标准》《律师会见规范指引》《关于进一步加强检律协作依法保障律师执业权利的意见》，规范律师工作。开展“百场普法进企业”“千名律师助万企”“万所联万会”等法治体检活动，营造法治化营商环境。推进党政机关法律顾问及公职律师、公司律师工作，市县乡三级党政机关配备法律顾问，实现法律顾问全覆盖，公职律师人数增加至265人。截至年末，全市有律师事务所93家，专职律师1150名、兼职律师28名、公职律师265名、公司律师13名、法援律师27名。推进党政机关法律顾问及公职律师、公司律师工作，全市党政机关配备法律顾问402人，累计参与合法性审核476件。内蒙古兴合律师事务所、内蒙古法林律师事务所、内蒙古同实律师事务所被市司法局授予“优秀律师事务所”称号，那音台、杨志川、张承武、黄秀原、李佩然、孙玉红（女）、金素青（女）7人被授予“优秀律师”称号。

表 9　2022 年赤峰市律师事务所情况一览表

序号	名　　称	组织形式	执业人数
1	广诚律师事务所	普通合伙	11
2	大树律师事务所	普通合伙	18
3	百力律师事务所	普通合伙	9
4	执恒律师事务所	普通合伙	4
5	罕乌拉律师事务所	个人	5
6	富河律师事务所	普通合伙	9
7	罕山律师事务所	普通合伙	8
8	云暄律师事务所	个人	3
9	百宽律师事务所	个人	1
10	木叶山律师事务所	个人	7
11	富凯律师事务所	个人	5
12	盈丰律师事务所	个人	1
13	木伦河律师事务所	个人	4
14	丹意律师事务所	个人	1
15	江泉律师事务所	普通合伙	8
16	庆州律师事务所	普通合伙	11
17	众理律师事务所	个人	1
18	坤佑律师事务所	个人	1
19	安林律师事务所	个人	1
20	众认律师事务所	个人	1
21	祥东律师事务所	个人	1
22	兴林律师事务所	普通合伙	18
23	盛兴律师事务所	普通合伙	7
24	贡格尔律师事务所	普通合伙	15
25	奥星（克旗）律师事务所	区内分所　个人	6
26	彦霖律师事务所	个人	7
27	沐沦律师事务所	普通合伙	5
28	恒伟律师事务所	普通合伙	7
29	紫城律师事务所	普通合伙	8
30	丹兴律师事务所	普通合伙	4
31	蒙鸿律师事务所	个人	1
32	蒙辰律师事务所	个人	4
33	全宁律师事务所	个人	1
34	兴合律师事务所	普通合伙	32
35	义德律师事务所	普通合伙	46
36	佳森律师事务所	个人	6
37	通畅律师事务所	个人	1
38	大宁律师事务所	普通合伙	21
39	全兴律师事务所	普通合伙	15
40	蒙和律师事务所	普通合伙	11
41	天来律师事务所	普通合伙	11
42	新州律师事务所	普通合伙	9
43	峰惠律师事务所	普通合伙	10
44	天敖律师事务所	普通合伙	6
45	敬雅律师事务所	个人	2
46	赤汉律师事务所	个人	1
47	大川律师事务所	普通合伙	67

续表

序号	名　　称	组织形式	执业人数
48	善正律师事务所	普通合伙	13
49	源生律师事务所	普通合伙	24
50	沛泽律师事务所	普通合伙	5
51	原法律师事务所	普通合伙	24
52	百柳律师事务所	普通合伙	25
53	彩桥律师事务所	普通合伙	17
54	赤玉律师事务所	普通合伙	16
55	京宇信律师事务所	普通合伙	6
56	北京信杰（赤峰）律师事务所	区外分所　普通合伙	17
57	斯涵律师事务所	个人	1
58	贯川律师事务所	个人	1
59	大双律师事务所	个人	1
60	赤冠律师事务所	个人	1
61	红城律师事务所	普通合伙	65
62	法林律师事务所	普通合伙	29
63	方赫律师事务所	普通合伙	33
64	昭乌达律师事务所	普通合伙	10
65	三易律师事务所	普通合伙	17
66	松洲律师事务所	普通合伙	23
67	奥星律师事务所	普通合伙	55
68	乐民律师事务所	普通合伙	18
69	松川律师事务所	普通合伙	32
70	松瑞律师事务所	普通合伙	18
71	正勋律师事务所	个人	1
72	融桥律师事务所	个人	4
73	金骥达律师事务所	普通合伙	12
74	钦度律师事务所	普通合伙	14
75	剑航律师事务所	个人	8
76	蒙益律师事务所	个人	15
77	立果律师事务所	普通合伙	6
78	万师律师事务所	普通合伙	10
79	品第律师事务所	个人	3
80	映辉律师事务所	个人	16
81	北京市中盾（赤峰）律师事务所	区外分所　普通合伙	20
82	群冠律师事务所	普通合伙	15
83	佰泽律师事务所	个人	2
84	信华律师事务所	普通合伙	15
85	旭盈律师事务所	个人	10
86	吉拓律师事务所	个人	7
87	赫兴格律师事务所	普通合伙	12
88	信苑律师事务所	普通合伙	13
89	帅达律师事务所	个人	1
90	铭行律师事务所	普通合伙	4
91	北京嘉观（赤峰）律师事务所	区外分所　普通合伙	5
92	千孚律师事务所	普通合伙	16
93	同实律师事务所	普通合伙	22

（市司法局）

【公证事务】 2022年，赤峰市有执业公证机构12家，依托乡村振兴法律志愿服务“1155”工程，推进党员“我为群众办实事”实践活动，公证行业对全市2392个公共法律服务工作室进行包联。市司法局推进公证体制机制改革，公证业务除传统公证类型继承权公证、遗嘱公证、委托公证、协议类公证占据主要比重外，在赋予债权文书强制执行效力公证、政府采购招投标公证、零接触远程视频公证、公证参与司法辅助事务方面，发挥公证职能作用，办证数量逐渐增加。5家公证机构与相关法院开展司法辅助业务对接，其中，市昭乌达公证处驻市法院司法辅助中心开展诉讼文书集约化送达工作，办理法律文书送达7534件，涉及当事人4.12万人次，其中电子送达1.64万人次，邮寄送达2.38万人次，送达成功率90.34%。翁牛特旗公证司法辅助中心接收翁牛特旗人民法院委托送达案卷831件，涉及送达人831人，送达831人，向翁牛特旗人民法院出具送达报告827份，送达率100%。

（隋佳林）

仲 裁

【概况】 2022年，赤峰仲裁委员会融入公共法律服务体系，拓展仲裁服务领域，提高仲裁公信力和服务效能。调研赤峰地区仲裁覆盖面、各类企业仲裁选择率、合同文本规范率及存在问题等情况，形成报告供自治区司法厅参考。落实文书核阅制度，组织专家论证疑难复杂案件2次。5月27日，与市中级人民法院联合签订《区块链存证常态化应用合作备忘录》，在自治区创新推出“法院+仲裁”区块链技术应用模式。减轻企业和群众仲裁费用负担，仲裁处理费收费标准比上年下降30%。推行“咨询有人应、立案有人引、材料有人收”的“三有”标准；营造“一面笑容，一句问候，一杯热水，一个舒适”的“四个一”候案环境；提供“免费停车、免费打印复印”的“两免”服务。截至年末，赤峰仲裁委员会有仲裁员230人，涵盖经济、贸易、建筑、房地产等相关技术领域。年内受理商品房买卖、金融借款、建筑施工、股权转让，以及租赁、物业等行业领域仲裁案件334件，涉案标的额9.1亿元。

【劳动仲裁】 2022年，赤峰仲裁委员会构建劳动争议多部门调处联动机制，与市人社局、市中级人民法院、市总工会、市司法局联合召开诉裁调对接工作会议，落实《关于加强劳动争议诉裁调对接工作实施意见》，向司法、工会、赤峰学院及律师事务所等部门11人发放特邀调解员聘书，成立特邀调解组织，调解争议案件3起。截至年末，立案受理劳动人事争议仲裁案件2544件、上年末未结47件，审结2556件，结案率98.65%。裁决结案1079件，其中一裁终局442件，调解结案1391件，其他结案86件，仲裁终结率71.71%。涉及劳动者人数2932人，涉案金额1.06亿元。在喀喇沁旗、宁城县、敖汉旗选树3家劳动争议基层调解组织为金牌调解组织，达成调解协议及和解1279件，调解成功率69.62%。

【工伤保险待遇争议“速裁”】 2022年，赤峰市人社局印发《劳动争议仲裁案件快裁快审工作制度》，优化仲裁流程，对符合简易处理程序的案件采取“速裁”模式，30天内结案。全市受理工伤保险待遇劳动人事争议案件312件，其中采取“速裁”模式办理案件83件，为劳动者争取合法待遇1267.5万元。

【第四次仲裁员培训会】 2022年8月5—8日，赤峰仲裁委员会举办本届第四次仲裁员培训会议。培训围绕提高仲裁办案质量、提升仲裁员职业素养以及金融仲裁实务等内容，聘请内蒙古大学法学院原副院长吴振平教授、杭州金融仲裁院原院长李再丽教授等专家，分别以“法院撤销仲裁裁决若干问题”“金融仲裁优势与实务”“认清反腐败的形势与趋势、自觉抵制和远离腐败诱惑”为题进行授课，对相关仲裁工作进行讲解。

【“校地合作”实习基地建设】 2022年，赤峰市仲裁院与赤峰学院法学商务学院联合开展“校地合作”实习基地项目建设，签订“校地合作”协议，开展培训、项目研究等活动，吸纳法学专业毕业生到市仲裁院实习。实现赤峰学院法学教育资源与劳动人事仲裁机构法律实务资源深入融合，为全市和谐劳动关系建设提供强大的智力支持和人才保障。

【仲裁法律制度宣传推广】 2022年，赤峰仲裁委员会利用网络、报刊等宣传媒体，宣传仲裁法律制度在保护市场经济主体合法权益和营商环境中的作用。在微信公众号发布动态信息23次；在《红山晚报》开辟“仲裁园地”，刊发仲裁法律知识版面50个；与赤峰广播电视台合作，宣传赤峰仲裁工作；与风瞬网络传媒平台合作，采取以案说法形式普及仲裁知识。（巴 音 张云峰 李俊鹏）

军　事

责任编辑　王　慧

赤峰军分区

【概况】 2022年，中国人民解放军赤峰军分区（以下简称“赤峰军分区”）贯彻党中央、中央军委和习近平主席决策指示，抓基层保稳定，攻难关破难题，部队建设稳中有进。

思想政治建设 突出党的二十大精神主线，开展“上校大讲堂”活动，固化“每周一学、每月一讲、每年一题”学习机制，党委中心组开展集体研学20余次。常态组织学习《纪委工作规定》《纪委监委工作清单》法规制度，开展“传承红色基因，担当强军重任”主题教育活动。

提升保障管理能力 组织保障人员全程贴紧上级和军分区演训活动，修订后装保障分支方案，提升备战打仗保障能力。联合市政府下发《赤峰市“十四五”民兵建设实施计划》，结合地域特点，对基干民兵进行整顿、编组。落实应急应战物资器材规范化存贮。

国防教育 9月17日是第22个“全民国防教育日”，赤峰军分区在教育场馆、旅游景点、学校、新兵训练基地等场所，举办欢送新兵入伍、喜迎老兵复员、展示训练装备、演示训练课目、开展国防教育讲座、悬挂条幅、发放宣传手册等活动，开展系列国防教育宣传。

加强党的建设 着力完善《军分区党委常委会议事规则》《首长办公会议事规则》，落实“三会一课”制度，按程序完成党代表大会、军人代表大会代表人选推荐提名和选举工作。将党管武装教育、国防教育、安全形势纳入地方党委中心组学习内容。落实党管武装制度，召开市委议军会暨旗县区人武部党委第一书记述职会议。协调制定赤峰市《党管武装工作目标责任考核办法及评分细则》，推动旗县区党管武装工作纳入全市绩效及党建工作考核范围。

【军事训练】 2022年，赤峰军分区围绕“学习贯彻习主席训令”“如何提高民兵基地化训练质量”两个议题，分析练兵形势，查找矛盾问题，制定对策措施。突出首长机关、民兵骨干和民兵分队训练，主官亲自把控组训分工、计划制定、教学准备等环节，带头参训参练，落实考核讲评。组织民兵教练员集训，提升参训人员能力素质。加强首长机关指挥技能、民兵分队任务行动训练，增强各类人员遂行任务能力。落实“主官任教、按级任教、专长任教”，民兵训练突出专业在岗训练，采取试点先行的方式开展基地轮训。

【思想政治建设】 2022年，赤峰军分区以学习宣传贯彻党的二十大精神为主线，聚焦“忠诚维护核心，矢志奋斗强军”，深化“传承红色基因、担当强军重任”主题教育，贯彻习近平强军思想。开展“上校大讲堂”活动，推动党的二十大精神在基层扎根。结合部队实际开展思想政治教育和形势任务教育，突出主题主线，聚焦向战为战，强固基层基础，提高部队士气。

【后勤保障】 2022年，赤峰军分区落实党委理财制度，执行财务管理规定，修订《赤峰军分区财经管理规定》，理清经费权责关系，规范财务基本制度、基本业务、基本条件和基本力量建设。投入200万元对民兵装备仓库生活基础设施和安防设施进行升级；投入460万元完成营院道路新建、办公楼台阶和营门改造、2块运动场地和楼前甬道硬化、国旗台新建、公寓房改造、集体宿舍完善配套、营院一期绿化、办公楼加装门厅等工程建设项目。

【战备工作】 2022年，赤峰军分区强化战备教育，落实党委议战议训制度。组织修订完善战备方案（计划），走访对接相关单位推进动员任务落实。规范值班、检查、演练，整理台账资料，夯实基础。调整运行国防动员指挥模式，规范设置人员编组，建立指挥运行机制。配置处置力量，细化任务行动。结合地域特点，统筹调整民兵队伍力量布局，精准编兵、科学编组，联合市政府下发《赤峰市“十四五”民兵建设实施计划》，基干民兵组织整顿达到上级要求。组织市、“三区”（红山区、松山区、元宝山区）党政领导和各机关单位领导观摩军地应急力量融合建设成果展示暨军事日活动，巩固军地协作机制，加强领导干部懂武装、管武装、爱武装意识。加大军地应急力量融合建设，组织公安特警、城市消防、森林消防和蓝天救援队等应急救援力量开展综合性联合演练，提升军地联动救援能力。

【国防动员潜力统计调查】 2022年，赤峰军分区开展国防动员潜力统计调查工作，挖掘特色潜力，运用新版潜力数据审核系统进行梳理、查缺补漏。核查筛选动员潜力单位，缩短转化运用周期，研究制定相关保障方案。

【征兵工作】 2022年，赤峰军分区以“五率”（报名率、上站率、合格率、择优率、退兵率）考评为抓手，以各级各类毕业生为征集重点，完成18周岁男性公民兵役登记，登记率为100%。依托各类媒体畅通征兵宣传渠道，解读征兵政策，建成3所参军报国预征连。组织征兵业务培训，开展体格检查、政治考核、役前教育、审批定兵、交接起运等工作，落实各项优待政策，完成征集任务。

【拥政爱民】 2022年，赤峰军分区编纂《赤峰红色故事集》，内容包含7个红色故事、9场战斗、60余位英模典型。建成军分区军史长廊；巩固乡村振兴成果，邀请市、区两级乡村振兴局参与制定乡村振兴五年规划，协调农行、建行等四家金融机构考察贷款投放，支持村集体产业振兴。协调地方资金用于乡村振兴工作。落实军属优待工作，为驻赤部队未就业随军家属发放补贴每人每月500元。

【基层武装部建设】 2022年，赤峰军分区以创先争优活动引领基层武装部建设，规范全市基层武装部的日常运行秩序，办公室和战备物资器材库均落实专门设置、配套齐全。

（王文浩）

武警赤峰支队

【概况】 中国人民武装警察部队赤峰支队（以下简称“武警赤峰支队”）强化军事训练、行政管理、后勤保障，实现连续30年执勤安全无事故，连续3年被司法部和武警部队联合表彰为“三共”（共建、共管、共保安全）活动先进单位，连续4年被总队表彰为先进支队。支援地方建设，投入20万元助力地方乡村振兴工作。2022年，在总队各项军事比武中11人榜上有名，支队获总队综合大比武指挥机构第一名。

【军事工作】 2022年，武警赤峰支队深化战备建设，固化“战备周、战备日”。完成敏感期环京检查站警戒设卡、联勤武装巡逻和武装押解、全军招考文职人员统一考试组考等任务53起。落实全军和武警部队军事训练会议精神，加快军事训练转型，组织各类集训演练活动9批797人次，特战分队红蓝对抗、演训结合、量化考评等做法在央视国防军事频道、新闻频道播出。

【行政管理】 2022年，武警赤峰支队组织涉网涉密集中教育整治，2次开展覆盖式心理测查、送法下基层活动。

【后勤保障】 2022年，武警赤峰支队编制年度预算，调配装备器材，为各项建设提供支撑。升级优化家属来队临时住房13处，配发5万余元药品，做实探亲休假、外出购物、用电用水等惠兵事项，落实就地门诊集中结算，提供医疗救助及转诊服务300余人次。推进资产累积性难题“两年攻坚行动”和资产可视化建设，2项评残清查问题整治清零，保障处被总队授予“后勤工作先进单位”。

【基层建设】 2022年，武警赤峰支队推进总队《军队基层建设纲要》培训成果转化，科学制定支队《基层建设计划》，选派优秀干部充实到基层一线岗位；开展“双争”评比、岗位练兵，1个大队被总队表彰为“四铁”先进大队、1人被武警部队表彰为“优秀团干部”、1人被总队表彰为“优秀共青团员”。1人被自治区表彰为“民族团结进步模范个人”。

（张东波）

人民防空

【概况】 2022年，赤峰市加大人防工程建设力度，超额完成自治区下达的建设任务。升级和推广“内蒙古人民防空智慧化指挥系统”。推行“互联网+政务服务”建设，实现人防行政审批事项“一网通办、一网统管、一次办结”。改版《赤峰人民防空》杂志，每期发行3000册，全年共12期。

【人防工程建设管理】 2022年，赤峰市落实“应建尽建”要求，人防工程建设总量稳步增长，超额完成自治区下达的建设任务。全年收缴人防易地建设费6139.58万元。加大人防自建工程建设力度，年内争取财政预算内资金7.4亿元，报批人防自建工程7处，创历史新高。推进人防自建工程建设落地，提请市长办公会议专题研究9次，协调红山区、元宝山区、松山区政府召开协调会8次，协调市发改、财政、自然资源、住建、传染病防治医院、三区政府各委办局50余次，组织召开各类专家评审会6次、党组专题会议研究10次、主任办公会议7次、专项推进领导小组办公会议12次。截至年末，赤峰市传染病防治医院、红山区时代广场、元宝山区3个人防自建工程完成前期工作。

【指挥信息化和战备演练】 2022年，赤峰市人防办开展“内蒙古人民防空智慧化指挥系统（人防云）”升级和推广应用工作。完成国防动员潜力统计调查。组织2次防空警报试鸣。加强人防战备建设，购置6台军用短波电台，升级改造人防战备库室，健全完善各项管理制度，实现战备物资出入库管理流程化。组织卫星车操作培训1次、通信演练1次、日常通联58次，参训人员378人次。组建气象干预专业队、直升机救援专业队和人防工程平战转换专业队3支新型专业队伍，吸收赤峰狼途救援中队为人民防空志愿者队伍。落实重要经济目标防护任务，举办重要经济目标防护骨干集训；完成中国人民银行赤峰市中心支行防护建设试点课题研究工作；重要经济目标无人机主动防护系统合作开发完成招投标工作。

【人防行政审批】 2022年，市人防办在政务服务和行政审批事项上做“减法”：将全部政务服务和行政审批事项进驻赤峰市政务服务大厅，实行网上申请、审批、办结；大厅工作人员对所有事项“全权负责”，杜绝“审批人员不进驻、进驻人员不审批”的体外循环、前店后厂不合理现象；启用行政审批专用公章和相关电子证照，推行“互联网＋政务服务”建设，实现行政审批事项网上办理，实现业务“一网通办、一网统管、一次办结”。

【人防行政执法】 2022年，市人防办定期召开会议专题研究法治建设工作，把各项工作纳入法治化轨道。召开3次律师会商会，应诉2件，起诉2件，实施行政处罚7件，受理处理信访投诉事项66件。

2022年11月17日，市人防办开展人防指挥通信演练　（市人防办　供图）

【人防宣传教育】 2022年，市人防办改版《赤峰人民防空》杂志，作为自治区唯一的盟市级人防刊物，每年12期，每期发行3000册，突出对机关、学校、社区的配送。完成赤峰人防网站集约化建设，保障门户网站安全运转。宣教基地全年接待40余批次3000余人，人防数字化场馆年度浏览量超1万人次。在赤峰广播电视台、《红山晚报》等媒体开展人防专题报道和专版宣传，开展全市人防知识网络答题活动，创办人防微信公众号，策划为中心城区制作配发“人防疏散卡”。（马　超）

2022年，赤峰市人民防空宣传教育基地接待40余批次3000余人。图为市直部门在教育基地开展重温入党誓词活动　（市人防办　供图）

经济管理

责任编辑　王　慧

宏观经济调控

【统筹协调疫情防控和经济发展】2022年，赤峰市面对复杂多变的外部经济环境和疫情多点频发等超预期因素冲击，坚持"疫情要防住、经济要稳住、发展要安全"总基调，统筹疫情防控和经济社会发展，全市总体经济运行相对平稳。制定并实施《赤峰市贯彻落实国家和自治区稳住经济政策措施38条实施意见》。承接自治区对盟市高质量发展绩效考核相关工作，编制完成年度旗县区高质量发展绩效考核指标体系。地区生产总值和城乡居民人均可支配收入分别增长2%、5.2%和8.3%。

【年度计划编制与执行】 2022年，赤峰市编制《国民经济和社会发展计划》，制定下达经济社会发展年度计划目标。加强扩大有效投资、调整产业结构、深化改革开放、夯实基础建设、改善生态环境、保障社会民生等领域工作，保持经济运行在合理区间。全年地区生产总值2148.4亿元，比上年增长2%；社会消费品零售总额611.6亿元，下降0.1%；一般公共预算收入113.9亿元，下降10.2%；城乡常住居民人均可支配收入分别为3.94万元和1.65万元，增长5.2%和8.3%。

【经济运行监测】 2022年，赤峰市加强经济运行监测分析研判，按月、季度形成全市经济运行分析报告。测算全市主要经济指标年度预期目标，起草国民经济和社会发展年度计划草案。落实经济运行月调度制度，掌握经济运行中的问题难点，形成全市经济运行分析报告。实施全市经济运行监测分析联席会议（以下简称联席会议）制度，联席成员单位由市发改、工信、财政、税务、住建、交通运输、农牧、商务、统计、国家调查队、邮政管理、人民银行、银保监等部门和单位组成，市统计局牵头，定期召开联席会议，联席会议各成员单位根据职责分工，通报本部门、本行业发展动态，分析存在的问题及不足，提出解决办法和建议，针对重点矛盾和问题采取应对措施。年内召开联席会议9次，月度经济运行分析研判会议12次，季度会议4次，通过市统计局官方网站对外通报会议及经济运行情况197次。

【固定资产投资】 2022年，赤峰市构建全市招商引资"一盘棋"格局，落实《招商引资奖励暂行办法（2019）》，对引进单体项目一次性固定资产投资5000万元～1亿元人民币项目（含1亿元人民币项目）奖励50万元人民币；引进一次性固定资产投资1亿元～5亿元人民币项目（含5亿元人民币项目）奖励100万元人民币；引进一次性固定资产投资5亿元人民币以上项目奖励200万元人民币，年内选出3名优秀社会引资者，兑现奖励资金300万元。落实"飞地经济"项目补贴、税收优惠等奖补政策，"一企一档""一企一策"，助力项目落地投产。实施项目管家制度，按照《重点建设项目和重点招商引资项目"项目管家"制度》，破除项目推进过程中的各类困难问题，推进重大项目建设进度。固定资产投资（不含农户）比上年增长7.1%。其中，第一产业投资增长35.7%，第二产业投资增长39.1%，第三产业投资下降7.1%。民间固定资产投资下降2.4%，占固定资产投资（不含农户）的57.9%。基础设施投资增长29.6%。社会领域投资增长20.7%。

【重点项目谋划】 2022年，赤峰市谋划储备"十四五"重点项目3379项，总投资规模2万亿元；"五大发展定位"总项目库入库项目2338项，总投资规模7363亿元。汇总申报2023年度纳入自治区调度政府投资5000万元以上、企业投资1亿元以上重大项目207项，总投资规模1839亿元，年度计划完成投资521亿元；谋划提出2023年度总投资5000万元以上（社会事业1000万元以上）市级重点项目701项，总投资规模3076亿元，年度计划完成投资1000.1亿元，项目个数和年度计划投资分别比上年增长11.6%和33.9%，年度计划投资首次突破千亿元。

【重点项目建设】 2022年，赤峰市加强重点项目建设，发挥重点项目联席会议办公室作用，制定项目前期手续办理、项目开工建设时间表和路线图，强化全链条要素保障，加强全流程管理服务。全市总投资5000万元以上（社会事业1000万元以上）重点项目累计动工、开工628项，动开工率97.5%；完成投资747亿元，投资完成率100.4%，动开工率、投资完成率比上年分别提高5.2个和5.6个百分点。其中，纳入自治区调度政府投资5000万元以上，企业投资1亿元以上重大项目动工、开工256项，动开工率100%。实施项目在线审批和并联审批，确保应审尽审、应批尽批、快审快批，全年审批核准备案项目3358项，总投资规模1655.6亿元。落实自治区工作部署和市委、市政府工作要求，针对待批项目、“半拉子”工程以及各类闲置浪费、低质低效利用的资源要素，全面起底、统筹盘活。全市502个待批项目相关的954个待批手续全部办结，56个补办手续项目涉及的86个手续全部销号；“半拉子”工程涉及项目26项，盘活4项。

【项目资金争取】 2022年，赤峰市把握国家扩大新增中央投资的政策机遇，编制并在全市推广《发展改革系统资金申请及项目谋划指南》，争取上级项目资金。全年累计争取中央、自治区各类项目资金18亿元，比上年增长6.9%，争取资金在自治区占比由2021年的十分之一提升到八分之一。开展新增地方政府专项债券申报工作，累计申请通过国家发改委、财政部审核债券项目143个，拟申请专项债券规模106.4亿元；发行专项债券项目50个，发行规模30.14亿元，分列自治区第1位和第2位。开展政策性开发性金融工具申报争取工作，18个项目通过国家发改委审核，报送通过成功率47.4%；投放项目1项，投放金额3.99亿元。

【基础设施建设】 2022年，赤峰市重大基础设施建设项目67个纳入自治区重点项目清单，总投资规模1054亿元，项目数量和投资规模分列自治区第2位和第3位。铁路、民航领域重大基础设施建设取得突破性进展，集通铁路电气化改造工程赤峰段完成投资30亿元；赤大白铁路开通客运通过内部安全评估，办理与国铁接轨手续；协调自治区发改委对停工长达10年的林白铁路（衙门庙至白音诺尔段）项目完成业主变更，实现复工复建。推进林西支线机场前期工作，赤峰玉龙机场改扩建工程竣工投入运行；巴林左旗、克什克腾旗乌兰布统和阿斯哈图3个通用机场加快建设，巴林右旗通用机场完成验收；全市11个通用机场项目纳入自治区统筹建设清单。

【社会民生保障】 2022年，赤峰市推进教育、医疗、文化、体育、养老等各项社会事业发展，累计争取社会事业领域中央和自治区预算内资金4.6亿元，比上年增长23%。其中，养老服务和文化体育设施建设资金总量、项目个数占自治区比重分别达到三分之二和二分之一。印发实施《赤峰市“一老一小”整体解决方案》和《赤峰市推动生活性服务业发展行动方案》，入选国家“积极应对人口老龄化重点联系城市”，成为国家首批、自治区唯一获得通过的城市；完成第二批国家儿童友好城市申报工作。推进优质医疗资源扩容和区域均衡布局，市医院新城分院项目列入全国省级区域医疗中心名单，市医院与首都医科大学宣武医院、内蒙古医院联合完成第五批国家区域医疗中心试点申报。全年累计争取库区移民扶持资金1.26亿元。林西县东台子水库和克什克腾旗芝瑞抽水蓄能电站通过自治区移民安置验收。煤矿签订煤炭中长期合同总量1350万吨，超额完成年产煤1440万吨的目标任务。完成全市农牧民冬季取暖用煤10.57万吨的拉运保供工作，惠及农牧民5.3万户。2023年度发电供热及农牧民冬季取暖用煤2377万吨煤源锁定，并落实中长期合同指标。赤峰中唐特钢33兆瓦余热发电项目和赤峰得丰焦化30兆瓦干熄焦发电项目获批，巴林右旗及赤峰高新经济开发区增量配电网国家试点项目启动，赤峰高新经济开发区电厂实现双机运行。朝阳

2022年8月20日，赤峰玉龙机场改扩建工程竣工并投入运行。图为新建成的航站楼　（市发改委　供图）

至赤峰天然气长输管道工程建成完工，启动通气试运行准备工作。加强安全生产监管，推进安全生产专项整治三年行动，落实安全生产15条硬举措，全市2处煤矿达到安全生产标准化三级水平、1处达到二级水平、3处达到一级水平。（孙 章）

自然资源管理

【矿产资源管理】 2022年，赤峰市开展矿业权新立、延续、变更等各项业务。严审矿业权新立涉及耕地、林地、草原等地类，严控“三区三线”范围内矿业权设置。优化改进审批流程，审批时限由21个工作日压缩至13个工作日，其中探矿权审批时限压缩至12个工作日。组织专家对赤峰西拉沐伦（集团）公格营子煤业有限公司、内蒙古平庄能源股份有限公司六家煤矿、内蒙古平庄能源股份有限公司风水沟煤矿等6家煤矿年度生产接续计划，每月采掘工程平面图，每月全矿储量报表，箕斗车计数、耗电量、支护材料消耗、雷管炸药使用数量进行专项督导检查。控制和减少超层越界违法行为及生产安全事故，消除事故隐患，实现煤矿合理开发。制定印发盘活矿业权工作方案，对全市采矿权、探矿权逐一梳理，分析存在问题和困难，推进停产矿山复工复产，推进勘查程度达到转采要求的探矿权转为采矿权工作。

【土地综合整治】 2022年，赤峰市推进耕地占补平衡和城乡建设用地增减挂钩项目建设，新增增减挂钩指标521.2公顷、补耕库指标2738.93公顷，相关旗县区获取交易价款7亿元。消化批而未供土地1173.33公顷，处置闲置土地940公顷，在自治区率先超额完成年度任务。

【用地保障】 2022年，赤峰市办理用地预审与规划选址65件，上报建设用地报卷185件，全市新增建设用地2890公顷，重点项目用地应保尽保。3月11日，制发《加强和改进重点项目用地保障能力、全面提升审批服务效能》20条举措。编制土地储备三年滚动计划、年度储备计划和年度供应计划，供应建设用地3207公顷，收取土地出让金44.62亿元。规范矿业权审批监管，新立探矿权5宗、采矿权2宗，延续探矿权59宗、采矿权48宗，实地核查矿业权人勘查开采信息公示98宗，评审储量报告9件、开发利用方案8件，评估矿业权84宗，征收矿业权出让收益4.8亿元。

【矿产资源勘探开发】 2022年，赤峰市、县两级第四轮矿产资源总体规划完成审批程序。组织开展矿产资源国情调查，主、共伴生矿种覆盖矿区580个。加大找矿力度，推行绿色勘查，克什克腾旗维拉斯托矿区探明锂金属80.9万吨、锡金属12.2万吨，达到国家大型矿山规模；敖汉旗白土营子钨多金属矿探明钨金属量6万吨，是华北陆块北缘东段发现的首个国家级大型钨多金属矿床。解决大矿小开问题，完成元宝山区2个煤矿区和喀喇沁旗5个石灰石矿区矿产资源整合。截至年末，全市发现矿产80余种，优势矿产主要有铅、锌、铜、锡、钼、金、银。累计查明金属储量铜160万吨、铅700万吨、锌1300万吨、钨20万吨、锡180万吨、钼180万吨、金150吨、银1.5万吨。

【自然资源调查】 2022年，全国自然资源三调成果公布应用，赤峰市本级及7个旗县区三调质量被评定为优秀。完成2021年度变更调查，并通过检查验收。在9个项目区开展自然资源统一确权登记，完成任务总量的60%。开展全民所有自然资源资产价格信息采集，阿鲁科尔沁旗查布嘎山地质环境治理示范工程项目被选为自治区生态产品价值实现典型案例上报国家发改委。2021年度国有自然资源资产管理报告通过市人大常委会审议。深化放管服改革，优化营商环境，规划、土地、矿产全要素审批事项全部集中在政务服务中心办理，划拨决定书等8项证照实现电子证照核发。

【测绘管理】 2022年7月19日，《赤峰市基础测绘“十四五”规划》落地实施。推进“多测合一”（主要涉及建设工程项目前期的土地勘测定界、规划定位放线、规划验线、竣工阶段规划核实测量、绿地核实测量、用地复核测量、人防竣工核实测量、消防核实测量、地下管线测量和不动产测绘等环节）改革，自治区“多测合一”信息管理系统应用与市工改系统、政务服务系统顺利对接，《赤峰市推进工程建设项目“多测合一”工作实施方案》印发实施，《赤峰市房产面积测算实施细则（试行）》进入论证阶段。加强地图管理，对问题地图进行全面排查，发布赤峰市及旗县区标准地图。加强测绘行业日常监管，开展测绘法宣传，组织涉密测绘成果及测绘行业安全生产检查，颁发资质证书64本。

【资源储备技术支撑及保障】 2022年，赤峰市完成17块宗地评估业务，完成市中心城区日常地籍测量业务87宗，出具建设用地图、宗地图40余宗；按期完成赤峰市自然资源局综合统计年报、季报工作；协助红山区自然资源局开展红山区基本农田整改补划工作，数据成果通过国家审查。完成喀喇沁旗、克什克腾旗、阿鲁科尔沁旗等城乡建设用地增减挂钩项目（含工矿废弃地复垦再利用项目）实施方案初步审查工作和拆旧区复垦设计方案审查工作。

【不动产登记】 2022年，赤峰市在实现国有建设用地使用权及房屋所有权登记业务全市标准化基础上，全市

2022 年，赤峰市不动产登记推出企业办理登记业务绿色通道服务，实现企业办事“最多跑一次” （李俊鹏 摄）

范围内同步开展集体建设用地使用权、宅基地使用权及房屋所有权登记业务标准化建设，实现全市不动产登记收件材料、登记流程、登记时限“三个统一”改革目标。通过“蒙速办”App、中心微信公众号平台实现预告登记、转移登记等常规登记业务网上申请、网上预约、信息公开查询等功能。在现有的公积金、四大国有商业银行、红山信用联社便民服务网点基础上增设蒙商银行便民点，通过不动产登记+银行共享服务系统，将数据实时推送至不动产登记系统。结合电子证照系统，打造商业银行网点办理不动产抵押登记“不见面审批”新模式。印发《赤峰市不动产登记业务“全市通办”实施方案》，实现高频业务全市通办，办理业务 19 笔。推出企业办理登记业务绿色通道服务，实现企业办事“最多跑一次”。增设公证处便民服务点，使办理涉公证、不动产登记业务的办事群众实现“只进一扇门”。年内核发不动产权证书 6.32 万本、不动产登记证明 3.34 万张，注销、查封、解封等其他登记业务 1.61 万笔。

【不动产存量数据整合】 2022 年，由市不动产中心工作人员、系统技术人员、测绘单位工作人员组建存量数据整合工作专班，以完善楼盘表为基础，借助原房产档案、测绘档案，通过技术比对、现场勘查，以街道社区为单位对存量数据进行地毯式的清理、整合，分别进行房地产数据匹配、历史档案挂接、数据入库、分户图挂接，形成一套完备的登记、测绘数据库。完成 1033 个小区、6534 栋楼幢、13.51 万户房屋的整合工作，整合率为 80.55%。 （闫 鸽）

【自然资源执法监察】 2022 年，赤峰市规范自然资源行政执法行为，公示公开权责清单、随机抽查事项清单、公共服务事项清单、行政执法主体资格清单及执法流程图、服务指南。严格执法全过程记录制度，执法人员持证上岗、亮证执法，通过文字、音像记录等方式对执法程序、调查取证、送达回执等行政执法过程全程记录。推行重大执法决定法制审核制度，重大执法决定在提交集体讨论前，对执法决定的合法性进行审查。完善督察执法机制，发挥自然资源监察“利剑”作用，压实乡镇执法机构违法问题查处主体责任，推动违法行为查处工作“关口前移、触角延伸”，构建“早发现、早制止、早处置”工作格局。推进各类专项整治，完成耕地保护督察、违法用地专项清理整治、占用农用地建设停车场问题整治和混凝土、沥青拌合站用地情况排查整治工作，依法依规从严查处新发现的“顶风违法”问题。开展卫片执法监督检查，推进 2021 年卫片执法检查中未整改到位问题整改工作，确保全市违法占耕比、宗数比及面积比均控制在 15% 以下；开展 2022 年卫片执法工作，落实“月清、季核、年度评估”工作要求，查处整改卫片图斑核查及违法问题，纠正卫片图斑填报错误、判定失误及整改不力等问题。完成 2021 年卫片执法检查中未整改到位问题 188 个，自治区专项督查整改问题 6 个。 （李俊鹏）

国有资产监督管理

【国企国资经营】 2022 年，赤峰市围绕国企改革发展中心任务，融合多种所有制企业，市属国有企业重组整合为 6 家集团公司，形成“1 个资本运营公司 + 3 个资本投资公司 + 2 个实体企业”的资本布局，增强国有资本实力。创新经营管理，完善现代企业制度，加强新知识、新理念、新业态的学习、研究和实践，强化实体化运营，发挥国有资本的战略引导、基础支撑、民生保障和“主力军”作用，提升企业经营活力、创收能力和核心竞争力。截至年末，全市国有企业总资产 3202.59 亿元，负债 1428 亿元，所有者权益 1774.59 亿元，营业收入 45.87 亿元，上缴税费 4.21 亿元。市本级国有企业国有资本年度收益 10.45 亿元，全部上缴国库。

【国有企业改革】 2022 年，赤峰市完成市本级承担的 76 项改革任务。市属 6 家一级企业及 21 家重要子企业分别制定党委前置研究讨论重大经营管理事项清单。市属 31 家应建立董事会企业全部建立董事会，29 家应纳入外部董事占多数企业全部实现外部董事占多数；市属6家一级企业和53家子企业的162名经理层成员全部实行任期制和契约化管理，17家子企业选聘职业经理人18人；实现经营性国有资产集中统一监管。5月，原13个行业主管部门托管的28家国有企业结束托管。

【混合所有制改革】 2022年8月下旬，赤峰市先后赴通辽市、呼和浩特市，山东省青岛市、日照市，针对混合所有制改革等工作进行学习考察。8月29日，市长办公会议专门听取稳妥推进混合所有制改革实施方案。经市政府第16次常务会议研究，成立赤峰市国有企业混合所有制改革领导小组，小组办公室设在市国资委。经全方位摸底调研、统筹梳理后，确定32个混改事项，包括混改项目22个、混改计划10个，其中14个项目签署协议、3个项目成立公司。

【国资国企监管】 2022年，赤峰市开展国企经营管理专项审核。聘请中介机构对市属6家集团公司及53家子企业进行生产经营专项审核工作；聘请中介机构对市属国有企业2021年度工资总额预算执行情况进行专项审核；市国资委推进国资国企在线监管系统建设，实现对监管企业财务、产权、规划、投资等方面实时监督，加强监测预警和风险防控功能，截至年末，在线监管系统投入使用。制订《关于加快推进市属融资平台公司实体化转型的指导意见》《赤峰市国资委关于加强子企业监督管理有关事项的通知》等6项规范性文件，健全完善国资监管制度体系。

【市属国企参与新能源开发】 2022年4月6日，赤峰市人民政府印发《市属国有企业参与风电光伏新能源开发工作方案（试行）》。市国资委委托中电建新能源集团对全市新能源进行摸底，形成《赤峰市风光资源调查报告》。赤峰市风光资源可开发量3330万千瓦，其中风能资源1640万千瓦、太阳能资源1690万千瓦。年内市属国有企业签订新能源合作协议12个，其中城建集团签订合作协议6个、国资集团签订合作协议6个。计划总投资1000亿余元，风电光伏总装机容量1300万余千瓦。10个项目申报自治区批准实施，获批2个。国资集团与新华水力发电有限公司签订协议，联合开发克什克腾旗广兴源抽水蓄能项目；市国资委聘请有资质的专业机构设计全市煤改电清洁取暖方案，制订开发计划。

【国企清欠减免】 2022年，赤峰市开展国有企业拖欠民营企业、中小企业账款清欠工作，做到拖欠各类市场主体无分歧欠款按协议或相关约定及时动态清零，对市属国有企业进行3次清欠摸底排查工作，无新增无分歧民营企业中小企业账款情况。印发《关于国有企业落实疫情期间减免服务业小微企业和个体工商户租金工作的通知》，截至年末，全市国有企业共办理合规减免申请683宗，办理率100%，减免租金1524万元。

（刘亚娟）

财　政

【一般公共预算收支】 2022年，赤峰市一般公共预算收入113.9亿元，比上年减少12.93亿元，下降10.2%。分收入结构看，税收收入完成72.49亿元，比上年减少16.98亿元，下降19%，占一般公共预算收入的63.7%；非税收入完成41.38亿元，比上年增加4.06亿元，增长10.9%，占一般公共预算收入的36.3%。分收入级次看，市本级一般公共预算收入13.88亿元，增长22.3%；旗县区一般公共预算收入99.98亿元，下降13.4%。全市一般公共预算支出570.7亿元，比上年同期减少9814万元，下降0.2%。分支出级次看，市本级一般公共预算支出125.77亿元，下降5.7%；旗县区一般公共预算支出444.92亿元，增长1.5%。从自治区范围看，自治区一般公共预算支出5885.11亿元，增长12.3%，全市一般公共预算支出总量居自治区第2位，增速居自治区第11位。

表10　2022年赤峰市一般公共预算收入主要项目完成情况一览表

序号	项　目	收入额（万元）	序号	项　目	收入额（万元）
1	增值税	169592.00	10	契　税	58612.00
2	企业所得税	107956.00	11	其他税收收入	57784.00
3	个人所得税	25819.00	12	国有资本经营收入	9793.00
4	资源税	49576.00	13	国有资源（资产）有偿使用收入	115336.00
5	城建税	40240.00	14	行政事业性收费收入	72181.00
6	房产税	43610.00	15	罚没收入	143030.00
7	城镇土地使用税	44101.00	16	专项收入	37474.00
8	土地增值税	67389.00	17	其他收入	35952.00
9	耕地占用税	60262.00			

（市统计局）

表 11　2022 年赤峰市一般公共预算支出主要项目完成情况一览表

序号	项　目	支出额（万元）	序号	项　目	支出额（万元）
1	一般公共服务支出	5732379.00	8	医疗卫生	540633.00
2	国防	3457.00	9	环境保护	104711.00
3	公共安全	169521.00	10	城乡社区事务	481113.00
4	教育	970065.00	11	农林水事务	1005888.00
5	科学技术	26860.00	12	交通运输	281251.00
6	文化体育与传媒	86619.00	13	工业商业金融等事务	87792.00
7	社会保障和就业	988936.00	14	其他支出	17604.00

（市统计局）

【财政政策落实】　2022 年 7 月 21 日，赤峰市人民政府办公室印发《赤峰市教育领域、科技领域、生态环境领域、交通运输领域、公共文化领域、医疗卫生领域市与旗县区财政事权和支出责任划分改革实施方案》，科学界定市级与旗县区权责，确定相关领导领域共同财政事权和支出责任范围，制定基础标准，规范中央、自治区、市级和旗县区支出责任分担方式。市财政局贯彻落实退税减税降费政策，翻印下发《内蒙古自治区落实增值税留抵退税政策工作方案》《新出台留抵退税政策专项资金管理办法》《其他退税减税降费专项资金管理办法》《补充旗县财力专项资金管理办法》等文件，印发《赤峰市落实新的组合式税费支持政策工作实施方案》，成立赤峰市退税减税降费工作领导小组，落实日常会商、重大事项请示汇报、问题快速应对和信息共享 4 个工作机制。全年累计新增减税降费及退税缓税缓费 62.7 亿元。

表 12　2022 年赤峰市旗县区财政收支情况统计表

旗　县　区	一般公共预算收入		一般公共预算支出	
	收入额（亿元）	比 2021 年增长（%）	支出额（亿元）	比 2021 年增长（%）
全市合计	113.90	−10.20	570.70	−0.20
阿鲁科尔沁旗	3.82	3.66	40.33	5.40
巴林左旗	4.89	6.80	38.71	26.30
巴林右旗	6.20	1.20	31.30	5.30
林西县	3.60	17.60	30.70	−3.46
克什克腾旗	7.00	4.00	32.00	15.80
翁牛特旗	4.90	5.30	44.30	0.50
喀喇沁旗	5.50	−14.71	31.90	2.78
宁城县	6.70	3.20	50.00	−3.10
敖汉旗	4.70	6.10	47.70	11.40
红山区	21.40	−28.90	20.90	−26.60
松山区	15.50	−33.40	45.00	−10.30
元宝山区	15.86	8.20	32.98	6.30

（市财政局）

【财政体制改革】　2022 年，赤峰市按照《国务院办公厅关于进一步推进省以下财政体制改革工作的指导意见》，提高财政管理效能，实施财政体制改革。规范细化预算公开制度，形成由财政部门公开政府预算、转移支付预算，各部门公开部门预算的预算公开体系。推进预算管理一体化，全面完成预算管理一体化系统上线运行工作，提升现代财政综合治理水平。推进基本公共服务领域市以下共同财政事权和支出责任划分改革，7 月 21 日，制定下发《教育领域市与旗县区财政事权和支出责任划分改革实施方案》《科技领域市与旗县区财政事权和支出责任划分改革实施方案》《生态环境领域市与旗县区财政事权和支出责任划分改革实施方案》《交通运输领域市与旗县区财政事权和支出责任划分改革实施方案》《公共文化领域市与旗县区财政事权和支出责任划分改革实施方案》《医疗卫生领域市与旗县区财政事权和支出责任划分改革实施方案》，稳步推进分领域财政事权和支出责任划分改革。推进“互联网＋政府缴费”新模式，为政务服务“一网、一门、一次”改革提供重要保障。落实以权责发生制为基础的政府综合财务报告制度，促进政府规范管理和有效监督，让财政资金在阳光下运行。强化预算约束，严控预算支出。一般公共预算年终结余100.5亿元，市本级结余44.47亿元，全部为结转下年使用的专项资金。

【民生保障】 2022年，赤峰市统筹资金24.8亿元，推动构建覆盖城乡、布局合理的学前教育公共服务体系，补齐义务教育基本办学条件短板，推动高中、职业教育和高等教育发展，提升全市教育质量；统筹下达新冠传染病防控专项经费15.1亿元；统筹资金3.1亿元，实施文化惠民工程，丰富群众文化活动，提高公共文化服务水平；下达城乡居民基本养老保险补助资金9.2亿元，保障居民养老保险待遇及时兑现；下达城乡居民医疗保险财政补助资金18.8亿元，完善城乡社会救助体系，提高城乡低保、特困人员生活供养标准；落实就业优先政策，拨付就业补助资金3.4亿元，稳定和扩大高校毕业生、农牧民工、就业困难人员和退役军人等重点群体就业。拨付援企稳岗补助资金9409万元，加大失业保险促进稳岗就业力度，帮助企业渡过难关。

【经济发展保障】 2022年，赤峰市统筹资金85亿元，支持中环路快速化改造、中心城区地下综合管廊、环卫一体化等重大项目建设；统筹资金106亿元，用于农牧业各项惠民补贴，衔接推进乡村振兴，高标准农田建设等；统筹资金4.2亿元，支持工业和园区发展，深化国有企业改革，推动传统产业转型升级、新兴产业培育壮大、国有企业提质增效；下达玉米、大豆和马铃薯生产补贴资金9.4亿元，保障生产基本收益，助推玉米、大豆和马铃薯优势产区产能的基本稳定。下达产粮（油）大县和生猪（牛羊）调出大县奖励资金5.2亿元，促进全市粮油、生猪（牛羊）产、储、销、加工各环节发展；统筹资金5317万元，促进商贸流通产业有序发展。投入电子消费券活动资金9600万元，支持开展“相约夏日、惠购赤峰”等促销费活动，推动市场回暖和消费回归；统筹资金1.4亿元，支持科技馆免费开放、区域协同创新平台建设、科技创新发展政策补助等，促进科技成果转化。

【直达资金】 2022年，赤峰市利用直达资金监控系统，开展直达资金分配、下达、使用、监控工作，明确中央直达资金法定下达时限，在3个工作日内将中央直达资金单独调拨至旗县区，确保资金及时直达基层。全年收到中央直达资金25批154亿元，其中应向旗县区调拨118.2亿元全部调拨。

【PPP项目】 2022年，赤峰学院校园工程建设PPP项目通过市政府常务会议审议通过。新区夜景照明改造、绿化工程改造、中心城区综合管廊、再生水利用、环城高速亮化等各类市政工程项目均投入运营。截至年末，全市综合信息平台管理库有项目56个，投资额507亿元，其中48个项目进入执行阶段，入库项目数及项目落地率居自治区首位。

【政府采购管理】 2022年，赤峰市推进“互联网＋政府采购”，建成政府采购“全区一张网”，实现从采购预算到采购资金支付的全流程电子化、全业务闭环管理、上下级政府采购信息系统的一体化，全过程网上留痕、可追溯。完善电子化交易管理功能，全部实现“不见面”开标，拓展异地开标，全面提升供应商参与政府采购活动的便利程度。完善政府采购信息发布平台服务功能，向市场主体提供便捷化采购信息在线检索服务，无偿提供所有依法公开的政府采购信息。建立以大数据监管、信息公开、监督预警、信用评价、负面清单、诚信管理、投诉处理电子化登记为基础的综合监管和服务，规范监管部门、采购人、代理机构、评审专家、供应商的行为。市本级及12个旗县区协议供应商开展“零门槛”常态化征集，采取“信用＋承诺”方式吸纳中小微企业入驻政府采购电子卖场，提高中小微企业参与电子卖场交易积极性和参与度。探索属地政府采购便捷化新路，开通“中央驻区单位”和“自治区本级预算单位”在内蒙古政府采购云平台的操作端口。截至年末，全市累计执行政府采购预算39.8亿元，实际采购金额37.4亿元，节约资金2.5亿元，资金节约率6.2%。

【会计管理】 2022年，赤峰市实施代理记账行业专项整治和代理记账机构监督检查行动，对34家被查单位下达整改通知书，对当年备案的197家代理记账机构中的58家代理记账机构下达检查通知书，通过检查规范代理记账执业行为，提高代理记账机构会计信息质量。完善队伍建设，年内新增初、中级会计师1600余人。实施网络信息管理，完成会计人员信息采集和档案信息网络调转工作。5月，市、县两级财政部门会计管理机构就推动准则落地实施、提升行业治理水平、加快人才队伍建设3个方面内容开展专项调研，形成专项调研报告13篇。

【财政绩效化管理】 2022年，赤峰市建成全方位、全过程、全覆盖的预算绩效管理体系，通过自治区财政厅考核验收。全市预算管理一体化系统上线运行，预算绩效模块纳入预算管理一体化系统，绩效管理覆盖事前评估、事中监控和事后评价全过程。全市集中对2020年决算、2021年预算公开情况开展专项检查，预决算公开工作在实时性、完整性、细化程度、

2022年8月3日，全市预算管理一体化培训班开班仪式在赤峰国际会展中心礼堂举行 （市财政局 供图）

公开方式和真实性方面均达到要求。落实关于中央直达资金审计发现问题整改调度工作，对涉及赤峰市未完成整改问题进行整改督促。完成2023年部门预算绩效目标审核工作，项目由初审的1443个审减至1118个，金额由初审的180.2亿元审减至133.8亿元，过程审减46.4亿元，审减率25.8%。

【政府债务管控】 2022年，赤峰市财政局争取新增地方政府债券资金51.64亿元，其中一般债券资金21.5亿元，专项债券资金30.14亿元。加大专项债券项目储备力度，从源头上做好专项债券项目遴选工作，实行专项债券项目储备库动态管理，项目成熟一个入库一个，确保入库项目在债券资金到位后形成实物工作量。加强地方政府债券资金支出情况调度，对债券资金支出进度实行月通报制度，督促各债券主管部门和项目实施单位加快债券支出进度。加强政府隐性债务管理，落实偿债责任，将市本级政府债务支出责任足额纳入预算，关注督促旗县区摸清家底、压实方案、多种方式筹措资金，按时还本付息。组织各旗县区和市本级有关单位开展防范债务风险领域地方财经秩序专项整治工作，严控新增隐性债务，杜绝虚假化债。

【财政监督】 2022年，赤峰市各级财政部门增强风险防范意识，在重点领域加大监管力度。组织开展过紧日子、“三公”经费［指财政拨款支出安排的出国（境）费、车辆购置及运行费、公务接待三项经费］、预决算信息公开、防范债务风险、财会监督领域专项行动，做好会计师事务所及资产评估机构执业质量重点检查工作。利用直达资金监控系统，盯紧盯牢资金用途。严格财政投资评审，全年完成评审项目815项，报送金额103.8亿元，审定金额87.1亿元，审减率16.1%。优化财政体制管理，科学界定政府财政事权与支出责任。

（王 阳）

税 务

【税费收入】 2022年，赤峰市税务系统克服经济下行压力，坚持组织收入原则，加强对税收收入的分析预测和研判，守住不收“过头税费”底线，多措并举，实现组织税费收入8月份企稳回升。全市税务系统组织各项税费收入336.3亿元，比上年减收39.5亿元，下降10.5%。其中，税收收入完成128.8亿元，比上年减

表13 2022年赤峰市税务系统组织税费收入情况统计表

单位：万元

项 目	累计收入额
一、税收部分	1287775
1. 国内增值税	219547
2. 国内消费税	54293
3. 企业所得税	365732
4. 个人所得税	87262
5. 资源税	141648
6. 城镇土地使用税	44101
7. 城市维护建设税	40247
8. 印花税	17499
9. 土地增值税	67389
10. 房产税	43610
11. 车船税	34626
12. 车辆购置税	44634
13. 烟叶税	1025
14. 耕地占用税	60262
15. 契税	58612
16. 环境保护税	6940
17. 其他税收	348
二、社会保险费	1412357
三、非税收入	539057
四、其他收入	124255

（市税务局）

收59.3亿元，下降31.5%；社会保险费收入完成149.9亿元，比上年增收17.7亿元，增长13.4%；非税收入完成53.9亿元，比上年增收1.8亿元，增长3.6%；其他收入完成3.7亿元，比上年增收0.3亿元，增长8%。税务部门组织征收的一般公共预算收入完成81.7亿元，比上年减收15.7亿元，下降16.1%。其中，税收收入中的一般公共预算收入完成75.1亿元，比上年减收14.7亿元，下降16.4%；非税收入中的一般公共预算收入完成6.6亿元，比上年减收1亿元，下降12.7%。按扣除增值税留抵退税因素还原后的可比收入口径计算，2022年全市增值税留抵退税办理48.4亿元，上年同期为10.7亿元。全市税费收入可比口径下降6.2%。税收收入可比口径下降10.9%，其中一般公共预算税收收入可比口径下降11.8%。

【税收征管】 2022年，赤峰市依托金税三期系统的升级和优化，加强核心征管系统运行和管理，发挥数据治理优势，规范税务基础信息，强化欠税管理和退抵税费清理，优化定额核定流程，夯实筑牢税收征管基础。全市税务系统登记23.03万家（纳税人状态为受理、筹建、正常、停业、非正常、清算、报验），正常状态纳税人合计20.76万家，其中企业6.58万家、个体经营14.18万家。个体纳税人定期定额征收9.51万家，占个体经营总量的67.05%。

【纳税服务】 2022年，赤峰市税务系统通过走访纳税人、“春雨润苗专项行动”等系列举措，提升纳税人满意度。中心城区率先实现“双线联动、办问协同”，通过税费协同热线、电子税务局人工座席、各类微信工作群，采取远程可视化服务为纳税人缴费人实时解惑答疑，处理税费业务3万余件。开展小微企业“助苗服务优体验”互动体验日活动，围绕落实小微企业税费优惠政策，推出税费服务举措和互动体验主题。联合开展小微企业税费专题培训，开展“滴灌式”宣传辅导，解读当前热点税费优惠政策，帮助纳税人熟悉业务办理流程。利用征纳互动平台，在线解答小微企业咨询问题2799个（次）。对390家涉税专业服务机构开展甄别和公示，组建专业服务机构交流群15个，代理人员2000余人，一对一解答涉税费问题。依托投诉快速反应平台，加强纳税服务投诉处理。完成全市6.5万纳税人信用评价工作，其中A级纳税4906家，占比7.56%，高于自治区平均水平。首次对符合一般计税方法的个体户进行参评处理，完成率100%。开展企业信用修复工作，结合企业失信情况，联合政府办、发改委、工商联等部门为企业开展信用修复指导，提高信用修复工作效率。为4421家纳税人修复信用分数1.69万分。

2022年7月25日，国家税务总局阿鲁科尔沁旗税务局组成税费宣传服务队到那达慕会场开展宣传活动　　（市税务局　供图）

【减税降费】 2022年，赤峰市税务系统落实组合式税费支持政策，建立政府主导，税务、财政、人行等部门配合的落实协调机制，创新市、县两级“包保”联系制度，推出“纵横联动、数据驱动、服务促动、督导推动”四项机制，助力企业纾困解难。全市新增减税降费及退税缓税缓费67.65亿元，其中累计退到纳税人账户的增值税留抵退税款48.43亿元，超过2021年办理留抵退税规模的4.5倍；新增减税降费15.40亿元；办理缓税缓费3.82亿元。涉及中小微企业47.88亿元。

【税务稽查】 2022年，赤峰市税务稽查机关对在查案件进行“大起底”，梳理2018—2021年未结案件210件，结案134件。创新性成立综合协同、案源管理协同、专案检查协同、案件审理协同、质效管理协同5个协同中心，完成打击骗取留抵退税专项行动，立案检查16家，结案15家，涉及退税金额531.72万元，企业主动缴回退税金额499.09万元，查补入库合计157.26万元；阻断留抵退税企业1家，阻断金额630.41万元。建立“案源管理与纳税人、检查人员与纳税人、纪检人员与纳税人”的“三线并进”工作制度，加强对一线检查人员的监督制约。强化追责问责，对应履行而不履行工作职责的或履行职责不到位造成不良后果的稽查干部进行追责。

【依法治税】 2022年，赤峰市税务局落实《税务规范性文件制定管理办法》，梳理统计2021及以前年度发布的税务规范性文件。印发《赤峰市税务局规范行政执法行为优化法治化营商环境专项行动实施方案》，开展全市税务系统规范行政执法行为优化法治化营商环境专项行动，落实《税务行政处罚“首违不罚”事项清单》《第二批税务行政处罚“首违不罚”事项清单》《内蒙古自治区局税务行政处罚裁量基准》和关于部分税务证明事项告知承诺制的相关规定。完成执法资格考试和执法证发放工作。受理并审结重大税务案件6件。

【税银互动融资】 2022年，赤峰市税务系统加强纳税信用评价结果运用。与市工商联及行业协会联合开展讲座2场，与金融部门开展信用评价宣传4场。通过税银互动平台加强与银保监部门和银行业金融机构合作，围绕“以税促信、以信换贷、以贷扶微”主线，助力小微企业解决融资难题。通过银税互动平台为2621家纳税人提供信用贷款16.43亿元。

【纳税营商环境优化】 2022年，市税务局开展问需问计走访活动，细化领导干部包联走访企业任务清单，与行业协会、工商联、涉税专业服务机构座谈。走访2.41万家，征集纳税人缴费人意见建议。与中国移动联合推出“税费e网通”业务，在移动营业厅增设社保咨询缴费“一站式”智慧微厅；在中心城区搭建可视化税费协同中心，依托“可视化监控中心”“话务中心”“数据分析中心”，动态分析纳税人难点堵点问题。建立问题库，纳税人通过手机即可获得远程咨询辅导、“一体化”办税等便捷服务；打造集税情收集、涉税服务、争议调解、法律救济、权益保护、风险防控等“6+”功能为一体的“枫桥式”税务分局。

【破获跨省特大虚开增值税普通发票案】 2022年，赤峰市税警联合行动在广东省深圳市、汕尾市税务机关及公安机关配合下，成功破获一起公安部部督的跨省特大虚开增值税普通发票案。捣毁盘踞在深圳宝安区和汕尾陆丰市犯罪窝点5处，抓获犯罪嫌疑人10人，扣押作案工具电脑8台、发票打印机2台、手机31部、手机卡389张、税控盘295个、税务机关代开发票专用章5枚、印章94枚、营业执照9套、银行卡7张、身份证4张、空白发票500余份，当天开具未寄出的增值税普通发票400余份，涉案金额4.4亿元。 （矫　明）

金融监管

【金融风险防控】 2022年，赤峰市开展金融领域专项整治工作，排查金融机构营业网点、地方金融组织256家，查摆发现问题424条，完成整改问题387条，注销问题较多、整改困难的地方金融组织7家，查处移送金融机构违法放贷线索4条。开展非法集资专项治理工作，非法集资新发案件9起，参与集资594人，涉案金额7710万元，比上年下降45.4%。化解地方法人银行机构风险和地方金融机构、地方金融组织抵债资产风险，制定《赤峰市化解地方法人银行机构风险工作方案》《赤峰市处置地方金融机构和金融组织抵债资产工作方案》。加强法人机构风险防控，落实主要负责人“首席监管员”责任，与20家农村中小银行机构主要负责人开展“一对一”约谈；召开农村中小银行机构监管工作推进会，签订风险防控责任状；建立“观察类”机构台账。对16家银行保险网点开展突击检查；推进存量案件处置，推动机构审结案件5起。市金融风险化解委员会印发《化解地方法人银行机构风险方案》，向不良贷款规模大、增速快的3个旗县区政府通报不良贷款情况。开展金融风险知识宣传教育活动81次，发放折页8.78万份，参与群众9.9万人次，覆盖市区营业网点近300家。

（王锐锋　刘立志）

【货币政策落实】 2022年，赤峰市推进煤炭清洁高效利用、科技创新、交通物流、设备更新改造等专项再贷款结构性货币政策工具落地。截至年末，全市再贷款余额27.94亿元；办理再贴现业务金额2.64亿元，比上年增长3.4倍。制定《赤峰市金融支持稳增长与稳企纾困专项行动实施方案》。全市民营企业贷款余额271.77亿元，比上年增长10.17%；普惠小微贷款余额395.72亿元，比上年增长15.14%。

【外汇管理】 赤峰市金融部门推进贸易收支便利化试点工作，截至年末，4家企业进入贸易外汇收支便利化试点名单，办理便利化收支业务94笔，金额1.79亿美元。贸易收支便利化试点工作走在自治区前列，相关经验做法被《金融时报》登载。推进汇率风险管理服务工作，全市外汇衍生产品签约金额7980.22万美元，首办户15户，超额完成目标任务。推进跨境金融服务平台深度应用，提升外汇服务效率，辖内外汇银行办理出口应收账款融资业务3笔，金额2051万元。打击外汇领域违法违规行为，处罚涉外企业1家，罚金3万元。

【银行业监管】 2022年，赤峰市银保监分局成立现场检查委员会，集成监管资源，建立现场检查人员库，强化科技赋能，推进智能检查运用。全年完成风险管理及内控有效性等现场检查项目8项，开展信贷领域“屡查屡犯问题”专项整治、借冒名贷款专项整治、抵债资产专项排查、类信贷业务专项排查等10项专项行动。市人民银行按季度开展央行金融机构评级，完成对辖区20家法人机构的资产质量真实性现场核查和压力测试。执行新设金融机构开业管理和重大事

2022 年 6 月 25 日，赤峰市处置非法集资工作领导小组办公室、红山区处置非法集资工作领导小组办公室在红山区步行街联合开展“守住钱袋子 护好幸福家”主题宣传活动　（市金融办 供图）

项报告制度，审查批复加入人民银行金融管理与服务体系金融机构 2 家，收到金融机构重大事项报告 41 件、重要事项备案 169 件，对 7 家投保机构开展约见谈话。

【反洗钱工作】 2022 年，赤峰市成立反洗钱工作协调领导小组和打击治理洗钱违法犯罪专项工作领导小组，完善监管协调机制。市人行、市公安局、市检察院、市法院、市纪委监委等部门就反洗钱工作座谈 6 次、案情会商 10 次，推动 1 起案件以洗钱罪立案侦办、1 起案件以洗钱罪起诉。

【保险业监管】 2022 年，赤峰市开展整治保险业“三虚”问题专项行动，对 2 家违规机构立案调查；针对专业代理退保类恶意投诉爆发式增长的现状，联合市公安局、市金融办开展打击非法“代理退保”专项行动；启动人身保险销售行为可回溯管理，推动人身保险机构落实“双录”要求，推动辖区人身险公司全部实现“双录”，从源头上治理人身保险销售误导，保护消费者及机构合法权益；整治车险市场乱象，组织开展车险理赔数据真实性治理专项行动，移交线索 118 条。

【地方金融监管】 2022 年，赤峰市召开非现场监管委员会会议 2 次，完成 20 家法人银行机构监管评级，下发风险提示书 18 份、提示单 8 份、质询函 37 份、监管意见书 18 份。全年召开行政许可委员会会议 12 次，审批行政许可事项 152 项，其中核准银行保险机构董事、高级管理人员任职资格事项 51 项，银行保险机构设立、变更、终止事项 101 项。开展行政处罚不规范行为专项清理整改工作，召开行政处罚案件审议会议 6 次，下发行政处罚决定书 71 份，处罚银行保险机构 20 家次、责任人 51 人次；罚款金额 682 万元，其中对机构罚款 560 万元、对人员处罚 122 万元；警告 49 人次，取消 1 名高管 3 年任职资格，禁止 1 人 5 年从事银行业工作。完成地方中小银行公司治理检查、公司治理领域重点问题整改、董事和高管任职资格及履职情况排查等专项工作。印发消费投诉通报 4 期，约谈银行保险机构 11 家次，下发《监管质询书》10 份，督促银行保险机构内部问责 7 人次。

（王锐锋　刘立志　王　硕）

审　计

【重大政策措施落实情况跟踪审计】 2022 年，赤峰市、县两级审计机关统一组织开展盘活存量资金专项审计调查，累计抽查市县两级单位 307 个、项目 2027 个，涉及资金 80.91 亿元，查出未制定财政存量资金管理办法、出借资金未及时收回等 5 个主要问题。完成市本级及红山区、宁城县优化营商环境相关政策落实情况跟踪审计，审计相关部门和单位 27 个、抽查建设项目 118 个、走访企业 2 家，审计（调查）各类财政资金 3.11 亿元，发现落实主体责任和监管责任、优化服务、助企纾困等 5 个方面 26 个问题，提出审计建议 7 条。对 2021—2022 年 9 月就业补助资金和失业保险基金进行审计。重点审计失业保险基金、职业技能行动提升专账资金、就业补助资金支付方面内容，发现 4 类 12 个问题，涉及资金 264.51 万元。贯彻落实中央八项规定精神和过“紧日子”政策审计，与预算执行审计和领导干部经济责任审计同步推进，发现问题 3 个，涉及资金 23.47 万元。开展政策跟踪审计“回头看”，完成 2021 年政策跟踪审计发现问题整改情况专项审计调查，抽查单位 61 个、项目 103 个，涉及资金 15.27 亿元，延伸审计调查企业 2 家、学校 2 所，发现整改推进缓慢、未完成整改等问题 4 个，提出审计调查建议 2 条。组织开展义务教育阶段政策措施落实情况和资金审计、2020—2021 年度全市职业教育财政补助专项资金审计，截至年末，查出未按规定配备（或配足）专职思政课老师等问题 107 个，涉及资金 2.4 亿元。

【财政审计】 2022 年，赤峰市审计机关通过现场审计和非现场审计两种方式，对市本级主要一级预算单位进行审计，现场审计市财政局 2021

年本级预算执行情况及市卫健委等9个单位2021年部门预算执行及其他财政收支情况，累计发现代编预算规模偏大、未及时下达等3类16个具体问题，涉及金额107.88亿元。7月5日，市第八届人大常委会第二次会议审议通过《2021年度市本级财政预算执行和决算草案以及其他财政收支情况的审计结果报告》。对克什克腾旗、阿鲁科尔沁旗、巴林右旗财政决算进行审计，发现问题54个，涉及金额134.13亿元。

【经济责任审计】 2022年，赤峰市审计机关开展经济责任审计，对1个旗县区、12个市直属部门、14名领导干部履行经济责任情况进行审计，深入查找重大问题、重要事项，共查出问题127个，提出审计建议50条。

【跨盟市自然资源资产责任审计】 2022年，赤峰市专项审计调查组赴乌兰察布市开展自然资源资产管理和生态环境保护专项审计调查工作，发现水、草原、森林、矿产等资源保护开发利用，环境污染防治，自然保护区、水功能区、饮用水源地等生态敏感区和环境敏感区生态综合治理等11个方面93个具体问题，提出审计意见和建议4条。截至年末，整改到位问题44个，促进资金拨付、发放到位1378.1万元，出台、制定、完善相关政策、制度9项。

【专项审计】 2022年，赤峰市审计局对巴林右旗原党政主要领导开展自然资源资产责任审计，发现涉及森林、草原资源管理、开发、利用等方面共35个问题，涉及项目资金3351.08万元。对阿鲁科尔沁旗2021—2022年6月末乡村振兴与巩固拓展脱贫攻坚成果相关政策措施落实及资金管理使用情况进行审计，发现主要问题98个，涉及资金6.56亿元。对宁城县、林西县、翁牛特旗社会保障资金进行审计，发现重点人群未参加社会保险、重复参保等问题40个，涉及资金3845.68万元。对元宝山区2020—2021年城镇老旧小区改造项目预算执行和资金管理使用情况进行审计，发现未制定科学严谨的改造计划和改造方案、财政评审制度执行不严等问题8个，涉及资金3.9亿元，提出建议5条。组织开展市本级、敖汉旗、阿鲁科尔沁旗社会救助补助资金审计，对其余旗县区通过大数据分析进行全覆盖审计，查出问题8个，涉及资金3017.08万元。实施扩大投资政策落实情况审计，发现发生重大变更未能及时审批、项目资金拨付不及时等问题4个，涉及资金2069.83万元；对园区入驻企业经营状况进行审计，现场审计喀喇沁旗2018年1月—2022年6月园区建设及入驻企业情况，发现拖欠民营中小企业设备采购、违规发放取水许可证等问题16个，提出审计建议5条。

【审计整改】 2022年，赤峰市审理委员会制定《赤峰市审计局发现问题整改销号流程》，召开会议专题研究2018—2021年审计发现问题整改销号认定工作，列入整改的158个问题经销号143个，销号率为90.51%。一体推进揭示问题与解决问题，完成各类审计项目82项，审计发现7方面486个问题（含移送移交案件线索88件），提出审计建议208条。截至年末，整改478个（含移送受理86项），整改率98.35%，涉及资金34.95亿元，追责问责20人，制定出台、修订完善规章制度21项。推进审计整改监督管理平台建设，通过采集项目信息、审计查出问题、审计建议、整改跟踪落实、成果运用等数据，实现审计项目全过程动态管理。

（田　阔）

统　计

【国家统计调查】 2022年，国家统计局赤峰调查队承担两个收入（城镇常住居民人均可支配收入、农村牧区常住居民人均可支配收入）、两个产量（粮食产量、主要畜产品产量）、两个价格（居民消费价格、工业品出厂价格）、两个监测（脱贫县农村住户监测、畜禽监测）等多项调查任务。全市有住户调查网点148个，记账户1480户，劳动力调查小区125个，调查户2000户，畜禽监测样本1303个、CPI（全年居民消费价格指数）调查网点225个，PPI（生产者价格指数）调查网点60个。组织开展调研活动100余次，撰写调研报告、分析信息157篇。编发《调查专报》26期。

【统计数据质量】 2022年，赤峰市统计部门加强与有关部门协作配合，强化内部各专业之间协调联动，严格入退库审核管理。落实属地政府、行业主管部门主体责任，统计部门纵向联动、主管部门横向协同，确保达规企业及时入库纳统。坚持“开网即审、即报即审”工作要求，修订完善“1+10”数据质量审核评估管理办法，数据审核直达并全覆盖至所有“四上”企业（规模以上工业企业、资质等级建筑业企业、限额以上批发零售住宿餐饮企业、国家重点服务业企业）和项目，加大专业、行业间数据趋势性、匹配性审核力度，严把源头数据质量，打造数据质量“安全关”。开展专项调查，组织开展夏季畜牧业调查、县域社会经济基本情况调查、人口变动调查等工作。市、县两级组建“五经普”（全国第五次经济普查）筹备领导小组及办公室，做好筹备工作，做到“应统尽统”。

表 14　2022 年国家统计局赤峰调查队调查项目情况一览表

项目类别	调查项目名称	样本数量及单位
常规调查项目	住户收支与生活状况调查	1460 户
	农民工监测调查	410 户
	农民工市民化进程监测调查 110 户脱贫县	110 户
	脱贫县农村住户监测调查	390 户
	农产品生产者价格调查	170 户
	中间消耗统计调查	150 户
	农产品集贸市场价格调查	1 个市场
	农作物遥感测量对地调查	9707 个地块
	主要畜禽监测调查	1353 户
	种植意向调查	600 户
	畜牧业全面统计调查	全面
	工业生产者价格调查	60 家企业
	流通和消费价格调查	203 个采价点
	月度劳动力调查	2000 户
	采购经理调查	24 家企业
	新设立小微企业和个体经营户跟踪调查	39 家企业
专项调查研究项目	疫情影响餐饮住宿行业发展情况调研	30 家
	“双减”暑假影响中小学生的暑假生活情况调研	200 人
	食品安全调查	13 家，101 名家长
	生猪养殖调查	40 户，5 家企业
	赤峰市劳动力人口就业情况调研	27005 人
	中小学生家庭教育情况调研	118 名老师，392 名家长
	留守儿童保障情况调研	98 人
	巴林左旗笤帚苗产业发展情况调研报告	2 个镇，2 家企业
	养老情况调研	20 人
	“新”高考时代调研	229 人

（市统计局）

【统计基层基础建设】　2022 年，赤峰市在乡镇统计方面，突出分类指导，建立村级统计人员信息库，推进名录库动态更新维护工作向嘎查村（社区）延伸，调查单位入退库工作向乡镇（街道）延伸。全市获评自治区统计基层基础建设规范化苏木乡镇 30 个，居自治区首位。在旗县区统计方面，争取政策支持，强化自身建设，充实人员力量，提升统计专业人员业务素质和服务效能。在部门统计方面，加强业务培训和服务指导，理顺规范部门数据来源渠道和报送方式。在企业统计方面，组织专业人员赴旗县区对企业统计人员开展面对面培训，提高企业统计工作规范化水平。在工作保障方面，制定实施年度统计教育培训计划，通过线上、线下多种形式培训各类统计人员 1700 余人次。加强统计网络运维和安全管理，确保数据安全和网络畅通。

【统计服务】　2022 年，赤峰市按月组织召开经济运行监测分析联席会议和统计部门数据质量审核评估暨经济形势分析会议，密切监测经济运行情况，及时发布预警通报。围绕主要经济指标波动情况，加强进度分析和专题研究，发挥统计部门精准研判、前瞻预判作用。全年撰写统计分析报告和发布解读文章 250 余篇，及时报送市委、市政府和有关部门，并在统计网站、统计微讯等媒体平台发布。完善拓展“数据赤峰”统计平台模板和工作流程，实现各专业自主更新发布数据。发布统计公报，编印发放经济发展报告及统计手册、统计月报等统计资料。开展社情民意调查，完成基本公共服务满意度、生态环境满意度等 7 个社情民意调查项目。

【统计改革创新】　2022 年，赤峰市巩固地区生产总值统一核算成果，制定实施旗县区季度生产总值统一核算方案，完成全市和旗县区生产总值统一核算，实现全市与各旗县区核算数据总量、速度和结构基本衔接；赤峰市部门综合统计报表网络直报平台建成运行。该平台能够提供 78 张部门统计报表的线上填报审核功能，共有 26 个市直部门和市统计局 7 个相关业务科室参与平台使用。加强知识产权产品投资统计，开展建筑业资质外中小微企业抽样调查工作，完成投资统计历史数据修订工作。

【统计法治建设】　2022 年，赤峰市强化法治观念，建立健全长效机制。印发《关于更加有效发挥统计监督职能作用的若干举措》任务分工方案，压实责任，强化调度，推动落实。

开展统计造假不收手不收敛问题专项纠治。制定实施方案，组织开展全面自查和现场核查等工作，市政府常务会议专题听取工作汇报。制定年度统计普法工作方案、责任清单，举办全市统计法治培训班，通过融合云信平台发放公益短信50万条，推动统计法进党校、进企业、进社区。推进统计领域诚信建设，7家企业被认定为“统计诚信企业”，7名一线统计工作者被授予“诚信统计员”称号。联合市市场监督管理局开展2批次部门联合“双随机、一公开”执法检查。市县两级统计机构共执法检查企业242家，完成任务数的112%。对1023家入库企业（项目单位）和628家退库企业（项目单位）进行专项检查，开展一套表调查单位数据质量核查和统计漏统情况自查。进行工业、投资、贸易、服务业等常规统计监测评价，拓展监测领域，开展民营经济、高质量发展等专项统计监测。

（史欣彤）

价格管理

【概况】 2022年，赤峰市成立保供稳价工作领导小组。加强重要民生商品市场价格监测，关注肉、蛋、奶、蔬菜、水果等重要民生商品市场价格。开展涉企违规收费专项整治工作。制定赤峰市机动车停放服务收费实施细则。完成价格认证、监测和农产品成本调查工作。

【价格监测认定与成本调查】 2022年，赤峰市按照重要民生商品保供稳价原则，加强民生商品市场价格管理，密切关注超市肉、蛋、奶、蔬菜、水果等重要民生商品市场价格。监测全市重要商品和服务价格，实施价格监测报告制度。开展价格认定复核工作，出具价格认定结论书及复核决定书16份，认定复核金额716.5万元。完成常规、直报、专报农产品调查工作。

表15 2022年赤峰市各种物价指数统计表

项目	以2021年价格为100	项目	以2021年价格为100
商品零售价格总指数	103.70	3. 专业音像器材	110.80
一、食品	101.00	六、文化办公用品	98.40
1. 粮食	101.90	七、日用品	98.00
2. 薯类	110.60	1. 日用百货	98.80
3. 豆类	109.40	2. 厨具餐具茶具	101.70
4. 食用油	104.80	3. 清洗用品	95.00
5. 菜	95.80	4. 其他日用品	99.60
6. 畜肉类	94.20	八、体育娱乐产品	101.00
7. 禽肉类	104.70	1. 体育户外用品	108.90
8. 水产品	97.40	2. 娱乐用品	99.90
9. 蛋类	99.80	九、交通、通信用品	100.10
10. 奶类	101.90	1. 交通运输机械	100.70
11. 干鲜瓜果类	109.30	2. 通信器材	98.80
12. 糖果糕点类	100.30	十、家具	99.00
13. 调味品	99.80	十一、化妆品	102.40
14. 其他食品类	100.70	十二、金银饰品	109.60
15. 在外餐饮	103.00	十三、中西药品及医疗保健用品	101.80
二、饮料、烟酒	100.70	1. 医疗卫生器具	106.80
1. 茶及饮料	100.30	2. 中药	103.10
2. 烟草	100.00	3. 西药	101.60
3. 酒类	102.00	4. 保健器具及用品	100.10
三、服装、鞋帽	98.30	十四、书报杂志及电子出版物	102.80
1. 服装	98.40	1. 教材及参考书	100.00
2. 鞋帽袜	97.90	2. 书报杂志	104.60
3. 其他衣着配件	94.80	3. 计算机办公软件	99.80
四、纺织品	98.80	十五、燃料	120.80
1. 服装材料	100.00	1. 煤炭及制品	102.90
2. 床上用品	98.60	2. 石油及制品	120.90
五、家用电器及音像器材	100.20	十六、建筑材料及五金电料	105.10
1. 家庭设备	99.40	1. 建筑装潢材料	105.10
2. 文娱用耐用消费品	101.10	2. 五金水暖	105.20

（市统计局）

【价格收费管理】 2022年，赤峰市严格执行蒙东地区中长协、现货动力煤交易价格。印发《赤峰市涉企违规收费专项整治工作实施方案》《赤峰市开展行政权力中介服务收费自查自纠工作的通知》，开展涉企违规收费和行政权力中介服务收费专项整治工作，经相关单位和水电气暖企业开展自查自纠，未发现涉企违规收费行为。制定《赤峰市本级行政权力中介服务收费目录清单》，涉及14个单位，中介服务事项39项。出台《赤峰市机动车停放服务收费实施细则》，完善机动车停放服务收费管理机制，规范机动车停放服务收费行为。建立完善社会救助和保障标准与物价上涨挂钩联动机制，配合商务部门完成本地储备冻猪肉投放工作。按照市教育局提供的《赤峰市中小学综合实践活动费成本核算》和《中小学综合实践活动费用成本构成表》，制定赤峰市中小学社会实践（研学实践）活动收费标准。

【保供稳价和价格临时补贴】 2022年，赤峰市成立重要民生商品保供稳价工作领导小组，制定《赤峰市重要民生商品保供稳价工作方案》和《赤峰市重要民生商品保供稳价应急预案》。市发改委按照自治区发改委《关于做好9月份猪肉储备投放工作的通知》精神，联合市财政局、市商务局印发《关于下达9月份投放市级储备肉的通知》，按低于市场零售品种10%的价格投放冻猪肉120吨。9月，赤峰市居民消费价格指数（CPI）中的食品价格指数单月比上年涨幅为6.4%，按照自治区政府《关于健全社会救助和保障标准与物价上涨挂钩联动机制的通知》、自治区发改委《关于阶段性调整价格补贴联动机制加大对困难群众物价补贴力度的通知》精神，启动价格临时补贴联动机制，发放补贴637.45万元，惠及38.95万人次。 （谷文男）

【价格调整】 2022年，赤峰市按照国家发展改革委、工信部等部委关于执行差别电价、阶梯电价政策的有关要求，以及自治区发展改革委、工信厅《关于调整部分行业电价政策和电力市场交易政策的通知》规定，继续对电解铝、铁合金、电石、烧碱、水泥、钢铁、黄磷、锌冶炼8个行业实行差别电价加价政策。在国家规定加价水平提高30%后的加价标准为：列入自治区落后产能的限制类企业（生产设备）每千瓦时加价0.13元，淘汰类水泥、钢铁企业（生产设备）每千瓦时分别加价0.52元、0.65元，淘汰类除水泥、钢铁的其他行业（生产设备）每千瓦时加价0.39元。继续对2021年度超能耗标准的电解铝、水泥、钢铁企业实行阶梯电价加价政策，加价标准在国家发展改革委、工信部等部委《关于电解铝企业用电实行阶梯电价政策的通知》《关于水泥企业用电实行阶梯电价政策有关问题的通知》《关于运用价格手段促进钢铁行业供给侧结构性改革有关事项的通知》规定的加价水平基础上提高30%。 （李俊鹏）

【价格监督检查】 2022年，赤峰市针对重点领域重点行业，开展专项整治，集中解决问题，形成长效机制。加强粮食领域专项整治工作，压实工作责任，与各成员单位联合开展价格监督检查。开展全市价格检查执法能力培训，提升执法办案能力。开展四供（水电气暖）、教育、医疗、殡葬等领域收费专项检查，加强生活必需品价格监管，查处乱收费、乱涨价等违法行为，查处案件87件，督促收费单位退费94万元。 （郑美玲）

市场监督管理

【市场主体登记】 2022年，赤峰市推行“一网通办”“一窗通办”“一日办结”等措施，推进企业开办登记注册、印章刻制、税务登记、社保登记、医保登记、住房公积金开户登记和银行预约开户业务，实现线上线下“7个事项、1个环节、1日工作日”办结，市局实现0.5个工作日办结，办结率100%；全市新注册企业全程电子化登记占比97%，较上年提高21%。组织开展《市场主体登记条例》培训，统一登记标准和程序。核查新登记的市场主体2.93万家，对核查出的513家不规范登记主体进行规范。推动电子营业执照和电子印章应用，指导申请人通过手机App免费领取电子执照和电子印章，领取电子营业

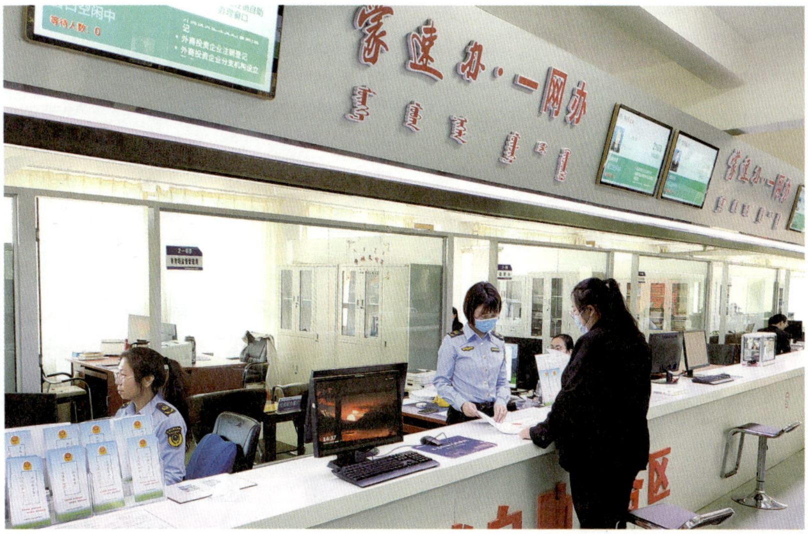

2022年，赤峰市推行“一网通办”“一窗通办”“一日办结”等措施，推进企业开办各种登记业务 （市市场监管局 供图）

执照市场主体 10.2 万家。（郑美玲）

【商事制度改革】 2022 年，赤峰市主动认领自治区、市优化营商环境 3.0 方案工作任务，制定出台工作措施 38 条，建立涉企经营许可事项、全程网办、容缺受理、告知承诺等“八张清单”。开展“走基层、办实事、优环境”“我帮企业找市场”等专项行动，召开座谈会 75 场次，参会市场主体 1501 家，征集并解决问题 315 个。截至年末，全市新增市场主体 5.16 万家，新增注册资本 822.25 亿元。《赤峰市市场监管局助力优化营商环境，加速食品生产许可按下“即办键”》入选自治区实施 3.0 方案典型经验汇编。围绕企业群众行政许可高频事项，纳入“一件事一次办”改革范围许可事项 10 项，药品经营、医疗器械经营（备案）、网络销售申请等 4 个事项实现“一键审批、四证联办”，办证通过率 96.5%。实行企业注销“一件事”改革，30 分钟内为注销企业提供个性化注销预检服务和注销建议。压缩审批时限，减少审批流程，食品生产、药品零售经营、医疗器械经营许可审批时限分别由 10 个工作日压减至 8 个工作日、30 个工作日压减至 20 个工作日。取消食品生产、第二类医疗器械经营备案、第三类医疗器械经营许可纸质材料申报，加大“远程勘验”服务力度，扩大远程核查事项，通过网上审查、网上审批，实现“一键审批，证就办好”。

【合同监管】 2022 年，赤峰市集中开展合同格式条款专项整治行动，3 月 28 日，通过微信公众号发布《关于公开征集非法格式条款（合同）的通告》，在全市范围内公开征集校外教培、物业服务、家政服务、二手车经营、电子商务平台服务五大领域（不限于以上领域）协议和交易规则中格式条款违法违规行为问题线索，点击阅读量 1.4 万余次，收到投诉线索 56 条，经梳理涉嫌违法格式条款线索 7 条。运用行政约谈、行政告诫等手段，约谈部分企业负责人，避免市场监管部门与市场主体之间的对立，提示企业增强法律意识，督促经营者自行清理和纠正，从根源上促使企业自觉消除“霸王条款”。推广示范文本，规范合同签约履约，在赤峰市市场监督管理局网站公布《商品房买卖合同》《汽车买卖合同》《中小学生校外培训服务合同》等 10 余种合同示范文本，指导经营者使用国家推行的合同示范文本，规范合同签履约行为。指导企业建立健全合同管理制度，主动开展自查自纠，规范签约履约行为，预防和减少合同违法行为的发生。专项整治期间，共检查家政服务、二手车销售、电子商务平台等 179 家次，收集格式合同 100 份，立案 1 起。

【广告监管】 2022 年，赤峰市编制《广告禁用词语警示清单》，将事前监管变为事前提示，通过《红山晚报》、赤峰市场监管公众号向社会发布。印制“警示清单”折页 5000 份，发放至全市广告经营主体，“警示清单”网络点击量 4 万余次。监测互联网和传统媒体广告 155.5 万余条次，发现违法广告线索 257 条，责令整改 154 件，查处案件 60 件。发挥“互联网＋线下检查”广告监管工作模式，依托全国、自治区互联网广告数据运行平台及赤峰市智能广告监测云平台，对 12 个旗县区进行广告监测，每天实时上线对广播电台、电视台、企业网站、App、重点微信公众号等进行监测，对涉嫌违法广告线索做到早发现、早制止、早查处。规范广告市场秩序，提升广告监管效能，降低广告监管风险，倒逼广告经营者落实广告审查责任和广告活动主体责任。开展广告行为抽查，重点检查广告发布登记情况，广告设计、制作、代理、发布药品、医疗器械、保健食品、特殊医学用途配方食品广告审查批准情况以及广告业务承接登记、审核、档案管理制度情况和医疗机构广告发布情况，加大日常监管力度。联合 8 个部门印发《赤峰市校外培训广告管控工作实施方案》，加大全市线上线下校外培训广告开展全面排查，对“衣食住行、生老病死”等民生领域广告执法力度。开展食品、保健品等领域涉嫌诈骗和虚假违法广告行为打击活动。

【农资产品质量监管】 2022 年，赤峰市以肥料、农膜、滴灌带和车用柴油等农资为重点商品，以农村和城乡

2022 年 3 月 17 日，松山区市场监管局在辖内开展农资市场专项检查

（赤峰日报社 供图）

结合部、农资经营集散地、粮食主产区、种植生产基地为重点区域，检查农资经营场所是否存在无证照经营和超范围经营、农资标签是否规范、是否销售假冒伪劣农资产品、农资经营台账是否齐全等内容，督促农资经营者履行主体责任，落实进货查验制度，建立进销货台账。加大网络巡查力度，强化线上农资商品监管，阻断不合格农资产品网络交易渠道。加大对重点区域、重点品种、消费投诉多的农资产品抽检频次和力度，对辖区农资经营企业质量抽检实现自治区、市、县三级抽检全覆盖。加强行政指导，规范农资生产经营行业发展。制作《关于规范农资经营行为提醒告诫书》2000余份，督促农资经营者自觉遵守法律法规，守法诚信经营。在全市各类新闻媒体发布“农资市场消费警示”，提高农民质量安全意识和识假辨假维权能力，引导农民理性购买农资产品。

【公平交易监管】 2022年，赤峰市强化竞争政策基础地位、加强和改进反不正当竞争与反垄断执法、加强企业商业秘密保护。落实公平竞争审查制度，全市共清理文件505份、废止文件47份、修改调整文件10份，查处案件6件。组织开展业务培训会议和专项执法行动，聚焦互联网、保健品市场、医药购销等领域，加强整治普遍性、行业性问题。推进公平竞争制度建设，修改局际联席会议制度，制定政策措施抽查制度、存量政策措施清理制度，夯实公平竞争制度根基。开展制止滥用行政权力排除限制竞争专项行动，清除妨碍统一市场和公平竞争政策障碍，排查、指导整改政策制定机关涉嫌滥用行政权力排除、限制竞争行为。开展公平竞争审查专项督查，对公平竞争审查工作执行情况进行督促指导。参加国家市场监管总局公平竞争审查制度落实情况评估。开展普法宣传，采取企业自我保护与市场监管部门行政指导相结合的方式，指导企业开展商业秘密保护工作，完善企业商业秘密保护机制。全市建立示范企业8家，指导站和联系点7家。（郑美玲）

2022年5月26日，市市场监管局到集贸市场开展以“提高消费维权意识 共促消费公平”为主题的宣传教育活动 （赤峰日报社 供图）

【网络交易监管】 2022年，赤峰市对美团、饿了么、拼多多等第三方网络交易平台开展行政指导，以“落实平台经营者主体责任”为主题，讲解《网络交易监督管理办法》中涉及网络交易平台经营者责任等重点内容，要求平台企业主动落实主体责任，采取措施禁止“涉疫”商品上线销售，保障平台销售产品安全。开展“电商平台点亮行动”，检查电商平台4家次、平台内经营者900余家次，督促电商平台及平台内经营者亮照270余件、亮证80余件、亮规则70余件，切实保障消费者知情权、选择权和监督权；针对重点领域开展专项整治，开展面向未成年人无底线营销食品、网络销售金银箔粉食品和非法野生动植物专项治理，共检查网站5033个次、网店3784个次、微信公众号1189个次、相关产品信息4.51万条，发现涉嫌违法线索8条。开展网络定向监测，委托数据监测公司开展网络定向监测工作，针对“6·18”、国庆节、“双11”“双12”等网络集中促销节点，选择辖区电子商务经营者，开展涉嫌利用格式条款侵权、价格异常、违法广告、刷单炒信等违法行为的定向监测工作。

【消费者权益维护】 2022年，赤峰市加强执法体系建设，畅通多渠道维权方式，保护消费者合法权益。“12315”热线归并至“12345”政务服务热线，受理投诉1.01万件，为消费者挽回经济损失7000万余元；消费者可通过“12345”平台、手机App、网站、信函等提供案源线索，专人录入全国平台系统后进行分派转办；开展数据分析统计，综合研判消费环境。利用数据分析报告提出针对性建议，提高预警和防范能力。建立自治区首家汽车消费维权服务站。开展针对美容消费、集贸市场、超市等热点、难点问题的网络消费调查问卷，其中美容消费调查情况被《中国消费者》杂志采用。

【质量强市建设】 2022年，赤峰市围绕羊绒、中蒙药等绿色特色优势产业，实施中小企业质量管理水平提升行动，推进质量基础设施“一站式”服务站建设，推动“蒙”字标认证企业培育，促进产业发展和质量管理水平整体提升。对纳入重点中小企业质量管理水平提升名单的34家企业进行重点帮扶；通过质量服务站向2189家企业提供服务，为企业解决技术难题81个、减免费用150万余元，带动就业2000余人次；推荐4家“赤峰小米”生产企业进入“蒙”字标认证现场评审名单，“赤峰绿豆”“内蒙古桔梗”两大优势品种纳入自治区第二批“蒙”字标产品团体标准研制计划。

【标准化工作】 2022年，赤峰市开展标准化示范试点项目和标准体系建设工作，完成“敖汉沙棘”“克旗青稞”标准体系建设项目；完成自治区地方标准立项18项，市级地方标准立项19项，下达市级标准化试点项目4个，指导制定并发布团体标准7项；赤峰市碧野物业服务有限公司、赤峰和润农业高科技产业开发有限公司分别获批国家级服务业标准化试点项目和国家农业标准化示范区项目；巴林左旗爱心医养院等3家单位被确定为自治区级标准化试点。组织开展对标达标和企业标准“领跑者”活动，鼓励企业对标国际标准和国外先进标准，组织专家完成93家饲料企业437项企业标准检查评价；内蒙古大辽王府粮贸有限公司被评为自治区对标达标标杆示范企业。

【计量监管】 2022年，赤峰市市场监管局印发《关于进一步加强社会公用计量标准建设的意见》，统筹规划社会公用计量标准建设工作，明确市县两级社会公用计量标准建设重点，提高社会公用计量标准覆盖率和能级水平。督促新建心脑电图仪、医用多参数监护仪等计量标准，筹建电动汽车充电桩计量标准；推动全市部分旗县区实现无创自动血压计就近就地检定。鼓励支持有能力有需求的企业建立企业最高计量标准。

【质量认证监管】 2022年，赤峰市召开全市质量强市暨知识产权工作联席会议。推进服务羊绒、中蒙药绿色特色优势产业高质量发展，自治区局与市政府签订《推动生物制药羊绒产业链高质量发展战略合作协议》。赤峰东黎羊绒股份有限公司取得纤维检验检测资质。推动中蒙药产业发展，以市市场监管局为发起单位，以市工信局和科技局为主导单位，以市产品质量检验检测中心为技术支撑单位的联合体与祁蒙股份有限公司签订《优化营商环境促进企业高质量发展》战略合作协议。印发《赤峰市市场监管系统一站式质量服务站建设服务规范》，解决全市市场监管系统普遍存在的“不知如何建站，不知怎样服务”问题。全市市场监管系统依据规范，通过线上与线下相结合的方式推进质量基础设施“一站式”服务建设。落实汽车“新三包规定”（换车：同一故障修理超过5次可换车；退车：发动机换两次仍不正常可退车；修车超5天车主有权开备用车），组织全市汽车销售及部分重点汽车修理企业参加自治区局组织的汽车“新三包规定”宣传贯彻培训，发放《家用汽车产品修理更换退货责任规定》图解。组织全市市场监管系统对汽车销售企业“新三包规定”落实情况进行监督检查。

【产品质量安全监管】 2022年，赤峰市制定实施《赤峰市重点工业产品质量安全监管目录》，对全市获得工业产品生产许可证的8类产品100家企业实施重点监管。采取例行检查、“双随机，一公开”抽查、专项检查、隐患整改回头看、质量技术帮扶等方式，对获证企业进行全覆盖监管。针对危险化学品、燃气及燃气具、钢筋、水泥、电线电缆、消防产品、电动自行车及部件等10种重点工业产品质量，开展隐患“大排查、大起底、大整治”专项行动。梳理形成《危险化学品企业风险点清单》，对全市危险化学品获证企业进行实地检查，发现质量安全隐患逐项落实整改。开展消费品质量安全“进社区、进校园、进乡镇”活动和群众性消费品质量安全宣传活动，聚焦儿童玩具、学生校服、学生文具等产品，推动构建“放、管、治”三位一体的消费品质量提升工作格局。开展电力设备产品质量安全专项检查，检查电力设施设备销售企业18家。联合市消防部门开展消防产品质量安全专项检查，联合下发《“3·15”消防产品质量联合检查方案》，重点检查全市生产销售的防火门、防火卷帘、灭火器等消防产品。

2022年6月25日，赤峰市产品质量检验检测中心对送检产品进行专业检测

（赤峰日报社　供图）

【特种设备安全监管】 2022年，赤峰市落实特种设备安全智慧监管，拓展“不见面、零跑腿”特种设备管理服务覆盖面，建成“赤峰市特种设备作业人员电子证件系统”，在自治区率先实现向特种设备作业人员核发电子证件。组织全市166名特种设备安全监察员、协管员开展线上业务培训40学时，取得特种设备安全监察员证件150人；举办特种设备安全监管人员线下培训2期，全市60名在岗特种设备安全监察员、协管员参加培训；针对基层人员力量、业务能力、监管方式等方面存在的问题，发出工作建议函，帮助基层强化自身安全监管工作；聘请特种设备专家采用“以查带训”的方式开展实战化执法教学，打造具备特种设备战线“四特精神”（特别能吃苦、特别能战斗、特别能奉献、特别能忍耐）的安全监察队伍。开展特种设备安全宣传。参加赤峰广播电视台《政风行风热线》直播专题访谈节目，就电梯、民用燃气瓶、大型游乐设施等特种设备与听众互动，提高群众对特种设备安全的认识；组织全市安全监察执法人员学习国务院安全生产十五条措施28次，培训干部职工1000人次。

【医疗器械监管】 2022年，赤峰市在保稳定的基础上，聚焦医疗器械安全堵点难点痛点问题，提升医疗器械监管工作整体质效，助推医疗器械监管工作高质量发展。市县上下联动，旗县横向联合，采取交叉互检及飞行检查的方式，对全市医疗器械经营企业和二、三级医疗机构实施全覆盖动态监督检查。实施药品安全专项整治活动，开展风险隐患排查，以集采中选医疗器械、无菌和植入性医疗器械、创新医疗器械等为重点，在企业自查的基础上，配合自治区局开展全区医疗器械飞行检查。开展“线上清网、线下规范”治理活动，以社会关注度高、舆情反映较多的医疗器械为重点产品，以违法违规行为频发的注册人备案人、违规从事网络销售经营者为重点企业，开展“线上清网、线下规范”治理。采取集中培训、以训代培、探讨交流等方式相结合，强化医疗器械经营、使用相关法律法规及实用培训，提升监管人员能力素质，提高监管队伍能力。结合“药品医疗器械化妆品安全生产月”“医疗器械安全宣传周”等活动，上门对企业和有关人群进行培训，宣传新修订的《医疗器械监督管理条例》《医疗器械经营监督管理办法》及其他规范性配套规章和文件，督促医疗器械经营企业和使用单位严格落实主体责任。年内发布第三类医疗器械经营许可信息309条，开展医疗器械相关宣传活动6次，开展进社区活动5次，到医疗器械生产经营企业和使用单位100余次，组织相关人员参加线上培训3次，宣传活动累计覆盖8300余人。

【食品药品监管责任落实】 2022年，赤峰市开展“守底线、查隐患、保安全”专项行动，建立“守查保”专项行动食品流通环节风险问题清单台账及未发现问题食品经营者台账，提升监管效能；对9家农批市场进行调研，指导市场开办者完善食品安全管理组织、制度体系建设和食用农产品快检场所改造、设备更新、人员培训等硬件提升工作，协调首批4家农产品批发市场纳入“以奖代补”升级改造行列；配合推进食用农产品追溯管理，指导督促农产品批发（零售）市场入驻“蒙冷链”平台，建立食品经营主体电子档案，通过风控平台开展食品安全自查工作；推进落实食用农产品承诺合格证制度。对食用农产品集中交易市场进行全覆盖检查，发现隐患问题并及时督促整改。强化工作调度，完成在营食品销售者风险分级并实现动态管理，落实“日管控、周排查、月调度”主体责任，入驻风险管控平台在营食品销售主体和经营主体自查率、监督检查率、管理人员配备率均实现100%。开展药品安全专项整治行动，按周推进，按月督导，确保每个时间节点有成效。组织开展疫苗、集中带量采购中选药品、特殊管理药品、网络销售药品、化妆品“线上净网，线下清源”等专项检查和督查。

【食品抽检】 2022年，赤峰市制定食品抽检计划，完成食品抽检任务1.29万批次，不合格413批次，不合格率3.2%，食品和食用农产品监督抽检不合格率均低于自治区平均水平。防范节日期间食品安全风险，开展节日期间食品安全专项抽检工作。

2022年1月9日，市市场监管局到便民服务市场开展春节前食品安全检查

（赤峰日报社　供图）

自2月起按月对旗县区抽检工作完成情况进行调度、统计，并印发通报。实施抽检信息公示制度，定期对食品抽检信息进行公示。

【食品安全宣传活动】 2022年，赤峰市组织16个成员单位结合各自职责开展食品安全宣传周活动。开展全市“守底线、查隐患、保安全”专项行动。制定方案，组织召开部署会议1次、协调推进会1次。综合调度推进专项行动，开展督促检查2次，督促全市食品安全隐患排查和案件查办。在《食品安全报》《红山晚报》和赤峰市场监管公众号进行宣传报道。开展“童心共筑食品安全，全民共享和谐健康”主题作品征集活动，全市56所学校组织学生参加活动，提交绘画、短视频等作品900余个。

【药品化妆品监管】 2022年，赤峰市制定《全市药品化妆品流通监管工作要点和检查计划》，加大对药品化妆品的日常监督检查力度。梳理出零售药店和医疗机构非法渠道购进药品、销售劣药、未按要求储存药品、执业药师未在岗执业、未凭处方销售处方药品，化妆品经营者经营无中文标签化妆品、经营过期化妆品、未建立并执行化妆品进货查验记录制度、未按要求储存化妆品9个方面的风险清单，实施台账管理，动态销号。组织开展疫苗、集中带量采购中选药品、特殊管理药品、网络销售药品、化妆品“线上净网，线下清源”等专项检查和督查。筛选符合条件人员组建全市专业化药品检查员队伍，承担全市药品、化妆品法规符合性现场检查等工作；制定《全市专业化药品检查员使用管理制度》；采取“请进来、送出去”和“以查带训”“以案释法”等形式开展培训，提高专业履职能力；为专业化药品检查员协调配备执法记录仪、温湿度检测仪等执法装备。12月，聚焦退烧、止咳、抗病毒、抗生素四类药品，对购进渠道是否合法、入库验收和储存养护是否符合规范要求、药品价格是否合规等方面进行检查；对疫苗质量、购进渠道、检验报告书、储存运输设施设备运行状态、疫苗运输储存进行重点检查。出动执法人员1200余人次，检查药品经营使用单位900余家，责令整改8家。

【食品药品监管执法】 2022年，赤峰市制定《食品安全工作约谈暂行办法》《食品安全重大事项督促落实办法》，对食品药品安全工作存在的问题进行整改。加强食品安全跨区域、跨部门预警交流，同通辽市、锡林郭勒盟召开区域间风险预警交流会。组织市农牧局等6个部门及检验机构、行业协会召开部门间风险预警交流会议。开展全市“守底线、查隐患、保安全”专项行动，检查食品生产经营户4.03万家，检查覆盖率100%；发现问题1487个，处置完成率100%；查处食品违法案件1897件，移送公安机关10件。开展药品安全专项整治行动，严防严控药品质量安全风险，查处案件245件，完成药品抽检672批次，不合格率1.79%。组织执法人员对食品相关产品新获证（换发证）企业进行检查，对不符合发证条件的企业提请自治区局做出撤证决定。对餐具洗涤剂、食品用塑料包装膜袋包装容器等食品相关产品实施监督抽查，未发现不符合相关标准产品。

【《药品经营许可证》电子证书推广】 2022年，市市场监管局通过多种方式和渠道加大宣传推广力度，提高社会群众对电子证书的认知度，让现代化智慧审批的便利惠及更多群众。11月，内蒙古成大方圆医药连锁有限公司在市市场监管局工作人员远程指导下，领取赤峰市第1张《药品经营许可证》电子证书。《药品经营许可证》电子证书包括正、副本，与纸质证书具有同等的法律效力。企业可随时随地查询、下载、打印和取用电子证书。电子证书以数据形式存储和使用，比纸质证书安全性更高，避免证书丢失、损坏、篡改、盗用等情况发生。截至年末，全市1245家药品零售企业领取使用“药品经营许可证”电子证书。

【电商平台点亮行动】 2022年，赤峰市开展“电商平台点亮行动”。检查电商平台4家、经营者900余家，

2022年12月8日，市市场监管局查处首例“连花清瘟”价格违法案

（市市场监管局　供图）

督促电商平台及平台内经营者亮照270余件、亮证80余件、亮规则70余件。为企业提供对照自查清单，督促平台对照《中华人民共和国电子商务法》《网络交易监督管理办法》等法律法规进行自查和整改。组织开展行政指导，以“落实平台经营者主体责任”为主题，调研走访各电商平台，开展法律法规赠阅和培训活动，提升经营者法律意识。采取日常巡查与委托监测相结合的方式，核查辖区内电商平台及平台内经营者履行主体责任情况，对未“亮照、亮证、亮规则”的经营者进行动态监测，建立问题清单逐条处置。（郑美玲）

【“3·15”国际消费者权益日宣传活动】 2022年3月15日，赤峰市开展集中宣传活动，发放《消费教育指导手册》、宣传手袋等1000余份。制作宣传图版125块，陈列在25家商场及其他公共场所。在赤峰电视台播放公益宣传片30余期（次），在新媒体平台公布2021年典型消费维权案例。在“八五”普法全民法律知识竞答平台开展“3·15”共促消费公平主题答题活动，参与者43万余人次。（张云萍）

【节日市场“打假保名优”百日执法维权行动】 2022年12月1日—2023年3月15日，赤峰市开展节日市场“打假保名优”百日执法维权行动。通过加强日常监管和投诉举报受理等形式，拓展案源发现渠道，对发现的制售假冒伪劣商品行为，追根溯源、端窝挖点。加强网络交易监测和“12345”平台动态分析，为执法办案提供靶向信息。建立名优企业权益投诉举报线索优先快速处置通道，加强与名优企业联系，打击侵权假冒；邀请企业专业人员协助识假辨假，清除侵权假冒源头，维护自身合法权益。采取集中打击与分散查处相结合，根据节日消费特点开展专项治理，以冷链食品和节日消费量大的米、面、油、菜、蛋、肉等食品为重点，严查各类食品违法行为。加强行政执法与刑事司法衔接。加大典型案件曝光力度，集中销毁侵权假冒物品。（郑美玲）

知识产权保护

【知识产权创造】 2022年，赤峰市鼓励、指导喀喇沁旗特色农产品协会将本旗具有鲜明地方特色的“喀喇沁山葡萄”“喀喇沁山葡萄酒”“喀喇沁桔梗”“喀喇沁北沙参”4件产品，向国家知识产权局申请注册地理标志证明商标。国家知识产权局正式受理“喀喇沁山葡萄”的申请。88家企业向国家知识产权局报送使用“赤峰小米”“敖汉小米”“赤峰葵花”“赤峰绿豆”等地理标志专用标志使用备案申请。其中64家企业取得上述地理标志专用标志的使用权，比上年增加50家，居自治区前列。全市新增注册商标6000件，有效注册商标总数3.95万件；中国驰名商标13件；地理标志43件；有效发明专利数540件，高价值专利159件，每万人口高价值专利拥有量0.39件。

【知识产权运用】 2022年，赤峰市组织召开知识产权质押融资银企对接推进会。市科技局、市科技创新与成果转化中心、中国银行赤峰分行、中国邮政储蓄银行赤峰市分行、中国农业银行赤峰分行、交通银行赤峰分行及17家本地企业参加会议。会议就推进全市知识产权质押融资工作开展、缓解创新型中小微企业融资难问题等进行交流。截至年末，全市知识产权质押融资贷款余额为5.118亿元。支持赤峰东黎羊绒发展（集团）有限公司代表赤峰市人民政府申报“赤峰羊绒国家地理标志产品保护示范区”。推荐赤峰通泰机械有限公司、内蒙古大川律师事务所、赤峰地理标志产业协会、翁牛特旗葵花协会等7家符合条件的单位，申报参评自治区知识产权优势企业、自治区知识产权保护体系、地理标志促进工程建设示范项目。赤峰通泰机械有限公司等3家单位获批自治区知识产权优势企业、自治区知识产权保护体系建设项目。

【知识产权执法】 2022年，赤峰市以保护中国驰名商标“达里湖”注册商标专用权为切入点，开展保护中国驰名商标及打击商标恶意抢注行为专项整治行动。采取“部门协同、上下联动、狠抓源头、标本兼治、综合治理”等方式，联合市公安局、松山区市场监管局从设计制作产品商标标识到产品销售两个环节，查处侵犯“达里湖”驰名商标专用权案2件，收缴罚没款人民币2万元。协同知识产权代理机构对涉嫌恶意抢注的“克旗华子鱼”“玖月华子鱼”2件商标，向国家知识产权局提出无效宣告申请，保护“达里湖华子鱼”注册商标的在先权利；扩大对中国驰名商标“达里湖”的保护力度，对涉嫌恶意抢注并连续3年以上未使用的“达里诺尔”“金色达里湖”等5件注册商标，向国家知识产权局提出撤销申请。年内查处商标侵权案件51件，案值102.22万元，收缴罚没款35.94万元，移交公安机关2件，案值79.25万元。组织开展北京冬季奥运会版权保护、青少年版权保护、打击盗版教材教辅、打击网络侵权盗版等集中专项行动，对小商品批发市场、商业街区等重点市场及校园周边文化用品店等重点区域及重点公众号平台、网站等开展集中检查，出动执法人员2089人次，实地检查重点网站单位16家次，检查书店、文化用品店等实体单位1800余家次，查处侵犯奥林匹克标志案件11件，查处不具备中小学教科书发行资质的单位从事中小学教科书活动案3件，依据著作权查处侵权盗版教辅案7起。

【知识产权服务】 2022年，赤峰市健全完善知识产权管理服务体系，鼓励知识产权代理机构开展知识产权托管服务。通过市行政服务大厅“赤峰商标受理窗口”及12个旗县区行政服务大厅，并依托全市134个市场监督管理所、22家知识产权代理服务机构及赤峰高新技术开发区、赤峰学院等科研院所的知识产权服务机构为企业和群众提供知识产权综合服务。依托内蒙古君合律通知识产权代理有限公司开展中小微企业进行商标、专利托管服务，完成13家企业的知识产权托管服务。

【知识产权宣传与培训】 2022年4月20—26日“全国知识产权宣传周”期间，赤峰市开展一系列以“全面开启知识产权强国建设新征程”为主题的宣传活动。举办线上“知识产权大讲堂”。邀请内蒙古君合律通知识产权代理有限公司高级顾问、知识产权律师就“知识产权保护及维权案例分享”进行授课，讲解企业知识产权布局与保护、知识产权侵权应诉要点与难点、赤峰本土企业知识产权保护与维权策略；联合市科技局在中科院和上海交大举办“创新引领、科及赋能”科技成果推介会和“智享汇”知识产权系列巡讲活动，就专利转化“纳米技术在中（蒙）药及地膜资源中的应用”和“科技企业专利挖掘与布局”等专业知识进行讲解，线上听众500余人次。联合市公安局、市法院、市检察院、市科技局、市农牧局在赤峰安快数字创意产教融合基地进行线下普法宣传。向企业宣传国家知识产权工作重大决策部署，讲解知识产权专业知识，介绍侵犯商标权、著作权等知识产权纠纷的典型案例，为现场群众解答相关法律咨询300余人次，发放活动宣传资料、宣传品2000余份，悬挂宣传条幅10个。12个旗县区市场监管局以及自治区知识产权保护规范化市场——赤峰市居然之家家居建材市场有限公司通过各类媒体宣传、张贴海报、条幅、播放小视频、发放宣传品等方式开展宣传活动。开展版权宣传活动，线上统筹指导全市各级媒体围绕版权知识、版权法律法规等方面，线下举办“非遗留住城市记忆 版权推进创新发展”主题活动、2022年版权宣传周版权系列活动及版权进机关、进书店、进学校等系列宣传活动60余场，累计发放各类宣传资料2.8万余份，覆盖群众3.2万余人。

【“一站式全链条”知识产权保护平台建设】 2022年，赤峰市完善全市知识产权保护协作机制，搭建“一站式全链条”知识产权保护平台。在各旗县区推荐基础上，经过筛选建立《赤峰市知识产权重点企业保护名录》，推荐克什克腾旗达里湖渔业有限公司等10家单位入选《自治区知识产权重点企业保护名录》。市知识产权局与锡林郭勒盟、通辽市知识产权局签署知识产权跨区域协同保护协议，构建跨区域知识产权协作保护工作机制。与市法院联合印发《关于深入推进知识产权纠纷多元化解工作的实施意见》及《关于建立知识产权纠纷诉调对接机制的通知》；联合市委宣传部、市司法局印发《关于设立知识产权纠纷人民调解委员会的通知》，综合运用多种手段，建立多元化渠道解决知识产权纠纷。

【助力第31届农牧业科技成果博览会】 2022年8月2—4日，第31届农牧业科技成果博览会暨第10届内蒙古（蒙东）农业机械博览会（简称蒙东农机展）在赤峰市举行。蒙东农机展是内蒙古东部地区（包括赤峰市、通辽市、锡林郭勒盟、兴安盟、呼伦贝尔五地市）专业的品牌农机盛会。市知识产权局组织有关专家在现场设立知识产权维权援助工作站，为企业和群众提供知识产权咨询服务。接受参展商各类知识产权咨询100余次，发放宣传资料2000份，完成展会现场巡查任务3次，现场责令整改专利标识不清和实用新型专利终止后继续标识案件5件。 （牛文龙）

2022年4月26日，市知识产权局工作人员在松山区步行街开展知识产权宣传活动 （赤峰日报社 供图）

信用体系建设

【概况】 2022年，赤峰市提高社会信用水平，防范信用风险，优化营商环境，推进社会信用体系建设高质量发展。开展政务诚信建设，将加强社会信用体系建设融入政府工作全过程，打造高效务实、风清气正的发展环境，以政务诚信、社会诚信提升政府公信力，以诚信政府、高效政府的良好形象为高质量发展筑基固本。采取全流程信用监管、行业部门分级分类监管模式，建立失信联合惩戒机制。完成公共信息平台升级改造，归集黑红名单、“双公示”信息、承诺信息、市场主体基础信息等信用信息162万条，实现行业部门信用信息共享、开放式共享。实施守信激励、失信惩戒的机制，表彰诚信企业42家，列入失信黑名单企业5家。

【信用监管机制建设】 2022年，赤峰市开展以信用承诺、分级分类监管、联合奖惩为重点，以信用为基础，覆盖市场主体全生命周期的事前、事中、事后全流程的新型监管机制建设。创新事前环节信用承诺。出台《关于推进商务领域信用承诺的通知》，引导企业主动进行信用承诺；出台《关于印发〈全面推行证明事项告知承诺制实施方案〉的通知》《关于印发〈赤峰市深化“证照分离”改革实施方案〉的通知》等文件，引导企业主动进行信用承诺并在全市推广。建立市场主体信用记录，将失信记录建档留痕，做到可查可核可溯。推进信用分级分类监管，各行业主管部门，根据各行业数据，并参考企业综合信用评价结果，交通、税务、人社、水利、市场监管等16个领域开展以信用为基础的行业分级分类管理，根据评价结果对不同信用等级的市场主体采取差异化监管措施。开展失信联合惩戒，建立自动化联合奖惩系统，将实施联合奖惩嵌入行政审批、招投标、公共资源交易、资金扶持等行政管理业务流程中，落实国家、自治区出台的联合奖惩规定。依法依规实施《全国失信惩戒措施基础名单》，确保失信惩戒在法治轨道运行。在政务服务“一网通办”平台设立信用修复端口，在“信用赤峰”网站设立信用修复流程、异议信息处理专栏，并增设咨询电话，为失信市场主体信用修复提供便利服务。截至年末，全市社会信用信息平台归集并共享法人信用承诺及履约信息24.79万条、黑名单信息1.69万条、红名单信息1.4万条，对严重失信“黑名单”主体，暂缓或禁止申报专项资金、评优评先等。累计完成信用修复件初核121件，完成修复并移除行政处罚公示信息50条。

【信用管理制度建设】 2022年，赤峰市加强政策法规在信用体系建设工作中的规范作用，利用“12·4”宪法日、“信用宣传月”广泛宣传《内蒙古自治区公共信用信息管理条例》《内蒙古自治区加强政务诚信建设的实施方案》，贯彻落实信息归集、公示、应用、失信惩戒等相关条款，推进信用法规制度体系，推动信用信息整合共享，加强政务诚信建设，依法依规实施失信惩戒，拓展信用信息应用场景，制定《赤峰市信用信息平台管理制度》，加强规范操作。

【公共信用信息平台建设】 2022年，赤峰市完成信用信息平台升级改造，对数据采集、数据共享、数据安全方面进行优化提升，扩展信用信息归集范围并完善数据校验规则；优化与自治区平台数据对接方式，实现与自治区平台数据的互联互通；平台通过网络安全等级保护三级测评，依托市电信机房严密的安全策略及防护设备，提升平台数据的数量与质量，形成集后台管理、数据采集共享、新闻宣传、信用应用为一体的标准化平台。社会信用信息平台作为赤峰市社会信用体系建设的重要组成部分，建有155个采集目录，实现公共信用信息目录全覆盖。截至年末，平台为461个部门开通903个数据录入端口，归集包括黑红名单、“双公示”信息、承诺信息、市场主体基础信息等信用信息162万条，推动各部门健全完善信用信息归集共享机制，实现各领域信用信息全量归集共享，并向国家、自治区信用信息平台共享本地区公共信用信息。

【金融征信】 2022年，赤峰市优化设置个人信用报告代理查询点。中国人民银行赤峰市分行指导辖内新设的个人信用报告代理查询点制定、报备代理查询内控机制及代理查询应急处置机制，建立相关台账，规范代理自助查询业务工作，提高信息安全管理能力。构筑市区“半小时”征信查询服务圈，增设个人信用报告代理自助查询点3个，年内市区个人信用报告自助查询量为8.3万笔，其中人民银行代理点查询量为6.2万笔，占查询总量的75%。开展“信易贷”平台宣传推广工作，引导企业、个体工商户等具备良好信用的市场主体注册入驻平台，推动信用状况良好的企业与银行对接、洽谈，拓宽企业融资渠道。开展农村信用体系建设工作，推动“信用户、信用村、信用乡镇”建设，指导各旗县区探索建立具有地区标识性的农村信用体系建设的新模式。6月28日，赤峰市首家“征信”主题公园在松山区大西牛生态公园挂牌落成，11月14日，首家旗县级“征信”主题公园在林西县建成。主题公园采取“场景宣传+现场宣传”的方式，围绕百姓关注的征信基础知识和查询网点、查询方式等内容，通过设立专题宣传橱窗、布置征信宣传角、悬挂征信宣传条幅等开展宣传。截至年末，共开展征信宣传活动20余场次，发放宣传资料2万余份，宣传受众人数达1万余人。

【信用服务】 2022年，赤峰市针对守信个人和企业出台“信易+”相关政策，拓展更多“信用+”服务应用场景。各行业主管部门拓展信易+通关、信易+审批、信易+出行、信易+招投标、信易+办税、信易+政府采购、信易+融资等信用服务应用场景。赤峰市中小企业融资综合信用服务平台上线运行并通过三级等保测评认证。入驻金融机构20家，推出金融产品100个，金融机构在企业授权基础上，可通过赤峰市“信易贷”平台查询企业信用信息，截至年末，平台完成信贷业务13笔，总计4.42亿元。

【信用监管】 2022年，赤峰市推动企业信用风险分类结果与“双随机”监管结合，融合抽查事项，实现“进一次门、查多项事”，减少对企业经营活动的干扰，全市开展“双随机一公开”抽查1762批次，检查市场主体1.06万家。落实信用修复机制，帮助失信企业通过“网上申请”“立即办理”或“云受理”等方式实施信用修复，帮助66家失信企业实现信用修复，恢复正常生产经营。加强协同监管平台应用和部门涉企信息归集公示，推动信用约束和失信联合惩戒，全市430个部门开通应用协同监管平台，归集公示信息23万余条。

【守信激励】 2022年，赤峰市根据《关于对纳税信用A级纳税人实施联合激励措施的合作备忘录》等相关文件要求，对纳税人实施分类服务和管理，把纳税信用A级企业作为重点服务对象，为纳税信用A级企业推出一系列针对性服务，提升社会各界对税收信用的认同度和关注度。及时掌握相关部门对纳税信用A级纳税人联合激励措施的落实情况，确保A级纳税人可享受的18个领域41项激励措施落实到位。依托全国信用信息共享平台，对联合激励名单实施动态调整，做好联合激励名单推送和更新。自治区协调劳动关系三方会议每两年进行自治区模范和谐劳动关系单位（工业园区）表彰。和谐劳动关系单位认定结果作为评价信用企业或诚信企业、诚信人物的必要条件，实施“一票否决”，并载入自治区社会法人公共信用记录体系。全市表彰和谐劳动关系单位42家。

【失信惩戒】 2022年，赤峰市对不符合要求的企业在招投标、信用贷款等方面予以限制。根据《关于对纳税信用A级纳税人实施联合激励措施的合作备忘录》等相关文件要求，对级纳税人实施分类服务和管理，通过政府信用信息共享交换平台，掌握相关部门推送的失信市场主体信息，并按照规定对失信市场主体实行联合监管。对拖欠农民工工资达到认定拒不支付劳动报酬罪数额标准的行为或因拖欠农民工工资违法行为引发群体性事件、极端事件造成不良社会影响的用人单位，一律纳入拖欠农民工工资失信联合惩戒对象名单管理。限制市场准入条件，加大对工程项目招投标、信贷等权利约束，让欠薪违法行为一处违法、处处受限，形成“不敢欠”的震慑。全市列入黑名单企业5家。

【信用宣传】 2022年，赤峰市发挥电视、网络、报纸、杂志等大众传媒的宣传功能，宣传讲求诚信品德的先进事迹，营造诚实守信的良好社会氛围。依托“3·15”国际消费者权益日、“6·14”信用记录关爱日、“12·4”国家宪法日和“自治区信用宣传月”等重要时间节点及主题，通过微信群、网络、电视等多种渠道，采取多种方式，深入社区、学校、企业、商会等地开展信用宣传活动225次。 （张　宇）

中欧班列
“赤峰号”
首发开行成功
中国外运东北有限公司
祝贺中欧班列“赤峰号”首发开行仪式圆满成功
中国外运东北有限公司
Honeytak

开放合作

责任编辑　王　慧

开放合作

参与“一带一路”建设

【中欧班列“赤峰号”开行】 2022年，赤峰市与中国铁路沈阳局集团有限公司对接协调，促成中欧班列“赤峰号”双向常态化运行，全年开行8列，运输货值1.2亿元、运输货量800TEU（国际标准箱单位）。主要货物为饲料添加剂、家用电器、塑料粒子、汽车发动机、轮胎等，开行目的地由俄罗斯莫斯科拓展到白俄罗斯科利亚季奇，吸引蒙东地区乃至全国外贸商品向赤峰地区集聚，以打造国际陆港和区域性集货中心。4月6日，中欧班列“赤峰号”首发开行仪式在赤峰保税物流中心举行。首发列车搭载集装箱50个，满载1300余吨赖氨酸硫酸盐、盐酸盐，从赤峰保税物流中心始发，经满洲里口岸出境开往俄罗斯莫斯科市，货值1200万元，运行总里程8129千米。11月21日，在满洲里海关所属赤峰海关监管下，自治区首列采用“铁路快速通关”模式的中欧班列从赤峰站开行，班列满载天然气发动机、洗衣机、烘干机等货物共50个集装箱，货值2180万元。“铁路快速通关”节约通关时间约20个小时，缩短整体运输时间3天，单箱节省费用200元以上。中欧班列“赤峰号”的开行使赤峰市成为自治区首个同时开通国际无水海运、陆运双通道的城市，有利于加速赤峰市产业集聚、提升物流服务环境、打造对外开放新窗口。

2022年11月21日，赤峰海关关员对中欧班列货物进行监管检查

（赤峰海关　供图）

【国际快件监管中心建成】 2022年末，位于赤峰保税物流中心内的赤峰国际快件监管中心建成，建筑面积1750平方米，总投资近2000万元，内部按功能划分为监管作业区和办公区2个主要区域，配备监管在线CT机自动查验分拣系统和视频监控系统，可开展文件、个人物品和货物3类快件业务。全年处理快件200万件以上，实现进出口额4亿元人民币。赤峰国际快件监管中心打通赤峰通往世界的空中贸易新通道，拓宽赤峰市外向型经济发展空间，服务赤峰乃至蒙东地区外向型经济发展。

【申建赤峰综合保税区】 2022年，赤峰市强化综合服务平台通关缴税、跨国物流、金融服务和商品溯源能力，加强进口商品线下园区、体验中心和直播平台建设，完善跨境电商生态产业链，申建综合保税区（申建材料上报国务院批转至海关总署）。按照“边申报、边建设、边招商”的工作思路，年内完成投资12.9亿元，建设标准化厂房35万平方米，建设道路及给排水管网、蒸汽等配套设施9.5千米，建成区面积达到规划面积的三分之一。

【中国（赤峰）跨境电商综合试验区】 2022年，赤峰市按照“信息互通、监管互认、执法互助”的要求，开展信息一体化建设，允许跨境贸易参与各方通过一个接入口提交标准化信息和单证，满足所有与进口、出口和转口相关的业务需求，形成电子商务商品、商户、平台、物流、口岸等信息共享的综合平台。保障消费者权益，为消费者提供进口商品追溯信息查询服务平台。把监管部门提供的数据作为防伪溯源码的官方溯源信息，监管单位通过防伪溯源码监管进口商品，实现来源可查，去向可追，责任可究。采用“一中枢、多园区、网络外部延展”的模式，建设贸易线下“综合园区”“跨境电商企业集群发展平台”。承接线上综合信息服务平台功能，提供满足跨境电商进出口货物流需要的监管场所。发展物流、仓储、金融、人才等综合服务，实现线上跨境贸易电子商务和线下供应链服务结合，形成跨境电商产业集群、跨境电商孵化创业园、大数据和智能研发中心等功能区域，提高跨境产业综合服务和物理承载能力，打造完整产业链和生态圈。“综合园区”采取线上下单、线下展示销售等方式，开设跨境电子商务O2O（线上到线下）线下体验店、国家馆、行业平台品类馆、进出口商品展示交易中心、全球集采中心等功能区域，通过与商业、会展、采销活动互动，实现跨境产业综合园区各种贸易模式展示和集聚。发展B2B（企业对企业）出口业务，培育本地营销及代运营服务商。

▶▶ 链接

赤峰市跨境电商

2019年12月24日，根据《关于同意在石家庄等24个城市设立跨境电子商务综合试验区的批复》（国函〔2019〕137号），赤峰市正式成为第四批跨境电商综试区之一。

2020年11月，由赤峰国际陆港保税物流发展有限公司、深圳央聚控股集团有限公司等企业共同出资的赤峰市跨境电子商务综合服务平台有限公司成立。出资建设和运营的赤峰市跨境电子商务综合服务平台，是赤峰市跨境电子商务综合试验区唯一指定公共服务和综合服务平台。

【大中亚区域植被恢复与森林资源管理利用示范项目实施】 为响应“一带一路”建设，促进大中亚区域经济体林业协同发展，2017年，亚太森林组织选定赤峰市敖汉旗三义井林场作为“大中亚区域植被恢复与森林资源管理利用示范项目”中国项目区示范区。通过建立集多种先进成熟技术在内的示范区，促进区域植被恢复、扩大区域森林面积，提高森林的多功能作用和综合效益，防治荒漠化和改善生态环境，改善农牧民生产条件和生活水平，为大中亚区域同类地区植被恢复与森林资源管理利用建立多层次、多功能的典型示范。截至2022年末，共建设半干旱荒漠化区植被恢复示范林、林下经济示范林、低效林改造示范林等317.3公顷，建设荒漠化防治成果展览室500平方米、沙地栽植地被花卉3公顷，区域植被覆盖率75%以上。

（王　慧　王江南　李宏伟）

【“一带一路”经贸合作】 2022年，赤峰市落实国家区域重大战略和区域协调发展战略，密切“一带一路”各方经贸合作。拓展同满洲里口岸经贸往来，与满洲里海关签署合作备忘录，制定全面深化满洲里海关保稳提质20条措施，在打造高水平对外开放平台、提高贸易便利化水平等方面深化合作，与口岸城市联动发展。同京津冀、长三角等地区开展交流合作，推动产业链、供应链、物流链与全国大市场深度融合，推动顺丰蒙东分拨中心项目落地赤峰，支持“锡赤朝锦”海陆开放合作试验区建设，进一步打通发展外向型经济海陆通道。扩大同“一带一路”沿线国家、新兴经济体及欧洲市场的贸易往来，加强与俄蒙在文化旅游、中（蒙）医药和服务外包领域的合作，开拓多元化国际市场。

（李俊鹏）

【国际产能合作】 2022年，赤峰市推动产品从价值链低端向中高端迈进，整合优势产业资源，扩大国际影响力及优势产品出口、原材料进口。依托赤峰杂粮杂豆、赤峰羊绒制品、赤峰羊绒等3个国家级外贸转型升级基地，赤峰资源型城市经济转型开发试验区化工产业、红山高新技术园区医药产业2个自治区级外贸转型升级基地推动优势产业提质增量。做大产业群，形成煤磷化工、硫酸和氟化工以及生物和精细化工为主体的化学工业体系，拥有规模以上企业27家，总产值98.7亿元。羊绒、羊绒制品和专业化工基地发挥拉动作用明显，出口额占全市出口总额的75%以上，其中瑞阳化工生产的季戊四醇畅销欧、美、日等41个国家。云铜、山金瑞鹏、中色锌业等企业实施原料进口，赤峰金通开展自营进口，推动国内外产能融合发展。全市外贸进出口总额实现154.2亿元，比上年增长25.3%。其中，出口实现40.3亿元，比上年增长30%；进口实现113.9亿元，比上年增长23.7%。

（李俊鹏）

【人文交流】 2022年，赤峰市以富集旅游资源和优质旅游项目为推介重点，开展文旅交流，打造固定化、常态化文旅品牌。参加陕西省西安市举办的第六届丝绸之路国际博览会暨中国东西部合作与投资贸易洽谈会，集中推介旅游资源、线路产品、优惠政策及非遗项目、文创产品，向中外宾客展示赤峰多姿多彩的文旅资源；在沈阳、长春举办克什克腾旗文旅专场推介会，依托东北亚文博会影响力向全国及全球参展商推介赤峰优质旅游资源；小勇城市 IP 形象亮相由中国玩协主办的 CLE 中国授权展（中国国际品牌授权展览会），同来自美、日、英、法等 13 个国家的国际一线 IP 一同参展，与优质企业跨界联名合作。开展国际化办学，探索国际交流新渠道，赤峰学院国际科技合作基地被认定为 2022 年度自治区示范型国际科技合作基地；赤峰学院国际科技合作基地依托口腔医学、口腔医学技术、口腔护理学学科特色和口腔医学基础研究优势，与英国拉纳克郡新学院、蒙古国国立医科大学、蒙古国阿奇医科大学、菲律宾国家大学等国外高校开展合作，以中英口腔护理学合作办学、"英国—中国—全球教育伙伴"基金"一带一路"口腔健康项目等为合作突破口，在医学、教育学、工学、理学、历史学、经济学等领域开展国际学术交流与合作；开展留学生"知华、友华、爱华""感知中国"系列活动，讲述中国故事，传授中国经验，截至年末，赤峰学院有临床医学和汉语言文学两个专业在籍留学生 150 人，分别来自巴基斯坦、印度尼西亚、赞比亚、坦桑尼亚、塞内加尔、卢旺达、蒙古国等 12 个国家。（李晓宇）

融入中蒙俄经济走廊建设

【概况】 2022 年，赤峰市立足自身区位特点，服务国家经略周边和对外开放战略，打造中蒙俄经济走廊战略支点，提升对外开放层次和水平。完善 G306 公路通道，打通陆地短缺路段和瓶颈路段，提升道路畅通水平。建设锦州港—赤峰—珠恩嘎达布其海铁联运通道（赤峰段），推进交通基础设施互联互通。拓宽沟通渠道，建立中蒙俄区域合作机制，增加各方理解和信任，营造良好的多方合作发展社会环境。

【锦州港—赤峰—珠恩嘎达布其海铁联运大通道建设项目推进】 2022 年，赤峰市加强锦州港—赤峰—珠恩嘎达布其海铁联运通道赤峰境内各项建设工作。完善大板铁路枢纽建设规划，实现区域相关铁路项目互联互通。协调自治区发改委将东乌珠穆沁旗—白音华段铁路纳入规划，启动建设。市发改委与国家电投集团、锦州港方面以及锡林郭勒盟发改委进行对接，谋划提出"赤峰高新技术产业开发区铁路互联互通工程""赤峰大板铁路枢纽工程""赤峰仓储物流基地铁路专用线项目"，同步纳入规划。委托沈阳铁路局对珠恩嘎达布其口岸区域铁路网进行规划研究，完善通道功能。截至年末，该通道赤峰市境内铁路项目建设完毕，具备通道运输基础能力。

【中蒙俄国际公路新通道建设】 国道 306 线是赤峰境内连接珠恩嘎达布其口岸的重要公路通道。境内起点位于宁城南三十家子，终点位于林西大水菠萝，全长 447.82 千米，一级公路里程 163.08 千米，二级公路里程 161.58 千米、三四级公路里程 123.17 千米。2022 年，为融入中蒙俄经济走廊建设，满足日益增长的交通需求，赤峰市对 G306 线赤峰段进行多项改造和修缮。林西至大水菠萝段 60.3 千米升级为一级公路，建成通车并通过竣工验收；翁牛特旗桥头镇区绕城公路工程项目获自治区发改委批复，计划投资 6328 万元；小城子至南三十家子段实施养护改造工程，部分路段换填基层，路面进行直铺。路线全长 59.5 千米，投资 6700 万元。

【三方合作机制建立】 2022 年，在中蒙俄经济走廊建设过程中，三方有效推动政策沟通，深化多层次协商会晤，建立外联部门经常性工作联络机制，开创沿边毗邻地区合作新模式。自治区政府与蒙古国经济发展部建立常设工作组会议机制，与俄罗斯外贝加尔边疆区政府建立地方政府间定期会晤机制。满洲里市与俄罗斯后贝加尔边疆区、二连浩特市与蒙古国扎门乌德建立的定期会晤机制，在边境地区合作中发挥作用。通辽市、赤峰市、锡林郭勒盟 3 个盟市与蒙古国肯特省、东方省和苏赫巴托尔省之间建立"3+3"区域合作机制，开创沿边毗邻地区合作新模式。（王　慧）

辽蒙海陆开放合作试验区建设

【概况】 2022 年，赤峰市强化出海通道建设，扩大向南开放合作成果。推进赤峰次临港经济区建设，打通与港口的高效物流运输通道，推动进口资源项目落地转化，打造陆海合作发展试验区。建设赤峰铁路运输类海关监管作业场所和赤峰国际物流港，加快铁路、高速和普通国省道干线公路改造，深化与锦州港、天津港、唐山港等港口合作，实现"公铁海"集装箱联运，打通发展外向型经济海上通道。

【"东北陆海新通道"协作联盟成立】 2022 年，由锦州市、阜新市、朝阳市和内蒙古自治区锡林郭勒盟、赤峰市、通辽市共同组建的"东北陆海新通道"沿线地方政府协作联盟成立后，各方共同签署《"东北陆海新通道"沿线地方政府协作联盟协议》和《"东北陆海新通道"协作联盟与锦州港股份有限公司合作协议》，"东北陆海新通道"建设开启。联盟成员就磋商形式、政策及规划、营商环境、对外经贸人文交流、基础设施互联互通、港口与腹地互动、智库合作等方面达成共识。锦州等6市（盟）站在“从全局谋一域、以一域服务全局”的高度，加快运输通道建设，促进通道与区域经济融合发展，全面优化升级产业结构，提升6市（盟）的创新能力、竞争力和综合实力。

【次临港经济区打造】 2022年，赤峰市推动和锦州港战略协议落实，促进环渤海港口进口资源转入赤峰加工转化，实现绿色草原与蓝色海洋相拥发展，在赤峰高新区东山产业园和元宝山产业园设置赤峰次临港产业区，重点立足赤峰市临港区位优势，通过港口把海运资源到次临港产业区进行加工转化。入驻次临港产业区的主要有有色金属冶炼加工、石油化工、建筑材料制造、机械设备制造等产业。其中东山产业园和锦州港有货物运输、原料运输关系的项目有赤峰云铜铜冶炼项目年运输铜精粉60万吨、金通铜冶炼项目年运输铜精粉30万吨。

【蒙东国际物流港建设】 蒙东国际物流港项目立足赤峰、连接中蒙俄，以智慧物流为引领，绿色环保和循环经济为理念，公铁海多式联运为支撑，矿、冶、能、化为主要服务对象，高效整合各类资源，借助通道优势和产业集聚优势，发展互联互通煤炭多式联运物流枢纽节点，建立蒙东地区大宗物资智慧供应链服务平台。2022年，投资1.04亿元，完成红庙站铁路改造工程、红庙站台及集装箱堆场硬化和3.87万平方米一号抑尘环保罩棚建设工作。拥有整列装卸作业铁路线2条，拥有大型现代化作业机具，设施设备齐全，集装箱场地3.5万平方米，能实现发运量500万吨。到发品类为铜粉、铁粉、锌精粉、煤炭、碎石、矿渣等。公路、铁路散货到发总量为280.4万吨，共实现产值15.95亿元。

▶▶ 链接

蒙东国际物流港

蒙东国际物流港坐落于内蒙古东部，地处蒙、冀、辽三省区交界处，距锦州港210千米，是自治区最近的出海通道。G45大广高速、G16丹锡高速与国道306线、省道205线在其周边纵横交织，城区距最近的高速公路入口5千米，叶赤线、京通线、锦白线及100余千米的专用铁路线与其贯通。

蒙东国际物流港项目立足赤峰、服务蒙东、连接中蒙俄，是以公铁海多式联运为手段，以矿、冶、能、化为主要内容，以保税和港口前置为核心竞争力的现代国际物流港。项目预计总投资31亿元，建成后将形成区域性矿、冶、能、化产业资源和物流资源聚集区，运营后年交易额达200亿元，实现税收3亿元，带动就业岗位1万余个。（王　慧　赵晓杰　薛　冰）

国家承接产业转移合作示范区建设

【概况】 2022年，赤峰市出台《建设国家承接产业转移合作示范区行动方案（2021—2025）》。市第八次党代会将建设商贸服务型国家物流枢纽承载城市作为赤峰“五个定位”之一，推动市直相关部门充实完善动态更新项目库，纳入项目438个，计划总投资3209.64亿元。抓住京津冀、环渤海、长三角、珠三角等地区产业转移窗口期，承接关联产业，延伸产业链条。以集中规划的重点园区为载体，打造承接产业转移平台。加强区域基础设施，提升承接保障能力。围绕传统产业转型升级、战略性新兴产业培育发展，建立招商信息互通共享、产业转移优先推荐机制，推动产业延链补链、科技成果转化、人才交往交流。协调推动国家承接产业合作示范区尽早获批，国家发改委启动《蒙东承接产业转移合作示范区》审批程序，等待召开评审会进行审批。截至年末，建成自治区重点园区6个、产值超500亿元园区1个、超100亿元园区3个，园区建成面积101.42平方千米，建成标准化厂房130万平方米，5个工业开发区、11个产业园全部建成智慧园区。促成签约项目1187个，签约总额3993亿元。

【产业园区功能定位】 2022年，赤峰市按照《赤峰市建设国家承接产业转移合作示范区行动方案（2021—2025）》，对不同产业园区功能定位，引进承接产业转移项目。

赤峰高新区功能定位。赤峰高新区中的东山产业园主攻方向是承接铜、酸产业深加工的延链、补链、强链项目和特种金属新材料产业项目；红山产业园主攻方向是承接医药及医疗器械和纺织产业的延链、补链、强链项目和数字经济产业项目；松山产业园主攻方向是承接装备制造、信息数创产业项目；元宝山产业园主攻方向是承接煤磷化工、生物化工、医药化工等产业的延链、补链、强链项目和精细化工新材料产业项目。

赤峰有色金属开发区功能定位。林西县产业园重点承接铜、锡、钼有色金属冶炼产业的延链、补链、强链项目和硅砂新材料项目；林东产业园重点承接铅锌银有色金属冶炼产业的延链、补链、强链项目和非金属产业项目。

赤峰冶金化工开发区功能定位。克什克腾旗产业园重点承接煤化工产业的延链、补链、强链项目和清洁能源项目；巴林右旗产业园重点承接引进风光氢储新能源项目。

赤峰农畜产品开发区功能定位。翁牛特旗产业园重点承接引进肉制品、酵母、马铃薯等农畜产品产业深加工的延链、补链、强链项目；敖汉旗产业园重点承接引进肉牛、肉羊、生猪、小米等农畜产品深加工产业的延链、补链、强链项目。

内蒙古赤峰商贸服务物流园区功能定位。红山区重点围绕生活物资、电仓、进出口产品、建材、高端物资仓储和汽车贸易（含二手车交易）等优势产业布局建设专业市场；松山区重点围绕农机、农资、农产品、五金机电、矿山机械、冷链物流、物资仓储等优势产业布局建设专业市场；喀喇沁旗依托和美商贸物流园区重点围绕医药物流、家具家装、空港物流等产业布局建设专业市场。

【扶持激励政策】 2022年，赤峰市出台相关政策，推进国家承接产业转移合作示范区建设。对首次获批或整体迁入赤峰市的国家高新技术企业给予30万元奖励；对3年期满重新认定为国家高新技术企业给予20万元奖励；对首次纳入高新技术企业市级培育库的企业给予10万元奖励；对新获批的国家级众创空间及星创天地给予50万元经费奖励；对新获批的自治区级众创空间及星创天地给予20万元经费奖励。对首次认定的创新型中小企业、专精特新中小企业、专精特新“小巨人”企业，分别给予一次性配套奖励20万元、50万元、100万元。在孵企业被认定为高新技术企业的，每认定1家给予孵化载体30万元奖励。

支持企业加大研发投入，在企业享受国家相关税费优惠政策的同时，按照企业上年度研发投入增量部分的20%给予后补助支持，每年最高限额500万元，其余扶持政策比照自治区相应政策执行。对高校大学生在校期间以及毕业5年内参加地市级以上党政部门举办承办的创新创业大赛获奖项目，并在赤峰市完成商事登记的创业团队给予一次性资金资助（国家级20万元，自治区级10万元，市级5万元）。

【国家生猪市场内蒙古交易市场运营】 2022年3月上旬，位于赤峰松山区的国家生猪市场内蒙古交易市场运营中心项目运营。这是国家生猪市场报备农业农村部落地自治区唯一省级交易平台，依托赤峰市“五个定位”发展规划，融入“商贸服务型国家物流枢纽承载城市”“中国北方重要的农畜产品生产输出基地”建设。市场立足赤峰、链接首都、服务内蒙古，按照线上交易+线下交割O2O模式、交易标准及交易规则制度开展生猪交易、白条交易、肉制品交易三大核心业务，平台交易大数据可为政府与产业提供农牧业数字化建设、现代农产品交易流通体系、大数据金融、品牌孵化等服务，提升自治区生猪产业核心竞争力。截至年末，有316家养殖户注册国家生猪市场交易App，实现线上交易、线下交割。

▶▶ 链接

产业转移示范区

为贯彻落实党中央、国务院有关决策部署，近年来，国家发展改革委在中西部和东北地区批复设立一批承接产业转移示范区。各示范区创新体制机制、提升配套服务、完善政策措施，促进中西部和东北地区承接国内外产业转移，提升产业链供应链稳定性、优化产业分工布局、促进区域协调发展。

示范区通过科学承接产业转移，引导生产要素合理流动与优化配置，发挥地区比较优势，集聚发展要素，壮大产业规模，把主导产业做强做大，加快发展步伐。

内蒙古自治区围绕“两个屏障”“两个基地”“一个桥头堡”的战略定位，抢抓国内外产业链供应链布局调整的重大机遇，承接京津冀、长三角、珠三角等地区产业转移，完善产业承接平台、优化承接环境、提升产业承接能力，优化调整产业结构、提升产业创新能力、建设现代化产业体系、推动绿色循环发展，创新产业承接机制、深化区域分工合作、促进区域协调发展、推动示范区高质量发展，打造经济发展重要增长极。

（王　慧　王江南　刘海婷）

招商引资

【概况】 2022年，赤峰市以招商引资作为经济引擎，围绕传统主导产业转型升级、战略新兴产业培育壮大、现代服务业提质增效三大重点，实施国内、自治区外招商引资工作。全市签约项目1187个，实施招商项目740个，到位资金341.7亿元，比上年增长41.4%。新签约项目立项办结率78.9%，新签约项目开工率73.8%，开工项目竣工率29%，竣工项目投产率93.7%，新签约项目到位资金率11.3%。全市招商队伍“走出去”2000次、对接企业4000家，开展宣传推介活动300余次，引进落地国内外招商引资项目771个，计划总投资819.95亿元，完成投资500.95亿元，占计划总投资的61%。

【招商引资平台建设】 2022年，全市建成6个自治区级工业园区，集中建成区面积104平方千米，规划建成面积221平方千米，提升园区软硬件配套服务水平；新建、盘活标准化厂房1.4平方千米，为企业提供“拎包入住”式服务；围绕建设好、使用好赤峰商贸物流园区、产城融合先导区、农牧科技产业园、人力资源服务产业园等平台，发挥科技创新平台推动产业转型发展的重要作用；在北京建设京蒙（亦庄·赤峰）科创产业园区，采取边建设边招商的方式打造京蒙协作、招商引资新高地。建成自治区首家大数据产业链招商平台，为全市产业延链补链强链提供招商指引。引进自治区首个云上数字经济产业园，依托阿里巴巴集团将赤峰市农牧产品推销至国际市场。瞄准重点地区政策导向，实施驻点招商，开展专项攻坚行动。

表 16　2022 年赤峰市重点招商引资项目一览表

单位：亿元

项目名称	项目地点	类　别	项　目　内　容	总投资额	进展阶段
巴林右旗储能设备研发制造基地	赤峰市巴林右旗	新能源及现代装备制造产业	储能系统材料、电芯、结构、电池管理系统全产品链的研发制造	50	可行性研究阶段
内蒙古大板发电有限责任公司火电机组灵活性改造消纳新能源项目	赤峰市巴林右旗	新能源及现代装备制造产业	内蒙古大板发电有限责任公司依托现有两台 600 兆瓦火电机组灵活性改造新增的调峰空间配置新能源项目，项目规划在巴林右旗宝日勿苏镇和西拉沐沦苏木建设 500 兆瓦风电 + 储能，拟建设 100 台 5 兆瓦风电机组，一座 220 千伏升压站，一座储能电站以及一座联合集控中心，最终所发电力以 1 回 220 千伏线路接入巴林 500 千伏变电站 220 千伏侧	35	可行性研究阶段
巴林右旗氢能源特色小镇项目	赤峰市巴林右旗	新能源及现代装备制造产业	结合落地及规划的新能源项目，围绕工业园区打造氢能源特色小镇，利用新能源发电制氢，在园区内规划建设氢气制备基地、储存基地，在巴林右旗及周边建设加氢站点	95	可行性研究阶段
巴林右旗新能源百万基地项目	赤峰市巴林右旗	新能源及现代装备制造产业	利用巴林右旗丰富风光资源、土地资源，以及 500 千伏外送通道，规划新能源百万基地项目	70	可行性研究阶段
克什克腾旗广兴源抽水蓄能电站项目	克什克腾旗芝瑞镇	新能源及现代装备制造产业	建设单位：新华水力发电有限公司。广兴源抽水蓄能站点位于内蒙古赤峰市克什克腾旗境内，距离克什克腾旗公路里程 58 千米，距离赤峰市公路里程 210 千米。项目规划装机容量 100 万千瓦，电站额定水头 321 米。上水库位于东乃岭沟内，新建成库。下水库位于西拉沐沦河支流塔其沟河上。电站初期蓄水及运行期补水主要为塔其沟河来水	66	可行性研究
克什克腾旗西拉木伦河大峡谷旅游区开发项目	克什克腾旗红山子乡	“休闲度假游”和“近郊乡村游”领域	建设单位：开源股权投资有限公司；中海海洋（杭州）文旅产业有限公司；春晗环境建设股份有限公司。拟对克旗西拉木伦河大峡谷旅游区全部范围进行整体开发，总体建设周期 10—12 年，分三期建设完成。主要建设景区观光项目基础设施、景区经营及消费性项目基础设施	32	可行性研究
克什克腾旗南部风场 60 万千瓦多能互补风电光伏项目	赤峰市克什克腾旗	新能源及现代装备制造产业	规划建设规模 60 万千瓦	42	可行性研究阶段
克什克腾旗南部风场 120 万千瓦风电输出基地项目	赤峰市克什克腾旗	新能源及现代装备制造产业	规划建设规模 120 万千瓦	84	可行性研究阶段
吉林省汇成农牧集团有限公司养殖加工 100 万头生猪，屠宰加工 10 万只肉羊，200 万吨高蛋白全营养饲料生产项目	赤峰市翁牛特旗	肉牛、肉羊等畜产品产业	租用（流转）养殖用地 200 公顷，新建总建筑面积 6 万平方米，包括轻钢结构猪舍 1000 栋，生产厂房、冷库、库房、办公楼、员工宿舍及食堂等；购置主要生产设备每套 22 台，完善室外道路、绿化、管网及给排水、供电等公用工程和环保、消防、职业安全卫生等	30	可行性研究阶段

续表

项目名称	项目地点	类 别	项 目 内 容	总投资额	进展阶段
康养项目	赤峰市翁牛特旗	乡村建设行动领域	1. 国际肿瘤医院项目：规划占地面积约 10 公顷，拟建建筑面积约 20 万平方米，政府提供医疗规划用地，项目将分肿瘤医院、康复中心两期实施，拟设计 800 至 1000 个床位。主要建筑：诊疗中心一栋 10 层，3 万平方米，住院部两栋，各 22 层，每栋 11 万平方米；科研中心 1 栋，7 层 3.5 万平方米；员工宿舍两栋 7 层，4.2 万平方米。专家楼一栋，5 层，2.2 万平方米。设立 10 个临床门诊科室、10 个医疗技术科室、1 个影像诊断中心、1 个化验中心、1 个病理中心等。预计总投资 15 亿元人民币。 2. 医学护理中心：占地 6.67 公顷，建筑面积 12 万平方米，约 800 个床位。后续将建设生态农业、中药材种植、旅游度假等产业项目	50	可行性研究阶段
临港经济区	喀喇沁旗和美工贸园区	现代商贸和跨境商贸领域	占地 208 公顷，建设商贸展示交易服务中心、农产品物流片区、医药物流片区、冷链（临空）物流片区、商贸物流片区。项目分三期实施，一期占地 20 公顷，计划建设顺丰分拣中心、京东电仓等相关商贸物流项目	80	否
研发孵化中试中心	喀喇沁旗和美工贸园区	现代商贸和跨境商贸领域	占地面积 173.33 公顷，重点发展科技研发等业态，全力打造以“教育研发、中试”为主的教、科、研、产中心	50	否
敖汉旗农林有机废弃物综合开发利用项目	赤峰市敖汉旗	循环经济产业	年综合利用农业秸秆和林业剩余物 200 万吨；生产植物纤维及其服装面料 40 万吨、低聚木糖 10 万吨；生物汽油 20 万吨；生物有机肥 130 万吨；饲料 30 万吨燃料 30 万吨；生产产品需要相关配套的设备和设施	104	备案
中色锌业“飞地经济”产业搬迁项目	赤峰红山高新区	铅、锌及贵金属等产业	将中色锌业有限公司搬迁至东山园区，并围绕医药产业对原厂区土地进行产业开发，打造医药产业园中园项目	40	正在洽谈对接
赤峰金融物流港五期工程建设项目	内蒙古红山物流园区	专业市场和现代物流领域	拟规划占地 20.33 公顷，建筑面积 20 万平方米，建设金融物流中心、公路港、冷链物流中心和配套商务区	35	正在洽谈对接
奥特莱斯赤峰商业综合体	红山区文钟镇	现代商贸和跨境商贸领域	建设集奥特莱斯体验式购物、商务、住宅、教育、文化、休闲、主题公园等为一体的生态宜居体验式购物小镇	40	正在洽谈对接
元宝山区龙源电力集团元宝山区新能源综合体项目	赤峰市元宝山区	新能源及现代装备制造产业	利用西露天片区内矿山废弃地投资源网荷储项目及零碳综合产业园	200	可行性研究阶段
元宝山区钢焦循环一体化示范产业园项目	赤峰市开发试验区	精细化工产业	“十四五”期间将以九联煤化为重点，打造绿色精品钢焦一体化基地，布局氢能源产业链，围绕国家“碳达峰、碳中和”政策，实现高标准建设、高水平运营。计划投资 400 亿元，建设年产 700 万吨钢铁，配套 300 万吨焦化的钢焦一体项目	130	可行性研究阶段
元宝山区精细化工中间体项目	赤峰市开发试验区	精细化工产业	新建医药中间体生产线、库房、环保及公用工程设施等	30	可行性研究阶段

（市区域经济合作局）

表 17　2022 年赤峰市招商引资落地项目统计表

旗县区	落地项目（个）	总投资（亿元）	完成投资（亿元）
阿鲁科尔沁旗	31	18.46	13.90
巴林左旗	60	52.14	33.00
巴林右旗	31	27.00	15.77
林西县	68	32.80	25.20
克什克腾旗	67	35.54	59.01
翁牛特旗	51	40.65	27.77
喀喇沁旗	92	70.81	33.06
宁城县	59	51.60	47.83
敖汉旗	48	53.32	55.64
红山区	80	46.20	62.77
元宝山区	84	268.06	58.46
松山区	96	67.67	65.00
东山园区	4	55.70	3.54
合　计	771	819.95	500.95

（市区域经济合作局）

【招商引资活动】 2022 年，赤峰市举办“赤子峰会”，搭建“招商引资、招才引智”平台，向天南地北的赤峰人发出助力家乡建设发展的号召。举办 5 次“投资赤峰 共赢未来”招商引资网签大会，促成项目 532 个、总投资 2813 亿元签约。举办“赤子家乡行”“招商大使赤峰行”等招商活动，吸引各界赤子、客商走进赤峰、共谋发展。全年共接待客商 1850 批 8890 人，开展商贸洽谈 1580 次。

【政策支持】 2022 年，赤峰市重新修订包括医药、有色金属、产城融合、文旅等重点产业和领域扶持政策及《推进高质量发展政策清单（2022）》。针对现行相关政策未覆盖到的重点招商项目，特别是重大项目落地事项，采取“一事一议”方式给予解决。优化“飞地经济”政策，实现招商引资项目在旗县区间“应飞尽飞”，推动重点产业集中集约集聚发展。突出奖优罚劣的激励导向，对招商引资工作按季度实施督考联动，在全市考核占比提升至 20%。注重在招商引资工作中发现识别、提拔使用干部，针对在联系服务企业、招商引资过程中不担当或乱作为行为，依规依纪严肃问责。从鼓励角度实施不设上限的加分项，突出各地区精准招商引资、项目数量与质量并重、加快项目落地效率等工作导向。出台《赤峰市招商引资奖励暂行办法》，评选出 3 名社会引资者，兑现奖励资金 300 万元。

2022 年 4 月 18 日，“投资赤峰　共赢未来”赤峰市春季招商引资成果网签大会在赤峰市会议中心举办　（赤峰日报社　供图）

【制度保障】 2022 年，赤峰市成立“一中心两专班”（市县两级发展研究中心、重点项目库建设专班和招商引资工作专班）对招商项目实施“旬调度、月通报、季督查”，及时跟进推动项目进展。设立新能源发展基金，带动产业、项目延伸产业链条。对招商项目实施“一站式”集成服务，推行“容缺受理”“拿地即开工”政策，推动尽早落地达产。（徐新宇）

【高新区招商引资项目库】 2022 年，赤峰市高新区招商引资项目 94 个，总投资 293.74 亿元。组织 2 次重点项目开复工仪式，邀请潜在合作意向企业家参加，展示高新区形象，扩大合作“朋友圈”。探索委托招商模式，与恩成方（深圳）商业服务有限公司、浙江大学城乡设计研究院确定铜铝产业链等方向委托代理招商合作，为高新区发展提供新动能。利用以商招商、能人招商等方式，成功对接三峡科技集团、念持资本株式会社半导体晶圆项目等各类招商线索 31 条，并对招商线索进行归纳整理，形成招商引资项目库。（薛　冰）

【国内外主要展会参展】 2022 年，赤峰市组织 40 余家企业参加内蒙古自治区招商引资推介及项目签约大会（京津冀地区）、内蒙古自治区招商引资推介会暨合作项目签约大会（长三角地区）、世界蒙商大会、第四届阿尔山校友经济论坛、世界新能源新材料大会、国家向北开放经贸洽谈会、内蒙古自治区招商引资推介会暨合作项目签约大会（粤港澳大湾区）等，帮助企业依托平台拓展市场。

【招商引资队伍建设】 2022年，赤峰市建立市县乡三级招商队伍。推动有色金属、医药、农牧业、新能源、文旅等领域重点项目的引进落地。各旗县区由分管旗县区长带队组建攻坚队跟进发掘项目，苏木乡镇成立小分队对接优质资源，形成全市招商一盘棋的工作格局。聘请20余名行业精英担任赤峰市“招商大使”；与山东省、广东省、浙江省等12家外埠赤峰商会开展委托招商合作；聘请中财国信产业数据技术研究院、恩成方（深圳）商业服务有限公司等专业机构提升赤峰市产业规划、项目推介等专业化、市场化水平。 （徐新宇）

对外贸易

【概况】 2022年，赤峰市有羊绒、羊绒制品和杂粮杂豆3个国家级外贸转型升级基地，专业化工、医药2个自治区级外贸转型升级基地。建成内蒙古自治区首家B型保税物流中心、中国（赤峰）跨境电子商务综合实验区和跨境电商零售进口试点城市，成功开行中欧班列（赤峰号）。全市外贸进出口总值154.2亿元，比上年增长25.3%，高出全国17.6个百分点。

【进出口贸易】 2022年，赤峰市共有进出口实绩企业109家，主要进出口产品涉及化工、医药、绒毛制品、冶金原料、农畜产品几大类，与世界100余个国家和地区有贸易往来，进口地主要是俄罗斯、智利、蒙古，出口地主要是印度、俄罗斯、日本。进出口贸易总额排名前五位国家为俄罗斯、智利、秘鲁、蒙古国和印度尼西亚，五国进出口商品额86.4亿元，占进出口总额的78.15%。赤峰云铜、金通自俄罗斯、秘鲁、智利等国家进口铜矿粉60万吨，进口额80亿余元，为打造百万吨铜冶炼基地提供了有力支撑。伊品生物生产的赖氨酸、苏氨酸、氨基酸等系列产品出口至欧洲、美洲、东南亚等80余个国家和地区，年出口量20万吨。大地云天化工有限公司作为北方最大的磷肥生产基地，年出口额10亿余元，产品远销印度、孟加拉国、巴西、阿根廷等国家。进出口运输方以水路、铁路为主。年内，全市外贸进口总值113.9亿元，比上年增长23.7%；外贸出口总值40.3亿元，比上年增长30%。 （李俊鹏 刘涌泉）

表18 2022年赤峰市前20位进出口国家或贸易往来地区一览表

产终国	进出口		出口		进口	
	进出口总额（亿元）	比上年增长（%）	出口额（亿元）	比上年增长（%）	进口额（亿元）	比上年增长（%）
俄罗斯	39.90	23.60	2.60	66.10	37.30	21.50
智利	22.70	53.00	0.10	2798.00	22.60	52.40
秘鲁	12.90	–5.60	0.10	14.00	12.80	–5.80
蒙古	8.00	76.70	0.10	82.30	7.90	76.60
印度尼西亚	6.90	987.10	1.90	222.90	4.90	14028.00
印度	6.40	105.30	5.50	648.40	0.90	–63.30
刚果民主共和国	5.60	69.10	0	–93.90	5.60	71.60
马来西亚	4.80	1799.90	0.50	83.00	4.30	—
澳大利亚	4.70	280.50	1.10	–6.00	3.70	2751.20
墨西哥	4.60	–24.40	0.50	57.90	4.00	–29.10
日本	3.50	50.20	3.40	45.00	0.10	1573.90
美国	3.50	–50.60	2.40	–25.30	1.10	–72.00
巴拿马	3.00	65.50	0.10	475.20	3.00	63.20
孟加拉国	3.00	54.90	3.00	54.90	0	—
泰国	2.10	82.80	2.10	86.50	0	–100.00
意大利	1.70	85.50	1.70	86.50	0	–8.60
韩国	1.60	8.20	1.60	8.30	0	5.30
阿根廷	1.40	1530.60	1.40	1528.30	0	—
巴西	1.20	–76.00	1.00	–72.50	0.30	–83.40
菲律宾	1.20	609.70	0.30	91.70	0.90	—

（赤峰海关）

表 19　2022 年赤峰市进出口运输方式值一览表

运输方式	进出口		出　口		进　口	
	进出口额（亿元）	比上年增长（%）	出口额（亿元）	比上年增长（%）	进口额（亿元）	比上年增长（%）
水路运输	102.90	22.90	34.40	33.20	68.50	18.30
铁路运输	48.10	35.30	2.40	52.80	45.80	34.50
航空运输	2.80	45.10	2.70	41.50	0.10	458.70
公路运输	0.90	–54.90	0.80	–51.90	0	–82.00
其他运输	0.50	20.80	0	—	0.50	–100.00

（赤峰海关）

表 20　2022 年赤峰市主要进出口商品一览表

商　品　名　称	进出口（亿元）	比上年增长（%）	出口（亿元）	比上年增长（%）	进口（亿元）	比上年增长（%）
铜矿砂及其精矿	83.90	11.00	0	–15.10	83.90	11.00
锌矿砂及其精矿	15.10	190.00	0	—	15.10	190.00
磷酸氢二铵	7.60	300.70	7.60	300.70	0	—
铅矿砂及其精矿	6.70	12.40	0	—	6.70	12.40
其他氨基醇酚、氨基酸酚及其他含氧基氨基化合物	5.10	–6.50	5.10	–6.50	0	—
未精炼铜；电解精炼用的铜阳极	5.00	687.30	0	—	5.00	687.30
谷氨酸钠	4.00	206.30	4.00	206.30	0	—
赖氨酸酯及盐	3.60	50.20	3.60	50.20	0	—
喀什米尔山羊细毛制针织钩编套头衫开襟衫等	2.20	27.50	2.20	27.50	0	–100.00
季戊四醇	2.10	–1.80	2.10	–1.80	0	—
磷酸二氢铵及其与磷酸氢二铵的混合物	1.80	–10.10	1.80	–10.10	0	—
已梳无毛山羊绒	1.70	84.30	1.70	84.30	0	—
制成的饲料添加剂	1.40	13.90	1.40	13.90	0	—
谷氨酸	1.00	–1.30	1.00	–1.30	0	—
银矿砂及其精矿	0.70	208.60	0	—	0.70	208.60
手持（包括车载）式无线电话机	0.70	—	0.70	—	0	—
其他草饲料	0.60	22.50	0	—	0.60	22.50
已烧结的铁矿砂及其精矿	0.50	—	0	—	0.50	—
羊毛制针织钩编套头衫开襟衫外穿背心及似品	0.50	29.30	0.50	29.30	0	—
其他初级形状的天然聚合物及改性天然聚合物	0.50	112.20	0.50	112.20	0	—

（赤峰海关）

表 21　2022 年赤峰市对外投资合作清理企业情况一览表

序号	境内主体名称	境外企业 / 机构名称	备案核准时间	经营情况	信息报送情况	企业注销 / 联系情况	清理意见
1	内蒙古宁城宝山工贸总公司	安达伊利其矿业有限责任公司	2006 年 7 月 4 日	未经营	连续三个季度未报送	境内企业已注销	盟市商务主管部门申请注销
2	内蒙古大牧场牧业（集团）有限责任公司	伊合日希日嘎啦公司	2017 年 12 月 14 日	未经营	连续三个季度未报送	长期无法取得联系	盟市商务主管部门申请注销
3	内蒙古塞飞亚集团有限责任公司	草原国际有限公司	2008 年 4 月 2 日	未经营	连续三个季度未报送	境外企业已注销	盟市商务主管部门申请注销
4	赤峰山金瑞鹏贸易有限公司	山金瑞鹏（香港）有限公司	2014 年 3 月 17 日	未经营	连续三个季度未报送	长期无法取得联系	盟市商务主管部门申请注销
5	宁城县新隆多金属矿业有限责任公司	香港新茂商贸有限公司	2015 年 10 月 21 日	未经营	连续三个季度未报送	长期无法取得联系	盟市商务主管部门申请注销
6	内蒙古中塔矿业投资有限公司	吉尔吉斯斯坦共和国中亚金属有限责任公司	2012 年 7 月 2 日	暂停经营	连续三个季度未报送	境外企业已注销	盟市商务主管部门申请注销

（市商务局）

【外贸跟踪服务】　2022 年，赤峰市支持优异种质资源安全引进，12 次前往自治区首家“万头”进境种牛隔离场进行实地指导。为结对帮扶村开展小米有机认证及产品推广，认证小米每千克增值 0.5 元，年增收 300 万余元。赤峰海关与市市场监管局联合执法，围绕企业联合抽查、食品安全、知识产权保护、企业信用管理、实验室检测、地方标准建设等方面落实协议。赤峰海关与赤峰应用技术职业学院“检、学、研”关院互助，围绕共建研究与分析测试平台、联合攻克检测技术壁垒、共同申报研究项目及重大技术平台建设项目、联合制定相关技术标准和培养人才等方面落实协议。

（刘涌泉）

【“赤峰羊绒”加工出口】　2022 年，赤峰市绒山羊存栏 140 万只，原绒产量 1000 吨，全国年原绒交易量在 2500 吨以上。建成罕山白绒山羊种羊场及核心群、扩繁群三级繁育体系。全市形成红山区、林西县等 5 个绒毛产业加工集聚区，有 50 余家企业从事羊绒收购、加工和羊绒制品生产、销售。年销售收入超 500 万元的绒毛加工企业 13 家，其中销售收入亿元以上企业 4 家，生产加工羊绒衫 63 万件、羊绒围巾及披肩 20.6 万条，实现产值 18.6 亿元。全市羊绒制品出口创汇 5400 万美元，占全市外贸出口总额的近十分之一。

▶▶ 链接

赤峰羊绒

“赤峰羊绒”产自于赤峰罕山白绒山羊，罕山白绒山羊于 1995 年 9 月被自治区人民政府验收命名。罕山白绒山羊长期生活在气候寒冷、植被稀疏的赤峰北部地区，主要分布在赤峰市的阿鲁科尔沁旗、巴林右旗、巴林左旗、翁牛特旗、克什克腾旗、林西县，对恶劣自然条件和特定的生态环境适应能力强。其体型较大，体质结实，所产羊绒纯白，纤维细长均匀，富有光泽和弹性，羊绒的细度达 13.1 ～ 15.5 微米，长度 36 毫米以上，被称为“白中白”。罕山白山羊绒因其“细、长、白”特点享誉行业，在日本被誉为“纤维宝石”，在英国被称为“纤维之冠”，在美国被叫作“白色云彩”，在草原上被誉为“软黄金”。中国羊绒产量占世界总产量的 75%，内蒙古羊绒产量占全国产量的 42.5%，赤峰市是蒙东地区最大的羊绒集散地，其山羊绒产量占自治区的 25.6%，是自治区第二羊绒大市。　（王江南）

境外经济技术合作

【境外投资】　2022 年，赤峰市赴境外投资企业 16 家，分布在世界 11 个国家和地区。投资总额 11.95 亿美元，赤峰方出资 11.36 亿美元，主要经营矿产品勘查、国际贸易、金融商贸、房地产开发、木材采伐、农畜产品加工等。

【境外投资企业监管】　2022 年，市商务局开展全市外经企业线上培训，规范信息填报机制、内容。指导外经企业完成自治区商务厅线上检查。依据《关于开展长期停业未经营企业清理工作的通知》《对外投资备案（核准）报告暂行办法》《对外直接投资统计制度》等文件，启动长期停业未经营企业清理工作。清理在2021年12月31日前（含12月31日）取得《企业境外投资证书》后两年内未开展对外投资；开展过对外投资，2019年、2020年、2021年连续3年未开展对外投资且未在“商务部业务系统统一平台”报送信息；境外企业或境内主体已注销3种情形的“僵尸”企业6家。

【境外投资企业培训】 2022年1月21—22日，赤峰市商务局组织相关企业参加商务部组织的新版三项部门统计制度线上培训会议，解读制度修订内容，解答重点企业在制度落实执行中的有关问题。4月28日，组织企业参加商务厅对外投资备案报告工作业务培训会议，学习企业信息填报流程、企业常见问题及管理端操作流程。

【境外项目风险防控】 2022年，赤峰市对外投资企业面临的海外风险加大，企业面临法律与政策环境的新变化，投资与经营活动的不确定性增加。市商务局加强对外投资企业风险防控工作；排查境外项目风险隐患，定期调度、掌握对外投资企业人员流动情况；督促高风险地区企业制定境外项目风险防控预案和化解措施。对吉尔吉斯斯坦、蒙古国等国家对外投资企业发出风险预警。

（王　慧　胡孝通）

开发区建设

【概况】 2022年，赤峰市有6个经济开发区，其中一类开发区1个、二类开发区5个。一类开发区为内蒙古赤峰高新技术产业开发区，其主导产业为冶金化工、医药、装备制造、电子信息、化工、生物医药和物流等。二类开发区为内蒙古赤峰有色金属开发区、内蒙古赤峰冶金化工开发区、内蒙古赤峰农畜产品开发区、内蒙古赤峰承接产业开发区、内蒙古赤峰商贸服务物流园区，主导产业有农畜产品加工、有色冶金化工、农畜产品加工、黑色金属冶炼化工、食品加工、商贸物流等。6个开发区因地制宜，精准定位发展方向，充分依托赤峰市资源禀赋、产业基础及区位优势，推动产业、项目集聚，承接市外高端产业、优质项目加速集中，形成绿色农畜产品加工、现代冶炼加工、新能源、现代医药等产业集群。年内，实现工业总产值1615.16亿元，营业收入1489亿元，工业固定资产投资126.68亿元，税收25.46亿元，新开工招商引资项目233个，总投资411.05亿元，完成66.19亿元。

（李俊鹏）

【赤峰高新技术产业开发区】 赤峰高新技术产业开发区包括东山产业园、红山产业园、元宝山产业园和松山产业园。按照建设国家承接产业转移合作示范区行动方案（2021—2025）要求，高新区确定“一区四园”主导产业和项目引进主攻方向，打造以铜、铝、锌、硫酸及氢氟酸化工、循环经济、精细化工、纺织、新能源及装备制造、生物医药以及信息技术等产业为主导的高科技产业集群，在重点发展的18条产业链中，有11条产业链与高新区相关，产业链之间紧密相连，企业之间环环相扣，聚焦延链、补链、强链，形成具有高新区特色的产业链发展模式。截至年末，赤峰高新区“一区四园”入驻企业435家，实现工业产值1014.06亿元；有高新技术企业50家，科技型中小企业42家，规模以上工业企业88家。

重点项目建设 2022年，高新区“一区四园”计划实施总投资5000万元以上重点项目58项，以项目为单位统计新建项目开复工率为98.39%，手续办结率为92.45%。年内完成投资49.13亿元。“一区四园”均启动智慧园区建设项目，其中东山产业园总投资2200万元，设计功能融入产业链模块、优化营商环境企业在线服务和智慧基础设施3项内容，深化双碳背景下的能源综合管理；启动高新区老虎工业云项目，建立国内领先的工业互联网与数字化新基建平台，并与智慧园区项目进行链接，为全市工业企业提供服务，加快企业与工业互联网的高度融合。

基础设施建设 实施园区基础设施项目24个，完成投资4.6亿元，建设盘活标准化厂房面积58.1万平方米，完成基础设施投资5.5亿元。启动高新区2#固废处理场运营权和东山水务公司100%股权（含供水特许经营权）对外转让工作，使用盘活资金用于园区基础设施建设，启动赤峰高新区供水工程和东山产业园道路（给排水管线）、1.9万平方米标准化厂房建设项目，实施总投资9.96

赤峰高新技术产业开发区元宝山产业园　（赤峰高新区管委会　供图）

赤峰高新技术产业开发区松山产业园　（赤峰高新区管委会　供图）

亿元的园区基础设施PPP项目。启动赤峰工业产业创新研究院科创中心工程项目并交付使用，设计功能包括科研实验、工业规划展示、指挥园区指挥调度中心，同步引入浙江大学科创团队，对该团队的5项技术进行科研成果转化。启动“职工之家”项目，总投资5000万元，建设一站式企业服务中心，设计使用功能为园区政务服务、企业周转办公住宿和会议中心；启动化工集中区需配套的消防站、公共应急事故池、危险化学品停车场3项重点建设项目，总投资1.5亿元。以“两个基地”为抓手，实施新能源绿色替代行动，启动高新区绿色供电项目，建设规模为50万千瓦风力发电，年发电量为13.26亿千瓦时，项目总投资37.3亿元；启动高新区东山产业园增量配电业务试点项目，通过引入社会资本参与配网建设，提高新能源接入比例。开展综合能源服务，降低企业综合用能成本，打造能源价格洼地。

科技创新　根据产业链部署创新链，推进培育科技型中小企业和高新技术企业创新，“一区四园”企业获得发明、实用新型、外观设计等专利926项；拥有自治区级工程技术研究中心7个，高新技术特色产业化基地3个，新型科技研发机构3个，企业研发中心38个，科技企业孵化器5个。高新区新增科技型小企业18家、高新技术企业12家，年内完成2个批次9家企业申请晋升国家高新技术企业认定，第3批次5家企业上报申请，申请认定完成8个批次32家科技型中小企业。　（薛　冰）

赤峰高新技术产业开发区红山产业园　（赤峰高新区管委会　供图）

【赤峰承接产业转移开发区】　赤峰承接产业转移开发区位于宁城县。规划范围4.5平方千米，为“一区两园”布局，下设中京工业园区和汐子工业园区。截至2022年末，入驻企业64家，其中规上工业企业12家。工业总产值124亿元，销售收入118亿元，工业增加值37亿元；规模以上工业企业12家，工业总产值93.6亿元，销售收入81.5亿元，上缴税金1.06亿元。

重点工业项目建设　2022年，经济开发区17个工业项目列入重点项目，总投资171.3亿元。截至年末，已开（复）工项目16个，完成固定资产投资43.8亿元。未列入本年重点项目的新开工项目5个，总投资11.5亿元。

基础设施建设　2022年，投资9.2亿元，实施基础设施项目13项。投资2.88亿元实施园区道路工程，总长度23.9千米。汐子园区的纬四街、纬五街、经十一路和中京园区的聚盛街均已完工。投资2.45亿元的中水回用工程于年初供水。投资2600万元的绿园污水处理厂升级改造工程于12月竣工并投入运行。投资3100万元的开发区综合服务中心项目正在进行一层主体施工。投资1200万元的中京园区生活引用水工程开工。　（魏利达）

【赤峰有色金属开发区】　赤峰有色金属开发区由林西产业园和林东产业园组成。2022年，开发区工业总产值121.19亿元，比上年增长8.5%，完成投资13.22亿元，实现税收2亿元。完成招商引资任务9个，其中林西产业园5个、林东产业园4个。编制完成区域评估事项18个，为拟入园25个项目适用区域评估成果50余件次，节省资金168万元。落实“项目管家”制度，安排专人负责开发区内实施的30余个重点项目，全年代办帮办跑办立项、土地、环评等前期手续200余件次。

项目建设 年内，开发区实施重点项目37个，计划总投资41.91亿元，完成投资13.22亿元。其中林西产业园实施重点项目20个，计划总投资20.31亿元，完成投资8.48亿元；林东产业园实施重点项目17个，总投资21.6亿元，完成投资4.74亿元。林西产业园久日公司年产9250吨光引发剂及中间体项目、宏远天呈公司光引发剂中间体项目试生产。延伸“冶炼—冶炼废料—有色金属回收”产业链，富强金属公司年处理有色金属废料15万吨、恒富公司3万吨锌焙砂冶炼生产线等项目建成投产，顺程工业废物回收处理利用项目试生产。打造“萤石—氢氟酸—二氟乙烷—二氟一氯乙烷—偏氟乙烯—聚偏氟乙烯”氟化工全产业链，天一年产2万吨二氟乙烷项目于2022年12月试生产。佰惠生新农业8万吨功能糖、佰惠生生物鲜酵母项目试生产，穆香源公司二期标准化厂房项目完工，磐鑫彩钢年产6.5万吨彩钢结构、林峰源年产240万件陶瓷项目试生产。林东产业园鹏峰化工年产10万吨无水氟化氢及高端含氟材料联产一期项目投产。通过硫酸、氟化工产业链和精细化工产业链精准招商，引入内蒙古氟满鑫化工有限公司、巴林左旗昌禄商贸有限公司等5家企业，协议总投资12亿元。磊鑫石材年产100万平方米花岗岩石材加工项目完成综合楼、厂房主体建设。赤峰紫川年产2000吨碳纤维一期项目投产，二期项目启动实施；赤峰金帆再生资源年处理52万吨废旧蓄电池及含铅废物综合利用一期项目投产。

基础设施建设 年内，开发区实施基础设施项目15个，计划总投资9.31亿元，完成投资3.94亿元。其中，林西产业园项目7个，总投资3.61亿元，完成投资2.6亿元；林东产业园项目8个，总投资5.7亿元，完成投资1.34亿元。投资4067.03万元，分别实施林西产业园、林东产业园智慧园区项目，建立一套整合园区安全、环保、应急、能源、物流、消防、办公、服务及应用支撑于一体的智慧管理和决策支持平台。林西产业园总投资8584.39万元，新建一座热源厂及配套设施。完成生活区地梁混凝土浇筑、桩基建设等工作。投资1.16亿元，实施冶金化工区供热（蒸汽）管线建设、市政道路及配套基础设施建设、冶金化工区双回路供电项目。林东产业园投资1.57亿元，实施工业园区供水、工业集聚区基础配套改造提升项目和凤凰山工业集聚区一号路B、C段等工程，完成道路施工2100米。林西产业园投资1.4亿元，实施肉食品深加工车间、食品加工区标准化厂房建设项目，新建标准化厂房5.74万平方米。林东产业园投资3.3亿元，实施标准化厂房建设。

（田忠岩）

【赤峰冶金化工开发区】 赤峰冶金化工开发区包括克什克腾旗产业园和巴林右旗产业园。主导产业为冶金、化工、农畜产品加工、清洁能源。2022年，赤峰冶金化工开发区入驻企业51家，其中克什克腾旗产业园13家、巴林右旗产业园38家，其中规模以上工业企业8家，实现工业总产值121.61亿元。

重点项目建设 开发区实施总投资5000万元以上重点项目13项，完成投资11.9亿元。启动内蒙古大唐国际克什克腾煤制天然气系列完善项目，动力工程完成90%；启动内蒙古大唐国际克什克腾煤制天然气70万方/日煤制天然气液化技改项目，2022年10月投产运行；启动克旗中益资源有限公司6000吨/年次氧化锌项目，土建工程完成总工程量的80%；启动内蒙古兴安银铅冶炼有限公司中水回用项目，总投资1168万元，完成土建工程、设备安装。

基础设施建设 2022年，开发区规划实施园区基础设施建设项目7个，总投资8.13亿元，完成投资3.78亿元。完成中小企业创业园基础设施建设项目（一期），建设园区道路3000米，完成给水管网、排水管网、雨水管网等工程；完成小微食品加工园区基础设施建设项目，建设园区道路1200米；完成扶贫产业基地综合服务平台建设项目。改扩建原雨润厂房1.5万平方米；完成小微食品加工园区3000立方米/日污水处理厂建设项目，项目投资4348万元，配套铺设污水管网1000米，尾水管线3000米。启动中小企业创业园基础设施建设项目二期工程，总投资2.57亿元，完成道路路基土石方、长距离排水管线、雨水污水管网、热力给水管网工程70%以上，电力、电信管网完成30%；投资5789.52万元，启动小微食品加工园区标准化厂房建设项目。

科技创新 大唐克什克腾旗煤制气公司发表科技论文16篇，其中核心期刊2篇，申请及授权发明专利3项，实用新型专利5项，落实科技创新项目5个；博元科技有限公司围绕申报高新企业工作要求，由技术中心负责成立高新研发课题组，申报并已授权实用新型专利11项；兴安银铅冶炼公司授权发明专利5项。开发区组织企业开展“玉龙人才”申报工作，4名候选人进入资格复审阶段。

（李春煜）

【赤峰农畜产品开发区】 赤峰农畜产品开发区包括翁牛特旗产业园和敖汉旗产业园。翁牛特旗产业园建成区面积6平方千米。入驻企业65家，协议总投资70亿元。产业园分南、北两区建设，南区产业定位以农畜产品加工为主，北区产业定位以新材料和装备制造业为主。现有国家级高新技术企业4家、自治区级农牧业产业化重点龙头企业4家，自治区级研发中心2个，自治区级院士工作站1个，上市公司及子公司5家。2022年，翁牛特旗产业园总产值64亿元，实现税收1亿元，安置就业6500人。

敖汉旗产业园建成区面积7.8平方千米，包括新惠工业园区和四家子工业园区。入驻企业70家，总投资5000万以上企业32家，其中亿元以上企业19家、规模以上企业11家，企业总投资83.48亿元。其中新惠工业园区主要发展方向为农畜产品加工、装备制造和新型材料，有亚洲最大的菊粉生产企业1家。四家子工业园区主要发展方向为冶金新材料产业，处于转型升级阶段。2022年，敖汉旗产业园招商引资入园项目16个，协议引资额10.65亿元，完成投资5.85亿元。建成投产企业实现产值54.8亿元，比上年增长71.25%；实现就业4863人，比上年增长81.25%；实现税收0.63亿元，比上年增长57.5%。

项目建设 2022年，翁牛特旗产业园实施工业项目14个，总投资12.94亿元，其中建成项目3个，包括中粮家佳康生鲜加工项目、鑫森智能节水灌溉设备项目、弘和膨润土5万吨食品级活性白土和1万吨蒙脱石项目。在建项目7个，盘活重组项目4个。4月2日，敖汉旗产业园召开全旗重点项目集中开复工现场会，集中开复工重点项目24个，其中新建项目16个、续建项目8个，总投资75.9亿元。实施重点项目10个，其中赤峰隆泰迪管道项目完成投资5600万元，赤峰隆铸36万吨汽车刹车盘项目完成投资1400万元，华锐风电年产100万千瓦风电机组项目开工建。

基础设施建设 2022年，翁牛特旗产业园总投资4.85亿元，实施基础设施建设项目8个。南区基础及配套设施建设项目完成雨污管网及3条街路铺装（海拉苏大街、工八路、工四街）施工；北区基础及配套设施建设项目完成地下管网工程、北四路路基工程；翁牛特旗农产品加工集散中心配套工程完成集散中心南侧新华街道路和给排水管网设施建设并投用；污水处理厂建设项目完成土建主体工程。翁牛特旗农畜产品加工中小微企业创业园（一期）完成2栋标准化厂房基础建设。园区供水厂建设项目（农产品加工集散中心供水工程）、园区给排水管网工程、智慧园区项目建成投用。敖汉产业园推进基础设施建设工程项目4个，完成双创科技园模块电暖工程、孟克河东补短板入企管网工程建设项目、小米产业园基础设施路桥建设项目，轻工制造产业园基础设施建设项目二期道路管网工程完成垫层。（刘永春　杨洪生）

【赤峰商贸服务物流园区】 内蒙古赤峰商贸服务物流园区由赤峰红山物流园、赤峰商贸物流城、赤峰和美工贸园、赤峰保税物流中心组成。赤峰商贸服务物流园区围绕打造“双子星座”的战略布局，主动融入新发展格局，全力做好商贸服务型国家物流枢纽承载城市建设，推进中欧班列（赤峰）常态化运行和公铁海联运能力提升，推进综合保税区、跨境电商综合试验区建设，夯实“国家示范物流园区”基础实力，推动赤峰市商贸物流高质量发展。2022年，园区物流业增加值115.5亿元，占第三产业增加值比重11.9%，占GDP比重5.4%。社会物流总额3904.8亿元，同比增长2.1%。社会物流总费用与GDP的比率为15.4%，同比下降0.2%。从事物流相关业务的企业900余家。

基础设施建设 园区整体规划11.43平方千米，截至2022年末，建成面积10平方千米，累计完成投资343亿元。其中，基础设施累计投资17亿元，达到“七通一平一监控”（“七通一平”指道路通、给水通、电通、排水通、热力通、电信通、燃气通及土地平整），建成内部道路45条、总里程44.5千米，建成铁路专用线及货运场站、高速公路互通、城市主干道直通园区等重要交通工程，具备公铁联运、海铁联运、便捷畅通的立体化交通运输条件；配套建成政务商务信息综合楼，建成信息公共服务平台，引入工商、税务、城管等部门实现“一体化管理、一站式办公”。采用政府推进、企业主导的模式启动建设内蒙古久通物流有限公司物联网仓储项目，主要建设物联网仓及商业楼，占地10.33公顷，总建筑面积3.3万平方米。续建红山物流园赤通高速北基础设施二期道路工程项目，完善拟入住园区新建项目的通路、给水、排水等配套基础设施服务。

园区建设 赤峰铁发商贸有限公司作为运营主体企业，通过战略合作、业务协同、签署合作协议等形式与各相关企业形成紧密的协同合作关系，构建企业合作联盟体，形成“合

内蒙古赤峰商贸服务物流园区红山物流园　（赤峰日报社　供图）

作共赢、优势互补、风险共担、资源集约”的系统运营机制。运营内蒙古自治区首家B型保税物流中心“赤峰保税物流中心”，开通“中欧班列”，建设3条铁路专用线，与锦州港、天津港、葫芦岛港、绥中港等港口合作开通铁海联运集装箱班列。企业联盟体中的其他主体企业，包括赤峰国际陆港保税物流发展有限公司、内蒙古蒙东医药现代物流有限公司、内蒙古久通物流有限公司、赤峰恩志物流有限公司、内蒙古牧数信息科技有限公司和赤峰蒙东云计算产业发展中心等。园区入驻个体工商户5250家，其中内蒙古红山物流园区3301余家、赤峰商贸物流城85家、赤峰和美工贸园区1864家，合计提供6.3万个就业工作岗位。园区运营项目吞吐量1900万吨，园区社会物流总额占全市社会物流总额的30%。园区内运营仓储面积130万平方米，常温库124万平方米、冷库6万平方米，使用率90%。年内完成快递1.2亿单。园区内有公路干线300条，日发送车辆1200余辆。（李俊鹏）

【“项目管家”制度】 2022年，赤峰高新区建立“项目管家”工作制度，推进氧化铝项目增资扩股，完成年产3600吨高性能钨钼棒丝材及制品研发制造签约；引进明岳高端含氟新材料产业园、工业气体和氟基电子特气研发生产示范基地等项目；启动赤峰工业产业创新研究院科创中心工程项目，并签约引入浙江大学科创团队。为发挥“项目管家”制度效能，高新区从每个项目专班中抽调1名成员作为重点项目贴身“秘书”，成立专项秘书工作组，同步建立跟踪服务协调机制和“项目管家”清单台账，定期或不定期组织召开项目管家工作例会、企业家恳谈会，收集问题、建立台账、分析研判、精准施策、帮跑代办，打造涵盖企业创立、建设、运营等各环节在内的全生命周期服务体系。（王 慧）

经贸促进

【商事法律服务】 2022年，赤峰市商务局办理原产地证201份，原产地证金额2608.3万美元；办理领事认证9份；商事认证10份；组织和正美、天宇膨润土、塞飞亚等相关企业参加RCEP（《区域全面经济伙伴关系协定》）政策解读、贸法通大讲堂等30余场贸促系统业务培训会；协助自治区贸促会组织开展RCEP生效后情况调研、俄乌冲突对企业影响调研以及一季度企业建议专题调研，收集相关调查问卷21份；对全市登记的48家外资企业进行摸底调查，截至年末，43家外资企业正常运营；组织开展“贸法通”宣传推介活动，按照中国贸促会企业跨境贸易投资法律综合支援平台（贸法通）内蒙古轮值宣传服务月工作方案要求，帮助企业解决在跨境贸易中遇到的法律问题。

【支持跨境电商发展】 2022年，赤峰市商务局组织跨境电商专项资金项目申报，经旗县区推荐上报项目19个，评审其中10个项目符合要求，最终确定支持2021年度跨境电商项目8个，支持资金总额952.92万元（待批）。拨付自治区级跨境电商综合试验区建设资金500万元，向红山区拨付建设资金，并下发资金使用方案。跨境电商线上线下协同发展。赤峰跨境电商展示交易中心提档升级完成，展销来自韩国、日本、俄罗斯等30个国家和地区的近5000种商品的跨境进口商品线下体验旗舰店；通过“赤峰全球购”跨境电商平台完成跨境电商零售进口业务2.4万单，交易金额772万元。

【跨境电商宣传推广】 2022年，赤峰市开展跨境电商对接交流、宣传推广、培训活动。组织企业参与海外仓布局与跨境电商创新培训、WMS仓储管理系统培训等线上、线下培训活动；推动与阿里巴巴国际站等知名跨境电商平台对接，在红山区、翁牛特旗举办对接交流、宣传推广活动5场。

【赤峰跨境电商B2B出口业务“9810”开通】 2022年3月4日，随着海关系统放行指令完成，内蒙古梭梭树信息科技有限公司通过赤峰跨境电商综服平台完成赤峰市首单跨境电商B2B出口海外仓业务（9810），（海关监管方式代码“9810”，全称“跨境电子商务出口海外仓”，简称“跨境电商出口海外仓”，适用于跨境电商出口海外仓的货物。境内企业通过跨境电商平台与境外企业达成交易后，将出口货物通过跨境物流送达海外仓，通过跨境电商平台实现交易后从海外仓送达购买者）也是自治区首单“9810”跨境电商出口业务，标志赤峰市跨境电商综合试验区跨境电商B2B出口业务全面开通运行。内蒙古梭梭树信息科技有限公司以“9810”业务模式申报清关的内胆包、绕线器等20余种商品将通过水路运输方式运往马来西亚。市商务局、满洲里海关、赤峰海关、赤峰保税物流中心管委会召开专题会议研究通关流程，精准指导企业申报“9810”业务开通工作。“9810”业务开通后，赤峰跨境电商企业实现先将货物批量出口至海外仓，经跨境电商平台完成线上交易后，货物再由海外仓送至境外消费者。通关全程无纸化并优先查验，报关方式简单便捷，通关成本低，货物通关时效快。

（王 慧 王江南 胡孝通）

海 关

【概况】 2022年，赤峰市推广原产地证书“智能审核＋自助打印”智慧审签，签发关区首份RCEP（《区域全面经济伙伴关系协定》）原产地证书，全年累计896份，货值6.83

亿元，减免给惠国关税3415万元。征收税款2933.67万元人民币，比上年增长13倍。落实税收政策，办理64台高端设备进口手续，货值3370万元，减免税款449.1万元。推动加工贸易发展，为2家企业办理加贸手册核销结案，进出口备案金额10.31亿元。完成赤峰瑞阳化工AEO（经认证经营者）高级认证。7月13日，赤峰市人民政府与满洲里海关签署合作备忘录。满洲里海关在打造高水平对外开放平台、正常化运行中欧班列、规范发展跨境电商、优化升级产业结构、提升贸易便利化水平等方面为赤峰提供支持。

【审核审批优化】 2022年，赤峰海关设立业务咨询服务窗口及咨询服务电话，以专人指引、线上答疑等政务服务方式推动企业问题“清零机制”。推广国际贸易“单一窗口”应用，压缩审核审批办理时限，依企业意愿实施“两步申报”模式。深化“放管服”改革，提高跨境贸易海关信息化应用水平，改善通关服务、提高贸易安全。

【检验监管】 2022年，赤峰海关对安全生产工作开展“滚动式”监督检查和“回头看”，坚决防范安全事故发生。加强进出口危化品及危包检验监管，落实持证上岗和安全防护要求，全年出口危险品及其包装219批4.6万件。针对出口液氯散装特点，实行“边检验、边装运”模式，监管出口液氯25批4487.4吨。加强出口食品、农产品安全验放，监管出口保鲜香菇1038吨、货值1931万元，比上年分别增长369%和278%；出口禽肉1544.95吨、货值4241万元，与上年持平。加强出口化肥检验监管，监管出口化肥28批次31.77万吨，货值19.28亿元。关区内首次开展“互联网+核查”作业，探索后续核查、贸易调查、精准稽查“三查”联动，补税入库57.96万元。推动市政府设立打私办，组织召开全市打私工作会议，配合缉私局开展治枪治毒工作。开展国门生物安全监测，严防动植物疫情疫病传入传出，监管万寿菊等花卉种子出口3.97吨、货值1678万元。推进国家肉类及其制品重点实验室建设，拓展检测项目13项，通过中国合格评定国家认可委员会认证7项，实验室检测样品931个、2486项，精矿鉴重12批次，取样103个，鉴重5.14万吨。

（王　慧　刘涌泉　王江南）

【国际贸易“单一窗口”推广应用】 2022年，赤峰海关压缩审核审批办理时限，依企业意愿实施“两步申报”模式。企业办理退税时，通过国际贸易“单一窗口”退税系统，“一站式”办理退税业务，全程无纸化在线申报，申请时间压缩至5分钟，退税时间缩短至3个工作日。货物申报、舱单申报、运输工具申报、物品通关、跨境电商、口岸物流、检验检疫、收费公示等16大类对外服务事项实现“一点接入、一次提交、一次查验、一键跟踪、一键办理”，避免现场奔波、纸质申请、重复提交的烦琐程序，实现进出口贸易通关各环节“最多跑一次”，甚至“一次不用跑”。国际贸易“单一窗口”的推广使用，实现口岸部门间申报数据信息共享，企业申报数据项减少30%，通关时间压缩30%，节省人力资源50%。

【蒙东地区首份RCEP原产地证书签发】 2022年1月4日，赤峰瑞阳化工有限公司出口日本的5批货值41.55万美元的季戊四醇获赤峰海关签发的RCEP（《区域全面经济伙伴关系协定》）原产地证书，享受日本零关税待遇，降税幅度3.1%，节省关税成本6.4万元。瑞阳化工获签的RCEP原产地证书是满洲里关区（赤峰市、通辽市、呼伦贝尔市和兴安盟）签发的首份RCEP原产地证书，标志着RCEP关税减让政策在内蒙古自治区东四盟市落地。（王　慧）

农牧业

责任编辑　孙美丰

农牧业

综 述

【农牧业发展】 2022年，赤峰市农牧行业统筹新冠疫情防控和农牧业农村牧区现代化发展，以脱贫攻坚与乡村振兴有效衔接为抓手，推动乡村产业集中集聚集约发展。全市农牧业总产值450.4亿元，粮食总产量656万吨，改造和新增设施农业面积6666.67公顷。牲畜存栏2088.9万头只，比上年增长4.8%。肉类综合生产能力116.5万吨，蛋、奶、水产品总产量分别为37.1万吨、57.4万吨和1.1万吨。全年未发生区域性重大动物疫情。

【现代农业】 2022年，赤峰市粮食播种面积113.46万公顷，比上年增长1.2万公顷；大豆扩种7.63万公顷，大豆玉米带状复合种植7600公顷，超额完成自治区下达的任务。全市粮食总产量首次突破650万吨，居自治区第3位。以标准化、智能化为发展方向，推进设施农业提档升级，设施农业综合占地面积12.41万公顷。制发《赤峰市2022年黑土地保护性耕作推进行动实施方案》，将农机购置补贴、农机深松整地补助等项目资金向保护性耕作倾斜，建成保护性耕作高标准应用基地21个，建设玉米、小麦保护性耕作长期监测点4处，完成保护性耕作6.27万公顷。

【绿色兴农】 2022年，赤峰市以生态优先、绿色发展为导向，推进农牧业面、源污染防治，开展优质高效增粮示范行动，争取中央财政资金2001万元，建设示范面积2.52万公顷。推进化肥减量增效行动，建设化肥减量示范区55个，示范面积3.51万公顷，保持化肥农药负增长。实施秸秆综合利用和地膜回收处理，秸秆综合利用率89.4%，地膜回收率82.3%，地膜离田面积35.51万公顷。加强农畜产品质量安全监管，以农产品质量安全县创建为重点，推进农产品质量追溯和网格化监管。

2022年，赤峰市设施农业产值实现144.72亿元，设施农业实现全年生产、四季上市。图为赤峰和润农业高新科技产业开发有限公司种苗繁育区

（市政协文史委　供图）

【农业执法】 2022年，赤峰市推进“证照分离”改革和“双随机一公开”监管，落实行政执法“三项制度”（行政执法公示制度、行政执法全过程记录制度、重大执法决定法制审核制度）。加大农牧业综合执法力度，累计出动执法人员1290人次，立案33起，结案19件，收缴罚没款51.9万元。

【农业保险】 2022年，赤峰市农业保险保费总规模为11.44亿元，农户自缴保费2.2亿元，各级财政补贴保费9.24亿元。全市农业保险签单保费赔付数量225.44万亩头，赔款7.33亿元，资金赔付率64.05%，赔付农户41.06万户。种植业保险签单保费5.72亿元，赔付数量9.86万公顷，赔款3.57亿元，资金赔付率62.33%，赔付农户34.57万户；养殖业保险签单保费4.82亿元，赔付数量18.66万头，赔款3.43亿元，资金赔付率71.11%，赔付农户6.18万户；森林和草原保险签单保费6425.82万元，赔付数量3.77

万公顷，赔款1379.61万元，资金赔付率21.47%，赔付农户1018户；设施农业保险签单保费2598.98万元，赔付数量1580公顷，赔款1977.62万元，资金赔付率76.09%，赔付农户2161户。

（姚宇多）

种植业

【概况】 2022年，赤峰市实施“藏粮于地、藏粮于技”战略，落实粮食安全党政同责，围绕稳粮扩豆任务，稳面积提单产促增收。全市粮食作物种植面积113.5万公顷，比上年增加1.2万公顷。粮食总产量656万吨，比上年增加31.2万吨，增速居自治区第2位，产量连续10年保持在500万吨以上。杂粮杂豆种植面积35.47万公顷，产量121.95万吨。油料作物种植面积3.52万公顷，比上年减少0.6万公顷；产量10.2万吨，减产21.4%。

【玉米种植】 2022年，赤峰市12个旗县区均有种植。种植面积64.11万公顷，比上年增加5.8万公顷；总产量489.28万吨，比上年增加46.1万吨；单产每公顷7.65吨，每公顷比上年增加0.03吨。主要施肥方式先基肥加追肥，主要灌溉方式为漫灌和滴灌，种植方式为大小垄种植。种植品种主要有先玉335、京科968、赤单218、利禾1、华农887、吉农大401、丰田13、农华118等。

【水稻种植】 2022年，赤峰市播种面积1.55万公顷，比上年减少3906.67公顷；总产量10.79万吨，比上年减少1.7万吨；单产每公顷6.97吨，每公顷比上年增加0.53吨。主要分布在翁牛特旗、敖汉旗、巴林右旗，主要施肥方式为先基肥加追肥，主要灌溉方式为河水灌溉，种植方式为育秧。主要品种有龙洋16、松粳16、松粳12、稻花香等。

表22 2022年赤峰市粮食作物播种面积及产量统计表

项目	播种面积（公顷）	产量（吨）
合计	1134591.39	6560084.50
一、谷物	1001855.11	6276907.35
（一）稻谷（中稻和一季晚稻）	15483.96	107873.13
（二）小麦（春小麦）	29610.56	94821.37
（三）玉米	641130.38	4892832.91
（四）其他谷物	315630.22	1181379.94
1. 谷子	197077.21	707678.05
2. 高粱	59923.63	354944.71
3. 大麦	273.83	588.36
4. 燕麦	15424.86	39016.21
5. 荞麦	33765.24	60158.61
6. 其他	9165.45	18994.01
二、豆类	115812.40	168482.63
（一）大豆	76253.15	127577.91
（二）绿豆	37670.54	38212.13
（三）红小豆	213.09	340.04
（四）其他杂豆	1675.62	2352.54
三、薯类（折粮）	16923.87	114694.52
（一）马铃薯（折粮）	16751.64	114115.89
（二）甘薯（折粮）	172.23	578.63

（市农牧局）

【小麦种植】 2022年，赤峰市播种面积2.96万公顷，比上年增加353.33公顷；总产量9.48万吨，比上年增加3.5万吨；每公顷单产3.2吨，比上年增加0.08吨。主要分布在克什克腾旗、翁牛特旗、松山区。主要施肥方式为先基肥加追肥，灌溉方式以旱作为主、漫灌为辅，种植方式均垄种植。主要品种有克春4、克春5、农麦35、赤麦5、赤麦7、克旱16等。

【马铃薯种植】 2022年，赤峰市马铃薯播种面积1.68万公顷，总产量11.41万吨。除红山区外，其他旗县区均有种植，其中克什克腾旗种植面积最大。“克什克腾马铃薯”是赤峰市名特优新农产品，2021年12月入选由农业农村部农产品质量安全中心评选的第三批全国名特优新农产品名录。

【谷子种植】 2022年，赤峰市各旗县区均有种植，主要分布在宁城县、敖汉旗、翁牛特旗、松山区。播种面积19.71万公顷，比上年减少1.58公顷；总产量70.78万吨，比上年减少8.8万吨；单产每公顷3.59吨，比上年减少0.15吨。主要施肥方式先基肥加追肥，灌溉方式以旱作为主、漫灌和滴灌为辅，种植方式大小垄种植。主要品种有赤谷9号、赤谷10号、航农8号、赤谷16、神谷5、神谷6、铁杆大金苗、山西红谷、大白谷、黄金苗、黄八杈、大金苗、张杂谷5号、张杂谷10号、沁谷1号、吨谷1号等。

【高粱种植】 2022年，赤峰市播种面积5.99万公顷，比上年减少8326.67

敖汉旗三十二连山杂粮种植基地　（市农牧局　供图）

公顷；总产量35.49万吨，比上年减少1.6万吨；每公顷单产5.92吨，比上年增加0.48吨。除林西县、克什克腾旗、巴林右旗、红山区很少种植外，其他旗县区均有种植。主要施肥方式为先基肥加追肥，灌溉方式以旱作为主、滴灌为辅，种植方式大小垄种植，品种以敖杂、吉杂、赤杂、辽杂系列为主。

【向日葵种植】　2022年，赤峰市向日葵种植面积3.09万公顷，比上年减少0.5万公顷；总产量9.16万吨，比上年减少2.42万吨。主要分布在元宝山区、松山区、阿鲁科尔沁旗、巴林左旗、巴林右旗、林西县、翁牛特旗、克什克腾旗。巴林右旗西拉木伦苏木向日葵种植面积1333.33公顷，总产量4000余吨，为种植户创收4800余万元。

【蔬菜种植】　2022年，赤峰市蔬菜产量301.9万吨，减产5.3%。种植的蔬菜主要有番茄、辣椒、黄瓜、茄子、胡萝卜、大白菜等。全市黄瓜播种面积3666.67公顷，总产量58.2万吨，每公顷单产158.39吨。茄子播种面积1100公顷，总产量7.7万吨，每公顷单产70.03吨。胡萝卜种植面积3726.67公顷，总产量25.7万吨，每公顷单产67.83吨。大白菜播种面积3313.33公顷，总产量21.4万吨，每公顷单产64.64吨。

番茄　全市各旗县区均有种植，主要分布在宁城县、松山区、喀喇沁旗，种植面积1.1万公顷，产量108.4万吨，每公顷单产98.85吨。主要施肥方式先基肥加追肥，主要灌溉方式滴灌，按照设施结构不同番茄种植分温室番茄、塑料大棚番茄。主要种植品种有汉姆系列、普罗旺斯系列、欧顿系列、天赢系列、赛丽、思贝得等。

辣椒　全市各旗县区均有种植，主要分布在宁城县、松山区、翁牛特旗。播种面积5640公顷，总产量35.9万吨，每公顷单产63.6吨。主要施肥方式先基肥加追肥，主要灌溉方式为滴灌，种植方式为温室或冷棚种植。设施种植面积稳定在5333.33公顷，陆地种植面积稳定在4000公顷，主要品种有长金、37–82、长剑等。

【水果种植】　2022年，赤峰市水果产量31.8万吨，减产11%。水果种植品类主要有红富士苹果、国光苹果、雪花梨、鸭梨、桃、葡萄、红枣等。各旗县区均有种植，主要集中在松山区、宁城县、林西县、阿鲁科尔沁旗、巴林左旗、喀喇沁旗、元宝山区等地。

【中药材种植】　2022年，赤峰市中药材在田面积3.2万公顷，产量39.05万吨，产值47.79亿元。其中，桔梗种植面积4880公顷，北沙参种植面积1533.33公顷，防风种植面积1666.67公顷，黄芪种植面积7733.33公顷，黄芩种植面积1800公顷，板蓝根种植面积1000公顷。桔梗产量17.6万吨，占全国总产量的70%；北沙参产量1.33万吨，占全国总产量的85%。

【农作物重大病虫害防治】　2022年，赤峰市农作物病虫草鼠害累计发生面积2.8万公顷，防治2000公顷次，挽回粮食损失45万余吨。市农牧局重点开展专业化防治队伍建设，组织专业化防治人员进行重大病虫应急防治；引进新农药、新药械进行田间试验、示范推广。发布农作物病虫情报58期3600份，中、短期预报准确率超90%。农技人员与种植大户、农资经销人员、村干部建立手机微信群，快速反应，科学防治，全市重大病虫害防治效果超90%。

【高标准农田建设】　2022年，赤峰市对12个旗县区水浇地进行高效节水改造，推广旱作高标准农田建设。年内6.83万公顷高标准农田建设任务全部完工，全市累计建设高标准农田 18.35 万公顷，居自治区首位。

【农药监管】 2022 年，全市出动执法人员 735 人次，整顿农药市场 83 个，检查农药生产企业 16 家次，检查农药经销商户 1020 家次，检查蔬菜、果树等集中连片生产基地 36 个。全市农药实际总用量 2119.45 吨，比上年减少 5%。

【植物检疫】 2022 年，赤峰市按照《植物检疫条例》实施调运检疫规程和报检申请制度。出省调运方面，签发植物检疫证书 305 份，包括 10 种作物 301 个品种，调运数量 1.48 万吨；省内调运方面，签发植物检疫证书 1547 份，包含 15 种作物 708 个品种，调运数量 4707.9 吨。各旗县区检疫机构按产地检疫操作规程，要求繁制种单位（个人）在繁育前进行申报，并对种苗来源进行核实。全市 100 余家繁制种企业在植物检疫机构申报，申报产地检疫面积 1.13 万公顷。开展种子市场检疫检查，检查市场 5 个、种子经销门市 231 家，检查农作物种子 1036 批次，发放宣传资料 1200 份。开展对苹果蠹蛾、马铃薯腐烂茎线虫、黄瓜绿斑驳花叶病毒病、稻水象甲、大豆疫病等重大植物检疫性有害生物的调查、监测和防控。发现的检疫性有害生物——列当属（发生面积 599.34 公顷）、番茄溃疡病菌（发生面积 21.33 公顷）、黄瓜黑星病菌（发生面积 0.4 公顷）等进行防控。（姚宇多）

林草业

【概况】 2022 年，赤峰市有森林面积 303.67 万公顷，森林覆盖率 35.84%；草原面积 268.43 万公顷，草原植被盖度 62.6%。有各级各类自然保护区 28 个，森林公园 14 处，地质公园 4 处，矿山公园 2 处，翁牛特勃隆克国家沙漠公园 1 处，湿地面积 30 万公顷。全市记录有分布的野生植物 1529 种，其中国家重点保护野生植物有 30 种。赤峰市林草长制办公室制定印发《赤峰市护林（草）员管理制度》，发挥护林护草员作用，网格化管理基础框架形成，实现林草资源管护区域全覆盖。6 月 24 日，市政府办公室印发《赤峰市“十四五”林业和草原保护发展规划》，设置主要指标 8 项，明确林业和草原保护发展工作可量化、可执行。

【林草长制实施】 2022 年，赤峰市明确林草长责任区域资源概况、保护重点及巡查要求，市委书记、市长作为市级林草长共同签发《关于加强森林草原防灭火工作的令》并带头履职。市级林草长巡林巡草 20 次，旗县区级林草长巡林巡草 309 次，苏木乡镇级林草长巡林巡草 1.4 万次。印发《关于全面开展林地和草牧场保护协议签订工作的通知》，在全市范围内开展嘎查村民委员会与森林草原承包经营者签订保护协议 58.2 万份。建立嘎查村级林草长、基层监督员、网格员为主体的“一长两员”森林草原资源源头管理架构，制定印发《赤峰市护林（草）员管理制度》，发挥护林护草员作用，全市网格化管理基础框架形成。

【林草改革】 2022 年，赤峰市调整优化林草审批事项流程，开展审批要件容缺受理，实行“一网通办”，加强与上级沟通汇报，保障重大项目手续办理，全年办理征占用林地草原手续 591 件。制定出台《行政审批监督管理办法》，完成集体林权制度改革统计上报，全市林地经营权流转面积 56.29 万公顷。从事林业经营专业大户 49 个，专业合作社 84 个，入社农户 4540 户。组织开展现代林场试点，部分国有林场先行先试，总结一批林菌、林药、林下复合经营的成功模式。完成克什克腾旗规模化林场建设任务 8426.67 公顷。推动林业对外合作，亚太森林组织多功能林业试验示范等国际合作项目取得进展。

【林下经济】 2022 年，赤峰市林药种植面积 7200 公顷，林菌栽培面积 485.07 公顷。落实 2022 年度自治区林改补助资金，推进宁城县凤凰岭农业专业合作社、元宝山区广慧种植专业合作社、喀喇沁旗贾海葡萄种植专业合作社建设。开展林草产业链招商引资，依托退化林分改造修复，发展文冠果木本油料林、仁用杏和灌木加工利用基地，推进生态旅游和康养产业发展。

国家草原公园——阿鲁科尔沁旗塔林花草原

（阿鲁科尔沁旗档案史志馆　供图）

2022 年 2 月 20 日，市林草局在赤峰市动物园开展世界野生动植物日宣传活动
（市林草局　供图）

【林草产业化】　2022 年，赤峰市落实产业化项目 3 个，争取资金 210 万元。推进设施林果发展，新建暖棚 243 个、冷棚 38 个，栽植品种有大樱桃、火龙果、葡萄、油桃等。推进灌木利用和木材加工，灌木加工利用企业 10 家，阿鲁科尔沁旗玛拉沁绿叶生物有限公司完成灌木平茬 2000 公顷，产饲草颗粒、燃料颗粒 1 万吨，带动农牧民增收 158 户。木材加工企业 340 家，年加工量 26.14 万立方米。山野菜、野山菌采集量 525 吨。全市森林沙漠生态旅游接待游客 80 万人次。中国林业产业联合会森林康养分会确定喀喇沁旗为国家级全域森林康养试点建设旗、马鞍山林场和王爷府林场为国家级森林康养试点基地、喀喇沁旗砬子沟村为中国森林康养人家。

【林草业支撑保障】　2022 年，赤峰市制定《林业草原项目管理和资金分配工作制度》，加强林业和草原项目库建设，坚持“资金跟着项目走”，严格后续监督检查。落实“谁执法、谁普法”普法责任制，印发《赤峰市林草法治宣传教育第八个五年规划》，在国际湿地日、义务植树节、爱鸟周期间开展林草普法活动，营造全社会关心森林草原、依法保护森林草原的氛围。推动理顺林草行政执法体系，落实行政执法“三项制度”（首问负责制、限时办结制、责任追究制），规范行政处罚裁量权基准，加强执法人员培训管理，提升林草执法效能。

【林草产业高质量发展现场会】　2022 年 8 月 24—25 日，赤峰市在喀喇沁旗、克什克腾旗举办全市林草经济高质量发展现场会。会议选取喀喇沁旗旺业甸林场林下经济示范园、旺业甸实验林场林下经济基地、旺林生物科技服务有限公司林下产品贮藏分拣包装车间和玉龙川田园综合体，克什克腾旗经棚镇林下大球盖菇生产基地、热水林场林药复合经营项目区、热水林场林药复合精品示范园及生态植物园作为示范学习基地，两地林草局负责人对本地林草产业发展、林下经济效益等情况进行讲解。（谭靖然）

畜牧业

【概况】　2022 年，赤峰市推进奶业振兴行动，强化饲草料供给保障，推进畜牧业发展提质增效，牲畜总存栏量位居自治区第一。落实基础母牛扩群提质、种羊场建设、种公牛站建设、良种补贴等项目，加快肉牛扩群增量，优化肉羊种群结构。畜牧业总产值 278.4 亿元，比上年增长 5%，占农林牧渔业总产值的 38%。全市牛存栏 323.2 万头，比上年增长 16.6%；羊存栏 1358.7 万只，比上年增长 2.7%。3 月 10 日，印发《赤峰市生猪产能调控实施方案》，建立国家级、自治区级基地各 9 个。支持扩大肉禽养殖规模，发展禽类屠宰和禽产品精深加工。全市生猪存栏 332.7 万头，比上年增长 5.5%；禽类存栏 3437.8 万羽，与上年同期基本持平。

【奶业振兴】　赤峰市奶牛养殖地区主要有阿鲁科尔沁旗、元宝山区、翁牛特旗、林西县、巴林左旗、宁城县。2022 年，贯彻落实自治区“奶九条”支持政策，制定奶业振兴发展规划，强化种源基地和奶源基地建设。完成奶业振兴项目立项 12 个，全市荷斯坦奶牛存栏 8.9 万头，西门塔尔乳肉兼用牛存栏稳定在 22 万头。生鲜乳产量 57.4 万吨，比上年增长 19%。

【肉牛养殖】　2022 年，赤峰市牛存栏 323.2 万头，比上年增长 16.6%。从市场行情来看，肉牛价格处于较高水平，肉牛养殖效益持续向好，依托肉牛专项推进等利好政策，牛养殖量稳步增长。通过对本地牛 50 余年的改良，形成牧繁农育、北繁南育的西门塔尔牛繁育体系。在重点推动西门塔尔肉牛改良工作基础上，加快培育适应本地特点的新品种——昭乌达肉牛。全市形成肉牛养殖专业村、肉牛养殖功能配套专业小区、“公司 + 基地 + 农户”“托牛所”、生态家庭牧场等适应各地发展的规模化养殖模式，肉牛规模化养殖比重为 56.9%。

【肉羊养殖】　赤峰市肉羊养殖主要分布在克什克腾旗、巴林右旗、阿鲁科尔沁旗。2022 年，全市羊存栏 1358.7 万只，比上年增长 2.7%。主

2022 年 4 月 18 日，阿鲁科尔沁旗坤都镇布仁塔拉嘎查肉牛养殖户敖力格尔扎布经营的规模化养殖场　（赤峰日报社　供图）

要品种有昭乌达肉羊、蒙古羊、小尾寒羊、罕山白绒山羊。养殖方式：农区采取全舍饲饲养；牧区采取季节性放牧加舍饲饲养，舍饲期 7 个月，放牧加补饲期 5 个月。全市形成肉羊养殖专业村、肉羊养殖功能配套专业小区、“公司 + 合作社 + 农户”、生态家庭牧场等规模化养殖模式，肉羊规模化养殖比重为 72.4%。

【生猪产业】 赤峰市生猪养殖地区主要有敖汉旗、翁牛特旗、松山区、宁城县、元宝山区。2022 年，全市生猪存栏 332.7 万头，比上年增长 5.5%。主要养殖品种有长白、大白、杜洛克及三元（长白、大白、杜洛克）杂交型猪。主要养殖模式：规模化养殖场（小区）养殖；以广东温氏集团、江西正邦集团为主推出的“公司 + 家庭猪场”养殖模式；以香港亚盛集团、中粮集团、江苏雨润集团、河南牧原集团为主的公司养殖模式；少部分散户养殖。全市生猪规模化养殖比重为 64%。

【禽蛋生产】 2022 年，赤峰市禽存栏 3437.8 万羽，与上年同期持平，居自治区首位；全年出栏肉禽 6064 万羽，禽蛋总产量 37.1 万吨，居自

表 23　2022 年赤峰市农区主要牲畜养殖种类及产量统计表

旗县区	6 月末存栏			全年出栏		
	牛（万头）	羊（万只）	猪（万头）	牛（万头）	羊（万只）	猪（万头）
红山区	0.50	3.50	1.70	0.40	2.50	3.20
元宝山区	12.10	17.50	21.30	5.50	14.50	32.30
松山区	16.20	45.90	43.00	10.10	40.40	105.20
喀喇沁旗	17.10	30.80	9.40	6.10	29.10	10.00
宁城县	40.40	29.60	34.40	36.00	39.80	49.90
合　计	86.30	127.30	109.80	58.10	126.30	200.60

（市农牧局）

表 24　2022 年赤峰市牧业旗和半农半牧旗县主要牲畜养殖种类及产量统计表

旗县区	6 月末存栏			全年出栏		
	牛（万头）	羊（万只）	猪（万头）	牛（万头）	羊（万只）	猪（万头）
阿鲁科尔沁旗	57.80	212.60	6.50	24.00	125.90	6.50
巴林左旗	25.40	149.90	11.00	7.20	75.00	13.10
巴林右旗	20.10	270.10	3.60	8.00	156.90	3.20
林西县	26.40	81.80	15.00	15.10	67.80	14.00
克什克腾旗	48.10	198.20	5.20	22.30	120.40	3.90
翁牛特旗	33.80	138.30	92.00	21.20	115.90	125.90
敖汉旗	25.20	180.30	89.60	11.50	216.30	127.40
合　计	236.80	1231.20	222.90	109.30	878.20	294.00

（市农牧局）

治区第一位。全市有规模养殖场户1253家，禽规模化比重为81%。禽类主要养殖品种有蛋鸡、肉鸡、肉鸭。蛋鸡饲养主要品种有美国海兰蛋鸡、迪卡蛋鸡，德国罗曼蛋鸡，荷兰海赛克斯蛋鸡，中国京白、滨白蛋鸡等；肉鸡主要品种有美国白羽肉鸡、艾维茵肉鸡，中国培育的京红一号等；肉鸭品种主要为中畜白羽肉鸭（草原鸭）。禽类的养殖模式主要为规模养殖场（户）、企业、“企业＋养殖户”等，其中规模化养殖场（户）占比90%。禽类生产自动化水平较高，万只以上的养殖大户实现自动给料、自动清粪、自动通风、自动控温、自动采光、自动消毒。

【饲草料生产】 2022年，赤峰市粮改饲结构调整面积1.96万公顷，人工饲草地保有面积21.12万公顷，优质饲草料收储量82.4万吨。推广青贮玉米、紫花苜蓿等优质粗饲料种植，播种紫花苜蓿1.38万公顷、青贮玉米13.38万公顷，主要饲草料年产量稳定在710万吨以上。推广秸秆青贮等加工转化技术和TMR（全混合日粮）饲喂技术。7月，林西县蒸汽压片玉米及牛羊饲料加工建设项目开工，项目由内蒙古八七饲料有限公司承建，总投资6100万元，建设年产5万吨蒸汽压片玉米及10万吨牛羊饲料生产线1条，满足肉牛养殖的饲草料加工存储需求。

【畜禽粪污资源化利用】 2022年，全市畜禽粪污综合利用率为82%，规模养殖场粪污处理设施装备配套率在95%以上。7月，喀喇沁旗政府与中科立原环境科技有限公司就年处理30万吨畜禽粪污生物转化新型高效有机菌肥及饲料生产项目进行签约。项目选址喀喇沁旗乃林镇，总投资1.2亿元，总占地面积3.33公顷。一期投资0.5亿元，建设年处理10万吨畜禽粪污生物转化新型高效有机菌肥及饲料项目；二期追加投资0.7亿元，年处理畜禽粪污能力升至30万吨。

【动物疫病防控】 2022年，赤峰市实施基础免疫、流调监测、流通管控、消毒灭源等关键措施，开展口蹄疫等5种疫病强制免疫和猪瘟等9种疫病计划免疫，预防免疫畜禽1.46亿头只羽次。推进动物产地检疫、兽医社会化服务，年内未发生区域性重大动物疫情。

【兽医兽药管理】 2022年，华天药业、华琨药业和格林特药业3家兽药生产企业通过新版GMP（药品生产质量管理规范）现场验收。赤峰制药有限公司完成兽药生产线建设和GMP验收材料编制。完成兽药质量监督抽检，检查兽药165批次，覆盖兽药门市70家、兽药生产企业83家；完成兽药风险抽样检测，检查434批次，覆盖屠宰场及养殖场50家，检验样品405批次，未检出或检出未超出农业部规定的残留限量。

【动物检疫】 2022年，赤峰市加强动物疫情巡查排查，针对非洲猪瘟排查生猪养殖场（户）、生猪屠宰场、无害化处理场等场所，针对口蹄疫、高致病性禽流感等30种动物疫病进行流行病学调查。对全市牛羊养殖场（户）、屠宰场、活畜交易市场的圈舍、院落、街道和用具、车辆、设施设备等进行消毒。强化检疫监管，阻止疫病跨区域传播。全年实施产地检疫猪284.31万头、牛12.14万头、羊81.4万只、鸡1946.05万羽、鸭7476.25万羽、马属动物6.1万匹；屠宰检疫猪77.55万头、牛8.11万头、羊118.77万只、鸡139.27万羽、鸭3287.55万羽。

【屠宰行业监管】 2022年，赤峰市疫控中心对全市25家屠宰企业进行抽查，对检查中发现的问题按照属地管理原则，交由当地农牧主管部门监督整改落实。为保证畜禽产品质量安全，各屠宰企业指派品质检验人员协助驻厂官方兽医实施检疫工作，经检疫合格的动物产品由驻厂官方兽医出具检疫合格证明并加施检疫合格标识；检疫不合格的动物、动物产品由官方兽医监督进行无害化处理，无害化处理率100%。屠宰环节共抽检牲畜尿液样品6.36万头份，每头份样品同时检测盐酸克伦特罗、莱克多巴胺和沙丁胺醇等3种“瘦肉精”类物质，抽检样品未检出“瘦肉精”物质。

【动物卫生执法监管】 2022年，赤峰市在敖汉旗、宁城县、喀喇沁旗、松山区与辽宁省、河北省交界主要公路边界建设省际公路动物卫生监督检查站8个，防止动物疫病跨省传入。喀喇沁旗美林公路动物卫生监督检查站和敖汉旗四家子公路动物卫生检查站，检查运输猪车辆13辆次799头，检查运输牛车辆27辆次1025头，检查运输羊车辆120辆次1.81万只，检查运输禽类车辆9辆次1.51万羽。推广动物、动物产品专业化集中无害化处理模式，在养殖和屠宰环节加强生产经营者主体责任，落实养殖场（户）和畜禽屠宰厂的主体责任，加强无害化处理工作的管理。全市有1家对外经营性动物和动物产品无害化处理场所，位于敖汉旗。全年无害化处理猪24.52万头、牛425头、羊129只、禽类4.97万羽，无害化处理动物产品和其他产品232.03吨。

（姚宇多）

渔业

【渔业资源】 2022年，赤峰市有已利用水面3.82万公顷，其中养殖水域面积1.72万公顷、捕捞水域面积2.1万公顷。养殖水域中池塘养殖面积1041公顷、湖泊面积4185公顷、水库面积1.19万公顷。开展稻田养殖面积81公顷。

2022年12月28日，克什克腾旗达里湖冬捕现场　（赤峰日报社　供图）

【渔业生产】　2022年，赤峰市共生产水产品1.14万吨，其中捕捞产量470吨、养殖产量1.09万吨。养殖产量中水库6649吨、湖泊1773吨、池塘2496吨、稻田25吨。全年水产品产量中草鱼1278吨、鲢鱼2878吨、鳙鱼2989吨、鲤鱼1857吨、鲫鱼1281吨、瓦氏雅罗鱼300吨、泥鳅148吨、鳟鱼20吨、银鱼76吨、池沼公鱼205吨、罗非鱼25吨、虾类178吨、河蟹32吨、水蛭2吨。实现渔业总产值2.24亿元。

【养殖监管】　2022年，赤峰市、县两级农牧部门履行安全生产监督管理职责，定期开展安全生产排查，消除渔业安全生产隐患。加强渔政和渔业生产安全管理，加强禁渔期、禁渔区管理，保护渔业资源，清理取缔“三无”渔船和违规渔具，打击电鱼行为。

【渔业执法】　2022年，赤峰市开展“中国渔政亮剑2022”系列专项执法行动，落实禁渔制度。市农牧局联合市工信局、市公安局、市交通运输局、市市场监管局印发《2022年赤峰市涉渔船舶专项联合行动的方案》，推动实施联合执法、联合办案，提升涉渔船舶综合管理水平。开展渔业法律法规及野生动物保护宣传，联合敖汉旗农牧局开展渔业安全生产法律法规宣传，张贴海报95张、发放宣传册3600册、悬挂标语47条、制作展板18个。配合林草等部门开展水生野生动物保护宣传“清风行动”，提升水生野生动物保护水平。

【渔业安全生产】　2022年，赤峰市印发《渔业安全生产专项大检查工作方案》。推行渔业安全生产责任保险，投保企业15家，投保人数168人。通过自治区渔业安全生产第六交叉检查组对赤峰市进行的安全生产检查。推进渔业船舶安全和渔业安全生产2个三年行动，形成月报送、季分析、年总结制度。市级督查渔业生产单位4家，累计督导检查122次，检查渔业生产单位137家，督导问题23个，全部完成整改。　（姚宇多）

种　业

【概况】　2022年，赤峰市有种子企业68家，其中自治区发证具有生产经营杂交玉米资质的种子企业24家、旗县级发证种子企业44家。全市具有生产经营许可证的各级种畜禽场87家，其中国家级核心育种场4家、国家级水禽良种扩繁基地1家、国家级种公牛站1家。

【种业振兴】　2022年，赤峰市开展种质资源普查，抢救性收集农作物种质资源774份，完成5个畜种的生产性能测定工作。搭建市级农作物新品种“看禾选种”平台9个。推进松山区制种大县项目，松山区种业产业园实现制种面积1333.33公顷，园区实现“七通一平”。

【农作物育种】　2022年，全市农作物制种面积9533.33公顷，其中玉米7493.33公顷、马铃薯1133.33公顷、谷子373.33公顷、高粱520公顷、

2022年7月29日，赤峰市“看禾选种”观摩会在喀喇沁旗市农牧科学研究所西桥试验示范基地举行　（市农牧局　供图）

其他 13.34 公顷。收获杂交玉米种子 3765 万千克、马铃薯种薯 5500 万千克、高粱种子 327 万千克、谷子种子 161 万千克。通过审定的玉米品种 284 个，其中通过国家审定的 33 个、通过自治区审定的 251 个；审定大豆品种 5 个；登记的谷子品种 153 个、高粱品种 125 个、蔬菜品种 32 个。

【畜牧良种繁育】 2022 年，赤峰市组织开展种公牛、胚胎、冻精、液氮设施器械采购，提高肉牛冷配水平。在中央良补政策带动下，农牧户购买 2 万头种公羊进行品种改良。推广羊人工授精技术，采购羊人工授精设备和生产性能测定器材发放至旗县区农牧局。截至年末，全市通过推广人工授精技术提升家畜品种改良水平，完成大小畜改良配种 664.67 万头只，其中牛改良 155.07 万头（冷配 123.4 万头）、羊改良配种 462 万只（人工授精 108.1 万只）、奶牛人工授精 6.2 万头、生猪改良配种 33.9 万头（人工授精 24.4 万头）、马驴改良配种 7.5 万匹（人工授精 3.1 万匹）。

【水产育种】 2022 年，赤峰市为实施全国水产绿色健康养殖技术推广“五大行动”计划和自治区种业振兴计划，自治区农牧业技术推广中心水产技术处与沈阳综合试验站合作，在辽宁省淡水水产科学研究院引进福瑞鲤 2 号鱼种 125 吨投放于赤峰市克什克腾旗岗更诺尔湖，调整养殖品种结构，满足市场对天然绿色水产品的需求。

（姚宇多）

农田水利

【概况】 2022 年，赤峰市规划开发灌溉、排水、除涝、治水、发电、养殖，推进蓄、引、提结合，推进地表水和地下水综合运用。全市灌溉总面积 51.35 万公顷，其中有效灌溉面积 41.58 万公顷、节水灌溉面积 35.7 万公顷。建有灌区 169 个，666.67 公顷以上大中型灌区 37 处，水电站 21 座，机电井总数 44.74 万眼。

【农田水利设施】 2022 年，赤峰市完善农田水利基础设施，建设高效节水农业，实施水利工程设施设备维修养护，推进中小河流治理、水库除险加固等工程建设，保障耕地灌溉。年内调配资金 65 万元，支持克什克腾旗经棚镇联丰村引水灌溉项目；向松山区大夫营子乡调配价值 40.6 万元水旱灾害防御设施设备；减少渗漏损失，投资 3370 万元开展巴林左旗红星灌区、二隆灌区主支渠节水改造工程，完成改造 33 千米；提高灌区水的利用率，投资 285.58 万元完成红山水库泄放生态流量设施维修工程。

【机电井管理】 2022 年，赤峰市规模以上机电井 5.59 万眼。全市农业用水采取“以电折水”计量，运用成果进行用水核算，13 万眼农业灌溉机电井完成“一井一系数”匹配。实行机电井打井深度控制制度，除用作人畜饮水、战略储备及应急水源外，机电井深度不得超过 100 米。林西县苏人牧场新打配机电井 11 眼。巴林左旗执行“打一封二”的规定，自 2020 年起机电井实现零增长。

【农业灌溉】 2022 年，赤峰市建成大、中、小型水库 84 座，大中型灌区 73 处，全市农田有效灌溉面积 41.58 万公顷，牧草灌溉面积 9.1 万公顷。依托辽西北供水项目，总投资 2 亿元、年产 20 万吨的河北隆泰迪管道科技有限公司压力钢管项目签约落地。投资 354 万元用于水价改革，明确政府定价和协商定价灌区名称；4 月 20 日，市水利局编制完成《赤峰市农田灌溉水有效利用系数测算分析报告》《内蒙古东部四盟市农田灌溉水有效利用系数测算分析报告》，全市农田灌溉水有效利用系数为 0.616。

（贾玉红　李俊鹏）

农业科技

【概况】 2022 年，赤峰市加强农村牧区科技引领作用，推动产业转型升级。实施种业振兴行动，推动农业机械科技成果转化，建设农作物新品种“看禾选种”平台，搭建农牧基础数据库，举办农牧民培训班，助力农牧业产业高质量发展。

【科技示范建设】 2022 年，赤峰市加强科技示范推广服务，开展科技“大下乡”“大培训”“大比武”活动，围绕农牧业重大技术、高新机具推广应用等，组织专业技术人员、基层能人和乡土专家深入田间地头为农牧民提供“菜单式”培训、“点餐式”服务。全市举办培训班 1122 期，培训农牧民 31 万余人次。依托国家高素质农民培育项目，培育高素质农牧民 2910 人。

【数字化建设】 2022 年，赤峰市推进大数据中心、赤峰农牧云平台、空间地理信息地图和数据传输专网建设，搭建农牧基础数据库 4 个，采集整理 10 余个行业的基础数据，并对设施农业、耕地评价、产业链等 6 个行业的数据进行深度挖掘和数字化建设。

【林草科技】 2022 年，赤峰市选派科技特派员、专业技术人员深入基层开展科技培训服务；组织完成 3 个中央财政科技推广项目合同编制工作，并通过专家组审定；配合自治区完成 2021 年中央财政推广项目中期评估；申报修订林草地方标准 6 项；加强食用林产品质量安全监测，完成自治区监测任务 450 批次；在知识产权方面，市林业科学研究所选育申报的“蒙樱 1 号”“蒙樱 2 号”“蒙樱 3 号”“三川页”4 个新品种获国家林草局林草植物新品种授权。市林科研（联合体）经营的苹果、梨、榛子、李子非木质林产品经营认证审核通过。推进自治区林草局森林草原湿地碳汇试点，完成克什克腾旗、敖汉旗林业碳汇量测算。开展《赤峰市全空间生态产品价值核算与绿色碳中和评估项目》，推动生态服务功能价值化。

【水产技术推广】 2022年，赤峰市推广水产绿色健康养殖技术，发展“大水面生态增养殖”模式，在达里湖开展瓦氏雅罗鱼、鲫鱼放牧养殖模式，示范面积2000公顷。开展水产种业质量提升行动，将人工繁育的1亿尾华子鱼、鲫鱼苗增殖放流到达里湖。与自治区农牧业技术推广中心合作，实施渔业技术试验示范项目。岗更诺尔湖引进福瑞鲤鱼种40余万尾，构建福瑞鲤高效健康养殖模式。喀喇沁旗开展虹鳟新品种引进试验，投放虹鳟水科1号9000余尾，其生长速度比普通虹鳟提高15%以上。林西县官地镇查干木伦河河滩盐碱地开发池塘养蟹40公顷，为赤峰市盐碱地治理及开发利用提供范例。 （姚宇多 谭靖然）

农业机械化

【概况】 2022年，市农牧局落实农机购置补贴、农机报废更新政策，在5个旗县区开展设施农业钢结构骨架购置补贴试点工作，推广深松整地、免耕播种、机械化植保等先进适用农机装备及农机化技术，农作物耕、种、收综合机械化率83%。全市完成深松整地作业面积20.27万公顷，超额完成自治区部署的年度任务。

【机械化生产】 2022年，赤峰市逐步优化全市农机装备机构，提升农业机械化水平，农机生产社会化服务能力得到提升。全市完成机耕面积104.17万公顷，机播面积120.59万公顷，机收面积86.43万公顷。12月28日，农业农村部对全国第七批率先基本实现主要农作物全程机械化示范县（市、区）名单进行公示，敖汉旗入选。

【保护性耕作】 2022年，全市共实施保护性耕作面积6.27万公顷，其中合格面积4.78万公顷，占比76%。克什克腾旗、林西县被定为保护性耕作整体推进县。建设县级高标准应用基地3处、乡级高标准应用基地15处、村级高标准应用基地3处。在松山区、喀喇沁旗、阿鲁科尔沁旗、克什克腾旗建立玉米、小麦保护性耕作实施效果长期监测点各1个。

【农机购置补贴】 2022年，自治区下达赤峰市农机购置补贴资金2.77亿元。其中，中央财政补贴资金2.71亿元，自治区财政补贴资金586万元。全市使用中央补贴资金2.71亿元，使用完成率100%；使用自治区资金301.55万元，使用完成率51.5%。享受补贴的农牧户及组织1.39万户，补贴各类机具1.6万台（套），销售总金额11.42亿元，带动农牧户投入购机资金8.89亿元。

【农机深松整地作业】 2022年，赤峰市完成深松整地作业面积20.27万公顷，任务完成率114.7%，超额完成自治区部署的全年任务。其中，深松作业补助面积9.88万公顷，完成作业补助任务的97.5%。

【农机安全生产管理】 2022年，赤峰市登记在册拖拉机、联合收割机总数16.05万台（拖拉机15.45万台、联合收割机5975台），全年新登记拖拉机、联合收割机1.26万台。持证拖拉机、联合收割机驾驶员6.14万人，累计检验拖拉机和联合收割机2.16万台。累计出动执法车辆415台次，参加执法活动监管人员1123人，检查农机机械1.01万台次，发放宣传资料7.62万份，发送安全提示信息3万条次。 （姚宇多）

农牧业产业化经营

【家庭农场】 2022年，赤峰市开展实施新型农牧业经营主体提升行动，克什克腾旗巴彦查干苏木珠日和嘎查那木尔家庭牧场、巴彦查干苏木草原珍珠家庭牧场等101家家庭牧场通过验收，符合市级示范家庭农牧场要求，被授予“市级示范家庭农牧场”称号。克什克腾旗被确定为自治区合作社质量提升整县推进试点。

【农牧业合作社】 2022年12月5日，赤峰市根据《关于印发中央财政支持农业生产社会化服务农牧民合作社和家庭农牧场项目实施方案的通知》要求，对12个旗县区的98个农牧民专业合作社给予项目资金扶持。其中，阿鲁科尔沁旗15个、巴林左旗9个、巴林右旗19个、林西县8个、克什克腾旗4个、翁牛特旗8个、宁城县3个、敖汉旗7个、喀喇沁旗4个、红山区4个、元宝山区9个、松山区8个。

【农牧业龙头企业培育】 2022年，赤峰市规模以上（销售收入500万元以上）农牧业产业化企业613家，其中农畜产品加工企业422家，实现销售收入365亿元，比上年增长7%。全市特色产业加工企业80家，其中销售收入1亿元以上企业12家，包括内蒙古佰惠生新农业科技股份有限公司、内蒙古天奇中蒙制药股份有限公司、内蒙古沙漠之花生态产业科技有限公司等自治区级农牧业产业化龙头企业，实际加工甜菜、中药材、食用菌等特色产品181万吨，实现销售收入76亿元，增加值14亿元，利润4亿元。

【农牧业产业园区建设】 2022年5月5日，赤峰农牧科技产业园举行开园仪式。克什克腾旗国家现代农业产业园通过中期评估，阿鲁科尔沁旗、林西县自治区级现代农牧业产业园获准创建，敖汉旗自治区级现代农牧业产业园通过考核验收，产业园区总数居自治区第一位。（姚宇多）

农产品质量建设

【概况】 2022年，赤峰市实施特色优势农产品提质增效行动，推行标准化生产，加强投入品控制，强化检验监测，推广加贴标识，严格市场准入，初步建立起“从田间到餐桌”的全程质量监控体系，提升农产品质量安全水平，增强农产品市场竞争力。全市有效使用绿色食品标志企业141家，认证产品498个，年产量77万吨；有机食品认证企业3家，认证产品18个，年产量1.2万吨。

【农畜产品质量监管】 2022年，赤峰市以创建农产品质量安全县为重点，推进农产品质量追溯和网格化监管建设。390家企业入驻国家农产品质量安全追溯管理信息平台，74个涉农苏木乡镇（街道）网格化管理达标，358个农畜产品生产主体试行食用承诺达标合格证制度，占应试行主体的75%。控制超出标准的药物残留，把关畜禽屠宰，年内未发生重大农畜产品质量安全事件。

【农畜产品“三品一标”建设】 2022年，赤峰市针对农畜产品进行“品种培优、品质提升、品牌打造和标准化生产”建设，围绕杂粮、蔬菜、肉蛋三大品类，制定实施“赤峰小米”自治区地方标准9项、“赤峰番茄”自治区地方标准5项。“赤峰小米”先后被农业农村部登记为农产品地理标志产品，获中国农业博鳌论坛“神农杯”最具影响力农产品区域公用品牌奖，品牌价值126.6亿元。“赤峰番茄”入选第三批内蒙古特色农畜产品优势区，“敖汉小米”入选中国农业品牌目录，喀喇沁旗中药材入选第一批内蒙古特色农畜产品优势区，赤峰荣兴堂药业有限公司的北沙参、桔梗种植基地被评为道地中药材基地。入选全国名特优新农产品有效名录产品57个，企业116家。

【农畜产品质量安全宣传】 2022年，赤峰市采取下乡抽样、认证、调研等形式，开展农畜产品质量安全科普宣传和技术指导服务。针对农兽药超标、禁限用等问题，发放禁限用农药、兽药宣传单1000张；向肉牛、肉羊、育肥猪和奶牛养殖场户发放宣传册550册；发放禁用物质技术性指导意见500张；向蛋鸡养殖场户发放技术性指导意见宣传单500张；下发绿色食品生产记录指导手册200本。

【“赤诚峰味”农产品区域公用品牌发布】 2022年5月5日，“赤诚峰味”农产品区域公用品牌发布会在赤峰农牧科技产业园举行。赤峰市围绕打造中国北方重要的绿色农畜产品加工输出基地，立足农牧业资源禀赋，全方位全地域打造农畜产品品牌，构建以“赤诚峰味”为核心的“1+N+M”品牌建设架构体系。发布会上，市农牧业综合检验检测中心与林西县恒丰粮油加工有限责任公司、内蒙古塞飞亚农业科技发展股份有限公司、翁牛特旗吴氏米业有限公司、赤峰市冯氏桔梗食品有限公司、内蒙古富碳农业开发有限公司、内蒙古东方万旗肉牛产业有限公司、内蒙古沙漠之花生态产业科技有限公司、赤峰市国民食品有限公司签约，授权使用“赤诚峰味”品牌。（姚宇多）

2022年5月5日，赤峰市召开农产品区域公用品牌“赤诚峰味”发布会。图为“赤诚峰味”农产品展区（市农牧局 供图）

工　业

责任编辑　孙美丰

工业经济运行

【概况】 2022 年，赤峰市规模以上工业企业实现产值 1728.2 亿元，比上年增长 8.5%；全部工业增加值增长 1.5%。全部工业企业实现税收 77.6 亿元，比上年下降 0.15%，占全社会税收总额的 43.8%；实现利润 41.9 亿元，比上年下降 36.7%；产品销售率为 97.4%。全市工业用电量 148.6 亿千瓦时，比上年增长 11.1%。铁路发货量 1518.9 万吨，其中煤炭 702.8 万吨；到货量 1706.1 万吨，其中煤炭 797.2 万吨。石油销量 90.92 万吨，其中柴油销量 56.2 万吨、汽油销量 34.72 万吨。

【工业行业结构】 2022 年，赤峰市建成以能源、冶金、食品、医药、纺织、建材化工、机械等行业为支柱的门类齐全、具有地方特色的工业体系。主要工业产业包括煤炭开采、机械制造、建材、矿山建设、冶金等。能源工业在全市工业重点体系中占比 31.6%、冶金工业占比 47.9%、食品工业占比 6%、医药制造业占比 1.2%、建材行业占比 2.8%、纺织业占比 0.4%、化工行业占比 5.8%、机械制造业占比 1%。

【重点项目建设】 2022 年，赤峰市工业固定资产投资稳步增长，比上年增长 38.9%，高于全部投资增

表 25　2022 年赤峰市重点行业增加值增长速度及其比重统计表

指　　标	比上年增长（%）	比重（%）
全市合计	1.90	100.00
重点行业合计	1.60	96.80
能源工业	-15.00	31.60
冶金工业	14.90	47.90
食品工业	3.20	6.00
医药制造业	14.50	1.20
建材行业	-20.70	2.80
纺织业	7.70	0.40
化工行业	5.30	5.80
机械制造业	-10.00	1.00

（市统计局）

表 26　2022 年赤峰市主要工业产品产量及其增长速度一览表

产品名称	单　位	绝对数	比上年增长（%）
原　煤	万吨	1523.90	-11.30
发电量	亿千瓦时	367.30	2.80
其中：风电	亿千瓦时	132.30	4.20
十种有色金属	万吨	106.60	2.70
其中：精炼铜	万吨	68.00	7.60
铅	万吨	26.40	-4.10
锌	万吨	11.80	-7.90
水泥	万吨	389.60	-14.60
钢材	万吨	711.90	70.30
铁矿石成品矿	万吨	202.20	24.90
鲜、冷藏肉	万吨	11.00	10.50
成品糖	万吨	18.70	23.10
乳制品	万吨	13.70	-2.20
饮料酒	万升	24803.60	13.80
其中：白酒	万升	292.30	4.50
啤酒	万升	24511.30	13.90
饲料	万吨	121.00	-5.50
化学药品原药	万吨	2.90	-37.60
中成药	万吨	0.30	6.90

（市统计局）

2022 年 3 月 12 日，赤峰市宁保冶金工业公司年产 100 万吨铁合金项目装置复工　（赤峰日报社　供图）

速 31.8 个百分点。纳入投资监测调度范围的 3000 万元以上重点工业项目 205 个，赤峰启辉铝业发展有限公司 650 万吨氧化铝、赤峰市宁保冶金工业有限公司年产 100 万吨铁合金项目、明岳新材料高端氟产业园项目、芝瑞抽水蓄能电站等 196 个项目实现开复工，开复工率 95.61%。赤峰中唐特钢有限公司年产 270 万吨精品钢，赤峰远联钢铁有限责任公司 200 万吨冷轧、镀锌项目（一期），内蒙古大唐国际克什克腾煤制天然气有限责任公司煤制气 70 万方 LNG（天然气液化装置）项目，中粮集团有限公司年产 100 万头生猪屠宰等项目完成工程建设。

【工业园区建设】 2022 年，赤峰市有自治区级工业开发区 5 个，园区分园 11 个。市级以上工业园区总规划面积 193.64 平方千米，建成面积 63.98 平方千米。基础设施完成投资 21 亿元。工业总产值 1494 亿元，比上年增长 17.89%，实现税收 27.38 亿元，入驻企业 876 家，从业人员 6.9 万人，园区经济成为工业的主要拉动力量。按照自治区统一部署开展智慧园区建设，5 个工业开发区 11 个产业园全部建成智慧园区。全市实施标准化厂房建设和盘活任务 142 万平方米，建成 49.43 万平方米，盘活 29.77 万平方米。

【中小企业发展】 2022 年，赤峰市中小企业融资服务形成信用评价、助保贷、担保贷联动模式，助保贷业务合作金融机构 20 家，助保贷风险补偿金规模为 1.49 亿元，累计为 377 家企业发放贷款 20.67 亿元，为 395 家企业免费出具信用报告，4 家担保机构年化担保金额 10.85 亿元，年化担保费率为 0.7%，缓解企业融资难、融资贵问题。实施“专精特新”中小企业培育工程，全市有专精特新“小巨人”企业 1 家、专精特新中小企业 22 家、创新型中小企业 21 家。全市有自治区级中小企业公共服务示范平台 7 个、国家级平台 4 个，自治区级小型微型企业创业创新示范基地 8 个、国家级基地 2 个。开展清理拖欠民营企业账款工作，开展清理市、旗县区政府及所属机构拖欠民营中小企业账款工作。接到举报线索 31 条，无分歧账款全部清零。搭建赤峰市金融服务中小微企业信用信息共享平台，为中小企业提供免费信用评价服务。

【信息化建设】 2022 年，赤峰市推进工业化与信息化融合发展，开展两化融合贯标、对标工作，推广两化融合管理体系国家标准应用普及，组织 132 家工业企业对照国标开展自评估、自诊断，梳理信息化建设短板；新增 3 家企业通过工信部两化融合管理体系贯标认证。引导工业企业“登云用云”（登录云服务平台、使用云服务平台），降低信息化建设成本，加快数字化改造进程，新增登云企业 262 家，累计登云企业 1790 家。牵线互联网企业和重点工业企业深度对接，指导赤峰东黎羊绒股份有限公司、赤峰昭乌达羊绒制品有限责任公司、内蒙古佟明阡禾食品有限责任公司等信息化基础较好的企业开展工业互联网建设。推进 5G 技术在工业领域中的应用，对接电信运营企业和国内知名互联网企业，推动 5G 典型场景落地实施，推动平煤集团与中国移动赤峰分公司开展 5G+ 无人驾驶合作。

【智能化建设】 2022 年，赤峰市重点推进智能化项目建设，主动对接、服务工业企业，宣传数字化转型支持政策，引导企业提升信息化、智能化应用水平。筹划工业领域智能化项目 37 个，涵盖工业互联网平台建设、工业互联网标识解析节点建设、5G+ 智慧矿山、5G+ 智慧电厂等领域。内蒙古朗坤科技公司申报国家工业互联网标识解析综合型二级节点（蒙东地区），填补蒙东地区标识解析节点空白。

【产业链建设】 2022 年，赤峰市以引进冶金、化工、医药、纺织、装备制造、农产品加工等传统优势产业和新能源、新材料等高新技术产业的延链、补链、强链项目为重点，高标准培育产业集群，围绕产业链部署创新链，推动主导产业提质升级。全市形成涵盖现代装备制造、新型化工、新材料、制药、新能源、数字经济六大产业集群，风电装备产业链、氢能装备（储能装备）产业链、现代煤化工产业链、精细化工产业链等 18 条产业链。

【企业科技创新】 2022年，赤峰市依托自治区“科技兴蒙”30条政策，制定“促进科技创新发展实施意见10条”“人才引进若干政策”等创新发展政策，提升企业科技创新能力。赤峰高新区投入8800万元建立园区创新平台、智慧园区和工业产业创新研究院，扶持园区中小企业育新，鼓励企业引进国内外高端人才，激发企业创新活力。赤峰云铜科技项目全年立项23项，研发费用1498.78万元，获得授权专利20件。赤峰市淇艺机械有限责任公司、赤峰宇丰科技种业有限公司等16家企业入库自治区第六批科技型中小企业库，赤峰市前6批入库的科技型中小企业总数106家，产业覆盖生物与新医药、先进制造业等领域。入库后企业享受研发费用税前加计扣除100%的税收优惠及其他相关优惠政策。

（陈子忠　孙美丰）

能源工业

【概况】 2022年，赤峰市规模以上能源企业81家，总产值296.5亿元。有煤矿13处，其中正常生产煤矿7处，年产能1965万吨，产量1489万吨。全市火电总装机561.5万千瓦、风电534.08万千瓦、光伏116.36万千瓦、水电4.41万千瓦、生物质5.7万千瓦。全市有变电站265座，其中500千伏变电站3座，线路长度774.34千米（7条）；220千伏变电站29座，线路长度3877.61千米（98条）；66千伏变电站233座，线路长度6738.26千米（393条）。全年发电量415.4亿千瓦时，比上年增长9.74%，其中可再生能源发电量152.96亿千瓦时，占比36.82%；全社会用电量218.97亿千瓦时，比上年增长11.7%。

【清洁能源基地建设】 2022年8月17日，赤峰市印发实施《“十四五”能源发展规划》《建设千万千瓦级清洁能源基地行动方案》《关于建设国家重要能源和战略资源基地项目（事项）清单》等文件，推进千万千瓦级清洁能源基地建设实施。全市电力总装机1222.04万千瓦，其中建成可再生能源装机660.55万千瓦，占比54.04%。大唐克什克腾旗煤制气项目运行稳定，全年煤制天然气产量12.73亿立方米，比上年增长6%，天然气产量平稳增长。

【新能源项目建设】 2022年，赤峰市发改委分4批次报送自治区5类18个新能源市场化并网项目，其中4类12个市场化并网项目获自治区批准实施，占蒙东地区获批总项目的50%，总投资规模175.35亿元，新增装机规模253万千瓦。实施自治区级能源领域重大项目11个，总投资规模165.7亿元，累计完成投资58.7亿元。筹划上报阿鲁科尔沁旗、翁牛特旗2个百万千瓦新能源大基地项目，装机规模200万千瓦，上报至国家能源局。推动建设分布式新能源项目18个，装机规模5.41万千瓦，总投资3.15亿元。年内新增分布式新能源建成装机规模4.31万千瓦，分别为分散式风电项目8个，总投资2.46亿元，建成规模3.25万千瓦；分布式光伏项目8个，总投资0.69亿元，建成规模1.06万千瓦。

【“气化赤峰”建设】 2022年，起自辽宁省朝阳市建平县终至赤峰市红山区的“气化赤峰”天然气长输管道工程建设完工，全程191.4千米，总投资6.91亿元。“气化赤峰”天然气长输管道途经辽宁省朝阳市建平县和赤峰市宁城县、喀喇沁旗、元宝山区、松山区，终点为赤峰市红山物流园区。年内完成通气试运行前的验收工作。“气化赤峰”工程管线分两段，一段为朝阳市建平县至赤峰输气管道工程，管线总长160.2千米，投资5.38亿元，管径457毫米，设计压力6.34兆帕，设计年输气能力5.46亿立方米；另一段为赤峰市东北环线输气管道工程，管线总长31.2千米，投资1.53亿元，管径450毫米，设计压力6.34兆帕，设计年输气能力3.98亿立方米，途经元宝山区、红山区、松山区，终点至红山物流园区。

【大唐（内蒙古）能源开发有限公司赤峰新能源事业部】 大唐（内蒙古）能源开发有限公司赤峰新能源事业部前身为2004年成立的大唐塞罕坝风力发电有限责任公司，负责赤峰地区风力发电、太阳能发电等新能源项目的开发运营。2022年12月，唐能10万千瓦光伏二期项目投产发电。公司累计投运风电场10座，投产风机

2022年4月22日，内蒙古大唐国际克什克腾煤制天然气有限责任公司举行70万方/天煤制天然气液化项目开工仪式　　（市工信局　供图）

1163台，实现产值15.06亿元，年度利税8.73亿元。

【元宝山发电有限公司】 公司前身为始建于1974年的元宝山发电厂，是国家能源集团内蒙古公司规模最大企业。公司最大装机容量2100兆瓦，有3台600兆瓦火电机组。公司1号机组是中华人民共和国首台整套引进单机容量最大300兆瓦的火电机组，于2011年6月关停；2号机组是中国第一台600兆瓦火电机组，同步建成全国第一条全部国产化500千伏输变电线路；3号、4号机组是中国首批国产600兆瓦火电机组。2021年，公司将1号机组汽轮发电机主机平台和主控室改建成2800余平方米的国家工业遗产展陈场馆；同年12月，被工业和信息化部确认为第五批国家工业遗产。2022年，被教育部、工业和信息化部联合命名为国家首批"大思政课"基地，是内蒙古自治区、国家能源集团首家工业文化专题实践教学基地。截至2022年末，公司在职员工1870人，累计发电2587亿千瓦时，上缴税费43亿元。

【内蒙古平庄煤业（集团）有限责任公司】 公司前身为平庄矿务局，2000年7月改制为国有独资公司。公司主要从事煤炭开发、投资、生产、加工和经营，经营煤矿9座，其中露天矿5座、井工矿4座。煤炭种类主要为褐煤，低灰、低硫、中低灰，发热量每千克2800～4800大卡，主要供应火力发电、工业锅炉、民用等客户，煤炭产品主要销往东北、蒙东、华北地区。2022年，公司资产总额376.34亿元，在册员工1.6万人，煤炭生产能力5990万吨。

【京能（赤峰）能源发展有限公司】 公司于2006年11月在赤峰高新技术产业开发区红山产业园成立，注册资本3.78亿元，主营生物质发电、风力发电、水力发电，热力供应。2022年，完成2号机高低旁联合供热改造项目，实现烟气余热深度利用、能源梯级利用及协同控制，节约脱硫用水、减轻锅炉空预器低温腐蚀，环保排放达标。截至年末，在册职工158人，实现4.93亿元，上缴利税6608.6万元。

（陈子忠 孙 章 翟景春 王 芳）

2022年，元宝山发电有限公司被教育部、工业和信息化部联合命名为国家首批"大思政课"基地。图为国家能源集团内蒙古分部在元宝山发电有限公司国家工业遗产展馆和"大思政课"基地开展主题党日活动

（元宝山发电有限公司 供图）

冶金工业

【概况】 2022年，赤峰市规模以上冶金企业47家，其中采选企业22家、冶炼企业25家，总产值1002.1亿元，占冶金工业产值的56.7%。全市有色金属日采选能力14万吨，年冶炼能力110万吨。大中型金属矿山有白音诺尔铅锌矿、红岭铅锌矿、双尖子山银矿、拜仁达坝铅锌矿、黄岗梁铁矿、大井子银铜矿、边家大院铅锌矿、金厂沟梁金矿等20余家。钼矿主要产地为阿鲁科尔沁旗、松山区和克什克腾旗，铅锌矿主产地集中在巴林左旗、克什克腾旗和翁牛特旗，铜矿主要产地为林西县，金矿主要分布在敖汉旗、松山区和喀喇沁旗。

【冶金项目建设】 2022年，赤峰市推动金通铜业二期、富邦铜业技术改造升级、中色锌业10万吨锌冶炼、正威电子铜精加工等项目建设。8月5日，有色金属高端新材料产业园暨高性能钨钼合金材料项目（一期）启动仪式在赤峰高新区东山产业园举行。有色金属高端新材料产业园由天津星科新材料科技有限公司与市政府共同打造，占地面积70公顷，以钨、钼、铜、铝、钛等有色金属合金材料精深加工为主。

【产业集群产业链建设】 2022年，赤峰市开展冶金产业集群产业链招商引资，针对项目对接、落地、建设过程中存在的问题进行重点解决，加快产业集群产业链建设进度。谋划有色金属产业链项目37个，其中铜铝铁产业链实施项目22个，总投资395.7亿元，开复工项目10个，完成投资40.6亿元；铅锌锂及贵金属产业链实施项目15个，总投资85亿元，开复工项目4个，完成投资5亿元。

【智慧矿山建设】 2022年，赤峰市推动5G+矿山无人驾驶应用，平煤集团贺斯格乌拉南露天矿实现5G专网全覆盖，5G无人矿卡投入使用。开展5G+智慧矿山试点建设，推进平煤集团5G+无人驾驶二期项目建设，在人

2022年4月，中唐特钢有限公司年产270万吨精品钢、180万吨焦化技术改造、24万吨液氨、17万吨LNG化产项目建成投产　（市工信局　供图）

力、维保等方面降低成本，提升矿山安全生产水平。升级“5G+工业互联网”技术，实现矿业转型升级。

【赤峰中唐特钢有限公司建成投产】　位于内蒙古赤峰承接产业转移开发区的赤峰中唐特钢有限公司是一家集钢、焦、化为一体的钢铁联合企业，项目总投资145亿元，主要产品有板带、金属包装钢、耐候钢及锯片钢等优特钢。年产270万吨精品钢、180万吨焦化技术改造、24万吨液氨、17万吨LNG化产项目于2022年4月建成投产，年末完成产值72亿元。公司采用“互联网+”和大数据技术，建成现代化、自动化、智能化工厂，构建钢铁全过程信息化管控平台，能耗、水耗在全国处于领先水平。公司在满负荷生产条件下，年产值180亿元，利税10亿元以上，直接带动就业8500人，间接带动就业3万余人。

【赤峰远联钢铁有限责任公司】　2002年，赤峰远联钢铁有限责任公司在红山高新技术产业园区成立，占地面积176万平方米，建筑面积52.82万平方米，总投资75.91亿元，员工4900人（持证技术人员1700人）。2022年，公司推进“绿色钢铁”企业建设，重点实施脱硫、脱硝超低排放改造、老厂区网架棚化料场等工程项目，改造柏油路面2万平方米，栽种各种树木、灌木4500棵，绿化草坪绿篱8860平方米，改造升级能源管控中心。7月，公司被自治区工信厅认定为“绿色工厂”。截至年末，公司总产值201.76亿元，比上年增长16.41%；上缴税金5.6亿元，实现利润总额4.12亿元，入选“内蒙古百强民营企业”第十位。

赤峰远联钢铁有限责任公司冷轧、镀锌重点项目施工现场

（红山区融媒体中心　供图）

【赤峰云铜有色金属有限公司】　赤峰云铜有色金属有限公司是中国北方唯一一家以铜冶炼为主、稀贵及烟尘有价金属综合回收利用的全流程铜冶炼生产企业。2006年6月，公司在喀喇沁旗锦山工业园区成立。2017年，公司按照赤峰市总体规划及退城入园的相关要求，搬迁至赤峰市高新技术产业开发区东山工业园。公司新址占地面积120公顷，总投资56.11亿元，主产品为阴极铜、硫酸、铁粉，副产品有金、银、硒、铅、铋等。公司自主研发的赤峰双炉连续炼铜技术、铜冶炼烟气制酸余热梯级回收高效利用技术获得国家专利。2022年4月，入选工业和信息化部公布的第二批符合铜冶炼行业规范条件企业名单。截至年末，公司电铜产量43万吨、黄金6665.4千克、白银179.3吨，营收288.88亿元、利润6.28亿元、净利润5.54亿元、纳税3.65亿元。（陈子忠　陆　婷　刘海婷）

农畜产品加工业

【概况】　2022年，赤峰市有规模以上农畜产品加工企业60家，总产值191.5亿元，占全市农畜产品加工业总产值的10.8%。年产成品糖18.71万吨，比上年增长23.1%；饮料酒24.8万立方米，比上年增长13.8%；乳制品13.67万吨，比上年下降2.2%；鲜、冷藏肉10.98万吨，

比上年增长 10.5%；饲料 8214 吨，比上年下降 22.9%。全市形成肉类加工、粮油制品、蔬菜加工、酿酒饮料、制糖、乳制品、保健食品、食品添加剂、饲料等 10 余个产品大类，食品产业遍布 12 个旗县区，拥有燕京啤酒、安琪酵母、宁城老窖、塞飞亚、蒙都羊业、健元鹿业、独伊佳等一批国家、自治区食品行业名牌产品、驰名商标和著名商标。全市有全国驰名商标、自治区著名商标 40 余个，通过有机、绿色认证产品 100 余种。

【研发中心创建】 2022 年，赤峰市食品生产企业建成自治区企业技术中心、自治区企业研究开发中心等科研开发机构 16 个。其中，自治区企业技术中心 8 个、自治区企业研究开发中心 8 个。内蒙古塞飞亚集团有限责任公司、内蒙古东方万旗肉牛产业有限公司、内蒙古蒙都羊业食品股份有限公司等企业被农业农村部、国家发改委等部委授予“农业产业化国家重点企业”称号。内蒙古塞飞亚集团有限责任公司技术中心被认定为国家级企业技术中心，燕京啤酒（赤峰）有限责任公司、内蒙古蒙都羊业食品股份有限公司、内蒙古凌志马铃薯科技股份有限公司和内蒙古大牧场食品有限责任公司、内蒙古东方万旗肉牛产业有限公司等企业技术中心被评为自治区级企业技术中心。

【产业升级】 2022 年，赤峰市统筹推进农畜产品初加工和精深加工，依托农畜产品加工园区建设，建成一批农产品初加工和田间农产品车间、冷藏保鲜等设施。构建以国家标准为基础，行业标准、地方标准和企业标准相配套的种养加储运销全过程标准体系。推进绿色、有机、地理标志农产品认证，完善农产品的检验、检测和安全监控体系，强化标准实施、监督和评价，确保产品质量安全。加强龙头企业的培育和引进力度，成立政府分管领导牵头的专项工作推进组，通过政策引导，推动龙头企业以股权式、合作型等方式与农牧民建立利益联结，提高就地加工能力。提升品牌影响力。聚焦“赤诚峰味”区域品牌塑造，建立和运行营销平台。实施农畜产品区域公用品牌建设三年行动，细化子品牌建设方案，培养一批“敖汉小米”等优势特色品牌，打造一批地域知名品牌，提高赤峰农畜产品的知名度和竞争力。以内蒙古佰惠生新农业科技股份有限公司年产 8 万吨食糖精深制品加工、中粮集团有限公司年产 100 万头生猪屠宰等项目为代表的大项目竣工投产，拉动产业升级。

【“塞飞亚草原鸭”品牌打造】 塞飞亚草原鸭是由内蒙古塞飞亚农业科技发展股份有限公司推出的白羽肉鸭品牌。内蒙古塞飞亚农业科技发展股份有限公司与中国农业科学院北京畜牧兽医研究所合作，投资 2 亿余元开展具有自主知识产权草原鸭育种科研项目，填补中国白羽肉鸭没有原种的空白。经数个世代科学选育和大批量反复测试，祖代、父母代种鸭与商品鸭各项性能指标及抗病能力均高于或等于国内外现有白羽肉鸭品种，通过国家畜禽新品种（配套系）审定。2022 年，公司向国内市场推广草原鸭祖代种鸭 7.6 万余羽、父母代种鸭 600 万余羽，出栏商品代肉鸭 8 亿余羽，占全国市场份额的 22.9%，打破引进品种对中国市场的垄断。

2022 年，塞飞亚股份有限公司出栏商品代肉鸭 8 亿余羽，占全国市场份额的 22.9%。图为“塞飞亚草原鸭”生产车间 （塞飞亚股份有限公司 供图）

【中粮家佳康赤峰生鲜屠宰加工项目投产】 2014 年 3 月，中粮家佳康（赤峰）有限公司入驻翁牛特旗玉龙工业园区。2022 年 8 月，总投资 5.5 亿元的中粮家佳康赤峰生鲜屠宰加工项目投产运营。项目采用丹麦进口的生产线，以待宰、屠宰、冷却、分割为主要业务，建立从饲料生产、生猪养殖、屠宰加工、冷链销售到清洁环保一体化的全产业链。项目提供就业岗位 600 余个，年产值 14.95 亿元，利税 4000 万元。

【内蒙古独伊佳食品有限公司】 内蒙古独伊佳食品有限公司是专业生产风干牛肉及酱卤肉制品的清真食品企业，主要生产风干牛肉系列、牛肉干系列、牛肉干干条系列、酱卤肉系列、调味品系列及特产系列 50 余款产品。公司有直营、加盟连锁店 200 余家，在 21 个省份建立营销网络。2011 年，通过 ISO9001 国际质量管理体系及 ISO22000 食品安全管理体系认证。独伊佳风干牛肉被称为“草原肉金子”“草原的名片”。独伊佳商标是中国驰名商标、内蒙古自治区著名商标；独伊佳牌风干牛肉被定为“中国优质产品”“内蒙古名牌产品”、中国食品博览会“名优食品”。公司被确认为残疾人就业基地、残疾人创业培训基地、全国关心残疾人爱心企业、内蒙古自治区最具社会责任感企业、赤峰市十佳慈善企业。2022年，公司营收5000万元。

【安琪酵母（赤峰）有限公司】 1993年，安琪酵母（赤峰）有限公司在翁牛特旗乌丹镇成立，注册资本1.33亿元，由安琪酵母股份有限公司投资建设，在册职工860人。公司是国家高新技术企业，生产线年生产能力3万吨高活性干酵母、2万吨有机无机复混肥、1.5万吨颗粒饲料，酵母产销规模居亚洲第一、世界第二。2022年，公司种植甜菜7466.66公顷，收购甜菜37.2万吨，生产酵母产品3.1万吨、肥料产品1.8万吨、饲料产品1.45万吨、小轻包装糖1.04万吨、大包装糖4.62万吨。实现工业产值11.3亿元，增加值4.5亿元，上缴税金5942万元。

（陈子忠　孙美丰　贾　鹏）

新型化工产业

【概况】 2022年，赤峰市有化工产业规模以上企业27家，总产值98.66亿元，主要以玉米化工、氟化工、煤化工、化肥生产为主。玉米化工方面，有瑞阳化工1家重点企业，年产酒精6万吨、季戊四醇4.5万吨、赖氨酸30万吨、苏氨酸10万吨、味精20万吨；氟化工企业主要有东岳金峰氟化工、林西天一矿业、鹏峰化工、内蒙古新福地科技4家重点企业，年产无水氟化氢24万吨、氟硅酸钠2万吨；煤化工方面，有内蒙古大唐国际煤制天然气有限责任公司、赤峰九联煤化有限责任公司、赤峰市得丰焦化有限责任公司3家重点企业，年产天然气13.3亿立方米、焦炭200万吨；化肥生产方面，有内蒙古大地云天化工有限公司、内蒙古辽中京农业科技有限责任公司、赤峰杰翔复合肥有限公司3家重点企业，肥料年产能163万吨。

【玉米化工】 2022年，赤峰市以元宝山区为核心，稳定谷多元醇等产能，开发新品种玉米化工产品，推进瑞阳化工年产2万吨三羟甲基丙烷项目建设。作为全市新型玉米化工基地，瑞阳化工主要生产乙醇、乙醛、季戊四醇，年使用玉米26万吨，解决农户种植加工转化面积超过2万公顷。

【煤化工】 2022年，赤峰市以煤炭清洁高效利用为重点，高质量发展新型煤化工产业。以克什克腾旗、宁城县为重点地区，依托大唐煤制气、得丰焦化等企业，推动克旗大唐煤制天然气Ⅱ系列项目、赤峰中骥新能源一期年产液氨16.2万吨、LNG11.5万吨焦炉煤气综合利用项目建设，拉长主副产品链条，延伸发展高附加值下游产品。

2022年3月，内蒙古东岳金峰氟化工有限公司二期项目第四条3万吨氟化氢生产线投产　（赤峰日报社　供图）

【自治区化工园区评估认定】 2022年，按照《内蒙古自治区化工园区认定管理办法（试行）》要求，元宝山产业园、东山产业园、红山产业园、林西产业园、林东产业园、克什克腾产业园、宁城产业园、敖汉产业园8个产业园符合申报要求。经自治区九部门评审，元宝山产业园、红山产业园通过自治区化工园区认定。

【草铵膦项目建设】 2022年11月，林西县与内蒙古华阳化工有限公司就投资12亿元草铵膦项目进行签约。项目计划投资12亿元，占地面积33.33公顷，分2期建设。一期工程主要建设生产车间10个、原料库房6个、产品库房3个、危废库1个、备品备件库2个、动力站1个、罐区1个及其他配套设施；二期工程主要建设生产车间15个、实验楼及其配套设施。

【内蒙古东岳金峰氟化工有限公司】 内蒙古东岳金峰氟化工有限公司是全球规模最大、单套最大、整体产能最大的氟化氢智能化产业基地，2019年响应市政府“退城入园”号召，迁址到赤峰高新技术产业开发区东山工业园。2022年，公司氟化氢生产规模由每年5万吨扩大至每年12万吨，新增年产氟化氢铵2万吨。工程一期建设3套3万吨氟化氢生产线，二期项目第四条3万吨氟化氢生产线年内投产，实现产值20亿元，上缴税费1.5亿元。

【赤峰瑞阳化工有限公司】 公司从事玉米深加工多元醇研发，专业生产酒精、季戊四醇、三羟甲基丙烷等产品。公司主产品季戊四醇具有技术含量高、品种多、质量优、成本低的优势，产品远销至欧洲、美国、日本等35个国家地区及国内20余个省市地区。公司位于赤峰高新技术产业开发区元宝山园区，项目总规划占地面积68.67公顷，一期工程占地面积40公顷，总投资10.5亿元，于2015年底建成投产。公司年产能季戊四醇4万吨、三羟甲基丙烷1万吨、酒精6万吨、甲醛24万吨、乙醛2.4万吨、甲酸0.8万吨，配套有2×75吨锅炉（配套2×6兆瓦发电机组）、每天处理废水4200立方米、每年危废焚烧1万吨、每小时废气焚烧5万立方米等公用工程。2022年，公司营收13.72亿元，纳税3049万元，净利润8778万元，安置就业800人。

【内蒙古伊品生物科技有限公司】 公司位于赤峰高新技术产业开发区元宝山产业园，2011年由宁夏伊品生物科技股份有限公司投资成立，注册资本14亿元，占地面积200公顷，为国有控股混合所有制企业。公司主营赖氨酸、苏氨酸、味精、蛋白饲料、有机肥料、玉米淀粉、玉米副产品等，产品市场主要为欧洲、美洲、东南亚等地区。2022年，公司出口产品16.5万吨，创汇2.22亿美元，占全市出口总额的37%；总产值60.51亿元，工业增加值6.93亿元，销售收入60.6亿元，利润6.28万元，上缴税金1.74亿元；安置就业1980人。

（陈子忠　孙美丰　李文虎　赵晓杰）

建材工业

【概况】 2022年，赤峰市有规模以上建材企业45家，总产值为40.6亿元，占全市建材企业总产值的22.3%。建材工业主要以生产水泥、混凝土、墙材等建筑用材和非金属采选为主。水泥熟料年产能630万吨，以珍珠岩、粉煤灰为原料的绿色建材年产能10亿块标砖，商品混凝土年产能494万吨；非金属采选方面，年产能300万吨。

【赤峰新型建材产业园】 赤峰新型建材产业园于2021年8月成立，总规划面积2000公顷，计划投资34.4亿元，项目建成后，总产值25亿元，安置就业1200人。园区围绕发展石灰石全产业链，与中国建材集团有限公司、山东山水集团等企业合作，形成“石灰石—水泥熟料—骨料、新型透水砖等—超细钙、纳米钙—其他新型墙体材料—装配式建筑—固废处理”全产业体系。截至2022年末，建成项目2个，完成投资16亿元，总产值7.5亿元，安置就业700余人。

【山水远航水泥有限公司桩基础工程开工】 2022年5月18日，赤峰山水远航水泥有限公司桩基础工程作为重要“退城入园”项目开工建设。整合日产2500吨干法窑水泥生产线1条、日产2000吨干法窑水泥生产线1条，等量置换在喀喇沁旗十家满族乡石灰窑村建设日产4500吨水泥熟料生产线1条。

【赤峰卉原建材有限公司】 公司成立于2012年8月，注册资本1000万元，位于喀喇沁旗小牛群镇，占地面积8公顷，厂房建筑面积5万余平方米，有员工136人。公司是集采矿、研发、生产、销售、安装于一体的综合性民营环保企业，也是国内首家实现珍珠岩板自动化生产企业，获得科技成果3项、国家专利33项，年生产能力1000万平方米。公司总投资2.4亿元，建设6条具有自主知识产权的珍珠岩板自动化生产线，专业生产钢丝网架珍珠岩复合保温外墙板、钢丝网架珍珠岩内隔墙板、珍珠岩装饰吸音板、珍珠岩机房专用吸音板、珍珠岩防火防水生态板、珍珠岩门芯板等珍珠岩系列产品。产品销往北京市、上海市、天津市、河北省、山东省、山西省、内蒙古自治区等10余个省市自治区，以及波兰、阿联酋、新加坡、印度、伊朗、保加利亚等10余个国家。2022年，公司实现产值4235万元。

【赤峰暖捷新型建材有限责任公司】 2007年，公司在红山高新技术产业园区成立，总投资5000万元，规划占地面积8000平方米。作为集储能设备研发、生产、销售于一体的科技型暖通设备企业，公司以中国电力科学研究院和中国科学院相关技术为依托，实施创新型供暖服务运营模式。公司有生产线3条，主要生产固体储能电暖气、高压固体储能供暖设备、清洁能源供暖服务运营及采暖配套产品塑（PE-RT）铝复合散热器、踢脚线电暖气等产品，自营清洁供暖面积500万平方米。2022年，公司完成总产值3910.7万元，比上年增长53%；利润总额462万元，比上年增长20%；在册员工95人。

（陈子忠　孙美丰　张愈佳　刘海婷）

医药产业

【概况】 2022年，赤峰市规模以上医药企业17家，总产值为22.7亿元。医药产业主要以化学药和中蒙药为主。化学药方面，原料药年产能1.9万吨，片剂35亿片，大容量注射剂1.2万支；中蒙药方面，年产中药药材及饮片2万吨、各种中蒙成药1.2吨。医药行业是赤峰市的传统优势产业，形成涵盖化学药品、中蒙药、医疗器械和兽用药品等生产体系，成为自治区重要的医药产业核心地区之一。全市有药品生产企业24家，其中原料药企业7家、化药制剂企业5家、中蒙药制剂企业2家、中药饮片企业9家、医用氧生产企业2家。主要企业有赤峰制药股份有限公司、内蒙古天奇中蒙制药股份有限公司、颈复康药业集团赤峰丹龙业有限公司、赤峰蒙欣药业有限公司、内蒙古普因药业有限公司等。

【产业扶持】 2022年，赤峰市明确构建“两园三基地一品牌”的产业发展格局，即打造红山、元宝山医药产业园，喀喇沁旗、敖汉旗、林西县中草药基地，创建赤峰医药品牌。赤峰蒙欣药业有限公司等5家企业的8个项目获得医药产业发展引导资金4623.6万元。其中，提升研发能力项目2个，新建或技改扩建项目1个，研发或引进生产新产品项目5个。

【产业发展】 2022年，赤峰市巴林右旗构建起中（蒙）医药产业发展链条。自制40余种蒙药制剂被纳入自治区药品目录，建成“一人一方”蒙药调剂室，《蒙医毫火针治疗“头痛病”临床疗效观察研究》科研课题入选自治区2022年度医疗卫生科技计划项目。赤峰市云淞科技发展有限责任公司生物活性蛋白酶医药中间体通过欧盟认证出口海外；康普药业股份有限公司生产的盐酸氯丙嗪国内市场占有率超70%，盐酸地芬诺酯、盐酸苯海索、盐酸普萘洛尔市场占有率均在50%以上；内蒙古双立药业有限公司频呐酮项目建成投产。

【医药大项目投产】 2022年，内蒙古华天制药有限公司驱虫药产业延伸项目与新版GMP（《药品生产质量管理规范》）技术改造项目，赤峰华卫医用科技有限公司新建、技改扩建项目，内蒙古康普药业有限公司原研药仿制产业化项目竣工投产。

【赤峰蒙欣药业有限公司】 公司是集药品生产、商业分销和零售连锁于一体的医药综合性企业，主营片剂、硬胶囊剂、颗粒剂、散剂等的生产、销售，有批准文号128个。下辖赤峰雷蒙药品经销有限责任公司和赤峰雷蒙大药房连锁有限公司2个全资子公司。公司有10余个系列160余个规格产品群，其中入选《国家医保药物目录》89个、入选《国家基本药物目录》44个。公司拥有国内领先的制粒机、高速压片机、高效包衣机、自动包装线及自动原子吸收分光光度计、全自动高效液相色谱仪和气相色谱仪等生产和质检设备。2022年，投资400万余元启动综合制剂自动化包装线改造项目。年生产片剂20亿片、胶囊剂3000万粒、颗粒剂2000万袋、散剂20万袋。公司总资产3.3亿元，销售收入4.85亿元，利税3000万元，员工1000人。

【内蒙古格林特制药有限责任公司】 2012年，公司由上海市搬迁至赤峰市红山高新技术产业园，总投资5亿元，规划占地面积8.73万平方米，建筑面积2万平方米。公司主营业务有医药与医疗器械两大板块，是自治区“专精特新”企业、自治区认定的企业技术中心，有发明专利8项、实用新型专利40项。2022年，公司引进马杜拉霉素和氨基葡萄糖2个新品种生产项目，增加次氯酸钠消毒剂、苯扎溴铵消毒剂、聚维酮碘消毒剂3个消毒剂品类。截至年末，生产灰黄霉素142.5吨、盐酸土霉素133吨、呋喃铵盐380吨、甲氧胺盐酸盐80吨。公司累计投资2159万元，实现销售收入3.5亿元。在册员工730人。

（陈子忠 孙美丰 洪学微 刘海婷）

新材料产业

【概况】 2022年，赤峰市聚焦新材料产业转型升级，总产值近7亿元，税收1.3亿元。重点推进克什克腾旗锂电低碳产业园项目、大道锂电综合利用锂云母年产4万吨电池级碳酸锂生产线项目建设，久日新材料等工业项目竣工投产，签订计划总投资80亿元的赤峰金属新材料产业园项目合作协议，支持内蒙古富勒烯技术创新中心建设。

【新材料产业园项目建设】 2022年12月12日，赤峰市政府与正威国际集团签订建设赤峰金属新材料产业园项目合作协议。正威国际集团是以新一代电子信息和新材料完整产业链为主导的高科技产业集团。签约建设的赤峰金属新材料产业园项目为全市百万吨铜优势产能基础上的延链项目，主要产品为低氧铜杆、精密线缆、纳米铜粉及制品、电子铜箔、挠性覆铜板等，计划总投资80亿元。

【研发创新】 2022年，赤峰市政府支持赤峰福纳康公司与中科院化学所合作建设“内蒙古富勒烯技术创新中心”，加快以新兴产业项目为主的高端含氟新材料产业园、泰领海创生物科技园三期建设，打造新材料产业供应链管理和服务体系，实现产业聚集发展。

【内蒙古星耀新材料有限公司】 2022年6月23日，内蒙古星耀新材料有限公司成立，注册资金5000万元。公司位于元宝山区赤峰高新技术产业开发区东山产业园。经营范围包括金属材料制造、新材料技术推广。公司年产3600吨高性能钨钼棒丝材及制品研发制造。项目占地面积16公顷，建筑面积18.4万平方米，合金制造车间3个，压延加工车间4个，66千伏变电站1个及制氢站、制氮站、循环冷却水站等生产配套设施。项目总投资15亿元，年产值24亿元，亩均产值1030万元，年税收2亿元，亩均税收85.8万元，直接带动就业2000人。

【内蒙古明岳新材料有限公司】 公司是山东东岳氟硅科技集团全资子公司，2022年3月在松山区成立，是氟化工行业全产业链项目。项目占地面积26.67公顷，注册资本5亿元，总投资26亿元，在册员工200人。公司主要生产粉末状高分子量聚偏氟乙烯均聚物，是最高端的锂电池电极黏结剂材料（动力和储能）。截至年末，公司处于建设阶段，未投入生产运营。 （孙美丰 马伟立 胥博通）

装备制造业

【概况】 2022年，赤峰市规模以上装备制造业总产值27.17亿元。7家重点装备制造业企业中，国能联合动力技术（赤峰）有限公司实现200～300万千瓦时装机容量、内蒙古虹源风能科技有限公司塔筒年产能10万吨（500台）、赤峰市建支科技有限公司年产40万吨铸件、赤峰市建支管业有限公司年产20万吨钢管件、赤峰焱邦锅炉工业有限公司年产800吨蒸流化床、赤峰拓佳光电有限公司年产2000万片模组、赤峰市恒泰特种钢铸造有限责任公司年产8000吨钢件。

【汽车零部件制造项目】 2022年5月，赤峰市松山区政府与7家企业进行签约，计划在赤峰高新技术产业开发区松山产业园打造汽车零部件制造项目，项目累计投资4亿元，实现产值3.5亿元。其中，台州渝浩转向系统有限公司签约项目投资8000万元，建设新能源汽车转向器总成及配件，年均产能200万只，年均产值3000万元；玉环森和汽车配件有限公司签约项目投资6000万元，建设汽车摆臂、悬挂、平行杆总成及配件，年产能500万只，产值6000万元；朝阳驰程新能源汽车制造有限公司签约项目投资5250万元，建设高铁配件及汽车发动机支架制造，年产能100万套，年产值5500万元；玉环鹏恩机械有限公司签约项目投资5000万元，建设汽车轮胎螺丝、螺栓生产制造与销售，年产能500万只，年产值5000万元；玉环工宇机械制造厂签约项目投资5000万元，建设汽车内球笼、平行杆总成及配件制造与销售，年产能500万只，年产值6000万元；玉环万峻汽配厂签约项目计划投资5000万元，建设汽车轮毂单元生产制造与销售，年产能100万只，年产值5000万元；玉环华硕机械制造有限公司签约项目投资5500万元，建设汽车机油喷油嘴制造，年产能100万只，年产值5000万元。

【欣旺达赤峰智能制造绿色低碳产业园项目签约】 2022年12月28日，赤峰市松山区政府与深圳市欣旺达智慧能源有限责任公司举行签约仪式，总投资30亿元的欣旺达赤峰智能制造绿色低碳产业园项目落户松山区。欣旺达公司在松山区安庆工业园区规划建设欣旺达赤峰智能制造绿色低碳产业园，占地面积33.33公顷。园区重点发展新材料、新能源及高端装备制造等战略性新兴产业，打造以欣旺达公司为“链主”的产业集群和产业基地。具体项目包括电力储能系统生产基地（锂电池PACK生产线和储能系统总装集成测试）、共享储能、数字能源研究院等。

【远景赤峰大兆瓦智能风机总装基地建设项目】 2022年4月28日，远景赤峰大兆瓦智能风机总装基地建设项目奠基仪式在内蒙古赤峰农畜产品开发区翁牛特旗产业园举行。项目主要生产5.2兆瓦及以上风力发电设备，具备年产风电整机2吉瓦（GW）以上生产能力，实现整机制造中心、区域运维中心、大型储能电站、变电站一体建设，并实现5兆瓦以上的大功率风机组装本土化生产，利用基于智能物联网技术的远景方舟能碳管理系统进行能耗和碳排管理。

【赤峰焱邦锅炉工业有限公司】 赤峰炎邦锅炉工业有限公司由1978年成立的赤峰锅炉厂转制而来。2013年，整体搬迁至赤峰红山经济技术开发区。公司有专业生产制造设备100余台套和国内先进的锅炉膜式壁生产线，形成工业锅炉、小型发电锅炉、余热容器、压力容器、换热机组五大系列1800余个品种产品序列。与清华大学合作开发的水冷旋涡内分离低倍率循环流化床锅炉产品获国家科学技术委员会科技发明三等奖。2022年，公司有员工300余人，其中工程技术人员50余人、高级工程师29人。公司总产值5479.16万元，上缴税金634万元。

【内蒙古京航特碳科技有限公司】 公司是北京吉兴盛安科技有限公司全资子公司，1998年成立；2017年，入驻宁城县中京工业园区。公司占地面积1.49万平方米，建筑面积9503.76平方米，有生产车间2个、材料研发中心1个。公司产品有机械用碳石墨，电子电器用石墨，光伏热场、冶金、模具用石墨，流体过滤用碳石墨，部分电工用碳石墨和锂电池负极材料，广泛应用于机械、电力、石油、化工、航天等领域，产品销至俄罗斯、美国、墨西哥等国家。2022年，公司产品产量799.87吨，总产值1.2亿元，在职员工115人。

（陈子忠　孙美丰　付亚丹　魏利达）

信息技术产业

【概况】 2022年，赤峰市信息技术产业以电子信息制造业、软件和信息服务业为主，主要依托拓佳电子产业园、恩沃科技产业园2个电子信息制造产业园和蒙东云计算产业园、赤峰·中关村信息谷科技创新基地2个软件和信息服务业产业园。电子信息制造产业初步形成电子信息产业集群。电子信息制造业主要生产智能移动终端、显示模组、声学耳机、电声器件等产品，主营业务收入4.5亿元。赤峰市的软件和信息服务业主营业务涵盖软件产品开发、平台软件、信息技术服务、信息技术咨询设计服务、信息系统集成实施服务、运行维护服务、集成电路设计、信息安全产品、嵌入式系统软件、计算机应用产品等类别。纳入工业和信息化部软件企业月报数据平台调度的4家企业（赤峰拓海文化传媒有限公司、

2022 年，赤峰・中关村信息谷科技创新基地引进企业 57 家，累计取得知识产权 100 余项　（市政协文史委　供图）

内蒙古金泰中威科技有限责任公司、赤峰云联科技有限公司、内蒙古朗坤科技有限公司）实现主营收入 7221.98 万元，其中软件业务收入 7032.98 万元。

【产业支持】　2022 年，赤峰市推进信息技术产业链招商工作，挖掘信息技术产业招商优势，通过以商招商、亲情招商、平台招商、商会招商、代理招商等方式，采用传统媒体与新媒体相结合的方式开展宣传。鼓励支持电子信息制造业企业申报国家技术创新示范企业，主导、参与标准制定，提升知识产权运用能力。培育市场主体，加快培育云计算、大数据、人工智能、5G 技术、区块链、工业互联网等领域的软件技术和产品，支持小程序、快应用等新型轻量化平台发展。

【赤峰拓佳光电有限公司】　赤峰拓佳光电有限公司是集智能移动终端产品的研发、生产、销售为一体的国家级高新技术企业，拥有知识产权 110 项。2015 年 1 月，公司投产，产品有智能手机、全面屏、液晶显示模组、主板、偏光片、高性能膜材、导光板、异形切割、3D 曲面盖板、电子包装材料等。拥有 20 万平方米标准无尘车间。2022 年，公司工业产值 3.2 亿元，上缴税金 1030 万元，利润总额 5260 万元。

【内蒙古朗坤科技有限公司】　内蒙古朗坤科技有限公司主要从事智慧城市、工业软件与工业互联网平台建设。作为国家级高新技术企业，公司在智慧城市领域拥有一体化平台、数据机器人、实时数据库等关键技术和应用软件产品 50 余套，与华为技术有限公司、阿里巴巴集团在大数据中心及城市大脑方面达成合作。朗坤工业互联网平台是全国 28 家“双跨”（跨行业、跨领域）工业互联网平台之一，曾获国家网信办和财政部下设的中国互联网投资基金近亿元注资，与内蒙古信息技术协会合作打造的全蒙设备工业互联网平台，面向自治区工业企业提供设备上云、远程诊断、故障预警、安全预测、专业运维等服务。公司重点围绕赤峰市智慧城市试点项目“智慧红山”，采用政府引导、企业投资、使用方购买服务方式，开展两网（智慧城市专用光纤网、智慧城市物联网）、两中心（智慧城市大数据中心、智慧城市运营指挥中心）、三个体系（政务、产业、民生）智慧应用的建设与运营。2022 年，公司智慧城市业务拓展到赤峰市 8 个旗县区，营收 5000 万元，上缴税费 200 万元，有员工 120 人，有软件著作权 58 个。

【内蒙古鸿霖信息技术有限责任公司】　2009 年，公司在红山区物流园区蒙东云计算中心成立，专业从事软件和信息技术服务，注册资本 1518 万元。公司具有国家级高新技术企业资质、信息技术服务管理体系认证证书（ISO20000）和内蒙古自治区公共安全技术防范系统设计、施工和维修服务能力二级证书，软件著作权证书 3 个。完成工业互联网标识解析企业节点建设，打造便民充电设备标识解析一体化管理平台。2022 年 11 月，联合赤峰学院、北京英泰智科技股份有限公司开发“草原公路事故预警系统”，通过在草原公路部署高清智能相机设备和智能报警装置，构建草原公路事故预警系统。截至年末，投入研发费用 154.59 万元，主营业务收入 2378 万元。在册员工 65 人。

（陈子忠　刘宗鹏　于　敏　刘海婷）

纺织工业

【概况】 2022年，赤峰市纺织工业规模以上企业10家，总产值12.8亿元。纺织工业以毛纺为主，年产能无毛绒1150吨、羊绒制品230万件、洗净绒200吨、无羊绒200吨。纺织行业形成以毛纺、棉纺、羊绒制品加工为主的生产加工体系。主要生产企业有赤峰华源毛业有限公司、赤峰先锋纺织有限公司、赤峰东黎绒毛有限公司、赤峰圣伦绒毛制品有限公司、赤峰昭乌达羊绒制品有限公司等一批自治区知名企业。

【研发中心创建】 2022年，赤峰市纺织生产企业建成自治区企业技术中心、自治区企业研究开发中心等科研开发机构5个，其中自治区企业技术中心4个、自治区企业研究开发中心1个。赤峰昭乌达制品有限公司建立的内蒙古纤维纺织众创空间是全市唯一的纺织类众创空间试点基地。

【技术支持】 2022年，赤峰市针对纺织工业存在的技术问题，补足短板，由市级财政出资，市工信局聘请专家为重点纺织行业企业生产经营提供诊断咨询服务，并出具纺织行业的诊断报告，为行业和企业的健康发展提供保障，实现产业高质量发展。

【赤峰东黎羊绒股份有限公司智能化生产车间建设】 2022年4月，赤峰东黎羊绒股份有限公司3.2万平方米的新厂房项目一期工程土建部分竣工，羊绒衫标准化车间工程进入内部装修阶段；11月，安装设备并试运行成功；12月，项目正式投产。项目达产后羊绒衫产能为200万件，单次一项销售收入10亿元。

【赤峰圣伦绒毛制品有限公司】 2006年5月，赤峰圣伦绒毛制品有限公司成立。公司是集羊绒制品研发、设计、原绒收购、分梳、纺纱、编织、销售为一体的羊绒制品生产企业，年产羊绒制品50万件。公司获得国家专利29个，其中国家发明专利6个、实用新型产品专利19个、国家计算机软件著作权4个。先后通过ISO 9001质量管理体系认证、ISO 14000环境管理体系认证和BSCI商业社会标准认证。公司入选国家2018年制造业“双创”平台试点示范名单，是全国民族特需商品定点生产企业、自治区级农牧业产业化重点龙头企业、自治区外贸转型升级示范基地龙头企业、自治区工业经济运行先进企业、自治区绿色制造示范企业（绿色工厂）。2022年，公司总产值1.5亿元，上缴税金476万元，利润总额4050.19万元。

【赤峰东荣羊绒发展（集团）有限公司】 2014年，公司以赤峰东荣羊绒制品有限公司为基础成立，位于红山高新技术产业园区，总投资4亿元，规划占地面积20万平方米，建筑面积6.53万平方米。公司是国际羊绒驼绒制造商协会（CCMI）会员组织、动物福利国际合作委员会（ICCAW）与可持续纤维联盟（SFA）会员，拥有ICCAW、SFA评定证书，是国家级羊绒制品外贸转型升级基地、国家级高新技术企业、国家级绿色工厂，授权专利总数26件、商标总数35个。2022年，公司特种印染厂产量突破5万件，较上年增加90.78%，单位制造成本下降30.52%；质量管理部检验无毛绒3810批、纱线1863批，检验成品13万件，首次在全产业链管控质量指标；创新中心协助实验室获得中国计量认证（CMA）资质。截至年末，公司总产值10亿元，进出口总额6458万美元。（陈子忠　赵　微　刘海婷）

2022年12月，赤峰东黎羊绒股份有限公司智能化生产车间建成投产
（赤峰日报社　供图）

建筑业

责任编辑　孙美丰

建筑业

建筑行业发展

【概况】 2022年，赤峰市建筑业产值148.4亿元，比上年减少30.2%，其中外埠产值42.7亿元，比上年减少37.7%。建筑业增加值178亿元，比上年下降6.3%。建筑业增加值占GDP比重为8.3%。赤峰市建筑协会评选出先进施工企业51家、质量管理先进企业48家、安全生产先进企业46家、开拓外埠市场贡献突出的建筑业企业2家、优秀建设监理企业6家、优秀工程造价咨询企业9家、优秀招标代理机构6家，评选优秀建造师175人。

【建筑业数字化发展】 2022年，赤峰市对科研创新、发明创造、首次认定高新技术企业实施一次性奖励，推动建筑业数字化发展。完成自治区第二批BIM（建筑信息模型）技术应用试点项目和试点单位的申报，通过企业自行申报、旗县区住房城乡建设局初审后，向自治区住房城乡建设厅推荐BIM技术应用试点单位7家，BIM技术应用试点项目14个。推广应用内蒙古自治区智慧建筑管理服务信息平台，推行“互联网+监管”模式，以信息化手段对全市房屋建筑和市政基础设施工程的施工质量进行监管。

【绿色建筑】 2022年，赤峰市印发《推进新型建筑工业化绿色发展工作方案》，推动全市建筑业绿色高质量发展。制定《全市绿色建筑发展专项行动计划》，明确全市城镇总体规划区内新建建筑按照基本级以上绿色建筑标准设计建造，引导绿色建筑项目单位主动申报绿色建筑评价标识，开展星级绿色建筑的申报评价。松山区万达广场绿色建筑一星级评价标识评审工作完成。全市施工图审查民用建筑面积448.3万平方米，其中绿色建筑面积430.25万平方米，新建绿色建筑占比为95.97%。

【可再生能源建筑应用】 2022年，赤峰市优化民用建筑用能结构，推动“光储直柔”建筑发展。推进热电联产与工业余热供暖，提高城镇建筑可再生能源替代率。全市可再生能源建筑应用建筑项目134个，建筑面积116.48万平方米，占施工图审查面积的24.93%。其中，太阳能热水应用建筑45项，建筑面积65.49万平方米；太阳能光电应用建筑87项，建筑面积50.89万平方米；浅层地能应用建筑2项，建筑面积1000平方米。

【建筑业典型示范作业建设】 2022年，赤峰市在建筑行业开展典型示范作业建设，创建自治区建筑施工安全标准化示范工地43个、市级示范工地43个；获评自治区级优质结构奖工程17个，市级优质工程45个、赤峰市“玉龙杯”优质结构奖工程52个；获评自治区“草原杯”工程质量奖10项。30家建筑业企业申报80项工法（工艺方法和工程方法）。

2022年，赤峰市在建筑行业开展典型示范作业建设，创建自治区建筑施工安全标准示范工地43个。图为红山御府项目建设工地现场　（韩涛　摄）

表 27　2022 年赤峰市获评内蒙古自治区建筑施工安全标准化示范工地一览表

单位：平方米

序号	工程名称	建筑面积	工程进度	施工单位	监理单位
1	赤峰学院附属医院临床综合楼建设项目	75399	装饰装修	内蒙古中亿建筑有限公司	内蒙古天虹建设监理有限责任公司
2	赤峰应用技术职业学院建设项目 2 号实训楼工程	10215	竣工	赤峰正翔建筑工程有限公司	内蒙古金鹏建设监理有限公司
3	赤峰学院学生宿舍楼建设项目	26629	装饰装修	河北建工集团有限责任公司	内蒙古金鹏建设监理有限公司
4	玉龙大街、王府大街分车带综合改造项目	4621	尾工	内蒙古新开元建设有限公司	内蒙古金鹏建设监理有限公司
5	赤峰市中心城区再生水环城输水管网工程一期第八标段大板路中途加压泵站工程	2121	装饰装修	赤峰诚联市政工程有限责任公司	内蒙古华鸿项目管理有限公司
6	赤峰市第四水厂地表水除氟工程	5366	装饰装修	赤峰路达市政工程有限责任公司	内蒙古天虹建设监理有限责任公司
7	中国契丹博物馆项目	43968	竣工	河北建设集团股份有限公司	内蒙古天虹建设监理有限责任公司
8	松山区璞玥风华住宅小区三期 2#、3#、6#、7#、9# 楼、A1#–A5# 楼、地下车库建设项目	91336	装修	赤峰傲通建筑工程有限公司	内蒙古申泰建设监理有限责任公司
9	松山区璞玥风华住宅小区二期 1#、8#、10#、11#、地下车库建设项目	66982	装饰装修	赤峰东联建筑工程有限责任公司	内蒙古鑫诚工程项目管理有限公司
10	嘉和华苑小区建设项目	17941	装饰装修	内蒙古邦诺建设工程有限公司	瑞博工程项目管理有限公司
11	新城区雨水管网建设和自来水管网互联互通工程 2022 年第六标段罕山街（新惠路—宝山路）施工	1211	竣工	赤峰诚联市政工程有限责任公司	内蒙古华鸿项目管理有限公司
12	初头朗镇镇区雨污分流管网改造工程	1626	竣工	赤峰汇成建筑工程有限公司	内蒙古华鸿项目管理有限公司
13	锡伯印象 5#、7#、9#、S2# 楼及地下车库工程	28511	装饰装修	赤峰慧津建筑工程有限公司	内蒙古申泰建设监理有限责任公司
14	锡伯印象 1#、2#、3#、S1# 楼及地下车库工程	37526	装饰装修	赤峰利新建筑工程有限公司	内蒙古申泰建设监理有限责任公司
15	沁园小区 3#、5#、8#、9#、10# 楼及地下车库	30535	装饰装修	内蒙古广聚源建筑工程有限公司	内蒙古申泰建设监理有限责任公司
16	赤峰新城山西营小学建设项目	17852	装饰装修	赤峰永成建设集团有限公司	内蒙古天虹建设监理有限责任公司
17	天拓商务楼	10211	装饰装修	赤峰天拓市政建设工程有限公司	内蒙古新正能网电力工程监理有限公司
18	锡伯印象 6#、8# 楼及地下车库工程	31985	主体完工	赤峰恒诚建筑工程有限公司	内蒙古申泰建设监理有限责任公司

续表

序号	工程名称	建筑面积	工程进度	施工单位	监理单位
19	新城区雨水管网建设和自来水管网互联互通工程2022年第三标段新惠路（小河沿大街—大明街）施工	1473	竣工	赤峰汇成建筑工程有限公司	内蒙古华鸿项目管理有限公司
20	红山御府3#住宅楼、4#住宅楼、5#住宅楼、6#住宅楼、A#配套楼、地下车库	49155	装饰装修	赤峰东联建筑工程有限责任公司	内蒙古鑫诚工程项目管理有限公司
21	赤峰红山高新区小学配套工程	1152	竣工	内蒙古中亿建筑有限公司	内蒙古天虹建设监理有限责任公司
22	赤峰市红山区铁南棚户区支线路网（三期）道路建设工程项目施工第二标段	5512	尾工	赤峰市金川市政建设工程有限公司	内蒙古华鸿项目管理有限公司
23	内蒙古红山物流园区基础设施二期道路及配套工程建设项目（二标段）	2230	尾工	内蒙古顺宝水利水电工程有限责任公司	北京佳德建设监理有限责任公司
24	赤峰市元宝山区平庄煤业（集团）有限责任公司2020年国有工矿棚户区露天家苑B区改造及配套基础设施建设项目施工一标段	28898	装饰装修	赤峰添柱建筑工程有限公司	赤峰天保项目管理有限公司
25	元宝山区教育局西城小学建设项目	15107	装饰装修	内蒙古润得建设集团有限公司	赤峰天保项目管理有限公司
26	赤峰市元宝山区教育局第八幼儿园（元宝山镇实验幼儿园）项目	5109	装饰装修	赤峰宝昌建筑工程有限公司	赤峰天保项目管理有限公司
27	赤峰市元宝山区平庄煤业（集团）有限责任公司2020年国有工矿棚户区露天家苑C区改造及配套基础设施建设项目一标段（1#、5#住宅楼）	9529	装饰装修	赤峰兴业建筑有限公司	赤峰天保项目管理有限公司
28	阿鲁科尔沁旗医院传染病治疗中心建设项目	17090	装饰装修	赤峰永成建设集团有限公司	阿鲁科尔沁旗华宇建设监理有限责任公司
29	学府壹号1#–10#楼及地下车库、小区外网	43681	装饰装修	敖汉旗教育建筑工程有限责任公司	内蒙古三得利项目管理有限公司
30	敖汉旗医院传染病区建设项目	5104	装饰装修	山西四建集团有限公司	内蒙古三得利项目管理有限公司
31	敖汉宏图房地产开发有限责任公司玉龙水岸4#9#10#住宅楼、地下车库及小区外网	25362	装饰装修	敖汉旗教育建筑工程有限责任公司	内蒙古三得利项目管理有限公司
32	维利斯·和园建设项目	77075	装饰装修	赤峰翼阳建设工程有限公司	内蒙古鑫诚工程项目管理有限公司
33	维利斯·如园建设项目	52452	装饰装修	赤峰翼阳建设工程有限公司	内蒙古申泰建设监理有限责任公司
34	巴林丽都BD–1号地、BD–9号地绿化硬化景观工程	1020	竣工	内蒙古华塑节水灌溉科技有限公司	内蒙古申泰建设监理有限责任公司
35	巴林右旗大板镇生态修复工程建设项目（索博日嘎街—查干沐沦街段生态修复工程）	3255	尾工	赤峰宏天市政工程有限公司	内蒙古天虹建设监理有限责任公司

续表

序号	工程名称	建筑面积	工程进度	施工单位	监理单位
36	朗润明珠小区（三期）	97261	装饰装修	赤峰宏基仁泰建筑工程有限公司	内蒙古恒正工程项目管理有限公司
37	朗润明珠小区（四期）	15981	装饰装修	赤峰宏基仁泰建筑工程有限公司	内蒙古恒正工程项目管理有限公司
38	喀喇沁旗锦山城区雨水排水防涝工程	1277	竣工	赤峰天拓市政建设工程有限公司	内蒙古华鸿项目管理有限公司
39	锦山鸿瑞·福园 1#、2#、3#、6#、7# 楼及地下车库	39538	装饰装修	内蒙古御泽泰建筑工程有限责任公司	内蒙古宏厦工程项目管理有限责任公司
40	2022 年克什克腾旗经棚镇农畜产品深加工项目	21850	竣工	内蒙古正天建设工程有限公司	内蒙古金鹏建设监理有限公司
41	宁城县第三中学扩建教学楼建设项目	12366	竣工	内蒙古盛安建设（集团）有限公司	内蒙古首信建设监理有限公司
42	宁城县智慧泊车及综合停车场建设项目	7049	竣工	河北建设集团股份有限公司	赤峰鑫泰建设监理有限责任公司
43	翁牛特旗老年养护院建设项目	10968	装饰装修	翁牛特旗阜鹏建筑有限公司	赤峰鑫泰建设监理有限责任公司

（市建筑业协会）

【绿色建材推广】 2022 年，赤峰市建筑行业落实绿色建材推广措施，扩大城市绿色建材应用面积，完善绿色建材产品认证制度。全市绿色建材应用面积 8.2 万平方米，应用量 22.3 万平方米。28 家企业申报绿色建材认证，赤峰卉原建材有限公司钢丝网架珍珠岩复合保温外墙板（国家建设工程节能认证产品）、赤峰鑫海节能建材有限公司生产的蒸压加气混凝土砌块获得自治区住房和城乡建设厅颁发的绿色建材产品认证。

【装配式建筑推广】 2022 年，赤峰市推进以装配式建筑为代表的新型建筑工业化发展。新建公共租赁住房、棚户区改造安置住房等政府投资项目全面实施装配式建造。推进国家钢结构装配式住宅试点建设。新开工装配式建筑 64 项 59.26 万平方米，其中装配式钢结构建筑 53.06 万平方米、装配式混凝土结构建筑 6.2 万平方米。

（张金龙　孙美丰）

建筑施工管理

【建设工程设计方案审查】 2022 年，赤峰市执行市国土空间规划委员会议事规则，推动建设工程设计方案（修建性详细规划）审查纳入政务服务一体化平台办理。完善施工图审查管理工作制度，落实自治区住建厅 6 月 30 日印发的《关于公布免于施工图设计文件审查项目类型清单的通知》，深化施工图设计文件审查改革。对工程建设项目实施施工图联合审查，制定施工图免审项目类型清单，实现网上传输、电子审图。年内完成中心城区建设工程设计方案审查 170.7 万平方米。

【建筑招投标管理】 2022 年，市住建局以从业管理、培训教育、动态监管、组织管理机构为切入点，规范建筑招投标企业和从业人员执业行为。加强评标专家警示教育培训，组织全市房屋建筑和市政工程评标专家 500 余人到赤峰监狱开展现场警示教育活动。考核梳理评标专家库，将违反管理制度的 159 名专家清出专家库，暂停 24 名专家半年期评标资格。11 月 2—29 日，对招投标活动进行执法检查，抽检招投标项目 49 个，下达整改通知单 5 份、执法建议书 4 份。赤峰市医院二期工程实现远程异地评标，跨 2 省 3 地（河南省南阳市、驻马店市，陕西省延安市）抽取专家，为自治区首例。对投诉反映的赤峰学院校园（一期）工程施工标段 7 名评标专家涉嫌违规评审进行调查，依程序移交市城市管理综合行政执法局处理。

【工程造价管理】 2022 年，赤峰市着力规范建设工程造价信息发布机制，合理确定和控制建设工程造价，提升行业守法意识和服务水平。举办造价咨询企业业务培训会，专题讲解

《赤峰市促进建筑业高质量发展实施意见》31条惠企政策，明确造价咨询企业的17条政策落实要求，保障工程质量安全推进。市财政局组织开展全市工程造价评审业务培训班，工程造价企业246人参加培训。

【监理单位履职监管】 2022年，赤峰市加强对工程项目监理单位开展“双随机、一公开”监管抽查，对全市建设工程质量检测机构依法依规从业情况进行监督检查，重点检查建设单位委托制度、施工监理单位见证取样送检制度，重点打击违法发包、转包、违法分包和出借、挂靠资质违法行为。检查9个旗县区以及市直在建项目37个，检查招投标项目36个，下达整改通知单40份、执法建议书6份。

【建筑工程质量安全管理】 2022年，赤峰市落实《内蒙古自治区住房和城乡建设厅关于落实工程质量建设单位首要责任实施办法》，监督建设单位履行工程质量首要责任，推动建设工程质量诚信体系建设。落实《赤峰市建设工程质量管理标准化实施办法》，推动工程质量行为管理标准化和工程实体质量控制标准化建设。推行房屋建筑和市政工程安全生产责任保险，落实《内蒙古自治区房屋建筑和市政工程施工安全生产责任保险实施办法（试行）》，全市房屋建筑和市政工程项目投保安全生产责任险103项，投保金额298.24万元。施行《安全日志》制度，落实建筑施工现场扬尘治理“六个百分百”（工地周边百分百围挡、出入车辆百分百冲洗、在建工地百分百湿法作业、物料堆放百分百覆盖、施工现场地面百分百硬化、渣土车辆百分百密闭运输）措施，消除施工现场安全隐患。印发《赤峰市房屋市政工程安全生产治理行动实施方案》，治理企业主体责任落实不清晰、安全风险分级管控不明确、危大工程安全隐患排查不彻底等问题。年内，检查建筑施工项目1937个，排查各类安全隐患3908个。

【专业人员培训】 2022年，赤峰市举办建设工程质量、安全、消防管理业务培训班，12个旗县区及市建设工程质量、安全、消防技术专家库成员300余人参加培训。市住房城乡建设局培训建筑施工现场安全生产人员3800人、考核1865人，审核安全生产知识考核人员3357人。组织机构以网络授课、统一测试的形式对专业技术人员进行培训，完成住房和城乡建设领域施工现场专业人员培训4532人次。完成建筑行业特种作业人员延期复核2484人。

（张金龙　孙美丰　闫　鸽）

建筑市场管理

【建筑行业审批服务优化】 2022年，赤峰市推行建筑业企业“精简＋容缺＋承诺”审批制度，开展“评定分离”制度改革试点，推行保函、保险替代各类保证金。落实金融机构扶持和惠企税收政策，要求金融机构给予信用良好、符合续贷条件的建筑业中小微企业续贷支持，开展应收账款融资，落实建筑业企业技术研发等税收优惠政策。培育核心顶端企业、发展“专精特新”中端企业、扶持专业化和劳务服务底端企业建筑业产业，开展“央企帮地企、大企帮小企”行动，实施“引进来、走出去”战略，对进入本地区的优秀外地企业和积极拓展外埠业务的本地企业落实财政奖励。健全行业信用体系制度，构建“守信激励、失信惩戒”机制，加强信用评价在工程招投标、资质管理、评优评先、融资贷款、政策扶持方面的应用。

【建设工程消防安全管理】 2022年，赤峰市摸排2019年6月后自治区待审批、补批项目及“半拉子”工程涉及消防设计审查验收（备案）项目相关工作，梳理出待审批项目502个，解决消防遗留问题298个。排查工业园区内涉及消防设计审查验收项目101个。重点对既有老旧高层商住混合体、老旧高层住宅、超高层建筑、高层公共建筑四类建筑进行火灾风险排查整治，排查单位457家，排查高层公共建筑109栋、高层住宅建筑314栋、高层商住混合建筑18栋；查出火灾隐患或违法行为473处，整改461处，整改率97.46%；下发责令改正通知书254份、行政处罚决定书19

2022年3月29日，赤峰市建设工程质量安全技术人员对红山区新改建的老旧住宅进行消防安全检查　（赤峰日报社　供图）

份，责令“双停”（停产、停建）单位1家，罚款21.82万元。协同市规划局、市消防救援支队等部门，组织专家研讨、实地调研，针对中心城区房地产项目因隐形消防车道等无法消防验收问题提出建议和措施。

【建筑行业执法】 2022年，赤峰市重点打击违法发包、转包、违法分包和出借、挂靠资质违法行为。部署旗县区住建局按照“属地管理”的原则，开展建筑业企业资质和注册人员资格检查，对201家建筑业企业进行资质核查。处理6起信访举报案件，其中涉及招投标投诉案件2起、涉及拖欠工程款类信访案件2起、涉及拖欠工人工资类信访案件2起，6起案件全部办结。清查各类违法建设行为1.38万起。督促和推动各旗县区进行集中整治，整改违法建设行为7723起，整改率为55.9%。

【安全生产宣传活动】 2022年，赤峰市组织开展住建领域“安全生产月”“安全生产草原行”活动，印发《关于开展2022年全市住房和城乡建设系统“安全生产月”活动的通知》，集中学习《习近平关于安全生产重要论述——生命重于泰山》专题片。结合安全宣传“五进”活动，印发安全知识资料8000余份。5月7—13日，组织开展“防灾减灾宣传周”活动，通过宣传教育培训、主题宣讲、房屋市政工程安全生产治理、城镇燃气安全排查整治、市政公用设施隐患排查、自建房安全隐患排查整治以及灾害防范应对等工作，组织开展住建领域防灾减灾宣传活动。

（张金龙）

建筑企业

【概况】 2022年，赤峰市有建筑业资质企业658家，其中总承包企业418家（特级1家、一级33家、二级96家、三级288家），专业承包企业201家（一级7家、二级47家、三级16家、不分等级资质企业131家），施工劳务企业39家。全年建筑业增加值比上年下降6.3%。全市具有资质等级的总承包和专业承包建筑业企业209家，比上年增加7家；有施工量的企业房屋施工面积863.7万平方米，下降35.7%；竣工房屋面积446.1万平方米，下降19.6%；房屋建筑竣工率51.6%。

【赤峰宏基建筑（集团）有限公司】 公司具有各类建筑施工资质，通过ISO国际质量、环境、职业健康和安全管理体系认证。施工项目遍布北京市、天津市、辽宁省、山西省、山东省、吉林省、黑龙江省、河北省、陕西省、内蒙古自治区等11省24市，年施工能力1600万平方米，在建合同总额120亿元。作为国家现代建筑产业化示范基地，公司率先采取住宅产业化施工，应用装配式剪力墙、装配式框架结构体系的工业化吊装技术。公司以系统模板、全钢爬架、穿插提效、装配式装修、全现浇外墙、装配式内隔墙形成工业化生产体系，BIM应用与研发、ERP（企业资源计划系统）企业管理信息化，实现绿色施工、智慧工地建设。截至2022年末，公司累计完工项目600余个，竣工面积6000万余平方米，有省级技术研发中心1个，取得创新成果100余项，其中2019年获中国建设工程鲁班奖（国家优质工程）。年内，公司土建在建项目77个，在建面积690.8万平方米；装饰在建项目39个，在建面积138.2万平方米。营业收入42.08亿元，利润1.47亿元。

【赤峰兴业建筑有限公司】 赤峰兴业建筑有限公司于1998年7月在松山区成立，注册资金1.27亿元。具有建筑工程施工总承包一级、市政公用工程施工总承包三级建筑施工资质。承建工程有松山区老府中学改扩建项目、松山区人民法院新城法庭、东昊大厦商业楼、喀喇沁旗蒙缘堂药业科技有限公司办公楼及仓库建设项目、巴林右旗宝日勿苏镇中心幼儿园等。曾获自治区建筑施工安全标准化示范工地、优质结构工程、建筑安全生产优秀企业等称号。2022年，公司有注册建造师40人，总产值1.18亿元，净利润980.94万元。

（刘文强　商艳鹏　范国艳）

商贸服务业

责任编辑　孙美丰

商贸服务业

商贸流通

【概况】 2022年，赤峰市推进商贸市场体系建设，完善农产品供应链项目验收，制定县域商业体系建设实施方案，克什克腾旗获批县域商业建设行动中央资金1178万元。组织企业参加老字号博览会、广交会、进口博览会等国内外大型经贸活动及各类展（洽）会，为企业开拓视野、拓宽合作渠道和领域。赤峰市批发和零售业增加值207.6亿元，比上年增长6.8%。全市限额以上粮油食品类、日用品类和烟酒类零售额分别增长39.7%、10.7%和2.8%。全市限额以上中西药品类零售额增长7.4%。全市限额以上单位石油及制品类零售额增长22.8%，汽车类商品零售额下降7.4%。

【商贸市场建设】 2022年，赤峰市推行“实地走访”和“线上服务”联动，组织120余家重点商贸企业参加助企纾困座谈会4次，探访企业150余家，掌握商贸流通企业经营现状，推动助企政策精准对接。利用专项资金797万元支持商贸流通服务业发展、3475万元支持外贸企业提质扩容。推荐100余家企业参加银企对接活动，组织6家农贸市场申报“裕农市场”综合服务平台农贸农批市场试点，降低企业经营风险。8月23日，印发《赤峰市新增限额以上商贸流通企业奖励措施》，引导企业主动纳入限额以上贸易统计，优化限上企业结构。新增限额以上贸易单位114家。

【专业市场建设】 2022年，赤峰市有各类专业市场66个，营业面积410万平方米，从业人员4万人，实现年交易额277.8亿元，其中交易额上亿元的专业市场25个，超过10亿元的（含10亿元）9个，超过30亿元的2个。从专业市场的经营门类看，主要涉及农畜产品、建材机电、家具家装、新车、二手车等。从专业市场的布局看，受人口、区位、发展基础等因素影响，中心城区是全市专业市场发展的核心区，红山区、松山区、喀喇沁旗有专业市场27个，占全市总数的40%以上；实现交易额207.5亿元，占全市交易额的75%。

【农贸市场建设】 2022年，赤峰市有农贸市场299个，营业面积252.79万平方米，从业人员11.4万人，年交易额128.35亿元。年交易额在1亿元以上的农产品交易市场有13个，年交易额79亿元。全市交易额最大的农产品交易市场是位于松山区的雨润蔬菜水果交易市场，占总交易额的51%。

表28　2022年赤峰市年交易额1亿元以上农产品交易市场一览表

序号	旗县区	市场名称	营业面积（平方米）	从业人员（人）	年成交额（亿元）
1	阿鲁科尔沁旗	东南农产品批发市场	23200	320	3.40
2	巴林左旗	赤峰同济农贸综合市场	30000	450	2.83
3	林西县	林西县同裕市场	40000	320	1.20
4	克什克腾旗	赛罕农贸市场	10000	100	1.20
5	翁牛特旗	民享果菜粮批发市场	63214	450	1.86
6		新华菜市场	16000	87	1.35
7	喀喇沁旗	锦山集贸市场	13500	500	1.20
8	松山区	雨润蔬菜水果交易市场	70000	5000	40.00
9		松州便民市场	30000	1000	1.20
10		木兰市场	2000	100	1.11
11		山西营便民农贸市场	8000	400	1.03
12	元宝山区	新发地农产品批发市场	50000	620	9.00
13		四道井子村葵花交易市场	130000	560	1.30

（市商务局）

【消费促进】 2022年，赤峰市支持引导服务业市场主体开展促销活动1000余场次，累计实现销售31亿元。发放电子消费券、各类补贴1.53亿元，消费撬动比1∶13。元宝山区发放消费券、各类补贴750万元，举办房交会、嘉年华等促消费活动8场，带动消费1.3亿元。

【招商引资】 2022年，赤峰市编制重点商贸业态图谱，储备500万元以上商贸物流项目161个，计划总投资379.86亿元。围绕商贸服务业产业链谋划2023年5000万元以上重点商贸项目31项，总投资130.82亿元。举办全市商务系统干部素质提升培训班，组织商务系统90余名干部参加培训，提升商务干部队伍的招商水平、业务能力和综合素质。通过高铁站广告投放和利用抖音、今日头条等媒体渠道，加强招商引资宣传力度。组织招商团队赴北京市、石家庄市、呼和浩特市、重庆市等地进行精准招商。邀请京东集团、华厦伟业、顺丰速运等企业对赤峰市进行考察洽谈，在牛羊肉加工、冷链物流、智能仓储等方面达成合作意向。

【商务领域环境优化】 2022年12月12日，赤峰市印发《优化营商环境工作方案》，畅通外商投资企业投诉机制，实现外商投资不见面服务。加强商务领域事中事后监管，完善“双随机、一公开”工作机制，围绕成品油、汽车流通、单用途商业预付卡等领域开展跨部门监督检查。撤销6家涉案加油站成品油零售资格，开展全市成品油零售企业大排查大整治活动，维护市场公平秩序。

【家电销售】 2022年，赤峰市开展家电以旧换新、家电下乡等活动，发放家电补贴823万元，带动销售额8390万元。7月15日，市商务局组织海达电器、国美电器等本地大型家电经销企业与各旗县区50余个苏木乡镇（街道）对接，开展家电绿色环保理念宣传进社区活动。组织海达电器与中国家电维修协会合作，海达电器回收旧家电2724件，销售新家电2.34万件，实现销售额4583万元。

【汽车销售】 2022年，赤峰市发放汽车消费补贴2540万元，实现销售额11.26亿元。6月19—28日，市商务局、红山区人民政府、喀喇沁旗人民政府在赤峰国际会展中心联合举办“欢购赤峰，惠享生活”惠民汽车展销会，对购车消费者给予1000万元补贴，将国家减半征收购置税、政府消费补贴和参展企业优惠政策“三重优惠”同时让利消费者，释放汽车消费潜能，发挥汽车消费对社会经济发展的拉动作用。展会期间共销售汽车2011辆，实现销售额3.16亿元。

【“夜经济”打造】 2022年，赤峰市整合辖区商圈和特色商业街区资源，培育夜间消费市场，激发消费潜能。“夜经济”带动就业1.4万人，拉动消费超1.2亿元。7月9—24日，在市国际会展中心举办消夏美食啤酒节暨蒙东第13届燕京啤酒节，每日吸引消费者超1万人次，实现销售额900万元。红山区选取维多利摩尔金街、鑫峰便民市场、万达广场、水岸天街作为“夜经济”活动场所，4个区域入驻商户279家，带动就业2300余人，拉动消费1300万余元。克什克腾旗“沐伦夜语、克旗有约”文旅休闲夜市，开设餐饮集中区、特色产品销售区、游乐设施体验区，推出夜听音乐、夜品佳肴、夜间商圈、夜游小镇、夜赏文创、夜健体魄、夜娱游乐等主题活动，涵盖“三区七品”夜经济区和13个“一村一品”产销平台，带动就业1200人。夜市入驻商户200家，带动就业1200余人，交易额390万元。

【大型商超】 2022年，赤峰市有大型商超百货63家，建筑面积216.95万平方米，营业面积130.23万平方米，从业人员1.73万人。其中阿鲁科尔沁旗8家、巴林左旗5家、巴林右旗2家、林西县4家、克什克腾旗2家、翁牛特旗5家、喀喇沁旗2家、宁城县5家、红山区14家、松山区14家、元宝山区2家。

红山万达广场 红山万达广场位于红山区钢铁街西段，2014年6月20日开业。商场总建筑面积17.16万平方米，营业面积7.21万平方米，地上5层、地下2层，是集零售购物、休闲娱乐、时尚餐饮为一体的区域购物活动中心。2022年，商场

2022年，赤峰市积极培育夜间消费市场。图为红山区京福生活广场夜市

（赤峰日报社 供图）

客流量 1055.4 万人次，入驻商户 224 家，营业额 8.5 亿元，有员工及导购 1130 人。

松山万达广场 松山万达广场位于松山区友谊大街中段，是面向全客层的大型零售综合体，总建筑面积 12.54 万平方米，可租赁建筑面积 10.64 万平方米，包括地上 4 层、地下 1 层。2021 年 8 月 20 日，商场开始营业。2022 年，商场经营品牌 268 个（新入驻品牌 11 个），其中服装业态面积占总业态面积的 13%、生活精品业态占比 23%、体验业态占比 33%、儿童业态占比 14%、餐饮业态占比 17%；商场有员工 1103 人，其中商场管理人员 79 人、品牌店铺员工 1024 人。全年销售额 5.88 亿元，客流量 513.58 万人次。

维多利·摩尔城 商场位于红山区新华大桥西侧，2021 年 9 月 29 日开业。总建筑面积 8.2 万平方米、营业面积 4.3 万平方米，地上 5 层、地下 2 层，是集零售、休闲、儿童教育、餐饮、娱乐等全品类业态的购物中心。商场设有全市首个全景轿仓屋顶摩天轮、1.4 万平方米室内海洋主题公园。2022 年，商场总客流量 400 万余人次，入驻品牌 170 余家，营业额 1.2 亿元，有员工及导购人员 670 人。

众联广场 2010 年 8 月 28 日开业，是赤峰市首家大型现代化商场。商场位于松山区玉龙大街西段，建筑面积 6.9 万平方米，营业面积4万平方米，包括地下 1 层、地上 4 层。2022 年，商场有已入驻品牌 300 余个，员工 1055 人。

表 29 2022 年赤峰市大型商超一览表

序号	所在旗县区	商 超 名 称	建筑面积（平方米）	营业面积（平方米）	营业额（万元）	从业人数（人）
1	阿鲁科尔沁旗	温州友谊商城	38000	21000	90	23
2		蓝天购物中心	13588	9000	460	39
3		天金商城	7400	6700	260	51
4		大世界商业城	4062	5500	60	45
5		百货大楼	7000	7000	2100	260
6		平安商场	9200	5500	240	45
7		益民购物广场	36800	5800	690	30
8		商联大厦	6000	5300	680	75
9	巴林左旗	天冠购物中心	47000	25000	6800	285
10		契丹街城市广场	45000	34000	16600	210
11		时代购物广场	16000	12800	19100	410
12		振通商厦	11544	8000	3200	190
13		中泽超市	16000	10600	2100	65
14	巴林右旗	大板商贸	21254	14082	8000	132
15		巴林维多利·时代城	19800	15000	6000	200
16	林西县	海川商业圈	51000	30000	3200	180
17		金城大厦	12522	10950	3322	186
18		林西商城	6800	5100	1500	80
19		富利来超市	5885	5000	1500	65
20	克什克腾旗	维多利商场	24000	24000	7000	80
21		明源超市	6000	5000	2407	64
22	翁牛特旗	新世纪商城	9496	7886	12300	170
23		都市商场	45000	45000	15600	500
24		隆福生活广场	17000	17000	7500	219
25		赤峰（乌丹）香河家具城	72000	34000	5100	55
26		梁丽超市	5000	5000	1045	102

续表

序号	所在旗县区	商 超 名 称	建筑面积（平方米）	营业面积（平方米）	营业额（万元）	从业人数（人）
27	喀喇沁旗	居然之家	82901	50875	17592	300
28		红星美凯龙（新城店）	61193	59077	7339	46
29	宁城县	隆福超市	6000	6000	3820	82
30		中京商场	15000	13000	8000	652
31		鸿业时代购物广场	20000	20000	1200	230
32		金帝购物广场	20000	20000	1250	258
33		金三角城市综合体	94000	94000	2100	450
34	红山区	维利购物广场	92000	55000	11246	785
35		海达电器	10876	8000	90000	1100
36		购物城	14100	10000	800	270
37		维多利超市（广场店）	8249	4850	6500	260
38		红旗大厦	23362	6200	731	130
39		维多利·万悦城	116987	58305	800	2000
40		航宇商厦	24600	12000	800	160
41		新华书店	14000	6000	800	98
42		紫旌大厦	20000	15000	100	167
43		承天商厦	5000	4000	100	10
44		北京华联（龙腾国际店）	9219	6000	1500	36
45		白领丽家家居商场	10627	18000	700	107
46		维多利·摩尔城	82000	43000	12000	670
47		红山万达广场	171600	72100	85000	1310
48	松山区	众联广场	42000	21500	15000	738
49		海达广场	27500	15000	1000	110
50		华联购物中心	54056	27181	17000	600
51		松山万达广场	125367	106400	57893	1024
52		红星美凯龙（新天地店）	38000	28000	1285	128
53		新天地广场	230000	91000	6000	800
54		鑫隆福超市	5800	5000	602	25
55		华联超市	13433	5860	7000	182
56		沃尔玛超市	11000	8600	15000	190
57		维多利超市	6199	3135	4000	150
58		众联超市	2500	1800	1200	31
59		百柳超市（新天地店）	12000	11000	1300	130
60		百柳超市（冠东店）	7000	6000	1700	110
61		百柳超市（新城店）	2700	2700	900	80
62	元宝山区	百货大楼	13998	13000	400	100
63		世元购物中心	123000	7000	200	50

（市商务局）

【商圈街景打造】 2022年，赤峰市新华步行街商业圈总营业面积55万平方米，有维多利购物广场、维多利·万悦城、红旗大厦、紫旌商厦、航宇商厦等19家大型综合类百货商厦，各类专卖店、品牌店、精品店300余家，大小商户1.56万户，从业人员3万余人，年营业额60亿元。2020年10月，新华步行街入选首批自治区级步行街改造提升试点名单；2021年，红山区政府启动新华步行街改造提升工程；2022年11月，项目竣工投用。改造后的新华步行街在铺装道路、景观提升的基础上，新建商业廊桥、景观文化广场、旋转木马等文娱设施，新入驻店铺1900家。

（胡孝通　孙美丰　刘海婷）

供销合作

【概况】 2022年，赤峰市供销系统落实市政府《关于建设生产、供销、信用“三位一体”综合合作组织体系 推进乡村振兴的实施意见》，在全市启动“三位一体”综合合作组织建设工作，申报试点乡镇38个。支持65个基层社、10个综合服务社进行改造提升。全系统吸纳社员总数7000余人，建成县级农资、日用品配送中心和农产品批发市场3个、乡镇级综合超市5个、村级综合服务社50家。

【“三位一体”建设】 2022年，赤峰市供销系统召开系统性培训会议2次、印发乡级“三位一体”综合合作组织建设验收、业绩评估、提升评级、指导团队工作管理制度4项、相关问题解答2期、开展农资集采集供业务培训2次。邀请中央党校经济学教授徐祥临现场指导12个旗县区“三位一体”综合合作组织建设。与中国农业银行赤峰分行、中农集团控股股份有限公司、中国人寿财险赤峰市中心支公司、内蒙古大川律师事务所签订框架合作协议，从金融服务、化肥农资、保险服务、法律服务等方面提升“三位一体”组织服务能力和水平。全市12个旗县区全部启动“三位一体”综合合作组织建设，主动申报试点乡镇38个，试点区域覆盖村股份经济合作社595个、农牧户22.7万户。喀喇沁旗王爷府镇、乃林镇“三位一体”综合合作组织开展冬季用煤集采集配工作，完成冬季用煤集采集配2992吨，覆盖30个村1315户农户，为农户节支69.4万元。红山区文钟镇“三位一体”综合合作组织在全镇开展农资、日用品集采集供、农机作业等服务，助农实现增收节支53.6万元。

【规范管理】 2022年，赤峰市加大社有企业规范管理力度，印发《社有资产监督管理办法》《直属系统社有资产租赁管理办法》《直属全资和控股企业印章使用管理制度》等制度办法，突出企业产权运营管理、收益管理、资产租赁、印章使用等重点，逐步搭建、完善管理框架，用制度管理企业、管好资产，推动直属企业步入良性发展轨道。全系统发现问题560个，整改问题527个，整改完成率94%。聘请第三方机构，对社有资产及市直企业开展清产核资，逐步理清社有企业资产资金、股权产权、债权债务，推动历史遗留问题和涉法涉诉问题依法依规办理。指导旗县区社推进项目建设、资产处置等方面积存的历史遗留问题整改。

【基层社建设】 2022年，赤峰市供销系统推进基层社改造提升，争取自治区供销合作社改造提升项目资金345万元，支持65个基层社、10个综合服务社进行改造提升。全系统154个基层社吸纳社员总数7000余人，增强与农牧民的利益联结。加快综合服务社设施改造，优化服务环境，拓展服务功能，充实代理代办、快递收发等服务内容，全系统综合服务社发展至700家。

【服务网络建设】 2022年，赤峰市供销系统参与县域流通服务网络建设提升行动，翁牛特旗供销合作社被全国总社列为2022年度县域流通服务网络强县。重点建设覆盖县乡村三级的流通服务网络，建成县级农资、日用品配送中心和农产品批发市场3个、乡镇级综合超市5个、村级综合服务社50家。围绕服务保障粮食安全和重要农畜产品供给，全系统储备化肥11.47万吨、农药708吨、农膜6420吨，供应化肥7.43万吨、农药558吨、农膜2220吨。

【服务农牧业】 2022年，赤峰市供销系统深化以土地托管为主要内容的农牧业社会化服务，开展单环节、多环节、关键环节综合性和全程托管服务。全市供销系统新建农牧综合服务中心6个，落实土地托管服务面积8000公顷，统防统治、农机作业、配方施肥等社会化服务面积3.6万公顷次。开展地理标志产品推广、宣传和培训，“赤峰绿豆”“赤峰荞麦”“赤峰葵花”等地理标志在全市66家农产品生产加工企业中得到推广应用。

（刘晓林）

粮油购销

【概况】 2022年，赤峰市增储小麦8.9万吨、增储成品粮2500吨、增储植物油脂750吨。市级地储粮油总规模为19.73万吨，其中原粮储备18.8万吨、成品粮7500吨、植物油脂储备1750吨。储备规模、品种结构、口粮占比、保管费轮换费及差价补贴标准、成品粮油储备数量均达到历史最好水平。市级储备粮油总规模位居自治区首位。

【粮油质量检测】 2022年，赤峰市要求承储企业严格入库质量检验，责成承储企业出资聘请第三方博纳公司检测地储粮油质量。开展地方储备粮质量春普工作，完成新入库 8.9 万吨小麦、2500 吨成品粮、750 吨植物油脂质量检验，第三方机构出具质量检验合格报告。

【仓储设施建设】 2022 年，赤峰市在阿鲁科尔沁旗、宁城县等 7 个旗县区开展绿色仓储库、粮油加工和设备提升建设项目，总投资 2.42 亿元，完工项目 2 个、在建 4 个、开展前期工作项目 1 个，完成年度投资 7437 万元。阿鲁科尔沁旗、宁城县实现成品粮储备专用仓容，松山区具备油脂加工和储藏生产线，改善赤峰市成品油储备仓容不足问题。通过整合商品粮大省奖励资金、产粮大县奖补资金、市县两级财政投资、申请专项债和企业自筹等方式，启动保障粮食安全工程。投资 1.3 亿元，以中储粮赤峰直属库为标杆，加强政府储备类仓房的升级改造。启动成品粮油恒温储备库、绿色仓房升级改造、储备与加工配套设施和装备更新换代等项目建设。

【粮食安全行政监管】 2022 年，赤峰市制定《保障粮食安全加快粮食产业经济发展实施意见》，印发《粮食行业健康发展长效机制实用手册》，提升粮食行业监管能力系列制度。落实粮食行业安全生产专项整治三年行动，建立市、旗县区政府粮食储备“两个安全”联防联动机制，全年开展安全生产相关检查 9 次，16 家地储粮承储企业及国有粮库安全生产检查做到全覆盖。完成“12325”全国粮食监管热线举报涉粮问题线索核查，全年协同市场监督管理部门核查问题线索 8 起。市发改委督促粮食产、储、供、销等环节监管和市场主体建章立制、规范管理，加强权力运行监督制约。全市粮食专项整治台账所列问题 302 个，全部整改完毕。提升保障粮食安全行政监管水平，理顺调整粮食管理职能，配齐配全行政管理和行政执法人员，建立健全自治区、市和旗县区三级协同联动的工作机制，形成监管合力。

【粮食安全保障工程】 2022 年，赤峰市在主城区和南北区域重点旗县建设成品粮油储备库，形成成品粮油保障供应“一心两翼”格局，提高全境成品粮油供应应急保障能力。重点培植小麦、稻谷、油脂等群众生活必需品加工企业的发展，投资 9910 万元（财政及专项债投资 9000 万元），新建粮油精深加工项目 1 个。投资 500 万余元，依托成品粮油储备企业，建立市级粮油应急保障中心，在主城区布设成品粮油应急供应网点 42 个。推进主食产业化，将政府储备成品粮油转化成主食，实现从原粮到成品粮、主食的线上线下销售。

【粮油示范项目建设】 2022 年 7 月，赤峰市巴林右旗年产 1 万吨粮油深加工项目建成。项目投资 1201.92 万元，建成食用油生产车间 1255 平方米，购入日加工 40 吨优质杂粮杂豆生产线 1 条、设备 37 台套，日产能 7 吨压榨葵花油设备 63 台，日生产 20 吨全自动混合饲料加工机组 1 套。8 月，林西县就木本粮油（文冠果）产业示范项目与中创蕴达农业科技有限公司举行战略合作框架协议签约，项目总投资 1.5 亿元。（孙 章）

成品油销售

【概况】 2022 年，赤峰市全年油品销售 139.8 万吨。运营油库 4 个、加油站 512 座，其中中国石油内蒙古赤峰销售分公司运营加油站 170 座、中国石化销售股份有限公司内蒙古赤峰石油分公司运营加油站 50 座（租赁 20 座、全资 29 座、他有 1 座）、其他民营加油站 292 座。

【中国石油赤峰销售分公司】 2022 年，中国石油内蒙古赤峰销售分公司下辖旗县区管理团队 12 个，运营油库 2 座，在册员工 1139 人。加油站主要分布在市区、主要乡镇、国省干道，其中主城区、旗县区政府所在地城区有加油站 65 座。全年油品销售总量 70.1 万吨，其中城区油品销售 26 万吨、农村牧区油品销售 44.1 万吨。公司上缴税费 2883 万元。公司重点推进加油站“三化”管理，并根据商圈差异，将加油站分为社区服务站、汽服服务站、物流服务站、旅游服务站、“三农”服务站，精准管理

2022 年，中国石油赤峰销售分公司重点推进加油站“三化”管理，提高工作效率。图为加油站按照规范流程进行油品接卸 （赤峰日报社 供图）

店面、服务客户。根据站点位置等特点，设立“司机之家”“游客之家”，提供站内洗车服务。宁城县头道营子加油站“司机之家”被全国总工会确认为“2022年最美工会户外劳动者服务站点”。

【中石化赤峰石油分公司】 2022年，中国石化销售股份有限公司内蒙古赤峰石油分公司下设7个片区。全年经营成品油19.33万吨，其中零售13.74万吨、直分销售5.59万吨，基础油类营业额6484.08万元。5座加油站完成“治破治旧”改造，8座加油站完成旱厕改造，32座加油站完成加油区划线建设，全员更换新工装。西拉沐沦、赤甲加油站获“2022年度质量诚信品牌加油站”称号。线上直播销售50万余元、“易享节”销售1351万元。电子券核销1865.45万元，带动营业额3814.13万元。

【安全管理】 2022年，中国石油内蒙古赤峰销售分公司邀请销售公司、市级专家开展安全培训，培训700余人次。加强违章操作治理力度，重点推进赤峰油库“三化”管理，在大型油气储存基地风险评估中，连续2年得分在950分以上。中国石化销售股份有限公司内蒙古赤峰石油分公司开展安全“大反思”和岗位“大练兵”，实施高风险作业“手指口述法”管理，收到基层库站识别安全环保风险67条，发放激励金1.56万元。

（杨雨田　王艳茹）

烟草专卖

【概况】 内蒙古自治区赤峰市烟草专卖局、内蒙古自治区烟草公司赤峰市公司下辖12个县级烟草专卖局、5个烟草分公司（元宝山区、宁城县、喀喇沁旗、敖汉旗、翁牛特旗烟草分公司），7个卷烟营销部（红山区、松山区、林西县、克什克腾旗、阿鲁科尔沁旗、巴林左旗、巴林右旗），1个烟叶分公司（松山区烟叶分公司）。2022年，辖区从业人员731人，卷烟销售数量14.32万箱，销售金额36.83亿元，税利9.81亿元。

【卷烟营销建设】 2022年，赤峰市烟草专卖局对全市200余家零售户进行“柜计划”改造，终端陈列面积累计增加2700平方米。全系统聚焦“全商品扫码、全方式支付、全店铺管理”目标，对现代终端云POS系统进行运行指导，发展现代扫码数据终端899户，“智能管店”水平得到提升。开展“增活力、强服务、提素能”工程，全年开展开口营销、小组评优、终端达人评比等活动40余次，评选营销达人72人。制定客户服务监管反馈机制，开展满意度调查12次，覆盖1.2万余家零售客户，客户满意度比上年提升5个百分点。

【烟叶生产与收购】 2022年，赤峰市投入烟叶生产补贴465万元，将补贴比例由收购金额的4.21%提升至10%，烟农每公顷平均补贴7845元、户均补贴金额1.28万元，对冲烟农由于土地、用工、物资价格上涨增加的生产成本，提振烟农种烟信心。加强绿色高效植保、水肥高效利用技术推广力度，打造“服务高效、作业精准、方式绿色、产品安全”的现代农业经营体系，全年推广漂浮育苗95公顷，占比16%；推广节水灌溉546.15公顷，占比92%；推广水肥一体化408公顷，占比68.8%，无人机植保100%，烟叶生产水平稳步提升。收购烟叶3.86万担，合同履约率98.99%；烟叶上等烟比例60.48%，比上年提升5.1个百分点，首次突破60%大关；烟叶收购均价每千克24.10元，增幅4.1%；烟叶每公顷平均收益7.84万元，比上年增加159元，增幅3.1%；烟农户均收入13.85万元，比上年增加1.28万元，增幅10.2%，突破13万元大关。

【专卖管理】 2022年，赤峰市卷烟系统查获案件976起，查获卷烟1075万支、烟叶烟丝78吨，涉案卷烟总值676万元。红山区“5·13”非法经营案，总案值超1300万元，达到国家一级网络案件标准，被市公安局列为部督重大案件。维护“两烟”（原烟、卷烟）市场秩序，遏制假私烟反弹蔓延势头。全年开展治理卷烟非法流通专项行动2次，联合市公安局、市市场监督管理局等部门出动检查车辆1080车次，人员3306人次，查处各类案件234起；真烟非法

2022年7月3日，赤峰市松山区太平地镇烟农运用无人机进行烟叶植保作业

（市烟草专卖局　供图）

流通案件 138 起，查处非法流通真烟 176.16 万支，5 万元以上重大非法流通真烟案件 2 起。对电子烟市场实行常态化监管，核发电子烟许可证 51 份，查处向未成年人销售电子烟案件 3 起，推动电子烟监管法制化规范化。对零售许可实行精确化审批，全年新办零售许可 1056 户，退出经营 799 户，推动零售终端质量和健康生态优化。

【物流分拣配送】 2022 年，赤峰市烟草专卖局通过减少配送车辆，运输费用减少 11.32 万元，比上年下降 13.02%。通过优化工作流程，订单响应时间大幅缩短，中心市场 2451 户客户实现分拣当日送达。推动营销物流一体化建设，从行业供应链角度出发，在新品上市、卷烟订货、卸货入库、动态周期、卷烟分拣、终端配送、客户服务等环节入手，推进营销物流协同一体化措施。（林浩瀚）

盐业销售

【概况】 内蒙古赤峰市盐业有限公司是直属于蒙盐盐业集团有限公司的国有企业，公司在旗县区设有 13 个配送中心。经营食用盐、食品工业用盐、牧业用盐、工业用盐、肠衣用盐、果蔬洗涤盐 6 大系列 50 余个品种。销售网络覆盖 12 个旗县区。2022 年，公司购进各类盐品 3.31 万吨，销售盐品 3.28 万吨，库存各类盐品 1.32 万吨。

【盐品营销】 2022 年，赤峰市盐业公司采购直接入口盐 1.25 万吨。直接入口盐销售 1.21 万吨，比上年减销 1720 吨；低价盐销售 3650 吨，比上年减销 2914 吨；基础盐销售 6670 吨，比上年增销 1162 吨；高品质盐销售 1754 吨，比上年增销 32 吨；食品工业盐销售 4429 吨，比上年减销 2900 吨；畜牧盐销售 1.01 万吨，比上年减销 134 吨；工业盐（含融雪剂、软水盐）销售 6144 吨，比上年减销 1657 吨。库存各类盐品 1.32 万吨，比上年增加 363 吨，其中直接入口盐库存 5509 吨，符合储备盐标准。

【食盐安全宣传】 2022 年，赤峰市盐业公司加强“合理控盐 维护健康”宣传引导，开展科学用盐普及活动 4 次。通过发放控盐勺、设立咨询台、开展知识讲座等方式，向市民讲解食盐知识，讲授用盐技巧，参与群众 500 余人。

【销售网络建设】 2022 年 4 月 20 日，赤峰市盐业公司元宝山镇配送中心成立。中心占地面积 7982. 平方米、配置工作人员 3 人。配送范围包括元宝山镇、新地村、马架子村、宏伟矿、元宝山工业园区、木头沟村等地区。（韩　金）

电子商务

【概况】 2022 年，赤峰市强化外贸综合服务企业培育，探索“跨境电商 + 海外仓”发展模式，“赤峰全球购”跨境电商平台稳定运行。重点推进蒙东直播电商基地建设，内蒙古乡村振兴美食直播间累计销售额 560 万元。引导企业利用节假日开展电商促销活动，实现销售额 3600 万余元。

【电商直播基地建设】 2022 年，蒙东直播电商基地与各企事业单位合作，助力传统企业向数字化新零售转型，开展特定人群新技能培训、返乡大学生创业就业、政府政策解读。蒙东直播电商基地设立的内蒙古乡村振兴美食直播间，为赤峰惠牛傻子旺食品有限公司、赤峰云峰塞外香牛肉干食品有限公司、内蒙古草原汇香食品科技有限公司等企业进行专题带货直播，累计销售额 560 万元。

【电子商务培训】 2022 年，赤峰市指导各旗县区结合本地区资源禀赋、特色产业、商业现状、农特产品等实际情况，科学设置电商培训课程和内容，培育实用型电商人才。截至年末，全市商务系统累计培训农村牧区网民 7.6 万人次（含建档立卡贫困人口 1.3 万人）；带动就业 9045 人（含建档立卡贫困人口 1365 人）；累计服务建档立卡贫困人口 14.3 万人次，帮助建档立卡贫困人口增收 1796.6 万元。为全市培养专业的电商直播人才，解决部分闲置人口及毕业青年就业问题。

2022 年 11 月 15 日，蒙东直播电商基地设立的内蒙古乡村振兴美食直播间，网红主播直播销售中国国家地理标志产品——敖汉小米　（赤峰日报社　供图）

【跨境电商】 2022年，市商务局联合赤峰海关、保税物流中心等相关单位打出"组合拳"，助推跨境电商产业发展。完善跨境电商综试区软硬件建设，提升综合服务能力，开通跨境电商"1210"（保税电商）"9710"（跨境电商B2B直接出口）"9810"（跨境电商出口海外仓）等业务模式。依托市级跨境电商扶持政策，动员全市生产型企业、外贸企业、电商企业入驻跨境电商综合服务平台并开展跨境电商业务。全市跨境电商综合服务平台累计入驻企业208家，全年实现跨境电商进出口总额3.17亿元，比上年增长114.6%。

【国家级电子商务进农村综合示范项目复核验收】 2022年，赤峰市有9个旗县实施国家级电子商务进农村示范项目，每个旗县获批国家专项资金2000万元，各示范县按计划建成县级农村电子商务公共服务中心、电商培训中心、电商创业孵化中心、电商物流快递分拨中心全部投入使用。巴林右旗、敖汉旗的电子商务进农村综合示范项目通过自治区专家验收组的验收。各示范县实现乡镇级民营物流企业100%全覆盖。

【节假日电商促销活动】 2022年，赤峰市各级商务主管部门以"品牌品质·惠享生活"为主题，引导企业利用节庆假日开展促消费活动。在国际劳动节、端午节、国庆节、中秋节、元旦、春节等消费旺季，挖掘地方民族特色、风俗文化节庆活动消费潜力，配合电子商务进农村电商平台，支持各类线下实体和线上平台企业开展优惠促销。活动以"线上为主，线下为辅，线上线下相结合"方式开展，线上以直播带货和电商平台销售为主要形式，线下以"选购+配送"模式为辅，为消费者提供品质可靠、价格合理、服务贴心、退货无忧的购物体验。活动带动"敖汉小米"特色产品、巴林石艺术品等农特产品和内蒙古沙漠之花饮料有限责任公司、内蒙古草原汇香食品科技有限公司、内蒙古北方大地农业发展股份有限公司、内蒙古蒙都羊业食品有限公司、内蒙古大辽王府粮贸有限公司等多家企业线上累计实现销售额3684.85万元。 （胡孝通）

物流业

【商贸物流园区建设】 参见《开发区建设·赤峰商贸服务物流园区》

【冷链物流】 2022年，赤峰市累计建成储藏保鲜库138个，新增冷藏保鲜库容16万立方米，直接创造就业岗位170余个，带动农户3000户以上，创造冷链农产品销售额超8000万元。红山区、松山区、阿鲁科尔沁旗、巴林左旗、林西县、翁牛特旗、喀喇沁旗、宁城县8个旗县区建成冷藏保鲜库102个。冷链物流仓储、预冷、保鲜冷藏库、冷藏运输等基础设施体系逐步建成。

【县乡村三级配送体系完善】 2022年，赤峰市邮政管理局和市商务局联合印发《关于加快推进全市农村牧区寄递物流体系建设的实施意见》。申报农村快递电商协同发展示范区建设项目1个，申报快递服务现代农牧业示范项目1个。起草《关于推进物流仓储库建设的实施方案》《城市邮政快递末端网点建设方案》，提高商贸物流业集约化发展水平，提升快递末端配送的标准化、智能化水平。

【物流基础设施建设】 2022年，赤峰市经（经棚）乌（乌兰布统）高速公路等7个公路交通续建项目复工建设，省道504线五十家子至林西二级公路等4个公路交通计划开工项目开展前期工作，提升物流配送效率。红山物流园区实施园区基础设施二期道路及配套工程建设项目。提升仓储、冷链、分拣、配送、运输等基础设施功能，加强红山物流园区与赤峰保税物流中心、赤峰商贸物流城、喀喇沁旗和美商贸物流园区的链接，形成业态互补、交通互联、要素互助的发展格局。 （胡孝通）

商务服务业

【广告业】 2022年，赤峰市有经营广告发布业务公司120家，从业人员1000余人，年产值700万余元。市市场监督管理局加强对各单位、各广告公司的督办检查，确保广告发布合规合法。对社会影响大、违法情节严重的案件，依法依规进行严厉打击。采取"互联网+线下检查"方式，加强重点领域广告监管，打击各类虚假违法广告行为，全市共监测互联网和传统媒体广告143.6万条，责令整改154件，查处案件60件。针对全市广告业参差杂乱、结构单一、恶性竞争问题，督促行业协会发挥示范引领和协调服务作用。建立全市广告业高质量发展的品牌意识，根据"打造龙头骨干，扶持中小微"的发展思路，建设和培养出一批广告业的龙头企业，通过借助地域和平台等方式组织学习和互惠合作。促进广告业与奶业、羊绒、牛羊肉、文化旅游等优势产业融合发展，扩展广告对农村牧区的帮扶渠道，增强广告对休闲农庄、乡村旅游的促进作用。

【律师服务】 2022年，赤峰市实施助力乡村振兴法律志愿服务，推进"万名律师进乡村"活动，全市1069名专兼职律师、91家律师事务所，累计为基层农牧民提供法律服务1131次，举办涉农法律咨询501场，深入企业宣讲涉农牧法律政策134场，举办涉农牧法律政策培训83场，提升乡村法律服务水平。参与"万名律师进乡村"活动，与2377个嘎查村建立帮扶关系，签订法律服务协议，实现嘎查村（社区）法律顾问全覆盖。

【公证服务】 2022年，赤峰市12家公证处共完成公证案件2.17万件，其中公益类25件、涉外类1598件、“最多跑一次”9238件。公证机构通过网上办理公证事项588件，使用告知承诺事项办理公证事项2467人次，通过“一次办理”办理公证事项7756件。公证处推行互联网+公证服务，梳理出高频公证材料清单、高频公证服务事项一次性告知承诺制清单（试行）、网上办理公证事项清单等制度，方便当事人办理公证业务。公证党员结合工作特点，与176家公共法律服务站结对，同时采取实地帮扶、微信群指导等形式对接各个公共法律服务工作室，开展咨询、宣传等活动。市司法局、赤峰市公证协会依托法治教育网举办为期2个月的“2022年度公证业务线上培训班”，公证员及公证员助理118人参加培训。12家公证处开展宣传35次，发放资料1500余份，涉及3000余人次。

【人力资源服务】 2022年，赤峰市有营利性人力资源服务机构104家，其中自治区级人力资源诚信服务示范机构4家、人力资源服务重点机构8家。全市人力资源服务业从业人员1458人，人力资源服务机构开展招聘会359场，其中农民工专场145场、毕业生专场102场；帮助实现就业、择业和流动人次共计22.59万人次，实现营业收入3.7亿元。重点打造赤峰人力资源服务产业园，引进北京创联集团入驻产业园负责管理运营，举办招商洽谈活动19场次，入驻企业13家，达成战略合作意向企业20家，年度产值超6300万元，安置就业2300人。

【会计代理】 2022年，赤峰市有代理记账公司190家，执业人员468人，服务企业7543家。全年实现收入3606.42万元，其中代理记账收入2982.81万元。根据自治区财政厅要求，对全市会计代理服务企业开展2轮检查，下达整改通知书92份，责成代理记账企业对存在的内部控制制度、会计基础规范、执业中存在的问题进行纠正。

【检验检测服务】 2022年，赤峰市检定、校准用于贸易结算、安全防护、医疗卫生、环境监测、行政执法等领域的计量器具5.2万台件，其中强制检定计量器具2.7万台件、校准计量器具2.5万台件。市质检中心检验食品、药品、危化品等3600余批次，其中药品检验859批次，不合格20批次，不合格率2.3%；检验肉制品、调味品、食用油等食品629批次，不合格37批次，不合格率5.9%；监督检验建筑材料、塑料管材、危险化学品等806批次，不合格29批次，不合格率3.5%；全市公安机关委托珠宝玉石、贵重金属专项检验82批次；新收获粮食扦样检验490份，代表数量6000吨，其他委托类检验626批次。上报药品、化妆品、医疗器械不良事件报告4589份，占全部报告的28.6%。市质检中心申报气体报警器检定箱、批量安装气体报警器辅助装置、电接点压力表检定装置3项实用新型专利，截至年末，3项专利证书批复。

【科技服务业】 参见《科学技术·科学技术普及·科技服务》

【司法鉴定】 2022年，市司法局制定《赤峰市司法鉴定行业诚信管理实施办法（试行）》，完善司法鉴定监督运行机制。开展司法鉴定规范化建设年活动，推动司法鉴定工作制度化、信息化、专业化建设。开展司法鉴定机构全面评查工作，将评查结果在全市范围内进行通报、督促整改，注销4名司法鉴定人执业登记。截至年末，全市有司法鉴定机构5家，司法鉴定人52人。完成司法鉴定案件4200件，其中完成物证17件、法医类鉴定4183件。

【拍卖服务】 2022年，赤峰市有拍卖企业15家，拍卖企业员工86人，聘用拍卖师20人。全年开展拍卖162场次，成交总额1.29亿元，主营业务收入（佣金）总额254.3万元，主要涉及房地产、土地、机动车等领域。

（郑美玲　隋佳林　倪熙元　王锐锋　乔红光）

居民生活服务业

【住宿业】 2022年，赤峰市住宿业营业额3.63亿元，其中客房收入1.81亿元、餐费收入1.67亿元、商品收入163万元。全市有二星级及以上酒店24家，其中四星级5家、三星级10家、二星级9家；连锁酒店148家，一般旅馆（招待所）584家。全市酒店、旅馆有客房6766间、床位1.17万个。

表30　2022年赤峰市住宿业基本情况一览表

序号	类　别	营业额（万元）	客房数（间）	床位数（个）	餐位数（位）
1	旅游饭店	22544	3321	6142	13317
2	一般旅馆	11291	1666	2677	2643
3	经济型连锁酒店	1965	1200	2081	173
4	其他住宿业	500	579	800	—

（市统计局）

【餐饮业】 2022年，赤峰市餐饮业营业额1.83亿元。8月21日，赤峰餐饮与饭店行业协会成立，通过引导餐饮单位开拓创新，整合地方特色菜品资源，补齐餐饮供应链和产业链，加快连锁经营步伐，降低经营成本，提升企业竞争力。市商务局协助企业申请"赤峰菜包"生产资质，结合"赤峰菜包"的食品特性、储存要求、产品受众、物流运输等特点，设计"赤峰菜包"单个包装、真空充氮、托盒存放的包装模式，建立畅通的政企沟通机制。向全市发布宣传倡议书，发布《厉行勤俭节约，反对餐饮浪费》公益广告，宣传推广"光盘行动"。

【家政服务业】 2022年，赤峰市推动家政服务标准化建设，促进家政服务业提质扩容，扩大居家养老、育幼服务供给，增加社区就业，创新消费场景，引导家政服务融入社区生态体系。全市注册家政服务企业8607家，从业人员24.09万人。宁城县利用互联网大数据技术构建"宁城零工"微信小程序上线，各类零工提供者、需求者免费登录平台发布或寻找零工服务，包括家政服务、搬家、月嫂、家电维修等工种，涉及长期工、季节工、假期工、钟点工等多种零工形态。

【托育服务业】 2022年，赤峰市有针对3岁以下婴幼儿开展照护服务的托育机构158家，托位数5497个。其中，公办托育机构68家，托位300个；社会办托育机构90家，托位5197个。111家幼儿园提供托班服务、托位2453个，全龄托育机构47家、托位3044个。加强公办托育机构建设，依托市、县两级妇幼保健机构，建立普惠托育服务体系。鼓励支持社会力量举办托育服务机构，支持利用社区场地，采用公建民营、民营公助、政府购买服务等形式，通过市场化方式扩大婴幼儿照护服务供给，支持机关企事业单位、托幼一体化和社区照护机构开展托育服务。

【养老服务业】 2022年，赤峰市建成各类养老机构144个，有床位1.6万张，入住老年人7519人。建成街道级养老服务中心27个、社区级养老服务站47个、社区日间照料中心124个，实现街道级养老服务中心全覆盖、社区级养老服务站服务覆盖率90%以上的目标。建成农村牧区互助养老幸福院262所，覆盖嘎查村467个。制发《赤峰市基本养老服务清单》，推进公办养老机构转型，试点开展"一院两制"（公办养老机构执行供养老人、代养老人分区入住模式，代养老人入住区域实行对外租赁经营，租赁区域的人事、收费等按企业化、市场化方式运作）运行模式；加强养老机构照护服务能力，全市养老机构护理型床位占54%。扶持社会资本进入养老服务业，全年下拨养老机构补贴829.4万元；打造城市、农村、牧区居家社区养老服务试点，依托社区养老服务设施提供"六助"（助餐、助洁、助行、助浴、助医、助急）养老服务，培育养老服务社会组织，开展政府购买居家社区养老服务。完成1345户特殊困难老年人家庭适老化改造，铺设家庭护理型床位134张。（胡孝通　赵志国　郑美玲）

会展业

【概况】 2022年，赤峰市举办5场大型展会，分别为第31届内蒙古国际农业博览会暨第10届内蒙古（蒙东）农业机械博览会、赤峰市惠民汽车展销会、蒙东第13届燕京啤酒节、第5届宝贝壹选母婴嘉年华、内蒙古国际畜牧业机械博览会，参展商892家，接待客流11.5万人次，交易额5.76亿元。

【第31届内蒙古国际农业博览会暨第10届内蒙古（蒙东）农业机械博览会】 2022年8月2—4日，由内蒙古自治区经济发展与研究促进会主办，内蒙古东昭展览策划有限责任公司承办的2022年第31届内蒙古国际农业博览会暨第10届内蒙古（蒙东）农业机械博览会在赤峰国际会展中心举行。展会有参展企业600余家，设展位700余个，集中展示农资、节水灌溉、苗木花卉、温室及智慧农业等领域农业机械、畜牧机械等10大类30个小类3000余种农牧业机械及零部件。展会以"农业+"的方式进行产品展示、商贸洽谈、招商引资等活动，实现科技创新驱动，引领乡村振

2022年8月16日，在第9届内蒙古绿色农畜产品博览会上赤峰展区的笤帚苗制品受到消费者青睐　（市农牧局　供图）

兴主题。展会累计接待人员 2.29 万人次，意向交易额 7.2 亿元，实际成交额 2.29 亿元，现场签约项目 486 个，带动全市物流、餐饮、旅游经济效益 8000 万余元。

【赤峰市惠民汽车展销会】 2022 年 6 月 19—28 日，市商务局、红山区人民政府、喀喇沁旗人民政府在赤峰国际会展中心联合举办"欢购赤峰，惠享生活"惠民汽车展销会。汽车展销会为期 10 天，47 家汽车销售企业和品牌参展，政府通过银联云闪付平台发放 1000 万元消费补贴，购车消费者最高可享 7000 元补贴。展会期间，共销售汽车 2010 辆，单车均价 15.7 万元，累计实现销售额 3.16 亿元，直接带动消费比为 1 : 32。

【蒙东第 13 届燕京啤酒节】 2022 年 7 月 9—24 日，蒙东第 13 届燕京啤酒节在赤峰国际会展中心举办。啤酒节由燕京啤酒（赤峰）有限责任公司与赤峰会展中心有限公司联合举办，设美食展位 45 个，涵盖烧烤、网红小吃、炸串、铁板烧、水果冷拼等 100 余种时令美食，展示销售燕京系列啤酒饮料 10 余种。活动通过音乐演艺、游戏互动等不同主题节目，吸引到场消费者超 5 万人次，消费总额 800 万元。

【赤峰国际会展中心】 2008 年 7 月，赤峰国际会展中心投入使用。2017 年 1 月，赤峰会展中心有限公司成立。赤峰国际会展中心由会议中心、展览中心和专业剧院组成，占地面积 5.24 公顷，建筑面积 3.75 万平方米。其中，展览中心面积 1.8 万平方米，可容纳国际标准展位 700 个；会议中心面积 1.9 万平方米，有能容纳 10 ~ 1200 人会议室 20 余间；广场面积 2.8 万平方米，设有音乐喷泉、停车场、绿化景观带等设施。赤峰国际会展中心是全市唯一一个专业展览中心，可承接大中型专业展会、举办大型演艺活动，承担全市重要政务会议场地任务。2022 年，会展中心举办大型展会 4 场，参展商 802 家，接待客流 10.8 万人次，达成交易额 5.61 亿元。（王右增　孙美丰）

表 31　2022 年赤峰市大型展会一览表

展会名称	举办时间	展商数（家）	观众流量（人次）	成交额（万元）
赤峰市惠民汽车展销会	6 月 19—28 日	47	24000	31623
蒙东第 13 届燕京啤酒节	7 月 9—24 日	45	50000	800
内蒙古国际畜牧业机械博览会	7 月 29—30 日	90	7000	1500
第 31 届内蒙古国际农业博览会暨第 10 届内蒙古（蒙东）农业机械博览会	8 月 2—4 日	600	13000	22900
宝贝壹选・伊利金领冠第 5 届母婴嘉年华	9 月 2—5 日	110	21000	800

（赤峰国际会展中心）

金融业

责任编辑　王江南

金融业

综 述

【金融行业发展】 2022年，赤峰市有金融机构及金融组织127家。金融机构人民币存款余额3258.8亿元，比上年增长14.3%；金融机构人民币贷款余额2589.4亿元，比上年增长5.9%。银行业法人及分支机构31家，银行业实现利润29.13亿元，比上年增长119.18%。保险业分支机构40家，保险公司原保险保费收入104.9亿元，比上年增长0.8%。保险业机构提供各类风险保障金额9.86万亿元，比上年增长73.62%；赔付支出38.6亿元，比上年增长7.6%。证券业分支机构及营业部10家，证券业机构实交额1424.78亿元，比上年下降0.03%。客户数量20.91万户，比上年增长0.05%；客户总资产110.4亿元，比上年下降0.21%。地方金融组织法人及分支机构46家。全年实现金融业增加值99.6亿元，比上年增长2.6%。 （王锐峰）

【普惠金融】 2022年，赤峰市支持重点项目建设和制造业发展。辖区银行业投放各项贷款2089亿元，比上年增加51亿元。全市普惠小微企业贷款余额95.75亿元，比上年增长15.14%；法人机构普惠型小微企业贷款余额267.38亿元，比上年增长12.47%，高于当期各项贷款增速3.68个百分点；贷款余额户数5.63

表32 2022年赤峰市金融机构存贷款情况统计表

单位：万元

指 标	金融机构年末余额	比年初增减
资金来源	32407742	4114134
一、各项存款	32587597	4068152
（一）境内存款	32585454	4066625
1. 住户存款	26422926	4020560
（1）活期存款	8553148	807028
（2）定期及其他存款	17869778	3213532
2. 非金融企业存款	2902708	-170584
（1）活期存款	1940075	-112899
（2）定期及其他存款	962633	-57685
3. 广义政府存款	3259557	216600
（1）财政性存款	424207	71562
（2）机关团体存款	2835350	145038
4. 非银行业金融机构存款	263	49
（二）境外存款	2143	1527
二、各项贷款	25893925	1440716
（一）境内贷款	25893925	1440716
1. 住户贷款	15517816	1321816
（1）短期贷款	6424974	592107
消费贷款	1264574	96546
经营贷款	5160400	495561
（2）中长期贷款	9092842	729709
消费贷款	7316058	376088
经营贷款	1776784	353621
2. 非金融企业及机关团体贷款	10376109	118900
（1）短期贷款	2504389	41211
（2）中长期贷款	7471028	-108744
（3）票据融资	396769	186433
（4）各项垫款	3923	0
（二）境外贷款	0	0
资金运用	32407742	4114134

（市统计局）

万户，比上年增加0.32万户，整体实现“两增”目标。提升农村牧区金融服务质效，辖区银行机构全口径涉农贷款余额535.65亿元，比上年增长10.65%；法人银行机构普惠型涉农贷款余额364.93亿元，比上年增长13.94%，高于当期各项贷款增速4.84个百分点。（刘立志）

【资本市场融资】 2022年，赤峰市成立推进企业上市工作领导小组，协调解决推进企业上市发展重大问题，指导督促有关部门和单位推进工作落实。修订完善企业上市挂牌奖补政策，8月28日印发《赤峰市鼓励企业上市挂牌奖励办法》，激励企业上市挂牌融资。新增直接融资3.2亿元，通过发行中期票据为赤峰国有资本运营（集团）公司融资。加快上市后备企业资源储备，推动赤峰绿城物业服务有限公司进入上市后备企业库，3家企业进入内蒙古自治区重点上市后备企业库，入库后进行精准培育孵化。组织全市专精特新企业参与上交所线上资本市场专题培训，邀请长城证券走访调研全市高新技术企业，对企业上市工作给予“一对一”业务指导。

【服务实体经济发展】 2022年，赤峰市召开金融机构服务实体经济发展座谈会，提出金融服务实体经济发展的创新举措和政策建议；市政府与自治区级金融机构召开资对接恳谈会，围绕启辉铝业氧化铝项目银团贷款与建设银行等10家自治区银行业机构进行对接，中国建设银行获得书面授信批复贷款金额7亿元，并牵头金额29.5亿元银团合作；召开全市奶业振兴项目融资对接视频会及全市金融支持奶业振兴政银企融资对接会，引导金融机构聚焦集团企业、新型农牧业经营主体等奶牛购买及饲养大户开展信贷服务；召开全市金融支持乡村振兴绿色转型示范区项目融资对接会，12个旗县区就33个乡村振兴示范项目与23家银行业金融机构交流对接，并达成初步合作意向；组织召开赤峰市房地产行业政银企对接会，解读金融支持房地产市场平稳健康发展相关政策，协调解决中天地产等8家房地产企业的融资困难和问题；推动14家银行业金融机构与16家科技和商贸流通领域中小企业对接，梳理金融产品70个，汇总融资需求9.3亿元；推动金融助力全市乡村振兴战略发展，引导更多金融资源投入肉牛产业、牧草产业、设施农业发展。全市涉农涉牧企业贷款余额1129.64亿元，比上年增长6.94%。

【优化金融领域营商环境】 2022年，赤峰市引导银行业金融机构加大对中小微企业的信贷支持力度。支持交通运输、餐饮住宿、批发零售等领域中小微企业，民营企业贷款余额271.77亿元，比上年增长10.17%。全市无还本续贷贷款余额49.2亿元，比上年增长24.66%；全市金融机构各项贷款加权平均利率6.04%，比上年下降0.43个百分点；融资担保年化综合费率降至0.2%以下。（王锐峰）

【金融消费者权益保护】 2022年，赤峰市组织召开消费者权益保护委员会会议2次，修订完善分局处理举报事项操作流程，建立信访举报投诉归口统一管理机制，强化法律审查，落实首办责任。坚持常态化约谈通报和源头化解机制，压实银行保险机构主体责任，印发消费投诉通报4期，约谈银行保险机构11家次，下发《监管质询书》10份，督促银行保险机构内部问责7人次。开展消费投诉管理突出问题专项整治“回头看”、2021年度消费者权益保护工作监管评价，完成涉企违规收费专项整治、侵害个人信息权益乱象专项整治。组织辖区银行保险机构开展“3·15”消费者权益保护宣传周和“金融知识进万家、争做理性投资者、争做金融好网民”联合教育宣传活动，开展线上线下教育宣传活动2617次，普及消费者477.52万人次。（刘立志）

银行业

【概况】 2022年，赤峰市有政策性银行、国有大中型商业银行、股份制银行、城市商业银行赤峰（市）分行11家。法人银行业机构20家，其中农村商业银行7家、农村信用合作联社5家、村镇银行8家。下辖营业网点816个，银行业从业人员1.17万人。银行业全年资产总额3283.73亿元，比上年增长10.01%；负债总额3186.4亿元，比上年增长10.94%。各项贷款余额2451.92亿元，居自治区第四位，比上年增长13.52%；各项存款余额2824.41亿元，居自治区第四位，比上年增长9.83%；实现利润13.29亿元，比上年下降72.79%。普惠小微企业贷款余额95.75亿元，比上年增长15.14%；民营企业余额271.77亿元，比上年增长10.17%；涉农涉牧企业贷款余额1129.64亿元，比上年增长6.94%。支持重点项目建设和制造业发展，支持重点项目128个，新发放项目贷款20.25亿元；新发放制造业贷款7.37亿元，比上年增长10.34%。（刘立志）

【中国农业发展银行赤峰市分行】 2022年，中国农业发展银行赤峰市分行投放各类贷款21.78亿元，各项贷款余额169.51亿元，比上年下降7.78亿元；各项存款余额12.89亿元，比上年减少4.27亿元。国际业务量2.08亿美元，比上年增加0.4亿美元。全年亏损1.32亿元，利润比上年减少1.76亿元。执行利率定价管理要求，全年发放贷款加权平均利率为3.93%。对符合条件的小微企业实施首年利率优惠，发放贷款23笔，金额2.29亿元。减免企业网银结算费、账户管理、电子汇划费、评估费、抵押登记费等费用6.96万笔，金额 81.72 万元。全年投放精准帮扶贷款 15.99 亿元，投放 8 个脱贫县贷款 9.97 亿元，投放乡村振兴重点旗县贷款 0.59 亿元，投放易地扶贫搬迁后续扶持贷款 2.11 亿元。支持赤峰地区特色产业，投放产业帮扶贷款 9.29 亿元。聚焦“三农”主责主业，支持重点领域和薄弱环节“补短板、惠民生”，全年投放基础设施贷款 1.27 亿元，年末基础设施贷款余额 101.13 亿元。发放水利建设贷款 0.71 亿元，支持宁城县打虎石水库供水工程、元宝山污水处理厂中水综合利用供水工程项目建设。发放城乡一体化贷款 0.56 亿元，支持林西县恒泰热力有限责任公司流动资金需求、巴林左旗阿鲁召核心景区建设、克什克腾旗经棚镇中心城区集中供热应急热源项目建设。执行普惠小微企业贷款日监测制度，贯彻“政府信用保证基金 + 政府融资担保机构担保 + 中小微企业贷款”融资模式，向 20 个普惠小微企业投放涉农领域贷款 1.51 亿元。减免企业在出口托收、出口信用证等业务中产生的电报费、手续费等费用，为客户企业减免国际业务结算手续费 19.92 万元。（邓亚玲）

【中国工商银行赤峰分行】 2022 年，中国工商银行赤峰分行营业收入 11.4 亿元，比上年增加 7.22%；拨备前利润 7.87 亿元，比上年增加 11.66%；净利润 4.1 亿元，比上年增加 27.83%；中间业务收入 1.58 亿元。人民币各项存款余额 374.16 亿元，比上年增长 15.2%；人民币各项贷款余额 373.71 亿元，比上年增长 13.75%。全市设有对外营业网点 35 家，离行式自助银行 36 个，单台布放 13 家，附行式自助银行 35 家，为 181.8 万名个人客户和 1.8 万名对公客户提供金融服务。开展“制造业金融服务提质工程”和专精特新企业专项服务行动，提高制造业贷款占比，提升对制造强国重点领域的信贷支持力度和综合服务质效。截至年末，大中型公司贷款余额 170.28 亿元，比上年增加 16.08 亿元，增幅 10.43%。推动乡村振兴战略实施，借助“工银兴农贷 · 兴农快贷”产品，通过 5G、人工智能等技术实现合同在线签署、线上提款还款等无接触服务模式，实现“惠农融资足不出户、贷款资金分秒到账”。普惠贷款银保监口径贷款余额 11 亿元，比上年增长 38.03%，增量自治区工行系统内排名第一位。为所有网点制作满足内部适老化功能、无障碍服务、绿色通道、警示提示等关爱类标识，开展“工行驿站 +”场景建设，推进“暖心服务”工程落地实施。开展防控电信网络违法犯罪公益教育，为老年人提供上门服务 20 余次，开展针对老年客户群的金融知识宣传 15 次，受众 1000 人次。开展以乡村振兴、金融科普、志愿服务为主题的各类活动 2500 余场次，惠及群众 11 万余人次。清收处置不良贷款 4.1 亿元，比上年多处置 1 亿元。不良贷款余额 2.98 亿元，比上年增加 1.1 亿元。不良贷款率 0.8%，比上年增加 0.23 个百分点，较系统平均水平低 0.12 个百分点。（刘丽丽）

2022 年 12 月 5 日，中国工商银行赤峰分行开展针对老年客户群的金融知识和防电诈宣传 （工行赤峰分行 供图）

【中国农业银行赤峰分行】 2022 年，中国农业银行赤峰分行设有一级支行 15 个、网点 74 个，在岗员工 1369 名。本外币各项存款余额 505.5 亿元，比上年增加 65.7 亿元；本外币各项贷款余额 415 亿元，比上年增加 26.8 亿元；存量存贷比 82.1%，增量存贷比 40.8%；实现营业收入 16.1 亿元，比上年增加 1.15 亿元；实现净利润 6.45 亿元，比上年增加 1.25 亿元。监管口径普惠型小微企业贷款余额 23.6 亿元，比上年增加 3.8 亿元；为小微企业减免费用 14.2 万元；普惠型小微企业贷款加权利率 4.16%，比上年下降 0.2 个百分点。合理延长贷款期限、调整还款方式、设置宽限期，为 6 家小微企业办理延期还本付息业务，总金额 1714 万元。对 5245 笔农户贷款办理宽限期，总金额 9920 万元。为 314 名个人住房贷款客户实施纾困，总金额 1.62 亿元。针对小微企业、个体工商户等群体，贷款投放均执行优惠利率。支持农牧民春耕备耕，发展设施农业、肉牛等主导产业，支持奶业振兴和乡村基础设施建设，开展农户办贷上门服务。投放农户贷款 136.5 亿元，年末农户贷款余额 97.3 亿元，比上年增加 16.4 亿元，全市乡镇覆盖率 100%，行政村覆盖率 88%。支持农牧民 8.5 万户。加大县域信贷投放，县域各项贷款余额 222.6 亿元，比上年增加

27.2亿元。发放富民贷1.25亿元，支持农牧户1336户。为客户提供一揽子金融服务，实现中间业务收入1.5亿元，比上年增加603万元。惠农e贷余额96.8亿元，年增量17亿元，余额和增量均排自治区第一位；个人e贷余额10.4亿元，年增量1.8亿元；小微e贷余额6.5亿元，年增量1.2亿元。出台不良资产清收处置攻坚战实施方案，处置不良资产2.25亿元。其中现金清收7756万元，不良资产处置、现金清收数额均为近4年最高。呆账核销1451万元，为近4年最低。年末余额不良率1.92%。（王海超）

【中国银行赤峰分行】 2022年，中国银行赤峰分行以客户为中心，加大普惠金融支持力度，推动全市重点项目落地。本外币资产总额249.76亿元，比上年增加48.87亿元，增幅24.33%；负债总额245.41亿元，比上年增加30.42亿元，增幅14.15%。人民币存款余额237.73亿元，比上年增长30.19亿元；人民币各项贷款余额196.12亿元，比上年新增14.35亿元。实现非利息净收入5743.78万元，比上年增加169.31万元，增幅3.04%。实现本外币净收入5.08亿元，比上年增加1324.16万元，增幅2.68%。实现拨备前利润3.56亿元，比上年增加1411.91万元，增幅4.14%。实现净利润2.37亿元，比上年增加8215.43万元，增幅53.13%。为近100家企业提供结算、融资、汇兑、理财等服务。国际结算量10亿美元，比上年增长106.6%，市场份额占比43.2%。实现跨境人民币结算量7.05亿元，比上年增长153.4%，市场份额47.89%。实现对公结售汇业务量8.83亿美元，比上年增长149.5%，市场份额47.49%。（齐　婧）

【中国建设银行赤峰分行】 2022年，中国建设银行赤峰分行深化新金融行动，推动数字化经营和大财富管理。一般性存款日均余额390.12亿元，比上年增加35.34亿元；时点余额423.24亿元，比上年增加53.18亿元。各项贷款余额308.87亿元，比上年增加7.65亿元。实现中间业务净收入1.37亿元，拨备前利润8.05亿元，税前利润7.59亿元。加强保障性租赁住房业务源头营销，协助推动全市保障性租赁住房系统上线，完成房源录入220套。公租房、维修资金系统实现实质性应用，分别完成交易666笔、629笔，全年住房租赁平台获客1138户。拓宽“惠懂你”出海覆盖面，“惠懂你”App授信客户数量9396户，当年新增5013户，“惠懂你”出海场景完成33户，实现各旗县区出海全覆盖。裕农快贷（信用）贷款新增2.04亿元，裕农快贷（抵押）全市11个旗县区具备投放条件，贷款新增7493.87万元。围绕“一县一业，一村一品”加大对县域和农业产业链金融服务支持力度，审批通过30余种种植作物授信方案，涵盖各旗县区主导及特色产业，支农贷—担保公司担保产品新增0.38亿元。裕农通村委服务点1068个，村委占比69.31%。加大民生缴费场景推广力度，全年民生缴费交易笔数4.5万笔，农户签约新增2754户，签约农户资金沉淀2.52亿元，奶融通App下载2.78万户。（王军彪）

【交通银行赤峰分行】 2022年，交通银行赤峰分行资产总额49.78亿元，负债总额48.31亿元。全年实现营业收入2.07亿元，经营利润1.47亿元，比上年增加0.62亿元，实现手续费佣金净收入0.48亿元。各项存款余额30.04亿元，其中对公存款余额11.84亿元，个人存款余额18.2亿元。各项贷款余额50.54亿元，其中公司贷款余额41.46亿元，个人贷款余额9.08亿元。不良贷款509.23万元，不良率0.1%。制造业贷款增量3.44亿元，增速134.89%，制造业中长期贷款增速256.35%。公司客户总量625户，代发个人客户新增581户，企业电子银行有效客户新增600户。个人客户总量13.76万户，信用卡在册客户20.26万张。交通银行赤峰分行被中华全国总工会授予“全国金融先锋号”称号，被授予赤峰市消费者协会“放心消费示范单位”称号。（张笑伟）

【中国邮政储蓄银行赤峰市分行】 2022年，中国邮政储蓄银行赤峰市分行自营网点18家，代理网点135

2022年5月17日至7月30日，邮储银行赤峰市分行开展“沃土计划”活动，助力乡村振兴。图为银行工作人员对新评定的“信用村”进行调研，提供金融服务
（邮储银行赤峰市分行　供图）

家。资产总额311.73亿元，比上年增长16.3%；负债总额310.7亿元，比上年增长16.75%；各项存款余额285.04亿元，比上年增长17%，高于同业平均水平2.98个百分点；各项贷款余额110.8亿元，比上年增长2.55%。民生类贷款发放24笔，金额1.6亿元。发放小微易贷112笔，金额1.57亿元。依托信用村建设拓展农户贷款，结合“百村万户”项目、信用村白名单，推进信用村建设。创建信用村1851个，评定信用户3.6万户，发放线上信用户贷款5923笔，金额2.87亿元，净增2.22亿元。5月17日至7月30日，邮储银行赤峰市分行开展“沃土计划”活动，银行工作人员对新评定的“信用村”进行走访调研，提供金融服务，助力乡村振兴。对普惠小微贷款及创新产品开辟绿色通道，实行“5+2”的审批模式。普惠贷款结余18.19亿元，净增1.21亿元。房屋交易资金监管账户落地，与各旗县住建部门签署房屋预售资金监管协议6个，开立预售房屋交易资金监管账户6个；与住建部门和辖内中介签订存量房屋资金监管协议15个，开立存量房屋预售资金监管账户9个。开展为军服务工作，开立巴林左旗武装部训练基地账户1个，与翁牛特旗武装部训练基地签署为军服务协议1个。（柳金宇）

【华夏银行赤峰分行】 2022年，华夏银行赤峰分行各项存款余额13.53亿元；各项贷款余额13.95亿元；利息收入0.76亿元，比上年增加0.12亿元；净利润0.41亿元，比上年增加0.04亿元，实现净利润逐年增长。个人业务存款余额6.39亿元，比上年增加1.45亿元，存款日均5.66亿元，比上年增加1.82亿元。贷款余额8.68亿元，比上年增加2.08亿元；金融资产总量12.58亿元，比上年增加0.18亿元。对公业务存款余额7.66亿元，比上年减少3.86亿元；存款日均10.08亿元，比上年增长0.62亿元；表外产业基金业务余额9.5亿元，本年顺利收回本金4亿元；对公贷款余额4.56亿元，比上年减少3.33亿元；银行承兑汇票业务余额2亿元，结售汇量29万美元；有效户48户，比上年减少5户。落实延期还本付息政策，全年办理延期还本付息76户，金额5327万元。办理无还本续贷3户，金额338万元。支持疫情期间企业复工复产，对赤峰制药、富龙热力、远联钢铁等企业信贷支持近4亿元，为65家中小企业投放普惠贷款0.5亿元。拓宽国际合作范围，引用世界银行低成本资金（年利率约3%）定向投入风电、水电、节能减排、污水处理、再生资源利用等项目，绿色金融贷款余额4.06亿元。（董一霖）

【蒙商银行赤峰分行】 2022年，蒙商银行赤峰分行资产总额168.7亿元，比上年增加33.93亿元；负债总额168.94亿元，比上年增加34.17亿元；实现营业收入3.42亿元，实现利润0.91亿元。处置不良贷款1.33亿元，不良贷款余额、不良率实现双降。普惠贷款投放3.87亿元。投放8388万元，推出“烟酒贷”“小米贷”等创新业务。拉动普惠贷款投放量，投放支小贷款342笔，金额3.12亿元。与各级市场监督管理局签署战略合作协议，设立26家“指定企业注册便民服务点”。取得对公外汇经营资质，开立蒙商银行首笔国际信用证1.45亿元。推进社保卡、乡村振兴卡、ETC等新业务项目开展，建成12个社保卡快速发卡网点，发卡300余户，发放乡村振兴储蓄卡9678张，拓展ETC用户267户。依托贷后管理系统，加强大额风险监测管控，全年完成1.04万笔信贷业务贷后检查工作。推进减费让利政策，累计减免金额153万元。开展消费者权益保护、电信诈骗、反洗钱等公益宣传170余次，主动预警并处置风险账户847户，向市公安局反诈中心移交可疑线索801个。（孟　鑫）

【赤峰市红山区农村信用合作联社】 2022年，赤峰市红山区信用联社优化股权结构，引入市、区两级国有资本入股，法人股占比提高至50.73%；制定网点转型三年规划，撤并网点1个，撤销贷款业务网点3个，智能柜员机替代率提升至19.35%，电子交易替代率93.6%。截至年末，联社资产规模为110.01亿元，其中各项贷款和存款分别为81.5亿元和97.37亿元，比上年分别增长4.73%和4.13%；实现利润总额6793万元，净利润4252万元。发放“土地经营权抵押贷”“新型农牧业主体贷”“活体牲畜抵押贷”等3.17亿元，涉农贷款比上年增长11.61%；推出“政采贷”“新市民贷”“车易贷”等贷款业务，发放应收账款质押贷款7820万元、知识产权质押贷款8320万元，小微企业贷款比上年增长6.32%，延期还本付息13.56亿元。新增聚合支付2283户，全年交易846.01万笔16.79亿元；在红庙子镇、文钟镇两个主要农区商圈打造“移动支付示范街区”，在文钟镇柳条沟村建立“农信驿站”，为周边农民提供助农取款、便民缴费、信贷办理、金融知识普及等金融服务，发展商户271户，实现交易金额5610万元。（刘海婷）

【赤峰松山农村商业银行】 2022年，赤峰松山农村商业银行股份有限公司有营业网点60个（城区网点37个、农村网点23个），资产总额185.19亿元，负债总额174.4亿元，各项存款余额158.7亿元，各项贷款余额118.25亿元。实施“集中授信”一号工程，走访全区14个乡镇、244个行政村、9.4万常住户和进城务工人员，依托“福农卡”“福薪卡”，启动农牧户、公职人员普惠式授信工程。针对松山区设施农业项目，推出贷款产品“金棚贷”，年利率执行4.74%；针对“一村一品、一县一业”研发专属信贷产品6款。截至年末，“金棚贷”授信总额157.82亿元，

户均授信19.65万元；签约1.68万户，签约金额53.79亿元；用信9958户，用信金额23.82亿元。（刘红艳）

【自治区首笔中征平台线上反向保理融资业务落地赤峰】 2022年8月，中国交通银行赤峰分行通过中国人民银行征信中心中征应收账款融资服务平台（以下简称“中征平台”）为内蒙古蒙缘堂药业科技有限公司发放应收账款类融资贷款20万元，期限1个月，执行优惠利率3.7%。至此，自治区首笔中征平台全流程线上反向保理融资业务在赤峰市落地。中征平台基于系统对接的线上反向保理融资模式实现银企间应收账款融资业务数据的精准、自动、快速交互，帮助上游小微企业获取批量、快速、持续融资。满足短期资金需求，贷款利率较传统融资下降30个基点。

【优质企业贸易外汇收支便利化试点业务落地赤峰】 2022年，中国银行赤峰分行为赤峰辖内试点企业内蒙古仁立雪莲羊绒有限公司办理首笔贸易外汇收支便利化试点收汇业务，标志着优质企业贸易外汇收支便利化试点在赤峰市正式落地。中国人民银行赤峰市中心支行协调中国银行赤峰分行，经前期调查，在确保企业内部规章制度健全、管理规范，符合贸易收支便利化试点条件后，为企业申请开通货物贸易便利化试点资格。截至年末，全市4家企业进入贸易外汇收支便利化试点，办理便利化收支业务19笔，金额1.27亿美元。（王江南）

【“民心贷·旺牛”贷款服务】 2022年，赤峰市翁牛特旗构建“肉牛+信贷+保险+奖补”政策扶持体系，旗人民政府与旗信用社、农业银行合作推出“民心贷·旺牛”贷款服务，旗财政贴息3%，养殖户贷款利率降至1.95%。共投放贷款3.88亿元，扶持养殖户1378户。

【“育肥贷”发放】 2022年，中国农业银行克什克腾旗支行以“惠农e贷”为基础，与克什克腾旗人民政府合作推出“育肥贷”产品，专门针对从事农牧业经营的农牧民发放，用于发展畜牧业。采取政府贴息、主动降息等方式，将养殖户实际承担利息控制在2.45%～4.25%，3年内可重复循环使用。全年发放育肥贷882笔，金额2.51亿元。

【翁牛特农村商业银行改制】 2022年12月26日，按照“成熟一家、改制一家”原则，内蒙古翁牛特农村商业银行股份有限公司挂牌开业。2021年8月5日，原翁牛特旗农村信用合作联社召开第二届社员代表大会第十三次会议，审议通过关于组建内蒙古翁牛特农村商业银行股份有限公司的有关议案，启动内蒙古翁牛特农村商业银行股份有限公司改制工作，原翁牛特旗农村信用合作联社改制组建为内蒙古翁牛特农村商业银行股份有限公司。2022年，翁牛特农村商业银行有营业网点33家，网点遍布翁牛特旗16个苏木乡镇街道。资产总额85亿元，比上年增长13.63%；各项存款77.68亿元，比上年增长14.27%；各项贷款52.4亿元，比上年增长18.11%。（王江南　黄鹤然）

【中国农业银行赤峰分行“浓情暖域”服务品牌创建】 2022年，中国农业银行赤峰分行开展“浓情暖域”服务品牌创建活动，为营业网点配备老花镜、急救箱、轮椅、雨伞等各类便民设施，为户外工作者提供金融知识解答、防诈骗知识普及等服务。全年劝阻疑似电诈事件20余起，中国农业银行赤峰红山东城支行帮助老人反诈事件获2022年度“浓情暖域——农行网点十大暖心服务故事”。（王海超）

【“劳动者驿站（港湾）”公益行动】 2022年12月，中国建设银行赤峰分行天义路支行“劳动者驿站（港湾）”入选全国总工会“最美工会户外劳动者服务站点”名单。全年开展我为群众办实事活动2次，受益人数100余人。中国建设银行赤峰分行“劳动者驿站（港湾）”公益行动由赤峰市总工会与中国建设银行赤峰分行于2021年12月9日联合发起，持续至2022年。（付亚超）

保险业

【概况】 2022年，赤峰市有各类保险公司赤峰分公司（中心支公司）40家，下辖旗县级保险支公司及营业部199家，营销服务部198个，保险业从业人员2.65万人。全年保险业机构提供各类风险保障金额9.86万亿元，比上年增长73.62%；赔付支出38.6亿元，比上年增长7.6%；实现原保险保费收入104.9亿元，比上年增长0.8%。承保利润1.57亿元，比上年增长192.24%。车险综合费用率38.81%，较去年同期增长0.57个百分点。人寿险满期给付3.19亿元，比上年增加23.45%。农业保险“扩面、提标、增品”取得成效，分2批次审核通过121家分支机构符合农业保险经营条件，与市财政局、市农牧局联合制定赤峰市2022年三大粮食作物完全成本保险实施方案，承保面积63.32万公顷，保险金额80.29亿元，三大粮食作物完全成本保险实现产粮大县全覆盖；开发优势特色农产品保险产品9种，覆盖6个旗县（其中脱贫县3个）。城市定制型商业医疗补充保险项目有序开办，“惠蒙保”承保人数21.7万人，“惠民保”承保人数2.53万人。助力巩固脱贫攻坚成果，为130.99万人提供防止返贫保险，提供防贫保障1145.74亿元。（刘立志）

【中国人民财产保险赤峰市分公司】 中国人民财产保险赤峰市分公司有旗县区级支公司18家，设立乡镇级

“三农”营销服务部69家，从业人员2000余人。主营范围涵盖机动车辆保险、财产保险、工程保险、货物运输保险、责任保险、信用保证险、意外健康保险、农业保险等业务。年内，实现保费收入14亿元，市场占比35.55%，保费增速12.51%。承担各类社会风险2.07万亿元，支付赔款9.32亿元，向国家缴纳税金（包括代缴代扣车船税）1.41亿元。参与政府防止返贫动态监测预警和救助帮扶机制建设，承办9个旗县区近45万建档立卡和边缘贫困人口的防贫保险，提供2.63亿元风险保障。推动建立重点行业、重点领域环境污染强制责任保险制度，为3家企业提供环境污染责任险保障，保费收入19万元。与医疗责任调解委员会相互融合，探索推进赤峰医疗责任险调节新模式，承保全市400余家医疗机构的医责险。中标阿鲁科尔沁旗、巴林左旗、巴林右旗、喀喇沁旗和元宝山区5个旗县区老意险项目，为29.36万名60周岁以上老年人提供意外伤害风险保障。在翁牛特旗、喀喇沁旗、宁城县、敖汉旗4个粮食主产旗县开展三大粮食作物完全成本保险，业务覆盖主粮耕地18万公顷，为9.15万户次粮农提供农业风险保障21.2亿元。在各旗县开展养殖业保险，承保覆盖全市牲畜222万头只，为2万户次农户提供农业风险保障2.6亿元。在阿鲁科尔沁旗试点开办草原保险，承保覆盖草原40.93万公顷，为6500户次农户提供风险保障1.84亿元。拓展商业性农业保险，推出玉米成本价格保险，首张保单落地松山支公司，在已有玉米完全成本保险基础上，为玉米种植户提供成本和价格双重保险保障机制，稳定农户预期收益。（卢　萌）

【中国人寿保险赤峰市分公司】 2022年，中国人寿保险股份有限公司赤峰分公司主要经营人寿保险、健康保险、意外伤害保险等各类人身保险业务。在全市设有13个旗县区支公司、5个城区营销服务部及30个县支公司营销服务部。实现保费收入11.39亿元，满期给付金1.74亿元，为1.19万人提供死伤医疗赔付金8210.34万元，为3206人提供短期意外险赔付金1124.62万元。13万余人承保计生家庭保险，获得家庭保障128亿元，为2026名计生家庭成员提供保险理赔金594.68万元。为4.59万名学生提供风险保障42亿元，赔付支出228.27万元，赔付人次2085人。与克什克腾旗残联沟通合作，缓解残疾人群因意外、疾病返贫致贫。为1.19万名残疾人提供意外、住院风险保障近10亿元，赔付支出53.7万元，赔付人次375人。推进城市定制型商业保险，新推出普惠保险“惠民保”，承保人数1.73万人，年度赔付51人，赔付金额26万余元。加大对中小微企业支持力度，为其复工复产和运营提供保险保障。为169家法人客户提供涵盖意外伤害、住院医疗、定额给付、身故残疾等风险保障3000万元，为114名客户提供保险赔付金215.39万元。（宫廷刚）

2022年春节前夕，人保财险赤峰市分公司开展“幸福暖冬心服务　人保伴您过新年”理赔服务宣传活动　（人保财险赤峰市分公司　供图）

【中国平安财产保险赤峰中心支公司】 2022年，中国平安财产保险股份有限公司赤峰中心支公司设有17家分支机构。主要经营企业财产损失保险、家庭财产损失保险、机动车辆保险、安装工程保险、货物运输保险、种植保险、养殖保险等业务。2022年，全部业务保费收入4.07亿元，比上年增加7347万元，综合赔付率97.2%。缴纳增值税及附加1208.6万元、印花税35.4万元，代扣代缴车船税5581万元、代扣代缴个人所得税48.9万元。资产总额4.58亿元，负债总额3.23亿元，实现净利润3260.56万元。中国平安财产保险股份有限公司首创“好车主一键式车服务平台”，平安好车主App为赤峰地区平安承保的私家车主提供车服务，已全面覆盖加油、停车、年审、代驾、道路救援、ETC等70余种服务。依托平安好车主、平安企业宝、爱农保等线上平台推出“一键理赔”“一键续保”等功能，覆盖保单服务、理赔服务、防疫服务等各项客户服务。加强对气象灾害的监测、预警和评估，搭建“农业气象灾害平台”。（韩晓丽）

【中国太平洋财产保险赤峰市中心支公司】 2022年，中国太平洋财产保险股份有限公司赤峰市中心支公司经营范围包括财产损失保险，责任保险，农业保险，信用保险和保证保险，短期健康保险和意外伤害保险，经中国保监会批准的其他保险业务。年内，中国太平洋财产保险股份有限公司赤峰市中心支公司全险种（含个信保）保费收入4.79亿元，比上年增长19.13%。其中，车险1.64亿元，比上年增长12.66%，达成率100.93%；非车险7420万元，比上年下降2.41%，达成率72.18%；农险1.62亿元，比上年增长55.28%，达成率118.13%；个信保7932万元，比上年增长3.59%，达成率101.04%；不含个信保全险种预算达成率100.17%。成立领导小组，专项跟进农险保险工作，提升农险保险覆盖面，增强农业抵御风险能力，减轻农业生产风险，确保承保区域内粮食安全、蔬菜安全、牲畜安全。农险业务保费收入1.62亿元，其中种植业占比61.36%、养殖业占比28.01%、大棚保险占比6.3%、林险占比4.33%。成立个信保赤峰分中心，注入市场保额4亿元，解决103人就业问题。（杨镇莹）

【中国平安人寿保险赤峰中心支公司】2022年，中国平安人寿保险股份有限公司赤峰中心支公司经营范围主要包括各类人寿保险、健康保险、意外伤害保险等保险业务。全年原保险保费收入18.76亿元，其中个险新单保费收入2.68亿元。完成理赔服务2.6万件，赔付金额2.8亿元。其中闪赔服务率占比50%，平均理赔时效仅需15分钟。豁免保费4255万元，比上年下降4.49%。理赔服务时效1.15天，比上年缩短0.13天。平安智慧客服全面覆盖各旗县区，线上实时满足95%的客户需求，线上平均等待时长3.76分钟，平均经办时长6.32分钟，客户满意度99%。平安金管家App线上健康问诊服务升级，在原有线上医疗问诊服务中注入中医问诊服务。连续2年持续推动就医绿通服务，协助客户完成预约挂号、住院安排等服务。开设老年人服务绿色通道，针对老年人主动提供上门办理业务。依托“科技+”策略，提升理赔时效，推出30分钟闪赔、重疾先赔、智慧预赔等服务。闪赔案件数1.01万件，比上年增加36%，最快案件时效1.8分钟。重疾先赔案件数236件，比上年增加77%；赔付金额1898万元，比上年增加76%；最快赔付案件38分钟。预赔案件数501件，比上年增加75%，最快赔付案件1.5分钟。（郝宏云）

【中国人寿财产保险赤峰市中心支公司】2022年，中国人寿财产保险赤峰市中心支公司提供健康保险保障98.74亿元，惠民保承保人数1.7万人。保费收入2.9亿元，比上年增长33.91%；市场份额7.37%，比上年提高0.87个百分点。农险保费1.2亿元，比上年增长97.32%，市场份额提升至10.43%，保费增量5980.15万元，为近7万农户提供风险保障19余亿元。在宁城县、巴林右旗、林西县、松山区4个旗县区开办防贫保业务。综合成本率90.96%，其中车险综合成本率94.94%，非车险综合成本率85.71%。实现承保利润2134.44万元，净利润1773.75万元。服务社会治理，参与全市建工、高危行业安责险示范产品研发，为建工、高危行业企业提供27亿余元风险保障。（李　平）

【森林保险投保】2022年，赤峰市各级林草部门开展森林保险投保工作，提高林农及林业企业灾后恢复生产能力，全市森林保险总投保面积230.85万公顷，保费金额5497.59万元，报灾面积2.08万公顷，灾后治理和植被恢复治理面积1.62万公顷，理赔金额1300.48万元。（王江南）

【自治区首单“全域旅游救助责任保险”落地】2022年9月30日，人保财险赤峰市分公司与克什克腾旗文化旅游产业发展（集团）有限责任公司签署合作协议，签单自治区首单“全域旅游救助责任保险”，签单保费80万元，累计提供风险保障1000万元。通过建立“保险公司、旅游公司、游客”三位一体的全域旅游保险服务体系，打造“保险+救援+服务”全域旅游安全模式，项目涵盖完善的应急救援服务方案，为旅客提供全方位安全保障，为旅游企业分担风险。（卢　萌）

证券业

【概况】2022年，赤峰市有证券机构11家，其中分公司1家、营业部10家。1家分公司为太平洋证券股份有限公司内蒙古分公司，10家营业部为国泰君安证券股份有限公司赤峰西拉沐沦大街证券营业部、恒泰证券股份有限公司赤峰哈达街证券营业部、恒泰证券股份有限公司赤峰兴安街证券营业部、恒泰证券股份有限公司赤峰宁城大宁路证券营业部、恒泰证券股份有限公司赤峰平庄哈河街证券营业部、国融证券股份有限公司赤峰钢铁街证券营业部、国融证券股份有限公司赤峰临潢大街证券营业部、长城证券股份有限公司赤峰友谊大街证券营业部、招商证券股份有限公司赤峰玉龙大街证券营业部、安信证券股份有限公司赤峰临潢大街证券营业部。证券业从业人员130人。截至年末，证券业机构实交额1424.78亿元，比上年下降0.03%；客户数量20.91万户，比上年增长0.05%；客户总资产110.4亿元，比上年下降0.21%。（王锐峰）

【太平洋证券内蒙古分公司】2022年，太平洋证券股份有限公司内蒙古分公司（前身为太平洋证券股份有限公司赤峰玉龙大街证券营业部）存量交易性资产10.13亿元，新增资产2358万元，新增有效户382户，产品销量2780万元，总收入593万元，市场占有率0.0288‰。开展投资者教育保护工作，主要开展退市中的投资者教育保护、REITs 基金投教活动、防范非法集资宣传活动、反洗钱宣传活动、金融知识宣传月活动。

（董 静）

【恒泰证券赤峰哈达街证券营业部】 2022 年，恒泰证券赤峰哈达街营业部实现利润 1432 万元，新增资产 3093 万元，新增有效户 127 户，重点产品保有 1.4 亿元，普通产品保有 2.47 亿元。融资融券业务良性发展，日均余额 1.5 亿元。组织线上投资者教育活动 19 场，线下培训 5 场，活动覆盖总人次 650 余人。组织参与投资者调查问卷 12 次，覆盖人数 36 人。

（姚 杰）

【国融证券赤峰临潢大街证券营业部】 2022 年，国融证券股份有限公司赤峰临潢大街证券营业部经纪业务交易量 131.56 亿元，新开户新增资产 1.1 亿元，新开户有效户 583 户，金融产品销售 10 亿元，营业收入 1486.41 万元。加强客户适当性管理，配合投资基地落实每月投资者教育方案，与赤峰市金融办联合开展社区打非宣传、防范养老诈骗专题讲座活动。

（李秋影）

【安信证券赤峰临潢大街证券营业部】 2022 年，安信证券股份有限公司赤峰临潢大街证券营业部客户数 3576 户，托管总资产 4.4 亿元，全年成交量 140.98 亿元。营业部配合各级监管部门开展投资者教育活动，服务广大投资者。开展“3·15”投资者保护主题教育活动、防范非法证券期货宣传月活动、“股东来了”投资者权益知识竞赛等活动及金融知识普及月活动。

（郑 磊）

【国泰君安证券赤峰西拉沐沦大街证券营业部】 2022 年，国泰君安证券股份有限公司赤峰西拉沐沦大街证券营业部托管客户总资产 31.35 亿元，客户总量 2.92 万户，其中机构客户 14 家，成交额 136.31 亿元，实现营业收入 939 万元。营业部组织线上线下投资者教育活动 18 场次，主要包括防范非法集资、打击洗钱犯罪、反洗钱基础知识科普、金融专项整治活动等。

（张亚君）

其他非银行金融机构

【融资担保公司】 2022 年，赤峰市有融资担保法人机构 5 家，分支机构 2 家。其中，市级融资担保法人机构 2 家，县级融资担保法人机构 3 家，市级分支机构 2 家。各融资担保法人机构总注册资本金 12.85 亿元，比上年增长 0.86%。全市各融资性担保公司在保余额 56.53 亿元，比上年增长 45.76%；在保户数 1.32 万户，比上年增长 100.97%。全年新增担保额 63.55 亿元，比上年增长 67.51%；新增担保户数 2.19 万户。全市融资性担保放大倍数为 4.14。

【小额贷款公司】 2022 年，赤峰市有小额贷款公司法人机构 13 家，分公司及营业部 18 家。小额贷款公司资产合计 7.92 亿元，负债合计 1.55 亿元。全年营业收入合计 0.43 亿元，净利润 0.21 亿元。全市小额贷款公司总注册资本 7.61 亿元，全年发放贷款 3.13 亿元，共计 1190 笔；贷款余额 7.74 亿元，共计 2795 笔；不良贷款 4.38 亿元，不良贷款率 56.52%。

【金融资产管理公司】 2022 年，赤峰市有金融资产管理公司 1 家，为赤峰金融资产管理有限公司，是由赤峰市人民政府与内蒙古金融资产管理有限公司签约组建的盟市级金融资产管理公司，公司主要开展不良资产处置、对外投资和资产管理业务。公司资产总额 3.17 亿元，负债总额 294.22 万元。母子公司向赤峰市多家企业投入 30 亿元。

（王锐峰）

【典当】 2022 年，赤峰市有典当公司 1 家，为赤峰海济典当有限责任公司。赤峰海济典当有限责任公司位于赤峰市喀喇沁旗，注册资本人民币 1000 万元，全年经营收入 1.8 万元。2 月，赤峰海济典当有限责任公司提交注销典当经营许可的申请。4 月，内蒙古自治区地方金融监督管理局同意其注销典当经营许可。至此，赤峰市无典当公司。

（孟安迪）

2022 年 5 月 15 日，安信证券股份有限公司赤峰临潢大街证券营业部开展打击和预防经济犯罪宣传活动　（安信证券赤峰临潢大街证券营业部　供图）

旅游业

责任编辑　孙美丰

旅游业

综　述

【旅游接待】　2022 年，赤峰市旅游累计接待人数 1577.38 万人次，实现旅游收入 202.19 亿元，分别同比下降 6.83% 和 5.84%，恢复至 2019 年同期的 72.85% 和 57.39%。旅游收入在 10 亿元以上的旗县区有红山区、巴林左旗、巴林右旗、克什克腾旗、翁牛特旗、宁城县、松山区，不足 10 亿元的有阿鲁科尔沁旗、林西县、喀喇沁旗、敖汉旗、元宝山区。

【旅游规划】　2022 年 11 月 11 日，赤峰市编制印发《“十四五”文化和旅游发展规划》；2 月 23 日，印发《草原大漠极限游线路建设方案（2022—2025）》《近郊旅游环线建设方案（2022—2025）》，为全市文旅工作谋篇布局。围绕建设国家特色文化旅游和生态休闲度假基地目标，科学擘画“一线一环一带”旅游空间发展格局，整合克什克腾旗、翁牛特旗草原和大漠资源，打造草原观光、大漠探险主题草原自驾旅游线；串联喀喇沁旗、宁城县等地区山水田园资源，打造服务中心城区百万人口的生态休闲、康养度假环；整合敖汉旗、巴林左旗等地区的历史文化资源，打造文化体验为特色的世界级历史文化旅游带。通过“一线一环一带”建设，将 12 个旗县区 32 个重点旅游点位进行有机串联，精准服务京津冀、东三省、鲁豫和中心城区百万人口。

表 33　2022 年赤峰市各旗县区旅游收入与接待人数统计表

序号	地　区	旅游收入（亿元）	接待人数（万人次）
1	阿鲁科尔沁旗	3.01	23.13
2	巴林左旗	28.36	161.70
3	巴林右旗	10.40	65.00
4	林西县	6.09	70.50
5	克什克腾旗	45.95	390.30
6	翁牛特旗	21.00	153.00
7	喀喇沁旗	9.81	129.95
8	宁城县	32.02	225.50
9	敖汉旗	2.18	32.00
10	红山区	25.90	194.00
11	松山区	11.29	67.80
12	元宝山区	6.19	64.50
13	合　计	202.19	1577.38

（市文旅局）

【全域旅游】　2022 年，赤峰市推动克什克腾旗、喀喇沁旗创建国家级全域旅游示范区，松山区创建自治区级全域旅游示范区。重点开发四季旅游产品，解决淡季长、旺季短的问题。实施“旅游 +”战略，为市场提供个性化、定制化、特色化的旅游产品。加快涉旅游项目建设，完善软硬件公共服务配套设施，加强旅游交通等基础设施建设，推动旅游服务标准化、智能化，提升旅游品质、游客体验和赤峰形象。8 月 12 日，赤峰市全域旅游高质量发展大会召开，强调发挥蒙冀辽五城文旅联盟作用，共辟精品线路、共享游客资源、共创旅游品牌。

【产业升级】　2022 年，赤峰市重点推进全市 A 级景区晋级，推动玉龙沙湖景区、美林谷景区创建国家 AAAAA 级旅游景区，东山生态文化旅游区、和润景区、红山文化博物馆创建国家 AAA 级旅游景区。指导帝豪美食街创建国家级旅游休闲街区、新华步行街创建自治区级旅游休闲街区、辽上京产业园区创建国家级产业园区，打造旅游休闲城市试点。喀喇沁旗马鞍山村、松山区大乌良苏村入选第四批全国乡村旅游重点村，巴林左旗大良沟村、喀喇沁旗三家村被评为第二批自治区乡村旅游重点村。

【旅游项目】 2022年，赤峰市申请上级旅游专项资金3000万余元，实施固定资产投资1000万元以上项目71个，完成投资22亿元。建立重点项目干部包联机制，重点推进红山区新华步行街文化旅游夜间集聚区升级改造工程、乌兰布统公主湖草原度假区、大光顶子综合旅游区、桦木沟景区提升、北疆风景大道二期工程、赤峰南部区域性文化旅游综合服务中心等项目。成立招商专班，洽谈项目57个，其中落地17个、签约8个、在谈32个。

【文旅融合】 2022年，赤峰市推进文旅融合，把提升文化品位贯穿旅游全行业。鼓励乌兰牧骑、各类演艺机构到景区开展演艺活动，打造《诺恩吉雅》《英雄的铁蹄马》等大型实景演艺剧目，创新文旅融合业态。8月12日，赤峰市文旅集团揭牌仪式举行，赤峰市文旅集团是市委、市政府批准成立的国有大型文旅投资运营集团，承担全市文化和旅游产业投融资业务、重大文旅项目开发、重要文旅资源运营、新兴业态引领、文旅产业赋能乡村振兴等工作，通过实体化、市场化运营助力赤峰实现建设国家特色文化旅游和生态休闲度假基地的目标。 （杨　婧）

旅游资源

【概况】 2022年，赤峰市有旅游资源1301个，位列自治区第一，草原、森林、沙漠、温泉、冰雪、石林、冰臼等类型一应俱全，被誉为内蒙古的名片。全市有国家A级旅游景区53处，其中AAAAA级1处（阿斯哈图石林景区），AAAA级9处（克什克腾旗达里湖、喀喇沁亲王府、翁牛特旗玉龙沙湖、宁城县道须沟、喀喇沁旗美林谷、敖汉温泉城、巴林左旗召庙、宁城县紫蒙湖、赤峰博物馆），AAA级14处；国家级滑雪度假区1处；全国工业旅游示范点2个；国家休闲农业与乡村旅游示范县3个、示范点3个；全国乡村旅游重点村5个，中国乡村旅游金牌农家乐8个；自治区级全域旅游示范区5个，自治区级旅游休闲街区1个。

国家AAAAA级旅游景区阿斯哈图石林　（市文旅局　供图）

【精品旅游景区线路】 2022年，赤峰市推出草原风情、地质奇观、沙漠激情等精品旅游路线，整合沿线资源，串联旅游景点，满足不同群体多元消费需求。欧式风光游线路：乌兰布统草原、影视基地、公主湖、北疆风景大道、灯笼河草原；赤峰全景游线路：阿斯哈图石林、乌兰布统草原、玉龙沙湖、贡格尔草原、草原天路达达线、公主湖、影视基地；经典自驾游线路：乌兰布统草原、西拉木伦大峡谷、浑善达克沙地、黄岗梁国家森林公园、达达线、贡格尔草原、阿斯哈图石林、玉龙沙湖；契丹辽文化探秘线路：赤峰博物馆、辽中京遗址、巴林左旗辽祖陵、辽庆陵、庆州白塔、巴林左旗召庙、辽上京遗址。

【阿斯哈图石林景区】 国家AAAAA景区，位于克什克腾旗经棚镇东北120千米处，主要分布在大兴安岭最高峰黄岗峰北约40千米、海拔1700米的北大山上，沿山脊呈北东方向展布，东西宽3千米，南北长5.5千米，分布面积15平方千米，是花岗岩地貌相结合的一个新类型，是世界上独有的一种奇特地貌景观，也是克什克腾世界地质公园九大园区的代表性景区。景区主要由草原石林景区、草原天柱景区、草原鲲鹏景区、草原石城景区和草原石堡5个部分组成。2022年11月15日，景区被文化和旅游部公共服务司评为“2022全国旅游厕所建设与管理优秀案例”。全年接待旅游人数9.23万人次，营收929.6万元。

【达里湖景区】 国家AAAA景区，位于克什克腾旗达里镇，以天然湖泊达里诺尔为中心建设而成。达里诺尔属高原内陆湖，湖泊面积198平方千米，东浅西深，最深处为11米。达里诺尔是自治区第二大内陆湖，有“草原明珠”美称，是以保护珍稀鸟类及其赖以生存多种生态系统为主的综合性国家级自然保护区，被列入“亚洲重要湿地”名录。景区有鸟类18目48科297种，其中一级保护鸟类10种、二级保护鸟类43种，被称为“百鸟乐园”，享有中国第三大天鹅湖的美誉。2022年12月

28日，达里湖冬捕旅游季开幕。全年接待旅游人数6.08万人次，收入770.46万元。

【玉龙沙湖旅游区】 国家AAAA景区，位于翁牛特旗乌丹镇东北处，1971年C型碧玉龙在这里出土。玉龙沙湖是科尔沁沙地的一部分，有“八百里瀚海”之称，3300公顷草原与茫茫无边的科尔沁沙地相连，沙地中有一眼清泉，泉水喷涌高度近1米，每小时喷水数百吨，在沙漠中积水成湖。湖面700余公顷，湖中有十几座沙岛，十分独特。在湖北面一望无际的大沙漠边缘，平地耸立起一座奇形怪状的石山，山上的怪石和树木千姿百态。2022年5月19日，景区承办“畅游赤峰”智慧程序（微信小程序）上线发布仪式。全年接待旅游人数11.6万人次，收入1377.45万元。

【紫蒙湖景区】 国家AAAA景区，位于宁城县黑里河镇与右北平镇的交界处。因湖区所在区域“水丰草茂，紫微高照，四季分明，物产丰饶”，在先商时期被称为“紫蒙之野”。2010年，湖区冠名为“紫蒙湖”。540米长的大坝雄伟壮观，坝东有“海豹出水”“玉兔望月”“金龟揽蛋”“骆驼立崖”“罗汉石人”等自然景观。湖面烟波浩渺，水天一色；湖中渔帆点点，游艇往来疾驶。养鱼水面540公顷，盛产鲢鱼、鲤鱼、鲫鱼、草鱼。紫蒙湖按照水上运动基地标准配套各种训练场地及设施设备，可举办旅游文化体育赛事等大型节庆活动。紫蒙湖每年举办具有浓郁传统文化特色的冬季捕鱼节和夏季文化节、钓鱼大赛。2022年7月22—24日，由国家体育总局水上运动管理中心主办，中共宁城县委员会、宁城县人民政府承办，赤峰市体育局、宁城天宇旅游开发有限公司协办的2022年全国电动冲浪板锦标赛暨宁城体育旅游文化节举办。全年接待旅游人数30.45万人次，收入1936.5万元。

【美林谷滑雪场】 国家AAAA景区，位于喀喇沁旗美林镇，滑雪场总占地面积33.8平方千米，是集特色休闲度假、体育旅游和生态景观于一体的复合型旅游项目。美林谷滑雪场被誉为“东方雪源圣地”，滑雪场规划雪道累计长度70千米以上，雪道坡度最高达到30%，最长雪道可持续滑行3.5千米。滑雪场造雪总面积47万平方米，对外开放雪道12条，其中初级雪道4条、中级雪道5条、高级雪道3条，雪道累计长度18千米以上。2022年，滑雪场接待游客9.11万人次，营收1516万元。 （杨 婧）

表34 2022年赤峰市国家A级旅游景区一览表

旗县区	等级	景区名称	地址	评定年份
阿鲁科尔沁旗	AA	蒙古汗廷文化园	天山镇	2018
巴林左旗	AAAA	召庙	查干哈达苏木	2016
	AAA	辽上京博物馆	林东镇	2020
	AAA	上京契丹辽文化产业园	林东镇	2021
	AA	契丹博物馆	林东镇	2018
	AA	沙那水库	富河镇	2016
	AA	辽上京国家考古遗址公园	林东镇	2022
巴林右旗	AAA	巴林石展览馆	大板镇	2013
	AAA	赛罕乌拉自然生态和辽文化旅游度假区	巴林右旗北部	2013
	AAA	巴林民俗博物馆	大板镇大板街	2016
	AA	翁根毛都沙漠旅游度假村	大板镇	2018
	AA	阿敦塔拉旅游区	大板镇	2019
	AA	荟福寺	大板镇大板街	2006
	AA	格斯尔传习所	大板镇索博日嘎街南侧	2022
林西县	AAA	东山生态产业园	林西镇东街村	2022
	AA	林西博物馆	城南新区林西大道	2022

续表

旗县区	等级	景　区　名　称	地　　址	评定年份
克什克腾旗	AAAAA	阿斯哈图石林	巴彦查干苏木	2018
	AAAA	达里湖景区	达尔罕苏木	2009
	AAA	世界地质公园博物馆	经棚镇	2009
	AAA	龙口旅游休闲度假区	红山子乡	2016
	AA	汗苏鲁国际生态观光牧场	经棚镇	2018
	AA	大光顶子旅游区	芝瑞镇大院村	2022
翁牛特旗	AAAA	玉龙沙湖旅游区	乌丹镇	2013
	AA	红山湖	乌敦套海镇	2002
喀喇沁旗	AAAA	王府博物馆	王府镇	2005
	AAAA	美林谷滑雪场	美林镇美林村	2014
	AAA	红酒庄园	河南街道马鞍山村	2014
	AAA	山戎部落旅游区	美林镇	2021
宁城县	AAAA	道须沟生态旅游区	黑里河镇	2013
	AAAA	紫蒙湖	黑里河镇	2019
	AA	宁城国家地质公园博物馆	天义镇	2015
	AA	道虎沟古生物化石保护区	五化镇	2015
	AA	杜鹃山旅游风景区	黑里河镇	2009
	AA	黑里河漂流	黑里河镇	2013
	AA	大坝沟景区	黑里河镇	2009
	AA	辽中京博物馆	天义镇南城村	2021
敖汉旗	AAAA	敖汉温泉城	四家子镇热水汤村	2016
	AAA	新州博物馆	新惠镇河东新区	2017
元宝山区	AA	赤峰伊利乳业有限责任公司	平庄工业园区	2016
	AAA	和润景区	元宝山镇	2022
松山区	AAAA	赤峰博物馆	富河街	2020
	AAA	皇家漫甸旅游区	大夫营子乡	2018
	AA	金和谷小镇	当铺地满族乡	2016
	AA	柴胡栏子烈士陵园	初头郎镇柴胡栏子村	2015
	AA	楚东艺术农业博览园	当铺地满族乡哈金沟村	2018
红山区	AA	昭乌达羊绒制品有限公司	红山区经济开发区红烨大街	2016
	AA	内蒙古独伊佳食品有限公司	农畜产品加工园区	2016
	AA	植物园	红峰路	2002
	AA	红山公园	红山路	2005
	AA	南山生态园	铁南大街	2006
	AA	二道井子博物馆	文钟镇二道井子村	2018
	AAA	红山文化博物馆	红山路与红旗路交会处	2022
	AA	辽代历史文化博物馆	钢铁街 237 号	2022

（市文旅局）

旅游业态

【草原风情游】 2022年，赤峰市围绕“中国草原自驾游胜地”品牌建设，在北部旗县区重点打造中国北疆风景大道，串联乌兰布统、阿斯哈图石林、达里湖等7大核心景区，其间分布12处特色营地和24处驿站以及配套停车场、观景台和旅游标识系统，形成景色壮美、业态丰富、服务完善的自驾线路。赤峰市先后举办4届赤峰草原自驾旅游节、燕山北麓·百里画廊消夏季自驾游、华子鱼洄游节、大光顶子国潮音乐嘉年华、乌兰布统草原音乐节、巴林右旗那达慕大会等活动，吸引全国各地的自驾团队及游客50万余人。

【乡村旅游】 2022年6月7日，赤峰市编制出台《文化旅游促进乡村振兴行动方案（2022—2025）》《乡村旅游重点村名录建设工作方案》。组织旗县区开展乡村旅游重点村（镇）和星级乡村（牧区）旅游接待户申报创建工作，喀喇沁旗马鞍山村、松山区大乌良苏村被文化和旅游部评为第四批全国乡村旅游重点村，巴林左旗大良沟村、喀喇沁旗三家村入选第二批自治区乡村旅游重点村，认定阿鲁科尔沁旗天山口镇八家村等15个嘎查村为市级乡村旅游重点村，新增自治区四星级乡村（牧区）旅游接待户6家、三星级4家。举办2022赤峰市首届乡村旅游文化节及40余场系列活动，结合群众暑期出行需求开发乡村旅游线路，“喀喇沁旗红色体验游”入选“乡村是座博物馆”全国乡村旅游精品线路。全市乡村旅游接待游客520.06万人次，实现收入53.68亿元。

【红色旅游】 2022年2月14日，赤峰市编制《红色旅游发展三年行动计划（2023—2025）》，明确红色旅游发展的总体定位和目标，形成“一核、两廊、多节点”的红色旅游发展格局。推进马鞍山红色教育基地、柴胡栏子烈士陵园、葫芦峪红色休闲谷、陈子实烈士纪念园等项目建设。围绕迎接宣传贯彻党的二十大主线，结合实际策划推出红色旅游一日游线路。组织开展“赓续红色血脉 培育时代新人”全市优秀讲解员进校园宣讲、老英雄讲述红色故事、青少年参观红色景区等活动，累计参加人数1000余人。在自治区第2届红色故事讲解员大赛中，元宝山区城区街道红色领航展馆的徐冉获自治区优秀讲解员称号。

【研学旅游】 2022年，赤峰市启动“红领巾游赤峰”——全市少先队文旅研学实践活动，1200余名少先队员在各分会场参加文旅研学启动仪式。推出喀喇沁旗、宁城县“活力少年听革命往事”重走总书记路线，翁牛特旗、克什克腾旗“活力少年草原梦”探秘草原民俗文化路线，翁牛特旗、巴林右旗“活力少年沙漠挑战”路线，3条路线覆盖全市10个景区景点，并延伸到周边的博物馆、展览馆，使“游”“学”“研”等环节相互关联、彼此渗透，促进文旅产业与中小学教育融合。

【“夜经济”休闲旅游】 2022年，赤峰市利用暑期和旅游旺季在全市范围内选择有夜间景观环境，集文化体验、特色餐饮、购物娱乐、康体休闲和民俗风情等于一体的特色文化旅游街区、广场、景区开展“音乐美食季”等休闲夜经济活动。举办“赤诚峰味”主题文化广场“消夏美食节”、帝豪老街城市露营趴、松山万达星光夜市、“沐沦夜语 克旗有约”首届克什克腾文旅休闲夜经济活动、红山湖水生态旅游美食节暨首届万人品鱼宴等美食夜经济消夏活动，打造文旅夜市，激发文旅产业“夜经济”。

【冰雪旅游】 2022年，赤峰市从全域全季旅游入手，以草原冰雪资源、民俗文化为依托，发展冰雪旅游、冰雪运动。推动冰雪与文化、民俗、体育运动等融合，以举办节庆活动为契机，完善冬季旅游要素配置，提升文旅服务能力和水平。达里湖冬捕旅游季开幕式为冰雪活动主会场，全市同步开展11类主题83项活动。以民族团结为主线，推出第15届达里湖冬捕节、冬季旅游惠民节、美林谷冬季冰雪节、紫蒙湖冬捕节、辽上京冰雪文化节、元宝山冰雪嘉年华、阿鲁科尔沁冬季冰雪节等活动；推进文旅深度融合，举办央视一套“东西南北贺新春”分会场、宁城大城子等地乡村春晚、“党的光辉照我心”文化进万家千场基层文化惠民演出、“送欢乐 送文明”乌兰牧骑走基层文艺演出；结合冬季节庆活动，举办博克、射箭、赛马等民族传统体育比赛项目。

【马鞍山村、大乌良苏村获评第四批全国乡村旅游重点村】 2022年11月5日，文化和旅游部、国家发展改革委联合公布第四批200个全国乡村旅游重点村和第二批98个全国乡村旅游重点镇（乡）名单，赤峰市喀喇沁旗马鞍山村、松山区大乌良苏村入选第四批全国乡村旅游重点村。

▶▶ 链接

马鞍山村

马鞍山村坐落在马鞍山脚下，距锦山镇城区10千米，总面积21平方千米。村居整洁干净、道路平坦通畅，民风淳朴和善。村内旅游资源丰富，相应基础设施齐全，是一个以村落为基础，自然景观资源和人文景观资源兼具的全域性、综合性旅游景区。马鞍山村入选“中国乡村旅游模范村”名录、“中国最美乡村”名录，被评为国家森林乡村，2022年晋升为全国乡村旅游重点村。2019年7月15日，习近平总书记到马鞍山村考察调研，马鞍山村打造以林场习近平总书记考察点、马鞍山村村委会、农户张国利家这“三点一线”为核心旅游景点的红色旅游品牌。建成一条3.8千米的“红色理论一条街”，营造“处处是课堂、时时受教育”的氛围。马鞍山国家森林公园、汽车营地、马鞍山文化旅游研学基地等多元化生态、人文景观景点成为赤峰近郊游最具特色的“网红打卡地”之一。

大乌良苏村

大乌良苏村地处乌良苏山系，英金河上游，总面积1000公顷。东南部与乌良苏森林公园相通，北部与二道河子水库相邻。距离赤峰市区80千米，国道111线与之相连。大乌良苏村以发展特色果树种植和珍稀菌类、野菜系列产业为支撑，以旅游发展为主线，围绕天然次生林景观区、果林经济带、林间观赏木栈道、集装箱酒店、坝顶草原景观区、望火楼峰顶观赏台6个区域，建成集“吃、住、行、游、购、娱”为一体的特色旅游景区。（杨　婧）

旅游营销

【旅游节会活动】 2022年，赤峰市发挥节会赛事的辐射带动效应，打造固定化、常态化赤峰文旅品牌。举办第15届红山文化旅游节，开展歌舞表演、非遗展演、抖音之夜、农牧民会演等10类专场演出，演职人员2000人，现场观众15万人次，增设文创、非遗、赤诚峰味、特色小吃等业态，提振赤峰夜经济。在“5·19”中国旅游日、端午节假期推出景区免票或打折政策，联合相关部门印发《赤峰市促进旅游消费工作方案》，19个收费景区推出优惠政策，鼓励赤峰人游赤峰。

【节会参展推介】 2022年12月28日至2023年2月28日，赤峰市联合锡林郭勒盟、通辽市举办“赤峰—锡林郭勒—通辽冰雪嘉年华”活动，活动地点包括克什克腾旗达里湖景区、经棚镇、热水，翁牛特旗玉龙沙湖景区，喀喇沁旗美林谷景区等。9月1日，由内蒙古自治区文化和旅游厅、北京市文化和旅游局联合主办的“京”久不息·筑“蒙”文旅——京蒙携手创未来京蒙文旅产业协作推介活动在北京市国家会议中心举办，赤峰市人民政府副市长孟晓冰带队参加推介活动并代表赤峰市做文旅产业推介。8月26—27日，克什克腾旗文化旅游体育局组织旅游企业、旅行社及乌兰牧骑40人参加沈阳市举办的2022东北亚文化旅游创意博览会，在博览会上举办克什克腾旗旅游推介会3场。

【旅游宣传推广】 2022年，赤峰市制定《文旅宣传及品牌打造方案》，拍摄《魅力赤峰》《辉煌足迹》等5部宣传片，推出《欢乐赤峰行》旅游专栏节目。开通官方抖音号、头条号，搭建“云游赤峰直播间”，组织“相约夏日 好爽赤峰”抖音挑战赛、“寻古八千年 览胜九万里”网红达人体验等活动，特邀孙义勇、吕学东、乌兰托嘎、斯琴朝格图等著名作词作曲家到赤峰采风，向外界宣传推广赤峰。

【旅游联盟建设】 参见《区域发展·融入京津冀协同发展》

【旅游产品开发】 2022年，赤峰市在六大旅游王牌产品基础上，挖掘境内优质旅游产品，将冰雪与文化、民俗、体育运动等融合，重点培树冰雪旅游节庆品牌。克什克腾旗建设中国草原1号风景道——克什克腾草原风景道，培育具有国际影响力的文化旅游节庆、赛事活动；翁牛特旗发掘玉龙故乡、距离京津冀最近的沙漠资源优势，开发玉龙寻根等华夏古文明图腾文化旅游产品，开发大漠旅游资源，发展体验沙漠极限、生存训练、攀岩抱石等国际、国内运动体验项目；整合巴林左旗、巴林右旗、阿鲁科尔沁旗、宁城县辽文化旅游资源，打造契丹辽文化的场景展示、生活体验、穿越对话项目，实施旅游IP建设工程。

【旅游商品开发】 2022年4月，内蒙古草原汇香食品科技有限公司、内蒙古巧牧商贸有限责任公司通过“内蒙古礼物”品牌授权实体店认证。内蒙古草原汇香食品科技有限公司生产的草原野生韭花酱、酱牛肉，内蒙古鑫洋手工制品有限公司生产的扫帚苗系列产品（葫芦、痒痒挠、双头锤、杯刷、锅刷），内蒙古明阳农业科贸有限公司生产的三生荞十二生肖玩偶、三生荞苦荞茶、三生荞石碾小米、三生荞元气粮组合、三生荞五谷杂粮礼盒，克什克腾旗呼德艾勒农牧业农民专业合作社生产的捶打麻油通过“内蒙古礼物”品牌认证。

▶▶ 链接

内蒙古礼物

“内蒙古礼物”是内蒙古自治区文化和旅游厅创建的内蒙古旅游商品专属品牌，以“品牌提升、授权使用”的运作模式，持续向市场推出能体现内蒙古历史文化内涵、地域特点的商品，对完善内蒙古特色旅游商品体系、树立内蒙古旅游目的地良好形象具有重要意义。2021年，完成45家企业的145个系列192件商品的评审认证和品牌标识授权。2022年，除商品认证评审外，增设“内蒙古礼物”实体店认证。通过授权使用的企业将按照《“内蒙古礼物”品牌管理办法》获得“内蒙古礼物”品牌标识授权，与内蒙古自治区旅游协会签订授权许可合同，严格按照相关要求使用“内蒙古礼物”标识。

【2022 赤峰市乡村旅游文化节】 2022 年 8 月 6 日，赤峰市乡村旅游文化节在克什克腾旗关东车村开幕。对 2022 年获得“内蒙古礼物”，自治区、市级乡村旅游重点村，四星、三星级乡村（牧区）旅游接待户 33 家单位进行颁奖授牌。与会人员现场观摩网红直播带货、西红柿分装流水线等“线下展销 + 线上直播”销售模式，实地考察青山景区、桦木沟国家森林公园，观看大型实景马术剧《英雄的铁蹄马》。主会场活动包括“沐沦夜语、克旗有约”夜经济，“听党话、感党恩、跟党走”宣讲，农民文艺汇演，乡村风光摄影展，山野菜采摘节，农村丰收节，非遗文创走进乡村旅游示范点等系列活动。各旗县区分会场同步开展 40 场乡村旅游文化系列活动。

【达里湖冬捕旅游季】 2022 年 12 月 28 日，达里湖冬捕旅游季活动在克什克腾旗达里湖景区开幕，200 名演员、1500 名方阵代表、1.5 万名游客参加开幕式。现场开展方阵表演、文艺演出、祭湖醒网仪式、服装服饰展演、非遗民俗展等活动。旅游季活动包括中央电视台《东西南北贺新春》分会场演艺、自治区首届冬季服装服饰艺术节、银冬驼文化节、“雪战到底”汽车嘉年华、达里湖冰上运动会、“冰雪童话”雪雕艺术节、“绿色内蒙古”全国首届生态文学论坛、达里湖冰钓节、赤峰市冬季招商引资项目签约大会等活动，活动持续至 2023 年 2 月末。活动总投资 1700 万元，吸引全国各地游客 2 万余人。

【“草原娃·爱家乡”小勇带你游赤峰系列直播活动】 2022 年 4 月 24 日，赤峰市推出“草原娃·爱家乡”小勇（赤峰旅游 IP）带你游赤峰系列直播活动，组织春季游、近郊游、自驾游、红色旅游、冬季旅游等推介专场，邀请嘉宾及旅游达人现场推介分享境内旅游资源。“缤纷四季·至美赤峰”主题“云端推介”推出 3 条近郊游精品线路，涵盖杨家湾田园综合体、马鞍山汽车营地、马鞍山红酒庄园、山戎部落以及美林谷亚太森林小镇、道须沟和紫蒙湖等精品近郊游景区。活动通过腾讯新闻、新浪微博、今日头条、草原云客户端及赤峰文旅抖音号、印城旅游视频号、快手号等 10 余家媒体平台面向全网联动直播。

【2022 年“中国旅游日”赤峰主题活动】 2022 年 5 月 19 日是第 12 个“中国旅游日”，内蒙古自治区在兴安盟阿尔山市设主会场，各盟市设分会场，集中开展“中国旅游日”宣传活动。赤峰市以“感悟中华文化 享受美好旅程”为主题，在翁牛特旗玉龙沙湖旅游区启动为期 1 个月的“中国旅游日”宣传活动。启动仪式上，市政府领导与兴安盟阿尔山市主会场连线互动，并为社区志愿者、环卫工人、医务人员、公安干警、快递员等抗疫一线工作人员代表发放福袋。全市各旗县区推出幸福花开、欢腾草原、纵横沙漠、红色记忆、休闲度假等 30 余个主题活动，并出台门票减免、致敬英雄等 30 余项旅游惠民举措。全市乌兰牧骑在活动期间开展走基层公益惠民演出。喀喇沁旗、翁牛特旗开展“六进景区”活动、红色电影展、花海拉场戏、广场舞大赛、旗袍秀、诗词朗诵大会、民乐表演、马拉松比赛、非遗和赤诚峰味特色展等文化非遗惠民活动和体育赛事活动。

【“宁果飘香红动金秋·小勇带你畅游五化”红色旅游助力乡村振兴直播专场活动】 2022 年 11 月 6 日，“宁果飘香红动金秋·小勇带您畅游五化”直播专场互动节目在小勇云直播间开启。宁城县五化镇村党支部书记坐客直播间现场推介红色旅游精品线路，红色讲解员介绍五化镇感人红色故事，城市 IP 小勇为宁城宁果做代言，通过“红色旅游 + 小勇代言 + 网红产品直播”的形式，助推乡村苹果销售。（杨　婧）

2022 年 12 月 28 日，达里湖冬捕旅游季活动开幕式在达里湖景区举行

（赤峰日报社　供图）

旅游管理与服务

【导游管理】 2022 年，赤峰市有注册导游员 1832 人。市文旅局根据《文化和旅游部市场管理司关于组织实施 2022 年全国导游资格考试的通知》要求，开展赤峰地区导游资格考试工作，122 人参加考试。8 月 22 日，印发《文化和旅游产业高质量发展优惠政策》，针对导游给出专项奖励政策，最高奖励金额 1 万元。巴林右旗

举办全域旅游兼职讲解员培训班，19名学员通过结业考试。克什克腾旗文化市场综合行政执法局针对旅游市场进行专项整治，检查旅游大巴780辆、导游员810人，警告未佩戴导游身份识别卡的导游员12人，处罚导游员3人，罚款2500元。

【旅行社管理】 2022年，赤峰市有注册旅行社92家。市文旅局针对旅游市场诚信业务开展情况进行专项整治，松山区查处的“赤峰萌萌户外旅行社有限公司未与旅游者签订旅游合同案”，被自治区评为打击养老诈骗指导性案例。赤峰市众信旅行社、赤峰市环游旅行社有限公司、赤峰市光大旅行社有限责任公司社被自治区文化和旅游厅评为自治区AAAAA级旅行社，赤峰领航国际旅行社有限责任公司被评为AAAA旅行社。

【旅游酒店管理】 2022年，赤峰市有星级宾馆24家，其中四星级5家（赤峰宾馆、九天国际酒店、福兴东方精品酒店、巴林宾馆、塞外神汤度假酒店）。巴林右旗创建旅游星级酒店3家（四星级酒店1家，二星级酒店2家）。喀喇沁旗山戎酒店项目计划投资1.5亿元，年内完成投资2000万元，酒店主体建设完工。

表35 2022年赤峰市星级宾馆一览表

星级	饭店名称	客房数	床位数	地址
四星	赤峰宾馆	286	398	红山区昭乌达路11号
	九天国际酒店	335	517	松山区宝山路与兴安街交叉口
	福兴东方精品酒店	270	467	松山区兴安街58号
	巴林宾馆	172	304	巴林右旗大板镇索博力嘎街西段
	塞外神汤度假酒店	72	136	敖汉旗四家子镇热水汤村
三星	新泰和宾馆	195	345	红山区昭乌达路26号
	金尊宾馆	119	212	红山区昭乌达路31号
	环保宾馆	72	130	克什克腾旗热水镇圣泉路118号
	热水商务会议中心	66	112	克什克腾旗热水开发区
	平庄宾馆	105	176	元宝山区平庄镇
	锦山宾馆	105	196	喀喇沁旗锦山镇锦山大街西段148号
	福临大酒店	138	239	林西县林西镇兴林路75号
	天和假日酒店	107	205	克什克腾旗乌兰布统苏木孤山嘎查
	京华宾馆	150	255	红山区钢铁街西段路南123号
	朱家酒店	36	67	巴林左旗林东镇西城区契丹B区10幢
二星	集通宾馆	94	169	克什克腾旗热水塘街道圣泉路106号
	京西宾馆	35	58	巴林左旗林东镇契丹大街西侧
	乌丹宾馆	69	125	翁牛特旗乌丹镇乌丹路南段路西
	振兴楼饭店	28	64	林西县林西镇东街金源路北段
	卧龙宾馆	60	100	克什克腾旗乌兰布统苏木孤山嘎查
	新城宾馆	58	116	克什克腾旗经棚镇应昌路北段
	汇通宾馆	51	100	克什克腾旗经棚镇解放路中段
	弘坤宾馆	47	94	红山区钢铁街中段
	友谊商务宾馆	55	96	巴林右旗大板镇查干木伦街西段

（市文旅局）

2022年7月23日，赤峰市和旗县区两级文化市场综合执法局开展旅游市场专项整治行动，严厉查处旅游行业违法违规行为，规范经营秩序。图为文化市场综合行政执法局在乌兰布统景区开展驻场式执法工作　（市文化市场执法局　供图）

【旅游市场监管】　2022年，赤峰市开展旅游市场专项整治行动，摸排利用组织旅游活动开展养老诈骗违法行为相关线索，打击行业乱象，规范经营秩序。全年共出动执法人员4万余人次，检查经营场所1.5万余家次，办结各类行政执法案件209件，人均办案超2件，实现2019年文旅融合以来办结旅游案件新突破。向自治区推荐6起案件参与国家和自治区重大典型案件评选。

【旅游安全管理】　2022年，赤峰市开展旅游行业安全生产“三年整治”行动，落实市、县（旗区）两级文旅部门安全生产监管责任，对文旅经营单位和公共文化旅游场所、文博单位以及重大文旅活动安全生产工作的监督指导1000余次。开展旅游市场无证经营和不合理低价游专项整治，查处无证经营、强买强卖、价格欺诈、违约失信、“黑车黑导”等违法违规行为13起。

【文明旅游】　2022年，赤峰市印发“文明旅游示范单位”评定方案，开展首批赤峰市文明旅游示范单位评选。鼓励符合条件的A级旅游景区、旅游饭店、旅行社参创，组织专家对申报单位制度建设、卫生环境、服务质量、宣传引导和实践活动五方面进行指导评定，提升文化旅游行业服务水平。克什克腾旗文化旅游产业发展有限责任公司（阿斯哈图石林景区）和赤峰市亲和力旅行社有限公司被评为自治区级文明旅游示范单位。

【智慧旅游】　2022年5月19日，“畅游赤峰”智慧程序（微信小程序）上线发布仪式在翁牛特旗玉龙沙湖旅游区举行。“畅游赤峰”智慧程序将赤峰景区、酒店、交通、美食、民俗、人文等内容整合，通过全新的形式展现，前端以“全域旅游＋智慧出行＋超值优惠”、后端以“大数据中心＋公共服务＋智慧营销”构建全域智慧旅游综合平台，解决游客行前、行中、行后各环节痛点，推动赤峰“吃、住、行、游、购、娱”旅游全产业链发展。自小程序及旗舰馆上线后，同程旅游平台旗舰馆曝光量890万次，点击量175万余次，累计注册会员3.1万余人。平台整体销售赤峰文旅产品（含酒店住宿、机票、火车票、景点门票、国内跟团产品等）43万人次，交易金额近1亿元。

【旅游基础设施建设】　2022年，赤峰市旅游公路、自驾营地、旅游厕所等公共基础设施建设全面铺开，旅游基础配套更加完善。截至年末，旅游基础设施建设共完成旅游公路10条、旅游步道风景道4条；开通旅游专线2条；建设完成宁城赤峰南部区域性旅游集散服务中心、马鞍山国家森林公园接待中心、马鞍山红酒庄园接待中心、古山村旅游接待中心、玉龙川综合体旅游接待中心、翁牛特旗游客集散中心等10处游客中心项目；建设完成自驾车营地项目1处，旅游驿站、观景平台项目23个，停车场项目17个，旅游厕所10座，旅游标识系统120处。

【旅游年卡】　2022年12月31日，赤峰文旅“一卡通”正式发售。“一卡通”为实名制电子卡，面向赤峰户籍和外地户籍赤峰常住人口发售，涵盖召庙、阿敦塔拉、翁根毛都沙漠旅游度假村、巴林石展览馆、阿斯哈图石林景区、达里湖景区、桦木沟国家森林公园、白音敖包国家级自然保护区、大光顶子旅游景区、山戎部落景区、紫蒙湖景区、道须沟景区、皇家漫甸景区、玉龙沙湖旅游区14家主要收费景区，持卡用户可在同一景区全年免费使用10次，总价值8960元，票款按照年度和比例返还给加盟景区。　（杨　婧）

房地产业

责任编辑　孙美丰

房地产业

房地产开发经营

【土地供应】 2022年，赤峰市中心城区出让土地17宗，面积963.11公顷，土地价款23.68亿元。其中，出让住宅用地10宗，面积953.84公顷，金额21.24亿元；商务金融用地5宗，面积7.17公顷，金额1.7亿元；旅馆用地1宗，面积2631.22平方米，金额2385万元；科研用地1宗，面积1.84公顷，金额5015万元。

【房地产开发与销售】 2022年，赤峰市房地产市场主要指标处于下行趋势，市场进入下行调整期。截至年末，全市房地产开发累计完成投资121.24亿元，比上年下降25.77%；批准预（销）售商品房2.59万套，面积192.19万平方米，比上年下降62.49%；共销售商品房3.01万套，销售面积330.13万平方米，比上年下降30.01%；全市商品房待售套数23.07万套、面积1344.77万平方米，比上年下降31.51%，环比下降1.27%；全市商品住宅待售套数5.67万套、面积662.05万平方米，比上年下降29.17%，环比下降2.26%。全市存量房交易累计成交2.56万套，成交面积246.07万平方米，比上年下降21.82%。

【“绽放金秋 安居惠民”房交会】 2022年8月18—24日，赤峰市举办商品住宅交易会。房交会以“绽放金秋 安居惠民”为主题，市县两级财政提供专项资金8000万元用于中心城区购房补贴，其中购买新建商品住宅面积不足100平方米补贴1.5万元，100平方米至150平方米补贴2万元，超过150平方米补贴2.5万元。首套新建商品住宅享受银行贷款基础利率再下调0.2%的优惠。活动期间，全市共网签商品住宅3891套，成交面积47万平方米，成交金额33.1亿元。其中，市中心城区网签商品住宅2944套，成交面积35.1万平方米，成交金额26.85亿元。

（张金龙　孙美丰）

2022年6月，赤峰市红山区小新地片区盛世·国风府项目交房

（鲸起影像工作室　供图）

房地产中介和租赁服务

【概况】 2022年，赤峰市有房地产中介机构392家，从业人员1543人。推行房地产中介公示制度，重点建设房地产中介信用信息联合公示平台，建立健全房地产经纪从业人员信息库。开展房地产中介及租赁人员专业培训，组织线下讲座3次，参加培训800余人。

【房地产中介管理】 2022年，赤峰市以自查自纠和整治检查相结合的方式，净化房地产经纪机构市场环境。对备案的392家房地产经纪机构及交易活动各环节所涉及的15项内容进行检查，累计检查653家次，检查内容547项次，未发现违法违规经营行为。

【公租房管理】 2022年，赤峰市扩大公租房保障覆盖面，根据《公共租赁住房管理办法》《赤峰市人民政府关于印发〈赤峰市公共租赁住房管理办法〉的通知》等文件规定，全市列入国家计划的政府投资公租房2.25万套，分配率超90%；12个旗县区完成公租房信息数据整理核验，敖汉旗、林西县公租房信息管理平台上线运行。

【租赁住房补贴】 2022年3月31日，赤峰市出台《加快发展保障性租赁住房的意见》。全市建设保障性租赁住房项目1个210套。发放城镇住房租赁补贴2520户498.3万元，住房租赁补贴户数完成率100.96%。其中，巴林右旗458户、红山区428户、林西县400户、克什克腾旗294户、敖汉旗237户、元宝山区223户、阿鲁科尔沁旗185户、宁城县155户、巴林左旗73户、松山区40户、喀喇沁旗27户。 （张金龙 孙美丰）

房地产市场监管

【概况】 2022年，赤峰市围绕“稳地价、稳房价、稳预期”目标，出台落实金融、交易、财税、土地等相关房地产政策29条，加大对房地产业的政策支持力度。成立经济运行工作专班，统筹规划房地产项目周边配套建设进度。针对问题房地产项目，制定“一楼一对策、一楼一方案、一楼一专班”工作方案，以实现“保交楼、保民生、保稳定”目标。加强商品住房和车库车位价格监管，指导房地产开发企业合理定价。

【在售项目监管】 2022年，赤峰市加强在建在售项目监管，对城镇住宅项目进行摸底排查，每月跟踪调度、统计汇总，分A、B、C三档动态管理。将21个逾期难交付项目列为“保交楼”项目，涉及房屋1.19万套。成立防范化解房地产市场风险工作领导小组，为“保交楼”项目制定“一楼一策”方案。申请国家“保交楼”专项借款，获批专项借款11.76亿元，到位资金2亿元。恒大珺庭一期、敖汉旗金亿龙庭、林西县华庭小区利用专项借款复工复产。

【房地产市场调控】 2022年，赤峰市以“稳地价、稳房价、稳预期”为目标，规定中心城区新建商品住宅销售均价涨幅不得超过5%。减轻企业负担，放宽预售许可条件。鼓励个人购买存量商住公寓，用于居住的公寓房水、电收费执行商品住宅居民生活价格标准，允许办理落户手续。对符合使用住房公积金的购房人，首套住房公积金贷款最高额度为80万元、第2套最高额度为70万元。6月7日，制发《关于进一步优化营商环境激发市场主体活力满足群众住房合理需求的若干意见》17条，其中调控类6条、支持类10条、宣传类1条。12月16日，制发《关于进一步促进中心城区房地产健康发展的意见》12条，其中要求类2条，包括公共配套设施建设、设计规范；支持类10条，包括住房公积金支持、多孩家庭政策支持、金融支持、绿色建筑、停车位配比、延长交付期限、灵活使用监管资金、前期规划、提高配套商业规模、拿地即开工。

【房地产智慧监管】 2022年，赤峰市对全市房地产历史业务数据进行梳理整合，建成交易登记中间数据库，通过中间数据库实时获取不动产登记信息，完成买卖合同网签备案，实现全市12个旗县区“四备案两监管”全覆盖。上线运行赤峰市房地产市场监管平台和“项目手册”业务系统，并在全自治区范围内首先投入电子签章、人脸识别技术的应用，落实网签即备案，实现网签备案“不见面办”、网签备案和预告登记“线上一次办”，逐步实现部分业务“无纸化”。完成全市交易登记业务数据实时共享，实现房屋交易与登记全业务流程的实时交互，保证房屋交易安全。统计赤峰市智慧房产检测系统数据，监测房地产市场运行情况，将房地产市场开发、投资、销售等情况进行统计汇总，形成房地产市场运行简报，为政府和部门决策提供科学依据。

【既有房屋安全管理】 2022年，赤峰市按照属地管理的原则，督促各旗县区结合“两违”（违法占地、违法建设）清查和自建房排查专项整治行动，开展全市城市危险房屋安全排查整治行动，截至年末，经专业机构鉴定，全市共有Cu级（根据《危险房屋鉴定标准》中房屋基础及楼层危险性鉴定，Cu级为局部危险）以上城市危险房屋182栋，其中Cu级4栋、C级（部分承重结构承载力不能满足正常使用要求，局部出现险情，构成局部危房）147栋、Dsu级（承重结构承载力不能满足正常使用要求，房屋整体出现险情，构成整幢危房）1栋、D级（承重结构承载力不能满足正常使用要求，房屋整体出现险情，构成整幢危房）30栋（全部为自建平房）。

【房地产问题化解】 2022年，赤峰市对全市房地产项目全面梳理，摸排出问题项目全部纳入整改台账，出台《关于中心城区房地产领域无法办理不动产权证书信访问题的处理意见》，历史遗留问题得到妥善解决。全市接到信访部门反映房地产领域问题项目280个，督促各地区、各部门分类施策、以点带面，265个项目问题得以化解，解决率94.6%。针对“12337”智能化举报平台推送信息，指派专人对接、排查、处理。针对不动产权证办证慢、办证难的问题，在依法依规原则下，实施“特事特办”“专事专办”等方法，激发市场主体活力。 （张金龙 李俊鹏）

物业管理

【概况】 2022年，赤峰市加强物业行业技能培训，承办第5届赤峰市物业管理服务技能比赛，引导和激励物业从业人员提高劳动技能和综合素质，推动行业高质量发展。建立全市统一的物业管理服务监督平台，实行服务企业红、黑榜单管理；推动改造完成的419个老旧小区实现物业管理全覆盖。

【制度建设】 2022年6月19日，赤峰市物业行业党委第一次全体委员会议召开，审议《赤峰市物业行业党委工作实施方案（草案）》《赤峰市物业行业党委工作职责（草案）》和各项工作制度，物业行业党委成员单位签署《赤峰市物业行业党委共建协议书》。推行物业“争星晋级”，由市物业行业党委牵头制定“星级物业”评定标准，通过物业企业自评、主管部门考评、街道社区选评、居民群众测评，评选一批星级物业企业，挂出星级标牌，示范带动物业服务质量整体提升。

【房屋专项维修资金管理】 2022年1月6日，赤峰市印发《住宅专项维修资金交存管理办法》，明确首期维修资金交存标准。2013年12月31日前开工建设的住宅项目，商品住宅多层每平方米存缴25元，高层、别墅住宅每平方米存缴30元，非住宅项目上浮20%。2014年1月1日后开工建设的住宅项目，未配备电梯的住宅每平方米存缴50元，配备电梯的住宅每平方米存缴70元，住宅小区内经营性用房 每平方米存缴70元，住宅小区内非住宅项目（经营性用房除外）每平方米存缴40元。

【物业监管】 2022年，赤峰市搭建物业管理服务监督平台，419个老旧小区实现物业管理全覆盖。全市物业行业坚持部门监管与行业自律“双管齐下”，建设“阳光监督平台”，组建市县两级物业党组织，细化明确基本任务清单11项。建立服务质量动态评价体系，按季度由主管部门、街道社区、业委会、居民代表四方主体评价物业服务质量，亮出物业企业“红黑榜”名单，在监管平台和市级主流媒体公开发布，推动物业服务质量提升。

【“红色物业”创建】 2022年，赤峰市开展“红色物业”创建活动，推动成立赤峰市物业行业党委、赤峰物业管理协会党支部，建设完成全市首家物业党群服务中心，成立党组织的物业企业达41家，创建“红色物业”示范项目17个，建立全市统一的物业管理服务监督平台。4月28日，召开“红色物业”工作推进会，各地重视“红色物业”书记项目，物业服务企业负责人亲自部署，发挥党组织战斗堡垒作用，全面提高物业行业品质，解决民生问题。

【“撤墙并院”行动】 2022年，赤峰市针对老旧小区规模较小、围墙封堵、挤占空间、管理混乱等问题，召集26个行政职能部门和13个镇街及部分物业企业，研究开展“撤墙并院”行动。在老旧小区整合改造的基础上，合并的院落统一设计规划，改造提升硬件设施，为小区居民提供更大活动空间，合并的小区统一由一家物业公司进行管理，降低管理成本，减轻居民负担。全市有21个独栋楼通过“撤墙并院”合并为6个物业管理区域引入物业服务，成立居民自管会6个，统一划定机动车停车位240个、非机动车停车区20个。

【第5届物业管理服务技能大赛】 2022年8月23日，赤峰市举办第5届物业管理服务技能大赛。大赛由市总工会、市住房和城乡建设局主办，市住房保障服务中心、市物业管理协会承办，赛程2天，设物业管理员、公共区域保洁员、电工、秩序维护员4个组别10个赛项。来自全市15家物业服务企业选手参赛，37人获奖。

（孙美丰　张金龙）

2022年6月20日，赤峰市红山区站前街道红色物业联盟成立大会召开，向“金牌物业”授牌　　（赤峰日报社　供图）

交通・水利

责任编辑　王江南

交通·水利

铁 路

【概况】 赤峰车务段隶属中国铁路沈阳局集团有限公司，营业里程627.31千米，管辖普速铁路京通铁路线河洛营站至奈曼站、普速铁路叶赤铁路线马林站至石脑站、高速铁路喀赤客专赤峰站至宁城站共计52个车站（其中二等站3个、三等站7个、四等站42个），担负着内蒙古自治区赤峰市和通辽市奈曼旗、辽宁省建平县、河北省围场县和隆化县等区域的铁路客货运输任务。赤峰车务段管辖的车站中，位于赤峰市境内的有34个（其中二等站3个、三等站5个、四等站26个），营业里程444.48千米（其中高铁94.48千米）。2022年，全段总计运送旅客111.3万人，运送货物1368万吨，到达货物1010.5万吨。

【运输安全管理】 2022年，赤峰市动态完善机制办法，规范安全管理制度，修订完善制度办法39个，建立高铁和客车安全风险问题库，全年检查发现问题135个，制定应对控制措施156条。加强高铁客车风险研判，对22个常态风险实行“一站一图一板”分级管控，下发安全风险管控通知书21份，制定防控措施84条，防控安全风险21类。开展安全专项整治和安全大检查，排查整治问题隐患37个，发现和整治安全问题3486个，制定防控措施131条，防范和化解各类“黑天鹅”“灰犀牛”事件。加强与地方政府的沟通协调力度，排查隐患421个，整治销号421件，推进安全外部环境治理；加强设备投入，为安全生产指挥中心接入TDCS（列车调度指挥系统）终端，开通赤峰南站调车机STP（监控系统车载设备）功能，更新单兵4G设备72台、平面调车灯显设备5套、调车中继器4个，协助企业安装专用线视频监控，为非封闭车站安装路外安全喇叭。

【生产经营】 2022年，赤峰市抢占团体客流，抓住客流高峰期，及时提报动车加开、重联，全年加开高铁临客38列，高铁重联814列，旅客发送量111.3万人。以货补客作为运输经营的大格局，克服平煤集团减产影响，重新组建营销队伍，建立营销区域包保制度，开展货运营销工作，召开大型货主座谈会4次，组织走访企业150余家，实现“公转铁”项目5个，组织开行中欧班列8列，挖掘潜在货源，创建四合永站铁粉回归、元宝山站伊品增量等营销增收途径，稳定基本货源，实现货运增量创效。全年货运发送量完成1367万吨，货运到达量1010.5万吨。一次作业时间完成21.8小时，较年度计划压缩1.3小时；中转时间3.3小时，较年度计划压缩0.4小时。实现成本节支57万元，其他收益创效36万元，完成节支降耗经营目标。 （张 锋）

公 路

【概况】 赤峰市公路总里程2.86万千米，公路密度每百平方千米31.76千米。按行政等级划分，国家高速2条（G45大广高速、G16丹锡高速）636千米，普通国道6条（G111、G233、G303、G305、G306、G508）共1614千米，省道9条（S105、S206、S210、S219、S220、S304、S504、S505、S513）共2109千米，县道55条共5279千米，乡道5968千米，村道1.29万千米，专用公路74千米；按技术等级划分，高速公路636千米，一级公路954千米，二级公路2695千米，三级公路3052千米，四级公路2.12万千米，等外公路47千米。中心城区“一环五射”，整体成网、区域成环的“六横八纵”公路网主骨架基本建成，打通进京达海、连接周边省市和资源富集区的快捷通道，实现与东北、华北高速公路网的顺畅对接。2022年，自治区交通厅下达赤峰市本级国省干线公路重点项目年度投资任务22亿元，赤峰市全年实际完成投资26.7亿元，达到年度目标的121%；其他项目年度投资任务8亿元，全年实际完成9.2亿元，达到年度目标的115%，其中包含国省干线公路危桥改造及安全生命防护工程项目完成投资0.5亿元，农村公路及其他项目完成投资8.7亿元。

2022 年 9 月 7 日，经乌高速公路西拉木伦特大桥施工现场　（徐长宇　摄）

【重点公路项目建设】　2022 年，赤峰市有重点公路建设项目 11 个。省道 304 线大兴至海拉苏段二级公路、省道 505 线十家至大坝沟段二级公路、丹锡高速公路梧桐花互通工程等 3 个项目主体建设完工；推进经棚至乌兰布统高速公路、省道 220 线罕达罕至乌兰布统段二级公路等 4 个项目建设；开工建设省道 504 线五十家子至林西段二级公路项目；S28 乌丹至天山高速公路等其他 3 个项目具备开工条件。完成省道 513 线赤峰机场路平交道口改造并通车。

【农村公路项目建设】　2022 年，赤峰市推进“四好农村路”（建好、管好、护好、运营好农村公路）建设，敖汉旗、元宝山区被交通运输部等四部委评为“四好农村路”全国示范县。配合市人大常委会调研组、市政府完成党的十八大后的全市“四好农村路”建设情况调研任务。全年累计开工建设农村公路新建、改建项目 136 个共计 560 千米，完工 132 个共计 498 千米，累计完成投资 6.56 亿元。全市农村公路养护工程项目开工、完工 116 个共 745 千米，累计完成投资 1.51 亿元。

巴林左旗“四好农村路”　（刘佳德　摄）

【公路养护管理】　2022 年，赤峰市进实施国省干线公路、农村公路一体化养护，加强公路日常性养护和预防性养护，提升服务水平及监测预警能力。推进干线公路养护工程建设，完成普通国省干线公路养护工程项目 27 个，总里程 423.9 千米，总投资 3.96 亿元；完成危桥改造工程 5 座，总投资 1943 万元；完成安全提升工程 2 个，合计 142 千米，总投资 1546 万元。开展普通国省干线公路路况调查，完成油路灌缝 322 万余延米，处理路面坑槽、沉陷等病害 3.77 万余平方米。更换桥梁支座 40 个，委托第三方检测桥梁 45 座。定期开展应急演练，储备应急物资，加强应急队伍建设，提高公路应急抢通能力和效率，全年清除路面积雪 1290 万立方米，清理路面积沙 3.79 万立方米，抢修路基水毁 2.3 万立方米。推进风险普查各项工作，指导各旗县区完成普通国省干线公路 3757 千米路线、1267 座桥梁、3 处隧道、52 处高边坡属性信息及 50 处灾害风险点信息采集工作。完成绿化美化投资 713 万元，新植、补植各类树木乔木 26 万余株。加强机械设备日常管理，投资 546.5 万元购置公路养护设备。

【运输管理】　2022 年，赤峰市完成客运量 454.6 万人，旅客周转量 6.01 亿人千米，货运量 19435 万吨，货物周转量247.56亿吨千米。以“两客一危”（公路客运、旅游客运、危化品运输）车辆为重点，加大对道路运输行业重点监管领域抽查力度，联合市公安局交管、公共交通治安等部门开展全市道路客运市场“打非治违”系列专项整治行动，打击各类违法、违规经营行为。市县两级交通运输综合行政执法机构加大执法力度，加强道路运输市场监管。全年受理投诉2767件次，出动执法人员6.2万人次、执法车辆2.3万辆次，稽查道路运输业户814家，检查各类车辆8.8万辆次，立案查处各类违法违规经营案件1556件次，其中非法从事道路运输案件218件次，罚款总金额95万元。会同市场监管、公安、工信等部门共同约谈违规运营车辆数较多的网约车平台公司赤峰地区分公司主要负责人9次，下发责令网约车平台公司停止违规运营行为通知书2份，要求相关企业切实履行规定运营主体责任，执行各项管理规章制度，停止在平台为不合规车辆和人员提供注册、接派单服务，确保企业及所属车辆和人员守法合规运营。

【路政管理】 2022年，赤峰市推进《赤峰市货物运输车辆超限超载治理条例》立法工作，完善制度体系和运行机制。依托21处公路超限检测站（点）、11处非现场执法点位，开展路警联合治超工作，优化公路超限检测站（点）布局，推进科技治超和非现场执法建设。督导检查各旗县区落实辖区重点货运源头企业排查和公示工作，遏制超限超载违法行为。全市出动治超执法人员2.01万人次，交警6858人次，检测车辆25.7万台次，查处违法超限车辆994台次，卸载车辆632台次，卸载货物5.02万吨，超限率0.39%。抄告违法车辆信息632条。以开展“路政宣传月”等活动为契机，加大路政宣传和打击侵占路产路权违法行为力度，重点对公路控制区内的违法建筑及非法道口进行治理，联合养护部门开展公路巡查，排查整治安全隐患，维护路产路权。督促各旗县区结合属地实际，落实公路巡查制度，加强对重点路段、重要节点巡查，打击破坏路产、侵占路权行为，确保公路运输安全畅通。全年累计发案数197起，立案197起，查处率100%，出动宣传车407台次，路政巡查4085次，拆除非公路标志490个，制止非法建筑12起，清理乱堆乱放5728立方米，清理马路市场148处。

【收费公路监管】 2022年，赤峰市加强收费公路管理，严格执行国家和自治区制定的通行费惠民优惠政策，确保通行费应征不漏、应免不征。推动直属收费站管理服务提质升级，完成市局直属收费站车辆通道ETC设备加装工作。截至年末，全市地方管辖收费站收取通行费2.14亿元，其中市局直属收费站（新城子、宇宙地）收取通行费3656万元。放行绿色通道车辆12.6万辆次，免收绿色通道车辆通行费275万元。

【工程质量监督】 2022年，赤峰市对丹锡高速公路克什克腾至承德联络线克什克腾（经棚）至乌兰布统（蒙冀界）段高速公路等7个重点公路建设项目进行质量监督抽查，抽查工程实体879点，合格845点，合格率96.1%；抽查原材料135组，合格135组，合格率100%；发现质量问题363条，已全部整改完毕。抽查项目停工期用电取暖安全情况，复工前安全生产条件审核，复工后施工现场安全防护、特种设备、特种作业人员管理等情况，安全监督抽查过程中推进“坚守公路水运工程质量安全红线”专项行动、平安工地等专项工作，发现安全问题282个，全部整改完毕。完成对各旗县区境内公路工程项目的质量安全监督指导。

【安全生产监管】 2022年，赤峰市根据《赤峰市交通运输安全生产强化年行动实施方案》，开展安全生产专项检查与综合排查5次；开展“公交车辆燃气泄漏隐患排查”等安全生产专项整治行动，累计检查生产经营单位2255家，全面排查治理各类安全隐患2198项。组织开展各类应急演练23次，提升突发事件的应急处置能力。优化应急救援队伍，全系统有应急救援队伍25支，应急救援人员675名。（张敏志）

民用航空

【概况】 赤峰玉龙机场前身为1958年建立的中国民用航空赤峰站。2004年，经国务院、中央军委批准，同意改扩建赤峰机场，与空军赤峰机场实行军民合用。2006年8月25日开工建设，2007年10月20日竣工，同年12月15日通过民航华北地区管理局行业验收。2008年3月20日，赤峰西郊机场转场搬迁至赤峰玉龙机场，属军民合用机场。2016年12月，赤峰机场正式跃居百万机场（年旅客吞吐量达到100万人次）行列。2022年，赤峰玉龙机场旅客吞吐量、货邮吞吐量和运输起降架次分别为83.63万人次、852.4吨和9960架次，恢复至2019年的44.2%、36.1%和57.2%。

【客货运输】 2022年，赤峰玉龙机场运营航线22条，通航城市26个，运营航空公司13个，其中新引进西部航空、瑞丽航空、首都航空参与运营赤峰地区航空市场。赤峰机场开通至上海、广州直飞航线，新开通赤峰—包头—成都、赤峰—太原—重庆连接西南地区航线，开通赤峰—石家庄—海南航线，完善整体航线网络布局。升级呼（呼和浩特）赤（赤峰）快线运力，推动“干支联动”战略。夏航季呼赤快线最多每日13班，其中高峰期大机型7班，便捷两地旅客往来。开展“互联互通”航线开发工作，赤峰机场区内支线通航点5个，包括包头、海拉尔、乌兰浩特、锡林浩特、二连浩特等城市，赤峰—包头—成都航线将区外航点引入“互联互通”航线。

【玉龙机场T2航站楼投入使用】 2022年8月20日零时，赤峰玉龙机场T2航站楼正式启用。新建航站楼总建筑面积3.14万平方米，按照满足年旅客吞吐量278万人次规划设计，建筑高度28.15米，飞行区指标为4C级，新建9座登机廊桥，可满足波音737-800、空客320等机型的起降。配套建设空管、给排水、消防、助航灯光、供电、安保等工程。（宋佳伟）

水利

【概况】 2022年，赤峰市围绕推进重大水利项目建设、提升城乡供水能力和水平、提高防汛抗旱能力，水利事业改革发展取得新突破。4月21日，审议通过《水利局技术审查服务指导工作流程》《政务服务工作规则及工作流程》。11月1日，制定印发《“十四五”水安全保障规划》。完成35个国家重点水质站及西辽河流域“量水而行”以水定需项目9个断面的水质监测工作。完成三座店水库上游水文站踏勘选址，保障三座店水库的控制运用、大坝和下游安全。落实中小河流建设项目设备维修维护，水文站水位、流量上线16处。推进西辽河“量水而行”“四水四定”（以水定城、以水定地、以水定人、以水定产）工作，保障民生需求，年内实施水量调度6次、3.09亿立方米。

【重大水利项目建设】 2022年，赤峰市重点开展7项重大水利项目建设，分别为辽西北供水内蒙古支线项目、东台子水库、琥珀沟水利枢纽、中小河流治理工程、大石门东台子水库中心城区引供水工程、农村牧区饮水安全工程、西辽河流域地下水超采项目。辽西北供水内蒙古支线项目完成年度投资4.16亿元，5月可研报告获国家发展和改革委批复；12月，工程初步设计获水利部批准。琥珀沟水利枢纽完成年度投资3000万元。9处中小河流治理工程全部建设完工。年内完成水利工程建设投资10.13亿元。（贾玉红）

【民生水利工程】 2022年，赤峰市按照《内蒙古自治区西辽河流域水量调度管理办法（试行）》和市政府有关要求，稳定中心城区地下水水位，修复中心城区地下水生态，实施水量调度工程。全年实施水量调度6次3.09亿立方米，向中心城区河道实施生态补水3次3300万立方米。推进工程水利向民生水利转变，截至年末，建有水库69座、总库容近40亿立方米，水闸155座，建设治理河道达标堤防551.38千米。建设城乡供水工程11.61万处，城市自来水厂46处、农村集中供水工程4247处，为全市生态建设、水源涵养及防洪、灌溉、发电和水域养殖提供支撑。完善自来水管网建设，送水到户，投入240万元用于建设人畜饮水和防氟改水工程，解决220个村组、8万人的饮水问题。（李俊鹏）

【防汛测报】 2022年，赤峰市搭建水文综合管理平台，将中小河流雨量站、雷达水位计、融雪雨量计、自动识别水尺、测站视频监控系统集中于统一平台，提高查询、测报自动化程度。组织汛前联合检查组，对全市大中型水库、塘坝、险工险段及各旗县区备汛情况进行检查。5月，编制完成《赤峰水文水资源分中心水文应急演练方案》，围绕西辽河“量水而行”水文设施设备提升重点项目，在巴林桥断面到新建东台子水库断面举行设备比测及水质污染检测应急演练。修订基本水文站测洪方案、超标洪水测报预案、防洪预案和水文站安全事故应急预案，对应急抢险物资进行补充更新。调整监测站网，延伸县级平台到乡镇，对建设标准低、达到使用年限、老化破损、水毁丢失等设备进行更新修复，达到“一站双发”建设标准。组织技术人员带领第三方维护人员对191处雨量站进行维护，雨量站上线率95%以上。

【水文情报服务】 2022年，赤峰水文水资源分中心向内蒙古水文水资

赤峰市完成三座店水库上游水文站踏勘选址，保障三座店水库的控制运用、大坝和下游安全 （赤峰日报社 供图）

源中心、赤峰市水利局、红山水库等部门发送雨水情信息 2.07 万份，其中河道水文站报文 1.24 万份、报汛雨量站报文 4335 份、水库日报 3463 份、土壤墒情报 482 份、暴雨加报 25 份、冰雹报 4 份。编制报送雨水情旬报 12 期、月报 4 期、雨水情周 21 期、雨水情日报 217 期、雨情快报 31 期、水情快报 17 期、发布洪水预报 2 期。完成西辽河水量调度专项工作，发送西辽河水量调度专题日报 210 期、专题周报 18 期。（孙卫东）

【水库建设】 2022 年，赤峰市有水库 69 座，比上年少 13 座，设计总库容 38.6 亿立方米，比上年少 0.1 亿立方米。其中大型水库 4 座（红山水库、三座店水库、打虎石水库、大石门水库），中型水库 17 座，小型水库 48 座。分布在 11 个旗县区，分别为阿鲁科尔沁旗 6 座、巴林左旗 3 座、巴林右旗 13 座、林西县 4 座、克什克腾旗 10 座、翁牛特旗 10 座、松山区 2 座、元宝山区 2 座、喀喇沁旗 2 座、宁城县 7 座、敖汉旗 10 座。

【水利机构改革】 2022 年，《赤峰市水利规划设计研究院转企改制方案》通过赤峰市人民政府批复。4 月，经内蒙古自治区党委组织部批准，赤峰市水旱灾害防御技术中心、赤峰市水资源保护和水利工程质量监测中心为参照公务员管理正科级事业单位，并完成事业单位改革机构建立及领导班子配备工作。水利事业发展中心为副处级单位。（贾玉红　王江南）

表 36　赤峰市大中型水库基本情况一览表

水库名称	工程类型	总库容（万立方米）	防洪标准（一遇）	抗震标准（度）	竣工时间（年）	所在地
红山水库	大型	256000	1000 年	8.00	1965	翁牛特旗乌敦套海镇
大石门水库	大型	18500	100 年	6.00	2010	克什克腾旗浩来呼热苏木
打虎石水库	大型	11530	100 年	8.50	1981	宁城县黑里河镇
三座店水库	大型	30520	500 年	6.00	2011	松山区初头镇
白音花水库	中型	2285	100 年	—	1962	阿鲁科尔沁旗巴彦花镇
哈日朝鲁水库	中型	3928	50 年	—	1979	阿鲁科尔沁旗扎嘎斯台镇
沙那水库	中型	6766	100 年	—	1975	巴林左旗富河镇
德日苏宝冷水库	中型	9882	100 年	—	2010	巴林右旗大板镇
草原水库	中型	1219	20 年	—	1976	巴林右旗幸福之路苏木
达林台水库	中型	1770	20 年	—	1981	巴林右旗西拉沐沦苏木
益和诺尔水库	中型	3880	20 年	—	1979	巴林右旗西拉沐沦苏木
响水水库	中型	1605	50 年	—	1981	克石克腾旗浩来呼热苏木
五道石门水库	中型	1470	30 年	—	1969	克石克腾旗白音查干苏木
龙口水库	中型	1130	50 年	—	1974	克什克腾旗红山子乡
上湾子 1 级水库	中型	4140	50 年	—	1996	克什克腾旗红山子乡
二道河子水库	中型	8567	50 年	—	1972	松山区老府镇
山湾子水库	中型	9171	100 年	—	1976	敖汉旗牛古吐乡
青山水库	中型	3050	50 年	—	1973	敖汉旗木头营子乡
乌兰勿苏水库	中型	2683	30 年	—	1959	敖汉旗木头营子乡
高家店水库	中型	1140	50 年	—	1976	敖汉旗兴隆洼镇
乌兰昭水库	中型	1035	50 年	—	1966	敖汉旗萨力巴乡

（市水利局）

邮政 快递·通信

责任编辑 王江南

邮政 快递

【概况】 2022年，赤峰市邮政快递行业推进“两进一出”工程（“两进”指快递进村、快递进厂，“一出”指“快递出海”）。全市邮政行业寄递业务量完成8035.47万件，比上年下降5.15%；邮政行业业务收入11.31亿元，比上年下降0.19%；快递服务企业业务量完成3675.35万件，比上年下降7.54%；快递业务收入6.32亿元，比上年下降5.54%。

【邮政普遍业务】 2022年，赤峰市有邮政网点297处，其中邮政普遍服务营业场所264处，苏木乡镇局所覆盖率100%。建制村直接通邮率100%。邮路总数363条，全长3.02万千米。全市函件业务完成23.79万件，比上年下降35.12%；包裹业务完成0.88万件，比上年下降59.63%；报纸业务完成3654.67万份，比上年增长0.35%；杂志业务完成165.8万份，比上年增长1.94%；汇兑业务完成0.18万笔，比上年下降33.33%。

【快递业务】 2022年，赤峰市有EMS、顺丰、申通、圆通、中通、百世汇通、韵达、极兔等快递品牌，快递分支机构145个，末端服务网点744个，快递下乡覆盖率100%，快递进村率95%。快递企业业务量（出港量）完成3675.35万件，比上年下降7.54%；投递业务量（进港量）完成1.84亿件，比上年下降2.46%；快递业务收入完成6.32亿元，比上年下降5.54%。同城业务量完成621.02万件，比上年增长9.3%；异地业务量完成3053.83万件，比上年下降10.35%；国际及港澳台业务量完成0.5万件，比上年增长6.25%。同城、异地、国际及港澳台快递业务量分别占全部快递业务量的16.9%、83.09%和0.01%；业务收入分别占全部快递的8.8%、51.47%和0.2%。与上年同期相比，同城快递业务量的比重上升2.61个百分点，异地快递业务量的比重下降2.61个百分点。

【寄递安全整治】 2022年，赤峰市督导企业落实安全生产主体责任。制定《邮政快递企业安全生产危险源管控主体责任七张清单》，印发《寄递安全管理“三项制度”专项整治行动方案》《赤峰市寄递渠道网格化安全监管机制实施方案》《关于切实加强重大安全风险防范化解工作的通知》。依法开展邮政快递安全生产执法检查、涉毒涉枪涉爆隐患集中整治等专项执法检查和日常“双随机”检查，检查企业223家次，立案处罚企业12家。开展“三项制度”专项整治，与市市场监管局建立协作机制，组织召开部门座谈会，联合开展打击

表37 2022年赤峰市市级快递企业一览表

序号	名称	运行模式	赤峰地区总部所在地
1	圆通	全网运行	赤峰市蒙东峰创电商网仓快递物流基地B2库
2	中通	全网运行	赤峰市红山区金融物流港二期J2区2号库-3号库
3	顺丰	全网运行	赤峰市红山区一道街清河园小区1号楼
4	申通	全网运行	赤峰市红山区快递产业园B区B4北仓库
5	韵达	全网运行	赤峰市红山区快递产业园B区B4南侧
6	EMS	全网运行	赤峰市红山区哈达街四段
7	京东	全网运行	赤峰市红山区蒙东峰创电商网仓快递物流基地项目B区二楼东南侧
8	德邦	全网运行	赤峰市红山区物流园区金融物流港A4
9	倾诚商务	全网运行	赤峰市新城巴林北街22号赤峰市工业职业技术学院院内
10	近邻宝	全省运行	赤峰市新城王府大街2号内蒙古交通职业技术学院院内
11	极兔	全网运行	赤峰市红山区蒙东峰创电商网仓快递物流基地A区A25-108

（市邮政管理局）

末端网点违规收费和寄递渠道打击侵权假冒等专项工作；与市公安局、市国安局等多部门组织开展联合执法检查，联合检查寄递企业9家次；联合公安部门开展邮政快递领域个人信息安全治理专项行动。修订完善赤峰市邮政业突发事件应急预案，组织开展寄递渠道综合应急演练。建立风险警示、评估、管控制度，健全风险防控机制，完善行业监管“两个清单”。严查严控“多合一”场所火灾隐患，重点纠治处理场所疏散通道堵塞等不符合标准行为，督促企业定期维护保养和规范使用消防器材设施。全市21家法人企业全部完成安全生产评估备案工作。联合市消防支队开展联合培训和消防应急演练，发放消防宣传册120余份，印发消防警示教育片光盘1500张。

【快递市场监管】 2022年，赤峰市严格市场准入，及时受理申诉举报；严格执行快递许可、备案制度；依法取缔未经许可经营快递业务的企业，规范末端网点依法办理备案手续。完成分支机构设立及注册地址变更实地核查78家，末端网点备案审查252家。处理“12345”政务服务热线转办申诉1928件，办结率100%；受理群众举报18件，满意率100%。加强信息化监管实际应用，以“绿盾”工程为基本平台，推进视频和安检机“两联”项目的应用，通过“绿盾”工程各信息系统开展线上线下巡查检查工作，提升安全监管科技化、信息化水平。开展苏木乡镇邮政服务专项检查。对138个邮政普遍服务网点开展线上、线下监督检查。在自治区内率先完成委代办局所转自办任务，推动全市剩余的73个邮政普遍服务委代办局所全部转为自办。巩固县级城市党报当日见报率。全市七旗三区实现党报党刊当日见报，见报率83.33%。

【快递进村工程实施】 2022年，赤峰市通过印发方案、开展座谈会等形式加大宣传贯彻力度，为快递进村合作企业双方搭建沟通平台，促成合作。加强事中、事后监管，规范快递末端合法、有序、平稳运营。全市通快递的建制村数量1951个，设立村级服务站点2037个，村级寄递物流综合服务站1990个，建制村快递服务覆盖率95%。

【绿色邮政建设】 2022年，赤峰市按序时进度完成“9917”工程目标任务。加强行业绿色发展培训和宣传力度，年度开展专项培训2次，地方媒体宣传2次。开展塑料污染专项治理，建立“快递塑料包装治理工作任务清单”。推进邮件快件包装操作规范备案工作，强化生态环保执法检查，利用线上巡查、实地检查、电话调查等方式，围绕寄递企业塑料包装治理、过度包装和随意包装治理、电商件二次包装治理等情况开展行业旺季检查、随机抽查、专项检查。开展生态环保执法检查96次，出检192人次。

2022年6月5日，市邮政管理局在市政府广场开展“加强快递包装治理 倡导使用绿色包装”主题宣传活动 （市邮政管理局 供图）

【邮政快递助力乡村振兴】 2022年，赤峰市搭建“县—乡—村”三级农村电子商务综合服务体系，打通工业品下乡、农产品进城双向通道。全市邮政快递合作覆盖12个旗县区1867个建制村，覆盖率90.9%。邮政快递合作收寄85.34万件，实现业务收入91.03万元。培育快递企业服务现代农业“一地一品”项目1个，邮政企业“一市一品”农产品进城精品项目4个，带动农业总产值1.5亿元。

【邮政行业人才培养】 2022年，赤峰市邮政管理局组织开展高校毕业生网络招聘活动。对接市工会，组织举办市级行业职业技能竞赛初赛，共71人参赛，其中12人获奖。开展行业安全线上培训，累计400人取得线上培训资格证。深化校企融合，创新快递行业人才培养模式。开展“顺丰订单班”，内蒙古顺丰速运有限公司在内蒙古交通职业技术学院成立企业人才培养基地。

【快递从业人员权益保障】 2022年，赤峰市邮政管理局联合团市委开展“暖蜂行动”慰问，为一线的快递从业人员送去价值6000元慰问品。成立赤峰市邮政快递业联合工会，与市总工会加强联系，为一线从业人员发放价值14.86万元的慰问品和慰问金，组织52名行业女职工参加免费健康体检。开展“快递从业青年服务月”活动，为快递员提供各类公益咨询。加强行业评优选先。联合市总工会和团市委组织第2届“草原最美快

递员”评选活动，为9名个人和3个集体授奖。（范志娟）

通 信

【概况】 2022年，中国电信赤峰分公司、中国移动赤峰分公司、中国联通赤峰市分公司、中国铁塔赤峰分公司共有社会网点8000余个。中国电信赤峰分公司建设5G基站1662个，中国移动赤峰分公司建设5G基站2000余个，中国联通赤峰市分公司建设5G基站1633个，中国铁塔赤峰市分公司建设5G基站1797个。中国联通赤峰市分公司针对农村设计研发“数字乡村”服务管理平台，完成嘎查村数字乡村平台建设2152个；中国电信赤峰分公司聚焦乡镇治安管理、群防群治、智慧党建等多元化应用场景，助力基层政府综合治理数字化。中国联通赤峰市分公司与中国电信赤峰分公司实行4G网络全面共建共享战略，双方网络互补，提高4G网络覆盖率。（王江南）

【中国电信赤峰分公司】 2022年，中国电信股份有限公司赤峰分公司自有服务网点35个，社会服务网点1000余个。建设5G基站1662个，覆盖机场、高铁、核心商业圈等热点区域。FDD-LTE（4G）基站数量3400个，实现4G网络无缝隙覆盖。城区上传速率超15兆比特每秒，下载速率近670兆比特每秒。宽带基础网全市覆盖率93.2%，覆盖用户84.1万户，总出口带宽1400千兆。全年部署千兆宽带设备97台，千兆业务覆盖小区1560个。政企高质量专线承载网络覆盖市区及各旗县区大部分城乡地区，网络可靠性99.99%。投入建设运营天翼云“一城一云”机房，具备云存储及云业务承载能力。依托云网融合能力优势，以智能门禁、物管平台等应用服务于社区智能管理，围绕乡村治理等应用，推动数字乡村建设，建设智慧社区93个。建设“数字乡村”平台，聚焦乡镇治安管理、群防群治、智慧党建等多元化应用场景，助力基层政府综合治理数字化。为村民提供千兆宽带入户，通过天翼看家服务实现家庭安全监控。年内建设数字乡村示范村172个。（陈 鑫）

【中国移动赤峰分公司】 2022年，中国移动赤峰分公司有自营渠道21处，社会合作渠道4300余处。微信营业厅、手机营业厅用户超50万户，建成5G基站2000余个。开展家宽建设，家宽业务覆盖小区4500余个，覆盖家庭120余万户。建成16个电信普遍服务站点，解决13个行政村网络覆盖问题。加强偏远区域基站建设，解决克什克腾旗黄岗梁林场等22个基站建设。承建赤峰地区首个5G智慧矿山应用项目，获第五届“绽放杯”5G智能采矿赛道二等奖。承接赤峰市核酸检测软件系统平台建设，保障1.3亿人次核酸采样、检测工作。开展总经理接待日、流程穿越、社会质量监督员、服务面对面等内外部活动。开通助老助残服务热线，为老年人、残疾人等特殊群体提供预约上门服务，上门服务11次，客户满意率100%。在全市22个自营厅设立“暖心驿站”，配备休息座椅、饮水机、手机充电处等便民设施。投入通信保障人员1185人次，车辆574次，下沉社区一线志愿者334名。对50处自有营业用房房屋减免租赁费77.37万元，对657家集团客户、1.65万个人客户的互联网专线、企业宽带资费优惠10%。开展电信网络诈骗源头治理工作，完成疫情隔离点保障服务、防汛联勤联动演习等重大通信保障29次。（范海霞 徐 莹）

2022年，中国移动赤峰分公司投入通信保障人员1185人次，车辆574次，下沉社区一线志愿者334名。图为直播服务保障现场

（中国移动赤峰分公司 供图）

【中国联通赤峰市分公司】 2022年，中国联通赤峰市分公司下设旗县区分公司13个，乡镇支局107个，社会服务网点3200余个。3G/4G网络行政村覆盖率为98.2%。与中国电信实行4G网络全面共建共享战略，4G网络人口覆盖率为99.1%，下行传输速率为150兆，热点区域速率300兆。精简2G网络，淘汰老旧设备1072套，实现网络低碳运营。投资1.42亿元，建设5G基站在网数1633个。赤峰学院、内蒙古交通职业技术学院、高铁站、机场航站楼、万达广场等区域实现5G数字化室分全覆盖。互联网出口带宽为1280G。宽带网络实现城区、乡镇全覆盖，旗县城区以上宽带千兆网络全覆盖，行政村通宽带率94%。乡镇宽带速率为500兆，

2022 年，中国联通赤峰市分公司完成党的二十大、冬奥会等通信服务和网络安全保障任务。图为党的二十大网络保障现场　　（中国联通赤峰市分公司　供图）

农村宽带速率 500 兆以上。中心城区建设数据中心，设有机柜 400 架，旗县分公司均具备承接数据中心业务能力。打造联通云“云计算国家队、数字化转型算力引擎”品牌形象，为数字经济、数字政府、数字社会建设发展提供“连接＋感知＋计算＋智能”的算网一体化服务。服务客户 908 个，提供云服务器 140 台，应用产品 1810 个。在公共事业（水气热）、公共服务设施、行业交通运输、智慧农业等领域为客户提供包含连接服务在内的一体化应用服务，累计连接 11.4 万个。完成党的二十大、冬奥会、赤峰两会通信服务和网络安全保障任务。建设宁城县域新型智慧城市，包括 3 个基础数据中台，大数据和运营指挥 2 个中心，智慧党建、智慧城管、智慧旅游等 5 个应用。针对农村设计研发“数字乡村”服务管理平台，建成嘎查村数字乡村平台 2152 个。　（李兆鸿）

【中国铁塔赤峰市分公司】 2022 年，中国铁塔股份有限公司赤峰市分公司完成 5G 基站建设 1797 个，楼宇类室分建设 20.5 万平方米，高铁覆盖总里程 108.8 千米。围绕平台、数据、算法、应用、运营五方面建立产品优势，打造森林智保、耕地智保、秸秆禁烧、蓝天智保、水库智保、渔政智保、乡村智保等 7 款铁塔视联行业应用产品，服务林业、水利、地震、导航等多个行业。176 座“通信塔”变为“数字塔”，建成敖汉旗智慧林草、克什克腾旗智慧林草等高位监控项目。建设 106 个监控点，森林安全防护监控覆盖面积 8321 平方千米；利用 40 个点位为 240 千米水域提供安全保护。部署 48 个换电网点，为外卖骑手、快递员提供超过 50 万次换电服务；部署充电端口 260 个，为近千万居民提供电单车充电服务。部署铁塔备电点位 266 个，为通信、金融等行业提供备电服务。　（阮晓凯）

【5G 通信基站选址】 2022 年，赤峰市住房城乡建设局会同市综合执法局等有关部门，组成联合选址踏勘小组，对拟选 16 处通信基站进行踏勘研究。选址工作依托原有通信基站进行升级改建，并结合用户分布、5G 项目场景应用等情况规划新建 5G 基站。截至年末，新建 5G 基站规划选址 46 座。　（张金龙）

城市建设

责任编辑　孙美丰

城市建设

城市规划

【概况】 2022年，赤峰市审查中心城区170.7万平方米的建设工程设计方案。研究制定《中心城市控制性详细规划管理工作规则（试行）》，对中心城市控制性详细规划的组织编制、报批程序等做出规定。12月14日，《赤峰市国土空间总体规划（2021—2035）》通过市人大常委会审议。

【城市规划设计】 2022年，赤峰市编制完成《红山区三道街北药厂片区控制性详细规划》《赤峰西山生态景观示范区规划及城市设计》《桥北组团哈达和硕片区控制性详细规划》并交付使用。八家西控制性详细规划、红山区旧城控规和腾飞大道沿线城市设计进行规划对接、现场踏勘、研究讨论，对方案进行优化调整。召开市规划委员会议3次，研究报批审查规划事项39个，核发建设用地规划条件书36件，为土地供应提供规划条件全要素保障。自治区国土空间规划院在小新地、文钟片区开展控制性详细规划编制的试点工作，投入编制经费150万元，针对城市更新、城市设计等方面开展规划编制，出台在自治区可复制、可推广的模式样板和配套政策。

【城市空间格局打造】 2022年，赤峰市编制“三级三类”（三级，市级、旗县级、乡镇级；三类，总体规划、专项规划、详细规划）规划，构建“五山五水（五山，北倚红山，南临南山、麒麟山，西靠西山、蜘蛛山；五水，锡泊河、半支箭河、阴河、昭苏河、英金河），沿河发展；一核三片、组团联动；六轴六廊、多点串联”的中心城区空间格局。

【“一张图”信息系统建设】 2022年，赤峰市完善“一张图”信息系统建设，推进各类规划编制成果入库。在详细规划编制、调整过程中，要求住房、教育、医疗、文化、卫生等公共服务设施和公用设施规划尊重现状、实事求是，保障项目顺利实施，维护规划的严肃性和权威性。

【中心城市控制性规划管理】 2022年，赤峰市制定《中心城市控制性详细规划管理工作规则（试行）》，对市中心城市控制性详细规划的组织编制、主要内容、咨询论证、报批程序、修改（修编）等方面依法做出规定。中心城区内的24个区域控制性详细规划编制完成，其中松山区10个、红山区13个、喀喇沁旗1个，中心城区控规覆盖率90%。

（闫　鸽　孙美丰）

城市基础设施建设

【概况】 2022年，赤峰市计划实施市政公用项目173个，计划完成投资73亿元，年内开工项目121个，完成投资38.94亿元。规范学校、医院、商超和农贸市场等重点区域停车秩序，提高城市精细化、智慧化管理水平。新建换热站31座，道路桥梁建设项目56个，提升城市运行保障能力。

【市政道路建设】 2022年，赤峰市市政道路长度1807.12千米，其中建成区1798.05千米；道路面积5105.45万平方米，其中建成区5072.19万平方米，人均城市道路面积26.36平方米，建成区道路面积率18.87%。全市开工新建、改建、扩建道路桥梁建设项目56个，投资金额22.28亿元，其中中心城区开工建设29项，总投资19.04亿元。

【城市公共交通】 2022年，赤峰市有公交车1224辆、出租车9303辆、网约车962辆，其中中心城区公交车621辆、出租车3231辆、网约车873辆。赤峰市公共交通有限责任公司营运收入2534万元，营运里程2849.6万千米，客流量4083万人次，其中免费乘车群体数量1574.7万人次。全年优化调整线路18条，新增加站点70个。4月29日，开通漫游式旅游公交线路2条，助力赤峰城市品牌形象提升。9月1日，开通第一条学生定制公交专线（黑沟门村—第十五中学），解决黑沟门村、三眼井村学生上学难问题。10月，20辆8.2米纯电动新能源公交车上线运营。

【园林绿化】 2022年，赤峰市开工建设园林绿化新建、续建、改建重点项目 38 个，累计完成投资 4.49 亿元，新建公园 10 个，其中中心城区开展重点园林绿化建设项目 29 个，完成投资 3.56 亿元；推进口袋公园建设，利用闲置地、边角地、废弃地等小微绿地见缝插绿，提升城区绿化覆盖率，完成口袋公园建设项目 5 个。全市人均公园绿地面积超过 18 平方米，建成区绿地率超过 36.5%，建成区绿地面积比上年增长 3%。

【供热】 2022 年，赤峰市城镇集中供热总面积 1.22 亿平方米。拥有供热企业 82 家，其中中心城区供热企业 8 家、旗县区中心镇区供热企业 19 家、乡镇供热企业 55 家；供热主管网 1316 千米、支线管网 4471 千米；有热力站 1285 座，热源总供热能力 1.47 亿平方米；中心城区和旗县区城关镇共有热用户 95.78 万户，其中非居民热用户 15.47 万户、居民热用户 80.31 万户。市中心城区集中供热热源以热电联产热源为主，集中供热面积 6173 万平方米；中心城区有热用户 45.68 万户，其中非居民热用户 6.33 万户、居民热用户 39.35 万户；建成供热主管网 517 千米，支线管网 2125 千米，换热站 630 座。推广大温差供热技术，中心城区新建换热站 31 座，全部按照大温差技术要求进行建设，涉及供热面积 230.2 万平方米；改造换热站 51 座。推进热网工程建设和改造，全年投资 1.08 亿元，新建供热管网 68.2 千米；投资 3200 万元，改造供热管网 32 千米。

【供水】 2022 年，赤峰市有自来水厂 27 座，设计供水能力每日 55 万立方米，实际公共供水综合生产能力每日 58.7 万立方米，供水总量 1.22 亿立方米。中心城市（包括元宝山区）公共供水综合生产能力每日 34.15 万立方米，供水总量 0.79 亿立方米。全年对公共供水厂水质检测 7713 项次，出厂水水质月检平均合格率超过 99%。

【供气】 2022 年，赤峰市有燃气企业 45 家，其中管道燃气企业 13 家、瓶装液化气企业 32 家；加气站 31 个；12 个旗县区除巴林右旗外，其他均有燃气管道，合计 1182.18 千米；燃气用户 76.63 万户，其中居民用户 75.54 万户、非居民用户 1.09 万户；燃气运输车辆 227 辆，燃气普及率 98.56%。在中心城区启动居民用户老旧胶管更换金属波纹管和加装自闭阀项目，总投资 4375 万元。

【供电】 2022 年，国网内蒙古东部电力有限公司赤峰供电公司担负着全市 272 万户各类客户的供电服务任务，供电面积 9 万余平方千米。全年投入资金 14.57 亿元，其中电网投资 13.84 亿元。售电量完成 160.13 亿千瓦时，比上年增长 10.93%。外送电量 228.90 亿千瓦时。综合线损率 3.77%，比上年下降 0.14 个百分点。营业收入 76.23 亿元，比上年增长 17.51%。内部模拟利润 1.89 亿元，比上年增利 0.65 亿元。有变电站（开关站）264 座，总容量 2033.06 万千伏安。其中，500 千伏变电站 3 座，变压器 21 台，容量 615 万千伏安；220 千伏变电站（开关站）29 座，变压器 48 台，容量 689 万千伏安；66 千伏变电站 232 座，变压器 415 台，容量 729.06 万千伏安。±800 千伏直流输电线路 1 条，长度 367.48 千米；500 千伏输电线路 7 条，线路长度 774.34 千米；220 千伏输电线路 100 条，线路长度 3884.30 千米；66 千伏输电线路 393 条，线路长度 6733.33 千米；35 千伏输电线路 1 条，长度 7.98 千米。宁城县 500 千伏输变电工程站址纳规及进站道路难题得以解决，天山——太本Ⅱ回 220 千伏线路等 19 项工程取得核准。

【排水及污水处理】 2022 年，赤峰市市政排水管网总长度 2112 千米。有城镇生活污水处理厂 12 座，日处理污水能力 54.6 万吨，出水水质全部执行一级 A 标准，实现稳定达标排放。12 个旗县区全部建成再生水回用设施，再生水生产能力每日 45.7 万吨。其中中心城区再生水生产能力每日 25 万吨，铺设再生水管网 278 千米，再生水回用率超过 25%。2016—2022 年，中心城区启动 2015 年以前建设的雨污合流管网改造工作，共实施雨污分流建设 283 千米，其中新建管网 118 千米、改造管网 165 千米。

【生活垃圾分类】 2022 年，赤峰市成立生活垃圾分类工作领导小组，印发《城镇生活垃圾分类行动方案

2022 年 8 月 11 日，赤峰市松山区翡翠明珠小区居民在分类投放垃圾

（赤峰日报社　供图）

（2022—2025）》《城镇生活垃圾分类工作考核方案》等制度性规范，从体制机制建设、分类技术、宣传引导、工作考核等方面对生活垃圾分类工作进行安排部署。截至年末，“三区一旗”实现公共机构生活垃圾分类全覆盖，居民小区生活垃圾分类覆盖率为90%。

（张全龙　徐红霞　张敏志　李昂泽）

城市更新

【概况】　2022年，赤峰市重点推进老旧小区改造，统筹推进完善小区基本功能、加强公共配套服务设施建设，推进城市整体更新步伐。全年改造城镇棚户区240套、老旧小区247.6万平方米。新华步行街提升改造工程完工，“三区一旗”居民小区生活垃圾分类覆盖率为90%。

【老旧小区改造】　2022年，赤峰市制发《城镇老旧小区改造工作实施方案（2022—2025）》，建立月通报制度，加强对旗县区城镇老旧小区改造工作的调度指导，确保改造工作顺利开展。全市城镇老旧小区改造247.6万平方米、257个小区、789栋住宅楼、3.21万户居民。

【棚户区改造】　2022年，赤峰市林西县完成城镇棚户区任务240套。巴林右旗高标准推进城区棚户区改造安置房建设，总投资5亿元建设棚户区改造回迁安置房建设项目，项目位于大板镇新旗医院南，规划总建筑面积13.91万平方米，共建24栋楼，其中住宅21栋、配套商业3栋，住宅容积率1.51、建筑密度16.04%、绿地率30%。　（张全龙　孙美丰）

城市管理

【概况】　2022年，赤峰市采取“网格化管理＋智能化设备”方式，提高城市精细化管理效能。完成25个公共停车场建设和3座立体停车楼选址工作。在中心城区公共区域开展不规范停车集中整治行动，对各单位、商户等在公共区域擅自安装、放置的各类停车围挡设施予以拆除。

【体制机制建设】　2022年，赤峰市编制《中心城区慢行系统专项规划》《中心城市环卫设施专项规划》《中心城市停车专项规划》，制定《城镇园林绿地养护管理标准》《基础地理空间数据库建设标准》《综合地下管线探测及数据库建设标准》，推进城市信息化建设、安全管理，提升城市精细化管理水平。

【市容环境提质】　2022年，赤峰市中心城区通过增加环卫保洁作业车辆和保洁频次、扩大洒水面积，确保主要街、路保洁时间不低于每日16小时、次要街路保洁时间不低于每日12小时。截至年末，中心城区道路清扫保洁面积2073.23万平方米。其中，机械化清扫面积1774.84万平方米，机械化清扫率为85.6%；喀喇沁旗道路清扫保洁面积97.85万平方米，其中机械化清扫面积75.9万平方米，机械化清扫率为77.6%。

【停车管理】　2022年，赤峰市制定停车泊位施划方案，完成4.3万个公共停车泊位的施划工作。错时共享停车资源，中心城市累计开放机关和企事业单位内部停车场77个，停车位3759个，盘活存量停车资源。推动中心城市商业设施、写字楼、体育场馆空闲时段向社会开放，在空闲时段对外开放86处，开放车位1.42万个。完成25个公共停车场建设（包括7670个停车位）和3座立体停车楼选址工作。依法查处私占公共空间行为，开展中心城市范围内公共区域停车集中整治行动，拆除各单位、商户等在公共区域擅自设置的各类停车围挡设施50处，拆除后统一施划停车泊位，在优化城市形象的同时提升停车荷载能力。

【智慧城管平台建设应用】　2022年，“玉龙出行”智能停车管理平台、微信小程序搭建完成并上线使用，累计接入全市276个停车场共1.9万个停车泊位数据，推动实现同城停车资源智能共享。受理城市管理事（部）件案件15.84万件，立案15.69万件，派遣13.9万件，结案13.33万件，结案率为85%。利用“网格化管理＋智能化设备”方式，提高城市精细化管理效能。“12319”城建服务热线和赤峰微城管小程序留言问题1762件，全部回复并办结。　（张全龙）

赤峰市智慧城管平台　（市住房城乡建设局　供图）

乡村振兴

责任编辑　孙美丰

乡村振兴

综　述

【乡村振兴试验示范】 2022年，赤峰市有乡村振兴绿色转型示范区12个、乡村振兴示范乡镇12个（国家级5个、自治区级2个、市级5个）和建设乡村振兴示范嘎查村115个（国家级49个、自治区级25个、市级41个），12个旗县区实现示范全覆盖。65个苏木乡镇、843个嘎查村规划实施项目4085个，涵盖产业发展、农田水利、生态治理以及基础设施建设等。全年计划投资652.6亿元，完成投资56.6亿元，实现以示范区为轴线带动创建乡村振兴示范县、示范乡镇、示范嘎查村建设，为全面推进乡村振兴事业奠定基础。

表38　2022年赤峰市乡村振兴示范乡镇一览表

序号	乡　镇	级别	所属旗县区
1	双胜镇	市级	阿鲁科尔沁旗
2	三山乡	市级	巴林左旗
3	巴彦琥硕镇	市级	巴林右旗
4	统部镇	自治区级	林西县
5	经棚镇	国家级	克什克腾旗
6	海拉苏镇	国家级	翁牛特旗
7	美林镇	国家级	喀喇沁旗
8	小城子镇	国家级	宁城县
9	萨力巴乡	国家级	敖汉旗
10	文钟镇	市级	红山区
11	初头朗镇	自治区级	松山区
12	元宝山镇	市级	元宝山区

（市乡村振兴局）

表39　2022年赤峰市乡村振兴领域资金来源统计表

单位：亿元

序号	项目资金来源	金额
1	上级衔接专项资金	18.29
2	京蒙协作资金	5.60
3	中央定点帮扶资金	1.65
4	市本级衔接专项资金	2.71
5	旗县区配套资金	4.52
6	扶贫资产收益	2.69
7	相关部门投入	41.86
8	金融小额贷款支持	1.94
合　计		79.26

（市乡村振兴局）

【绿色乡村建设】 2022年，赤峰市委、市政府紧抓乡村振兴绿色发展契机，在12个旗县区规划建设乡村振兴绿色转型示范区，试验探索乡村绿色发展路径。打造现代农牧业综合服务中心，形成现代畜牧业示范带和农文旅结合示范带。克什克腾旗以经棚镇为中心，坚持生态优先原则和绿色发展理念，以项目建设和招商引资为着力点，打造全旗现代农牧业综合服务中心，形成现代畜牧业示范带和农文旅结合示范带，重点打造经棚镇、宇宙地镇、万合永镇、达来诺日镇和浩来呼热苏木5个区域。

【资金项目管理】 2022年，赤峰市投入有效衔接领域资金79.26亿元。完成2012年后的扶贫项目资产确权登记、清产核资工作，确保不同类别扶贫项目资产继续发挥作用。全市累计投入各级各类扶贫资金219亿元，形成扶贫项目资产153.9亿元，其中经营类资产68.2亿元、公益类资产41.9亿元、到户类资产43.8亿元，所有扶贫项目资产确权完成。

【人才队伍建设】 2022年，赤峰市加强对4032名驻村干部、2075名乡编村用干部的使用管理，充实一线工作力量。开展“引凤还巢”行动，吸引2309名政治素质好、带富能力强的外出务工经商人员、本土大学毕业生等充实嘎查村“两委”班子。组织开展专家下基层行动，先后引进1万余名专家学者、专业技术人才、科技特派员到农村牧区开展下沉服务，解决实际问题8000余个，培训培育农牧民1.2万人次。（兰　馨）

脱贫攻坚成果巩固

【教育帮扶】 2022年，赤峰市建立健全农村家庭经济困难学生教育帮扶机制，落实教育资助政策，改善农村牧区义务教育学校基本办学条件，加强乡村教师队伍建设，为乡村提供优质教育。全年下达资助资金5.76亿元，完成教育投资2.09亿元，帮助学生65.7万人次，1823名困难学生无一人辍学，全市中小学入学率达到100%。

【卫生健康帮扶】 2022年，赤峰市监测乡村振兴重点人员1.47万户3.17万人，其中脱贫不稳定户8961人、边缘易致贫户1.21万人、突发严重困难户1.07万人，入户核实率100%。核实患者1.22万人，救治率为99.81%，基本实现应治尽治。家庭医生签约管理民政低保、特困人员30.44万人。高血压、糖尿病、严重精神障碍和肺结核患者管理人数6.16万人，随访率稳定在95%以上。10家卫生院针对22个嘎查村开展巡诊工作，6家卫生院对6个卫生室、1个医疗点开展派驻工作，2个卫生室帮扶邻村嘎查4个。12个旗县区医院全部达到二甲以上，132个苏木乡镇、2053个行政嘎查村实现基本医疗卫生服务全覆盖。全市脱贫人口、低保对象、特困人员、纳入监测范围人员参保人数68.85万人，重点人群参保率100%，重点人群家庭医生签约率100%，大病患者入院治疗率100%。

【兜底保障】 2022年，赤峰市完善社会救助政策，提高社会救助保障标准，将11.46万名脱贫人口纳入低保，发放保障资金4.43亿元；为4693名脱贫人口实施临时救助，发放资金718.56万元；为3.1万名脱贫残疾人发放生活补贴3410万元，为1.7万名脱贫重度残疾人发放护理补贴1870万元。

【易地搬迁】 2022年，赤峰市因地制宜地采取“易地搬迁+”方式，破解搬迁户故土难离问题，提升社区融入管理和社会公共服务。开展“春风行动”，组织农村牧区劳动力技能培训9077人次，组织线上、线下招聘会43场，实现有劳动力的搬迁户至少1人稳定就业，全额完成各项目标任务，实现搬迁群众“搬得出、稳得住、能致富”。敖汉旗新惠镇北城安置区入选全国“美丽搬迁安置区”。

【防返贫监测帮扶】 2022年，赤峰市落实“四个不摘”（不摘责任、不摘政策、不摘帮扶、不摘监管）要求，从严、从细、从实落实防返贫致贫动态监测与帮扶机制，优先保障脱贫群众和监测对象到人、到户增收项目的资金需求。7月18日，市乡村振兴局制定《赤峰市2022年度防返贫监测和帮扶工作方案》，优化动态监测方式，简化工作流程，缩短认定时间，畅通监测渠道，加强数据比对共享，精准确定监测对象，强化监测帮扶责任落实，推动防返贫监测和帮扶工作标准化，实现精准监测、精准帮扶，守住防止规模性返贫底线，为巩固脱贫攻坚成果、有序衔接乡村振兴奠定基础。全年全市无一人返贫致贫。

【协作帮扶】 2022年，赤峰市通过资金项目、搭建平台、集中培训、发布信息等方式，促进北京市、中央单位、社会力量帮助赤峰市农村牧区全面发展。通过对接互访签订协议718份，开创全面帮扶、全域合作、共同发展的新局面。累计投入京蒙协作资金5.6亿元，实施项目220个；中直单位到位资金1.19亿元，落实帮扶项目44个；68家民营企业投资1.6亿元参与“万企兴万村”结对帮扶行动，所有资金用于产业帮扶占比为80%。累计引导落地投产企业42家（新增20家），新增投资额27.5亿元，两地共建产业园区22个（新增4个），援建帮扶车间59个，企业、园区、帮扶车间吸纳农村劳动力就业6191人。

【稳岗就业】 2022年，赤峰市定期开展就业情况摸排，及时掌握农村牧区就业现状和就业需求，将符合条件人员全部纳入公共就业服务范围，提供帮扶措施推动农村牧区人员就业。依托乡村特色产业，促进更多脱贫劳动力和农村低收入人口“家门口”就业，形成产业帮扶与就业帮扶的联动。依托203个产业园区，每年带动脱贫人口务工就业1万余人。将公益性岗位作为稳定和扩大就业的重要举措，设立护林员、护草员、保洁员等乡村公益岗，优先安置无法外出、无业可扶、有意愿务工的脱贫劳动力和边缘易致贫人口，安置脱贫劳动力2万余人。出台有序扩大公益岗规模、稳岗劳务补贴、一次性资金奖补、吸纳就业奖补、减免租金5项政策，增加脱贫人口就业收入。全市脱贫人口务工人数5.5万人，稳岗就业规模稳定在5.5万人以上，发放稳岗补贴和交通补贴950万元，补助脱贫人口1.1万余人。（兰　馨）

乡村改革

【“三变”改革】 2022年，在借鉴先进地区经验基础上，结合实际探索独具赤峰特色的“三变”（资源变资产、资金变股金、农民变股东）改革新模式。赤峰市县两级均成立专项工作组或推进专班，邀请国内“三农”专家赴实地指导推进“三变”改革，38个试点嘎查村启动改革，其中农业代表村翁牛特旗毛山东乡房申沟村、牧业村代表巴林右旗巴彦塔拉苏木宝木图嘎查等取得成效。

【改革培训】 2022年11月21日，由市乡村振兴局主办，赤峰乡村振兴人才培训中心承办的乡村振兴示范苏木乡镇示范嘎查村创建工作培训班开班。活动邀请全国“三农”专家卢水生就“三变”改革和“三位一体”改革的概念、实施路径等进行专题培训。培训班为期9天，培训内容突出实战实用技能，重点围绕乡村发展、基层党建、为民办事服务等。12个旗县区示范嘎查村书记、驻村第一书记和驻村工作队员100余人参加培训。

【改革试点】 2022年，赤峰市林西县冬不冷村被确立为县级“三变”改革试点村，组建林西镇冬不冷村工作专班深入村组，全程跟进服务。制定《林西镇“三变”改革促乡村振兴试点工作实施方案》，召开试点工作推进会，以点带面推动改革工作向纵深发展。喀喇沁旗以西桥镇雷营子村为试点，探索以乡村旅游为着力点，以“三变”改革为主体，以“经营主体+村集体+农户+基地”经营模式为依托的全新产业发展模式。宁城县以乌苏台沟村为农村“三变”改革推进的试点窗口，整合盘活各类资源和资金，助力乡村实现全面振兴。

【改革宣传】 2022年，赤峰乡村振兴系统工作人员利用主题党日、书记讲党课，开展“三变”改革宣传动员，提高党员群众的知晓度、关注度和参与度。通过“两微一端”（微博、微信、手机客户端）、村级大喇叭、张贴标语、入户走访等方式，宣传“三变”改革的政策及优势，提高农民群众对“三变”的认识。通过发放明白卡、组织开展“三变”改革知识培训，各包村领导、驻村工作人员、村干部到牧户家中等方式开展“三变”改革宣传，回答群众提出的问题和困难，消除农牧民疑虑，吸引更多的农牧业经营主体社会资本参与“三变”改革。

【农村牧区土地承包经营管理】 2022年，赤峰市家庭承包经营耕地面积133.6万公顷，家庭承包经营农户数93.9万户，签订家庭承包合同87.9万份，颁发经营权证书79.4万份。土地经营权流转面积65.8万公顷，签订流转合同46万份。调处纠纷2468件，其中调解2342件、仲裁126件。

【农村牧区“三资”监管】 2022年，赤峰市组织苏木乡镇完善嘎查村级财务管理制度，对财务管理混乱的村进行集中清理整顿。加强乡镇农经部门对嘎查村级收支、债权债务、资产处置监督管理。执行村党支部提议、村“两委”会商议、党员大会审议、村民会议决议，决议公开、实施结果公开的民主决策程序，对嘎查村财务收支公开情况进行监督管理。

（兰　馨　孙美丰）

乡村产业

【概况】 2022年，赤峰市以农牧民增收为目标，聚焦重点产业，聚集资源要素，加强创新引领，乡村特色产业得以发展，农牧业产业融合更加深入。市级以上龙头企业279家，全市农畜产品加工转化率为72%。克什克腾旗国家现代农业产业园通过中期评估，阿鲁科尔沁旗、林西县自治区现代农牧业产业园获准创建。

【一二三产业融合发展】 2022年，赤峰市构建乡村产业体系，推行规模化发展、精细化加工、社会化服务，推动一二三产业融合发展。培育壮大农牧业龙头企业，实施龙头企业带动能力提升工程，全市有农牧业产业化重点龙头企业279家，其中国家级9家、自治区级105家、市级165家。拓展农畜产品初加工，提升农畜产品精深加工，全市农畜产品加工转化率72%。聚焦优势特色主导产业，打造主导产业突出、一二三产业深度融合、产镇产村融合发展的农业产业强镇。阿鲁科尔沁旗绍根镇获批创建2022年国家农业产业强镇。健全完善农产品仓储保鲜设施建设，推进农产品产地冷藏保鲜设施验收投运，2021年批建的102个冷藏保鲜库全部建成并投入使用，全市新增冷藏保鲜库容16万立方米。

【新型农牧业经营主体】 2022年，赤峰市开展市级示范社和示范家庭农牧场评定工作，64个农牧民专业合作社被评为市级示范社，101个家庭农牧场被评为市级示范家庭农牧场。全市共创建市级示范社728个，市级示范家庭农牧场715个。开展中央财政支持农牧民专业合作社和扶持家庭农牧场发展项目工作，确定117个农牧民专业合作社和79个家庭农牧场为实施单位，扶持资金分别为1635万元和750万元。开展新型农牧业经营主体典型案例征集工作，经旗县区推荐、市级审核，评选出元宝山区万宝富硒葡萄家庭农牧场等15个新型农牧业经营主体典型案例，通过市农牧局公众号进行宣传推介。12月15—16日，市农村牧区发展促进中心依托农业农村管理干部学院“崇农云讲堂”网络平台，举办新型农牧业经营主体带头人培训班，180余名新型农牧业经营主体带头人参加培训。

【农业生产社会化服务】 2022年，赤峰市有社会化服务组织2430个，年内社会化服务面积110.67万公顷，服务农户27万余户；年内承担中央财政农业生产社会化服务项目任务5.4万公顷，实际完成项目扶持面积6.53万公顷；在林西县、克什克腾旗开展社会化服务拓展延伸试点工作。为使社会化服务组织运行规范，将先进的机械设备、种植技术、经营理念导入农业生产中，解决小农牧户种田难题，农业生产各环节实现节本增效，拓宽农牧民增收路径。

2022年，巴林左旗为解决农牧民转移就业，大力发展笤帚苗产业，助力乡村振兴　（赤峰日报社　供图）

【产业增收】 2022年，赤峰市编制实施特色产业发展规划，完善联农带农机制，逐步提高脱贫人口家庭经营性收入比重。开展村级光伏扶贫电站运维管理和收益分配，全市共收入3559万元，拨付到村3642万元（含2021年结转）；嘎查村开展收益分配2778万元，收益分配率78%。

【产业帮扶】 2022年，赤峰市因地制宜打造牛羊、果蔬（菌）、杂粮、奶业、蒙医药等乡村特色产业，在产品精深加工、仓储冷链物流、品牌打造营销、数字科技赋能等领域延链补链强链，推进县域“三位一体”发展模式，带动乡村一、二、三产业融合发展，提升产业带动能力。全市乡村振兴项目库储备项目3968个，项目预算总投资119.29亿元，其中产业项目1590个、预算总投资77.21亿元。纳入年度实施计划项目620个，其中产业项目337个，专项衔接资金投入13.47亿元，投入产业占比为73.64%，辐射带动7.1万脱贫和监测户，户均增收2000元，全市乡村主导产业的产量、产值均实现增长。

【赤峰市乡村振兴高峰论坛】 2022年7月25日，赤峰市乡村振兴高峰论坛举办。论坛以赤子峰会暨夏季招商引资网签大会为契机，邀请国内“三农”和乡村振兴领域的知名专家、学者，共谋赤峰市农牧业、农村牧区现代化之路，共促赤峰市乡村振兴高质量发展。市乡村振兴局党组书记、局长郭泽民为中国农业大学赤峰乡村振兴教授工作站、赤峰市乡村建设促进中心、北京绿维文旅赤峰分院揭牌。市乡村振兴局同北京绿维文旅控股集团、北京师范大学中国扶贫研究院、苏州农立信息咨询服务有限公司、中国移动通信集团赤峰分公司签署乡村振兴战略框架合作协议。举行赤峰市乡村振兴研究院成立大会及聘任仪式。（兰　馨　姚宇多）

乡村建设

【概况】 2022年，赤峰市制定《农村牧区生活垃圾治理提升五年行动方案》，明确全市农村牧区生活垃圾治理工作目标。开展《喀喇沁旗王爷府镇历史文化名镇保护规划》编制工作。改造易返贫致贫户、低保户、分散供养特困人员等“六类人员”危房470户。开展工匠从业水平和施工技能培训，全年培训127人。

【村镇规划】 2022年，赤峰市开展132个苏木乡镇的国土空间总体规划编制工作，并完成所有苏木乡镇的国土空间总体规划方案编制。全市确定应编尽编村庄规划的行政村1634个，2021年完成规划编制的村庄1064个，继续推进剩余行政村的村庄规划编制，完成应编尽编村庄的“多规合一”实用性村庄规划编制工作。市自然资源局松山区分局注重与国土空间总体规划、产业发展规划、村镇建设规划等相衔接，松山区选定编制村庄规划的行政村169个，编制形成村庄规划初步方案。

【农村牧区住房排查与改造】 2022年，赤峰市全面排查农村牧区房屋安全隐患，完成73万余户农村牧区房屋的排查，其中用作经营自建房2.62万户、非自建房1.05万户。用作经营的农村自建房初判风险房屋56户，鉴定为C、D级房屋25户，全部完成整改。建立农房安全动态监测机制，确保日常建造房屋过程有监管，具体落实中有监督部门、有责任人员、有管理过程、有备查记录。利用农房安全隐患排查数据，及时排除安全隐患，并做好长期的监管机制。巩固农村牧区低收入群体等重点对象住房安全保障成果，对动态新增危房及时发现、及时评估、及时消除隐患。改造“六类人员”等重点对象危房470户。

【农村牧区饮水安全】 2022年，赤峰市落实饮水监测排查机制，申请维修养护补助资金4528万元，实施农村牧区供水工程400余项，受益农牧民3.94万人，自来水普及率77.4%，农村牧区供水水量、水质、用水方便程度和供水保证率均达标。

【农村牧区电网改造升级】 2022年，赤峰市8个旗县区总投资1.34亿元、线路长度517千米的10千伏及以下农村电网巩固提升工程完成，提高农村电网承载力及农村用电安全性，为发展分布（散）式（户用式）新能源提供支撑。

【农村牧区人居环境整治】 2022年，赤峰市出台《农村牧区人居环境整治提升五年行动实施方案（2021—2025）》《关于建立赤峰市农村牧区人居环境整治提升工作协调机制的通知》和《2022年农村牧区人居环境整治提升工作要点》，明确重点任务、责任部门和年度工作要点，建立工作协调机制。全市2049个行政村建成生活垃圾收运体系，占总数的99.17%；1141个行政村建成农村牧区生活垃圾收运处置体系，占总数的55.23%。完成编制建制镇生活污水处理设施建设规划，了解掌握建制镇污水处理现状，全年开工建设建制镇污水处理设施12个，全市有36个建制镇具备污水处理设施。完成1.01万户厕改造任务；依托现有城镇、乡镇生活污水集中处理设施分类开展污水治理，完成80个村污水治理任务，农村牧区生活污水治理率为17.5%；依托340个垃圾填埋场、16座垃圾焚烧设施、487个垃圾中转站、1126台垃圾运输车辆，建立覆盖1141个行政村的生活垃圾收运处置体系，占比55.2%。以“三清一改”（三清，清理农村垃圾、清理池塘垃圾、清理畜禽养殖；一改，改变影响农村群众生活环境的不良习惯）“清四乱”（清理整治乱占、乱采、乱堆、乱建）为主要内容，开展村庄清洁行动，清理农村生活垃圾146万吨，清理村内水塘433个、沟渠4030.8千米，清理畜禽养殖粪污等农业生产废弃物73.1万吨；发动农民群众投工投劳32.3万人次。

【历史文化名镇和传统村落保护】 2022年，赤峰市乡村振兴局组织开展第六批中国传统村落申报工作，松山区大夫营子乡大碾子村、大夫营子乡娘娘庙村、老府镇大乌良苏村、大庙镇小庙子村4个村落进入第六批中国传统村落名录，全市中国传统村落共11个。开展《喀喇沁旗王爷府镇历史文化名镇保护规划》编制工作。

【村容村貌建设】 2022年，赤峰市聚焦人居环境整治与特色田园乡村建设深入融合，探索“村边森林化、村内园林化、道路林荫化、庭院花果化”的生态田园建设模式，推进环境净化、村庄绿化、庭院美化工作，打造各具特色的乡村庭院风景线，全面提升乡村面貌。赤峰市元宝山区全年投资178万元，实施美丽河前村、四家村、湛家窝铺村、风水沟村、小五家村、大营子村、大金沟村、前进村、新景村、塔卜勿苏村10个村庄绿化美化示范村和小五家乡森林乡建设，完成村庄绿化美化23公顷，栽植抚育紫叶稠李、暴马丁香、紫叶李、云杉等各类苗木2.7万株，栽植植被1万平方米。

移民新村——赤峰市元宝山区马架子村 （赤峰日报社 供图）

【乡村建设工匠培训】 2022年，赤峰市开展工匠从业水平和施工技能培训，重点培训建筑识图、施工技术和质量安全、农房加固改造、房屋安全鉴定、劳动保护和政策法规等内容，保障农村牧区住房建设质量安全，全年培训127人。

（闫鸽 兰馨 贾玉红 陈子忠 赵晓杰）

乡村文化

【概况】 2022年，赤峰市将乡村文化贯穿于乡村振兴各领域、全过程，重点挖掘地区文化特色，加强乡村文化传承和保护。在改善基础设施的同时，开展婚丧嫁娶等领域的移风易俗行动，通过文明村镇、文明家庭、道德模范等评选活动，倡导文明新风。春节期间，推出系列文体惠民演出活动36场。乌兰牧骑开展文化惠民活动出890场（线上＋线下）。在克什克腾旗举办广场舞大赛，全市23支队伍700人参赛，吸引观众5000余人次。第12届红山秧歌会在红山文化广场举办，12支秧歌队伍表演旱船、跑驴、高跷等秧歌节目。

【移风易俗】 2022年，赤峰市推进移风易俗，倡导群众树立勤俭节约、绿色健康的生活方式，提升乡村社会文明程度。敖汉旗敖润苏莫苏木依托党群服务中心、新时代文明实践站所，针对好逸恶劳、奢侈浪费、诚信缺失、薄养厚葬等乡村不良习气，通过宣传栏、标语、条幅、村村通广播、新媒体平台等渠道，全方位教育群众，改善群众精神面貌。喀喇沁旗以开展志愿服务活动作为乡风文明建设的主要手段，建成新时代文明实践所1个、文明实践站13个，开展实践活动15场。

【文化基础设施建设】 2022年，赤峰市有苏木乡镇综合文化站126个，嘎查村综合文化服务中心2070个。划拨100万元经费鼓励旗县区开展红色文艺作品创作和建设乡村文化基础设施。阿鲁科尔沁旗投资550万元用于博物馆历史展厅陈列布展，投资750万元建设乌兰牧骑业务用房项目，投资1200万元用于乌兰牧骑剧场项目建设。克什克腾旗土城子镇太平村打造草原书屋、新时代文明实践活动室，加强乡村软硬件建设。松山区小庙子村建成“农家书屋”、棋牌室、主题文化广场，组建“妇女之家”、秧歌队、舞龙舞狮队和广场舞队，建成廉政文化长廊。

【文艺演出】 2022年，赤峰市弘扬乌兰牧骑的优良传统，组织“送欢乐、送文明”“百团千场下基层”等文化惠民活动线上、线下累计演出890场，将成熟的作品在基层进行展演，惠及群众5万余人次。阿鲁科尔沁旗举办“喜迎党的二十大·奋进新征程”农村牧区社区文艺展演活动10余场，在10个苏木乡镇（街道）表演红色经典剧目。春节期间，红山区文化馆开展“我们的中国梦·文化进万家”2022迎新春少儿文艺节目展播，惠及群众2000余人。（孙美丰）

乡村治理

【党建引领乡村治理体系创建行动】 2022年，赤峰市乡村振兴局开展党建引领乡村治理体系创建行动，按照《乡村振兴责任制实施办法》，落实党委政府主体责任、党政主要领导第一责任人责任、分管领导主抓责任，保持市委农村牧区工作领导小组和乡村振兴工作领导小组并行的运转机制。建立乡村建设工作协调机制、“三变”改革促乡村振兴试点工作专班等专项工作推进组织，确保发挥各方力量。实施“抓党建促乡村振兴”揭榜解题项目、“比武争星”系列活动，推行代办帮办服务、预约上门服务、智慧平台线上服务，打通服务群众的“最后一公里”。

【法治乡村建设】 2022年，赤峰市弘扬新时代“枫桥经验”，统筹整合公共法律服务资源辐射乡村，成立苏木乡镇（街道）综合行政执法局139个，建成公共法律服务中心13个、站室2462个，培养乡村法律明白人、法治带头人各1200余人；实施基层法治文化阵地（基地）建设三年提升工程，在乡村形成功能完备、便捷高效的公共法律服务网络体系。督促律师、公证、司法鉴定、法援、调解、基层法律服务、仲裁下沉基层包点包片，构建矛盾纠纷多元化解机制，调处成功率100%。

【村规民约评选活动】 2022年，赤峰市开展优秀村规民约和居民公约评选活动，评选出40件优秀村规民约、居民公约和履约故事；更新录入全国基层政权和社区治理信息系统数据，实施“晨通报，日跟进”措施；开展社区减负增效工作，林西县在全国交流会议作“推行工作准入制度，提升农村基层治理水平”典型发言。红山区于丽红、阿鲁科尔沁旗陈志红被评为“自治区最美社区工作者”，红山区王学军、元宝山区谢国新、阿鲁科尔沁旗韩惠敏被自治区评为“和睦友爱好邻居”。

【乡村治理示范嘎查村创建】 2022年，赤峰市农村牧区推广应用积分制、清单制，打造乡村治理示范嘎查村，推广文明超市、道德银行、积分嘉许等行经验做法，开展文明村镇、星级文明农户、文明家庭评选等精神文明创建活动，行政村建立“四会一约”（红白理事会、道德评议会、禁毒禁赌会、村民议事会，村规民约）制度，农村牧区不良风气得到遏制，移风易俗深入人心。红山区列入第二批全国婚俗改革实验区。

【数字乡村建设】 2022年，赤峰市加强数字化乡村建设，以数字化赋能乡村产业发展、乡村建设和乡村治理。敖汉旗玛尼罕乡双庙村，开发建设数字化乡村治理工作平台，在全村主干路安装云监控和天翼云播等设备，登陆数字管理平台实时了解各自然村、重要交通路口、主要街巷的情况。村民委员会通过平台发布信息，村民随时查阅所公开信息，及时掌握“三务公开”（党务、村务、财务公开）等事项，增加村“两委”工作的透明度，保障村民的知情权和监督权。

【王家地村“道德银行”建设】 2022年，赤峰市松山区王家地村推进“道德银行”建设，探索乡村治理新模式。“道德银行”参照银行运行模式，针对王家地村陈规陋习和不文明现象，制定遵纪守法、移风易俗、环境卫生、产业发展、敬老爱亲、热心公益6个方面40个小项日常积分行为，积分存入家庭道德银行账户，乡风文明积分超市根据积分数量兑换商品或社会化服务。王家地村按照“党建引领、支部牵头、党员示范、群众参与”原则，对文明行为进行量化管理、积分入账、兑换奖励，激发村民参与乡村治理的积极性和主动性，构建共建共治共享的乡村治理新格局。截至年末，“道德银行”累计兑换积分物品12万元，表彰“五好家庭”“美丽庭院”“致富带头人”“模范经纪人”“好儿媳”“好婆婆”“好儿子”等先进人物100人次。

（兰 馨 孙美丰 张金龙）

中国·赤峰
投资赤峰 共赢未来
2022年赤峰市招商引资京津冀推介会
主办单位：中共赤峰市委员会 赤峰市人民政府
中国·北京 2022年7月20日

区域发展

责任编辑 王 慧

融入京津冀协同发展

【概况】 2022年，赤峰市落实国家区域协同发展战略，与周边地区产业发展、科技创新、基础设施、人才交流培训等方面合作，建设内蒙古融入京津冀协同发展先行区。新引进及新增投资企业42家，到位资金27.5亿元。推进面向京津冀的出区通道建设，国道508线主体工程建设完成80%，赤峰至北京高铁每日开行增至22列。建设京津冀能源保障基地，内蒙古大唐国际克什克腾煤制天然气有限责任公司每天70万方煤制天然气液化项目开工，保障京津冀地区生活用气。建设京津冀绿色农畜产品供应基地，赤峰累计向北京输出价值约130亿元的绿色优质农畜产品，赤峰牛羊肉、赤峰杂粮、赤峰蔬菜等特色产品组团进入北京市场。

【赤峰市、承德市协同发展备忘录】 2022年6月1日，赤峰市、承德市围绕深化两地旅游合作和基础设施互联互通等方面签署《承德市人民政府赤峰市人民政府协同发展合作备忘录》，政府有关部门分别签署《文化和旅游协同发展合作协议》《构建协同发展的交通运输体系合作协议》《推动新能源高质量发展合作协议》《深化区域警务合作协议》《森林草原防灭火联防协议》。根据备忘录、协议，赤峰、承德两地在文旅产业上深化合作，探索共创旅游品牌、共辟精品线路、共享游客资源、共同推广宣传的可行办法；在基础设施上互联互通，谋划推进新建高速铁路、打通国省干线、畅通农村公路网络，让人流、物流、信息流等要素来往更加高效便捷；强化公共安全协同配合，在生态环保、森林草原防火、区域警务协作、常态化疫情防控方面加强合作，共同筑牢区域安全屏障；完善区域合作交流机制，在各个层面经常进行沟通交流，共促双方高质量发展。

【京津冀通道建设推进】 2022年，赤峰市完善公路、铁路、航空立体交通格局，推进面向京津冀的出区域（中心城区）通道建设。优化公路网，推动面向京津冀、环渤海的出市通道建设及环中心城市200千米交通圈建设，健全“六横八纵”骨干公路框架，全市公路总里程2.8万千米。实施重点公路建设项目11个，其中总投资27.1亿元的国内重点公路工程项目国道508线（赤峰—曹妃甸），完成主体工程的80%。打通自治区中东部地区乃至东北三省地区通往曹妃甸港口的出海集疏运通道。自2020年赤峰至北京、沈阳高铁开通以来，赤峰经济版图融入京津冀、环渤海经济圈。截至年末，赤峰至北京高铁增至每日22趟，两地实现高铁“公交化”。赤峰市有运营铁路1101千米，叶（柏寿）赤线、京赤线、赤（峰）大（板）白（音华）线、集（宁）通（辽）线穿行，成为连接华北、东北的交通枢纽。赤峰民航年旅客吞吐量从最初的8万人次到2022年达189万人次。玉龙机场开通航线20余条，通达北京、上海、天津、深圳、南京等20余个城市。8月20日，赤峰玉龙机场新航站楼正式转场运行。赤峰市推进通用机场建设和通航产业发展，市内首家通用机场——阿鲁科尔沁机场运营后，列入通用机场项目的5个机场进入建设阶段，其中巴林右旗通用机场通航后直达河北省承德市。

【京津冀能源保障基地培育】 2022年，赤峰市编制《建设千万千瓦级清洁能源基地三年行动方案》，壮大新能源及关联产业，打造京津冀能源保障基地，实现新能源装机规模和发电量双倍增目标。3月7日，赤峰市人民政府与北京市中国电力建设股份有限公司、北京大地远通（集团）有限公司举行签约仪式，围绕优势互补深化地企合作、助力地方能源结构调整实现绿色低碳转型进行交流，签署赤峰规模化清洁能源综合利用基地合作框架协议，助力赤峰地区绿色低碳转型。8月3日，内蒙古能源集团与赤峰市政府签订战略合作框架协议签约仪式，依托赤峰风力和太阳能资源丰富的区位优势与区属能源企业资金实力、技术研发优势，将清洁能源与生态保护、农牧业发展有机结合，培育以绿色电力为基础的清洁能源产业集群。

【京津冀绿色农畜产品供应基地建设】 2022年，赤峰市设施农业综合占地面积12.5万公顷，设施蔬菜年播种面积4.5万公顷，栽培品种以番茄、黄瓜、辣椒、茄子等果菜类蔬菜为主，以及设施西甜瓜和食用菌，年产量500万吨，实现四季生产全年上市。新建改造设施农业6700公顷，其中新建温室（含食用菌）1133公顷，塑料大棚1333公顷，老旧棚室改造4200公顷。作为自治区玉米、杂粮杂豆等农产品的主产区，绿豆、荞麦等杂粮杂豆主要供应京津冀地区，且远销东南亚等国家。蔬菜产量居自治区第一位，产品主要销往北京、上海、天津、河北等国内主要城市。全市有种植业合作社8000余个，其中服务行业合作社1300余个，家庭农场1600余家。市级以上农牧业产业化重点龙头企业279家，其中国家级9家。全市绿色、有机、地理标志农产品认证、登记企业159家，产品402个，产量148.5万吨。依托区位优势（距离短），赤峰市成为内蒙古自治区向京津冀输送农产品的主要地区。赤峰市宁城县地处蒙冀辽三省交界，蔬菜水果远销东三省、京津冀、内蒙古东部及长三角、珠三角等大中城市，是北京新发地、大洋路、上海江桥等农产品交易市场蔬菜供应基地。赤峰市是中国北方重要绿色农畜产品输出基地，家畜存栏2088.9万头只，昭乌达肉牛、昭乌达肉羊、塞飞亚草原鸭、草原兴发绿鸟鸡等畜禽品质优良，在京津冀地区享有盛誉。现有规模以上肉类加工企业70家，年实际加工牛肉4.4万吨、羊肉5.5万吨，主要产品以生鲜肉、肉干为主，实现销售收入72.3亿元。其中80%的收入来自京津冀地区，成为京津冀绿色畜产品的主要供应区。

【京津冀科技成果引进孵化示范基地建设】 2022年，赤峰市依托内蒙古自治区“科技兴蒙”30条政策，严格执行赤峰市人民政府2021年4月26日制定印发的《赤峰市人才引进若干政策（试行）》及2021年7月4日制定印发的《关于“十四五”期间促进科技创新发展的实施意见》，加大科技研发投入，推动高能级平台载体建设，提升区域协同创新平台效能。依托京蒙帮扶计划，加强赤子联络，利用科技成果转移转化对接平台，促进科技成果转移转化。加强与中国科学院北京国家技术转移中心的科技合作，明确引进一批中国科学院高层次创新人才及团队与赤峰市相关企业开展项目合作、创新创业。与北京安快创业科技有限公司合作，引进北京安快创业谷优势资源，推动建成赤峰安快创业谷，成立“赤峰双创联盟”，实现飞地孵化、资本市场对接和产业转移，为创业者提供更加优质服务的同时，拓宽创新项目市场前景。中科赤峰产业创新研究院启动运行，开展成果推介会线上活动2场、线上线下走访活动10余次，同步面向全市征集科学需求。推进有色金属内蒙古实验室、京蒙（亦庄·赤峰）科创产业园等创新平台建设。通过京津冀科技成果引进，吸引更多科技企业投资赤峰。截至年末，赤峰高新区入驻高新技术企业49家，自治区级以上的创新平台载体80余家，专利1056件，其中发明专利268件。

【京蒙对口帮扶】 京蒙帮扶自1996年启动。2022年，赤峰市坚持“对口招商”和“园区共建”协同推进，利用京蒙协作契机深化对口招商，开展全产业链大招商行动，吸引北京企业到赤峰市考察投资。全年新引进及新增投资企业42家，实际到位投资额27.5亿元，吸纳农村劳动力就业2806人次。7月20日，赤峰市在北京招商引资会议中，集中签约涉及农业、新兴产业、数字经济、文化旅游等项目29个，总投资336.36亿元。推动北京宏福集团落地赤峰，立足双方产业特色和优势，通过资金支持、招商引资、规划共建、园区结对等方式，合作共建产业园区22个，引导入驻企业26家，实际到位投资额11.65亿元，吸纳农村劳动力就业1012人。赤峰市与北京经济技术开发区采用“研发孵化在北京、转化落地在赤峰”的反向飞地模式，共同建设京蒙（亦庄·赤峰）科创产业园，承接北京技术、人力、项目和资源。赤峰市先后与北京市支援合作办、国资委、农业农村局、市场监督管理局对接，推动共建北京、赤峰物流园区，搭建两地农产品绿通平台和畜产品检疫检测平台，减少流通环节，实现更多绿色农畜产品直供直销北京北菜黑庄户市场、新发地大市场。全年

2022年7月20日，赤峰市、巴林右旗与北京经开区举办东西部协作座谈会，协商京蒙对口支援事宜　　（赤峰日报社　供图）

向北京市销售农畜产品等特色产品金额51亿元（占自治区150亿元的三分之一）。围绕北京企业用工和赤峰劳务就业"双向所需"，两地通过搭建平台、成立服务中心、发放稳岗补贴等方式，建立劳务输出基地，打造劳务协作品牌，形成赤峰保安、保姆、保洁特色"三保"劳务品牌，全年帮助农村劳动力实现外出就业4000人。通过协作资金完成53个村编制规划，打造京蒙协作示范样板村27个。

【蒙冀辽五城文旅联盟共建】 2022年，由赤峰市发起，联合承德市、朝阳市、通辽市、锡林郭勒盟共同组建蒙冀辽五城文旅联盟。启动"蒙冀辽五城"文旅协同发展工作机制，共同培育精品旅游线路，构建无障碍旅游区。8月12日，联盟成立大会在赤峰市举行。按照框架协议，赤峰市构建"一线一环一带"文旅产业新格局，即整合克什克腾旗、翁牛特旗草原和大漠资源，打造草原观光、大漠探险主题草原自驾旅游"线"；串联喀喇沁旗、宁城县等地区山水田园资源，打造服务中心城区百万人口的生态休闲、康养度假"环"；整合敖汉旗、巴林左旗等地历史文化资源，打造文化体验为特色的世界级历史文化旅游"带"。在"一线一环一带"文旅产业格局指引下，全市各旗县区以差异化、高端化发展为方向，推动旅游业实现全域、全季、全要素、全业态发展。 （王　慧）

赤峰通辽"双子星座"协同发展

【概况】 2022年，赤峰、通辽两市明确"双子星座"建设及区域协同发展的阶段性方向和工作重点，延续实施《赤峰市通辽市协同发展合作备忘录》。共同推进生态环保、产业转型升级、基础设施建设、公共服务四大领域29项重点合作事项，29项合作事项完成4项。12月29日，由赤峰市区域经济合作局和通辽市发展和改革委员会共同编制的《蒙东承接产业转移示范区总体方案》通过国家发展改革委员会组织的专家评估论证。共同推进"三北"高铁新通道列入国家规划，"三北高铁新通道"（集宁—赤峰—通辽—长春）项目纳入自治区"十四五"发展规划。联合开展西辽河水量调度和生态补偿。联手打造"蒙字号"药品品牌，两市开展中蒙药材种植合作，共同申报技术创新中心。推动跨盟市电力外送通道项目审批，巴林—奈曼—阜新500千伏输变电工程（内蒙古段）完成用地预审及规划选址手续、核准申请报告等前期手续办理。加强文化旅游合作，通辽市组织人员到赤峰市考察学习文旅产业发展，两市在联合开展西辽河文明考古研究、文物非遗联展、精品演艺交流等方面达成交流意向。协同推进基础教育和职业教育发展，两市联合开班"3+2"五年制高职贯通培养计划，开通5个专业，招生180余人。协同开展医院与医院、医院与高校合作，推进优势学科互补。 （王江南）

【地域优势资源优势共享】 2022年，赤峰市和通辽市处于"一带一路""西部大开发""东北振兴""京津冀协同发展"等国家区域发展战略叠加覆盖地区。两地资源丰富，赤峰市是全自治区玉米、杂粮杂豆等农产品的主产区，通辽市地处世界三大玉米黄金带和肉牛养殖黄金带，粮食种植面积和产量居全自治区之首，两市的"昭乌达肉牛""敖汉小米""科尔沁牛""库伦荞麦"等绿色农畜产品享誉全国。赤峰市和通辽市的煤炭、有色金属、风能、太阳能等资源优势明显，旅游、医药、人文等资源丰富。双方携手推进生态环保、产业升级、基础设施、公共服务等领域互联共建、互通共享，打造蒙东经济高地。

【水生态调度】 2022年，赤峰市、通辽市两地统筹流域上下游用水，保障西辽河生态复苏。配合自治区水利厅开展2022年西辽河流域水量调度。截至年末，赤峰市西拉木伦河台河口总过境水量为3.04亿立方米，其中沿西拉木伦河主河下泄水量为2亿立方米，向新开河分水量1.03亿立方米；乌力吉木仁河梅林庙水文站处总过境水量为1.8亿立方米。通过调度引乌入通工程向莫力庙水库供水2585万立方米，有效涵养地下水源。

【内蒙古天奇蒙药集团重组】 2022年，内蒙古天奇蒙药集团（赤峰）与内蒙古蒙药集团（通辽）战略重组，壮大"蒙中成药、健康食品、药材资源、第三方检测"四个核心板块。蒙中成药板块建有蒙药智能制造车间，生产独家蒙药"扫日劳清肺止咳胶囊"是"国家重点新产品"和"国家医保品种"；健康食品板块建立健康食品智能制造数字化车间；药材资源板块整合药材资源产业链，形成覆盖东北三省和内蒙古的道地药材产地直供能力；第三方检测板块拥有国家专业评审机构认证的第三方食品药品检验检测中心，可承接社会及政府机构委托的检验检测工作。双方合作共建蒙济堂饮片加工企业，10月，生产设备与检验仪器全部进场安装并投入使用，制定相关标准操作规程，完成对技术人员使用新设备的培训及其他开工生产准备工作。截至年末，完成总产值4.11亿元，比上年增长10.54%；上缴税金2300万元；实现利润总额4400万元，比上年增长62.96%。天奇蒙药集团建有中蒙药丸剂国家地方联合工程研究中心、蒙药现代制剂国家地方联合工程研究中心、内蒙古蒙中药创新中心等科研平台，承担国家中医药管理局中药标准化研究课题2项、科技部重大新药创制课题2项，企业自主立项科研课题57项。研究成果获得发明专利授权 19 项、实用新型专利授权 15 项、省部级科学技术奖 3 项，2 个团队入选自治区“草原英才”工程产业创新创业人才团队。

【司法协作框架协议】 2022 年，赤峰、通辽两市法院签订服务保障蒙东地区“双子星座”区域中心城市建设的司法协作框架协议，两地法院围绕保障国家和自治区战略实施、司法改革、诉源治理、跨域立案、执行联动等 13 个方面开展全方位合作。7 月 6—7 日，两地法院召开首届保障“双子星座”现代化区域中心城市建设司法实务论坛筹备工作会，同时就物业服务纠纷、破产衍生诉讼、非诉执行方面的调研课题开展专题研讨。会议确定首届司法实务论坛由通辽市扎鲁特旗人民法院承办，以后由赤峰、通辽两地法院轮流承办，形成常态化机制。

【卫生健康系统医联体合作】 2022 年，赤峰市医药卫生学会与通辽市医学会建立合作关系，通过线上线下相结合的方式开展学术交流，推进优势学科互补。通辽市医院口腔科赴赤峰学院附属口腔医院调研，达成合作协议。依托赤峰妇产科医术传承较好、发展较快等优势，借助“双子星座”合作平台，发展妇产科学科建设。通辽市卫生健康委选派 16 名专业技术人员赴赤峰市妇幼保健院进修 1 个月，提高产前筛查和产前诊断技术服务和技术能力，实现“旗县能筛查、盟市能诊断”的工作目标。通辽市妇产医院、妇幼保健计划生育指导中心分别组织骨干力量赴赤峰市妇产医院、赤峰市妇幼保健院实地考察，借鉴对方的工作经验，促进医院建设发展。扎鲁特旗蒙医院与赤峰妇产医院签订医联体协议，选派医务人员进修学习打造优势学科。加强新技术、新项目引进，通辽市妇产医院从赤峰市妇产医院引进首例无气腹腹腔镜下子宫肌瘤剥除术等新技术、新项目 7 项，引进不孕不育症诊治技术。赤峰妇产医院选派专家赴扎鲁特旗中医院指导手术 13 台次。

【“双子星座 筑梦非遗”非遗交流系列活动开展】 2022 年 8 月 27—28 日，赤峰、通辽两地通过红山文化节非遗专场展演，考察自治区非遗项目、参观社区非遗体验中心，召开座谈会等形式，开展“双子星座筑梦非遗”非遗交流系列活动。通辽市组织 8 个旗县区非物质文化遗产保护机构负责人与非遗传统手工艺保护单位、企业、传承人代表 共 30 余人到赤峰市自治区级非遗项目契丹刺绣保护单位宁城御绣轩、红山区红山郡非遗社区、赤峰文博院非遗体验中心参观。赤峰、通辽两地非遗项目传承人、企业、保护单位就搭建两地友谊桥梁、共筑合作平台、实现非遗成果互惠共享等工作座谈交流，为深化两市间非遗交流与合作奠定基础。

2022 年 8 月 28 日，通辽市文化和旅游局、通辽市文化遗产保护中心人员参观赤峰博物院非遗体验中心　（刘阳　摄）

【赤峰—通辽“双子星座”创业创新大赛举办】 2022 年 5 月 12 日，第五届“中国创翼”创业创新大赛内蒙古赛区选拔赛暨第六届“创业科尔沁杯”创业创新大赛赤峰—通辽“双子星座”赛区初赛在通辽市举办。两地共有 236 个项目报名参加比赛，参赛项目数量创历史新高。经过前期预赛和选拔，82 个项目晋级初赛。《智慧路灯点亮科技城市》《苦荞茶喝出甜日子》获主体赛制造业项目一等奖；《亚太森林组织旺业甸森林体验基地》《通辽市绿巨能环保科技》获主体赛服务业项目一等奖；《饲料领航——创新蚯蚓蛋白饲料开拓者》《杂交大豆推动打赢大豆种业翻身仗，助力乡村产业振兴》获青年创意专项赛项目一等奖；《科技赋能荒山生态农业助力乡村振兴》《荞管家》获乡村振兴专项赛项目一等奖。（王　慧）

“三区一旗”一体化发展

【概况】 2022 年，根据《赤峰市建设现代化区域中心城市行动方案（2021—2025）》，红山区、松山区城区、元宝山城市规划区和喀喇沁旗和美园区作为中心城市承载区域，赤峰市从以分散的小城镇为主体的城镇体系，转向以中心城市为龙头的城市格局，承担经济实力强劲、产业能级高端、资源配置高效、人文魅力彰显、发展环境优越 5 个发展定位。截至年末，赤峰中心城区、八家组团、小新地组团、桥北新区、松北新区、红山物流园区、松山物流园区逐步完成建设，老城区改造有序推进，赤峰中心城区建成区面积130平方千米，常住人口突破100万人，全市常住人口城镇化率提高至53.1%。赤峰市统筹规划中心城区和周边城乡融合的乡镇、村庄，结合社会特点，推进“三区一旗”一体化发展，加强基础设施建设、优化产业布局。

【“三区一旗”国土空间规划布局】 2022年3月4日，赤峰市召开中心城区“三区一旗”规划布局工作研讨会。研究解决3条控制线梳理及矛盾冲突点解决、协调构建大尺度绿化格局与慢行休闲系统、城市“精明增长”与城市开发边界的再研究；如何实现城乡统筹、无差别发展、共同富裕；城市更新研究、农村村容村貌改造、全域土地综合整治与生态修复以及建设用地梳理、东部产业带建设8个方面问题。明确红山区、元宝山区、松山区和喀喇沁旗为中心城区规划区，将元宝山区平庄镇、美丽河镇，喀喇沁旗的牛营子镇、锦山镇等主要城镇纳入规划区。

【基础设施改造一体化】 2022年，赤峰市在创建国家级文明城市过程中，着力提升城市运行保障能力、优化城市功能，加强城市精细化管理。“三区一旗”一体谋划实施城市基础设施建设项目，改造老旧小区247.6万平方米，惠及城镇居民2.7万户。同步出台《住宅小区环境整治工作实施方案》《关于加强住宅小区物业管理的决定》，419个老旧小区实现物业管理全覆盖。红山区利用2亿元专项资金，对20个老旧小区166栋楼房进行改造，规划停车位4100个，配备分类垃圾箱6.9万个，完成背街小巷改造11条。实施总投资为168.8亿元的中环路快速化改造、玉龙大街分车带综合改造等66项中心城区基础设施项目。

【产城融合先导区战略】 2022年，赤峰市推进产城融合示范先导区（以下简称“先导区”）战略，把握产业趋势，引领产业变革，以中心城区为依托，分别在喀喇沁旗、红山区和松山区选取能够与中心城区实现城市基础设施共享的城市核心区规划建设。研究制定先导区建设财政扶持政策、土地利用扶持政策、产业发展扶持政策、科技创新扶持政策、人才引进扶持政策及金融扶持政策。鼓励支持科研院所、高新技术企业、高端人才参与先导区建设。明确喀喇沁产城融合先导区围绕货物运输、仓储物流等领域，推进招商引资和承接产业转移工作；红山产城融合先导区围绕生命健康产业、数字经济、高端教育科研等领域承接外地产业项目；松山产城融合先导区依托松山区数创科技产业园，加强与中关村信息谷合作，重点承接引进信息技术、智能制造、现代服务等领域的产业项目。

【一体化实施雨污分流工程】 2022年，赤峰市为建设绿色海绵城市，落实住房和城乡建设部、生态环境部、发展改革委联合印发的《城镇污水处理提质增效三年行动方案（2019—2021）》，赤峰市延续实施2019年11月25日印发的《赤峰市中心城区入河排污（排水）口整治实施意见》《赤峰市中心城区城市排污集中提升工程实施方案》，实施雨污分流改造工程，同时开展城区易涝点治理工作。截至年末，“三区一旗”中心城区累计建设排水管网455千米，其中新建污水管网113千米、新建雨水管网131千米、改造污水管网43千米、实施雨污分流改造168千米。其中喀喇沁旗和美片区建设管网25千米。在雨污分流工程施工期间，“三区一旗”坚持科学组织施工、强化交通疏导、规范工地管理三项原则，占路不封口，试点打造压缩工期；交通优先，采取错峰施工、夜间施工、预留半幅路等方式，满足群众基本出行需求；全程监管施工场地防尘、降尘、降噪情况。“三区一旗”完成主干路雨污分流改造，城市内涝和雨季溢流问题得到明显改善。

【红山区产业转型升级加速】 2022年，赤峰市红山区加快经济转型，引领示范三区一旗高质量发展。远联钢铁200万吨冷轧镀锌、艾克制药协同生产线、羊绒制品外贸转型升级基地技术中心建成投产，推进卓信研发及

赤峰市红山区已形成新华步行街商圈、桥北核心商圈、万达广场商圈3个商圈，其中营业面积超过5000平方米的大型商场12家，安置就业2.1万人。图为新华步行街商圈　（红山区融媒体中心　供图）

生产中心、建筑固体废弃物资源化利用、众鹏石墨烯电采暖设备新型环保等项目建设，赤峰热电厂“储能＋清洁供暖”、蒙东新能源汽车城等项目签约落地。远联钢铁制氧机组转型升级技术改造、高炉转炉废气综合利用发电项目投产达效，实施燕京U8啤酒生产技术改造、中色锌业废水综合治理项目。实行“产业链长制”（指由各省、市主要领导挂帅，每人负责一条产业链，担任“链长”，利用党政一把手的综合协调优势，在更高层面上保障各个产业链的完整、稳定和发展），全年引进项目94个，引资121.5亿元。形成新华步行街商圈、桥北核心商圈、万达广场3个商圈，其中营业面积超过5000平方米的大型商场12家，安置就业2.1万人。

【松山区科技成果转化加快】 2022年，赤峰市松山区认定“国高新”“国科小”企业38家，工业企业科技成果转化实现倍增。安庆工业园区的智慧园区等3个项目建设完成，建设面积20.6万平方米，新签约亿元以上项目13个，新入园企业23家，年产值实现50亿元。信息科技园区共享车间、产学研中心等项目启动建设，赤峰·中关村信息谷科技创新基地新入驻企业14家，总投资6.77亿元。实施“科技兴蒙”行动，组织42家企业举办国家科技政策培训活动。2家企业被认定为赤峰市重点实验室、1家企业被认定为赤峰市级科普示范基地、5家企业备案赤峰市级创新联合体、4家企业被认定为赤峰市技术创新中心、2家企业备案自治区级企业研发中心。赤峰环保投资、赤峰华卫医用2家企业实验室围绕主导产业开展技术攻关和成果转化工作，利用科技成果服务经济社会发展。3批13家企业申请认定国家高新技术企业，完成国家科技型中小企业备案认定25家。围绕“科技兴蒙”行动计划，组织企业承担国家、自治区科技计划项目，完成国家、自治区种类科技计划申请项目10项，其中2个项目获资金支持。完成技术交易合同认定登记59项，完成技术合同成交额1994.5万元。落实“科技兴蒙”八项政策、“创新赤峰”10条政策，19家企业获上级各类税费优惠支持。争取上级资金50万元，申报大唐风电科技成果产业化项目。

【元宝山区工业经济壮大】 2022年，赤峰市元宝山区能源、食品加工、化工三大支柱产业实现产值227.5亿元，其中原煤产量1523.9万吨，位居全市第一。立足本地优势，元宝山区继续壮大工业产业，做大经济总量。支持引导利安隆、东山电厂等8家小微企业发展为规模以上企业。规模以上工业企业增至53家，产值235亿元，比上年增长8%。康普药业、东汇化工投产达效，柏善药业、金旭药业建成，远景零碳氢氨开工建设，生物化工、医药化工、精细化工新材料产品群延伸拓展至18个。元宝山产业园通过自治区化工园区认定，园区企业140余家，投资强度、亩均效益均居全市第一位。出台促进科技创新9条措施，新增科技型中小企业25家、高新技术企业9家，科技创新平台载体27家。瑞阳化工获评自治区科技成果转移转化基地，富强机电获自治区科学技术进步一等奖。

【喀喇沁旗特色产业发展】 2022年，喀喇沁旗利用所属和美区域（赤峰“高新区”）毗邻中心城区的地理区位优势及“中药材之乡”（牛营子镇）的传统产业优势，扩大中药材种植传统产业规模。中蒙药材标准化生态产业园主体完工，锦山现代农业产业园冷链物流项目投入运营。明岳高端氟新材料、瑞源新型建材等5个项目落地实施，宏毅富石新材料、北方输变电项目主体完工，远航水泥废石综合利用项目建成投产。全年累计推广种植北沙参、桔梗、防风、蒙黄芪、牛膝和赤芍等27个道地药材品种，种植面积超6700公顷，培育企业25家、个体工商户226家、专业合作社274个，集散各类药材100余种，年产值超30亿元。 （王 慧）

▶▶ 链接

牛家营子镇——“中药材之乡”

地处喀喇沁旗东北部的牛家营子镇，被誉为“中药材之乡”，有300余年中药材种植历史，是全国重要的中药材产销集散地之一。牛家营子镇出产北沙参、桔梗、防风、蒙黄芪、牛膝、赤芍等药材20余种，其中北沙参、桔梗产量分别占全国总产量的80%和60%，是“中国北沙参、桔梗之乡”。

喀喇沁旗牛家营子镇药材种植基地 （赤峰日报社 供图）

城乡融合发展

【县城城镇化建设】 2022年，赤峰市完善新型城镇化发展战略，推进以县城为重要载体的城镇化建设，形成集中集聚集约发展，多节点互动的新型城镇化格局。全市辖132个乡镇，45个街道。常住人口400.1万人，比上年减少1.81万人，其中城镇人口218.6万人，常住人口城镇化率54.63%，比上年增长0.9个百分点。坚持新型城镇化与乡村振兴同步推进，提升城乡协调发展、融合发展水平。深入推进以人为核心的新型城镇化，健全城镇化工作机制，深化体制机制创新。增强县城综合承载能力和治理能力，落实以县域为主的新型城镇化建设主要任务。推动产业转型升级，创造城镇就业岗位，为城镇化提供产业就业支撑。

【城乡基础设施建设】 2022年，赤峰市加快推进公共服务、环境卫生、市政公用设施、垃圾无害化资源化处理、污水收集处理、老旧小区改造等城镇建设补短板工程。完善垃圾无害化资源化处理设施，全面推进生活垃圾分类，逐步建立分类投放、分类收集、分类运输、分类无害化资源化处理生活垃圾的处理系统；提高管网收集能力，推进管网“雨污分流”，因地制宜确定污水处理厂出水水质标准，推进污水资源化利用；推进县城与邻近地级市城区交通设施互联互通，完善机动车道、非机动车道和人行道“三行系统”，优化公交站点布设，布局建设公共停车场和配建停车场，推进客运站改扩建及迁建新建；扩大供水管网覆盖范围，完善燃气储气设施和燃气管网，发展热电联产及清洁能源集中供热，构建源头减排、雨水蓄排、排涝除险的排水防涝系统；加快建设新型基础设施，在有条件的城镇搭建城市信息模型基础平台，推进市政公用设施智能化。推行“政务服务一网通办”“云上政务”，建设统一基本公共服务平台，推进公共服务供给便捷化；更新改造老旧小区，坚持“共同缔造”理念，探索居民、市场、政府共同参与老旧小区改造的新机制，按照“先民生后提升”原则，聚焦功能完善、环境提升、安全保障等要素，完善老旧小区水电气路信等配套基础设施和养老托育、停车、便民市场等公共服务设施；改善边境城镇基础设施和公共服务，增强承载人口、连接城乡、支撑国防的能力。补齐农村教育、医疗卫生、社会保障、养老托育等基本公共服务短板，不断提高农村基本公共服务能力和服务水平。四是推广应用积分制、清单制、数字化等治理方式，推行乡村网格化管理、数字化赋能、精细化服务。

【城乡发展规划】 2022年，赤峰市对《国土空间总体规划（2021—2035）》进行意见建议征求。规划构建至2035年的中心城区总体空间布局和路网框架，明确城市发展重点拓展和更新版块，提出城乡统筹、产城融合、新老联动、蓝绿交融四大策略。赤峰市中心城区北洼子片区控制性详细规划部门地块图则通过审核确认。中心城区及12个旗县区第三次全国国土调查主要数据向社会公布。对旗县区国土空间总体规划进行初步审核。全市132个苏木乡镇全数完成总规方案编制，1634个行政村村庄规划实现应编尽编。编制红山区旧城控制性详细规划。完成红山区基本农田整改补划工作，数据成果通过审查。红山区北药厂片区控制性详细规划落地实施。小新地东片区被列为自治区级控规编制试点片区，完成初步工作。

【农牧区转移人口城镇化】 2022年，赤峰市加强农牧业转移人口城镇化，落实公共服务均等化的政策体系和相关举措。以赤峰通辽“双子星座”区域中心建设为引领带动，推动完善城市群为主体形态、大中小城市和小城镇协调发展的城镇化格局。强化旗县所在地综合服务能力和苏木乡镇服务农牧民区域中心功能。对农牧民随迁子女在义务教育阶段均实行“零门槛”“无障碍”免试就近入学。完善城乡居民基本养老保险制度，引导灵活就业人员、新业态从业人员等重点群体参保，实现应保尽保。全市农牧民转移就业70.94万人。开展社区入户走访，动态掌握社区的农村转移人口工作就业、家庭经济和教育养老等基本状况。

【城乡居民收入】 参见《社会生活·收入与消费·居民收入》

【绿色转型示范区建设】 2022年，赤峰市以绿色发展引领乡村振兴，促进生态与经济融合发展，在12个旗县区规划建设乡村振兴绿色转型示范区，试验探索乡村绿色发展的路径，推进农村牧区高质量发展体系建设进程。各旗县区科学编制规划，围绕产业发展、人居环境整治、基础建设等重点工作，盯住薄弱环节，集中优势资源，衔接项目资金，合力推动发展。打造现代农牧业综合服务中心，形成现代畜牧业示范带和农文旅结合示范带。克什克腾旗以经棚镇为中心，坚持生态优先原则和绿色发展理念，以项目建设和招商引资为着力点，打造经棚镇、宇宙地镇、万合永镇、达来诺日镇和浩来呼热苏木5个区域，按照乡村振兴绿色转型示范区产业发展总体规划布局，在每一个产业带和产业片区上布设示范村、示范组、示范户、示范基地等各类示范点。打造生态管护下的经济林产业振兴模式，推动自然资源优势转化为经济优势。喀喇沁旗以“全面发展林下经济、再造一个喀喇沁”为目标，推进林下经济，挖掘林地生产力，推动形成林上、林中、林下多重效益的新发展格局。依托王爷府、大牛群等4个国有林场、马鞍山和旺业甸2个国家级森林公园，以亚太森林组织多功能基地、美林谷亚高原休闲度假区、玉龙川田园综合体等景区为核心，打造集历史文化资源、自然生态景观和乡村田园风情为一体的全域旅游业态，形成林上、林中经济新发展格局。打造生态治理修复实践典范，推进乡村经济与生态环境融合发展。松山区阴河上游乡村振兴绿色转型示范区建设立足全域规划，突出规划引领，以深化流域源头生态治理修复为切入点，以生态产业化、产业生态化和碳达峰、碳中和理念为指引，以流域综合治理为发展方向，从基础设施、公共服务、乡村治理和产业联动等层面融入城乡一体化建设，实现人与自然和谐共生，生态、发展、生活有机融合。

【城乡基本公共服务】 2022年，赤峰市提高城乡基本公共服务水平，促进城乡基本公共服务普惠共享。均衡城乡教育资源，健全农村家庭经济困难学生教育帮扶机制，落实教育资助政策，改善农村牧区义务教育学校基本办学条件，全年累计下达资助资金5.76亿元，完成教育投资2.09亿元。健全乡村医疗卫生服务体系，132个苏木乡镇、2053个行政嘎查村实现基本医疗卫生服务全覆盖。健全城乡公共文化服务体系，弘扬乌兰牧骑的优良传统，组织“送欢乐、送文明”“百团千场下基层”等文化惠民活动线上、线下累计演出890场。完善社会救助政策，提高社会救助保障标准，将11.46万名脱贫人口纳入低保，发放保障资金4.43亿元。

【“农牧＋文旅”发展模式】 2022年，赤峰市对农村牧区乡村旅游事业统筹安排、科学规划，从乡村振兴、产业发展整体布局出发，以文、牧、旅融合发展为核心，谋划发展乡村旅游，助力乡村振兴。浩来呼热苏木辖区利用区域内有内有克什克腾世界地质公园九大园区中的两大园区（西拉木伦园区、浑善达克沙地园区）优势，以休闲度假、观光摄影、民俗风情和自然之旅为特色，以四大区块〔西拉木伦峡谷、潢源敖包、浑善达克沙地（汗苏鲁观光牧场）、伊和诺日湿地〕和三条通道（省道S105公经高速、经乌高速、省道220公路）为依托，以休闲度假、风光摄影、产业观光、民俗风情、自然之旅为特点，建设景区景点和农家乐、牧家乐、渔家乐等度假休闲观光型的特色乡村旅游区域。喀喇沁旗马鞍山村、松山区大乌良苏村、巴林左旗大良沟村、喀喇沁旗三家村、阿鲁科尔沁旗天山口镇八家村等19个村入选国家级、自治区级和市级乡村旅游重点村。 （王　慧　王江南）

2022年，喀喇沁旗马鞍山村探索“农牧＋文旅”发展模式，促进农民增收。图为马鞍山村入口花海 （赤峰日报社　供图）

生态环境

责任编辑　孙美丰

生态环境

综述

【生态示范建设】 2022年，赤峰市推进生态文明建设示范创建工作，总结学习先进的创建模式和经验，加强对旗县创建工作的指导，推进生态文明制度落实，落实生态环境治理举措。9月，喀喇沁旗启动国家“绿水青山就是金山银山”实践创新基地创建工作。喀喇沁旗践行生态修复、生态旅游、中蒙医药、林下经济、特色种养五大“喀喇沁模式”和马鞍山林场生态修复、雷营子村乡村旅游、牛家营子镇中蒙药材种植、美林镇林下经济、王爷府镇特色种养9个人与自然和谐共生模式，改善生态环境养护绿水青山、推动产业生态化转型提质金山银山、推动生态产业化转换铸就金山银山、做实项目落地转化绿水青山、惠及民生幸福共享绿水青山。

【生态保护资金支持】 2022年，赤峰市争取到自治区、市本级生态环境专项资金5163.18万元，落实中央、自治区、市本级专项资金项目35个。其中，自治区生态环境专项资金3163.18万元，市本级专项资金2000万元。申请中央土壤污染防治专项资金611万元，支持林西县、红山区开展受污染耕地土壤污染成因排查。

【环保督察反馈问题整改】 2022年，第一轮中央环保督察反馈问题和交办群众信访案件全部完成；自治区环保督察反馈的158项整改任务完成157项，360件群众信访案件全部办结。制定《第二轮中央环保督察期间协调保障工作方案》《赤峰市贯彻落实第二轮中央生态环境保护督察报告整改方案》，建立重点关注案件市级领导包联督办工作机制，第二轮中央环保督察涉及赤峰市的21项问题完成7项。454件群众信访案件办结450件，办结率99.1%。

【环评审批】 2022年，赤峰市219个重大项目中，完成环评手续审批214家，完成率97.7%。优化审批流程，出台《赤峰市生态环境局帮办代办工作制度》《赤峰市生态环境局落实优化营商环境重点工作任务实施方案》等系列文件，压缩环评审批时限至5个工作日。优化市、旗县区两级环评审批权限，赋予赤峰高新技术产业开发区管理委员会市区两级生态环境部门环评审批权限，方便企业就近办事。

【荒山生态治理】 2022年，赤峰市加大荒山生态治理力度，通过栽植生态林、用材林、经济林、观赏林和实施自然封育，发展林下经济，在丘陵荒漠地区探索实施生态恢复、发展生态经济之路。在第5届“中国创翼”创业创新大赛上，林西县苏人牧场荒山生态治理项目获二等奖。截至年末，苏人牧场流转荒山荒坡3666.67公顷，造林面积2200公顷，栽植树木230万余株，植树成活率98%以上。牧场每年带动周边293家农户人均增收7000余元。

【“绿色赤峰”生态宣传】 2022年，市林草局以爱鸟周、世界湿地日、世

林西县苏人牧场生态经济林　　（赤峰日报社　供图）

界野生动植物日、野生动物保护宣传月为契机，与野生动植物保护协会、小学、社区、博物馆等机构合作，开展野生动植物、湿地保护宣传和未成年人道德教育活动。赛罕乌拉保护区建成访客中心、宣教博物馆，白音敖包保护区建成标本馆，高格斯台罕乌拉保护区建成自然教育宣教馆，大黑山保护区建立自然教育基地，黑里河保护区建立自然教育宣教小径。通过宣传教育平台与场地建设，全市群众特别是青少年接受到自然生态保护知识的科普教育，拓宽对自然保护的认知。（朱　鹏　谭靖然　孙美丰）

生态环境质量

【环境空气质量】 2022年，赤峰市中心城市环境空气细颗粒物（$PM_{2.5}$）平均浓度降至每立方米18毫克，较上年同期下降18.2%；空气质量优良天数为356天，较上年同期增加8天，优良天数比率为97.5%，较上年同期增加2.2个百分点，全年无重污染天气；6项主要污染物均达到国家标准。

【水环境质量】 2022年，赤峰市地表水国控断面优良水体比率为91.3%，超过自治区下达年度目标20.5个百分点，地级以上城市集中式饮用水水源水质达标率保持在100%。赤峰市地表水目标考核断面24个（含达里诺尔湖）均为100%，达到考核要求，优良水体比率为87.5%。赤峰市第一水厂、赤峰市第二水厂、内蒙古长泰水务有限公司和赤峰市九龙供水有限责任公司4个城市地下水型集中式生活饮用水源地水质达到《地下水质量标准》Ⅲ类标准要求，水质达标率100%，地下水型生活饮用水源地水质现状良好。

【土壤环境质量】 2022年，赤峰市7个村庄土壤监测中，14个点位均低于《土壤环境质量 农用地土壤污染风险管控标准（试行）》中风险筛选值，达标率100%，土壤环境保持总体稳定。

【声环境质量】 2022年，赤峰市功能区声环境平均等效声级昼间为50分贝，夜间为44.1分贝。功能区声环境监测点次超标率昼间为20.6%，夜间为20.4%。道路交通声环境昼间平均等效声级为69.6分贝，低于国家标准2.4分贝，根据《环境噪声监测技术规范城市声环境常规监测》中道路交通噪声强度等级划分的规定进行评价，赤峰市昼间道路交通噪声强度等级为二级，声环境质量状况评价为“较好”。

【辐射环境质量】 2022年3—4月，赤峰市电离辐射环境监测值范围分别为（76.5～157戈瑞/时）和（74.4～140戈瑞/时），与上年相比处于同一水平，处于1983—1990年内蒙古自治区环境天然放射性水平调查值（9.6～186.2戈瑞/时）范围内，未见异常。

【森林和草原环境质量】 2022年，赤峰市有林地面积303.67万公顷，森林覆盖率35.84%，是京津、辽沈地区重要的生态屏障。赤峰地区草原是内蒙古大草原的重要组成部分，草原面积268.43万公顷，主要分布在北部的阿鲁科尔沁旗、巴林右旗、克什克腾旗和翁牛特旗境内。全市草原植被盖度为62.6%。

（朱　鹏　孙美丰）

草原生态系统保护

【概况】 2022年，赤峰市有草原面积268.43万公顷，草原植被盖度为62.9%。依托内蒙古东部草原沙地综合治理项目和退化草原生态修复治理项目，围绕两大沙地歼灭战的防沙治沙总体目标，推进退化草原生态修复进程。划定禁牧区面积183.58万公顷、草畜平衡区面积160.27万公顷，组织农牧民签订草原网格化保护协议22.58万份。开展草原保护执法，查处禁牧休牧和草畜平衡案件8683起。草原鼠害防治面积10.45万公顷，投入劳动力1.16万人次，防治器械515台次，投放灭鼠毒饵64.85吨。

【草原保护制度建设】 2022年，赤峰市加强对基本草原的保护、建设与合理利用，在征占用、勘探、采石、施工、建设国家重点项目、种植饲草料作物、采挖野生植物等方面，依法依规进行审核审批，确保基本草原面积不减少、质量不降低。规范征占用草原审核审批工作，市林草局印发《关于建立草原生态保护长效常治机制的意见》，制定《赤峰市征占用草原审核审批办法（试行）》，针对重点地区和重点项目进行监督检查，实施草原征占用的规划、勘验、跟踪审核、监督管理等工作，遏制未批先建、乱征滥占现象。

【草畜平衡】 2022年，赤峰市各旗县区完成禁牧区、草畜平衡区划定和休牧期确定工作，全市划定禁牧区总面积205.09万公顷。阿鲁科尔沁旗、巴林左旗、巴林右旗、克什克腾旗、翁牛特旗和敖汉旗以牧业为主的部分苏木乡镇为草畜平衡区，面积159.17万公顷，实行季节性休牧，按增草增畜、减草减畜的原则，实行动态平衡。贯彻《内蒙古自治区草原生态监测评估制度》，5—8月对5个牧业旗和2个半农半牧旗县（敖汉旗、林西县）牧草返青、长势和产量开展监测；9—10月开展枯草期监测。

【草原生态修复】 2022年，赤峰市依托内蒙古高原生态保护与修复、草原生态修复等重点工程项目，人工种草7.64万公顷。开展严重退化

2022 年 8 月 29 日，敖汉旗林草局进行飞防草原虫害作业

（赤峰日报社　供图）

草原治理和以飞播牧草、补播改良为主的草原生态修复，完成退化草原修复治理 8853.33 公顷。赤峰市内蒙古东部草原沙地综合治理项目实施。

【草原鼠虫害防治】　2022 年，赤峰市加强草原鼠虫害监测预警体系建设，建立草原鼠虫害监测预报体系，以科学的测报、预警为依据，采取措施开展草原鼠虫害防治。加强生物防治工作力度，推广生物制剂应用比例，鼠害生防比例 90% 以上，虫害生防比例在 70% 以上。加大对鼠虫天敌的保护和引进，实现草地生态环境好转。（谭靖然　孙美丰）

防沙治沙

【概况】　2022 年，赤峰市落实国家、自治区关于科学绿化、草原保护修复的实施意见，坚持山水林田湖草沙系统治理，围绕大兴安岭南段山地生态屏障和燕山北麓生态屏障、浑善达克沙地综合治理区和科尔沁沙地综合治理区、西拉木伦河两岸生态廊道和老哈河两岸生态廊道，按照集中集约集聚的原则，优化要素配置，建设林草产业集群（简称“两屏两区两廊多群”）。依托内蒙古东部草原沙地综合治理项目，科学开展造林种草绿化，推进科尔沁沙地和浑善达克沙地综合治理，全市完成造林 1.77 万公顷，人工种草 7.2 万公顷，防沙治沙 4 万公顷。

【飞播治沙】　2022 年 7 月，赤峰市翁牛特旗林业和草原局（以下简称“翁牛特旗林草局”）首次试验利用无人机技术对防沙治沙项目进行测绘和数据分析，对工程竣工审计决算情况进行检查验收。在结合国土空间规划的造林绿化范围基础上利用无人机提前进行航拍，对项目区所在的地形地貌以及风沙危害情况进行精准识别，快速获取沙区高清影像数据，解决传统技术上前期基础资料不足的困难，保障沙地综合治理方案设计、综合治理措施合理有效。试验核实沙地治理面积 133.33 公顷。

【浑善达克沙地治理】　2022 年，赤峰市依托内蒙古东部草原沙地综合治理项目，科学开展造林种草绿化建设，推进浑善达克沙地综合治理。克什克腾旗制发《克什克腾旗防沙治沙规划（2019—2023）》，以浑善达克沙地为重点，加强对生态脆弱地区、江河源头等重要生态功能区的治理力度。根据沙地的分布特点、人为活动影响、防治重点和开发方向，把浑善达克沙地划分为 3 个治理区（西部封

实施生态修复后的浑善达克沙地秋景　（李景章　摄）

育保护区、北部重点治理区和南部保护利用区）。截至年末，内蒙古浑善达克林场克什克腾旗分场建成绿色生态屏障4.84万公顷。

【科尔沁沙地治理】 2022年，翁牛特旗林草局聘请国家林业和草原局调查规划设计院专家编制科尔沁沙地治理项目规划，突出“以路治沙”“引水治沙”特色治沙模式，结合主要交通干线和12条穿沙公路，将不同区域的防沙治沙任务和措施具体化，确保按规划、有计划稳步推进全旗防沙治沙工作。明确秋季治理任务1.54万公顷，重点围绕乌白公路、S304、旅游路沿线开展综合治理，实现“当年项目当年规划，当年项目当年建设，当年项目当年受益”。按照由近及远、锁边切割、分区治理、整体推进的治理原则，在生态退化、不具备农牧业生产条件的区域实施禁牧封育666.67公顷，修复草原266.67公顷，增强生态自然修复力。在立地条件较好的区域，采取飞、封、造并举，建设“乔、灌、草”相结合的生物治沙锁边带，人工造林种草8000公顷，并沿公路两侧设置机械沙障、铺设草方格进行工程固沙6466.67公顷，遏制沙地扩展蔓延。 （孙美丰）

土地资源保护

【概况】 2022年，赤峰市土地总面积869.15万公顷，其中湿地面积7.07万公顷、耕地面积184.34万公顷、种植园面积1.49万公顷、林地面积329.37万公顷、草地面积264.72万公顷、城镇村及工矿用地面积22.31万公顷、交通运输用地面积3.50万公顷、水工建筑用地面积0.18万公顷、水域及水利设施用地面积9.36万公顷、其他土地面积46.81万公顷。

【耕地保护】 2022年，赤峰市完成耕地后备资源调查评价和耕地质量分类年度更新工作，成果通过自治区质检。规范设施农业用地管理，上图入库设施农业用地2.03万个，面积1.82万公顷。开展卫片执法检查和自然资源例行督察，核查举证卫片图斑1万个、例行督察图斑1606个。推进违法用地专项清理整治“回头看”行动，自治区下发的1389个存量违法用地问题整改到位1065个，自治区挂账处理98个，整改完成率82.49%。配合自治区落实喀喇沁旗农村乱占耕地建房问题整改试点任务。

【土壤保护】 2022年，赤峰市动态更新土壤污染重点监管单位，49家单位土壤和地下水施行自行监测，23家单位土壤污染隐患排查工作完成。开展农用地土壤镉等重金属污染源头防治行动，降低粮食等农产品重金属超标风险。开展涉镉等重金属重点行业企业环境问题排查，完成整改企业4家。实施重点区域受污染耕地土壤污染状况加密调查。推进重点建设用地安全利用督查，1个重点建设用地项目地块土壤污染状况调查报告通过专家评审，全市重点建设用地安全利用率为100%。 （朱　鹏　闫　鸽）

矿产资源保护

【概况】 2022年，赤峰市编制完成《矿产资源总体规划（2021—2025）》。实施国家和自治区矿山地质环境治理，构建企业主体、政府主导、社会组织、公众参与的治理体系，鼓励矿山开展绿色矿山建设，推动全市矿山生态地质环境持续向好。

【尾矿库环境污染整治】 2022年，赤峰市开展尾矿库环境风险隐患排查治理，排查尾矿库污染隐患问题97个，按照“一库一策”原则制定整改方案。截至年末，完成整改88个，整改完成率90.7%。印发实施《关于开展汛期尾矿库环境风险隐患排查治理与环境应急准备工作的通知》，确保汛期尾矿库环境安全。

【绿色矿山建设】 2022年，赤峰市开展内蒙古赤北绿色矿业发展示范区建设。落实矿山地质环境保护与治理恢复责任机制和矿山地质环境治理恢复基金制度，督促矿山做到“边生产、边治理、应治尽治”，推进闭坑矿山全面开展地质环境保护与土地复垦。全市实施国家和自治区矿山地质环境治理项目42个、治理面积27平方千米，在期矿山完成地质环境治理面积56.8平方千米。累计完成65个绿色矿山创建工作，为严格绿色矿山标准，组织开展绿色矿山建设“回头看”，申请将23家矿山企业从绿色矿山名录中移出，保障绿色矿山创建工作质量。

（闫　鸽　朱　鹏　孙美丰）

水资源保护

【概况】 2022年，赤峰市落实“以水定城、以水定地、以水定人、以水定产”的“四水四定”原则，把水资源作为最大刚性约束。印发“十四五”水耗管控指标，投资3518万元实施西辽河“量水而行”和水资源管理项目。旗县区全部完成分水到户、到井，并落实地下水管控单元任务。农业用水“以电折水”计量，运用成果进行用水核算，13万眼农业灌溉机电井“一井一系数”匹配。推进取水口问题整改，农业用水按村进行打捆发证，向52家取用水户下达检查意见书，完成待批项目、闲置土地、沉淀资金、“半拉子”工程、开发区建设“五个大起底”取水许可的排查、整治和督办。

【水源地保护】 2022年，赤峰市推动饮用水水源地规范化建设，阿鲁科尔沁旗、克什克腾旗水源地氟化物本底论证报告通过专家论证，对

敖汉旗风沙源水土保持流域治理项目区　（赤峰日报社　供图）

宁城县、林西县、喀喇沁旗、巴林右旗和敖汉旗5个旗县级集中式饮用水水源保护区，巴林左旗、喀喇沁旗、宁城县、红山区4个旗县区的7个乡镇及以下水源保护区进行划定调整，保障全市饮用水安全。敖汉旗加强水源地监管，完成16处水源地规范化建设。

【水土保持】 2022年，市水利局开展水土保持遥感图斑核查，完成年度各项整改目标任务。敖汉旗水利局实施“五水”（蓄住天上水、用好地表水、治清河湖水、节约地下水、改优人饮水）工程，截至年末，完成水土保持生态建设4.33万公顷。水土保持综合治理工程实施后，年纯增经济效益3.2亿元，年蓄水1.3亿立方米，年保土量超173万吨。敖汉旗水利局被评为“全国水土保持先进集体”。阿鲁科尔沁旗投入3300万元，完成水土保持治理12万公顷。

【河长制工作】 2022年，市水利局与市检察院、市公安局联合制定《赤峰市河湖水行政执法与刑事司法衔接工作办法》，出台“河湖长＋检察长”联动机制指导意见，排查阻碍河道行洪问题1073个。推行“智慧河长”信息化建设，通过重点河道现场监控采集、保洁员人工巡查和无人机常态化巡河等方式，将问题向有关河长、部门派送，实时处理河道问题。

【生态河湖治理】 2022年，赤峰市多渠道筹集资金2.02亿元，开展21条河流水生态廊道治理，治理河道121千米。开展河湖清“四乱”（乱占、乱采、乱堆、乱建）以及河湖管理保护“春季行动”，组织河湖执法224次，清理河道垃圾22万吨，清除河道内违法建筑18处，违法套堤6处，拆除违建面积4286平方米。

【节约用水】 2022年，赤峰市在“世界水日”“中国水周”期间，组织开展水法律法规网络有奖竞答活动，普法宣传队开展进机关、进校园、进企业、进社区、进农村“五进”活动，张贴主题宣传画、宣传条幅，出动宣传车，发放宣传资料、发送宣传短信，在赤峰广播电视台播放涉水节目及节水公益广告等系列宣传活动，营造全民参与节水、爱水、惜水的社会氛围。

【水行政监管】 2022年，赤峰市开通取水审批绿色通道。执行水土保持、洪水影响评价、水资源论证区域评估和“多评合一”制度，深化“放管服”改革，优化审批流程，压缩审批时间。10月26日，《赤峰市地下水保护条例》通过市人大修订，《赤峰市“十四五”水安全保障规划》印发实施。制定《赤峰市水利局行政审批前期工作编制单位及中介服务机构信用管理规定（试行）》，加强对中介机构的行业管理，强化入驻中介服务超市机构资质审核，依法整治中介服务机构利用执业便利违规谋取不正当利益行为，避免出现“黄牛”等包办代替行为，净化水利行业营商环境。落实安全生产责任制，制定《赤峰市水利局安全生产工作规则》。

（朱　鹏　贾玉红　孙美丰）

湖泊保护

【概况】 赤峰市境内有湖泊70余个，最大湖泊为达里诺尔湖，水面面积在100平方千米以上；水面面积10平方千米以上的湖泊有2个，为岗更诺尔湖、益和诺尔湖。2022年，赤峰市压实属地管理责任，明晰各部门工作职责，加强湖泊环境保护。市水利局派出4个工作组，就旗县区水湖泊问题进行系统排查，湖泊流域违法违规问题全部整改完成。

【达里诺尔湖保护】 达里诺尔湖位于克什克腾旗达日罕乌拉苏木贵恩格日嘎查，中心地理坐标为北纬43°17′、东经116°37′，水面面积198平方千米，东浅西深，最大水深11米，平均水深5.6米，属咸水湖。达里诺尔元代称“鱼儿泊”“达儿泊”，因湖泊呈肩胛骨形状，也称达里诺尔（达里诺尔系蒙古语，意为肩胛骨形的湖）。补给水源有浩来郭勒、央森郭勒、贡格尔河、套林郭勒和地下涌泉。达里诺尔是自治区第二大内陆湖，有“草原明珠”之称。2017—2022年，克什克腾旗聘请中国科学院生态环境研究中心、水利部水利水电规划设计总院编制《达里湖流域生态环境演变与成因分析及管理对策研究》《达里湖流域水生态保护与修复规划（2022—2035）》。申请流域治理资金1.41亿元，完成达里湖流域水环境监测、已垦撂荒草原治理、京津风沙源治理、规模化林场建设等14个项目建设。2022年，克什克腾旗达里湖渔业有限责任公司70名护渔队员驻守在湖周边17个管护点，全天候保护渔业资源。

【红山湖保护】 红山湖又名红山水库，位于翁牛特旗、敖汉旗交界处，以北侧红山命名。1958年10月兴建，1965年10月竣工。水库流域形状呈扇形，水库控制流域面积2.45万平方千米。水面面积20平方千米，最大深度426.21米，最大蓄水量25.6亿立方米，正常蓄水量4960万立方米，正常蓄水深度387米。年平均径流量为1.17亿立方米。红山水库设计灌溉面积15万公顷，正常蓄水条件下向下游稳定供水灌溉面积2.67万公顷，历史最大实灌面积7.47万公顷。2022年，赤峰市总工会在红山水库架子山建立职工绿化基地，植树绿化20公顷，其中核心山体绿化面积12.19公顷。红山水库管理中心实施水库生态改造29.52公顷，完成305国道两侧景观带生态维护养护和大黑山植被恢复养护13.33公顷，325.2公顷国家重点公益林和相关林地得到管护。

【紫蒙湖保护】 紫蒙湖位于宁城县黑里河镇和右北平镇的交界处，相传五代时期十三太保李存孝打虎遗址“打虎石”在湖区附近，又名打虎石水库。水库属国家大Ⅱ型水库，库容储量1.12亿立方米，是宁城县人民连续奋战6年建成的水利工程。2004年，被评为国家水利风景区。2010年，将“打虎石水库”冠名为“紫蒙湖”。库区养鱼水面533.33公顷，盛产鲢鱼、鲤鱼、鲫鱼、草鱼。2022年6月6日，根据《赤峰市2022年

翁牛特旗红山湖　（内蒙古红山水库管理中心　供图）

宁城县紫蒙湖　（宁城县档案史志馆　供图）

克什克腾旗公主湖　（王义　摄）

中央财政渔业增殖放流项目实施方案》、自治区农牧厅《关于组织做好2022年全国“放鱼日”同步增殖放流和引导公众定点放流的通知》要求，由市农牧局主办、宁城县农牧局与宁城天宇旅游开发有限公司承办的水生生物增殖放流活动在紫蒙湖举行，活动投放鱼苗8万尾。

【公主湖保护】 公主湖位于克什克腾旗乌兰布统苏木葫芦诺日嘎查，属于辽河流域辽河水系。水面面积0.12平方千米，湖泊中心点坐标为北纬42°39′16″、东经117°7′23″，补给水源为冰雪融水、自然降雨和地下水。湖泊岸线为自然岸坎，岸上为自然生长草木，是典型的草原湖泊。传说曾有一位公主驻扎于此，因此得名。2022年，克什克腾旗各级河湖长落实《内蒙古自治区河长湖长巡河巡湖暂行办法》，使用河长通App开展巡河湖工作。旗、苏木乡镇、嘎查村三级河湖长累计巡河湖2366人次，湖泊流域违法违规问题全部整改完成。

【岗更诺尔保护】 岗更诺尔，蒙古语，意为恒久不竭之湖，又名牤牛泡子。位于克什克腾旗达来诺日镇岗更嘎查，中心地理坐标为北纬43°16′、东经116°55′。水面面积21.2平方千米，最大水深3米，平均水深1.37米，湖泊容积3040万立方米，为淡水湖。北侧有贡格尔河东支注入，套林郭勒东西横穿，因此具有吞吐功能，与达里诺尔湖为姐妹湖。岗更诺尔有国家一、二类保护鸟类26种，盛产鲤鱼、鲫鱼、华子鱼。2022年，为增强嘎查牧民的生态环境保护意识，岗更嘎查“两委”对岗更诺尔周边湿地情况进行定期调研，向嘎查牧民常态化宣讲岗更诺尔周边湿地保护政策、湿地保护工作的重要性。岗更嘎查牧民群众建立起人与自然和谐共生理念，落实草畜平衡政策，采取季节性放牧减轻湿地生态负担。

【将军泡子保护】 将军泡子位于克什克腾旗乌兰布统苏木小红山子嘎查，属辽河流域西拉木伦河水系。水面面积0.27平方千米，湖泊中心点地理坐标北纬42°35′31″、东经117°9′5″，补给河流主要为将军泡子河。岸线为自然岸坎，岸边植被覆盖良好，是典型的草原湖泊。据《清史稿》记载，康熙二十九年（1690），佟国纲随康熙帝征讨噶尔丹，在战争中阵亡于此，因此得名。2022年，克什克腾旗林业和草原局、生态环境局、水利局联合开展河流源头生态保护专项检查，围绕《中华人民共和国水土保持法》《内蒙古自治区湿地保护条例》《中华人民共和国渔业法》落实情况开展“春季行动”执法检查，发现“四乱”问题140个，清理河湖垃圾2547吨，湖泊生态问题全部得到解决。

（张凯辉　孙美丰　李春煜）

流域综合治理

【西辽河流域治理】 赤峰市落实党中央、国务院、自治区水利厅关于西辽河流域“量水而行”指示精神，把西辽河流域“量水而行”工作推进作为生态优先、绿色发展的重要抓手。印发《水资源调查评价及保障能力中长期规划》《中心城区水资源调查评价及保障能力中长期规划》《农业用水管理考核方案》《重点工业企业水耗双控实施方案》《节水行动实施方案》。2022年，翁牛特旗海日苏灌区达林台灌域退减灌溉面积4400公顷，节水约0.5亿立方米，断流多年的西辽河干流通过人工调度连续3年实现“有水”目标。实施查干木伦河（西辽河支流）林西段防洪工程建设，修固堤防20.37千米，护岸6.95千米，提升西岸防护能力，控制岸坡坍塌，保护河道两岸村庄、耕地及牧草地安全，保障沿岸群众生命财产安全和地区经济社会可持续发展。

▶▶ 链接

西辽河流域“量水而行”

2021年，赤峰市将西辽河“量水而行”任务完成情况纳入河湖长制和最严格水资源管理制度考核。2020—2021年，中心城区及周边地区共退减地表水农业灌溉面积3466.67公顷，封堵取水口（灌区渠首）30个，完成节水灌溉面积6.8万公顷；2021年，选择松山区、喀喇沁旗开展“量水而行”试点旗县建设，通过“分水到村（井）、计量到井、取水限量、用水有价、用水缴费、超用加价”管理方式，提高农业用水管理水平。

【防洪治理】 2022年8月，自治区水利厅在赤峰市巴林右旗召开内蒙古辽河流域西拉木伦河治理工程（巴林右旗段）竣工验收会，工程通过验收。工程实施提高西拉木伦河干流巴林右旗西拉木伦苏木段的防洪能力，控导水流方向，维护稳定河势，保障西拉木伦苏木7个自然村1.42万人口、7800公顷耕地和8.12万只牲畜的安全。中心城区锡泊河与半支箭河清淤疏浚工程总投资434.8万元，完成清淤5.7万立方米，为中心城区涵养地下水源创造条件。实施全市主要河流和中心城区水量调度，完成各大水库生态流量下泄，畅通河道生态廊道。

【老哈河流域协同共治】 老哈河全长451.3千米，其中河北省境内62.7千米、内蒙古自治区赤峰市境内388.6千米。2022年7月1日，建立“信息互通、数据共享、联防联治”区域共管合作关系，赤峰市、宁城县河长办与承德市、平泉市共同开展“保护母亲河、流域共行动”活动，开启老哈河上下游协同共治，推动两市范围内相邻跨界河流区域治理、水污染防治等工作，推动和促进两市跨界河流水质改善达标、水环境向好。

（贾玉红　孙美丰）

森林资源保护

【概况】 2022年，赤峰市依托内蒙古高原生态保护与修复、退化林分改造修复等重点工程项目，完成造林3.65万公顷。围绕退化杨树改造、低产低效山杏嫁接、灌木林平茬复壮3个方向调结构、提质量、增效益，完成退化林分改造修复1.87万公顷。完成重点区域绿化686.67公顷。建成乡村绿化美化示范村195个、乡村绿化美化示范县1个，创建自治区森林城市1个，创建自治区森林乡镇3个。

【林业病虫害防治】 2022年，赤峰市发生林业有害生物灾害9.41万公顷，发生面积比上年略有下降。完成林业有害生物防治8.25万公顷，采取仿生制剂、放置粘板、悬挂诱捕器、摘除卵块等方法无公害防治8.09万公顷，无公害防治率98%，其中飞机防治面积1.69万公顷。林业有害生物成灾面积226.67公顷，成灾率0.07‰。市林草局对境内345.85万公顷森林面积进行监测，悬挂诱捕器3449个，诱捕到红脂大小蠹3013只。未发现松材线虫病、美国白蛾，红脂大小蠹发生面积逐年下降，未扩散到其他旗县区。赤峰市松林面积38.77万公顷，普查面积38.77万公顷，普查覆盖率100%，共设置踏查线路500条、标准地401个。调查过程中未发现媒介天牛危害状况。

【森林采伐更新抚育】 2022年，赤峰市在全市范围内推行林木采伐告知承诺制。下发《赤峰市林业和草原局关于做好植被恢复工作的通知》，督促旗县区及时恢复采伐迹地等需更新地块。要求旗县区按照森林抚育相关规程、设计规定和资金管理办法进行森林抚育实施方案和作业设计的制定、审核、批复和备案，开展抚育小斑上图、检查验收、档案管理等工作。全市完成中央财政森林抚育任务3710公顷。

【森林执法】 2022年，赤峰市加强隐患排查力度，全市未发生重特大森林火灾和人员伤亡事故。完成7141件问题案件和图斑的核查整治，其中问题案件2530件、问题图斑4611件。办结自治区、市、旗县区信访件334件。审核清理市政府、市直部门涉林涉草文件663件。全市恢复植被1.26万公顷，罚款金额追缴2898.06万元。 （谭靖然）

自然保护地保护

【概况】 2022年，赤峰市有各级各类自然保护区28个，自然保护区总面积110.61万公顷，占全市国土面积的12.3%。国家级自然保护区8个，数量居全国地级市之首，总面积67万公顷，占全市国土面积的7.4%。

【湿地保护】 2022年，赤峰市湿地保护率为38.2%，音敖包、黄岗梁、乌兰布统、赛罕乌拉、乌兰坝、黑里河等森林生态系统类自然保护区中恢复丰富的柳灌丛沼泽湿地；水禽种类增加至143种，水禽重要栖息地数量增加至47处。市生态环境局将湿地保护作为林草长制的重点内容，对湿地资源实施清单式管理。将市本级湿地保护资金纳入财政预算，编制印发《赤峰市湿地保护规划（2023—2035）》。11月，新认定盟市重要湿地4处。累计投入1.39亿元建设的巴林左旗乌力吉木伦河国家湿地公园（试点），涵养水源、栖息鸟类等生态功能加强。累计投入4740万元实施的内蒙古达里诺尔国家级自然保护区湿地保护与恢复项目，恢复达里湖湿地面积和湿地生态功能，珍稀鸟类栖息繁衍场所得到改善和扩大。

【赛罕乌拉自然保护区保护】 赛罕乌拉自然保护区以保护森林、草原、湿地等生态多样性为主，通过与北京大学、生态环境部南京环科所等多所高等院校及科研机构建立协作关系，利用固定监测样线、红外线相机、卫星定位项圈监测、无损伤取样等方法，对保护区内野生动植物进行动态监测，结合分子生物技术，完成对野生动物种群遗传多样性、遗传距离、种群结构、性别构成、食性组成，遗传病理等方面研究。2022年，制作、储存动植物标本2万余份，野生狍子数量增至3500只以上，查明现有野生动植物3070种，其中国家Ⅱ级以上动植物69种；国家Ⅱ级哺乳动物9种；国家Ⅱ级以上保护鸟类56种，有35种鸟类被列入野生动物国际贸

克什克腾旗野鸭湖盟市重要湿地 （市林草局 供图）

巴林左旗赛罕乌拉自然保护区　　（赤峰日报社　供图）

易公约 CITES（濒危野生动植物种国际贸易公约）附录Ⅰ和附录Ⅱ，珍稀濒危野生动植物得到保护。

【核查整改】 2022 年，赤峰市开展自然保护区人类活动遥感监测核查和问题整改，涉及自然保护区、森林公园、地质公园 24 个，出动人员 1149 人次，对“绿盾”行动下发的 2219 处人类活动遥感监测点位进行核查，完成核查任务并推动和完善 239 个聚焦问题整改，聚焦问题整改完成率和验收销号率均为 100%。自

表 40　2022 年赤峰市自然保护区一览表

单位：公顷

序号	名　　称	所在地	级　别	批复面积
1	赛罕乌拉国家级自然保护区	巴林右旗	国家级	100446.00
2	白音敖包国家级自然保护区	克什克腾旗	国家级	13862.00
3	黑里河国家级自然保护区	宁城县	国家级	27638.00
4	大黑山国家级自然保护区	敖汉旗	国家级	87000.00
5	高格斯台罕乌拉国家级自然保护区	阿鲁科尔沁旗	国家级	106284.00
6	乌兰坝国家级自然保护区	巴林左旗	国家级	78672.00
7	达里诺尔国家级自然保护区	克什克腾旗	国家级	119413.55
8	阿鲁科尔沁国家级自然保护区	阿鲁科尔沁旗	国家级	136793.63
9	黄岗梁自治区级自然保护区	克什克腾旗	自治区级	41654.00
10	桦木沟自治区级自然保护区	克什克腾旗	自治区级	38562.00
11	松树山自治区级自然保护区	翁牛特旗	自治区级	42377.00
12	沙日温都自治区级自然保护区	阿鲁科尔沁旗	自治区级	24740.00
13	潢源自治区级自然保护区	克什克腾旗	自治区级	45438.00
14	乌兰布统自治区级自然保护区	克什克腾旗	自治区级	30089.00
15	青山自治区级自然保护区	克什克腾旗	自治区级	9200.00
16	七锅山—平顶山自治区级自然保护区	巴林左旗	自治区级	2250.00
17	内蒙古小河沿湿地鸟类自然保护区	敖汉旗	自治区级	17646.00
18	大冷山市级自然保护区	林西县	市级	26587.34
19	灯笼河草原市级自然保护区	翁牛特旗	市级	8000.00
20	旺业甸市级自然保护区	喀喇沁旗	市级	6603.00
21	红山自然遗迹保护区	红山区	县级	592.90
22	大乌梁苏自然保护区	松山区	县级	2533.30
23	上窝铺自然保护区	松山区	县级	1800.00
24	根丕自然保护区	阿鲁科尔沁旗	县级	5370.00
25	阿布德龙台自然保护区	巴林右旗	县级	30000.00
26	贡格尔草原自然保护区	克什克腾旗	县级	101900.00
27	五牌子鸟类自然保护区	翁牛特旗	县级	600.00
28	热水自然保护区	宁城县	县级	40.79

（市林草局）

治区“三区三线”划定成果获得国家审批，赤峰市批复生态保护红线面积2.58万平方千米。

【“绿盾”监督执法】 2022年，赤峰市根据国家、自治区统一部署，对自然保护地整合优化预案进行再完善，调出保护地内符合标准的永久基本农田、商品林、矿业权、村庄等8326.67公顷。加强自然保护地监督管理，严格自然保护区内修筑设施审批，开展保护区“绿盾”违法违规疑似点位、自然保护地内违规开发房地产、违法违规私建“住宅式”公墓排查整治。 （谭靖然　孙美丰）

生物多样性保护

【概况】 2022年，赤峰市生态环境局完成赤峰（大兴安岭）典型生态系统及植物多样性调查，编制完成《赤峰市生物多样性保护研究报告》，并制作宣传片。开展生物遗传资源保护和生物安全管理，联合八部门印发《赤峰市外来入侵物种普查总体方案》，建立赤峰市外来入侵物种防控部门协调机制和专家委员会联席会议制度。

【生物多样性调查】 2022年4月，赤峰市林木种质资源普查队对全市境内早花木本、草本植物进行标本和图片采集的普查工作。主要对宁城县、巴林右旗、克什克腾旗及翁牛特旗进行早花植物普查，定点普查55个点，设普查样线1个，总计普查登记林草物种74个，标本采集74份。实施“赤峰市珍稀濒危野生动物调查监测”项目，掌握137种珍稀濒危野生动物的外貌形态、生活习性、分布情况以及保护级别等。联合北京林业大学开展“大兴安岭南段片段化马鹿种群恢复与栖息地保护研究”项目，掌握全市马鹿种群数量和分布情况，摸清马鹿栖息地现状和干扰因素，并提出保护策略。与国家林业和草局调查规划设计院合作完成“赤峰市白枕鹤、灰鹤、蓑羽鹤、大鸨、黑鹳等珍稀鸟类监测”项目，掌握珍稀濒危鸟类在赤峰市的分布情况和栖息地现状。通过开展全国越冬鹤类同步调查，掌握大鸨、灰鹤在全市越冬地的分布情况和处群数量以及生活习性。开展天鹅类鸟的调查监测工作，形成《赤峰市天鹅种群监测报告》。

【野生动物保护】 2022年，赤峰市争取国家、自治区专项资金在自然保护地内开展野生动物栖息地保护和恢复项目建设。3—6月、8—11月是野生动物监测重点期，市林草局组织护林员、疫源疫病监测员每日对野生动物重要栖息地开展巡护。提高对野生动物栖息地的巡护工作频次，打击乱捕滥猎野生动物、破坏野生动物栖息地的违法行为。高格斯台罕乌拉自然保护区5000余只马鹿、沙日温都自然保护区内栗斑腹鹀形成稳定种群。发挥打击野生动物非法贸易联席会议制度作用，加强对野生动物栖息地的巡护力度，开展“2022清风行动”。加强野生动物疫源疫病防控，规范监测站（点）管理，提高主动预警监测能力，全市未发现野生动物异常死亡情况。

【野生植物保护】 2022年，赤峰市对优良乡土树种草种、珍稀濒危树种草种资源进行选育、收集、保护，录入林草植物1242种，采集600余种植物制作标本3000余份，采集种子80种。3月，松山区林草分局联合林长制成员单位及部分野生动植物保护志愿者，开展以“关注旗舰物种保护，推进美丽中国建设”为主题的宣传活动，发放宣传单页1000余份、倡议书1000余份。

（朱　鹏　谭靖然）

表41　2022年赤峰市野生动物保护名录

保护级别	保　护　种　类
国家Ⅰ级重点保护野生动物	卷羽鹈鹕、黄嘴白鹭、黑鹳、东方白鹳、黑头白鹮、青头潜鸭、中华秋沙鸭、白腹海雕、玉带海雕、白尾海雕、秃鹫、乌雕、草原雕、金雕、猎隼、黑琴鸡、白鹤、白枕鹤、白头鹤、丹顶鹤、大鸨、黑嘴鸥、遗鸥、栗斑腹鹀、黄胸鹀、豹
国家Ⅱ级重点保护野生动物	赤颈䴙䴘、角䴙䴘、黑颈䴙䴘、白琵鹭、疣鼻天鹅、大天鹅、小天鹅、鸿雁、白额雁、小白额雁、鸳鸯、花脸鸭、斑头秋沙鸭、鹗、凤头蜂鹰、（黑）鸢、高山兀鹫、白头鹞、白腹鹞、白尾鹞、鹊鹞、日本松雀鹰、雀鹰、苍鹰、灰脸鵟鹰、普通鵟、棕尾鵟、大鵟、毛脚鵟、鹰雕、黄爪隼、红隼、红脚隼、灰背隼、燕隼、游隼、勺鸡、蓑羽鹤、灰鹤、鹮嘴鹬、半蹼鹬、白腰杓鹬、小杓鹬、大杓鹬、翻石鹬、阔嘴鹬、小鸥、黑浮鸥、领角鸮、红角鸮、雕鸮、长尾林鸮、花头鸺鹠、纵纹腹小鸮、鹰鸮、长耳鸮、短耳鸮、蒙古百灵、云雀、红喉歌鸲、蓝喉歌鸲、褐头鸫、红胁绣眼鸟、北朱雀、红交嘴雀、狼、赤狐、沙狐、貉、黑熊、豹猫、兔狲、猞猁、马鹿（仅限野外种群）、斑羚、水獭、团花锦蛇

（市林草局）

节能减排

【概况】 2022年，赤峰市起草《工业领域碳达峰实施方案》和钢铁、有色、建材、化工、食品5个行业碳达峰实施方案，推动工业绿色低碳发展。城镇新建建筑全面执行《建筑节能与可再生能源利用通用规范》，新增在建工程全部按照节能标准进行设计建造。中心城区新上线新能源公交车20辆，2处新能源出租车换电站投入使用。全市公共机构以“绿色低碳，节能先行”为主题，开展公共机构节能宣传周等活动。

【工业节能减排】 2022年，赤峰市提升清洁能源规模，建成可再生能源装机609.9万千瓦。实施自治区级能源领域重大项目11个，总投资规模165.7亿元，累计完成投资58.7亿元。122个500万元以上工业技术改革项目完成投资45.59亿元，年节能标准煤30万吨、节水100吨以上。对涉嫌违规生产玻璃纤维的8家企业进行实地排查，对存在的淘汰类设备全部拆除。元宝山电厂煤场及元宝山区4家露天矿煤场、大井子锡业渣场封闭工程全部建成，远联钢铁料场棚化改造工程建成投运。15台燃煤锅炉实施“煤改电”改造，374户平房居民接入集中供热。2家企业完成VOCs（挥发性有机物）综合治理，9家企业完成泄漏检测和修复。

【建筑节能减排】 2022年，赤峰市加强公共建筑节能72%标准和居住建筑节能75%标准的执行监督力度，开展新建建筑在设计、审图、施工、竣工验收等环节的节能监管，落实各方主体节能质量责任。全市新增在建工程230个项目，建筑面积383.75万平方米，全部按照节能标准进行设计建造。

【交通节能减排】 2022年8月，赤峰市公共交通有限责任公司采购8.2米纯电动新能源公交车20辆，于10月初开始运营。利用自治区对巡游出租车的奖补政策，公司与吉利换电站签署战略合作协议，投资518万元建设站前、二毛生活区新能源出租车换电站2处。巴林右旗加强机动车污染防治联防联控，实施柴油货车尾气污染治理，对柴油货车污染控制装置、尾气排放达标情况开展抽检行动，抽测柴油货车48辆，未检测出超标车辆。

2022年11月3日，国家税务总局工作人员在内蒙古兴安银铅冶炼有限公司调研企业节能减排情况，助力企业走好绿色发展之路　（赤峰日报社　供图）

【公共机构节能减排】 2022年，赤峰市扩大新能源汽车配备比例，完成75家单位节约型机关创建任务。对学校、医院及党政机关等重点用能单位开展用能督查，联合第三方为其编制降耗方案，推动能源管理效能提升。市党政综合楼中央空调机组改建项目投入运营。

（孙　章　朱　鹏　陈子忠　张敏志　孙美丰　赵天政）

污染防治

【大气污染防治】 2022年，赤峰市完成北京冬奥会空气质量保障任务，全市空气质量达到历史最好水平。推进工业企业技改升级，九联煤化工1号焦炉脱硫脱硝改造、远联钢铁轧钢加热炉低氮燃烧改造和赤峰热电厂2#燃煤机组超低排放改造工程全部完成。市市场监管局开展烟花爆竹禁燃禁放和大气污染防治集中攻坚行动，开展烟花爆竹、成品油质量抽查，抽查烟花爆竹36批次，其中5批次不合格；抽查成品油49批次，其中2批次不合格。执法人员对不合格产品立案调查处理，确保成品油和烟花爆竹经营行为规范有序。

【水污染防治】 2022年，赤峰市加强水质分析预警，制定国控断面分区管控方案，实施针对性治理和保护，断面水质持续改善。加强汛期水环境监管，建立国控断面排查整治台账，加强城镇污水处理厂溢流口、市政雨污水泵站铅封管理。推动入河排污口整治，建立排污口规范化信息台账，累计封堵入河排污口107个，完成雨污分流改造30个，铅封污水处理厂溢流口18个。

【固体废物污染防治】 2022年，赤峰市开展危险废物安全专项整治三年行动及重点任务落实情况“回头看”，发现的问题全部完成整改。开展废弃危险化学品等危险废物风险集中治理，排查发现的7个环境风险隐患全部整改到位。推进固体废物环境风险隐患排查整治工作，排查发现的74个重点问题和222个共性问题全部完成。

【化工园区管理】 2022年，赤峰市根据《自治区“十四五”节能减排综合工作实施方案》《内蒙古自治区发改委关于完善能耗强度和总量双控政策保障“稳中求进”高质量发展的通知》要求，赤峰高新技术产业开发区对新引进企业投资类项目进行审核。遵循“能耗强度严格控制、能耗总量弹性管理”原则，对办理能源评估的企业把关，为内蒙古明岳新材料项目、华镃固（危）废综合利用项目、保绿每年200万吨铜冶炼尾渣综合利用项目、大道锂电项目、金通二期等5个项目办理能评手续，综合能耗每万元0.497吨标准煤。

【机动车污染防治】 2022年，赤峰市完成机动车排气污染监管平台和各机动车环检机构升级改造及业务受理，受理业务变更2808件、报检校验变更9187件。开展机动车遥感监测工作，启动3个固定点位和1个移动点位的遥感监测，实现联网上传数据，共上传遥感监测数据260万余辆次。

【医疗废物污染防治】 2022年，赤峰市成立医疗废物应急处置工作专班，明确重大疫情期间全市医疗废物应急处置单位、启动流程和运行规则，疫情期间4次请示市政府启动医疗废物应急处置设施。每日调度医疗废物产生量和处置量，确保全市医疗废物及时、高效、安全处置。全年累计处置医疗废物1.36万吨。

（朱　鹏　薛　冰）

生态环境监管

【生态环境保护执法】 2022年，赤峰市实施权责清单动态管理，确定行政许可、行政处罚等事项270项。推行行政执法“三项制度”，落实权责清单和行政执法责任制，对行政处罚案件全部进行法治审核。执行《赤峰市生态环境违法行为信息曝光管理制度》，累计公开曝光典型环境违法行为1731起。整治生态环境领域行业乱象，年内检查企业2256家次，发现行业乱象问题39个，完成整改34个。全市查处环境违法案件147件，处罚款1110.5万元。开展企业环境信用评价，确定250家企业环境信用等级。

【环评中介结构管理】 2022年4月26日，赤峰市出台《出台《赤峰市环境影响评价中介服务机构管理办法（试行）》，规范建设项目环境影响报告书和环境影响报告表编制中介服务，保障环境影响评价工作质量。引导75家环保中介机构入驻赤峰市中介服务超市。

【排污许可管理】 2022年，赤峰市核发排污许可证83家，变更排污许可证305家次，重新申办46家，延续125家，注销34家，指导完成排污许可登记396家。开展排污许可证证后管理工作，对283家持证企业开展证书质量审核，对99家企业执行报告进行规范性审核。对元宝山区美丽河镇谭某某建设煤矸石破碎加工厂未办理排污登记的行为，处以罚款3万元。

【辐射安全监管】 2022年，赤峰市组织开展国家辐射安全监管系统数据自查和辐射安全风险隐患排查整治，发现问题全部整改到位。推进辐射安全许可工作，全年办理Ⅲ类射线《辐射安全许可证》申请、变更、延续、注销事项56个。推进废旧放射源送储，15枚废旧放射源全部按计划安全送储。完成对3家移动通信运营公司和赤峰铁塔公司2021年度通信基站电磁辐射环境监测实施情况核查。

（朱　鹏）

2022年7月5日，市生态环境局对赤峰高新技术产业开发区元宝山产业园重点企业进行污染防治检查　（市生态环境局　供图）

科学技术

责任编辑　孙美丰

科学技术

综　述

【科技政策落实】　2022年，赤峰市出台《关于建设创新赤峰的实施意见》，修订《赤峰市科技特派员管理办法（试行）》《赤峰市科技计划项目管理办法》，完善科技创新政策体系。落实科技奖补政策，发放科技创新奖补资金1661.62万元，其中通过“免申即享”方式发放奖补资金1404.1万元。召开全市科技创新政策培训会，开展科技政策宣讲活动10次，制作科技政策解读视频9个。

【科技创新平台载体建设】　2022年，赤峰市新获批国家级和自治区级创新平台3个，分别为安快创业谷（国家科技企业孵化器）、赤峰学院（自治区国际科技合作基地）、赤峰瑞阳化工有限公司（自治区成果转移转化示范基地）；认定市级创新平台16个。赤峰市科学技术局推动赤峰高新区创建国家级高新区工作开展，指导内蒙古赤峰国家农业科技园区评估工作开展。以赤峰市农科所为依托的内蒙古设施蔬菜种业技术创新中心，完成投资2000万元。中科赤峰产业创新研究院、上海交通大学内蒙古研究院区域协同创新中心启动运行。筹建赤峰市产业创新研究院，向市政府提交《赤峰市产业创新研究院建设草案》。分产业、分领域引导龙头企业牵头组建创新联合体，全市备案创新联合体22个。

表42　2022年赤峰市新认定市级创新平台一览表

序号	类　别	名　　称	依托单位名称	属　地
1	技术创新中心	赤峰市玉米育种技术创新中心	内蒙古利禾农业科技发展有限公司	松山区
2		赤峰市饲用酵素技术创新中心	内蒙古中润生物科技有限公司	元宝山区
3		赤峰市有色金属采选业技术创新中心	内蒙古拜仁矿业有限公司	克什克腾旗
4		赤峰市中蒙药配方颗粒剂技术创新中心	祈蒙股份有限公司	敖汉旗
5		赤峰市矿山资源绿色开采技术创新中心	赤峰西拉沐沦（集团）公格营子煤业有限公司	元宝山区
6	重点实验室	赤峰市神经损伤与功能修复重点实验室	赤峰市医院	市直属
7		赤峰市口腔颅颌面疾病研究重点实验室	赤峰学院附属医院	市直属
8		赤峰市谷子育种重点实验室	赤峰市农牧科学研究所	市直属
9		赤峰市草食家畜营养与饲料重点实验室	赤峰市农牧科学研究所	市直属
10		赤峰市沙棘重点实验室	赤峰市林业科学研究所	市直属
11	科普示范基地	阿鲁科尔沁旗科技馆科普示范基地	阿鲁科尔沁旗科学技术协会	阿鲁科尔沁旗
12		巴林左旗辽上京博物馆	巴林左旗辽上京博物馆	巴林左旗
13		赤峰淇艺中蒙药材科技示范园	赤峰市淇艺机械有限责任公司	喀喇沁旗
14		草原与草业科普示范基地	阿鲁科尔沁旗草业示范园区管理委员会	阿鲁科尔沁旗
15		化工技术科普示范基地	赤峰工业职业技术学院	市直属
16		大乌梁苏东宏生态科普示范基地	赤峰东宏旅游开发有限公司	松山区

（市科技局）

成立赤峰智慧农业协会和赤峰林草学会，筹备成立赤峰交通科技学会。完成22家科技学会、协会年审工作。

【创新型企业培育】 2022年，市科技局将高新技术企业和科技型中小企业“双倍增”行动列为年度重要推进任务，通过政策宣传、培训开展、实地指导等方式培育创新型企业。建立市级高新技术企业和科技型中小企业动态培育库，入库培育高新技术企业51家、科技型中小企业80家。备案国家科技型中小企业137家，超额完成全年55家的指标。新增国家高新技术企业65家，高新技术企业数量合计125家。

（牛洪金）

表43　2022年赤峰市新认定国家高新技术企业一览表

序号	企业名称	属地
1	内蒙古环港环保科技有限责任公司	红山区
2	赤峰天拓市政建设工程有限公司	
3	内蒙古天羽通用航空有限公司	
4	兴亿建设集团有限公司	
5	内蒙古鸿霖信息技术有限责任公司	
6	内蒙古中亿建筑有限公司	
7	内蒙古因诺生物技术有限公司	
8	赤峰东黎羊绒股份有限公司	
9	赤峰维康生化制药有限公司	
10	内蒙古卓信建设工程检测有限公司	
11	内蒙古智想科技有限公司	
12	赤峰宏牧士饲料有限责任公司	
13	内蒙古嘉宝仕生物科技股份有限公司	
14	内蒙古华塑节水灌溉科技有限公司	
15	赤峰圣伦绒毛制品有限公司	
16	内蒙古利禾农业科技发展有限公司	松山区
17	赤峰环保投资有限公司	
18	内蒙古启超测绘有限公司	
19	赤峰柴胡栏子黄金矿业有限公司	
20	内蒙古巨安电子工程有限公司	
21	内蒙古安邦科技有限公司	
22	赤峰泽宇水利工程有限公司	
23	赤峰市互联网络有限责任公司	
24	内蒙古泰航信息技术有限公司	
25	内蒙古金泰中威科技有限责任公司	
26	内蒙古富龙供热工程技术有限公司	
27	内蒙古辽河工程局股份有限公司	
28	赤峰宏基建筑（集团）有限公司	
29	赤峰贺邦机电制造有限责任公司	元宝山区
30	赤峰西拉沐沦（集团）公格营子煤业有限公司	
31	赤峰元泰铸件有限公司	
32	赤峰宇丰科技种业有限公司	
33	赤峰联谊气体有限责任公司	
34	内蒙古普力泰材料科技有限公司	
35	赤峰祥棋农业科技有限公司	
36	内蒙古德圣隆涂装科技有限公司	
37	赤峰月光街网络科技有限公司	
38	赤峰金通铜业有限公司	

续表

序号	企业名称	属地
39	内蒙古京航特碳科技有限公司	宁城县
40	内蒙古宁城天宇膨润土科技有限公司	
41	赤峰市建支科技有限公司	
42	宁城天助机械有限公司	
43	赤峰市建支管业有限公司	
44	赤峰市奇运蒙脱石精细化工有限公司	
45	赤峰市东彩彩印有限公司	
46	内蒙古塞飞亚农业科技发展股份有限公司	
47	赤峰荣邦矿业有限责任公司	克什克腾旗
48	内蒙古黄岗矿业有限责任公司	
49	内蒙古拜仁矿业有限公司	
50	内蒙古兴安银铅冶炼有限公司	
51	内蒙古大唐国际克什克腾煤制天然气有限责任公司	
52	赤峰博元科技有限公司	
53	赤峰山金红岭有色矿业有限责任公司	巴林左旗
54	赤峰市富岭建筑材料有限公司	
55	内蒙古超越饲料有限公司	
56	赤峰大井子锡业有限公司	林西县
57	赤峰市淇艺机械有限责任公司	喀喇沁旗
58	赤峰卉原建材有限公司	
59	赤峰云铜有色金属有限公司	
60	内蒙古创达热管节能设备有限公司	翁牛特旗
61	内蒙古华颂农业科技有限公司	巴林右旗
62	赤峰博大氧化锌有限公司	敖汉旗
63	内蒙古禾为贵种业有限公司	
64	内蒙古浩源农业科技发展有限公司	阿鲁科尔沁旗
65	中城海创建设有限公司	

（市科技局）

【高新技术产业发展】 2022年，赤峰市高新技术产业全口径工业总产值1014.89亿元，6年平均增速28%，占全市工业产值比重的57.3%。赤峰高新区形成八大产业集群及13条产业链。国家级高新技术企业占园区企业总数的11.3%，自治区级以上高新技术企业、科技型中小企业、专精特新企业占企业总数的四分之一。农牧业科技产业园主体建成，形成喀喇沁种植试验示范基地、元宝山林业试验基地、敖汉细毛羊保种基地等9个科研基地。

科技管理

【概况】 2022年，赤峰市印发《科技服务业2022年行动方案》，制定科技成果评价章程。建设、推广研发费用智慧管理平台，191家企业注册使用。将"研发投入攻坚行动"纳入全市督考联动工作，对各旗县区进行实地督导。京蒙合作农业科技成果转化示范项目通过专家组验收。完成科技成果登记107项，认定技术合同183份，合同成交额为2.14亿元，达成旗县区技术合同认定登记清零目标。11月28日，全国技术市场领域最高奖项——第11届中国技术市场协会金桥奖获奖名单公布，赤峰市科技创新和成果转化中心霍龙获"先进个人"奖，内蒙古格林特制药有限责任公司格林特集团研发及成果转化中心获"先进集体"奖。

【京蒙合作农业科技成果转化示范项目验收】 2022年8月25日，市科技局组织专家对赤峰市科技创新和成果转化中心承建的京蒙合作农业科技成果转化示范项目进行验收。项目投资50万元，建立占地面积1.33公顷的京蒙合作农业科技成果转化示范基地2个，签订合作协议23项，引进2个蔬菜新品种及配套栽培技术。依托北京市科学技术委员会引进李子、樱桃、海棠、桃等11种果树新品种及配套种植技术。推动有机蔬菜生产技术、农业废弃物饲料化技术、现代植物生长调节剂技术、规模化生态养鸡技术的应用推广。项目通过评审专家验收。

【科技资金投入】 2022年，市科技局申请国家、自治区科技资金8155.1万元。市财政预算安排各级、各领域科技支出2.33亿元，完成自治区年初下达的指标。2021年全市申报享受研发费用加计扣除优惠政策企业102家，享受研发费用加计扣除金额4.35亿元，比上年增长53.9%。争取国家和自治区科技项目70个，带动社会资本投入8000万元。举办科技企业专场政银企对接会2次，推动科技、金融融合发展，银行业支持科技创新贷款金额33.98亿元，比上年同期增加2.21亿元。获批自治区自然科学基金项目18个、资金132万元。

【科技组织建设】 2022年，赤峰市科学技术协会（以下简称"市科协"）到旗县区、市直属中小学校、科研院所、产业孵化基地开展专题调研，强化工作联系。全市有旗县区科协12个、苏木乡镇（街道）科协175个、中小学校科协436个、高校科协3个、企业科协45个、中国农村专业技术协会30个。12个旗县区举办"三长"（医院院长、学校校长、农技站站长）进科协活动，提高医疗、教育、农技推广等领域科技志愿服务水平。市科协被评为全国2021年青少年科学调查体验活动优秀组织单位。

【科技"放管服"改革】 2022年，市科技局制定《落实优化营商环境任务工作方案》，完成优化营商环境"普惠创新"评估，如期完成优化营商环境任务4个，"12345"政务服务便民热线电话接诉即办，办结率100%。完善政务公开工作机制，认领科技部发布的行政许可事项和行政确认事项，发布清单和办事指南，优化办事流程，国外人士到赤峰市办理工作许可业务办结时限由法定最长25个工作日压缩至10个工作日。单个合同由法定30日减少至1个工作日。（牛洪全 邱 佳）

科技人才

【概况】 2022年，赤峰市落实内蒙古自治区科学技术厅出台的《高校、科研院所创新激励政策二十条》，营造宽松的科研环境，优化科研经费管理，推行经费使用包干制、信用承诺制，为科研人员减负松绑。全市科研教育弘扬科学精神、科学家精神，推动青少年科技教育资源向基层下沉。开展"喜迎二十大，建言新发展"建言献策征集活动，科技工作者多角度、全方位、高精度地开展调查研究，形成高质量建议30余篇。

【科技人才引进】 2022年，赤峰市发挥各类科技创新平台载体柔性引进人才作用，引进科技人才735人，包括两院院士（中国科学院、中国工程院院士）等国家高端人才69人、"草原英才""西部之光"等自治区人才81人。深化与上海交通大学内蒙古研究院、中国科学院北京国家技术转移中心的科技合作，明确引进一批中国科学院高层次创新人才及团队。

【科技人才服务】 2022年5月30日，以遴选推荐自治区优秀科技工作者、创新先锋岗、创新先锋号工作为抓手，市科协组织认定、推荐优秀科技工作者60人、团体8个。征集自治区学术年会优秀论文22篇。联合市人社局向自治区科协、自治区人社厅推荐优秀科技工作者5人。实施"青年人才科研托举"计划，惠及青年人才60人。组织科技专家调研企业需求，对企业一线技术人员开展创新方法培训，开展服务企业技术革新、人才培训、信息咨询等活动3次，指导国家电网内蒙古东部电力有限公司赤峰供电公司3名技术工人参加自治区创新方法大赛。

【科学素质提升】 2022年，赤峰市将公务员科学素质提升课程纳入各级党校、行政学院各类干部教育培训计划中，重视科学精神、科学思想培育，加强前沿科技知识和全球科技发展趋势学习，提高领导干部和公务员科学履职能力。市科技局以创建老年科普大学为抓手，联合市委组织部、市委老干部局共同推进老年人科学素质提升，联合制发《创建老年科普大学 提升老年人科学素质的通知》，启动实施老年科普大学建设，旗县区级老年科普大学建设完成。联合市总工会等六部门制发《赤峰市产业工人科学素质提升行动2022年具体工作方案》，开展针对产业工人群体科学素质提升活动，填补产业工人科学素质提升工作空白。围绕"科技助力'双减'"主题，联合市教育局、市委宣传部、团市委联合制发《赤峰市青少年科学素质提升行动工作方案（2022—2025）》。赤峰市被评为"'科创筑梦'助力'双减'科普行动"全国首批试点城市，全市38所中小学校被评为全国首批试点单位。

（牛洪全 邱 佳）

科技成果

【概况】 2022年，赤峰市认定市级创新平台16个，其中重点实验室5个、技术创新中心5个、科普示范基地6个。开展成果推介会、知识产权培训、科普讲座等线上活动5场，开展线上线下走访对接活动30余次，面向全市征集科技合作需求118个，支持科技合作项目资金1873万元。安快创业谷获批成为国家级科技企业孵化器，赤峰学院获批成为自治区级国际科技合作基地，赤峰瑞阳化工获批成为自治区级成果转移转化示范基地。

【科技成果转化】 2022年，赤峰市利用市级财政资金1953万元，布局优质肉羊杂交改良关键技术应用示范、北林201苜蓿新品种高效种植技术应用示范等8个市级科技特派员助力乡村振兴项目。开展双亲性氨基C60富勒烯的合成工艺路线和检测方法研究、钙法三羟甲基丙烷高效缩合技术开发及应用、抗肺纤维化药物乙磺酸尼达尼布的开发及产业化应用研究等13个技术攻关和成果转化项目。培育自治区技术转移服务机构2个、技术经纪人30人。科技成果转化云平台启动使用，录入科技成果451个，征集需求35项，将成果、需求与中科赤峰产业创新研究院进行对接，推动科技成果转化。

【医疗卫生科研成果】 2022年，赤峰市卫生健康系统获国家自然科学基金青年科学基金1项，获自治区医学会科学技术奖三等奖1项，获批自治区医疗卫生科技计划项目56个，推广完成自治区2021年度卫生健康科技成果与适宜技术推广项目4个。赤峰市医院赤峰市神经损伤与功能修复重点实验室、赤峰学院附属医院赤峰市口腔颅颌面疾病研究重点实验室获批成为市级重点实验室。12月，赤峰市公布第三批入选“玉龙英才”工程个人和团队，赤峰市医院原发性肝癌全程化管理创新人才团队、赤峰市医院缺血性脑血管病精准介入治疗创新人才团队、赤峰学院附属医院胸部创伤与肿瘤研究创新人才团队、赤峰学院附属医院3D打印骨科修复材料创新人才团队获“玉龙英才”工程团队称号，赤峰市医院宋健楠、李世君、李乐，赤峰学院附属医院韩旭晨、乌玉红5人获“玉龙英才”个人称号。

【科技小院】 2022年，赤峰市有巴林左旗糯玉米科技小院、林西县番茄科技小院、克什克腾旗羊业科技小院、宁城县食用菌科技小院、松山谷子科技小院5家科技小院。科技小院依托农业企业3家、种养殖合作社2家，联合内蒙古农业大学、内蒙古民族大学农学院、赤峰学院农学院3所高等院校，市农牧科学研究所、市乡村振兴研究院2家科研院所，实现入驻教授、研究员、副教授级农业专家9人、博士研究生1人、硕士研究生11人。科技小院的创建，把全市农牧业品种优势转化为产能优势。

（牛洪金 邱 佳 张 敏 孙美丰）

2022年8月17日，内蒙古赤峰市巴林右旗羊业科技小院落成仪式在巴彦塔拉苏木古力古台嘎查举行 （市科协 供图）

科学技术普及

【概况】 2022年，赤峰市加强科普示范体系建设，提升五大重点人群（公务员、农牧民、产业工人、青少年、老年人）的科学素质，实现服务企业创新、青少年科技教育、组织建设“三项提升”。全市科技志愿者注册人数3.6万人、科技志愿者组织总数504个。科普大篷车开展活动28次，受益1170人次。市科协被评为全国2021年度青少年科学调查体验活动优秀组织单位。

【科普设施建设】 2022年，赤峰市有3家单位获国家级科普教育基地认证，7家单位获自治区级科普教育基地认证。命名赤峰市科普教育基地、社区e站43个。市社科联与市委宣传部、市科技局联合印发《赤峰市在新时代文明实践中心建设中大力开展科技志愿服务活动方案》，成立赤峰市首家新时代文明实践科普体验中心，推动新时代文明实践中心（站、所）设立科普体验中心、科普活动室、科普角。重点推进“科普＋旅游”“科普＋文化”试点项目建设，打造特色科普基地，构建科技、文化、旅游相结合的现代科普设施体系。

【科普宣传】 2022年，市科协在官方网站更新科普稿件192篇，其中被自治区科协官方网站采用稿件42篇；微信公众号等新媒体平台累计更新各类图文、短视频500余次，累计阅读量33万余次，短视频平台累计关注量14.7万余次。在赤峰广播电视台推出《“星火点亮赤峰大地”——

赤峰市科技工作者风采展播》系列宣传片，在《赤峰日报》推出“科技工作者风采”专版。举办“创新争先 自立自强——第6个全国科技工作者日”主题展览活动，制作“献礼二十大 科普向未来”主题宣传片。在“筑梦·流动十年”宣传活动中，市科协被中国科协授予“筑梦流动十年优秀组织单位”称号。

【科技活动】 2022年5月21日，赤峰市科技活动周暨国家级科技企业孵化器揭牌仪式在赤峰数字创意学院举行，科技活动周以“走进科技 你我同行”为主题，全市各地区、各科普场所同期举办科普讲座、科技成果推介会、科普进社区等活动。开展“金智学术技术交流”活动10余场次，促进学术交流和科研创新。开展“新时代文明实践科技助力乡村振兴旗县行”活动3轮次，举办实用技术培训、现场技术指导等30余场次，惠及农牧民群众1万余人。开展2022年内蒙古自治区“百名专家走进盟市旗县科普传播行”春、秋两季活动，聘请本地农牧业、医药等领域专家32人，开展义诊、讲座、现场指导等活动45场次，线上线下覆盖群众5000余人次。开展全民科学素质网络知识竞赛，线上参与人数7.9万人次。参加“内蒙古公民科学素质电视大赛”，获三等奖、优秀组织单位奖和最佳策划奖。开展全市中小学校参加青少年500米口径球面射电望远镜（FAST）观测方案征集活动，13所学校参与并提交FAST观测方案200份，赤峰市新城蒙古族实验小学“对M13F脉冲双星系统运转轨迹的观测”方案获优秀观测方案奖。在高校科学营活动中，选拔品学兼优营员30人、带队老师3人，分别在北京科技大学、东南大学、广东工业大学开展“云上高校科学营”活动。举办赤峰市第3届科普剧表演大赛，征集科普剧本98个，评选优秀科普剧本75个。举办赤峰市第37届青少年科技创新大赛优秀作品展和优秀成果展，1000余名中小学生和16名科技辅导员参与，比赛征集到科幻画、科技发明等作品900余件，评选优秀作品400余件。举办赤峰市第4届青少年机器人竞赛，评选一等奖12名、二等奖17名、三等奖20名。

【科技服务】 2022年，赤峰市开展科技工作“三服务”（服务中心工作、服务创新主体、服务科研一线）活动，各级科技管理干部联系高新技术企业、科技型中小企业、重点科研平台载体、高校、科研院所等创新主体，开展经常性走访调研，宣讲科技政策、谋划科技创新路线、指导开展科技创新工作，提升科技服务水平。组织农牧业科技特派员服务基层工作，开展培训活动8期，线上线下共培训470余人次。选派416名“三区”（边远贫困地区、边疆民族地区、革命老区）人才专项计划科技人员，到9个受援旗县区80余个苏木乡镇，开展技术开发、技术咨询、技术培训等方面公益性服务，推进科技创新创业，助力乡村振兴。建设企业科技特派员工作站5个，入站科技特派员129人，服务企业180余家，在政策宣讲、项目申报、科技型企业培育、平台载体建设等方面开展精准服务。

【赤峰市第4届青少年机器人竞赛】 2022年7月22日，由市科协、市教育局主办，松山区职教中心和赤峰机器人科技协会协办的赤峰市第4届青少年机器人竞赛和赤峰市第37届青少年科技创新大赛在松山区万达广场举办。竞赛设机器人创意比赛、MAKE X（机器人赛事平台）机器人挑战赛、ENJOY AI（全球青少年人工智能普及活动）机器人普及赛、机器人超级轨迹巡游赤峰、机甲大师无人机挑战赛、机器人创新比赛、机器人编程大赛7项赛事，来自19所学校的219名选手参赛。经角逐，竞赛评选出一等奖12名、二等奖17名、三等奖20名。活动现场同时举办赤峰市青少年科技创新大赛优秀作品展和优秀成果展，征集到科幻画、科技发明等各类作品900余件，评出优秀作品400余件。 （牛洪金 邱 佳 孙美丰）

2022年7月22日，赤峰市第4届青少年机器人竞赛和第37届青少年科技创新大赛举办 （市科协 供图）

教　育

责任编辑　孙美丰

教 育

综 述

【教学机构】 2022年，赤峰市有各级各类学校1501所。其中，高校5所、中等职业学校29所、普通高中44所、初中106所、小学394所、幼儿园917所、特殊教育学校10所，专任教师5.13万人，在校生63.6万人。全年招聘中小学、幼儿园教师906人，补充统编教师358人。

【基础设施建设】 2022年，赤峰市完成教育基础设施建设投资18.23亿元。松山区第十七幼儿园、红山区第二十二小学等19个续建学校建成并投入使用，元宝山区西城小学等11个新建学校完成主体建设，赤峰应用技术职业学院建设项目一期工程建成并投入使用，赤峰学院校园扩建工程完成招投标工作。

【师资建设】 2022年，赤峰市推进教师招聘机制改革，招聘中小学、幼儿园教师906人。通过县域内调剂、旗县区间商调、“绿色通道”等方式，足额补充统编教师358人。通过公费师范毕业生招录、紧缺人才引进、校际交流、跨校走教等途径，补充高考综合改革结构性短缺教师528人。到全国20所高校开展校园招聘活动，吸引优秀大学毕业生到赤峰市任教。推进教师职称评价改革，获评正高级教师19人、高级教师1618人。

【教育科学研究】 2022年，赤峰市出台《新时代教研工作的若干举措》《赤峰市教研员工作职责》《赤峰市教研员考核办法》等规范性和指导性文件20余份，完善教科研工作制度。成立教研指导包联组与教师共同研读教材、研究学情，了解和掌握教师教学中存在的问题，并提出解决措施。开展“菜单需求式”“名师工作坊式”教研，组织同频互动、优课在线、送教下乡、主题教研成果展等活动370余场次。邀请全国学科专家开展业务培训7次，培训教师3.8万人次。举办教研员线上巡课活动，巡课课时1200余节，保障线上教学质量。建立市级名师工作室21个、县级名师工作室85个、校级名师工作室187个。申报自治区级课题150余个，通过验收课题20余个。赤峰市教育评价改革课题《让评价变成欣赏》被自治区教育厅评为自治区教育评价改革优秀案例。

【教育信息化建设】 2022年，赤峰市推进全市中小学校园固定宽带千兆网络建设，元宝山区、克什克腾旗、敖汉旗中小学校完成千兆进校园、百兆进班级建设。推广5G网络校园全覆盖，确定赤峰二中国际实验学校、红旗中学、松山职教中心等5个5G智慧校园试点。12个旗县区各级各类学校、市教科研中心全部实现5G网络教研。完成元宝山区实验中学、克什克腾旗经棚第二中学等4所学校初中实验操作AI人工智能考试平台建设，4所自治区示范性普通高中创新实验室完成主体建设。

【教育督导】 2022年，赤峰市制发《教育督导委员会工作规程》，聘任第六届督学128人，督促市县两级全额配齐总督学和副总督学。督促旗县区整改2021年履行教育职责中存在的问题。制发《赤峰市县域义务教育优质均衡发展督导评估规划方案》，组织专家团队对阿鲁科尔沁旗、林西县、元宝山区义务教育优质均衡工作进行实地督导。制发《关于进一步推进学前教育普及普惠督导评估年度规划的通知》，对7个旗县区下发督办函。制发《赤峰市2022年“双减”督导工作方案》，下发《全市校外培训机构治理工作情况通报》，每月调度全市“双减”工作，办理自治区、市级举报信息28件，查实15件，办结率100%。对教育经费拨付、教师职称待遇落实、学生资助等7项工作开展专项督导督办。对校园疫情防控工作进行专项督导，排查隐患300余个，督促各地各校全面整改。

【国家统编教材推行】 2022年4月，赤峰市就高一年级推行使用国家统编教材重点工作进行专项调研；5月，到市直属机关、阿鲁科尔沁旗、巴林右旗14所学校、4所幼儿园，调研推行使用国家统编教材和国家通用语言文字教育教学工作，研究解决各地各校工作中存在的困难和问题。通过公开招录、“绿色通道”人才引进等方式，补充高一年级推行使用国家统编教材教师223人。联合东北师范大学、辽宁师范大学、内蒙古民族大学和赤峰学院，研究制定教师全员培训方案，培训4个轮次，为适应新教材、新课程提供保障。2022年秋季学期起，全市高中阶段起始年级、7所原民族语言授课高中1500余名学生全部使用国家统编三科教材，并使用国家通用语言文字授课。举办中小学国家统编教材教师线上培训班。培训采取网络培训和跟岗实践相结合的方式，线上直播培训5日；线上直播培训结束后，参训教师到本旗县区优秀实习基地跟岗实践5日。全市中小学国家统编教材教师线上培训由市教育局主办、赤峰学院承办，培训教师400人。

【平安学校建设】 2022年，赤峰市印发《中小学幼儿园安全管理规定》，修订《教育系统突发公共事件应急预案》《教育系统地震应急预案》，对12个旗县区政府履行校园安全责任情况进行专项督查。启动平安校园建设，创建县级平安校园483所、市级平安校园161所，申报自治区级平安校园13所。巩固校园安防"四个百分百"（安防保安员配备、校园封闭管理、一键报警装置和视频监控系统联网百分百）建设成果，1473所学校加装校园楼宇防坠落装置。推进学校建设工程消防未验收专项整治，152所学校的351个建筑物单体验收销号，争取财政资金2800万余元用于市教育局直属10所学校、幼儿园消防设施设备及安全防范设施设备升级改造。加强学校食堂"互联网+明厨亮灶"建设，完成率为98%。加大校园安全专项工作统筹推动力度，完成学校实验室危险化学品、校车专项、自建房安全、燃气（醇基燃料）、学生欺凌、安全隐患排查等工作。

【学习共同体建设】 2022年，赤峰市制定《指向深度学习的学习共同体建设行动研究方案》，推进学习共同体建设。出台《赤峰市中小学教学常规》等配套文件，保障学习共同体建设常态化发展。印发《赤峰市中小学幼儿园实施学校发展共同体建设工作方案》《赤峰市中小学幼儿园组建学校发展共同体实施办法》，邀请专家指导全市学习共同体建设。12月，组织学习共同体实验领航学校全体教师参加线上第6届学习共同体峰会，聚焦培养反思型、成长型、专家型教师。组建高中学校发展共同体7个、义务教育阶段学校发展共同体95个、学前教育发展共同体57个、特殊教育发展共同体3个。

【"梦想视野·局长工作坊"活动】 2022年7月30—31日，由上海真爱梦想公益发展中心主办、市教育局协办的第24届"梦想视野·局长工作坊"活动在赤峰市福兴东方酒店举办。活动以"追逐梦想一起向未来"为主题，举办"梦想视野"主旨演讲、"梦想好课堂"实践展示和教育者圆桌论坛。市教育局就协同教育高质量发展事宜与上海真爱梦想公益基金会进行签约。双方合作实施项目有名教师培养工程、名校长培养工程、名班主任培养工程、优秀学科教研组培养工程、生涯规划师培养工程。通过上海真爱梦想公益基金会的公募、私募平台为项目筹集资金，助力赤峰市教师团体专业技能提升。

（张佩伦　孙美丰）

学前教育

【概况】 2022年，赤峰市有幼儿园917所，在校生11.2万人，教师7995人，普惠率87.03%，公办园在园幼儿占比59.05%，学前三年毛入园率93.09%。巴林右旗通过学前教育普及普惠评估认定，全市有13所公办园晋级。制定《赤峰市学前教育发展提升行动实施方案》，发挥"名园长""名教师工作室"引领示范作用，组建教师专业成长共同体，深化课程课题研究。

【幼儿入园管理】 2022年，赤峰市召开各市直属园和中心城区幼儿园招生工作会议，商议招生条件和时间，执行《赤峰市教育局直属幼儿园招生工作暂行办法》，按照就近入园原则，施行划片招生、摇号入园政策。加强招生工作日常监管，明确规定没有空位不得随意转入。完善学籍管理，明确市、县、幼儿园三级学籍管理制度，完善新入园幼儿学籍建立工

2022年11月21日，克什克腾旗经棚蒙古族幼儿园开展"幼小衔接学前教育"主题活动，举行升国旗仪式　（克什克腾旗档案史志馆　供图）

作。实行幼儿园学籍与小学学籍对接，按月汇总转入与转出幼儿，并在市教育局官网上进行提交。

【幼小衔接】 2022年，赤峰市围绕"为入小学做准备和减缓入学坡度"问题进行联合教研，帮助儿童从幼儿园到小学的过渡。利用网络平台，组织中国学前教育研究会课程专家讲座3次，1万余人参加学习。开展以"幼小衔接学前教育"为主题的宣传月活动，选择幼儿园优秀活动案例50个，在市教育局官网和微信公众号进行宣传展示，选取4个案例报送至自治区教育厅。

【安吉游戏推广】 2022年，赤峰市落实《推广安吉游戏工作实施方案》，开展幼儿自主游戏开发、寓教于乐环境改善、学习材料投放工作，助力幼儿健康成长。组织全市幼儿园参加关于安吉游戏"观察儿童"方法的线上研讨会2次，通过园长讲解、专家剖析、线上问答等形式，掌握观察方法和分析儿童的依据。5月，经专家评审，自治区教育厅认定阿鲁科尔沁旗为旗县级安吉游戏实验区。组织全市幼儿园自主游戏案例评选活动，评选优秀案例96个。（张佩伦）

义务教育

【概况】 2022年，赤峰市有小学397所、教学点124个、初中106所。小学在校生25.7万人，初中在校生12.5万人；小学教师2万人，初中教师1.1万人。完成元宝山区、林西县国家县域义务教育优质均衡发展先行创建县调查指导工作。消除义务教育大班额，推进标准班额建设。完善市、县、校三级控辍保学监管机制，落实联控联保长效机制，从动态清零转向常态清零。修订学籍管理办法，健全各级责任体系，消除学籍管理及相关教育乱象。全年义务教育巩固率为99.71%，年内辍学失学学生14人，全市未发生学生因贫辍学失学现象。

【"双减"工作】 2022年，赤峰市义务教育阶段学校全部建立作业公示制度，出台作业管理办法，在作业控制时间、开足开齐国家课程、一年级零起点教学、考试次数和等级呈现考试结果等方面达标率均为100%。据国家监测平台显示，学生对校内减负满意率为98.48%，家长满意率为98.55%。5月，市教研中心推动落实《作业设计与实施指南》，组织作业设计专题教研活动，推广优秀作业案例；出台《赤峰市中小学疫情防控期间线上教学指导方案》，组织各学科同频互动教研88次。开展新课标培训活动，制发《义务教育阶段课堂教学基本要求》。市教育局与旗县区教育局共同组建兼职宣传队，构建纸质媒体、网络媒体和自媒相结合的三维宣传网络，形成文字、音频、视频交互的宣传体系。在市县两级电视台、报纸、微信公众号等媒体上开辟"双减"专栏、"双减"专版。由市教育局主办的《"双减"信息专报》印发至第29期。

【课后延时服务】 2022年，赤峰市中小学课后服务实现"四个全覆盖"（周一至周五每天全覆盖、所有义务教育学校全覆盖、所有有需要的学生全覆盖、所有学科全覆盖），参加学生36.47万人，参与率97.65%；参加教师3万余人，参与率82.39%；聘请校外专业人员96人。课后服务结束时间与本地区职工下班时间相衔接，12个旗县区均建立课后服务经费保障。各地各校因地制宜制定课后服务"一校一案"，在"1+X"基础上，挖掘校内潜力，统筹利用科普、文化、体育等方面社会资源，形成校内外衔接、优势互补的服务课程体系。针对全市中小学课后服务工作情况进行线上调研，出台《进一步加强课后服务工作的指导意见》，确定服务对象、规定服务时间、明确服务内容、创新服务方式、理顺服务流程、提出服务要求，提高全市中小学课后服务质量，满足家长和学生的多样化需求。

【红山区第一小学】 红山区第一小学位于红山区三道街，占地面积5655平方米，建筑面积5627平方米。学校有教学班27个，在校学生1423人，教职工79人（高级职称45人、中级职称29人、初级职称5人），被评为自治区级教学能手2人、市级教学能手4人、红山区教学能手30人。建有实验室、图书室、阅览室、音乐教室、美术教室、劳技教室、心理咨询室、多功能厅等专业化教室13个。获自治区义务教育示范学校、自治区义务教育实验学校、赤峰市名学校称号。

【赤峰新城蒙古族实验小学】 赤峰新城蒙古族实验小学占地面积3.68万平方米，建筑面积1.24万平方米，有学生294人，教职员工51人，其中高级教师13人，自治区级学科带头人2人、自治区级教学能手1人，市级学科带头人1人，市级教学能手3人。学校拥有会议厅、体育馆和各类专业化教室。

【"诚信教育进校园"活动】 2022年，市教育局组织开展"诚信教育进校园"活动，全面落实立德树人根本任务，提高师生思想道德素质，推动"诚信赤峰"建设。红山区各中小学校组织开展"四个一"工程，即出一期诚信主题板报、召开一次主题班会、举办一次征文比赛、举行一次国旗下演讲。元宝山区开展"喜迎二十大，争做诚信好少年"诚信教育活动，各中小学校举行主题升旗仪式、参观诚信文化长廊、开展主题班会、讲诚信经典故事、举办诚信手抄报比赛等活动。活动在全市30余所中小学校园开展，5000余名师生参与活动，精选100余个学生作品进行展播展示，引导青少年树立诚信理念，培养诚信品质。

【冰雪研学活动】　2022年1月，赤峰市第2届“激情冰雪 助力冬奥”冰雪进校园研学实践活动启动仪式在喀喇沁旗美林谷滑雪场举行。喀喇沁旗、红山区、松山区部分学校的学生在美林谷滑雪场通过观冰雪、玩冰雪、练冰雪、赛冰雪，探索冰雪运动的趣味性，因地制宜开展球类运动、冰雪运动、沙地运动、体操和跳绳项目。赤峰学院附属中学200余名师生在赤峰道谷南山滑雪场开展冰雪研学活动，采取“健康知识＋基本运动技能＋专项运动技能”教学模式，组织冰雪赛事，营造冰雪氛围。　（张佩伦）

2022年9月1日，赤峰二中国际实验学校初中部举行开学典礼

（市教育局　供图）

普通高中教育

【概况】　2022年，赤峰市有普通高中44所，全年招生2.68万人，在校生8.22万人。在2022年普通高等学校招生全国统一考试中，理科高考分数600分以上考生325人，占全市考生的1.9%；本科一批上线学生6787人，占全市考生的38.8%；本科二批上线学生1.38万人，占全市考生的79%。文科高考600分以上考生6人，占全市考生的0.1%；本科一批上线学生1050人，占全市考生的20%；本科二批上线学生3068人，占全市考生的58.5%。

【高考综合改革规划】　2022年，赤峰市根据《内蒙古自治区深化普通高等学校考试招生综合改革实施方案》要求，自2022年秋季入学的高中一年级学生启动实施高考综合改革。市教育局印发《关于做好高考综合改革政策研究和业务部署工作的通知》，梳理亟待解决的实际问题，形成问题清单并制定整改办法。出台《关于落实自治区高考综合改革重点工作的通知》，统筹教育教学资源配置，规范实施选课走班。市教育局在微信公众号上为全市初中、高中阶段教师、学生和家长推出公益讲座10期，明确普通高中选科组班、选课走班、新课程改革、新教材使用、生涯规划指导等工作实施办法。安排各学校高一、高二年级开设生涯规划教育校本课程，高三年级开设相关专题讲座，根据学校师资和办学条件指导学生科学合理选择高考科目。

【高考综合改革培训】　2022年8月12—16日，赤峰市举办2022年全市高考综合改革工作培训会议。培训以网络视频会议方式举行，针对高考综合改革中的政策解读、工作推进、重点工作、新高考命题改革及发展趋势等内容进行培训。呼和浩特市教育教学研究中心主任于秀娟、内蒙古师范大学历史文化学院副院长兼内蒙古师范大学附属第二中学副校长刘瑞军、中国人民大学附属中学原副校长肖远骑、辽宁省重点中学大连市103中学副校长何长涛、重庆市教科院原副院长李常明等专家进行专题讲座。市、县两级教育局分管领导、全市高中各学科教研员、校长、班主任3000余人参加培训。

【赤峰二中国际实验学校】　赤峰二中国际实验学校是市教育局直属公办九年一贯制学校，学校分南北2个校区，北校区为初中部，占地面积6.33万平方米，建筑面积2.46万平方米；南校区为小学部，占地面积5万平方米，建筑面积1.8万平方米。2017年9月1日正式招生；截至2022年末，学校在校生5323人、教师306人。学校有教职工101人，其中研究生学历39人，占教师团队的38.6%，35周岁以下青年教师50人。

【赤峰第十五中学】　赤峰第十五中学位于红山区小新地组团，校园总占地面积3万平方米，建筑面积1.65万平方米。学校有教学班24个，学生1200人，教职工101人，其中研究生学历39人，占教师团队的38.6%，35周岁以下青年教师50人。校内建有教学楼、实验楼、行政楼各1栋，实验室、舞蹈、美术、音乐、科技等功能教室配备齐全。

【八里罕中学开展“缅怀革命先烈，加强民族团结”主题教育活动】　2022年3月28日—4月1日，赤峰市宁城县八里罕中学组织开展“缅怀革命先烈，加强民族团结”主题教育活动。学校设计10余版以讲述少数民族革命英雄事迹为主要内容的专题小报，宣扬少数民族革命将领在抗日战争、解放战争、社会主义革命和建设时期为中华民族做出的贡献。各年级教学班开展主题班会活动，学生通过讲红色故事、颂红色诗歌、唱红色歌曲等形式表达对英烈的哀思。全校40个教学班2500余名学生参加活动。

【新惠中学开展第2届心理健康周活动】 2022年5月25日，敖汉旗新惠中学开展以“新青年，新助力”为主题的心理健康周活动。组织学生参观心理咨询室，建立心理咨询疏导机制；开展微笑征集，200余名学生上传笑脸至微笑电子屏集中显示；设立学生心语心愿墙，为学生提供诉说心声及美好祝愿的平台，累计征集好心愿500余条；针对20余名班级心理委员进行培训，完善学生身边的保护网。通过系列心理健康教育活动，新惠中学初步建立起中学生心理健康保护系统。

（张佩伦　孙美丰）

特殊教育

【概况】 2022年，赤峰市完成秋季适龄残疾儿童少年入学工作，残疾儿童入学率100%，义务教育安置率为97%。开展全市特殊教育3个片区教育教学研讨活动。探索特殊教育个别化教育策略和生活化、游戏化、项目化课程教学方式。组织开展全市随班就读教师示范课展示活动、特殊教育学校教学基本功展示活动、融合教育案例遴选活动，开展特殊教育业务培训5期，参与线上学习交流活动并通过培训考核1335人。

【赤峰特殊教育学校】 赤峰特殊教育学校是市教育局直属的全日制综合性特殊教育学校，集学前康复教育、义务教育、普通高中教育、职业技术教育，融聋教育、盲教育、培智教育于一体。学校占地面积1.4万平方米，建筑面积1.38万平方米，有教学班30个，在校学生270人，教职工119人，其中正高级教师2人、高级教师30人、市级学科带头人12人、市级教学能手12人、市级骨干教师14人。体育馆、美术室、律动室、图书室、微机室、多功能厅、职教实训室等设施齐全，感统教室、多感官教室、听力检测室、语言训练室等功能完备，满足特殊儿童康复需求。

【赤峰市红山区特殊教育学校】 赤峰市红山区特殊教育学校是一所集特殊儿童学前康复、培智义务教育、职业训练为一体的公办全日制学校。学校以“为残疾孩子的生存与发展奠基”为办学宗旨，遵循“让每个残疾孩子快乐、健康的成长”的校训，先后被自治区、赤峰市、红山区授予“自治区特殊教育先进集体”“赤峰市特殊教育先进集体”“赤峰市智障儿童少年培训基地”“赤峰市残疾儿童定点康复机构”“红山区特殊教育先进集体”等称号。截至2022年末，学校有学前康复班1个、培智义务教育班9个。学生103人，教师45人，其中特殊教育专业教师13人、市级学科带头人4人、市级教学能手8人、市级骨干教师24人。

【“特普幼儿融合教育”实践活动】 2022年，赤峰特殊教育学校学前康复部与赤峰市新城蒙古族幼儿园共同举办“特普幼儿融合教育”实践活动，开展适合听障幼儿参与的主题活动和户外运动。赤峰市新城蒙古族幼儿园为赤峰特殊教育学校学前康复部捐赠幼儿平衡车10辆，帮助特殊儿童更好成长。

【“扶残助学 情暖校园”助残日活动】 2022年5月13日，赤峰特殊教育学校开展“扶残助学 情暖校园”助残日活动。赤峰市红十字助梦成长公益基金、内蒙古天禹水利水电有限责任公司、内蒙古崇济医药有限公司、内蒙古立聪医疗器械有限公司、赤峰忠冠口腔医院有限公司5家爱心单位、企业向学校捐赠价值7.68万元的生活用品和防疫物资。赤峰市红十字会副会长赵令国为捐赠企业颁发捐赠证书，市残联三级调研员苏成熠、市教育局副局长吕东辉、市教育科学研究中心副主任张学锋、市红十字助梦成长公益基金执行主任王小民为爱心企业颁发爱心证书。

（张佩伦　孙美丰）

职业教育

【概况】 2022年，赤峰市有中等职业学校29所。其中，高等职业技术学校5所，学生3.5万人，教师2700人。通过网报网录招收初中应届毕业生1.08万人，职教高考本科上线人数占自治区总数的40%以上，中等职业学校职业高考本科上线学生633人，占自治区职业本科录取总数的41%。出台《赤峰市职业教育提质培优三年行动方案（2022—2024）》《赤峰市职业教育提质培优三年行动方案任务清单》，实施铸魂育人、体系建设、产教融合、课程改革、队伍建设、治理能力六项行动。

【教学管理】 2022年，赤峰市加快构建与经济社会发展、产业结构相匹配的现代职业教育体系。全市11所中等职业学校和24个专业（专业群）获批自治区“双优”项目立项建设，其中获评A档学校7所、专业13个，获评B档学校4所、专业11个，总体排名居自治区首位。内蒙古交通职业技术学院汽车检测与维修技术专业群、城市轨道交通运营管理专业群获评自治区“双高”立项建设A档；赤峰工业职业技术学院机电设备技术专业群获评高水平专业群建设B档。培育市级高技能人才贯通培养专业试点9个，赤峰工业职业技术学院成立中高职衔接专业教研室试点6

个。赤峰卫生学校、阿鲁科尔沁旗职教中心、赤峰建筑工程学校、元宝山区职教中心4所职业院校获批成为自治区老年教育、社区教育教学试点。

【教育科研】 2022年，赤峰市林西县职业中学学生栾佳兴获“金砖国家职业技能大赛（决赛）无人机救援物资精准投放”单项比赛第1名；在全国职业院校学生技能比赛中，赤峰建筑工程学校、赤峰农牧学校、宁城县职业中学共获三等奖4项。内蒙古交通职业技术学院有授权专利软件著作19件，发表核心、SCI（科学引文索引）、EI（工程索引）论文23篇，入选赤峰市青年人才科研托举计划2人，获评市科协“创新先锋岗”称号2人，获评市级优秀科技工作者1人，获市科协成果奖励3项，获市社科联项目奖励3项。赤峰应用技术职业学院（赤峰农牧学校）畜牧兽医系开发活页教案《动物疫病防控》入围首届涉农职业院校服务乡村振兴“名课名师”评选活动。教师团队出版教材2册，发表论文40余篇、论著9本，申请专利3项。

【招生就业】 2022年，内蒙古交通职业技术学院、赤峰工业职业技术学院、赤峰应用技术职业学院市域内贯通培养招生3322人，占3所高职院校全年招生总人数的83.5%。市域内五年制贯通培养招生1397人，单招单考招生1925人，占3所学校同类招生人数的93%、78%。内蒙古交通职业技术学校招收学生3567人，其中三年高职2797人、五年高职191人、技工579人；应届高职毕业生2529人、技工毕业生635人，普通专科毕业生一次就业率97.47%。赤峰工业职业技术学院高职高专录取新生1885人，录取率97.7%，其中单独招生录取597人、秋季统考录取1288人；应届高职毕业生1272人，就业落实1195人，毕业去向落实率93.95%。赤峰应用技术职业学院（赤峰农牧学校）五年制高职学生录取228人、中职网上录取学生283人、面试录取学生124人、高职单招学生1000人、统招学生273人，累计录取学生1908人。市教育局开展职业教育宣传活动130余次，5.3万名学生、2200名教师、30家企业6.5万余人次参与。制作初中毕业生职业生涯规划指导视频8个，视频累计点击量7万余次。

【产教融合】 2022年，赤峰市规划建设蒙东现代职业教育产教融合实训基地和线上运营平台各1个。全市职业院校与北京京东世纪贸易有限公司等200余家规模以上企业开展校企合作，年均提供稳定就业岗位4000余个。内蒙古交通职业技术学院联合企业154家、中职学校24所、行业协会20个组建赤峰职业教育联盟，搭建起政府主导、行业、企业、院校多方联动的职业教育互联互通平台。成立和润农学院、安快数字创意产业学院等校企命运共同体。赤峰工业职业技术学院与17家企业开展校企合作，参与学徒制培训和企业职工技能培训2400余人次。

【内蒙古交通职业技术学院】 学校占地面积47.79公顷，建筑面积21.27万平方米。开设高职专业42个、中职专业15个、技工专业27个，覆盖铁道交通运输、道路桥梁工程、汽车工程、管理工程、建筑工程、机械电子、航空、物流八大特色专业群。学校有无人机、城市轨道、内河船员、消防安全、公路、计算机、物流、会计、建筑等100个设施完备的实训场所，69个校外实习实训基地。2022年，学校有高职在校生6548人、中职在校生636人、技工在校生3079人，教职工582人、专任教师441人。新增专业6个，建设并评审在线开放课程9门、校本教材5本、教学改革13项。推进7个1+X证书试点建设，完成10个专业322人次的1+X证书考核鉴定。推进智能网联汽车实训中心、“理虚实”一体信息化教学基地、钳工电工实训室等6个实训室建设。承办“一带一路”暨金砖国家技能发展与技术创新大赛轨道车辆技术赛项、城市轨道交通服务员赛项内蒙古选拔赛。

【赤峰工业职业技术学院】 学校以开展全日制高等职业教育为主，中等职业教育和技工教育为辅，同时开展成人继续教育、职业培训和职业技能等级认定。是国家高技能人才培训基地、国家技能人才培训突出贡献单位、自治区“双高”项目建设院校、国家机械行业3D打印培训（鉴

内蒙古交通职业技术学院铁道交通运输模拟驾驶训练 （赤峰日报社 供图）

定）中心、自治区科普示范基地。学校设高职专业39个、中职专业29个、技工专业22个，建设专业群6个，机电一体化技术专业群是自治区高水平专业群B档建设项目，机电一体化技术、数控技术专业被评为自治区骨干专业。机电一体化技术、大数据与会计、药品生产技术3个专业立项成为自治区首批职业院校特色试点专业。2022年，学校有全日制在校生6505人，其中高职学生5117人、中职学生946人、技师442人。学校有教师475人，其中享受国务院特殊津贴1人、获得“国家技能人才培育突出贡献个人”称号1人、国家级技能大师2人、自治区级技能大师1人、自治区“草原英才”1人。赤峰工业职业技术学院就业信息网平台建设完成，入驻企业209家，发布招聘职位1150个，提供岗位9508个。全年参与技能人才评价1200余人次、培训学生综合职业素质提升5000余人次。

【赤峰应用技术职业学院（赤峰农牧学校）】 2020年4月，经教育部备案、内蒙古自治区教育厅审批成立的赤峰应用技术职业学院，是一所全日制高等职业院校。学校占地面积53.33公顷，总建筑面积25万平方米，有72个实验室，实训实习设备3万余台套，建有现代农业实训示范基地、动物疫病诊疗中心、建筑实训中心等实训基地5个。学校有畜牧兽医、农林、乡村建设与水利工程、健康管理、现代服务与管理、信息技术、文化艺术七大专业群，开设畜牧兽医、园林技术、水利工程、护理、大数据与会计、农村电子商务、动漫制作技术、数字媒体技术等30余个专业。学校申报自治区重大项目1个、中华农业科教基金课程教材建设研究项目课题1个、自治区文化和旅游发展研究项目1个、市级自然科学科研课题1项。2022年，学校有专兼职教师326人，其中正教授5人、副教授124人。在自治区职业院校首批特色专业立项中，畜牧兽医专业获批成为“岗课赛证”融通专业，护理专业获批成为服务“一老一小”专业。学校兽医服务团队制作的《拓展兽医服务团队村嘎查联建模式，为兽医人才振兴“赋能”》获国家级“乡村振兴 兽医力行”比赛优秀案例奖。

【全国中等职业学校管理信息系统数据质量提升培训班】 2022年8月30日，赤峰市举办全国中等职业学校管理信息系统数据质量提升培训班。教育部全国中等职业学校管理信息系统培训部专家进行授课，对全市首轮数据采集工作做总结反馈，针对数据支撑规范管理、数据应用、数据复核、数据质量提升等方面进行专题讲解，提升中等职业学校管理信息系统数据填报质量。各旗县区教育局职教股负责人、系统管理员，全市各中职学校校长、分管校长、系统管理员、业务员等126人参加培训。

【“读书润心、技术立身”主题读书工程】 2022年，赤峰市根据《关于加快新时代职业教育发展的实施意见》要求，开展“读书润心、技术立身”主题读书工程。评选市级职业院校“书香教师”“书香学子”100余人，150余个职业院校读书典型案例在市教育局公众号、《赤峰教育报》等媒体宣传。1月5日，“中慈爱心图书室”爱心捐赠暨授牌仪式在松山区职教中心举行，中华慈善总会为职业院校捐赠价值1000万元的图书。

（张佩伦 孙美丰 刘冰洁 王大伟 王凯旋）

普通高等教育

【概况】 赤峰市有本科院校1所——赤峰学院。1957年，赤峰师范学校成立；2003年，更名为赤峰学院，升格为本科院校。2018年，成为硕士学位授予单位。学校占地面积62.3公顷，有党政管理机构19个，教辅机构5个，二级学院25个，附属单位（附属医院、第二附属医院、附属中学）3个。开设本科专业60个（一本招生专业5个），专业设置涵盖经济学、法学、教育学、文学、历史学、理学、工学、农学、医学、管理学、艺术学等11个学科门类。学校有硕士学位授权点8个。全日制在校学生1.38万人，其中本科生1.28万人、专科生511人、研究生302人、留学生154人。学校有专任教师1000人，具有正高级职称教师124人、副高级职称教师405人，拥有博士学位教师226人、硕士学位教师504人，“双师型”（同时具备理论教学和实践教学能力的教师和教学团队）教师213人，硕士研究生导师112人。拥有享受国务院特殊津贴教师4人、“草原英才”5人、“草原英才青年人才”8人、“玉龙英才”2人、“西部之光”自治区十大百人计划2人，“草原英才创新人才团队”3个，“玉龙英才团队”2个。自治区级教学团队7个，自治区教学名师11人，自治区级教坛新秀8人。

【教学工作】 2022年，赤峰学院出台《新农科人才培养专业设置论证工作方案》。生物科学专业获批国家级一流本科专业建设点，考古学、数学与应用数学、化学、音乐学4个专业获批成为自治区一流本科专业建设点。赤峰学院有校企合作专业14个，年内续签合同专业9个。新培育低碳供热供燃气产业学院、数字商业产业学院、特色软件产业学院、文物保护技术产业学院、集成电路产业学院5个现代产业学院。小学教育专业通过教育部师范专业认证。向自治区教育厅推荐本科教学改革研究项目4个，入选国家智慧教育平台课程20门。

赤峰学院　　（赤峰学院　供图）

【科研工作】 2022年，赤峰学院口腔颅颌面疾病研究实验室获批成为赤峰市重点实验室，依托重点实验室申报并获批成为自治区科技厅示范型国际科技合作基地。美术学院被自治区文旅厅认定为传统美术类非物质文化遗产研究基地。各级各类科研项目获准立项403个，获批经费1150万元，立项数和纵向经费分别比2021年增长28%、53%。科普书籍《内蒙古赛罕乌拉大型菌物图鉴》入选2019—2021年自治区优秀科普作品名单。

【学生工作】 2022年，赤峰学院围绕教育、管理、服务三大板块，完善奖、助、贷、勤、免、补等助学体系，加强学生心理健康教育，改善学生生活环境，加强以学生为中心的教学理念建设。辅导员队伍向专业化、职业化发展，全年聘任专职辅导员80人，其中副处级专职辅导员20人、正科级专职辅导员30人、副科级专职辅导员8人、科员级专职辅导员22人。获评自治区“三好学生”95人，自治区“优秀学生干部”13人，自治区“优秀毕业生”34人，自治区“优秀班集体”3个。发放各类奖助学资金2135万元。为全校所有二级学院建立“心理辅导站”并授牌。

【图书馆藏】 2022年，赤峰学院图书馆进行馆内空间布局调整，开展纸质图书无接触预约借阅服务。增设学生自修座位，为考研学生分配预约座位。加强文献资源建设，优化信息资源体系，以纸质资源为基础，加强数字资源、特色资源建设，重视资源共建共享，助力学科专业建设，提高文献信息保障能力。截至年末，馆藏纸质图书139.74万册、电子图书78.9万册、电子期刊6.17万册、学位论文1214.35万册、音视频32.57万小时，图书资源总量为232.9万册，人（学生）均图书149.06册。

【助力乡村振兴专场推介会】 2022年5月9日，助力乡村振兴专场推介会在赤峰农牧科技产业园举办，依托智慧赤峰、新华社现场云、央视频移动网等新媒体平台，宣传推广学校助力乡村振兴成果。推介会也是“赤诚峰味”农产品区域公用品牌宣传月活动的第6场专场推介会。人事处、科技处、教务处、继续教育学院、经济与管理学院、法学与商务学院、美术学院围绕人才引培、科技创新、人才培养、人才培训、县域电商、文化旅游、文创设计等内容进行现场推介，介绍赤峰学院为全面推进乡村振兴、加快农业农村现代化提供的服务支撑。

【赤峰市成果转化云平台】 2022年，赤峰学院联合市科技局共同开发建设“赤峰市成果转化云平台”投入使用，平台是赤峰市首个专注于服务全市企业、高校、科研院所科技成果转化、技术转移的在线云服务平台。通过添加“赤峰市成果转化云平台”微信小程序或微信扫描二维码进行登录。平台集聚适合本地区转化的各类科技成果、技术、项目、需求、人才、平台信息，推动科技成果转化，促进科技与产业融合，服务地方经济发展。（李晓宇　孙美丰）

继续教育

【概况】 2022年，赤峰市参加成人高考考生8462人，其中专升本6148人、蒙授专升本26人、高中起点专科2182人、高中起点本科106人。市民政局组织公需科目培训，培训1.55万人次，46.56万学时；专业科目培训1.58万人次，完成93.67万学时。市人社局针对继续教育行业问题制定“三补一规范”策略，即补齐培训渠道、补齐专业培训科目、补齐培训方式、规范继续教育管理，通过对继续教育基地的培训质量、培训资格评估认定，加强监督检查力度，提升专业技术人员业务水平和综合素质。继续教育实现网上培训、网上考核、网上审验、网上制证。

【继续医学教育】 2022年，赤峰市加强继续医学教育工作，申报国家继续教育项目35个，申报自治区级继续教育项目700个；其中，11项继续教育项目通过国家继续医学教育委员会审批，387个继续教育项目通过自治区继续医学教育委员会审批。组织开展医学领域专业技术人员继续教育培训工作，并将达标人员信息导入内蒙古人才信息库。

【社区学院】 2022年，赤峰市红山区西屯街道社工站建立"社区学院"，探索建设高品质学习型社区。通过媒体宣传、张贴海报、发放手册等方式进行居民动员，开启"社区学院"七大课堂。面向社区工作者及备考社会工作职业资格考试的人群，提供考前培训及实践机会；开办"乐龄学堂"，面向辖区老年人，开设太极、中医理疗等课程；"未来学堂"面向辖区少年儿童，提供假期教育平台；开办"我爱我家"学堂，面向辖区家庭提供涵盖亲密关系、家风传承等课程；设立"新起点学堂"为社区矫正人员，提供就业技能学习、加强心理建设；开设法治学堂，面向社区居民讲解法律知识；面向辖区志愿者开设"公益学堂"，采用社工+志愿者联动模式开展活动，弘扬志愿服务精神和社工理念。全年服务社区群众2000余人。

【老年大学】 2022年，赤峰市本级、12个旗县区全部成立老年大学。赤峰市老年大学设体育健身、音乐戏曲、舞蹈、语言文学五大类26个专业，有班级50个。开展手机应用短班培训4期，举办《心脑血管疾病的预防》《心肺复苏》《糖尿病预防》《健康饮食》《生理健康》等知识讲座。储备教师库储备教师20人。林西县老年大学建成可容纳80人的网络教室。

（徐　莉　张　敏　孙美丰）

2022年5月12日，林西县老年大学城南分校组织社区老年大学文艺汇演

（赤峰日报社　供图）

素质教育

【德育工作】 2022年，赤峰市将以爱国主义教育为主的德育工作和教学常规落实相结合，突出日常行为规范教育，落实《赤峰市中小学德育指导意见》，多渠道对学生进行思想道德、行为习惯、心理健康、文明礼仪、生命安全等教育。推进升旗仪式、入党仪式、入团（中国共产主义青年团）入队（中国少年先锋队）仪式、成人仪式等活动常态化开展教育，增强学生自身使命感、集体荣誉感和民族责任感，提升学生思想政治道德水平。落实《赤峰市中小学德育工作指导意见》，构建全市中小学实践性德育体系。以喜迎党的二十大为主题，在中小学开展"学习新思想，做好接班人"主题教育活动。开展"校园读书工程""童心向党""扣好人生第一粒扣子""新时代好青年"等主题活动。

【语言文字工作】 2022年，赤峰市出台《实施〈国家通用语言文字事业"十四五"规划〉工作方案》，制定印发《关于做好国家通用语言文字普及提升工程和推普助力乡村振兴实施计划》《关于做好学前儿童普通话教育"童语童音"实施计划》，建立全市国家通用语言文字推广普及工作制度体系。市教育局将国家通用语言文字规范化达标学校创建情况作为学校评优评先基础，截至年末，全市中小学幼儿园国家通用语言文字规范化达标学校创建率85%。

【体育艺术劳动教育】 2022年，赤峰市聚焦"教会、勤练、常赛"，提升学校体育、美育、育人功能，推进校园足球体系化建设。与市体育局、赤峰足协组织开展赤峰市青少年足球联赛和青少年足球夏令营活动，全市小学组、初中组、高中组3个组别3000余人参与。开展全市中小学美育教学课堂展示评选活动，评选市级一等奖47人、二等奖31人，选派8人参加自治区展示活动，获一等奖1人、三等奖4人。开展全市优秀艺术社团评选活动，命名市级优秀艺术社团25个，选派5所学校社团参加自治区优秀社团评比，2所学校入选。2所学校被评为自治区级美育示范校，3所学校被命名为自治区级中华优秀传统文化传承学校。对松山区、红山区、元宝山区、喀喇沁旗等7个旗县区，进行综合实践教育基地建设调研，从发展定位、营地类别等7个维度全面梳理、统一规划。制定《关于加强全市中小学生劳动教育开好综合实践活动课程的指导意见》《中小学劳动教育和社会实践活动师生方案》《赤峰市中小学劳动教育任务清单》《赤峰市劳动教育和社会实践基地评选办法》，针对课程设置、课时安排、学科融合、家教社共育、劳动实践基地建设、研学实践活动等提出要求。

【思政课一体化建设】 2022年3月，赤峰市印发《大中小学思政课一体化建设2022年工作要点》，构建全市大、中、小学思政课一体化建设体系。各校思政课紧密结合德育课程按课标制定教学计划，分段教学，分段实施，循序渐进；配齐属地内中小学思政课教师，发挥思想品德课在学校德育中的课程功能。组织市级思政课教师参加网络培训，落实国培计划、自治区级培训等。组织全市教育系统人员线上观看自治区教育厅举办的“青春领航”分享会、“代表委员话嘱托 同上一堂思政课”学习传达会。宁城县、巴林右旗部分中小学与赤峰学院马克思主义学院开展大中小学思政课一体化建设活动。

【铸牢中华民族共同体意识培训工作】 2022年，市教育局对全市教职工进行铸牢中华民族共同体意识培训，市县两级教育行政部门、各级各类学校举办培训班870余次，培训教职工5万余人。举办全市教育系统铸牢中华民族共同体意识暨推行使用国家统编教材工作专题培训班，就铸牢中华民族共同体意识、加强意识形态阵地建设、防范化解民族领域风险隐患等内容进行专题培训，培训教育行政人员、教职工300余人。

【“开学第一课”活动】 2022年3月8日，市教育局组织全市中小学生通过内蒙古教育微信公众平台、广播电视等多个平台，同上一堂以“牢记嘱托筑梦北疆”为主题的春季学期“开学第一课”，教育引导广大师生牢固树立休戚与共、荣辱与共、生死与共、命运与共的共同体理念，引导学生将党史教育、爱国主义教育、民族团结进步教育入脑入心。“开学第一课”以爱国主义为主题，聚焦抗击疫情、2022年北京冬季奥运会、铸牢中华民族共同体意识等内容，将国家概念的内涵转化为学生身边的事例，让学生明确新时代爱国主义的具体表现。

（张佩伦 孙美丰）

2022年3月1日，红山区第一小学组织开展“开学第一课”活动

（赤峰日报社 供图）

文 化

责任编辑　孙美丰

文化

文化场馆

【博物馆】 赤峰市有博物馆22个，其中国有博物馆14个，三级以上博物馆10个（一级博物馆1个、二级博物馆3个、三级博物馆6个）。国有博物馆藏品数量36.3万件（组），包括一级文物662件（组），二级文物1544件（组），三级文物2640件（组），约占自治区总数的三分之一。

赤峰博物馆 位于松山区锡伯河畔。博物馆有4个基本陈列展厅，分别为“日出红山”“古韵青铜”“契丹王朝”“黄金长河”，展出各类文物1500件（组）。4个展厅按时间脉络依次展示赤峰历史文化的灿烂和辉煌。

辽代历史文化博物馆 位于赤峰体育中心西侧、锡伯河南岸，占地面积6.01万平方米，总建筑面积4.4万平方米，按照国家一级博物馆标准设计建造。2022年6月1日开始试运营。辽代历史文化博物馆是全面研究、展示辽时期历史发展进程及其创造文化成果，收藏辽历史文物的专题博物馆。展陈面积1.72万平方米，馆内设5个展厅，包括辽时期历史文化展（分上、下2个篇章）、辽壁画艺术精品展、辽塔建筑成就展4个常设展厅和1个临时展厅，展览辽时期文物和各类展品共1200件（组）。

【图书馆】 2022年，赤峰市有公共图书馆14个，其中地级馆1个、县级馆13个；国家一级馆3个、国家二级馆2个、国家三级馆5个。全市公共图书馆馆舍总面积11.9万平方米，文献馆藏总量216.22万册件，年文献外借量327.23万册次，专业技术人员占比90%以上。

表44 2022年赤峰市博物馆信息一览表

单位：件/套

序号	名称	级别	是否免费开放	藏品数
1	赤峰博物馆	一级	是	83223
2	巴林左旗辽上京博物馆	二级	是	113885
3	巴林右旗博物馆	二级	是	81749
4	敖汉旗博物馆	二级	是	30121
5	宁城县辽中京博物馆	三级	是	12910
6	翁牛特旗博物馆	三级	是	6455
7	喀喇沁旗博物馆	三级	否	562
8	巴林右旗民俗博物馆	三级	是	5132
9	敖汉旗新州博物馆	三级	是	3110
10	克什克腾旗博物馆	三级	是	18715
11	巴林左旗契丹博物馆	未定级	是	2378
12	红山文化博物馆	未定级	是	500
13	林西县博物馆	未定级	是	1161
14	阿鲁科尔沁旗博物馆	未定级	是	11203

（市文旅局）

赤峰市图书馆　1982年7月建馆，原名昭乌达盟图书馆。1983年撤盟建市，更名为赤峰市图书馆。原馆舍位于红山区钢铁街北五段1号，建筑面积4200平方米。2011年12月，赤峰市图书馆迁址至松山区锦山路南段的赤峰文博中心西侧，建筑面积1.01万平方米。馆内有纸质藏书60万册件，电子图书140万种，视听文献2万件，古籍1.07万册、民族地方文献7119册，总阅览座席800个。赤峰市图书馆是地市级国家一级馆，作为赤峰市中心馆，与各旗县区公共图书馆共建共享，形成中心馆—总馆—分馆模式，构成城乡一体化发展格局。

【美术馆】　2022年，赤峰市有美术馆2个，分别为赤峰美术馆、红山美术馆，均分布在中心城区。

赤峰美术馆　2007年投入使用，2008年免费对外开放。位于松山区林西路石博园入口南侧，建筑面积1057.08平方米，有1个展厅、展线38米，配备有专业的照明、展板等设备。2022年，举办的主要展览有“喜迎二十大 奋进新征程”主题书法篆刻网络作品展、“以笔为戈 助力战疫”赤峰网络抗疫书画作品展、赤峰优秀美术作品网络系列展。

红山美术馆　2011年成立，2013年对外开放，原名赤峰美术馆，2021年更名为红山美术馆。位于红山区商业步行街南口，占地面积4126平方米，建筑面积6321.78平方米，内设5个展区。2022年，举办“瀚海崇山·馆藏段永智美术作品展”“澄怀观道·王中林油画作品展”等大中型展览11场。

【文化馆】　2022年，赤峰市有文化馆13个，其中市级群众艺术馆1个、旗县区文化馆12个。三级以上文化馆8个（一级文化馆3个、二级文化馆3个、三级文化馆2个）。全市文化馆总建筑面积3.76万平方米，2011年后逐步实现免费开放。

赤峰市群众艺术馆　赤峰市群众艺术馆位于松山区武安街6号，是国家一级文化馆，总使用面积9700平方米。市群众艺术馆有免费开放公共教室、排练厅、展览大厅、百姓大舞台等群众文化服务设施。馆内免费开放艺术培训30个门类、140个培训课程，年培训群众27万人次。

红山区文化馆　红山区文化馆位于红山区哈达街中段61号红山文化中心，总建筑面积4562平方米，是国家一级文化馆。馆内设多功能剧场、多功能排练厅、综合文化活动室、器乐培训教室、美术书法培训室、录音室等功能区。2022年，开展各类活动91场次，参与群众17.9万人次。

【草原书屋】　2022年，赤峰市有草原书屋2076个。敖汉旗、元宝山区、红山区、宁城县通过配备数字化电视、阅读一体机、广播电台、融媒体小程序及“村村响”等方式推动草原书屋与新华书店、图书馆、广电网络集团进行资源共享，实现多地多点、通借通还。截至年末，全市草原书屋采购图书12.5万册，开展书屋管理员培训20次。

【演出场馆】　2022年，赤峰市有室内演出场所38个，其中市本级3个、红山区3个、松山区1个、元宝山1个、阿鲁科尔沁旗4个、巴林左旗9个、巴林右旗3个、林西县3个、克什克腾旗2个、翁牛特旗2个、喀喇沁旗1个、宁城县1个、敖汉旗5个。除赤峰国际会展中心、翁牛特旗演艺中心为民营性质外，其余均为国有。　（杨　婧　董　睿）

表45　2022年赤峰市300平方米以上室内演出场馆一览表

序号	行政区划	场所名称	面积（平方米）	座位数（个）	地址
1	市级	赤峰国际会展中心	37000	1228	松山区玉龙大街与宝山路交会处
2		达丽雅小剧场	560	200	松山区锦山路赤峰博物馆东侧
3		青少年宫剧场	800	302	松山区兴安街9号
4	红山区	金哈达剧场	896	292	红山区哈达街红山文化中心
5		昭乌达剧场	2891	918	红山区钢铁街西段路北96号
6		赤峰学院大剧场	1187	443	红山区机场路赤峰市体育中心对面
7	松山区	综合场馆多功能会议厅	800	506	松山区友谊大街与银河路交会处
8	元宝山区	元宝山区文化馆	1000	1000	平庄镇西城市民广场

续表

序号	行政区划	场 所 名 称	面积（平方米）	座位数（个）	地 址
9	阿鲁科尔沁旗	乌兰牧骑剧场	700	338	天山镇新城区阿鲁科尔沁旗法院南
10		乌兰牧骑宫	300	无固定座位	天山镇新城区阿鲁科尔沁旗法院南
11		新民文体活动中心	500	无固定座位	新民乡新民村
12		绍根镇综合文化中心	300	240	绍根镇政府办公楼
13	巴林左旗	林东大剧院	1500	500	林东镇辽上京产业园区
14		巴林左旗文化馆多功能厅	460	160	林东镇辽上京产业园区
15		巴林左旗图书馆多功能厅	370	150	林东镇契丹大街西段
16		巴林左旗工会	500	300	林东镇富河路北段
17		巴林左旗委党校	650	400	林东镇契丹大街西段
18		碧流台镇大良沟文化礼堂	540	200	碧流台镇东方红村大良沟自然村
19		花加拉嘎黑沙滩营子文化礼堂	895	100	花加拉嘎黑沙滩营子
20		哈拉哈达镇全胜村文化礼堂	400	100	哈拉哈达镇
21		巴林左旗乌兰牧骑排练厅	700	50	林东镇辽上京产业园区
22	巴林右旗	格斯尔文化生态保护发展中心	2998	356	大板镇索博日嘎街西段南侧格斯尔传习所
23		巴林右旗乌兰牧骑排练厅	1070	无固定座位	巴林右旗文化旅游体育局 4 楼
24		巴林右旗乌兰牧骑演艺厅	2360	501	大板镇索博日嘎街西段南
25	林西县	乌兰牧骑小剧场	450	200	林西镇通达街
26		林西县医院会议室演播厅	520	400	林西县医院附属楼
27		乌兰牧骑多功能排练厅	700	300	林西镇通达街
28	克什克腾旗	乌兰牧骑演艺厅	2092	360	经棚镇应昌路北段体育场
29		英雄的蹄铁马演出场	10300	1200	克什克腾旗乌兰布统桦木沟景区
30	翁牛特旗	翁牛特旗演艺中心	2996	640	乌丹镇清泉路与滨水街交叉口
31		翁牛特旗乌兰牧骑宫	300	179	翁牛特旗文化旅游产品集散中心南侧
32	喀喇沁旗	喀喇沁旗文化活动中心剧场	3884	430	锦山镇河南街道湖滨南街市民广场
33	宁城县	宁城县文化中心综合楼多功能厅	2081	444	天义镇迎宾路文体大厦 3 楼
34	敖汉旗	敖汉旗体育馆乌兰牧骑剧场	1500	400	新惠镇惠州街西团结路南
35		敖汉旗会议中心大礼堂	1600	682	新惠镇新民路 16 号
36		新惠镇高家窝铺村文化活动室	300	80	新惠镇高家窝铺村
37		新惠镇北城新区文化活动室	500	72	新惠镇景秀路与文隆路交叉口
38		古鲁板蒿镇文化室	300	170	古鲁板蒿镇行政办公楼

（市委宣传部）

群众文化

【概况】 2022年，赤峰市举办各类文化活动1200余场次，线上线下惠及百姓1276万人次。赤峰市文化旅游局设计一系列公益文化惠民活动，赤峰书画小品巡回展在12个旗县区分别巡展20天。全市文旅部门围绕春节、端午节、中秋节等重要时间节点，策划展览展示、经典诵读、书画作品展、文艺演出和节日体验等线上线下活动159场。举办全市第5届农牧民会演和“草原赞歌”昭乌达民歌经典演唱会暨赤峰非物质文化遗产专场晚会，提升赤峰市非遗的社会影响力。

【戏曲进乡村】 2022年，赤峰市丰富农村文化生活，满足群众欣赏戏剧的需求，促进戏曲艺术在广大农村传播普及和传承发展，开展2022年度“戏曲进乡村”惠民演出活动。全市8个旗县97个苏木乡镇，累计完成演出584场，惠及群众12万人次。

【基层慰问演出】 2022年1月，赤峰市组织开展“我们的中国梦——欢乐进万家”文艺下基层慰问演出系列活动。市艺术剧院、市群艺馆、市非遗中心、市图书馆、市美术馆通过歌曲、舞蹈、戏曲、曲艺、书法、讲座和年货展卖等形式把年味文化、传统文化送进社区、校园、军营，累计开展活动5场次。市文旅局弘扬乌兰牧骑的优良传统，扎根生活沃土，服务牧民群众，组织“送欢乐、送文明”“百团千场下基层”等文化惠民活动线上线下累计演出890场，将成熟的作品在基层进行展演，丰富基层群众文化生活。巴林右旗、克什克腾旗承办“到人民中去”京蒙文化交流惠民演出活动。

【群艺馆免费开放公益培训】 2022年，赤峰市为群众提供免费艺术培训服务，包括器乐、声乐、舞蹈、综合四大类19个小项。疫情期间，采取错峰上课等方式避免人员聚集，共培训学员2000余人。全新推出“市民美育大课堂”线上系列讲座活动，组织馆内优秀教师和赤峰市文化艺术专家学者开展线上课堂，使广大人民群众足不出户就能欣赏并学习到富含中华文化底蕴的优秀作品和技艺，累计观看人数8000余人次。

【松州书院揭牌】 2022年9月28日，赤峰市图书馆松州书院挂牌成立。松州书院位于赤峰市图书馆3楼，讲堂面积210平方米，布置各类经典书籍3000册，可容纳100余人开展文化讲座、研讨交流、读书沙龙和经典诵读等活动。书院以弘扬中华优秀传统文化、铸牢中华民族共同体意识、引领大众阅读、服务社会发展为主要宣讲内容，累计开展活动8场。

2022年9月28日，赤峰市图书馆松州书院成立并举行揭牌仪式

（市文旅局　供图）

【草原书屋一体化改革】 2022年，赤峰市委宣传部推动草原书屋一体化改革、中心书房建设工程，各旗县区按照《赤峰市草原书屋深化改革方案》要求，选取2～3个草原书屋建立改革试点。敖汉旗、元宝山区、红山区、宁城县通过配备数字化电视、阅读一体机、广播电台、融媒体小程序、“村村响”等方式，推动草原书屋与新华书店、图书馆、广电网络集团进行资源整合共享，实现多地多点通借通还，完成改革任务。全市2076个草原书屋采购图书12.5万册，累计开展书屋管理员培训20余次。实施草原书屋中心书房建设工程。印发《赤峰市草原书屋“中心书房”建设工作方案》，依托中小学校内图书室及旗县区图书馆平台、延伸新华书店及民营书店发行触角，馆校融合，打造草原书屋中心书房36个。

【全民阅读】 2022年4月22日，由赤峰市委宣传部、市委直属机关工委主办的“喜迎二十大 阅读颂辉煌”——赤峰市2022年全民阅读活动启动仪式专场朗读会在达丽雅小剧场举行。围绕迎接党的二十大、庆祝中国共产党成立101周年、乡村振兴等重大主题，开展全面阅读推广活动。累计开展各类主题活动1730余场次，覆盖人数3.2万人次。赤峰市图书馆举办全民阅读活动67场（线上33场、线下34场），惠及读者2.1万余人。

（杨　婧　丁兴华）

文学艺术

【概况】 2022年，赤峰市围绕庆祝中国共产党成立100周年主题，举办“永远跟党走”系列党史学习教育主题庆祝活动，开展进基层演出1100场，线上线下参与群众240万余人。划拨经费100万元鼓励旗县区开展红色文艺作品创作。承办自治区文化馆（群艺馆）免费开放工作成果展演，完成自治区“群星奖”优秀作品赤峰市巡演活动，赤峰市群艺馆公益培训项目成为自治区创新案例。

【乌兰牧骑】 2022年，赤峰市申请使用自治区级艺术发展专项资金230万元、市级乌兰牧骑艺术生产经费500万元，重点扶持剧目创作10余个，集中筹划一批主题性文艺创作和演出演播、展览展示等活动。开展党的二十大献礼剧目创作和演出，举办全市乌兰牧骑“喜迎二十大 深入推进两个打造”专题研讨会。分批次选调阿鲁科尔沁旗、翁牛特旗、巴林左旗、宁城县、克什克腾旗乌兰牧骑，参演“5·19”中国旅游日和“首届乡村旅游节”等主题活动，为旅游发展注入文化力量。全面助阵克什克腾旗达里湖冬捕季品牌节庆活动，召集全市10支乌兰牧骑近200名队员，挑战极寒天气，克服疫情影响，完成演出任务。开展献礼剧目创作和文艺精品打造，推进乌兰牧骑标准化建设，被评为自治区一类优秀乌兰牧骑2支、一类乌兰牧骑3支、二类乌兰牧骑4支；巴林右旗乌兰牧骑入选“全区十佳乌兰牧骑”。

【舞台艺术作品创作】 2022年，赤峰市重点打造一批具有中华文化底蕴、汲取各民族文化营养、融合现代文明的舞台艺术作品。市艺术剧院话剧《热土》、喀喇沁旗话剧《良心》、宁城县评剧《忠诚》、巴林右旗主题晚会“巴林儿女心向党”、克什克腾旗主题晚会“同心曲 草原情”、翁牛特旗舞蹈《奶酒献给毛主席》、阿鲁科尔沁旗舞蹈《心中的太阳》等21个作品入选自治区“两个打造”文艺作品项目库。推进赤峰市建设国家特色文化旅游和生态休闲度假基地目标建设，依托专业院团，策划、设计、创作、打造克什克腾旗《英雄的铁蹄马》和翁牛特旗《诺恩吉雅》等旅游演艺项目，为旅游发展注入文化新动能。

【文艺实践活动】 2022年，赤峰市聚焦庆祝党的二十大召开，组织市书法家协会与市委统战部联合开展新的社会阶层人士“凝聚新力量 筑梦新时代”主题教育活动，举办“在党的阳光雨露下——我家那些事儿”主题散文征文暨赤峰市第2届网络文学大奖赛活动，与市委网信办联合举办“喜迎二十大 奋进新征程”“网络强国”主题书法展。聚焦铸牢中华民族共同体意识，与市文旅局联合举办“深入推进‘两个打造’构筑共有精神家园赤峰美术作品邀请展”，出版纪实文学《西拉沐沦四十年辉煌》。聚焦乡村振兴、生态文明建设成果和经济社会发展成就，举办“山水赤峰·文化家园”全市美术写生作品展。聚焦“三千孤儿入内蒙”，组织市美术家协会和巴林右旗委统战部党支部开展“国家的孩子在赤峰”主题美术创作采风活动。聚焦打造中华文化符号和中华民族形象，承办“丹青溢彩·翰墨飘香”——中华文化符号和形象·内蒙古青少年中国画展。聚焦弘扬乌兰牧骑精神和蒙古马精神、反映生态文明建设成果为主题，创作长篇报告文学《长卷内蒙古——内蒙古美术“双万”工程采风创作见闻录》。

2022年7月23日，阿鲁科尔沁旗乌兰牧骑在赤峰市市民广场举行献礼党的二十大演出活动 （赤峰日报社 供图）

【文艺作品获奖】 2022年，《那红红的萨日朗》、《舞蹈》、《来路，或者归途》（组诗）、《额吉和她的黑马驹》4部作品获自治区文学创作“索龙嘎”奖。赤峰市艺术剧院（市直属乌兰牧骑）话剧《五福岭》、宁城县评剧《忠诚》、巴林右旗舞蹈《草原上的铁姑娘》入选内蒙古自治区第15届精神文明建设“五个一工程”。敖汉旗评剧《赵锦棠》参加“菊苑流芳”第7届辽吉黑蒙四省区地方戏曲优秀剧目展演，是自治区唯一参演剧目，并获优秀演出奖。阿鲁科尔沁旗“绿色净土百年歌”、巴林右旗“巴林儿女心向党”主题晚会获“第9届内蒙古自治区乌兰牧骑艺术节暨2022·兴安盟那达慕”银奖。

【文学艺术活动】 2022年，赤峰市文学艺术界联合会与内蒙古书法家协会、市委宣传部等联合举办“喜迎二十大 一起向未来”书法教育普及培训班，邀请中国书法家协会会员为140余名书法教师、书法爱好者授课。邀请自治区作协副主席许廷旺以“儿童小说取材的多样性”为题举行文学创作线上讲座，向全市作家、文学爱好者分享创作经验并在线答疑解惑。组织市书法家协会参与“清新喀喇沁·喜迎二十大”全国书法名家作品邀请展的作品创作。

【文艺志愿服务活动】 2022年，赤峰市常态化开展“深入生活、扎根人民”主题实践活动和“到人民中去”“送欢乐下基层”系列志愿服务活动，开展“强市有我、文艺引领”文艺家系列主题采风活动。围绕重要时间节点、时代主题和市委、市政府的重大工作部署，通过组织召开文艺精品创作专题理论研讨会，举办“喜迎二十大”主题征文、书画展等系列活动。下沉社区开展志愿服务活动，协助社区开展群众签名寄语、创城知识竞赛、创城标语大家写、访千楼进万家等活动，提升市民群众对创城工作的知晓率。

【文艺人才培养】 2022年，赤峰市加大对广大文艺工作者的创作指导和扶持力度，组织文艺工作者申报各级各类创作扶持奖励项目。市文联与内蒙古书法家协会、市委宣传部等部门联合举办“喜迎二十大 一起向未来”书法教育普及培训班，邀请中国书法家协会老师为140余名书法爱好者授课。开展人才工作专题调研和基层组织建设调研，到喀喇沁书画文学院、红山区文联、红山区美术馆、民间文艺家协会创作基地进行人才调研。

【赤峰市第15届红山文化旅游节】 2022年8月22—31日，由赤峰市委、市人民政府主办，市委宣传部、市文旅局承办的“喜迎二十大 奋进新征程 石榴花开·红山红”赤峰市第15届红山文化旅游节召开。开幕式晚会邀请刘洺君、阿木古楞、巴达荣贵、敖源、豪图等艺人参与，山西青年歌舞团、河北万晟杂技艺术团、蓝印舞团、吉林省翼启飞科技有限公司加盟演出，赤峰市阿鲁科尔沁旗乌兰牧骑、巴林右旗乌兰牧骑、巴林左旗乌兰牧骑、宁城县乌兰牧骑、赤峰朗诵协会、赤峰交响乐团合唱团等本土团队献上演艺节目。活动包括歌舞表演、非遗展演、经典评剧、儿童剧目、抖音之夜、农牧民汇演等10类专场演出，演职人员2000人，现场观众15万人次。

（杨 婧 曹 奇）

2022年8月22日，第15届红山文化旅游节在赤峰市市民广场开幕

（赤峰日报社 供图）

哲学社会科学

【社科研究阐释】 2022年，赤峰市社科联收到12个旗县区102个单位申报的686项课题，涉及双子星座、营商环境等多个领域和学科，课题申报单位和数量创历史新高，最终立项课题141项。经结项评审，社科联结项课题96项（优秀12项、良好34项、合格50项），社科院结项课题32项（优秀6项、良好12项、合格14项）。申报自治区级社科课题，全市有16项课题获得自治区社科基金项目和自治区社科院科研项目立项，其中年度项目3项、盟市专项5项、自治区社科院项目8项，立项课题数量居各盟市之首。编印《优秀社科科研课题汇编》，向市委、市政府领导、各机关单位赠阅交流近千册；组成联合课题攻关小组编印《社科视点》，年内刊发4期，其中《赤峰市建设现代化区域性中心城市战略研究》获得市委领导批示，实现学术研究与科学决策的良性互动。

【社科成果转化】 2022年，市社科联完成赤峰市第10届哲学社会科学优秀成果评审工作。10个旗县区、49家单位和学会共计129人申报，符合评审条件的111项。市评审委员会严格执行初评、复评、复核、审定、终评制度，特邀市委第一巡察组巡察专员、派驻纪检组全程监督，保证评选公平公正公开，确定获奖成果55项。组织首批“哲学社会科学名家”和“哲学社会科学青年才俊”开展“社科讲堂”云讲座系列活动，发挥理论宣讲引领作用，让哲学社会科学为群众服务。

【社科普及活动】 2022年，赤峰市运用社科大讲堂、社科普及集中活动、社科普及“七进”活动等形式，加强中国共产党的创新理论宣传。开展以学习贯彻党的十九届六中全会精神、习近平总书记参加内蒙古代表团审议时讲话精神、铸牢中华民族共同体意识、学习宣传贯彻党的二十大精神为主题的四季社科普及集中活动。开展专题讲座30余场、“七进”活动10余次，心理咨询、知识竞赛、创作大赛等线上科普活动4场，音乐会及文艺汇演3场，覆盖机关干部、中小学生、基层群众8000余人次。

【社团管理】 2022年，市社科联推动社团标准化建设，强化社团管理，加大对社团负责人的监督管理和培训力度。调研走访社团2次，清理僵尸社团1家。推行优秀社团社会科学普及活动资助计划，对在社科普及工作中表现突出的企业文化协会等5家优秀社团发放社团委托项目资助经费。

【《赤峰社会科学》编辑发行】 2022年，市社科联加强《赤峰社会科学》编辑工作，优化栏目设计，刊发质优文章，拓展联系渠道，组织高质量稿件发表，结合实际增加“现代化区域中心城市”“民生保障与疫情防控”等群众关心关注的内容，全年共刊发6期，刊登理论文章25篇，成为展示全市社会科学研究成果、信息交流、社会组织和社科人物推介的重要平台。 （尹秀峰）

党史编研

【党史专题研究】 2022年，赤峰市党史文献部门加强对新民主主义革命时期党史专题研究，完成《赤峰抗战十三年》专题编撰；围绕党史职能发挥，完成《赤峰近现代历史沿革》专题编撰。筹划开展社会主义革命和建设时期中国共产党在赤峰地区历史研究工作，完成《中国共产党赤峰历史（1949—1978）》方案拟制和相关准备工作。

【党史文献资料征编】 2022年，赤峰市党史文献部门围绕“一突出、两跟进”（进一步突出开创和发展中国特色社会主义时间段历史研究，即时跟进十八大以来党中央的决策部署，即时跟进以习近平同志为核心的党中央的理论发展）党史工作要求，加强对中国特色社会主义时期党史文献征编力度，编辑完成《中国共产党赤峰历史大事记（2007—2021）》，全书35万字；《中国共产党赤峰市历届代表大会（2011—2021）》，全书15万字；完成赤峰地区京蒙协作工作资料征集整理上报，合计20万字。

【涉党史内容审读审查】 2022年，赤峰市党史文献部门落实涉党史意识形态领域审查工作，旗帜鲜明反对历史虚无主义，审读爱国主义教育基地及展陈场馆版式稿、解说词、展陈大纲19处，共65万字。审看赤峰市红色资源（革命遗址、遗迹）情况说明128处，共8万字。审查东北区域红色旅游精品路线涉赤峰点位并提出针对性意见。组织全市党史文献部门开展中华版本普查工作，普查马克思主义经典著作、党和国家领导人著作和手稿手迹、革命文献466种601册。

【党史宣传教育】 2022年，赤峰市党史文献部门把握关键时间点，推动党史宣传教育走深走实，在党的二十大召开前期，通过微信公众号对中国共产党历次代表大会情况进行宣传。创新社会面党史宣传教育思路，购置党史理论和专著书籍6类800余册，筹建党史方志开放阅览室。开展革命烈士宣传活动，协助市委宣传部组织开展第四季度功勋模范人物高桥烈士宣传。 （韩昌盛）

地方志工作

【年鉴编纂】 2022年初，赤峰市委办公室印发《〈赤峰年鉴（2022）〉编纂方案》，启动《赤峰年鉴（2022）》征稿编纂工作，121家供稿单位上报赤峰市在政治、经济、文化、社会、生态等各方面发展情况的稿件130余篇，共90万余字、图片1000余幅。12月末，完成印刷出版工作。《赤峰年鉴（2022）》全书70万字，收录表格21个、图片289幅。编辑印发《年鉴编纂规范细则》《关于地方综合年鉴编纂出版若干问题的补充规定》《地方志书行文规则》《赤峰年鉴（2022）》参考目录等，指导旗县区完成年鉴编纂工作。8月，举办全市综合年鉴主编、编辑业务培训班，以《年鉴的编纂方法》为题进行授课，解决旗县区年鉴编纂中征稿、审稿、编辑、校对、统稿中易出现的问题。截至年末，12个旗县区均完成出版工作。

【志书评审】 2022年，赤峰市地方志工作部门组织史志专家线上评审验收《巴林左旗志（蒙古文版）》《赤峰市红山区志（蒙古文版）（送审稿）》。组织专业人员对《内蒙古大辞典》地理篇、生态篇、经济篇、人物篇、民族篇共240万余字送审稿进行审读，并提出书面审读意见。

【乡镇志指导】 2022年，赤峰市地方志工作部门向各旗县区印发《中共赤峰市委办公室关于开展全市苏木乡镇（街道）志编修试点工作的通知》，督促全市15家乡镇志试点单位落实人员、经费和办公场地。8月，对试点乡镇志主编、编辑进行集中业务培训。督促指导自治区试点乡镇志《王爷府镇志》充实资料、完善篇目设置，对初稿进行审核把关，对编纂质量提出具体意见。组织人员对《王爷府镇志（送审稿）》进行审读。

【地情信息服务】 2022年，赤峰市地方志工作部门接待市政府办公室、市教育局、市工信局、市文旅局、团市委、市水利局、市统计局以及呼伦贝尔农垦集团、本地地情研究爱好者等人员查阅地情资料10余次。撰写自治区政府地方志研究室印发的关于地方志研讨会征文2篇，均在自治区政府地方志研究室主办的期刊《内蒙古印记》上刊登，并入选《内蒙古自治区地方志研究论文汇编》进行公开出版。

【精品年鉴品读季活动】 2022年10—12月，赤峰市地方志工作部门按照《内蒙古自治区“精品年鉴品读季”活动实施方案》的步骤安排，组织全市地方志系统开展精品年鉴品读活动。要求市、旗县区地方志工作人员结合自身实际撰写品读论文。活动论文获自治区二等奖1篇、三等奖2篇。 （王江南）

档案管理

【概况】 2022年，赤峰市档案史志馆完成全市涉改单位、机关事业企业单位、苏木乡镇（街道）、重点建设项目及苏木乡镇土地确权档案业务指导，全市两级综合档案馆接收档案资料近39万卷（件），实现应收尽收。全年为社会各界群众提供查档服务1.02万人次。作为全市首座数字档案馆，接收文书档案数字化副本500吉字节，接收城建档案数字化副本1335.79吉字节。全年开展各级各类业务培训班11期，参训学员661人。市档案史志馆有全国档案工匠型人才1人，自治区档案专家2人，自治区档案工匠型人才2人，自治区青年档案业务骨干3人。

【档案治理体系建设】 2022年，赤峰市两级档案局全部挂牌成立，市本级及旗县区全部任命档案局长或在党委办公室明确分管领导，设置档案专职机构，配备具体从事行政管理的专职人员，解决档案行政力量虚化、弱化的问题。全市两级档案局馆将党管档案的体制优势和档案史志馆专业优势结合，增强档案局统筹谋划和指导协调能力，构建形成权责清晰、运转顺畅的局馆协同机制。市县（旗区）两级党委将档案工作开展情况纳入年度领导班子和领导干部绩效考核内容，推动档案工作责任制在各级党委政府和各级各类机关单位落实。全市档案局以授权档案馆或联合的形式在本行政区开展档案行政监督检查，对12个旗县区、12个国家综合档案馆、152个苏木乡镇、406个机关企事业单位贯彻执行档案法、档案条例情况进行检查，出具执法检查反馈意见书12份，推进档案工作的法治化进程。

【档案资源体系建设】 2022年，赤峰市完成26家涉改单位、458家机关事业企业单位、158个苏木乡镇（街道）、13个重点建设项目及12个苏木乡镇土地确权档案业务指导。拟制《赤峰市机关、事业单位样板档案室建设标准（试行）》《赤峰市机关、事业单位合格档案室建设标准（试行）》《赤峰市企业样板档案室建设标准（试行）》《赤峰市企业合格档案室建设标准（试行）》《赤峰市乡镇（苏木）、街道样板档案室建设标准（试行）》《赤峰市乡镇（苏木）、街道合格档案室建设标准（试行）》等标准。市县（旗区）两级初定23家单位分别作为机关、事业单位、企业的合格档案室试点单位，为全市规范化档案室建设树立标准。对全市两级240余个疫情防控指挥部成员单位开展防控档案业务指导，完成5101件档案的验收。完成脱贫攻坚2.09万卷（件）档案的接收进馆，确保重大活动和突发事件档案规范处置。全市两级综合档案馆接收档案资料近39万卷（件），涵盖文书档案、审判档案、人事档案、婚姻档案、实物档案、各类专门专项档案和珍贵资料，实现应收尽收。征集到鲁艺文化研究学者李宝祥等政界、文艺界、书画界知名人士的学术著作、字画、获奖证书、工作日记等481件档案。完成市两会、非遗、棚户区等照片档案采集工作，采集照片档案近300张，视频30分钟。

【档案开发利用】 2022年，赤峰市档案史志馆接待社会各界群众查档1.02万人次，利用档案10.28万卷件，复制扫描档案（含复制数字化副本）24.03万页，为编史修志、落实政策、调解纠纷、机关查考、经济建

2022年，市档案史志馆接待社会各界群众查档1.02万人次，利用档案10.28万卷件。图为档案资料查询服务中心接待查档人员 （市档案史志馆 供图）

设等提供翔实的一手资料。实行档案查询利用延时和绿色通道服务，突破8小时、休息日等限制，接入全国档案查询利用服务平台，实现异地查档利用，收到全国各地的查档需求130条。市档案史志馆自筹资金打造一站式档案资料查阅服务中心，是全自治区盟市第一个一站式、现代化服务利用场所。市县（旗区）两级拍摄完成档案专题片（含口述档案）6部，其中市档案史志馆口述历史专题片《追寻壮烈》社会反响热烈，被自治区教育厅关工委列为“弘扬革命精神强化使命担当”红色主题纪录片展播内容。完成国家重点档案保护与开发项目，市档案史志馆承接的《赤峰地区清代蒙满文档案汉译汇编》《民国时期赤峰县公署档案精选》项目完成国家验收，《赤峰地区清代蒙满文档案汉译汇编》《民国时期赤峰县公署档案精选》分获赤峰市第十届社会科学优秀成果一等奖、三等奖。

【档案工作数字化转型】 2022年，赤峰市开展馆藏档案数字化加工工作。截至年末，市档案史志馆馆藏档案数字化比例为78.1%，红山区、松山区、喀喇沁旗综合档案馆馆藏档案数字化比例均超过60%。投资256万元采购数字档案馆软、硬件设施，完成硬件设备调试和验收工作，综合档案管理系统和城建档案管理系统进入试运行阶段。年内接收文书档案数字化副本500吉字节，接收城建档案数字化副本1335.79吉字节，实现数字档案进馆常态化。

【人才队伍建设】 2022年，赤峰市开展岗位培训和继续教育培训，采取线上线下的形式组织各级各类业务培训班11期，参训学员661人。全市有1人被评为全国档案工匠型人才，1人被评为全国青年档案业务骨干，2人被评为自治区档案专家，2人被评为自治区档案工匠型人才，3人被评为自治区青年档案业务骨干。（袁月明）

文化遗产保护

【概况】 2022年，赤峰市争取国家和自治区资金8000万余元，实施文保项目33个。完成全市文物大数据监管平台建设，实现411处文保单位全覆盖。武安州辽塔加固维修工程通过竣工终验。辽上京遗址被列入国家考古遗址公园名单。实施中华文明探源工程考古中国项目，深入挖掘红山文化和辽文化，举办2022年度红山文化高峰论坛、契丹小字发现100周年暨第5届契丹学国际学术研讨会和“博苑讲堂”系列讲座，明晰中华文明多元一体的起源与形成。完成赤峰博物馆展陈提升和辽代历史文化博物馆开放试运营工作，累计接待观众11万余人。举办“博物馆之夜”“博物馆长讲文物”等特色主题活动，实现让文物“活”起来的目标。

【文物古迹】 2022年，赤峰市有不可移动文物古迹7340余处，其中全国重点文物保护单位50处、自治区级文物保护单位70处、市级文物保护单位88处、旗县区级文物保护单位204处。境内历代长城1054千米，约占自治区长城总长度的三分之一。

【历史文化建筑保护】 2022年，赤峰市文旅局对历史文化街区、历史建筑全过程动态管理，全市有经自治区公布的历史建筑22处，全部确定历史建筑保护修缮管理部门责任人、历史建筑保护责任人，进行妥善保护，具备测绘条件的均完成测绘工作。完成巴林右旗幸福之路苏木原33团团部历史建筑修缮。开展《赤峰市城乡历史文化保护传承体系规划》《喀喇沁旗王爷府镇漠南大街历史街区规划》编制工作，完成《经棚镇旗署街历史街区规划》编制。

【非遗体验中心成立】 2022年7月15日，非遗体验中心挂牌成立，包含“石榴花开 籽籽同心”“美石美刻”“杏林传承”“多彩刺绣”“苍茫舞曲”“匠心技艺”“赤峰味道”等9个展区，以图片、文字、实物、视频等形式，多角度地展示国家级、自治区级、市级非物质文化遗产代表性项目及非遗传承人，打造动静结合、视听融合、交互沉浸式的非遗体验空间，成为宣传推广中华文化符号和中华民族形象的主要阵地。先后接待赤峰学院音乐学院、通辽市非遗人员等参观体验交流活动8场次。

【红山文化高峰论坛】 2022年7月15—16日，赤峰市举办2022年度红山文化高峰论坛。来自国内20余家考古研究院所的40余名专家学者通过线上线下相结合的方式进行研讨交流，内容涵盖“重要考古新发现”“红山文化基本特征、类型与分期”“红山文化社会层级构建”“红山文化玉器研究”“红山文化与中华文明起源”等，为推进红山文化申遗等达成学界共识，提升红山文化的影响力。

▶▶ 链接

红山文化

红山文化因内蒙古赤峰市红山后遗址的挖掘而得名。1954年，著名考古学家、历史学家尹达将赤峰红山后首次发现独具特征的彩陶、“之”字纹陶与打制细石器共存的原始文化，命名为“中国新石器时代的红山文化”，它是西辽河流域史前时期最为强劲的一支考古学文化，其年代约为距今6500—5000年。红山文化是西辽河流域文明进程中的关键阶段，承继本地区各类文化中的精华，同时大量吸收中原仰韶文化和东北地区诸多原始文化的影响，整体文化面貌发生显著变化，红山文化时期已经智露出中华文明的曙光。

表 46　2022 年赤峰市全国重点文物保护单位一览表

序号	旗县区	文物公布名称	文物类别	国保批次
1	阿鲁科尔沁旗	查干浩特城址	古遗址	第六批
2		宝善寺	古建筑	第六批
3		耶律祺家族墓	古墓葬	第七批
4		沙日宝特墓群	古墓葬	第七批
5		宝山·罕苏木墓群（包括宝山壁画墓群及耶律羽之家族墓群）	古墓葬	第五批
6	巴林左旗	辽上京遗址	古遗址	第一批
7		韩匡嗣家族墓地	古墓葬	第六批
8		富河沟门遗址	古遗址	第七批
9		真寂之寺石窟	石窟寺及石刻	第六批
10		辽陵及奉陵邑	古墓葬 古遗址	第三批
		辽陵及奉陵邑—祖陵及奉陵邑		
10	巴林右旗	辽陵及奉陵邑—怀陵及奉陵邑	古墓葬 古遗址	第三批
		辽陵及奉陵邑—庆陵及奉陵邑		
11		荟福寺	古建筑	第七批
12	克什克腾旗	应昌路故城遗址	古遗址	第五批
13		克什克腾岩画群	岩　画	第七批
		百岔河流域岩画		
		达里湖砧子山岩画		
		西拉沐沦河栅子店、河沿岩画		
		土城子镇岩画		
14		侵华日军木石匣工事旧址群	近现代重要史迹及代表性建筑	第八批
15	林西县	大井古铜矿遗址	古遗址	第五批
16		饶州故城址	古遗址	第七批
17		白音长汗遗址	古遗址	第七批
18	翁牛特旗	张应瑞家族墓地	古墓葬	第六批
19		梵宗寺	古建筑	第七批
20	喀喇沁旗	喀喇沁亲王府及家庙	古建筑	第五批
21		福会寺	古建筑	第五批
22		锦山龙泉寺	古建筑	第六批
23		灵悦寺	古建筑	第六批
24		马架子遗址	古遗址	第七批
25		耶律琮墓	古墓葬	第七批
26		和硕端静公主墓	古墓葬	第七批
27		架子山遗址群	古遗址	第五批
		架子山聚落址		
		大山前聚落址		
		城子顶聚落址		

续表

序号	旗县区	文物公布名称	文物类别	国保批次
28	宁城县	辽中京遗址	古遗址	第一批
29		黑城城址	古遗址	第六批
30		南山根遗址	古遗址	第七批
31		法轮寺	古建筑	第七批
32		小黑石沟墓群	古墓葬	第七批
33	敖汉旗	大甸子遗址	古遗址	第四批
34		兴隆洼遗址	古遗址	第四批
35		城子山遗址	古遗址	第五批
36		赵宝沟遗址	古遗址	第六批
37		兴隆沟遗址	古遗址	第七批
38		草帽山遗址	古遗址	第七批
39		宁昌路遗址	古遗址	第七批
40		武安州遗址	古遗址	第七批
41	红山区	魏家窝铺遗址	古遗址	第七批
42		二道井子遗址	古遗址	第七批
43		赤峰清真北大寺	古建筑	第七批
44		红山遗址群	古遗址	第六批
		红山文化居住址第一地点	古遗址	
		红山文化居住址第二地点	古遗址	
		夏家店下层文化居住址	古遗址	
		夏家店下层文化和夏家店上层文化居住址第二地点	古遗址	
		夏家店下层文化和夏家店上层文化居住址第一地点	古遗址	
		红山文化和夏家店上层文化墓葬	古墓葬	
		夏家店上层文化石棺墓地第二地点	古墓葬	
		夏家店上层文化石棺墓地第一地点	古墓葬	
		青铜时代墓葬群	古墓葬	
		夏家店下层文化祭祀址第二地点	古遗址	
		夏家店下层文化祭祀址第一地点	古遗址	
45	松山区	夏家店遗址群	古遗址	第六批
46		缸瓦窑遗址	古遗址	第四批
47		太平庄遗址群	古遗址	第七批
48		三座店石城遗址	古遗址	第七批
49		尹家店山城遗址	古遗址	第七批
50	其　他	金界壕遗址	古遗址	第五批

（市文旅局）

表 47 2022 年赤峰市自治区级重点文物保护单位一览表

序号	旗县区	文物名称（单体名称）	文物类别	年代	批次
1	阿鲁科尔沁旗	百兴图遗址	古遗址	辽	第四批
2		玛尼吐城址	古遗址	辽	第四批
3		小南沟窑址	古遗址	辽	第五批
4		北大王墓	古墓葬	辽	第五批
5		三龙山石窟寺	石窟寺	旧石器、辽	第五批
6		陶海城址	古遗址	辽	第五批
7		根培庙	古建筑	清	第三批
8		罕庙（钦定戴恩寺）	古建筑	清	第四批
9	巴林左旗	哈拉基木祭祀遗址	古遗址	辽	第四批
10		野猪山遗址	古遗址	辽	第五批
11		新罗寨故址	古遗址	辽	第五批
12		白音高洛窑址	古遗址	辽	第五批
13		王家湾遗址	古遗址	辽	第五批
14		浩尔吐城址	古遗址	辽	第五批
15		努和图白其城址	古遗址	辽、金	第五批
16		南杨家营子墓群	古墓葬	汉	第五批
17		小罕山墓群	古墓葬	辽	第五批
18		浩尔吐墓群	古墓葬	辽	第五批
19		牤吐坝墓群	古墓葬	辽	第五批
20		石羊沟墓群	古墓葬	辽	第五批
21		平顶山石窟寺	石窟寺	辽	第三批
22		前召庙石窟寺	石窟寺	辽	第三批
23	巴林右旗	辽黑山祭祀遗址	古遗址	辽	第四批
24		阿力木图山遗址	古遗址	辽	第四批
25		康熙行宫	古建筑	清	第四批
26		多罗郡王府	古建筑	清	第四批
27		大板巴林王府	古建筑	1912 年	第四批
28		必图城址	古遗址	辽	第五批
29		索博日嘎磴磴山遗址	古遗址	辽	第五批
30		乌兰哈达遗址	古遗址	辽	第五批
31		索博日嘎砖瓦窑址	古遗址	辽	第五批
32	克什克腾旗	努其官侵华日军工事旧址	近现代重要史迹及代表性建筑	近现代	第五批
33		乌兰布统战场遗址	古遗址	清	第四批
34		园林子矿冶遗址	古遗址	青铜时代	第五批
35	林西县	四方城城址	古遗址	辽	第四批
36		井沟子墓群	古墓葬	春秋至战国	第四批
37		大城城址（富义县故城址）	古遗址	辽	第五批
38		石人沟墓地	古墓葬	元	第五批
39		大营子天主教堂	古建筑	清	第四批

续表

序号	旗县区	文物名称（单体名称）	文物类别	年代	批次
40	翁牛特旗	永州故城址	古遗址	辽	第四批
41		上窑洞穴遗址	古遗址	旧石器时代	第五批
42		小善德沟遗址	古遗址	新石器时代	第五批
43		海金山遗址群	古遗址	新石器时代、辽	第五批
44		张丑间墓	古墓葬	元	第五批
45		响水石刻	石窟寺及石刻	清	第五批
46		翁牛特旗岩画群	岩 画	新石器时代、青铜时代	第五批
		白庙子岩画		新石器时代	第五批
		牦牛海山岩画		新石器时代、夏、商	第五批
		黑头山岩画		新石器时代	第五批
47	喀喇沁旗	明安山城址	古遗址	辽	第四批
48		马架子遗址群	古遗址	青铜时代	第五批
49		咸应寺	古建筑	清	第五批
50	宁城县	喇嘛洞石窟	石窟寺	辽、清	第五批
51	敖汉旗	北城子遗址	古遗址	新石器时代	第四批
52		小古立吐遗址	古遗址	新石器时代	第四批
53		牛夕河遗址	古遗址	新石器时代	第四批
54		齐大窝铺城址	古遗址	战国	第四批
55		刁营子城址	古遗址	战国	第四批
56		酒局子遗址	古遗址	新石器时代、青铜时代	第五批
57		马架子南房申遗址	古遗址	新石器时代、青铜时代、东周、辽	第五批
58	红山区	蜘蛛山遗址	古遗址	新石器时代至秦、汉	第四批
59		姚家洼遗址	古遗址	青铜时代	第五批
60		药王山遗址	古遗址	青铜时代	第五批
61		玉皇庙山城遗址	古遗址	青铜时代	第五批
62		赤峰天主教堂	古建筑	清	第四批
63		蔡家沟杨大孺人贞节牌坊	古建筑	清	第五批
64	元宝山区	平庄侵华日军飞机库旧址	近现代重要史迹及代表性建筑	1943 年	第五批
65		塔子山白塔	古建筑	辽	第三批
66	松山区	岗子岱王山遗址	古遗址	青铜时代	第五批
67		柴胡栏子事件烈士陵园	近现代重要史迹及代表性建筑	近现代	第三批
68	其 他	战国燕北长城	古建筑	东周	第五批
69		通辽—赤峰秦汉长城	古建筑	秦汉	第五批
70		赤峰南部东汉长城	古建筑	汉代	第五批

（市文旅局）

【朝阳市—赤峰市推进红山文化申遗工作座谈会】 2022年7月16日，朝阳市—赤峰市推进红山文化申遗工作座谈会在赤峰市召开。会议双方针对世界遗产委员会申遗规则调整、国内申遗形势变化、现阶段申遗工作存在的问题等内容进行探讨，并达成加大红山文化遗址联合申遗工作力度的共识，签订两市文化旅游协同发展合作协议。

【契丹小字发现100周年暨第5届契丹学国际学术研讨会】 2022年7月21—24日，由内蒙古大学主办，赤峰学院、赤峰文博院、通辽博物馆、赤峰市巴林右旗人民政府、巴林左旗人民政府协办，内蒙古大学蒙古学学院承办的“契丹小字发现100周年暨第5届契丹学国际学术研讨会”在巴林右旗和巴林左旗举办。来自8个国家、20余所高校的150余名专家学者参加学术研讨会，就契丹语言文字、辽金西夏历史文化和辽金元西夏文物、文献等方面议题展开线上线下学术研讨。参会专家学者参观考察巴林右旗的庆州白塔和辽庆陵遗址，巴林左旗辽上京遗址、辽上京博物馆和辽祖陵，并参观由内蒙古大学策划的“契丹文字研究百年成就展”。

【“博苑讲堂”系列线上讲座活动】 2022年11月13日，由市文物局主办、赤峰文博院承办的“博苑讲堂”学术讲座开讲。中国社会科学院考古研究所、北京大学、中国人民大学、中央民族大学、浙江大学、吉林大学、辽宁大学、三星堆博物馆、内蒙古自治区文物考古研究院等10余名文博界专家学者，通过线上云讲座的形式，以红山文化为起点，横跨中国大江南北、纵越数千年的历史长河，将不同地域、不同时期的考古学类型进行分析对比，从全新的角度佐证中华民族多元一体的文明发展进程。全年开展讲座11期。

【内蒙古首家考古遗址公园】 2022年12月29日，国家文物局公布第四批国家考古遗址公园名单和立项名单，位于巴林左旗的辽上京考古遗址公园入选第四批国家考古遗址公园，成为内蒙古自治区首个国家考古遗址公园，实现内蒙古自治区零的突破。

▶▶ 链接

辽上京国家考古遗址公园

辽上京国家考古遗址公园位于巴林左旗林东城区南郊，始建于神册三年（918），是中国历史上使用时间较长的草原都城之一，也是草原丝路的重要节点。1961年，遗址被国务院确定为第一批全国重点文物保护单位；2012年，入选中国申报世界文化遗产预备名单；2013年，进入第二批国家考古遗址公园立项名单；2021年，入选中国“百年百大考古发现”；2022年，入选“新时代百项考古新发现”名单，是中国保存完好的古代都城遗址之一。遗址公园于2013年12月由国家文物局批准立项，建成综合管理服务区（含辽上京博物馆、游客服务中心）、公园主入口区（乾德门广场）、皇城遗址展示区（含环城墙展示带）和西城墙外带状公园（含辽文化展示区、考古与发现活动区、公共休闲娱乐区），成为具有文物保护、生态涵养、科研教育、休闲游憩、文化娱乐等多功能于一体的综合性城市文化公园。

【非物质文化遗产】 2022年，赤峰市有非物质文化遗产195项。其中，民间文学12项，传统音乐20项，传统舞蹈6项，传统戏剧8项，曲艺4项，传统体育、游艺与杂技11项，传统美术29项，传统技艺54项，传统医药14项，民俗37项。开展“文化进万家——视频直播家乡年”2022年赤峰市非物质文化遗产线上展播活动，通过抖音、快手短视频平台“赤峰非遗”账号所展播活动视频107个，累计播放量100万余次，关注人数2万余人。赤峰文博院非遗保护中心对活动视频进行评审，评出一等奖、二等奖、三等奖各10名，优秀奖59名。 （杨　婧）

辽上京国家考古遗址公园　　（市文旅局　供图）

表 48 2022 年赤峰市非物质文化遗产一览表

民间文学				
序号	项 目 名 称	评定时间	批 次	级 别
1	巴林格斯尔 格萨（斯）尔	2009.2 2007.6 2014.11	市一批 省一批 国四批	国家级
2	固伦淑慧长公主传说	2009.2	市一批	—
3	沙格德尔口头文学 （沙格德尔）	2009.2 2009.6	市一批 省二批	自治区级
4	祝福阿曼乎朱 （阿曼乎朱祝福仪式）	2009.2 2009.6	市一批 省二批	自治区级
5	格斯尔风物传说	2017.5	市五批	—
6	敖汉旗民间故事 （敖汉传说故事）	2009.2 2009.6	市一批 省二批	自治区级
7	伞头曲	2009.2	市一批	—
8	喜 歌	2009.2	市一批	—
9	市：祝赞辞 区：（祝赞词）	2009.2 2007.6	市一批 省一批	自治区级
10	蒙古族民间谚语	2015.5	市四批	—
11	宁城传说与故事	2017.5	市五批	—
12	喀喇沁旗民间故事	2017.5	市五批	—
传统音乐				
序号	项 目 名 称	评定时间	批 次	级 别
13	蒙古族林丹汗宫廷音乐	2011.4 2011.8 2014.11	市二批 省三批 国四批	国家级
14	阿鲁科尔沁民歌	2015.5	市四批	—
15	娜布其公主	2009.2	市一批	—
16	诺恩吉雅	2017.5	市五批	—
17	巴林民歌	2013.4	市三批	—
18	巴林民歌（巴林左旗）	2017.5	市五批	—
19	赤峰雅乐	2011.4 2011.8	市二批 省三批	自治区级
20	甘苏庙庙乐	2009.2 2009.6	市一批 省二批	自治区级
21	清代喀喇沁王府雅乐	2009.2	市一批	—

续表

序号	项目名称	评定时间	批次	级别
传统音乐				
22	兴隆庄十番会	2009.2	市一批	—
23	宁城民间传统唢呐乐谱	2011.4	市二批	—
24	宁城十番古乐 （宁城十番乐）	2011.4 2011.8	市二批 省三批	自治区级
25	宁城铼铼镲锣鼓乐谱	2011.4 2018.5	市二批 省六批	自治区级
26	元宝山古乐	2009.2	市一批	—
27	翁牛特蒙古族民歌	2015.5	市四批	—
28	翁牛特唢呐	2017.5	市五批	—
29	赤峰口簧吹奏	2017.5	市五批	—
30	昭乌达短调民歌	2017.5	市五批	—
31	昭乌达长调民歌 蒙古族长调民歌（昭乌达长调民歌）	2017.5 2018.5	市五批 省六批	自治区级
32	克什克腾蒙古族民歌	2020.1	市六批	—
传统舞蹈				
序号	项目名称	评定时间	批次	级别
33	呼图格沁	2009.2 2007.6	市一批 省一批	自治区级
34	藏传佛教密宗乐舞——娜诺·卡吉德玛	2009.2 2009.6	市一批 省二批	自治区级
35	宁城三座店背歌抬歌 抬阁（宁城三座店抬阁背阁）	2011.4 2011.8	市二批 省三批	自治区级
36	蒙古族秧歌 秧歌（翁牛特蒙古族秧歌）	2013.4 2015.12	市三批 省五批	自治区级
37	宁城法轮寺查玛舞	2015.5	市四批	—
38	寿星会	2015.5	市四批	—
传统戏剧				
序号	项目名称	评定时间	批次	级别
39	皮影戏（巴林左旗皮影戏）	2009.2 2007.6 2011.5	市一批 省一批 国三批	国家级
40	红山皮影戏	2013.4	市三批	—

续表

传统戏剧				
序号	项　目　名　称	评定时间	批　次	级　别
41	宁城皮影戏	2015.5	市四批	—
42	天山皮影	2017.5	市五批	—
43	喀喇沁皮影戏	2017.5	市五批	—
44	林西皮影戏	2017.5	市五批	—
45	翁牛特皮影戏	2017.5	市五批	—
46	宁城评剧评剧（宁城评剧）	2015.5 2015.12	市四批 省五批	自治区级
曲　艺				
序号	项　目　名　称	评定时间	批　次	级　别
47	待日拉查	2009.2	市一批	—
48	胡仁乌力格尔乌力格尔 （胡仁乌力格尔）	2013.4 2013.11	市三批 省四批	自治区级
49	好来宝	2013.4	市三批	—
50	林西评书	2017.5	市五批	—
传统体育、游艺与杂技				
序号	项　目　名　称	评定时间	批次	级　别
51	掷啪日吉 （啪日吉游戏）	2009.2 2009.6	市一批 省二批	自治区级
52	冰上阿日嘎	2009.2 2007.6	市一批 省一批	自治区级
53	市：蒙古康乐牌 区：（阿木尔巴伊斯呼朗）	2009.2 2007.6	市一批 省一批	自治区级
54	蒙古族鹿狗和对阵游戏	2011.4	市二批	—
55	少林十八家拳法	2013.4	市三批	—
56	萨仁靶射箭 蒙古族射箭（萨仁靶射箭）	2013.4 2013.11	市三批 省四批	自治区级
57	蒙古象棋	2015.5	市四批	—
58	翁牛特蒙古族射箭 蒙古族射箭（翁牛特射箭）	2017.5 2018.5	市五批 省六批	自治区级
59	阿鲁科尔沁搏克	2017.5	市五批	—
60	巴林纳木那（乘马射箭）	2020.1	市六批	—
61	五福棋	2020.1	市六批	—

续表

传统美术				
序号	项　目　名　称	评定时间	批　次	级　别
62	铁片硬笔鸟字画	2009.2	市一批	—
63	宁城李家剪纸	2009.2	市一批	—
64	蒙古族服饰图案	2009.2 2007.6	市一批 省一批	自治区级
65	邢逊剪纸 剪纸（红山剪纸）	2011.4 2011.8	市二批 省三批	自治区级
66	蒙古族图文刺绣 蒙古族刺绣（蒙古族图文刺绣）	2013.4 2018.5	市三批 省六批	自治区级
67	蒙古族家具传统绘画 蒙古族图案（蒙古族家具绘画）	2015.5 2015.12	市四批 省五批	自治区级
68	翁牛特蒙古族刺绣 蒙古族刺绣（翁牛特蒙古族刺绣）	2015.5 2015.12	市四批 省五批	自治区级
69	翁牛特蒙古族木雕 蒙古族木雕（翁牛特木雕）	2018.5 2018.5	市四批 省六批	自治区级
70	元宝山彩绘葫芦	2017.5	市五批	—
71	元宝山细纹刻纸 剪纸（元宝山细纹刻纸）	2017.5 2018.5	市五批 省六批	自治区级
72	克什克腾剪纸	2017.5	市五批	—
73	翁牛特剪纸	2017.5	市五批	—
74	红山蒙古族纸艺 蒙古族纸艺（红山纸艺）	2017.5 2018.5	市五批 省六批	自治区级
75	敖汉剪纸	2017.5	市五批	—
76	巴林蒙古文篆刻艺术 蒙古文篆刻艺术（巴林蒙古文篆刻艺术）	2017.5 2018.5	市五批 省六批	自治区级
77	巴林蒙古族刺绣	2017.5	市五批	—
78	宁城契丹刺绣 （契丹刺绣）	2017.5 2018.5	市五批 省六批	自治区级
79	巴林石雕刻 石雕（巴林石雕）	2017.5 2018.5	市五批 省六批	自治区级
80	赤峰玉石微雕 玉雕（玉石微雕）	2017.5 2018.5	市五批 省六批	自治区级
81	阿鲁科尔沁刺绣	2020.1	市六批	—
82	玉米皮贴画	2020.1	市六批	—
83	翁牛特砖雕	2020.1	市六批	—
84	宁城剪纸	2020.1	市六批	—
85	喀喇沁石艺	2020.1	市六批	—
86	思达核雕	2020.1	市六批	—
87	掐丝工艺葫芦	2020.1	市六批	—
88	宝山烙艺	2020.1	市六批	—
89	蒙古文书法	2020.1	市六批	—
90	敖汉玉雕	2020.1	市六批	—

续表

传统技艺				
序号	项 目 名 称	评定时间	批 次	级 别
91	蒙古族勒勒车制作技艺	2009.2 2007.6 2008.6	市一批 省一批 国一批	国家级
92	马鞍子制作技艺（阿鲁科尔沁旗）	2009.2	市一批	—
93	奶食品制作技艺（阿鲁科尔沁旗）	2009.2	市一批	—
94	克什克腾蒙古族马鞍具制作技艺	2009.2 2009.6	市一批 省二批	自治区级
95	察干伊德（奶食品制作技艺）	2009.2 2009.6	市一批 省二批	自治区级
96	榆鼓制作技艺 （榆鼓制作工艺）	2009.2 2009.6	市一批 省二批	自治区级
97	市：蒙古包木架手工制作技艺 区：蒙古包（蒙古包营造技艺）	2011.4 2011.8	市二批 省三批	自治区级
98	巴林蒙古包营造技艺 蒙古包营造技艺（巴林蒙古包营造技艺）	2017.5 2018.5	市五批 省六批	自治区级
99	土墙蒙古包建造方法	2011.4	市二批	—
100	翁牛特蒙古包营造技艺	2017.5	市五批	—
101	蒙古族烟荷包制作技艺	2011.4	市二批	—
102	蒙古族烟荷包制作技艺（松山区）	2017.5	市五批	—
103	蒙古族木雕技艺	2013.4	市三批	—
104	蒙古族传统牛角弓制作技艺	2013.4 2013.11	市三批 省四批	自治区级
105	瓜子张炒货技艺	2013.4 2013.11	市三批 省四批	自治区级
106	绣花鞋手工制作技艺	2013.4	市三批	—
107	蒙古族传统乐器胡笳、筚篥制作技艺	2013.4	市三批	—
108	谷家窑烧盆技艺	2015.5	市四批	—
109	巴林走马驯养技艺 蒙古马驯养习俗（巴林走马驯养）	2015.5 2015.12	市四批 省五批	自治区级
110	敖汉拨面制作技艺	2015.5	市四批	—
111	平庄谢氏酿酒技艺	2017.5	市五批	—
112	克什克腾锤打麻油技艺 传统榨油技艺（克什克腾锤打麻油技艺）	2017.5 2018.5	市五批 省六批	自治区级
113	草原笤帚苗手编技艺 草编（草原笤帚苗手编技艺）	2017.5 2018.5	市五批 省六批	自治区级
114	喀喇沁白家熏鸡制作技艺	2017.5 2018.5	市五批 省六批	自治区级

续表

传统技艺				
序号	项　目　名　称	评定时间	批　次	级　别
115	蒙古族轧杠皮制作技艺	2017.5	市五批	—
116	蒙古族银器制作技艺	2017.5	市五批	—
117	巴林马头琴制作技艺	2017.5	市五批	—
118	赵记老酒酿造技艺	2017.5	市五批	—
119	梓俊花生炒货技艺	2017.5	市五批	—
120	红山陶埙制作技艺	2017.5	市五批	—
121	赤峰对夹制作技艺 传统面食制作技艺（赤峰对夹制作技艺）	2017.5 2018.5	市五批 省六批	自治区级
122	赤峰哈达饼制作技艺	2017.5	市五批	—
123	马鞍子制作技艺（巴林马鞍具制作技艺）	2017.5	市五批	—
124	蒙古族壁毯织造技艺	2017.5 2018.5	市五批 省六批	自治区级
125	阿鲁科尔沁策格酿制技艺	2020.1	市六批	—
126	粗杂粮及山野菜食品制作技艺	2020.1	市六批	—
127	巴林蒙古族毡子制作技艺	2020.1	市六批	—
128	蒙古靴子制作技艺	2020.1	市六批	—
129	老乐牛肉干制作技艺	2020.1	市六批	—
130	克什克腾柳编酒海制作技艺	2020.1	市六批	—
131	翁牛特风干牛肉制作技艺	2020.1	市六批	—
132	翁牛特察干伊德制作技艺	2020.1	市六批	—
133	翁牛特皮革马具制作技艺	2020.1	市六批	—
134	敖汉小米食品制作技艺	2020.1	市六批	—
135	宁城老窖传统酿造技艺	2020.1	市六批	—
136	辽中京艺术地毯织造技艺	2020.1	市六批	—
137	宁城制瓷技艺	2020.1	市六批	—
138	喀喇沁满族宫廷黏豆包制作技艺	2020.1	市六批	—
139	松洲铁画技艺	2020.1	市六批	—
140	杨氏三四席制作技艺	2020.1	市六批	—
141	手工制瓷技艺	2020.1	市六批	—
142	元宝山小五家清真九大碗制作技艺	2020.1	市六批	—
143	乾御兴白酒传统酿造技艺	2020.1	市六批	—
144	蒙古族银器制作技艺	2020.1	市六批	—

续表

传统医药				
序号	项 目 名 称	评定时间	批 次	级 别
145	蒙古族五疗器械 蒙医传统疗法器械制作工艺	2011.4 2011.8	市二批 省三批	自治区级
146	巴林左旗王氏中医正骨 中医正骨疗法（王氏中医正骨术）	2017.5 2018.5	市五批 省六批	自治区级
147	蒙药阿敏宝露尔合剂	2017.5	市五批	—
148	蒙医药面部神经麻痹疗法	2017.5	市五批	—
149	蒙药烈火炮制技术 蒙医药（蒙药烈火炮制技术）	2017.5 2018.5	市五批 省六批	自治区级
150	望星楼中蒙医药民间传统疗法 （中蒙医诊疗法）	2017.5 2018.5	市五批 省六批	自治区级
151	李氏专治“蛇盘疮”中医疗法	2020.1	市六批	—
152	包鑫蒙医骨科医术	2020.1	市六批	—
153	中医锭子药制作技艺（离宫锭）	2020.1	市六批	—
154	太极光灸法技艺	2020.1	市六批	—
155	陈氏骨科传统中医疗法	2020.1	市六批	—
156	蒙药扫日劳 -7 汤制作	2020.1	市六批	—
157	朱氏阴阳平衡针灸疗法	2020.1	市六批	—
158	蒙医酒按疗法	2020.1	市六批	—

民 俗				
序号	项 目 名 称	评定时间	批 次	级 别
159	市：阿日本苏木婚礼 区：阿日奔苏木婚礼 国：阿日奔苏木婚礼	2009.2 2007.6 2008.6	市一批 省一批 国二批	国家级
160	蒙古族佛灯节	2011.4	市二批	—
161	蒙古族妇女头饰	2011.4	市二批	—
162	蒙古族婴儿摇篮车	2011.4	市二批	—
163	高格斯台罕乌拉祭祀	2013.4	市三批	—
164	阿鲁科尔沁服饰	2017.5	市五批	—
165	扎嘎斯台满洲格格陵祭祀	2017.5	市五批	—
166	青城寺蒙古族祭星 （青城寺祭星）	2009.2 2009.6	市一批 省二批	自治区级
167	敖汉黄河灯会	2017.5	市五批	—
168	敖汉蒙古族服饰	2017.5	市五批	—

续表

民　俗				
序号	项　目　名　称	评定时间	批　次	级　别
169	二月二武安州祭塔	2017.5	市五批	—
170	巴林婚礼	2009.2 2009.6	市一批 省二批	自治区级
171	巴林祭火 （祭火）	2009.2 2009.6	市一批 省二批	自治区级
172	祭翁跟毛都 （翁根毛都祭祀）	2009.2 2009.6	市一批 省二批	自治区级
173	赛罕汗乌拉敖包祭祀 祭敖包（赛罕汗乌拉敖包祭祀）	2013.4 2015.12	市三批 省五批	自治区级
174	巴林蒙古族服饰 蒙古族服饰（巴林服饰）	2015.5 2015.12	市四批 省五批	自治区级
175	固伦淑慧公主陵祭祀	2015.5	市四批	—
176	都希敖包祭祀	2017.5	市五批	—
177	格力贝尔召庙会	2017.5	市五批	—
178	白音珠日和敖包祭祀 祭敖包	2009.2 2007.6	市一批 省一批	自治区级
179	达尔罕兴畜节	2009.2 2009.6	市一批 省二批	自治区级
180	祭塞北灵验佛	2009.2	市一批	—
181	达里湖冬捕祭祀	2011.4 2011.8	市二批 省三批	自治区级
182	土城子舞龙艺术	2011.4	市二批	—
183	祭儿童敖包 祭敖包（祭儿童敖包）	2015.5 2015.12	市四批 省五批	自治区级
184	克什克腾蒙古族祭火	2017.5	市五批	—
185	宁城大明庙会	2015.5	市四批	—
186	宁城三座店元宵庙会	2017.5	市五批	—
187	松山七月十五长桌宴	2017.5	市五批	—
188	松山万佛寺庙会	2017.5	市五批	—
189	元宵节撒灯	2017.5 2018.5	市五批 省六批	自治区级
190	抬石老爷习俗	2009.2	市一批	—
191	翁牛特蒙古族服饰 蒙古族服饰（翁牛特服饰）	2013.4 2013.11	市三批 省四批	自治区级
192	阿鲁科尔沁游牧移场	2020.1	市六批	—
193	赛罕敖瑞敖包祭祀	2020.1	市六批	—
194	克什克腾蒙古族服饰	2020.1	市六批	—
195	敖汉旱作农业习俗	2020.1	市六批	—

（市文旅局）

新闻出版

【概况】 2022年，赤峰市委宣传部召开软件正版化工作联席会议，推动各地区各机关企事业单位持续完善软件正版化工作机制。组织各内部资料性出版物主管、主办单位开展不规范使用汉字问题专项整治工作及质量检查专项行动。梳理出版印刷发行、版权领域行政审批事项，受理审批事项80件，办结80件，办结率100%。

【新闻出版行业管理】 2022年，赤峰市委宣传部制定印发《关于持续深入开展打击新闻敲诈和假新闻专项行动工作方案》，召开全市“打假治敲”工作推进会，集中公布举报渠道，发放预防新闻敲诈等新闻违法违规问题警示教育宣传片及宣传手册。完成全市12家新闻单位的447名记者年度核验工作及内蒙古广播电视台等3家驻赤峰新闻机构的综合评估和《赤峰日报》《红山晚报》等4家报纸的社会效益评价考核工作；开展年度报纸及其所办新媒体质量专项检查行动，对《赤峰日报》等报纸及所办微博、微信、App客户端进行实地督导检查，加强对新闻机构的监督管理；完成对内蒙古广播电视台等3家驻赤新闻机构的综合评估和《赤峰日报》《红山晚报》等4家报纸的社会效益评价考核工作，加强对新闻机构的监督管理。

【赤峰日报社】 2022年，赤峰日报社把党的二十大宣传贯穿全年工作的始终，全媒体平台推出党的二十大系列报道800余篇、专版60余块。制作评论员文章、理论文章、综述、报告解读等新闻产品100余篇。策划开展“喜迎党的二十大 走进乡村看变化”—讲好乡村振兴中的赤峰故事，编辑记者进百村大型全媒体活动，组织记者100余人次分别到旗县区100个村开展采访，刊播稿件100余篇。创办“赤诚相待 优化营商环境进行时”“链上赤峰”“创城·随手拍”“新闻正当时”“新闻正观察”等特色栏目，全媒体平台发布稿件3.32万条，短视频平台（抖音、快手、视频号）同步推送短视频3100余个。全媒体平台制作推出包括疫情防控动态消息、疫苗知识普及等新闻产品4050篇，其中《红山晚报》微信公众号作品《赤峰战“疫”有我们》单条点击量62万人次。截至年末，《赤峰日报》微信公众号关注人数从7万人增长至30万人，活跃人数是报纸订阅量的10倍；《赤峰日报（少数民族语言文字）》微信公众号作品最高阅读量85万人次。《红山晚报》微信公众号关注数超28万人，是报纸订阅量的18倍，最高日阅读量195万人次，最高周阅读量450万人次，刷新自治区微信平台周阅读量新高。

2022年7月23日，赤峰日报社开展“喜迎党的二十大 走进乡村看变化”——讲好乡村振兴中的赤峰故事，编辑记者进百村大型全媒体活动。图为记者在巴林右旗白塔镇入户采访 （赤峰日报社 供图）

【内蒙古科学技术出版社】 内蒙古科学技术出版社隶属于内蒙古出版集团，是一家以出版蒙汉文科技图书和数字资源服务为主的地方综合性科技出版社。2022年，内蒙古科学技术出版社执行出版流程，遵守“三审三校一读”、重大选题备案、书号管理、样本缴送等制度。重点打造《内蒙古非物质及物质文化遗产标志丛书》《内蒙古传统文化普及文库》《蒙医方剂大辞典》《中国蒙药本草》《常用蒙药鉴定大全》《科学巨人·中国科学家的榜样故事》《乡村人才振兴·农民科学素质丛书》《赤峰民间剪纸》等蒙汉文图书。全年出版图书158种，其中新书119种（蒙古文58种、汉文61种）、重印书39种（蒙古文31种、汉文8种）。出版精品图书40种（蒙古文30种、汉文10种）。《中国蒙药本草》《蒙医方剂大辞典》入选“十四五”国家重点出版物；《中国蒙古族刺绣》入选国家出版基金支持项目名单；《内蒙古非物质及物质文化遗产标志丛书》《翁牛特右翼旗扎萨克衙门档案》等图书，“《格斯尔》非物质文化遗产数字音视频资源库建设和传播”“‘蓝色草原·听书平台’音视频资源建设和传播”等数字化项目获国家民族文字出版专项资金支持。《内蒙古塞罕乌拉大型菌物图鉴》《蒙医四施》获自治区优秀科普作品奖；《特罕金山国家自然保护区药用植物图谱》获中国民族医药学会学术著作二等奖；

《国医大师包金山与中国蒙医整骨学》获中国民族医药学会学术著作一等奖；“蓝色草原·听书平台”被确定为自治区宣传思想文化工作创新案例。《赤峰城市风景园林植物资源》《蒙古族工艺美术传统造型基础》等9种图书获中国西部地区优秀科技图书二等奖、三等奖。

（丁兴华　朱　琳　温都苏　孙　虎）

广播影视

【广播】　2022年，赤峰广播电视台自办综合广播、蒙语广播、交通广播、农村牧区广播、新闻综合频道、经济服务频道、影视娱乐频道7套节目，自办栏目52档，重点栏目有《政风行风热线》《法治早班车》《金色田野》《交广早高峰》《上班路上》《欢乐正当午》等，日播时长76小时。重点播发贯彻落实习近平新时代中国特色社会主义思想、党的二十大、乡村振兴、铸牢中华民族共同体意识、全国全区全市两会、创建全国文明城市等内容，把握正确舆论导向。在内蒙古广播电台发稿660篇，在中央人民广播电台《全国新闻联播》等栏目发稿52篇。

【电影】　2022年，赤峰市农村牧区累计放映电影2.49万场次，观影人次135万余人。市委宣传部重点推进“一村一月一场电影”放映工作，组织开展“礼赞新时代 奋进新征程”优秀电影展播展映及“爱我国防·共铸北疆”优秀军事题材影片展映活动。指导辖区内影院营业场所的疫情防控、消防、食品等安全生产，监督管理影院票房专项资金缴纳工作。完成电影放映许可经营年度核验。发放2021年自治区级电影事业发展专项资金及年度中央补助地方国家电影事业发展专项资金等130万余元。

【电视】　2022年，赤峰广播电视台设新闻综合频道、经济服务频道、影视娱乐3个频道，自办栏目42档，重点栏目有《赤峰新闻》《直播赤峰》《走进红山》《直通政务》《直播生活》《希望之星》《赤峰体育》等，日播时长710分钟，全年未发生播出事故。完成党的二十大期间转播任务2次，开设“新思想引领新征程”“学习宣传贯彻党的二十大精神”“奋进新征程，建功新时代”“铸牢中华民族共同体意识”“携手创城，文明同行·大家谈”“两会特别报道·新赤峰，向未来”“同心战‘疫’”“稳工稳产促发展 项目开花正当时”等专栏。在内蒙古电视台新闻中心3档栏目发稿572篇，其中《内蒙古新闻联播》发稿231篇，在中央广播电视总台新闻栏目发稿108篇，在《新闻联播》发稿4篇。举办“虎跃盛世，福满龙乡2022年春节联欢晚会”“2022新年音乐会”“2022少儿迎春晚会”“第14届少儿语言风采大赛”等活动。《我们的新时代》《党员精神代代传》分别获2022年优秀广播电视公益广告创意文案征集活动作品二等奖、三等奖。《好马新鞍奔小康》《蒙古族老人失踪27年，海南主播从陕西找到》等6部作品获内蒙古新闻奖二等奖。

【广电新媒体建设】　2022年，赤峰广播电视网、“智慧赤峰”手机客户端、微信、微博平台平稳运行，全台各公众号、手机客户端总关注人数100万人次，手机客户端直播平台关注量130万人。在赤峰广播电视网和智慧赤峰App发布图文资讯1.47万条，音视频2.3万条；新浪微博发布6145条；央视新闻客户端发布39条；央视频发布134条；赤峰广播电视台官方微信公众号发布2173篇，

2022年2月22日，赤峰广播电视台在赤峰国际会展中心礼堂举办“2022少儿迎春晚会”　（赤峰日报社　供图）

完成上级宣传指令9568条。新媒体平台总计更新内容4.53万条，日均更新139条。通过“智慧赤峰”网络直播平台直播189场，总浏览量突破2000万次。赤峰广电MCN签约短视频账号200个，总关注人数2048.7万人。其中，抖音平台旗下60个，旗下总关注人数708.3万人，总播放量92.6亿次，关注数过百万账号3个；快手平台旗下132个，旗下总关注人数1682.3万人，总播放量40亿次，关注人数超100万的账号5个。

（张 敏 董 睿）

文化产业

【概况】 2022年，赤峰市培育翁牛特旗全宁文化产业园区、林西东山文化产业园区创建自治区重点文化产业园区。推进刺绣、手工艺品、巴林石雕刻、辽瓷复仿、草编工艺品等特色非遗文创产品的研发和成果转化，举办第三届文化旅游创意商品大赛，打造“赤峰游礼”文创产品购物中心。

【翁牛特全宁产业园区】 全宁文化旅游创意产业园区位于乌丹镇城区西侧，是乌丹城区北部500平方千米文旅产业带的重要节点和乌丹城区“一环三区七园”环城产业带的重要片区，是翁牛特旗推动文化旅游产业深度融合发展、倾力打造乌丹文化旅游城市的重要载体。园区规划面积1.4平方千米，预计投资24亿元，主要建设蒙古王城文旅休闲小镇、游客及文旅产品集散中心、文化艺术产品展示中心、明清民宿休闲小镇、文旅大厦、园林式酒店、会展中心等项目。投资5.1亿元的蒙古王城文旅休闲小镇于2020年开园。2022年，文化艺术产品展示中心启动建设，明清民宿休闲小镇项目与唐山市金匙集团、北京北大墙文投资集团签订三方投资协议。

【林西东山文化产业园区】 2022年，林西县立足“赤北首驿”的发展定位，按照中国古建筑四水归堂的建筑风格，高标准打造东山生态产业园文化综合体项目。项目占地面积3.34公顷，总建筑面积2.45万平方米，建设内容包括游泳馆、生态餐厅、宾馆、博物馆以及配套附属工程。截至年末，完成投资8000万元，生态餐厅、游泳馆完成主体工程，室外管网全部完工。

【翁牛特蒙古族刺绣传承人培育】 2022年，赤峰市翁牛特旗依托自治区非遗传统工艺工作站翁牛特旗分站的专项资金支持，承办内蒙古自治区蒙古族刺绣培训班，举办翁牛特蒙古族刺绣培训班和刺绣产品创新创意培训班，聘请专家对非遗传承人进行培养，培养传承人的创新意识，提升传承人的创新能力和创意水平。通过各级各类媒体平台进行宣传推介，参加国家、自治区、赤峰市的非遗展示、展览、展销活动，参加全旗重大文化旅游活动、举办非遗购物节进景区等活动，提高翁牛特刺绣的知名度和市场竞争力，推动翁牛特刺绣产业化、商业化。截至年末，翁牛特旗从事与刺绣相关的传统工艺企业70余家，从业人员3000余人，年产值1000万余元。

▶▶ 链接

翁牛特蒙古族刺绣

翁牛特蒙古族刺绣是蒙古族人民勤劳智慧的结晶，高超的手工技艺和鲜明的民族特征，透射出蒙古族妇女朴实淳厚之美。翁牛特蒙古族刺绣有盘绣、钩绣、剪贴绣、编织绣、套针绣、绕针绣、狼牙绣、乱针绣等10余种传统绣法，每种绣法均体现不同的艺术风格和表现力。常用的针法有齐针法、参差针法、阶梯针法、撵针法、结疙瘩针法等30余种，针法的交替运用，使平面构图实现颜色的自然过渡，呈现出色彩的渐变和光影的虚实。刺绣图案大部分来自草原花草、鸟兽、蝴蝶、虫鱼和与牧民生产生活息息相关的石榴、桃子、云纹、犄纹、回纹、吉祥图案等30余种。由于蒙古族刺绣从选材、构图、刺绣都是出自普通牧民家庭妇女之手，构图夸张、色彩明快、凝重质朴是其最显著的特点。2015年12月，内蒙古自治区人民政府将“翁牛特蒙古族刺绣”列入自治区级非物质文化遗产保护名录。

【2022世界草原歌会暨克什克腾北疆草原音乐节】 2022年7月30日，由赤峰市人民政府主办，克什克腾

翁牛特蒙古族刺绣作品　（赤峰日报社 供图）

旗人民政府、市文旅局承办的“2022世界草原歌会暨克什克腾北疆草原音乐节”在克什克腾旗桦木沟国家森林公园开幕。克什克腾旗文化旅游产业发展集团投资286万元对桦木沟景区入口、南服务区、花海进行亮化；完成帐篷营地、餐饮配套、照明、围封、停车场、道路维修、绿化、给排水、供电等基础和配套设施建设。音乐节以“油彩画廊 走马观花——克什克腾等你来”为主题，为期30天，吸引全国各地游客12万人次，实现旅游综合收入1.2亿元。

【蓝色草原·听书平台】 “蓝色草原·听书平台”是由内蒙古科学技术出版社设计打造的一款蒙古语听书平台，填补国内大型综合性蒙古语听书平台的空白。平台通过音频方式，传播政治理论、经典文学、儿童读物、科普知识、历史文化、胡仁乌力格尔、格斯尔、江格尔、祝词颂词等内容。2021年，平台获计算机软件著作权登记证书，在各大Android应用商店、苹果App Store和腾讯应用宝上架。“蓝色草原·听书平台”发布音频资源37万分钟，诗歌散文、民俗文化、图书、格斯尔、胡仁乌力格尔、好来宝等1.9万集。内蒙古科学技术出版社收录自治区蒙汉语电台19家，与50余名播音员、主持人以及20余名非遗传承人签订合作协议，每月平均制作3000分钟有声资源。2022年，平台上传图书音频资源95种4733条1304.2小时，其中格斯尔、江格尔有声资源733集263.5小时，有用户6.1万人。

（杨 婧　孙美丰　李春煜　孙 虎）

文化市场管理

【概况】 2022年，赤峰市委宣传部针对草原书屋工程进行提质增效，重点推进优化营商环境建设，针对全市报纸刊物、印刷企业进行年度考核，促进出版印刷市场保持健康平稳的态势。组织12个旗县区及市直部门针对正版软件使用情况开展自查，规范版权市场秩序。组织开展全民阅读活动，营造爱读书、读好书的良好社会氛围。

【文化“放管服”改革】 2022年，市委宣传部梳理出版印刷发行、版权领域行政审批事项，对部分行政审批事项实施告知承诺制度，简化办事流程。完成462家出版物发行单位、368家印刷企业的年度核验工作。对《赤峰日报》（汉文版）、《赤峰日报》（蒙古文版）、《红山晚报》、《平庄矿工报》、《作文报》、《百柳》、《西拉沐沦》、《赤峰学院报》5报3刊、12家内部资料性出版物，完成年度核验和换证工作。开展全市印刷发行市场大检查、“双随机、一公开”执法检查、有害出版物排查整治专项活动、网络发行无证经营专项整治行动及重要时间节点出版物市场专项治理活动等，打击未经许可擅自从事或兼营出版物印刷经营活动、销售侵权盗版出版物等行为。全年出动执法人员6904人次，检查印刷厂、书店等经营单位2509家次，责令整改经营单位12家，协调运营平台关闭违法经营网上店铺7家，排查安全隐患立行立改10处，查缴非法出版物4136册张。

【文化市场整治】 2022年，赤峰市文化市场综合行政执法局开展专项整治，规范文化市场经营秩序。加强网吧、娱乐场所和校园周边文化环境整治，采取日常检查与专项整治相结合，定期安排执法人员对网吧、校园周边出版物市场进行巡查，结合重点时段和节假日开展寒暑假、重大节日期间专项整治行动。查处网吧接纳未成年人、非法出版物和儿童“口袋书”等含有禁止内容书刊和盗版教材教辅。

【平安文化市场建设】 2022年，赤峰市文化市场综合行政执法局开展文旅行业安全生产大检查。按照“全覆盖、零容忍、严执法、重实效”要求，执法人员到网吧、KTV、电影院、印刷企业、书店、旅行社、景区等重点领域进行执法检查。对安全生产事故应急救援预案、应急救援设备和物资的维护保管、安全生产负责人落实情况等方面进行检查，当场能改正的做到立行立改，隐患多的反复检查，限期整改。全年出动执法人员8156人次，检查各类经营单位4098家次，排除安全隐患98处，均按要求整改完毕。

【文化市场执法】 2022年，赤峰市文化市场综合行政执法局出动执法人员4万余人次，检查经营场所1.5万余家次，办结各类行政执法案件209件。其中5000元以上较大数额罚款、吊销经营许可证、责令停产停业案件40余件，罚没款30万余元。办结网络案件2件、禁止类内容案件1件，实现重大案件、网络案件、禁止类案件、旅游案件全覆盖。敖汉旗办结的敖汉银亿矿业有限公司破坏文物遗址案，被国家文物局表彰，文件被自治区文物局转发，要求其他盟市汲取经验；阿鲁科尔沁旗办结的在道尔其格遗址内擅自建设工程案，对当事人处罚款5万元；红山区开出校外培训机构第一张罚单；阿鲁科尔沁旗文化市场综合行政执法局与市文化市场综合行政执法局上下联动，办结网络案件1件；元宝山区文化市场综合行政执法局与市文化市场综合行政执法局上下联动，办结网络、印刷、禁止类内容案件各1件；赤峰市在2022年自治区文化市场综合行政执法考评中获第三名。

（韩 雪）

卫生健康

责任编辑　孙美丰

卫生健康

综　　述

【医疗卫生机构】　2022年，赤峰市有医疗卫生机构4823个，其中医院105家（公立医院35家、民营医院70家）、农村牧区卫生院241家、妇幼卫生机构13个，专科疾病防治院（所）1家。全市有卫生技术人员3.6万人，其中执业（助理）医师1.51万人，注册护士1.46万人。每千人口拥有执业（助理）医师3.77人、注册护士3.65人。全市医疗卫生机构实有床位3.22万张，每千人口拥有床位8.05张。全市诊疗1825.19万人次，入院治疗66.67万人次，住院手术14万人次。

【医药卫生体制改革】　2022年，赤峰市33家公立医疗机构和1家民营医疗机构制定医院章程。赤峰市医院、赤峰市第二医院被内蒙古自治区卫生健康委员会列为自治区现代医院管理制度示范医院。开展医疗机构人事薪酬制度改革，21家医疗机构实行员额备案制管理。推进元宝山区、敖汉旗紧密型医共体试点建设工作，完成二、三级公立医院绩效考核和“讲医改、见行动、出成效”活动。

【医疗机构基础设施建设】　2022年，赤峰市足额下拨中央、自治区和市级配套基本公共卫生服务项目资金2.94亿元。完成国家基本公共卫生服务项目管理信息系统数据填报工作。全市标准化门诊建设率99.22%，元宝山区、红山区、巴林左旗、林西县率先实现数字化门诊建设。投资13.33亿元，建设完成全市医疗机构基础设施项目12个，新建、改扩建10.74万平方米用于急诊急救、发热门诊和传染病区建设，新增床位855张。赤峰市医院新城分院一期工程处于施工阶段，赤峰市儿童医院进入验收阶段，赤峰市妇幼保健院迁址新建项目完成立项手续，11个旗县区15家医疗机构重点项目处于实施阶段，全市医疗服务硬件水平提升。

【便民惠民服务】　2022年，赤峰市卫生健康委员会通过动态调整权责清单，确认政务服务事项45项，缩减部分事项的审批承诺时限，推出“马上办”事项18项。联合有关部门共同推行“新生儿出生”“公民去世”一件事一次办工作，提高人民群众的办事效率。推进全民健康信息平台建设，拓展信息便民惠民应用功能。

【人才工作】　2022年，赤峰市卫生医疗机构引进“双一流”人才7人，通过公务员考试招录2人、通过事业编考试招录21人，比选副科级干部2人。组织1.28万人参加各类卫生考试，其中参加医师资格实践技能考生3299人、护士资格考试考生978人、卫生专业技术资格考试高级考生1715人、中初级考生6573人、人才评价考生95人、蒙医蒙护考生95人。

【医疗卫生机构监管】　2022年，赤峰市畅通投诉举报渠道，建立行业监管通报机制。定期统计群众通过电话、面访、“12345”市民热线等途径投诉医疗卫生机构存在的问题，并通报至各涉事医院，通过行业监管行为推动医疗机构提高服务质量，改善群众就医体验。明确“12345”热线人员责任，第一时间接诉即办。建立市卫生健康委“12345”热线知识库，解决群众接受卫生健康服务中遇见的各种问题、困难。　（张　敏）

疫情防控

【概况】　2022年，赤峰市落实疫情要防住、经济要稳住、发展要安全的总体要求，经受住多重健康问题叠加及各种超预期因素影响的考验，统筹做好疫情防控和经济社会发展。市指挥部发布通告79个，修订应急预案7版、支援预案3版，印发入境人员管理、消毒消杀、转运等技术方案、通知95个，发布各类防护指南、疫情提示227个。

【疫情应急体系建设】　2022年，赤峰市印发《新型冠状病毒肺炎疫情防控应急预案》《新冠肺炎疫情防控应急支援工作方案》《全市新冠肺炎疫情防控培训演练实施方案》《新冠肺炎疫情隔离场所管理督导工作方案》

等方案、通知64个，为规范、科学处置突发公共卫生事件提供制度保障。市卫生健康委下发《关于进一步加强全市卫生健康系统值班工作的通知》，明确全市卫健系统二级值班制度，规范卫健系统值班值守工作制度。

2022年2月21日，赤峰市松山区百柳超市消费者在工作人员引导下有序入场购物　（赤峰日报社　供图）

【疫情防控技能培训】　2022年，赤峰市本级组织开展疫情大排查、大培训、大演练活动2轮次，旗县区开展培训500余次、演练157次，培训人员5万余人次。通过常态化开展培训和应急演练，提升全市卫生应急队伍的应急处置能力。组织开展消毒消杀培训11次，累计培训人员6000余人次。

【重点人群疫情防控】　2022年，赤峰市对65岁及以上老年人合并基础疾病（包括冠心病、脑卒中、高血压、慢性阻塞性肺疾病、糖尿病、慢性肾病、肿瘤、免疫功能缺陷等）患者进行调查。根据基础疾病情况、传染病感染后风险程度将65岁老年人分成三类（重点人群、次重点人群、一般人群），并用红、黄、绿3种颜色标记。开展孕产妇分级分类服务和关口前移工作，实现孕妇早发现、早管理、定期联系服务和日常健康监测。

【基层医疗卫生机构发热诊室全覆盖】　2022年，赤峰市275家卫生院（社区卫生服务中心）发热诊室覆盖率为100%，配备医生385人、护士358人，实现7×24小时值班值守。市县两级卫生健康委对设置发热诊室的机构地址、电话等信息进行公示公开，便于群众就医、咨询。按照国家、自治区关于基层医疗卫生机构药品储备和设备配置的有关要求，配齐配足疫情感染对症治疗的中成药、退热药、止咳药等。

【督导检查】　2022年，赤峰市成立新冠疫情防控工作指挥部督查组，协调各成员单位开展疫情常态化督导检查16次，印发通报58期。每月将12个旗县区及市指挥部各工作组督查情况形成工作月报报至自治区督查组。全年开展疫情相关专项督导检查8次。　（张　敏）

疾病防控

【免疫规划】　2022年，赤峰市以苏木乡镇为单位，166个乡镇常规免疫接种率均在90%以上。城区数字化预防接种门诊建成39家，建成率95.12%，元宝山区、红山区、林西县、巴林左旗率先完成辖区预防接种简易数字化门诊建设全覆盖目标。

【传染病防治】　2022年，赤峰市传染病报告综合率99.97%，全市重点传染病防治35项关键指标全部达到自治区要求。市卫生健康委重点推进艾滋病防治“六大工程”（宣传教育、综合干预、扩大检测和治疗、社会综合治理、母婴传播阻断、预防学生艾滋病），艾滋病病例报告质量100%，抗病毒治疗率90.98%，赤峰市传染病医院建立艾滋病病毒暴露后预防门诊。元宝山区完成全国第四轮艾滋病综合防治县级示范区自评工作。启动“2030年消除丙肝行动”项目建设，推进耐药结核病防控专项行动，高危人群耐药筛查率100%。

【慢性病防治】　2022年，赤峰市推进13项重大公共卫生慢性病防治工作。市疾控中心获国家癌症中心颁发的肿瘤登记工作进步奖，赤峰癌症防治中心在赤峰市肿瘤医院挂牌成立，赤峰市医院作为脑卒中高危人群筛查和干预项目基地医院在全国247家基地医院排名第36位。赤峰市医院为慢性病患者建立电子健康档案，分类管理糖尿病、高血压、心脏病等慢性病患者及其并发症患者，根据患者个人情况给予健康指导。医院实时收集慢性病患者数据，建立慢性病健康大数据库，利用平台系统，构建区域慢性病网络，辐射医院所在区域内慢性病人群、社区和医联体单位，实现慢性病管理规范化。

【地方病防控】　2022年，赤峰市重点地方病监测实现全覆盖，12个旗县区碘缺乏病处于消除状态。松山区、克什克腾旗、宁城县、翁牛特旗、喀喇沁旗5个旗县区大骨节病、克山病病区病情均处于消除状态，克什克腾旗2个饮水型砷中毒病区村、2个高砷村和巴林左旗的2个高砷村均处于消除状态。饮水型氟中毒监测2387个病区村，整体合格率90.83%，整体病区控制率91.54%，所有现症地方病患者实现应治尽治、应管尽管。

【重特大疾病医疗救助】 2022年7月，赤峰市印发《大病集中救治技术推广工作方案》，在自治区范围内率先推广大病集中救治技术，确定全市19家综合医院、6家中蒙医院为试点。针对30个病种分别成立专家组，惠及211名患者。11月30日，印发《关于健全重特大疾病医疗保险和救助制度的实施方案》。聚焦规范医疗救助基金管理、强化医疗救助托底保障功能、强化“三重制度”（基本医保、大病保险、医疗救助）综合保障、建立健全防范和化解因病致贫返贫长效机制、发挥慈善等社会力量救助保障功能、提高经办管理规范化服务水平等6个方面内容。方案施行后，全市低收入人口“三重制度”住院实际报销比超过75%。（张　敏）

城乡医疗卫生

【概况】 2022年，赤峰市以专科建设为抓手，完成143个市级临床重点专科中期评估、70家民营医院排查整改。全市卫生站通过各种渠道引进人才211人，充实农村牧区卫生领域人才队伍。对采血点、储血点和单采血浆站开展督导检查，组织招募团体献血，确保血液供应和血液安全。

【医疗质量提升】 2022年，赤峰市推动市医院呼吸科、普外科，赤峰学院附属医院泌尿外科建设国家级临床专科。根据国家医疗质量安全各专业质控工作2项改进目标，51个市级质控中心指导各医疗机构开展医疗质量安全系统改进工作。完善120指挥系统平台升级改造，构建统一指挥、分级管理、功能完善、运转协调的急诊急救体系。以提升县域诊疗能力为突破口，通过对口帮扶、“千县工程”、医联体等形式提升县级医院服务能力。

【农村牧区卫生基础建设】 2022年，赤峰市卫生院拟招聘编制人员174名，实际到位101人。聘用合同制人员110人。通过地方债务、京蒙协作资金、自筹等方式筹集资金8560.88万元，为8家卫生院新改扩建业务用房2.07万平方米。全市组建家庭医生团队2190个，常住人口签约241.66万人，签约率60.13%；重点人群签约10.03万人，签约率79.43%。（张　敏）

妇幼保健

【孕产妇健康管理】 2022年，赤峰市建立助产机构日报告、保健机构周随访、行政部门日监督管理，五级联动救治管理，首诊闭环追踪管理3个专项制度，解决高危孕产妇漏管问题。建立区域内危重孕产妇转诊群及市县联合管理机制，市级救治中心第一时间掌握高危孕产妇情况，畅通市县转诊通道，为危急重症救治争取时间。加强救治中心标准化建设管理，14家危重孕产妇、新生儿救治中心投入使用，实现旗县区全覆盖。

【出生缺陷综合防控】 2022年，赤峰市加强出生缺陷综合防治网络建设。新生儿疾病筛查1.89万人，新生儿听力筛查1.9万人；增补叶酸投服2.38万人，投服率超97.83%，依从率98.78%。免费孕前优生健康检查1059人，任务完成率105%。孕产妇艾滋病、梅毒、乙肝检测率99.72%，符合自治区要求。37家助产机构开展免费新生儿遗传代谢病筛查，由原来的2种增加至17种，惠及群众4400人。新增产前筛查机构4家、新生儿听力筛查机构1家、产前诊断机构1家，旗县区能筛查、市级能诊断、区域能辐射的防治网络得以巩固。推动妇产科、儿科专科医联体建设，多家妇幼保健机构建设“全专结合”“医防融合”模式，妇幼保健机构疾病筛查、诊断、干预能力提升。

【母婴安全管理】 2022年，赤峰市建立“3+1”早发现、早管理、早处置长效管理机制。细化高危专案管理措施，落实《母婴安全行动提升计划（2020—2025）》，妇幼健康管理水平得到提升。全市活产1.99

2022年7月12日，市卫生健康委在赤峰市会议中心组织开展“为爱前行　让爱无缺”预防出生缺陷公益讲座　　（赤峰日报社　供图）

万人，孕产妇住院分娩率在99%以上，孕产妇和两个儿童系统管理率保持在95%以上。新生儿死亡率2.61‰、婴儿死亡率3.81‰、5岁以下儿童死亡率5.06‰，维持低于全国平均水平。

【“两癌”筛查】 2022年，赤峰市建立“两癌”筛查联席会议制度，筛查人数由上年的4.5万例增加至16.85万例。联合六部门印发“两癌”实施方案，建立多部门联席会议制度，协调市级配套经费217万元全部到位。成立“两癌”筛查质控中心，建立“两癌”筛查月调度、月质控等制度，组织技术培训和督导检查，提升筛查能力。

【妇幼健康基础体系建设】 2022年，赤峰市改善妇幼保健机构基础设施，赤峰市妇幼保健院、元宝山区妇幼保健院搬迁新址，赤峰市儿童医院等6家妇幼医疗保健机构改扩建项目完成，红山区、翁牛特旗妇幼保健院完成设施、设备采购安装。推进妇幼保健机构等级评审和绩效考核，赤峰市妇幼保健院获批成为三级甲等妇幼保健机构，松山区妇幼保健院在国家妇幼保健机构绩效考核中位居自治区第四位、全市第一位。

【妇幼公共卫生服务】 2022年，赤峰市实施儿童营养改善、预防艾滋病梅毒乙肝母婴传播等妇幼惠民项目。投放儿童营养包10.31万份，5岁以下儿童低体重患病率0.51%，较上年下降0.12个百分点。实施出生缺陷救助、产前筛查新生儿疾病筛查补助项目，累计为76名新生儿患者申请救助资金，40名新生儿患者获得国家救助资金30万余元。

【3岁以下婴幼儿照护】 2022年，赤峰市开展3岁以下婴幼儿照护服务工作，出台《“一老一小”整体解决方案》，全市开展3岁以下婴幼儿照护服务的托育机构223个，提供托位8347个，每千人口拥有3岁以下婴幼儿托位数2.08个。 （张　敏）

职业健康

【概况】 2022年，赤峰市开展职业病危害专项治理，加强职业病危害源头防控。开展《中华人民共和国职业病防治法》宣传活动，组织262名卫生监督员到190余家企业进行宣讲，向企业发放宣传资料3.15万份。完成重点职业病、职业性放射性疾病等监测任务。争取并建设完成4所尘肺病康复站，占自治区总数的36.36%，建成3所尘肺病康复站年内累计服务908人次；组织开展职业病防治工作专项督导检查，检查工矿企业24家、职业健康检查机构20家。

【监督检查】 2022年，赤峰市卫生健康委开展职业卫生技术服务，职业健康检查和职业病诊断机构监督检查。监督检查职业卫生技术服务机构6家，下发卫生监督意见书8份；对12个旗县区22家职业健康检查机构进行检查，下发卫生监督意见书21份。重点开展放射诊疗卫生监管，对市直管3家医疗机构进行放射诊疗卫生监督检查；对自治区发放放射诊疗许可证的8家单位进行监督检查；完成17家医疗机构放射诊疗许可证换发现场验收工作。调查处理2起医疗机构放射诊疗工作人员在放射诊疗活动中未进行放射防护投诉举报案件。

【职业健康调查】 2022年，赤峰市根据《健康中国行动（2019—2030）》职业健康保护行动有关要求，选定工业领域4个行业的一线劳动者、商贸服务领域5个行业的职业人群进行职业健康调查。通过网络问卷方式了解重点人群职业健康素养和身心健康等现状，面向全市重点岗位劳动者开展职业健康促进活动。通过宣教、培训、科普讲座等方式，提高劳动者职业健康意识，自觉践行健康行为。

【尘肺病防治】 2022年，赤峰市职业病防治医院永巨街道门诊部、宁城县大城子镇卫生院、元宝山区中蒙医院3个尘肺病康复站成立。各康复站按照建设标准设置业务用房，配备康复工作人员，购置股四头肌训练仪、上下肢训练器、功率自行车等必需的康复仪器设备。市职业病防治院先后2次到重庆市职业病防治院、重庆市奉节县朱衣镇参观学习康复站建设、运行管理和康复技术。截至年末，市职业病防治院尘肺病康复站免费为农民工尘肺病患者300余人进行康复治疗，建档142人。宁城县、元宝山区康复站进行职业性尘肺病康复治疗100人次。

【职业布病防治】 2022年，赤峰市卫生健康委推进布鲁氏杆菌病（简称布病）“三位一体”防治服务模式，全市报告病例2112例。按照《内蒙古自治区卫生健康委关于印发内蒙古职业性布鲁氏菌病防治行动方案的通知》要求，组织开展全市职业性布病防治行动。对全市企业开展摸底式检查，对用人单位数量、类型、岗位、接害总人数进行登记，掌握全市职业性布病易发高发行业数据情况。对屠宰、肉类加工、乳制品制造、饲料及生物制品制造、畜牧养殖业等职业性布病易发、高发重点行业企业进行监督检查，要求用人单位为劳动者建立个人职业健康监护档案，对在岗期间职业健康检查发现有职业健康禁忌的及时调离相关工作岗位。全市重点用人单位按时进行职业性布病危害申报，在岗职工布病筛查率100%，职业性布病病例建档率100%。开展“一切为了劳动者健康”为主题的职业病宣传周、职业病知识培训活动，全市用人单位负责人、职业健康管理人员和劳动者培训率超95%，用人单位高危人群布病防治知识知晓率在95%以上。 （张　敏）

老年健康

【概况】 2022年，赤峰市高血压、糖尿病患者健康管理均超额完成自治区核定的40万名和8万名的任务指标，老年人中医药健康服务率在50%以上，老年人健康体检率超70%，达到国家和自治区核定的任务要求。

【老年友好环境创建】 2022年，赤峰市开展老年友好环境创建活动，元宝山区吉祥社区、喀喇沁旗广场社区、松山区在水一方社区3个社区被国家卫生健康委、老龄办命名为“全国示范性老年友好型社区”。全市85%的二级及以上公立综合医院、中医蒙医医院、康复院、护理院及基层医疗机构建设成为老年友善医疗机构。

【医养结合】 2022年，赤峰市有备案的医养结合机构20家。市卫生健康委开展医养结合机构服务质量提升行动和老年友善医疗机构建设活动。赤峰舒心中医蒙医医院、克什克腾旗暖颐阳老年公寓被自治区卫生健康委、民政厅命名为自治区级医养结合示范机构，松山区被命名为自治区级医养结合示范地区。

【老年友善医疗机构建设】 2022年8月，自治区卫生健康委印发《内蒙古自治区卫生健康委关于加快推进2022年老年友善医疗机构建设工作的通知》，通过开展老年友善医疗机构建设，推进医疗机构全面落实老年人医疗服务优待政策，保障老年人合法权益，完善医疗机构各项制度措施，优化老年人就医流程，提供老年友善服务，解决老年人在就医服务中运用智能技术遇到的困难，推动老年友好型社会建设。截至年末，全市超80%综合医院、中医（蒙医）医院、康复医院、护理院和基层医疗机构建成老年友善医疗机构，完成自治区制定的目标任务。（张　敏）

健康促进

【概况】 2022年，赤峰市实施健康知识普及行动，赤峰市制定下发《贯彻落实〈关于建立健全全媒体健康科普知识发布和传播机制的指导意见〉任务分工方案》。与市乡村振兴局联合下发《关于印发赤峰市脱贫地区健康促进与教育行动的通知》，开展脱贫地区健康教育与促进行动。7月20日，赤峰市人民政府印发《赤峰市妇女发展纲要（2021—2030）》《赤峰市儿童发展纲要（2021—2030）》，完善保障妇女、儿童健康机制。

【爱国卫生运动】 2022年，赤峰市健全完善市县两级组织推进机制，制定下发《健康赤峰行动2021—2022年考核实施方案》，完成对12个旗县区的监测评估和考核。组织召开全市爱国卫生和健康赤峰行动工作会议、健康赤峰行动工作推进会议，接受自治区“健康内蒙古”行动专项督查，开展市级对各旗县区的督查，推进17项专项行动落实。以卫生创建和健康创建为引领，创建自治区级卫生乡镇21个、卫生村226个、卫生先进单位8个。市卫生健康委被全国爱卫会评为“爱国卫生运动70周年先进集体”，赤峰柴胡栏子黄金矿业有限公司成为自治区唯一入选第一批全国健康企业建设优秀案例。开展控烟行动，全市党政机关和企事业单位全部建成无烟机关（单位）。

【精神卫生与心理卫生服务】 2022年，赤峰市严重精神障碍患者报告患病率5.08‰，规范管理率92.37%。拓展社会心理服务网络，基层心理咨询室、社会工作室建成率100%，党政机关企事业单位签约率为100%，小学、初（高）中学校心理辅导室建成率96.8%。旗县级有精神类疾病专科医院7家，全市40%二级以上综合医院开设精神（心理）科。

【病媒生物预防控制】 2022年，赤峰市爱国卫生运动委员会下发《关于开展早春灭蚊工作的通知》《赤峰市城镇区灭鼠工作方案》，在城镇区开展春、秋两季集中灭鼠工作。5月，市爱卫办采购价值13.83万元的消杀药品，发放至红山区、松山区、元宝山区和喀喇沁旗。其他旗县采购灭鼠药12吨、粘鼠板2万张、毒饵

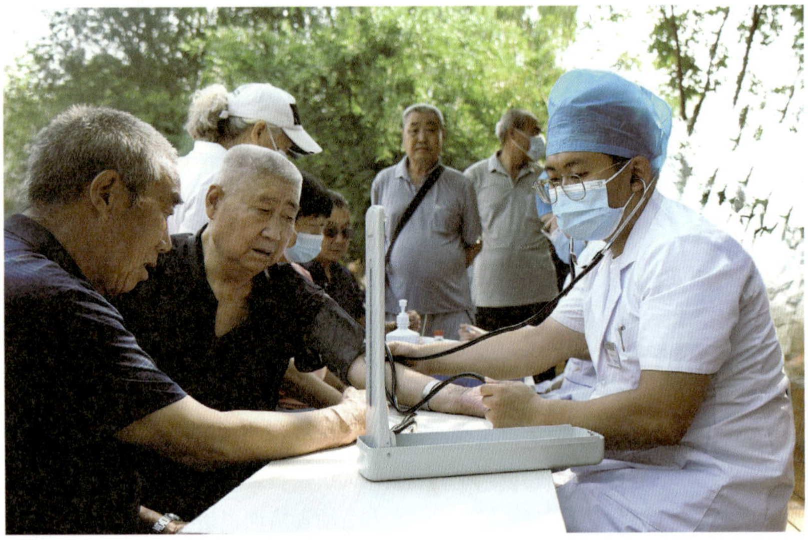

2022年8月4日，红山区卫生健康委在长青公园组织开展“关爱老年人健康”义诊活动　（赤峰日报社　供图）

2022 年 6 月 21 日，赤峰市红山区西城街道办事处志愿者进行鼠药投放，以病媒生物防制为切入点，消除卫生死角、消除“四害”滋生地

（赤峰日报社 供图）

站 8000 个。通过集中灭鼠行动，全市城镇区鼠密度由灭鼠前的 2.52%，下降到灭鼠后的 0.63%。在爱国卫生月、爱国卫生宣传周期间开展活动，以病媒生物防制为切入点，消除卫生死角、消除“四害”（苍蝇、蚊子、老鼠、蟑螂）滋生地，“四害”密度得以下降。（张　敏）

中医药（蒙医药）事业

【概况】 2022 年，赤峰市有公立中蒙医院 14 家，其中二级甲等 7 家、三级甲等 2 家、三级 5 家。有国家基层名老中医药（蒙医药）专家传承工作室 6 个、国家级重点学科 1 个、国家级重点专科 2 个、国家农村中医特色优势重点专科 3 个、自治区重点学科 1 个、自治区级重点专科 39 个。赤峰市中蒙医院与 13 家公立中蒙医院联合成立紧密型医联体并完成签约、挂牌。初步形成以市中蒙医院为龙头、旗县区中蒙医院为骨干、基层医疗机构为支撑、村卫生室为基础、其他医疗机构中蒙医科室为补充的全覆盖中蒙医服务网络。赤峰市中蒙医院、阿鲁科尔沁旗中医院、阿鲁科尔沁旗蒙医医院与民大附属医院签订联盟医院协议，实现产学研协同发展。

【中蒙医示范建设】 2022 年，赤峰市社区卫生服务中心和乡镇卫生院实现中蒙医馆全覆盖，其中优质型 153 家，覆盖率 56%；示范型 43 家，覆盖率 15%。在岗执业医师 2383 名，其中中医类执业医师 885 人，占比 35.9%。诊疗人次 128.7 万人，其中中蒙医药诊疗 40.5 万人次，占比 31.5%。组织专家对全市中蒙医馆进行抽查评估，中蒙医馆示范级建成率 93%。林西县、喀喇沁旗、红山区国家基层中医药示范县通过自治区初评。

【康复服务体系建设】 2022 年，赤峰市各公立中蒙医院规范设置康复科，推广优势病种中蒙医康复方案和技术 197 项。推广康复适宜技术 440 余项，完善中蒙医康复服务体系。经市级评估验收，提请自治区为克什克腾旗中医蒙医医院、林西县中蒙医院、赤峰市第二中蒙医院和阿鲁科尔沁旗中医院康复区诊疗中心授牌。235 家社区卫生服务中心和苏木乡镇卫生院能够提供康复服务，占比 86.1%。蒙东地区医养结合康复中心（市中蒙医院二期康养中心项目）开工建设。

【治未病中心建设】 2022 年，赤峰市 191 家基层医疗卫生机构设置中蒙医治未病专区，设置率 69.9%。各旗县区将治未病服务纳入家庭医生签约服务项目，可提供治未病服务的医师 1852 人，其中中蒙医师 618 人。签约群众 253 万余人，签约服务率 63.5%。12 月，专家组对全市公立中蒙医院治未病服务能力提升工程进行评估验收，通过对建设面积与布局、设备配置、人员队伍、治未病服务水平、科研教学、文化宣传等内容进行实地查看和现场考核，根据验收标准，专家组认定宁城县中医蒙医医院、敖汉旗中医蒙医医院、阿鲁科尔沁旗蒙医医院、翁牛特旗中医蒙医医院达到治未病中心服务升级标准。

【中医阁（蒙医阁）建设】 2022 年，赤峰市有村卫生室 2001 家，社区卫生服务站 91 家，其中建成中医阁（蒙医阁）217 家，覆盖率 10.3%。有从业医生 1219 人，其中中医类 463 人，占比 38%。中医阁（蒙医阁）建设符合“十四五”规划要求。

【中蒙医医师资格考核】 2022 年，赤峰市一至三批确有专长医师资格考试报名人数 894 人，考试通过 63 人，42 人完成执业注册，备案确有专长诊所 5 家，基层中医药服务队伍壮大，基层中医药服务能力提升。

（张　敏）

卫生监督

【概况】 2022 年，赤峰市开展医疗机构、公共卫生、医疗乱象等专项检查行动 7 次。疫情期间，对医疗机构院感管理进行常态化督导检查。推

行“双随机、一公开”，市本级监督任务在监管平台进行“双随机”抽取，全年完成任务41个，检查单位145家。

【综合监督体系建设】 2022年，赤峰市建立综合监管联席会议制度，明确各部门监管职责。制定印发《赤峰市卫生健康委综合监管实施方案》，建立多部门协同的综合监管联席会议机制，明确各部门综合监管职责，并定期在卫生健康委机关召开综合监管联席会议，总结综合监管经验。在全市范围内与有关单位联合开展“非法应用人类生殖技术”等专项监督检查。加强系统内综合监管协同联动，坚持行政执法“三项制度”，实现监管信息共享，行政管理和监督检查结果共用，督促指导各县区推动落实医疗卫生行业综合监管制度。

【医疗机构执业自查】 2022年，赤峰市组织医疗卫生机构、医务人员定期开展依法执业自查。全面开展医疗卫生机构、医务人员依法执业承诺。定期分析监督执法反映的医疗卫生机构普遍性问题，并进行通报，督促健全内部管理机制，加强自我监管。发挥行业自律作用，落实医疗机构主体责任，促进医疗机构从“要我依法执业”到“我要依法执业”转变。推进医疗卫生行业学会依法执业培训制度，督促行业规范发展。

【医疗执业监督】 2022年，赤峰市推进医疗机构资质管理、人员管理、专项技术运用、医疗文书管理、临床用血等依法执业监督检查。开展全市医疗机构依法执业、打击非法医疗美容等专项监督检查，重点检查机构、人员执业资质和执业行为、医疗技术临床应用、医疗美容执业行为，严肃查处超范围执业等违法行为，监督检查12个旗县区和110家市直管医疗机构，发现问题539个，下发卫生行政执法建议书12份。

【卫健安全执法】 2022年，赤峰市对医疗乱象、信用体系建设、依法执业自查、执法全过程记录、信息公开、事中事后监管、疫苗管理和预防接种、传染病防控等进行综合监管。发放病原微生物实验室备案凭证51个。开展全市病原微生物实验室生物安全工作专项检查，检查12个旗县区卫生健康行政部门、52家医疗卫生机构。对开展新冠病毒核酸检测的39家医疗卫生机构的PCR实验室进行专项检查，发现问题223个，下发卫生行政执法建议书13份、卫生监督意见书23份，对2家医疗机构存在的违法行为向属地卫生健康委提出依法处罚的执法建议。

【公共场所卫生监管】 2022年，市卫生健康委全面开展公共场所和生活饮用水卫生专项监督检查，市县两级执法部门检查室内游泳场馆27家，责令整改4家；检查住宿、美容美发、沐浴场所和集中空调通风系统7328家，责令整改945家，累计立案处罚134家，处罚金额5.38万元；检查生活饮用水1818家，责令整改155家，立案处罚1家，处罚金额1万元。为确保高考期间广大考生和考务工作人员的饮用水安全，对中心城区高考考点进行督导检查。（张　敏）

医政药政管理

【基本药物制度】 2022年，赤峰市各级医疗机构落实国家基本药物制度，优先使用基本药物，推动形成以基本药物为主导的“1+X”用药模式。全市三级、二级、基层医疗机构基本药物金额占比高于20%、40%、60%，基本药物品种数量占比为60%、61%、82%，达到自治区要求。完成公立医疗机构药品使用监测工作，全市300家（三级18家、二级23家、基层259家）公立医疗机构完成年度药品使用监测的数据上报任务。

【药品和医用耗材带量采购】 2022年，赤峰市开展集中带量采购，减轻群众就医购药负担。建立供应保障监测预警机制、考核退出机制和纳入协议管理等措施，精准强化配送保障，强力推进阳光采购和集采政策，落实国家组织七批、省级联盟六批508个品种的药品集中带量采购。执行人工晶体、冠脉支架、冠脉球囊等12类医用耗材带量采购工作，采购中选药品和医用耗材4.56亿元，较集采前节省采购资金5.76亿元，降低医院采购成本和群众就医负担。

【药品和医用耗材配送管理】 2022年，赤峰市在市医保局官网公布《赤峰市开展药品和医用耗材配送企业常态化报名增补工作的公告》，由一年一次增补改为随时收审增补配送企业材料，简化药品和耗材委托配送关系核验材料，由现场报送材料改为电子邮件网上办理的形式，审核时限由原来的7天压缩至3天，助推定点医疗机构提高线上网采率。建立供应保障监测预警和考核退出机制，修改完善配送企业考核工作方法，印发《赤峰市药品和医用耗材配送企业考核工作实施方案》，规范考核标准，明确各旗县区监督管理责任。完成88家药品配送企业年度考核工作和342家医用耗材配送企业阶段性考核工作，通报73家配送企业，取消8家药品配送企业在赤峰地区药品配送权限。

【监督考核】 2022年，赤峰市采用线上视频培训、联络群内定期推送政策信息、医疗机构宣传引导等手段，明确监督考核管理目标，采取日常监督、季度通报、年度考核的方式，结合对定点医疗机构的采购数据分析，加强对基层定点医疗机构药品配送企业的监管。将赤峰市配送企业新增申请流程、采购平台操作方法、管理工作要求、年度考核指标计算方法等汇总形成《药品耗材配送企业服务手册》发送至各配送企业，并在官方网站进行公布，方便企业下载学习。畅通问题反馈渠道，全面提升配送企业服务质量。畅通医保部门、医疗机构、配送企业三方沟通渠道，利用企业主动报备、院端反馈、公开监督举报等方式，及时掌握群众诉求；对群众反映存在问题的企业，采取“一电、两函”方式督促整改，确保药品耗材采购供应满足群众需求。建立药品耗材采购工作常态化监督管理机制，优化议价、采购、配送、结算等各项工作流程，通过明确刚性底线，将集采任务落实、阳光采购、货款结算等工作纳入医保服务协议管理，通过日常监测、专项治理、行政监管全过程，促进定点医疗机构履约尽责。

（张　敏　王竞瑶）

医院选介

【赤峰市医院】　赤峰市医院是集医疗、教学、科研、康复和预防保健于一体的综合性三级甲等公立医院，是内蒙古自治区东部地区区域医疗中心；是内蒙古医科大学赤峰临床医学院、内蒙古自治区临床教学基地、内蒙古自治区西部地区卫生人才培养基地；是赤峰地区的医教研中心、急诊急救中心、影像诊断中心、肿瘤治疗中心、护理质量控制中心和干部保健基地。医院在职职工3046人，其中正高级职称237人、副高级职称361人、博士50人、硕士1105人、硕士研究生导师93名。建有中国工程院院士专家工作站2个，博士专家工作站5个。医院现有院区1个，在建新城分院1个。现址占地面积8万平方米，建筑面积21万平方米。医院现有开放床位2200张，设置临床和医技科室99个。拥有千万元以上医疗设备17台件、百万元以上医疗设备114台件、万元以上医疗设备4656台件，拥有东北地区首台APEX-CT，自治区首台达芬奇手术机器人，蒙东首个装配滑轨CT和DSA的复合手术室、首台PET-CT、首台方舱CT和首台ECMO。依托“百公里医疗服务圈”和医联体沟通联络机制，推进分级诊疗制度建设，年均完成双向转诊2000余人次。创建“医健结合健康管理服务模式”，年均服务患者5000余人次。搭建多学科诊疗（MDT）平台，组建MDT团队17个，年均开展MDT会诊100余次。2022年，医院门诊量91.40万人次（不含核酸检测），出院病人7.26万人次，手术量2.4万人次，四级手术占比20.59%，床位使用率75%，平均住院日8.1天；总收入16.9亿元，医疗收入14.1亿元，占总收入的83.43%。

赤峰市医院　　（市卫生健康委　供图）

【赤峰学院附属医院】　赤峰学院附属医院是一所集医疗、教学、科研、康复、急诊急救和预防保健为一体的三级甲等综合医院，是“国家住院医师规范化培训基地”“国家医师资格考试实践技能考试与考官培训基地”“内蒙古自治区普通高等医学教育临床教学基地”“内蒙古自治区全科医师临床培训基地”，也是大连医科大学、包头医学院、内蒙古民族大学的研究生培养基地和中国医科大学的临床教学基地。医院有2个院区，红山院区建筑面积5万平方米。新城院区建筑面积18万平方米；在建临床综合楼面积7.5万平方米。医院编制床位1500张，开放床位2100张，设置临床科室55个、医技科室18个、行政职能科室20个，开放病区66个，设有王府社区门诊和学院门诊2个社区卫生服务中心，成立医院管理、口腔医学、血管病、胸部创伤与肿瘤、神经病学、骨科疾病、临床病理、泌尿外科8个校级研究所。医院总资产23.3亿元，设备资产总值10.17亿元，有千万元以上医疗设备12台件、百万元以上医疗设备155台件。医院在职职工2691人，其中卫生专业技术人员2391人，占比89%。在职人员中正高职称213人、副高职称445人，博士23人、在读博士13人、硕士467人，硕士研究生导师30人，在读研究生102人。2022年，医院总门诊量90.08万人次，总出院病人7.04万人次，总手术量3.14万人次，三四级手术平均占比78.65%，微创手术平均占比57.19%，床位平均使用率71.04%，平均住院日8.08天；总收入14.01亿元，医疗收入12.14亿元。

【赤峰市第二医院】　赤峰市第二医院是一所三级乙等综合医院，是内蒙古民族大学第三临床医学院，医院眼科、妇产科、呼吸内科、心内科、骨科、神经内科在全市均属领先学科。2022年，医院有在职职工 1332 人，卫生专业技术人员 1224 人，占在职职工的 91.89%。其中中高级职称人员 722 人，占卫生技术人员的 58.99%。硕士生导师 3 人，硕士研究生 53 人，具备大学教师资格 56 人。医院占地面积 2.5 万平方米，建筑面积 7.5 万平方米，编制床位 950 张。桥北分院完成一期主体工程和内部装修建设，相关设备全部到位。医院现有总资产 6.6 亿元，拥有 50 万元以上大型设备 79 台件。有大类医疗设备全飞秒激光角膜屈光治疗机、磁共振成像系统、CT、医用血管造影系统等，其中 256 排 CT 在自治区处于领先水平（自治区共 3 台，赤峰市第二医院 2 台），是全市唯一一台做冠状动脉造影不需要降心率的设备。

赤峰松山医院　　（市卫生健康委　供图）

【赤峰松山医院】　赤峰松山医院占地面积 2.73 公顷，业务用房 7.4 万平方米，编制床位 559 张，开放床位 787 张，设 36 个临床科室、12 个医技科室、26 个行政工勤科室、27 个病区，有医疗设备 2244 台套。在岗职工 1011 人，其中正高职称 41 人，副高职称 115 人，中级职称 333 人。是内蒙古医科大学、赤峰学院护理专业实习医院。与中国武警脑科医院、北京医院、北京朝阳医院、内蒙古自治区人民医院、赤峰市医院、赤峰学院附属医院等，建立长期的业务支援及协作关系。加入赤峰市医院、赤峰学院附属医院医联体；加入内蒙古医科大学附属医院集团、中国医科大学附属盛京医院“盛京医疗联盟”。先后聘请 20 余名自治区、赤峰市知名专家到院长期工作。

【赤峰宝山医院】　赤峰宝山医院成立于 1994 年，是一所集医疗、教学、科研、急诊急救、预防保健、康复于一体的三级综合医院。医院建筑面积 4 万平方米，总资产 2.75 亿元，开放床位 532 张。2022 年，医院有职工 720 人，其中卫生专业技术人员 602 人（正高级职称 50 人、副高级职称 110 人）。设有临床、技检、职能科室 76 个，以骨科、妇产科、普外科、消化内科、心内科、呼吸科、神经内科、麻醉科、急诊科、超声科为重点学科，其他科室协调发展。有大中型医疗设备 750 余台件。医院先后与中日友好医院、北京安贞医院、宣武医院、赤峰市医院、赤峰学院附属医院等建立官方对口支援与业务协作关系，加入护理、高血压、呼吸、疼痛等专病专科医联体。牵头建立赤峰宝山医院医疗集团，通过自主研发的元宝山区医共体信息系统，构建互联网 + 医联体 + 医共体互联互通平，实现与社区卫生服务中心、乡镇卫生院及村卫生室互联互、双向转诊、远程会诊和医嘱检查检验病例结果共享互认。　　（张　敏）

体　育

责任编辑　孙美丰

体育

体育场馆

【概况】 2022年，赤峰市有体育场地1.1万个，其中室外运动场地8687个、室内运动场地2309个，总面积950.57万平方米，人均体育场地面积2.36平方米。标准化足球场、篮球场等场地6514个，健身房等体育健身场地3282个，健身步道46条300余千米。全民健身网点94处，农牧民健身工程462个，嘎查村（社区）健身点2635个，基层乡村健身场地和设施实现全覆盖。

【体育基础设施建设】 2022年，赤峰市经常参加体育锻炼的人口占全市总人口的40%。赤峰市体育局推动公共体育场馆面向社会免费开放，10家体育场馆开通线上预约服务，公众可通过微信公众号进行线上预约。创建国家校园足球试点区1个，国家级“满天星”训练营1个，国家级、自治区级足球特色学校、幼儿园329所，国家级足球示范幼儿园48所，覆盖全市的青少年校园。

【体育公园建设】 2022年3月，国家发展改革委审批通过全国首批体育公园建设项目，赤峰市中京体育公园、赤峰市格斯尔体育公园2个项目获批建设，每个项目国家直补资金2000万元。市体育局委托宁城县人民政府、巴林右旗人民政府建设管理，项目处于建设施工阶段。克什克腾旗应昌体育公园改扩建项目、松山区松州体育公园体育器材购置项目、元宝山区平庄市民广场公园体育器材购置项目、翁牛特旗敖包山体育公园体育器材购置项目、喀喇沁旗北山健身步道建设项目等17个项目申报至自治区和国家项目库。

【赤峰体育中心】 赤峰体育中心是赤峰市举办国内外重大体育比赛、大型演出、开展群众性体育活动及实施应急避险的主要场所。2014年，赤峰体育中心建成并投入使用。体育中心占地面积22.31公顷，建筑面积8.78万平方米，由体育场、体育馆、地下车库、中心平台、室外田径场、球类练习场及广场绿化带组成。体育场占地面积3.91万平方米，内有草坪足球场、预制型标准400米橡胶跑道、电子显示屏等，可容纳3.2万人的观众席。赤峰体育中心作为中心城区地标性建筑，曾获第11届“中国建筑工程钢结构金奖”。2022年，中心承办各类赛事活动及乒乓球、羽毛球等团体训练活动800余次，服务市民人数16万人次。

【赤峰红山乒羽中心】 2012年10月，赤峰红山乒羽中心项目开工建设；2014年7月，投入使用。项目总投资4679万元，规划占地面积4037平方米，总建筑面积7951.6平方米。赤峰红山乒羽中心是红山区最大的体育运动场馆，拥有专业羽毛球场地10片，设有培训各类社会体育指导员的专业场馆和开展象棋、围棋、蒙古象棋、桥牌等棋牌类运动项目的培训及普及工作的专业场地。2019年1月，赤峰红山乒羽中心免费对外开放，市民可通过“蒙享动”平台进行预约。2022年，中心日人流量180人次，年度人流量5.5万人次。（王智庸　孙美丰）

群众体育

【概况】 2022年，赤峰市开展各类全民健身赛事（各体育社会组织举办的赛事活动）415场次，参与人数15万余人。全市有社会体育指导员1.18万人。开展年度品牌赛事活动，举办赤峰市首届体育节、赤峰市青少年冰雪节，健身、赛事、体彩、冰雪等多项产业协同发展。

【赤峰市首届体育节】 2022年8月8日，赤峰市体育局、赤峰市体育总会联合举办的赤峰市首届体育节在赤峰体育中心开幕。体育节历时2个月，赛事涉28个类别32个比赛项目，分191场比赛进行，涵盖儿童、少年、中青年、老年等各个年龄段。10月24日，体育节在赤峰体育二中心举办闭幕式，89个团体、185人在比赛中获得名次，活动累计参与人数5000人。

【赤峰市青少年冰雪节】 2022年1月26日，由共青团赤峰市委员会、市文旅局、市体育局、市教育局主

2022 年 1 月 19 日，喀喇沁旗锦山第三小学在美林谷滑雪场开展冰雪活动
（赤峰日报社　供图）

办，喀喇沁旗委、旗人民政府协办的“喜迎冬奥会 青春向未来——赤峰市青少年冰雪节”在喀喇沁旗美林谷滑雪场启动，活动为期 1 个月，赤峰市各族各界青少年代表 180 余人参加。启动“冰雪之约”“冰雪嘉年华”“冰雪英雄会”“冰雪奇缘”“冰雪小将”“冰雪童画”6 项活动，推动全市青少年冰雪运动普及发展，发挥冰雪运动育人功能，促进青少年身心健康、全面发展，营造迎接 2022 年北京冬季奥运会会氛围，实现“带动 3 亿人参与冰雪运动”目标。

【“青春内蒙古·健康草原行”城市公益跑】 2022 年 8 月 8 日，“青春内蒙古·健康草原行”城市公益跑赤峰站活动在红山区南山生态园举行。活动以健康、绿色、青春、奋斗为主题元素，男子组赛程 5 千米、女子组赛程 3 千米，每组成绩取前 8 名，有 1000 余名市民参加。

【第 1 届“摩尔杯”对调大赛】 2022 年 8 月 30—31 日，由赤峰市对调协会举办的第 1 届“摩尔杯”对调大赛在红山区摩尔城商场举行，120 人参加比赛。比赛采取 4 轮限时积分制，每轮限时 1 小时，根据得分高低进行排名。经过角逐，10 对组合 20 人获奖。（王智庸　孙美丰）

民族体育

【概况】 2022 年，赤峰市推进各旗县区将民族体育项目如毽球、龙舟、马术、射箭、搏克等项目融入群众赛事活动中。开展各类全民健身赛事 300 余场次，参与群众 100 万余人次。7 月 21 日，巴林左旗查干哈达苏木召开第十八届牧民那达慕大会，设射箭、赛马、搏克等体育项目。8 月 27—29 日，巴林右旗举办第 8 届格斯尔搏克赛、赛马比赛及巴林右旗首届骑射大赛、传统弓射箭轮值赛。各级各类学校组织摔跤、射箭、布鲁、喜塔尔、沙嘎、安代操等民族体育项目走进校园，开设搏克、喜塔尔、沙嘎等特色课程。

【赤峰市第 8 届赛马轮值赛】 2022 年 8 月 23 日，赤峰市第 8 届赛马轮值赛在克什克腾旗巴彦查干苏木巴彦高勒嘎查举办。来自阿鲁科尔沁旗、巴林左旗、巴林右旗、克什克腾旗、翁牛特旗的 400 余名选手及马匹参加速度马、走马和骑马射箭三大类 8 个项目比赛。组委会按照协会赛马规则，对全部 8 个项目的每个项目第 1 名至第 16 名进行奖励，为获奖选手颁发奖金、奖品及证书。

【赤峰市第 11 届射箭轮值赛】 2022 年 8 月 29 日，赤峰市第 11 届射箭轮值赛在巴林右旗苏日钦敖包射箭场举办。比赛共有男子个人赛、女子个人赛、老年个人赛、男子团体赛、女子团体赛 5 项比赛，来自北部 5 个旗的 300 余名射箭手参加比赛。

2022 年 8 月 29 日，赤峰市第 11 届射箭轮值赛在巴林右旗苏日钦敖包射箭场举行　（巴林右旗委宣传部　供图）

【第9届冰上阿日嘎那达慕】 2022年1月18日，赤峰市第9届冰上阿日嘎那达慕在阿鲁科尔沁旗巴彦温都尔苏木举办。比赛分老年组、青年组和少年组，来自各苏木乡镇的100余名选手参加比赛。在那达慕现场进行少年冰车比赛、女子拔河比赛、射箭比赛等项目，并为在“文明迁徙”“魅力夏营”评比活动中获奖者颁奖。

▶▶ 链接

冰上阿日嘎

冰上阿日嘎是古老的冰上体育运动，是赤峰蒙古族传统体育项目中的典型代表之一。冰上阿日嘎富有浓郁的草原游牧特色，并具有民族学、体育运动学等诸多学科价值，2007年被列入内蒙古自治区非物质文化遗产名录，2009年被列入赤峰市级非物质文化遗产名录。阿日嘎，是指经过加工装饰的牛踝骨。制作阿日嘎的牛踝骨，去掉肉皮和油垢，把凸面和凹面削平；在凹面打个洞，灌进铅水以增加重量。在冰上游戏时，凸面向上抓阿日嘎，用大拇指和食指捻弹向远方，当作目标阿日嘎。另外一个阿日嘎，瞄准目标阿日嘎捻弹过去，击中者算取得胜利。比赛结果，败家要输给赢家绵羊和山羊的踝骨。由于弹射阿日嘎时拇指的捻弹动作与拉弓弦相似，作为科尔沁草原上的神箭手哈撒尔的后裔，阿鲁科尔沁旗的蒙古民众继承了祖辈能骑善射的传统，因此冰上阿日嘎游戏流传至今。这项古老的传统体育运动仍流传于阿鲁科尔沁旗罕苏木的阿木斯尔嘎查和宝日浩特嘎查一带。 （王江南 乌日汗）

竞技体育

【概况】 2022年，赤峰市举办举重、篮球、橄榄球、射箭、游泳、武术套路内蒙古自治区青少年锦标赛事，承办全国电动冲浪板锦标赛（宁城县紫蒙湖）等国家、自治区级竞技体育赛事。敖汉旗运动员徐立立在2022年残疾人举重亚洲大洋洲锦标赛上，以133公斤的成绩夺得女子举重73公斤级亚洲组冠军、大洋洲组冠军、世界公开组冠军和总成绩冠军。组建自治区第15届运动会代表团，并开展各项准备工作。

【赤峰市青少年足球联赛】 2022年7月16日，赤峰市青少年足球联赛暨旗县区青训营“最佳阵容”选拔活动在赤峰应用技术职业学院举行。市直及12个旗县区运动员420人参加比赛，领队、教练员、队医120人，裁判员32人。赤峰市青少年校园足球联赛自2015年开展，连续举办8届。小学组、初中组和高中组比赛分别于7月16—21日、7月22—28日、7月29日—8月4日举行，经过角逐，红山区昭乌达小学获小学男子组冠军、巴林右旗大板蒙古族中学获初中男子组冠军、赤峰二中一队获高中男子组冠军，宁城县蒙古族小学、阿鲁科尔沁旗天山第六中学、阿鲁科尔沁旗天山第一中学分获小学、初中和高中女子组冠军。

【体育人才“选星行动”】 2022年7月，赤峰市体育人才“选星行动”启动仪式在阿鲁科尔沁旗举行。“选星行动”不限地域、性别、项目，全面挖掘具有从事竞技运动天赋和巨大潜力的后备人才，开展针对性培养，为体育强国贡献力量。通过“选星行动”，选拔、培养优秀体育后备人才，带动全市青少年在体育锻炼中享受乐趣、增强体质、健全人格、锤炼意志。“选星计划”长期组织实施，首个周期为2022—2024年。

【赤峰体校代表队位居自治区田径大赛金牌榜首】 2022年9月，由内蒙古自治区教育厅、内蒙古自治区体育局联合主办的内蒙古自治区青少年（中学生）田径锦标赛在鄂尔多斯市举行。大赛是自治区最高水平赛事，吸引自治区100余支队伍、1200余名运动员参加。赤峰体校代表队以10枚金牌、4枚银牌、2枚铜牌的成绩居金牌榜榜首、奖牌榜第二名。U20女子链球金牌获得者刘懿瑶以60.7米的成绩超过国家级运动员60米合格线，是大赛唯一达到国家级运动健将标准的运动员。

2022年8月3日，赤峰市举办青少年足球联赛高中女子组比赛。图为红旗中学对阵阿鲁科尔沁旗天山一中 （陈永健 摄）

【天山一中女足获自治区青少年足球联赛冠军】 2022年10月，内蒙古自治区青少年足球联赛暨“体校杯”青少年足球俱乐部U17-U18（女子组）比赛在呼和浩特市青少年足球训练基地举行。比赛由内蒙古自治区足球协会主办，参赛队伍来自9个盟市的10支足球俱乐部，天山一中女子足球队代表阿鲁科尔沁旗双兴足球俱乐部参赛，并取得冠军。

▶▶ 链接

天山一中女子足球队

阿鲁科尔沁旗天山第一中学女子足球队组建于2016年，曾获自治区冠军4个、自治区亚军13个、自治区季军5个、赤峰市冠军8个。培养国家一级运动员83人、国家二级运动员157人，56名队员被北京体育大学、天津体育大学等院校录取。2021年，天山一中被确定为内蒙古自治区女足青训基地和赤峰市青少年校园足球训练基地。2022年7月，在天山一中承办的赤峰市青少年校园足球夏令营活动中，天山一中女足二队获高中女子组第三名。

【赤峰籍围棋运动员定段晋级】 2022年7月11—19日，“株洲农商行杯”全国围棋定段赛在湖南省株洲市举行。全国围棋定段赛被称为围棋界高考，来自全国围棋运动员、教练员、裁判员500余人参加比赛。大赛设青少年男子组、青少年女子组、成人男子组、成人女子组4个组别。36人晋级职业初段，赤峰籍围棋运动员李星彤成功定段，成为内蒙古自治区第2位职业棋手、赤峰市第1位职业棋手。12岁围棋运动员王舜博在2022全国少儿围棋锦标赛U16组比赛中获第二名，成为国家一级运动员。

（王智庸　孙美丰）

体育产业

【概况】 2022年，赤峰市采取“走出去和请进来”的方式鼓励各旗县区引进国内外体育赛事，扩大群众体育的表演市场和竞技体育的观赏市场。敖汉旗“国际小轮车奥运积分赛”、宁城县“全国电动冲浪板锦标赛”等世界级、国家级、自治区级体育赛事先后开赛。美林谷冰雪运动产业、紫蒙湖水上运动产业、道谷南山马术运动产业等体育产业发展向好，推进体育特色小镇、体育旅游示范单位、示范项目和体育产业基地建设。全市体育产业总规模26.8亿元，体育产业经营单位2326家，其中法人和产业活动单位381家、个体经营户1429户、彩票站点516个，体育及周边产业从业人员超3.5万人。

【美林谷滑雪场】 美林谷滑雪场位于赤峰市喀喇沁旗美林镇境内，是国家AAAA级景区，是中国人民解放军八一雪上运动大队训练基地、全国第14届冬季运动会高山滑雪项目比赛区、2022年北京冬季奥运会高山滑雪国家队训练基地，能满足儿童滑雪、大众滑雪和高山滑雪等多种滑雪需求。美林谷滑雪场总占地面积33.8平方千米，对外开放雪道8条，其中初级雪道3条、中级雪道1条、高级雪道4条，雪道累计长度12千米以上。运力设施有8人轿厢索道1条，长度2.38千米；魔毯3条，长度1千米。2021—2022年雪季，美林谷滑雪场接待国内外游客20.7万人次，实现销售4000万元。

【全国电动冲浪板锦标赛暨宁城体育旅游文化节】 2022年7月22—24日，由国家体育总局水上运动管理中心主办，中共宁城县委员会、宁城县人民政府承办，市体育局、宁城天宇旅游开发有限公司协办的2022年全国电动冲浪板锦标赛暨宁城体育旅游文化节在宁城县紫蒙湖太阳岛景区举办。比赛为期3日，设男子、女子电动冲浪板环圈竞速赛等项目5个，来自全国17支队伍参赛。全国电动冲浪板锦标赛是电动冲浪板比赛首次在北方地区举行，宁城县紫蒙湖风景秀丽、水域宽广，是理想的水上运动比赛和训练场所。2022年全国电动冲浪板锦标赛的举办，是对国家体育总局“十四五”体育发展规划中，建设水上运动“五方三点”全国布局赛事产业集聚区中“北进”的具体落实，开拓北方地区的水域资源。

【体育彩票公益事业】 2022年，赤峰市体彩销售金额7.54亿元，列自治区第2位。使用本级体彩公益金3191.92万元，其中用于援建公共体育场地和设施1207.74万元、用于资助群众体育组织和队伍建设16万元、用于资助或组织开展全民健身活动513.18万元、用于举办或承办竞技体育赛事100万元、用于改善各级运动队训练比赛场地设施条件10万元、用于资助体育后备人才培养35万元、用于返还旗县区体彩公益金1310万元。（王智庸　孙美丰）

社会生活

责任编辑　孙美丰

社会生活

人口家庭

【户政管理】 2022年，赤峰市公安局治安支队推出“下放户口准迁证办理权限至派出所”“简单类户籍业务允许代办”等20条“放管服”便民措施。依托内蒙古自治区公安政务服务平台，开展“互联网+户政”“互联网+居住证”便民业务1266人次。赤峰市首次实现申领居民身份证无须回户籍地，通过现居住地就近户籍窗口申请办理。办理身份证实行电子化收费，为群众提供多元便利缴费渠道。开展新生儿出生“一件事”户籍登记业务，无需到窗口进行申请办理。

【生育登记】 2022年，赤峰市推进计生服务管理改革，全面推行网上办证、全程代办，审批发放生育登记证1.34万份，生育登记覆盖率为100%，再生育审批办结率为51.59%。实施出生人口动态监测，出生上报及时率为100%。卫生健康部门登记出生人口1.92万人，其中二孩出生6905人、三孩及以上出生人口1597人。

【家庭】 2022年，赤峰市有家庭154.31万户，家庭户人口386.48万人。依托12个婚姻家庭纠纷人民调解委员会，提供婚姻家庭咨询和调解服务，接待处理家庭纠纷案件5500件，调解成功4895件，调解成功率89%。市妇联开展“最美家庭”评选活动，评选出“最美家庭”188户。全市获评全国“五好家庭”1户，全国“最美家庭”2户；获批自治区“五好家庭”5户、自治区“最美家庭”23户。

【流动人口管理】 2022年，赤峰市开展以查实流动人口等为主要内容的“三查一控”（实有人口大核查、出租房屋大清查、矛盾纠纷大排查、重点人口大管控）专项行动。相关工作经验作为先进典型在自治区范围内推广学习，为维护社会安全稳定奠定基础。全市治安部门共摸排流动人口41.8万人、出租房屋4万间。开展身份证异地办理、挂失申报、丢失招领服务工作，推行户口申报、注销、迁移、变更更正等85项户籍业务通过“互联网+政务服务平台”线上申请办理。

【婚姻登记】 2022年，赤峰市办理结婚登记2.32万对，离婚登记6508对，登记合格率均为100%。市民政局开展婚姻登记数据补录完善工作，完善数据72.9万份。9月，红山区通过全国婚俗改革实验区中期评估。

【收养管理】 2022年，赤峰市有孤儿及事实无人抚养儿童928人，全部被纳入政府保护体系，发放生活补助资金1025.81万元。巴林右旗聚焦孤儿、事实无人抚养儿童等特殊群体和困难群体，按照儿童福利政策，将符合条件的孤儿、事实无人抚养儿童纳入保障范围，为52名孤儿、事实无人抚养儿童发放生活养育金68.6万

2022年1月5日，赤峰市红山区婚姻登记中心工作人员为新人举行集体颁证仪式，倡导婚俗改革，推进文明新风　（赤峰日报社　供图）

元。加强收养登记管理和服务保障提升工作，完成收养评估登记2人。

【殡葬管理】 2022年，赤峰市有殡仪馆12家，其中公建公营11家、公建民营1家。市民政局组织开展公路、铁路沿线散埋乱葬治理工作，治理坟墓1.45万座。针对16处历史性集中埋葬点（坟墓50座以上）展开规范整治，涉及坟墓5086座。在保障城乡困难群众基本殡葬服务免费基础上，实现户籍居民四项基本殡葬服务（遗体接运、遗体存放、遗体火化、骨灰寄存）免费。7月18日，红山区南山公墓为72名逝者举行节地生态安葬仪式，节地生态安葬采取不建坟、不立碑，骨灰坛采用可降解材料制作，树立厚养薄葬、文明殡葬、文明祭奠的新风尚。

（李　岩　赵志国　张　敏）

表49　2022年赤峰市治理散埋乱葬坟墓数量一览表

单位：座

序号	地　区	计划治理	完成治理
1	红山区	7	7
2	松山区	3723	3723
3	元宝山区	153	197
4	阿鲁科尔沁旗	842	842
5	巴林左旗	2708	2708
6	巴林右旗	329	485
7	林西县	1992	4825
8	克什克腾旗	2209	2946
9	翁牛特旗	24	48
10	喀喇沁旗	918	1071
11	敖汉旗	227	246
12	宁城县	1396	4853

（市民政局）

就业创业

【概况】 2022年，赤峰市城镇新增就业1.82万人，完成目标任务的101%。失业人员再就业1.17万人，完成目标任务的248%；就业困难人员实现就业1.15万人，完成目标任务的158%。农牧民转移就业70.94万人，完成目标任务的108.3%。失业保险参保人数29.04万人，完成目标任务的100.8%。赤峰市就业服务中心落实创业扶持政策，新建赤峰数创产教融合基地、赤峰市新侨留学生创业园，培育农牧民工返乡创业园6个，开展创业主题活动与高校毕业生创业实训，加强创业担保贷款力度。

【就业服务】 2022年，赤峰市开展线上线下就业服务活动188场次，提供就业岗位12万个，达成就业意向人员3万余人。8月20—21日，举办第9届就业创业博览会暨人才交流大会，入场招聘企业203家，提供就业岗位5031个，达成就业意向2173人，抖音短视频平台“赤峰人社”账号进行线上直播，在线观看人数5.8万人次。10月8—9日，举办首届全媒体人才线上招聘活动，70家企业提供岗位1539个，直播间累计观看人数25万人次，达成初步就业意向500余人。

【高校毕业生就业创业】 2022年7月11日，赤峰市印发《关于促进高校毕业生就业创业若干政策》，要求每年提供就业岗位1.2万余个，投入补贴资金2亿余元。招募社区民生志愿者、“三支一扶”1000人，确保336个社区每个社区至少有项目人员1人。事业单位招聘高校毕业生1862人。打造赤峰数字创意产教融合基地，将人才培养、企业孵化、入企就业等环节一体贯穿，累计孵化企业111家，实现就业1215人。开展“鸿雁北归赤子还乡”主题活动，发布高校毕业生就业创业政策清单，

2022年8月21日，赤峰市第九届就业创业博览会暨人才交流大会（高校毕业生就业卖场）在红山区万达广场一楼举办，达成就业意向2173人

（赤峰日报社　供图）

向2022年参加机关事业单位考录未录取的6万余名考生，通过发布公开信、推送服务短信等方式发出邀请。开展青年人才引进，通过“事业编企业用”为重点企业引进技术研发人才34人，通过“绿色通道”免试为市直事业单位引进博士32人、“双一流”硕士390人。高校毕业生就业或落实就业去向1.92万人，完成目标任务的158%。

【创业大赛品牌创建】 2022年，通过赤峰市“创业大赛”品牌效益助力创业企业的宣传推广，全市举办6届市级创业大赛、1次通辽—赤峰“双子星座”创业大赛，共有794个参赛团队参与，累计发放奖金329万元。12月8日，在第5届“中国创翼”创业创新大赛全国总决赛中，林西县“苏人牧场—10万亩荒山生态治理”项目获二等奖，巴林左旗笤帚苗项目获三等奖，宁城剪纸文创产品创新研发项目获优秀奖。

【农牧民工就业】 2022年，赤峰市开展农牧民工返岗或返乡“点对点”服务保障工作，全市有返乡农牧民工8654人，返岗5227人。加大劳务品牌建设力度，推进“一县一品牌”建设，新增自治区级劳务品牌7个，“巴林左旗笤帚工”形象代言人李艳垒获“全国特色劳务品牌形象代言人”称号。

【阶段性降低失业保险费率政策执行】 2022年，赤峰市贯彻落实国家延续执行降低失业保险费率阶段性稳就业政策，将阶段性降低费率政策期限延长至2023年4月30日，失业保险费率继续按1%执行。把征缴比例嵌入信息系统，企业无须申请，自动享受政策红利。截至年末，通过阶段性降低失业保险费率为企业减负3.43亿元。

【创业载体建设】 2022年，赤峰市认定孵化基地、农民工返乡创业园31个，其中国家级示范性创业孵化基地2个、自治区级示范性创业孵化基地5个，入驻实体企业1712家，带动就业2.69万人。根据自治区优化营商环境要求，创业孵化基地（创业园）均免费为高校毕业生提供部分免费的创业场地支持。

【“技能赤峰”行动】 2022年，赤峰市以“稳市场主体保就业，提升重点就业群体技能素质促就业，实施乡村人才技能提升助力乡村振兴发展”为重点，实施“技能赤峰”行动，聚焦培训重点，开展补贴性就业技能培训2.25万人。强化职业培训供给能力，开展旗县区培训资源共享试点，支持大专院校开展政府补贴性培训。全市3所大专院校与50余家企业建立合作关系。加强实训基地建设，新认定8个市级示范性就业技能实训基地，全市有就业技能实训基地12个，其中自治区级4个。（冯雪冰）

收入与消费

【概况】 2022年，赤峰市促进农村牧区劳动力就业、提高最低工资标准、推进机关企事业单位工资改革，增加工资性收入。优化营商环境，发展夜经济，扶持小微企业发展，提高经营性收入。落实国家惠民政策，保障转移性收入。改善消费环境，促进饮食消费健康化、家庭设备现代化、教育文化多元化、交通出行便利化、通信消费快捷化、医疗保健社会化，激活消费市场，全市社会消费品零售总额611.6亿元。其中，城镇社会消费品零售总额490.8亿元，乡村社会消费品零售总额120.8亿元。

【居民收入】 2022年，赤峰市全体居民人均可支配收入2.74万元，比上年增长6.4%。城镇居民人均可支配收入3.94万元，比上年增长5.2%。从主要收入构成看，工资性收入2.35万元，增长5.6%；经营净收入8729元，增长4.6%；财产净收入1723元，增长2.4%；转移净收入5476元，增长5.3%。农村牧区居民人均可支配收入1.65万元，比上年增长8.3%。从主要收入构成看，工资性收入5284元，增长7.4%；经营净收入8170元，增长8.9%；财产净收入247元，增长5.1%；转移净收入2846元，增长8.5%。

【居民消费】 2022年，赤峰市全体居民人均生活消费性支出1.71万元，比上年增长0.4%。城镇常住居民人均

2022年，赤峰市人均生活消费性支出比上年增长0.4%。图为居民在维多利超市选购果蔬 （赤峰日报社 供图）

生活消费支出 2.12 万元，比上年下降 2.7%；农村牧区居民人均生活消费性支出 1.35 万元，增长 0.8%。

【市场物价】 2022 年，赤峰市居民消费价格比上年上涨 1.5%。分类别看，交通通信价格上涨 7.4%，其他用品及服务价格上涨 3.6%，食品烟酒价格上涨 1%，医疗保健价格上涨 0.6%，生活用品及服务价格上涨 0.3%，教育文化娱乐价格上涨 0.2%，居住价格上涨 0.2%，衣着价格下降 1.8%。从工业生产角度看，全市工业生产者出厂价格比上年上涨 8.7%。

表 50　2022 年赤峰市居民消费价格比上年涨跌幅度一览表

指　　标	比上年增长（%）
居民消费价格	1.50
其中：食品烟酒	1.00
其中：粮食	2.00
鲜菜	-4.60
畜肉	-5.70
水产品	-2.70
蛋	-0.30
鲜瓜果	11.90
衣　着	-1.80
居　住	0.20
生活用品及服务	0.30
交通和通信	7.40
教育文化和娱乐	0.20
医疗保健	0.60
其他用品和服务	3.60

（市统计局）

社会保险

【概况】 2022 年，赤峰市参加各类养老保险的总人数为 284.99 万人，其中机关事业、企业职工参保 111.85 万人，完成自治区下达任务指标的 106.63%，城乡居民养老保险参保 173.14 万人；工伤保险参保人数 40.51 万人，完成自治区下达指标任务的 100.3%，新开工工程建设项目工伤保险参保率均在 90% 以上。城乡居民医保住院实际报销比例为 52.78%，较上年提高 8.38 个百分点；职工医保住院实际报销比例为 73.83%，较上年提高 8.7 个百分点。

【社会保险运行】 2022 年，赤峰市企业基本养老保险基金当期收入 114.11 亿元，支出 114.72 亿元；城乡居民养老保险基金当期收入 13.53 亿元，支出 11.72 亿元，累计结余 29.54 亿元；工伤保险基金收入 2.34 亿元。机关事业单位养老保险收入 62.80 亿元，支出 63.52 亿元，累计结余 3.29 亿元。职业年金收入 11.57 亿元，支出 13.82 亿元，累计结余 5.84 亿元。全市养老金全部按时足额发放，其中企业退休人员 36.82 万人、遗属 8047 人，月人均养老金 2359 元；机关事业单位退休人员 7.9 万人，月人均养老金 5375.4 元；城乡居民养老保险领取养老待遇 57.98 万人，月人均养老金 169.99 元。

【医保基金运行】 2022 年，赤峰市医保基金实现当期收支平衡、滚存结余中长期平衡，医保基金运行安全平稳。赤峰市医疗保障局加强基金运行分析，根据分析成果开展政策调整和基金监管，提高医保治理针对性和精准度。综合运用基金运行分析、行政监管、日常稽核、智能监控、专项检查、引入第三方力量、社会监督等形式开展综合监管，实现监督检查全覆盖。2019—2022 年，查处违规医药机构 6808 家次，追回违规金额 1.41 亿元。赤峰市医保基金获自治区基金监管方式创新试点一等奖，行政执法案卷评查案例获自治区医保系统优秀等次。查处案例获评为全国医疗保障基金监管执法优秀案例，是全国医保领域第一批具有典型性、代表性和普遍指导意义的 30 个案例之一，也是自治区唯一入选的优秀案例。

2022 年 5 月 20 日，市医疗保障局召开全市医疗保障工作座谈会，党组书记、局长潘晓燕作“精准发力　协同发展——努力解决参保群众疾病医疗后顾之忧”主旨发言　（市医疗保障局　供图）

【全民参保扩面】 2022年，赤峰市完善市县乡村四级联动、部门协同推进、逐级督办调度、考核激励奖惩机制，实现全民参保。五类重点人群（建档立卡贫困人口、城乡低保人员、农村五保人员、城镇三无人员、重度残疾）参保率100%，实现应保尽保；学龄前儿童和学生等重点群体参保率99%；基本医疗保险参保缴费392.58万人，常住人口参保率97.68%。开展政策宣传周、经办业务进社区、社保政策进乡村等宣传活动，发动未参保人员积极主动参保。全民参保专项扩面新增各类参保人员11.92万人，完成自治区专项行动扩面任务的107.59%。

【门诊用药保障】 2022年，赤峰市扩大门诊特殊用药范围，建立国家谈判药品"双通道"管理机制。完善城乡居民"两病"（高血压、糖尿病）门诊用药保障机制，全市享受"两病"待遇32.15万人次，较上年增加2.68万人次。

【阶段性缓缴政策落实】 2022年，赤峰市根据《关于特困行业阶段性实施缓缴企业社会保险费政策的通知》《关于扩大阶段性缓缴社会保险费政策实施范围等有关问题的通知》，餐饮、零售、旅游、民航、公路水路铁路运输等22个行业企业可申请缓缴养老、工伤、失业3项社会保险费的单位应缴纳部分。企业职工基本养老保险费缓缴实施期限至12月31日。失业保险费、工伤保险费缓缴期限不超过1年，期间免收滞纳金。以个人身份参加企业职工基本养老保险的个体工商户和各类灵活就业人员，缴纳费款有困难的可自愿暂缓缴费，年内未缴费月度可于2023年底前进行补缴。全市享受企业职工养老保险缓缴政策单位1286个，涉及人员6.26万人，涉及金额5868.7万元；享受工伤保险缓缴政策单位1320个，涉及人员8.59万人，涉及金额655.5万元。

【机关事业养老保险工作】 2022年，赤峰市根据自治区社保中心《关于加快清理机关事业单位军转人员养老保险关系转移接续工作的通知》，推进机关事业单位军转人员养老保险关系转移接续工作。推进机关事业单位养老保险、职业年金欠费清理工作，全市机关事业单位养老保险及职业年金清理欠费单位249个，清理欠费金额4480.26万元。

【工伤保险体系建设】 2022年，赤峰市推进建筑类等高风险企业参加工伤保险，全市按建筑项目参加工伤保险企业1041家，参加工伤保险人数6.2万人，其中农牧民工按建筑项目参加工伤保险5.81万人，保障农牧民工和贫困劳动力的合法权益。开展国有重点煤炭企业工伤保险纳入属地管理，落实内蒙古平庄煤业有限责任公司移交工作。推进基层快递网点优先参加工伤保险，与邮政管理部门建立协同工作机制，对各类快递企业和网点进行摸底排查。针对快递行业特点，简化经办程序，强化部门间业务协同，推进参保业务网上办、掌上办。开展尘肺病重点行业参加工伤保险，完成为期3年的尘肺病重点行业参加工伤保险统筹管理工作，全市尘肺病重点行业参加工伤保险企业262家，参加工伤保险人数4.24万人。开展"工伤预防宣传周"主题宣传活动，将工伤预防法规和政策宣传到各类用人单位和职工群众中，提高重点行业领域从业人员工伤政策知晓度。

【社保代缴扶贫】 2022年，赤峰市实施社保帮扶，助力乡村振兴。按照"四个不摘"（不摘责任、不摘政策、不摘帮扶、不摘监管）要求，落实城乡居民养老保险政府代缴政策，确保全市低保对象、特困人员、重度残疾人等应保尽保。为9.02万人代缴城乡居民养老保险费，代缴率为100%。

【DIP付费方式改革】 2022年，市医疗保障局开展DIP（按病种分值付费）业务培训，排查解决存在问题，作为国家DIP付费方式改革71个试点城市之一，制定DIP管理办法、结算办法和配套制度，实现DIP付费病种全覆盖、医疗机构全覆盖、基金支付全覆盖，全市定点医疗机构DIP结算清单匹配率、合格率、入组率均保持在99%以上。城乡居民和城镇职工参保患者住院次均费用较上年分别下降231元和783元；公立医院收入结构合理性增强，医疗费用控制在合理区间；实现DIP付费方式改革与基金分析、基金监管、信息化建设融合。

【养老待遇领取资格"静默认证"】 2022年，赤峰市社会保险事业服务中心在手机、电脑自助认证和现场认证的基础上，增加"静默认证"。以"跨部门数据融合，精细化数据比对"的方式开展养老金领取资格"静默认证"。通过与出行、医养、住院报销、死亡殡葬、核酸检测、疫苗接种等数据进行精准比对、交叉核验、数据上传，待遇领取人员在手机端就可以查询到自己静默认证情况，无须单独再进行资格认证。全市超过7.3万人实现"无感觉、不打扰"领取养老保险待遇静默式认证。全市各类养老保险参保应年审人员100.98万人，年审93.72万人，年审率为92.8%。

（王田甜　王竞瑶）

社会救助

【概况】 2022年，赤峰市对37.9万低收入人口实行动态监测，对12.1万名脱贫人口和1.6万名防返贫监测对象分类实施低保、特困救助供养政策。提升社会救助管理服务水平，制定特殊群体救助服务指南并公开市、县、乡三级192个救助热线，压缩低保办理时限至20个工作日，通过救助申请App累计办理1060人，2440名社会救助协理员全员上岗。与1375名留守儿童的委托照料人签订《照护书》，对父母监护缺失或父母无力履行监护职责的2名儿童落实国家监护。

【最低生活保障】 2022年，赤峰市保障城乡低保对象33.9万人，实施临时救助1.5万人次，累计发放各类救助资金12.3亿元。提升社会救助保障标准，城乡低保标准分别达到每月783元和每年6072元，比上年提高4%和10%。

【特困人员供养】 2022年，赤峰市有特困供养对象1.88万人。市民政局为低保对象、特困供养对象、孤儿及事实无人抚养儿童增发一次性生活补贴3570万元，35.7万人受益。为7.3万名困难残疾人发放生活补贴，5.8万名重度残疾人发放护理补贴，累计发放2项补贴资金1.2亿元。争取福康、助康工程项目，为脱贫户、低保家庭和特困人员中的残疾人65人适配假肢。

【临时救助】 2022年，赤峰市将因疫情遇困群众基本生活救助工作精确化，增发一次性生活补贴3571万元。启动社会救助保障标准与物价上涨挂钩联动机制，为36.6万人发放价格临时补贴580万元。

【流浪乞讨人员救助】 2022年，赤峰市救助流浪乞讨人员379人。开展寻亲活动，对所有符合条件的长期滞留人员进行安置，开展“冬季送温暖”“夏季送清凉”2个专项行动。

【医疗救助】 2022年11月2日，赤峰市出台《巩固拓展医疗保障脱贫攻坚成果有效衔接乡村振兴战略的实施方案》；12月6日，印发《健全重特大疾病医疗保险和救助制度实施方案》。医疗救助系统实现由多重保障向基本医保、大病保险、医疗救助三重制度保障平稳过渡，防止因病致贫返贫。全市重点人群参保37.64万人，参保率100%，实现应保尽保；重点人群分类资助参保1.3亿元，确保应资助尽资助；发挥医疗救助兜底保障功能，低收入人口住院医疗救助基金支出6.78亿元，待遇应享尽享。

【教育救助】 2022年，赤峰市落实学前教育到高等教育阶段资助政策，下发学前教育幼儿资助资金、义务教育生活补助资金、营养改善计划资金和高中阶段及高校学生资助资金5.7亿元。发放大学新生“滋蕙计划”资金79万元、贫困大学生入学资助资金5536万元。向自治区申请“励耕计划”资金269万元，补助家庭经济特别困难专任教师248人。受理生源地信用助学贷款3.4万份，累计发放金额3.2亿元。拨付农村义务教育学生营养改善计划资金8227万元，惠及学生8.65万人。实施“孤儿助学工程”，下拨助学资金99万元。

【慈善救助】 2022年，赤峰市慈善总会募集慈善款物974.35万元，其中募集善款65万元，防疫物资及援助药品价值933.35万元。发放格列卫、达希纳、易瑞沙、特罗凯等援助药品922盒，总价值800.5万元，受益患者653人次。赤峰市慈善总会温泉医院大病救助项目，向敖汉旗温泉蒙医中医医院拨付救助资金30万元。

【红十字救助】 2022年，赤峰市红十字会市本级接收捐赠款物总价值2326.7万元，其中捐款1508.1万元、捐物价值818.6万元。累计支出款物2202.5万元，其中捐款1397.4万元、捐物价值805.1万元。接收“博爱一日捐”善款1180.02万元。在“5·8人道公益日”“99公益日”发起“赤峰市大病儿童救助”和“流动生命安全体验站”网筹项目。“99公益日”活动期间，动员1.6万余人次、爱心企业10余家、爱心团体100余个，累计筹集善款超30万元。爱心人士、企业累计捐款2326.7万元。实施“光明行”公益活动，活动覆盖12个旗县区、90个苏木乡镇、912个嘎查村（社区），累计筛查3.62万人，为474名贫困白内障患者免费实施复明手术；青少年护眼行动中筛查570所学校、3.96万名学生；“心明眼亮”公益活动，救助先天性心脏病患儿11人，青少年眼健康筛查950人；“博爱送万家”活动，为需要救助的困难家庭、贫困大学生

2022年8月30日，赤峰市红十字生命安全体验馆揭牌　（市红十字会　供图）

等特殊人群送温暖，惠及1.88万户7.53万人。市红十字“助梦成长”公益基金捐赠资金和物资价值85.68万元，用于困难救助和疫情防控；“春城·众基金”累计注入善款145万元，支援学校1所、社区2个，救助大病患儿21人；市红十字巴特爱心基金捐赠资金35.7万元，支援学校3所，救助困难学生和大病患者24人。完成造血干细胞血样采集430人，完成配型初筛292人次，再动员26人次；新增遗体器官捐献报名登记志愿者2700余人，捐献6例；与市医院联合建立赤峰市人体器官捐献事业发展基金。全市新建14个红十字“博爱家园项目”，投入资金800万余元，在68个嘎查村（社区）建设以防灾减灾为主的“红十字博爱家园”。2022年8月30日，完成全面升级改造的赤峰市红十字生命安全体验馆举行揭牌仪式。

（赵志国　王竞瑶　张佩伦　尹　静　王　拓）

社会福利

【概况】　2022年，赤峰市落实老年人福利保障制度，及时准确收集老年人基本信息，按年龄段进行福利发放。建立未成年人保护工作站，针对全市困难儿童先天性疾病进行诊治，形成基层未成年人关爱服务体系。推进文明殡葬改革，实施惠民殡葬普惠制，全市火化量1.73万具，为1.53万名群众减免基本殡葬服务费用1769万元。

【老年人福利】　2022年，赤峰市有80周岁以上老年人8.67万人，其中80～99周岁8.66万人、100周岁及以上85人，累计发放高龄津贴超1亿元。投入1270万元为92.9万名60周岁以上老年人购买老年人意外伤害保险。8月，赤峰市社会福利院通过国家标委会专家组考核验收，成为赤峰市养老服务领域首个国家级社会管理与公共服务标准化试点单位。

【儿童福利】　2022年，赤峰市建成苏木乡镇（街道）未成年人保护工作站174个、“儿童之家”641个；苏木乡镇（街道）设儿童督导员183人、嘎查村（社区）设儿童主任2492人，形成基层未成年人关爱服务体系。组织开展困难儿童先天性心脏病治疗“添翼计划”，筛查儿童254人，符合手术指征儿童13人，分批次在呼和浩特市定点医疗机构进行诊治。

【残疾人福利】　2022年，赤峰市残疾人联合会到2100个嘎查村（社区）及厂矿、车间、学校、托养机构、医院、托儿所等，开展残疾人辅助器具需求调查，对有需求的残疾人发放辅具6305件。按照项目资金量、使用要求和需求评估，完成5579名残疾人单脚手杖、四脚手杖、坐便椅、助行器、腋拐、盲杖、轮椅的辅具发放工作，完成215名残疾人大腿、小腿、前臂、上臂的取型工作。在春节期间，市残联慰问困难残疾人1969户，发放慰问金50万元。

【福利彩票】　2022年，赤峰市销售福利彩票4.34亿元，销量比上年增长3242万元，增幅8.1%。筹集公益金1.35亿元。按照《中华人民共和国未成年人保护法》规定，赤峰市福利彩票销售服务中心对中心城区中小学校园周边200米内福利彩票销售站进行清理整治。（赵志国）

住房保障

【概况】　2022年3月28日，赤峰市出台《加快发展保障性租赁住房的意见》，推进保障性租赁住房落地见效。赤峰市住房公积金中心对贷款、提取、归集三大类业务流程进行优化，把贷款的6个审批节点压缩至3个，实现贷款7个工作日办结，归集、提取业务实现“即来即办零等待”。打造全方位一体化智能综合服务平台，将互联网、大数据与公积金业务融合，实现“跨省通办”事项办理13个，满足缴存职工的各类服务需求。

【住房保障制度建设】　2022年，赤峰市指导、督促旗县区按照《赤峰市公共租赁住房管理办法》要求，结合实际情况，建立健全从申请、审核到分配“三级审核、三级公示”管理制度，即申请保障性住房的家庭，必须通过社区居委会、街道办事处、住房保障管理部门的三级审核和三次公示程序。征求市人大、市政协委员的意见，协同纪检监察部门加强外部监督，确保保障性租赁住房发放公平、公正。符合条件的保障家庭分配住房时，在纪检监察部门、街道办事处、居民代表共同监督下，采取“公开摇号、公开选房”方法，做到“阳光工程，阳光操作”。

【住房公积金管理】　2022年，赤峰市住房公积金管理中心新增缴存额53.5亿元，累计归集总额480.76亿元。全市住房公积金缴存人账户40.6万个，比上年增加1.07万个，比上年增长2.71%；发放贷款6805笔，发放贷款金额26.13亿元，累计发放住房公积金贷款户数16.15万户，累计放贷金额415.83亿元。发挥公积金对保障性住房建设的支持作用，上缴廉租住房建设补充资金2.3亿元。

（张金龙　杨　洋）

老龄事务

【概况】　2022年，赤峰市60岁以上老年人有85万人，占总人数口数的21.05%，进入人口老龄化社会。为应对人口老龄化，赤峰市提升重点社区居家养老服务，加强机构养老服务建设，开展打击整治养老诈骗专项行动，保护老年人健康、财产权益。

【居家养老服务】 2022年，赤峰市建成街道级养老服务中心27个、社区级养老服务站39个，年底前完成47处，实现街道级养老服务中心全覆盖、社区级养老服务站服务覆盖率90%以上的目标。推动红山区、松山区老年餐桌项目落地。完成1345户特殊困难老年人家庭适老化改造，完成134张家庭护理型床位铺设。推进林西县养老互助幸福院等农村牧区养老服务试点工作。在阿鲁科尔沁旗探索“党建+志愿+积分”的牧区养老新路径，创建“3+2+1”牧区养老模式。

【养老机构转型升级】 2022年，赤峰市新建公办养老机构重点项目5个。赤峰市社会福利院通过国家级社会管理与公共服务标准化试点验收。扶持社会资本进入养老服务业，巴林左旗引入总投资1.03亿元乾怡苑康养中心建设项目；克什克腾旗引进山东盛泉养老集团为其捐赠500万元的康养设备，运营养老服务中心。打造热水温泉旅居康养小镇，康养基地初具规模。红山区养老服务中心开展公建民营运营。申报养老机构补贴599万元，加强公办养老机构转型升级，在阿鲁科尔沁旗、松山区推进“一院两制”运行模式。加强公办养老机构护理型床位配比，向各旗县区拨付专项资金645万用于护理床购置，全市护理型床位占比52%。

【养老诈骗专项整治行动】 2022年5月16日，赤峰市印发《关于打击整治养老诈骗专项行动实施方案》，成立赤峰市民政局打击整治养老诈骗专项行动领导小组。督促旗县区按照方案要求对各类养老机构进行全面摸排并建立工作台账。全市民政系统共悬挂反诈条幅297条，张贴反诈海报641张，发放反诈宣传册1.4万余份；举办现场活动53次；在微信公众号、网站发布消息324条。（赵志国）

残疾人事务

【概况】 2022年，赤峰市有残疾人28.07万人，占总人口的6.39%。持证残疾人14.78万人，其中视力残疾1.18万人、听力残疾1.48万人、言语残疾3492人、肢体残疾8.55万人、智力残疾1.12万人、精神残疾1.33万人、多重残疾7572人。一级、二级残疾人5.77人，占残疾人比例39%；三级、四级残疾人9.01万人，占残疾人比例61%。全市残疾人呈现肢体残疾人占比大、重度残疾人比重较高、男性多于女性、农村牧区多于城镇、就业年龄段残疾人占比超过50%的特点。完成13万张第三代残疾人证（智能化）换证工作。

【扶残助残】 2022年，赤峰市按照自治区残联工作要点和《赤峰市“十四五”残疾人事业发展规划》的要求，结合残疾人工作实际，编制《赤峰市残疾人事业高质量发展三年行动方案》。在松山区永业广场举办以“普及残疾预防知识，建设健康文明赤峰”为主题的全国第6个残疾预防日活动，重点向儿童、孕产妇、老年人、高危职业从业者、残疾人等群体发放残疾预防科普资料1000册，搭建康复咨询义诊台8个，开展咨询义诊、捐赠服务、文艺演出及科普问答等系列活动。实施残疾人肢体畸形矫正手术与功能重建项目，与赤峰市医院签约，对筛选合格的10名残疾人进行肢体畸形矫正与功能重建手术。

【残疾人入户访视】 2022年，赤峰市对有返贫致贫风险和突发严重困难残疾人2549人进行跟踪监测。完成残疾人入户调查访视工作，实现“三类”（边缘易致贫户、脱贫不稳定户、突发严重困难户）监测人群访视全覆盖，并投入15万余元进行救助。走访乡村振兴包扶村的“三类”监测户18户、残疾人应届毕业大学生18人、14个残疾人辅助性就业机构和就业创业（孵化）基地，督促城乡培训、阳光家园、托养服务及专项资金支出等项目工作。市残联到各旗县区易致贫返贫残疾人家庭、残疾大学生家庭，对残疾人家庭施行无障碍改造52户。调研残疾人康复中心、阳光家园等康复托养机构11个，残疾人就业孵化基地、残疾人自主创业基地17个，解决问题12件。

【京蒙协作助残行动】 2022年，赤峰市对京蒙残疾人扶贫协作项目进行月调度，6个旗县区与北京市对口支援协作单位确定扶持残疾人就业基地、培训、辅助器具、康复设备、“我在内蒙有只羊”等9个项目。项目总投资472万元，其中京蒙协作资金167.5万元、地方自筹资金304.5万元。京蒙协作项目受益残疾人928人，其中原建档立卡残疾人540人。

【残疾人康复】 2022年，赤峰市有康复需求的残疾人1.06万人，完成康复服务1.04万人，服务率98%；有辅助器具需求的残疾人6466人，完成服务6305人，服务率97.5%。启动赤峰市残疾人康复中心项目，项目建议书、可行性研究报告、选址论证报告、地勘工作完成。确定市中蒙医院、松山医院、赤峰康复医院、赤峰星之路孤独症儿童康复中心4家机构为首批赤峰市残疾人定点康复机构和赤峰市孤独症儿童定点康复训练机构。将残疾儿童康复救助资金纳入财政预算，重点保障全市650名0～7周岁有康复需求的视力、听力、言语、肢体、智力残疾儿童和孤独症儿童提供以康复训练为主的救助服务，部分旗县区开展残疾儿童机构康复期间监护人陪护救助。向自治区残疾人康复中心推送12名有人工耳蜗适配需求的残疾儿童。到2100个嘎查村（社区）及厂矿、车间、学校、托养机构、医院、托儿所等，开展残疾人辅助器具需求调查，对有需求的残疾人发放辅具6305件。按照项目资金量、使用要求和需求评估，完成5579名残疾人单脚手杖、四脚手杖、坐便椅、助行器、腋拐、盲杖、轮椅的辅具发放工作，完成215名残疾人大腿、小腿、前臂、上臂的取型工作。

【残疾人就业创业】 2022年，赤峰市新增城镇残疾人就业人数376人。农村新增就业1473人，城乡年度培训1652人次。扶持13家残疾人辅助性就业机构安置精神、智力、重度残疾人就业155人，扶持25家就业创业企业安置各类残疾人304人，通过线上线下等各类形式的招聘活动就业255人，其中高校残疾人毕业生就业94人，就业率为100%；全市有残疾人辅助性就业机构13家，安置精神、智力及重度肢体残疾人155人在机构就业。与市人社局、市乡村振兴局联合开展2022年就业援助月专项活动，举办以“就业帮扶·真情相助”为主题的赤峰市就业援助残疾人公益网络招聘会，6家企业提供就业岗位30余个，23名残疾人求职者发送简历并达成工作意向。举办“保障残疾人权益·促进残疾人就业”赤峰市残疾人公益专场招聘会，邀请本地32家知名企业入场招聘，提供就业工作岗位283个，与企业达成就业意向的残疾人求职者123人。对118名高校残疾人毕业生进行调查，直接就业94人、继续参加学习16人、参加公务员招考8人。开展残疾人就业技能培训，1672名残疾人掌握基本生存技能。

【残疾人社会保障】 2022年，赤峰市审定“两项补贴”残疾人13.2万人次，其中生活补贴7.38万人次、护理补贴5.82万人次，“两项补贴”均享受9.36万人。落实自治区残疾人意外伤害保险政策，7.16万名0～59周岁持证残疾人受益。

【残疾人信访】 2022年，赤峰市落实领导干部接访制度，每周固定时间由1名领导班子成员接待残疾人来访，以领导干部接访、下访、包案督访，推动解决实际问题。对涉及残疾人的矛盾纠纷、信访积案进行排查摸底，每月通报化解情况，保障残疾人合法权益。推动“12385”残疾人服务热线与“12345”政务服务便民热线双号并行，为残疾人提供相关政策咨询、生活帮扶等服务。全年办理残疾人信访638件次，信访案件办结率100%。

【残疾人体育】 2022年，赤峰市筛选肢体、智力、视力、听力四类残疾运动员90人参加残疾人奥运会、聋人奥林匹克运动会、残疾人大众比赛项目、世界特殊奥林匹克运动会。在韩国平泽市举行的残疾人举重亚洲大洋洲锦标赛上，敖汉旗籍运动员徐立立夺得女子举重73公斤级亚洲组冠军、大洋洲组冠军、世界公开组冠军和总成绩冠军，获金牌4枚。（那日苏）

退役军人事务

【概况】 2022年，赤峰市开展退役军人和其他优抚对象建档立卡和优待证办理工作。转业军官、自主就业退役士兵、军队退休干部士官安置政策、政治及生活待遇落实率100%。开展“最美退役军人”评选，10人获评市级“最美退役军人”，2人获自治区“最美退役军人”。举办退役军人专场招聘会26场，提供就业岗位1.5万余个。

【服务保障体系建设】 2022年，赤峰市建成市、县、乡、村四级退役军人服务中心（站）1985个。推进示范型服务中心（站）建设，12家旗县区服务中心、176家苏木乡镇（街道）和8家服务对象300人以上嘎查村（社区）服务站通过复审；60家服务对象100人以上嘎查村（社区）服务站推进示范型创建。组织召开全市退役军人服务保障体系业务培训暨退役军人服务中心（站）主任（站长）会议；开展关系转接、保险接续、联络接待、困难帮扶、信息采集、情况反映和走访慰问等工作；全市各级服务中心（站）完成部长信箱公示牌悬挂、工作制度流程上墙等工作；市退役军人服务中心设立法律援助窗口，派驻专业律师无偿为退役军人提供法律咨询服务，指导阿鲁科尔沁旗等地设立法律援助站，维护退役军人和其他优抚对象合法权益。

【移交安置】 2022年，赤峰市接收转业军官全部落实行政参公编制，行政参公安置率100%；接收符合政府安排工作条件退役士兵和退出消防员全部落实事业单位、国企编制，安置率100%；逐月领取退役金军官，全部落实有关政策和待遇；向自主就业退役士兵发放政府经济补助金1.1亿元；军队退休干部士官，按照“即交即接”要求落实政治待遇和生活待遇。组织100名军休人员赴宁城县热水开展疗养；向自主择业军转干部、困难企业军转干部发放各类补贴7192.2万元。

【就业创业服务】 2022年，赤峰市组织917名退役军人参加适应性培训；组织各类职业技能培训21个班次，572人参加培训，对接社会需求，开设电工电焊、IT教育、无人机（植保、航拍方向）、汽车驾驶B证、汽车维修等专业；开展创业能力培训13期，855人参加培训；开展“订单式”“定向式”“定岗式”培训，为机关单位、学校等定向输送退役军人396人。开通学历教育“直通车”，推动退役军人参加高职扩招22人、高校复学334人。举办招聘会26场，提供就业岗位1.5万余个；协调赤峰学院、万达创业孵化基地等向退役军人开放，提供创业支持；启动退役军人就业创业和关心关爱协会组建工

2022 年 8 月 9 日，"农行杯"赤峰市第二届退役军人创新创业大赛决赛在赤峰国际会展中心礼堂举行　（秦天龙　摄）

作，为退役军人和用工企业对话交流搭建新的桥梁。推进退役军人公益性岗位开发，389 名就业困难退役军人实现再就业。举办退役军人创新创业大赛，组织 33 家企业参赛，激发退役军人创业热潮。

【思想政治引领】 2022 年，赤峰市开展"老兵永远跟党走"主题宣讲活动，组建市县两级老兵宣讲团 13 支，到军营、学校、机关和企事业单位讲述革命历史，累计宣讲 52 场，受众 6478 人次。制作"喜迎党的二十大 老兵永远跟党走"专题系列节目，在各级退役军人服务中心（站）展播。制作《飘扬的军旗·共和国老兵》赤峰籍人物肖像图册，展示老兵风采。挖掘本地就业创业典型，曹志刚、姚文亮、魏广廷等退役军人创业故事刊载在《中国社会报》《中国林业》等国家级期刊。选送 4 名军休人员作品参加全国比赛，其中张敏创作的《春风袅娜》获书法类一等奖。举办全市嘎查村（社区）退役军人"两委"业务能力培训班，参训 56 人，邀请全国模范退役军人王启发讲授主题党课，激发退役军人投身基层治理、助力乡村振兴的热情。开展"最美退役军人"评选，10 人获评市级"最美退役军人"称号，2 人获自治区"最美退役军人"称号。组建志愿服务队 218 支，退役军人奋战在疫情防控一线，展现"离军不离党，退伍不褪色"的精神风貌。

【烈士褒扬】 2022 年，赤峰市推进全市烈士纪念设施维护修缮，对 1 处国家级、6 处自治区级和 1 处市级、67 处县级以下烈士纪念设施进行维修改造，4 处自治区级烈士陵园展馆主体建设完工。改造赤峰烈士陵园纪念碑，改扩建纪念广场，新建烈士墓 116 座，开展绿化和辅助设施整修改造，协调有关部门稳妥迁移 5 座非烈士散葬墓（10 具遗骸）。赤峰烈士陵园累计接待祭扫单位 600 余家、10 万余人次，讲解接待 536 次。在清明节、烈士纪念日等重要时间节点提供文明祭扫服务，推出网上祭扫平台，参与祭扫 26.5 万人次。组织 3 名讲解员参加"党史故事我来讲"竞赛活动；开展烈士寻亲活动，为 1 名烈士找到遗属；抢救性挖掘英烈事迹，整理 326 名老兵参战经历，留存红色记忆。

【优待抚恤】 2022 年，赤峰市提高各类重点优抚对象生活补助标准，发放重点优抚对象生活补助资金 1.25 亿元，各类人员生活补助标准平均增幅超过 10%，重点优抚对象生活水平得到改善。加强医疗保障，发放优抚医疗资金 1194 万元，各旗县区重点优抚对象住院平均报销比例 85% 以上，个别旗县区在乡老复员军人、1 ～ 4 级伤残人员医疗报销比例为 100%。完成义务兵家庭优待金发放和享受国家定期抚恤补助优抚对象年度确认工作。开展退役军人和其他优抚对象建档立卡和优待证办理工作。对接卫健、文旅、民航等部门和单位，协调优先、优待、优惠政策。

【拥军优属】 2022 年，赤峰市在春节、八一建军节期间开展慰问活

2022 年八一建军节前，赤峰市党政主要领导到驻赤某部走访慰问，送去慰问金和慰问品　（赤峰日报社　供图）

动，市党政主要领导到驻赤各部队走访慰问，送去慰问金和慰问品20余万元；走访慰问退役军人和其他优抚对象，发放慰问金498.03万元，向退役军人和其他优抚对象发放慰问画作9万张；开展“情系边海防官兵”慰问活动，累计慰问边海防官兵家属27人。协调教育部门为152名现役军人子女落实入学入托优待，为10名符合条件军人子女落实中考加分优待，落实家属随军17人，为236名随军未就业家属发放生活补助金135.8万元，解决官兵“三后”（后路、后院、后代）问题。在《赤峰日报》《赤峰要闻》《红山晚报》等市级媒体刊发双拥工作稿件10余篇，出版《赤峰双拥简报》17期。携手赤峰军分区开展“亮丽北疆党旗红·衔接乡村五助力”等军民共建活动和军地青年交友联谊活动；实施民兵训练基地改扩建工程，建成并交付军分区使用。（王天颖）

社区建设

【概况】 2022年，赤峰市有社区服务中心、服务站208个。重点开展嘎查村村务公开栏规范化建设，推进村务电子数据公开，线下建立标准村务公开栏，线上健全数字化公开平台。开展优秀村规民约、居民公约评选活动，对优秀村规民约、居民公约进行宣传推介；指导各地落实村规民约、居民公约，完善奖惩约束相关制度。推进嘎查村（居）委会规范化建设，完善相关制度和服务。

【社区治理创新示范建设】 2022年，赤峰市林西县五星村作为全国第一批村级议事协商创新实验试点，林西县探索“制定社区公共服务评价体系，建立社区准入制度”；喀喇沁旗成为自治区社会治理创新实验区；林西县五星村村民委员会获全国先进基层群众性自治组织，阿鲁科尔沁旗天山镇前岗台村党支部书记、村民委员会主任赵树峰被评为“全国优秀城乡社区工作者”。

【五社联动】 2022年，赤峰市获批“五社联动”（社区统筹主导、社会组织承接项目、社工专业支撑、社区志愿者深度参与、社会慈善资源有效助推的社会治理共同体）社会工作服务试点项目12个，争取“五社联动”项目资金120万元；社工考试通过人数创新高；社会工作服务站建设街道层面全覆盖，苏木乡镇社工站建设覆盖率50%，红山区、松山区2个项目获自治区优秀社会工作项目；组织开展乡村振兴志愿服务和“我帮你”志愿服务活动，红山区、宁城县志愿服务项目获自治区优秀项目。

【社区规范化建设】 2022年，市民政局开展“社区万能章”治理专项行动，推动社区减负增效。推进林西县全国第一批村级议事协商实验试点工作。总结推广红山区、阿鲁科尔沁旗国家城镇社区、牧区社区治理和服务创新实验区典型经验。喀喇沁旗以“平安社区建设”获批成为自治区第二批社区治理创新实验区。完善社区工作者职业体系建设，每万名城镇常住人口拥有城市社区工作者16.2人。全部落实社区工作者“三岗十八级”薪酬待遇。

【社区服务】 2022年，赤峰市建立社区力量动态递补机制，拓展网格管理、志愿服务等经验成果，提升社区服务效能。开展社区活动、探访活动等1067次。探索“社工+志愿者”联动模式，开展志愿服务活动501场。建立困难群众与社会慈善资源对接机制，开展慈善救助，形成慈善共享机制，帮助困难群体摆脱困境。阿鲁科尔沁旗欧沐沦社工站成立“爱心商企联盟”，130余家爱心企业参与助老、助残、助学、助困等服务，针对辖区内109户独居老人、14户残疾人、8户留守儿童开展对接服务，链接慈善资源合计25万元，服务5000余人次。

【社工队伍建设】 2022年，赤峰市通过社会工作者考试人数414人，全市持证社工人数增至983人，社工专业人才数增至2727人。申请自治区“万人培养”计划参训名额1350个，为社工提供社区实务和社会工作师考前培训。向深圳市社工学院申请开展“燎原计划”，为200余名社工开设线上培训课程。依托红山社会组织公益实践园，每月开展社工能力专题讲座10余场。（赵志国　孙美丰）

社会组织管理

【概况】 2022年，赤峰市有各类社会组织2701个（社会团体939个、民办非企业单位1762个），其中市属社会组织501个（社会团体336个、民办非企业单位165个）。优化登记审批流程，开展打击整治非法社会组织工作和“僵尸型”社会组织清理整顿行动，督促指导各级行业协会商会开展自查整改，净化社会组织生态环境。

【审批流程优化】 2022年，赤峰市对新成立的社会组织发放一次性告知单，实现成立、变更、注销、年检“一网通办”，减轻社会组织负担，全年完成社会组织成立登记31个、变更登记41个、注销17个，办理社会组织年检1736个，为社会组织减少年审费用138万余元。

【监督管理】 2022年，赤峰市完成市本级256家社会组织年检工作，年检率55%，年检合格率99%。6月，对赤峰小吃协会以社会组织名义开展活动的行为进行劝散。开展“僵尸型”社会组织清理整顿行动。9月，会同市市场监管局、市发改委联合开展全市行业协会、商会乱收费专项清理整治“回头看”，对强制收费、重复收费、违规收费、不规范收费4类15项突出问题，督促各级行业协会商会开展自查整改。

【社会组织培育】 2022年，赤峰市建立社会组织培育孵化基地11处，分别为阿鲁科尔沁旗泰宇社会组织培育孵化基地、阿鲁科尔沁旗详誉社会组织培育孵化基地、巴林左旗林东西城街道社会组织孵化基地、巴林左旗林东东城街道社会组织孵化基地、赤峰红山社会组织公益实践园、林西县社会组织培育孵化基地、元宝山区西柚社会组织孵化培育中心、翁牛特旗社会组织孵化基地、喀喇沁旗社会组织孵化基地、松山区社会组织孵化基地、宁城县社会组织孵化基地。全市有社区社会组织427家，其中在民政部门依法登记社区社会组织84个、在苏木乡镇（街道）实施备案管理社区社会组织343家。（贾晋玲）

区划与地名管理

【概况】 2022年，赤峰市完成《赤峰市地名志》编纂出版和《赤峰市地名文化丛书》编纂工作，完成国家地名信息库专项质量建设行动。组织开展边界联检和行政区域界线纠纷隐患排查预防化解工作，维护边界地区长期和谐稳定。

【地名信息库专项质量建设】 2022年，赤峰市完成中国·国家地名信息库专项质量建设行动。第一批审核地名信息库行政区域、群众自治组织、居民点、道路街巷、陆地水系等类别地名2.47万条，新增706条；第二批审核地名9540条，新增67条。

【地名标准化建设】 2022年，赤峰市完成全市道路街巷、乡级行政区划、居民点类地名专项摸排。组织专家学者对全市2500余条村级以上地名的标准名称、罗马字母拼写、蒙古语文、译写等方面进行论证，制定标准地名录，向12个旗县区统一印发使用。

【化解区域界限纠纷】 2022年，赤峰市民政局与通辽市民政局联合印发《通辽市与赤峰市第七轮行政区域界线联合检查工作实施方案的通知》，开展赤峰市与通辽市边界联检工作。市民政局联合相关部门到阿鲁科尔沁旗调研阿鲁科尔沁旗与通辽市扎鲁特旗行政区域界线纠纷，到巴林右旗调研巴林右旗与阿鲁科尔沁旗、巴林左旗行政区域界线纠纷。（史秀红）

民族宗教事务

【概况】 2022年，赤峰市围绕铸牢中华民族共同体意识、民族团结进步示范市创建、促进各民族交流等重点工作，推动新时代党的民族工作高质量发展。5月，开展“民族政策宣传月”活动；7月19日，自治区民委发布“全区第八批民族团结进步示范区示范单位候选名单”，翁牛特旗、喀喇沁旗、赤峰学院、松山区第十幼儿园等15个地区和单位入选；9月，开展“民族团结进步活动月”系列活动。全市有依法登记的宗教活动场所113座（处），教职人员398人，信教群众在12个旗县区均有分布。12月29日，喀喇沁旗锦山清真寺被中央统战部评为全国宗教界先进集体，市佛教协会副会长、康宁寺住持堪布多杰被评为全国宗教界先进个人。

【铸牢中华民族共同体意识宣传教育】 2022年，赤峰市举办铸牢中华民族共同体意识主题培训班、宣讲会405次，覆盖党员干部3.5万人次，组织专题理论学习中心组学习811次，参加干部7万人次。举办铸牢中华民族共同体意识暨加强和改进民族工作专题培训班。举办“中华民族一家亲，同心共筑中国梦”书法大赛和“赓续红色血脉 讲好民族团结故事——‘国家的孩子’在赤峰”座谈会、宣讲会，挖掘宣传“三千孤儿入内蒙”的赤峰故事。建成赤峰市铸牢中华民族共同体意识主题公园，指导旗县区建立一批铸牢中华民族共同体意识教育实践基地。完成铸牢中华民族共同体意识实践研究中心课题21个。

【助力民族地区经济社会发展】 2022年，赤峰市争取中央、自治区财政衔接推进乡村振兴补助资金（少数民族发展任务资金）5915万元，确定各类项目46个。举办全市民贸民品企业铸牢中华民族共同体意识培训会议。围绕“支持民族乡村特色产业发展”“传承和发展民族传统优秀文化”等主题，在全市民委系统开展“民族团结一家亲·乡村振兴心连心”活动，助力乡村振兴。

【民族团结进步单位创建】 2022年，赤峰市制定全市促进各民族交往交流交融“三项计划”实施方案，推动各民族互嵌式发展。召开全市民族团结进步创建工作经验交流现场会议，组织各旗县区、各创建单位开展“互观互检互评”现场观摩交流活动。与部分市直企事业单位联合印发民族团结进步创建进机关、进景区、进企业等一揽子实施方案。推动林西县与锡林郭勒盟西乌珠穆沁旗签订共建联创协议，在产业发展、人才交流、公共服务共享等方面进行合作，打造具有赤峰特色的民族团结进步模范长廊。通过自治区党委统战部、自治区民委创建国家级示范市的验收，完成迎接国家民委调研验收的相关工作。

【城市民族工作】 2022年，赤峰市民委协同相关部门完善各民族群众融入城市的政策措施，完善少数民族流动人口服务管理体系。推广“城市民族综合服务体”工作模式和“城市乌兰牧骑”工作品牌，开展各民族交往交流交融“微活动”，发挥城市社区在铸牢中华民族共同体意识中的重要平台作用。

【民族事务治理】 2022年，赤峰市制发《民委委员制工作规则》，贯彻落实“两条例一办法”（《中国共产党统一战线工作条例》《内蒙古自治区促进民族团结进步条例》《内蒙古自治区实施办法》）等法律法规，把民族事务治理纳入共建共治共享的社会治理格局，推动有关部门依法履职。开展“2022年赤峰市民委包联调研”活动，对各旗县区开展全程包联调研和业务指导。

【民族团结进步活动】 2022年8月29日，赤峰市举行第39个民族团结进步活动月启动仪式；8月31日—9月2日，市民委组织召开全市民族团结进步创建工作经验交流会议。林西县、巴林右旗、翁牛特旗开展民族团结进步共建联创活动，推动赤峰市民族团结进步模范长廊建设完善；内蒙古地矿集团拜仁矿业公司举办职工文艺演出，克什克腾旗部分单位、学校观看电影《海的尽头是草原》。全市各级各部门利用门户网站、微信公众号、微博等媒介刊发民族团结进步活动信息850条，通过横幅标语、LED显示屏、展板、墙报、宣传栏等展示铸牢中华民族共同体意识主题宣传品5400余条块，发放各类宣传资料12万余册，覆盖各族干部群众12万人次。

【市佛教协会第六次代表会议】 2022年12月16日，赤峰市佛教协会第六次代表会议召开，佛教界70余名代表参加会议。会议听取并审议通过《赤峰市佛教协会第五届理事会工作报告》《全面贯彻党的二十大精神，促进佛教事业在新时代健康传承的倡议书》，通过投票选举，旦却坚赞当选为赤峰市佛教协会第6届理事会会长，宝音达来当选为第6届理事会秘书长，堪布多杰、卡其家等14人当选为第6届理事会副会长。

【市佛教协会献爱心活动】 2022年1月21日，赤峰市佛教协会会长、克什克腾旗庆宁寺住持旦却坚赞，副会长、青龙寺住持佛月带领部分教职人员和信教群众到克什克腾旗经棚镇敬老院、应昌街道庆宁社区、达来诺日牧区中心敬老院开展献爱心活动，捐赠价值1.39万元生活物资和7100元现金。

2022年5月7日，赤峰市“民族政策宣传月”活动启动仪式在松山区职教中心举行 （刘屹立 摄）

【宗教事务管理】 2022年，赤峰市各宗教团体发挥桥梁纽带作用，高举爱国爱教旗帜，践行社会主义核心价值观，弘扬中华优秀传统文化，铸牢中华民族共同体意识。全市伊斯兰教界代表人士培训班在清真南大寺举办，市委统战部相关负责人、市伊斯兰教协会班子成员、各清真寺寺管会负责人、阿訇等50人参加。8月9日，阿鲁科尔沁旗佛教协会第二次代表大会召开，会议审议通过《佛教协会第一届理事会工作报告》《佛教协会章程》，选举产生阿鲁科尔沁旗佛教协会第2届理事会。红山区委统战部向各宗教场所教职人员赠送党的二十大报告和全国宗教会议精神等学习资料900册。

【反邪教警示教育活动开展】 2022年8月，赤峰市集中开展反邪教警示教育活动，帮助群众认识邪教危害，提高反邪教意识，增强抵御邪教侵蚀能力。8月12日，林西县委政法委联合县公安局等单位在东山旅游客服中心迎宾广场开展反邪教警示教育宣传活动，通过设立气拱门、悬挂宣传横幅、摆放宣传展板、发放宣传资料等形式，向群众宣传什么是邪教、邪教的基本特征、危害性及如何防范和抵制邪教等知识，发放反邪教宣传单3000余份，教育群众5000余人次。喀喇沁旗委政法委将反邪教警示教育宣传活动作为筑牢祖国北疆安全稳定屏障的重要内容之一，推进开展反邪教宣传教育进机关、进乡村、进社区、进学校、进企业、进宗教场所“六进”活动，通过举办反邪教业务能力提升培训班，开展反邪教警示教育专题讲座，在美林镇康宁寺、王爷府镇福会寺开展座谈交流会等活动，加强对重点群体的针对性宣传，在全旗营造“崇尚科学 反对邪教”的氛围。 （孙美丰）

应急管理

责任编辑　孙美丰

综　述

【应急管理体系建设】　2022年，赤峰市围绕安全生产、防灾减灾、应急救援等方面工作，建立健全“防抗救”一体化体系。规划编制《突发事件总体应急预案》《生产安全事故应急预案》《“十四五”应急体系建设规划》，形成完整的应急预案体系。落实应急值守工作，实行24小时不间断应急值守制度。整合全市自治区级煤矿、危化、非煤矿山、燃气、防灭火、抗震救灾应急队伍6支，完成规划设计和报备。

【应急物资保供】　2022年，赤峰市建有应急物资储备库13个，总面积1.54万平方米，主要包含安置类物资1.31万件（套）、棉服类物资3.62万件（套）、装具类物资1299台和装备类物资260台。争取自治区应急管理厅和通辽市政府的支持，增加安置类物资库存8400件（套）。为呼和浩特市、巴林左旗、市交警支队等21个地区和部门支援或调拨帐篷、折叠床、棉被褥、棉大衣等应急物资1.6万件（台套）。

【应急救援能力建设】　2022年，赤峰市应急管理局常态化开展应急演练，牵头组织多灾种演练18次，牵头组织“玉龙2022全市防汛应急演练”和“蒙东电力2022年迎峰度夏电力保供联合应急演练”等专项演练，检验应急预案的实用性和可操作性，提升应急救援队伍应急处置能力。整合各类救援力量，适应全灾种、大应急任务需要。依托平庄矿山救援队，建设自治区中部综合性应急救援基地，构建“多灾种、大应急”应急救援体系，完成场地规划、可行性研究报告等工作。

【灾情预警机制建设】　2022年，赤峰市完善防灾减灾救灾工作机制，应对突发自然灾害，市减灾委办公室牵头，每月与相关部门会商研判自然灾害风险形势，向各旗县区、各有关部门提出明确防范重点和要求，发布洪涝灾害、雷雨大风、高温干旱、寒潮等各类灾害预警29次。

【资金救助】　2022年，赤峰市争取中央冬春救助资金3940万元，救助受灾群众12万人，确保灾民温暖过冬。全市苏木乡镇（街道）建立临时救助备用金制度，缩短审批时限，对受寒潮等影响导致基本生活出现困难的家庭和个人，按照“先行救助”有关政策规定，直接实施临时救助。将困群众基本生活救助工作精确化，增发一次性生活补贴3571万元。

【综合减灾示范区创建】　2022年，赤峰市推动全国综合减灾示范社区创建工作，松山区、红山区、巴林右旗、林西县4个旗县区7个社区（村）申报全国综合减灾示范区。市应急管理局组织申报社区召开专题会议，研究部署安全生产、防灾减灾、应急管理和消防工作。指派专人到申报社区实地核查指导减灾工作，与网格员共同开展周边环境及安全隐患巡查，及时排查清除社区内存在的安全隐患。

【风险普查】　2022年，市应急管理局完成全国第一次自然灾害综合风险普查工作，在克什克腾旗、翁牛特旗、喀喇沁旗、敖汉旗同步开展普查成果应用试点。赤峰市“一省一市”评估区划成果技术报告编制质量居全国首位，国务院普查办在全国推广。

（王永强）

防灾减灾

防汛防旱防雹

【概况】　2022年，赤峰市完成重点危险区域风险隐患排查1544处，对重点山洪沟215处、地质灾害隐患点578处、中心城区内涝点33处均设置警示标识，安排专人盯守，防止山洪灾害造成人员伤亡。市应急管理局与中国水利水电第一工程局等3家水利企业签订防汛抢险合作协议，确保发生险情、灾情时能调得出、用得上。购置储备5大项62类防汛抗旱物资用于中心城区防汛抗旱准备。落实《赤峰市水旱灾害防御应急响应预案》，组织开展防汛抗旱演练。与气象、水

2022 年 7 月 20 日，内蒙古自治区红山水库管理局组织开展防汛应急抢险演练
（赤峰市日报社　供图）

利等部门配合，加强雨水情监测预报、分析研判联合会商，启动水旱灾害防御应急响应。组织防汛应急演练 117 次 5643 人，内容涵盖水库漫坝、堤防决口、山洪灾害、转移避险、水域救援、城市内涝等重点环节。

【水旱灾害防御】　2022 年，赤峰市锚定“四不”（人员不伤亡、水库不垮坝、重要堤防不决口、重要基础设施不受冲击）目标，市水利局向各旗县区拨付水毁修复资金 301 万元，实施水毁修复工程。下拨抗旱救灾资金 1357 万元，解决干旱地区人畜饮水困难问题。针对 2021 年受灾且存在险工险段的旗县区下拨防汛物资 130 万余元。采购简易监测预警设备 90 套。编制落实《全市水旱灾害防御应急响应预案》，与气象、应急管理等部门合作，加强雨水情监测预报，启动水旱灾害防御应急响应。对全市小水电站、水库水闸、堤防、在建水利工程和山洪灾害防治措施开展 3 轮安全度汛检查。对全市 502 个山洪监测站、46 个土壤墒情站进行维修，完成行政村山洪防御预案 1327 个。

【防汛抢险应急救援签约】　2022 年 8 月 19 日，市应急管理局与防汛抢险应急救援队伍举行集体签约仪式。市应急管理局防汛办与中国水利水电第一工程局有限公司、内蒙古辽河工程局股份有限公司、内蒙古中正瑞和工程建设有限公司签订防汛抢险合作框架协议。各驻赤央企和水利专业企业强化风险意识，树牢安全发展理念，织密风险防控网、筑牢安全屏障，防范化解重大灾害风险；按照“依法依规、优势互补、协调联动、共同发展”原则，细化工作举措、健全协作制度，加强灾情险情、力量分布、装备配备等信息互通共享，提升协同联动水平；落实工程抢险队伍、预案方案、装备物资、通信保障等应急准备，开展常态化演练和日常化训练，强化应急备勤，确保随时准备投入灾情抢险救援。

【冰雹灾害防御】　2022 年 8 月 9—12 日，由市应急管理局、市气象局、市公安局组成的人工影响天气安全联合检查组对松山区、翁牛特旗、敖汉旗、红山区、元宝山区 5 个旗区 9 个防雹作业点进行安全大检查。联合检查组从应急、气象、治安、安全等专业角度，检查防雹作业点人员值守、各项安全规章制度落实情况及防雹作业点周围环境监控布控情况，重点对弹药存放、弹药出入库登记、“110”联网报警专用系统、防雹作业点安全管理等方面逐项检查。发现问题当场提出整改意见，责令限时整改。

【翁牛特旗防汛应急演练】　2022 年 8 月 2 日，赤峰市翁牛特旗防汛抗旱指挥部举行“以汛为令、闻汛而动、奔赴一线、守护安全”为主题的防汛应急演练。防汛应急演练模拟“七下八上”防汛关键期连续遭遇强降雨天气，河道水位暴涨导致辖区内某段堤防发生决口，事发地乡镇政府紧急组织受威胁群众转移避险，在转移过程中，发现 4 名群众被洪水围困，情况危急。险情发生后，旗防汛抗旱指挥部要求应急救援大队立即赶赴事发地进行抢险救援，旗应急救援大队接到指令后迅速集结，携带抢险救援装备奔赴抢险一线。到达现场后，指挥员根据现场情况将救援人员分为两组，第一组驾驶一艘冲锋舟、两艘皮划艇对受困群众实施营救，第二组与乡镇民兵共同对决口堤防进行封堵，经过紧张有序的抢险救援，受困群众全部转移到安全区域，并完成封堵任务。（王永强　贾玉红　孙美丰）

气象减灾

【概况】　2022 年，市气象局完善气象防灾减灾体系，实现全市所有苏木乡镇（街道）气象灾害应急预案全覆盖，嘎查村（社区）气象灾害应急行动计划全覆盖。更新气象信息员队伍，发展气象助理员 178 人、气象信息员 2579 人，预警信息服务对象实现动态管理，实现气象信息员与社区网格员、灾害信息员、地质灾害群测群防员等队伍的共建共享共用。

【联合减灾】　2022 年，市气象局与市应急管理局建立人才共享机制，派遣副科级干部到综合防灾减灾科挂职，建立重大灾害天气联合会商及联合办公机制，实现灾害天气 24 小时联合办公；召开风险普查成果应用研讨会 2 次，联合开展矿山灾害风险评估；联合申请市科协课题《基于气象精准监测预报应用提升气象数据为赤峰市森林防火、防汛抗旱、防震减灾多维、多时相融合服务技术及建设方法的研究》并通过验收；与应急管理局联合开展汛期防汛抗旱检查2次，参与编制《赤峰市防汛抗旱应急预案》。与赤峰地区高速公路管理部门开展联席会议，强化气象预警、精准施策保畅；防火期前主动与市防火办沟通，加强信息共享、火险等级预报等工作。

【气象预测精细化】 2022年，市气象局拓展复杂地形下精细化气象预报预测业务，保障重大活动气象服务。发布城市清雪气象服务、污染环境天气监测预警服务、赏花期预报服务、旅游季服务等10类产品565期。

【人工影响天气管理】 2022年，赤峰市加强人工影响天气安全管理。构建人工影响天气安全综合管理体系，市气象局、市公安局、市应急管理局联合开展安全检查和常态化应急演练。加强人工影响天气法治标准建设，协助自治区人大常委会完成《内蒙古自治区人工影响天气条例（草案）》调研。制定市级人工影响天气作业规范，完成作业装备自动化及安全改造，完善“可视化”监控系统，实现作业全流程跟踪监控指挥。

（汪晓梅　张治楠　张俊成　魏　学）

防震减灾

【地震监测】 2022年，赤峰市完成“一带一路”25个地震监测台网项目征地和建设工作，加强防震减灾现代化基础设施建设。常态化开展地震高烈度区安全风险隐患排查工作。协调住建、水利等部门推进地震风险隐患排查治理，精准识别地震灾害风险隐患，建立地震灾害风险源清单，建立科学防震机制。全年监测到2.0级以上地震18次。

【应急预案和响应】 2022年，市应急管理局指导12个旗县区制定符合实际的《破坏性地震应急预案》《破坏性地震应急响应手册》，建立地震响应机制，确保地震信息及时上传，提高灾害抢险救援的应对能力。制定《短临震情跟踪监视工作方案》《赤峰市地震应急预案》，动态分析研判震情，摸清重点地区地震灾害风险隐患底数，为开展地震灾害防治提供科学决策依据。

【防震减灾公共服务】 2022年，赤峰市梳理完成《防灾救灾中心防震减灾公共服务事项清单》《防灾救灾中心防震减灾公共服务产品清单》，从提升地震监测预报预警能力、提升地震灾害风险防治能力、提升防灾减灾综合能力、提升地震应急救援保障能力、提升防震减灾公共服务能力、加强科技和人才支撑、加强防震减灾科普宣传、加强地震信息化建设和加强防震减灾法治建设等方面明确发展目标及所要开展的具体工作任务。

【防震减灾科普宣传】 2022年5月11日，赤峰地震监测中心站联合市防灾救灾中心、市消防安全协会及松山区河畔社区开展防灾救灾科普宣传进社区活动。设立宣传展板、发放宣传资料、向群众讲解防震减灾知识，并对心肺复苏术、防火自救逃生知识和技能等内容进行展示解说。5月12日，赤峰地震监测中心站到红山区东树林社区开展科普宣传活动，通过在小区广场摆放宣传栏、发放宣传手册、赠送纪念品、悬挂标语、现场科普讲解等方式，向群众宣传地震灾害知识和防范应对措施。

【地震疏散应急演练】 2022年5月13日，赤峰地震监测中心站到赤峰第四实验小学开展防震减灾科普宣传与校园地震疏散应急演练活动。讲解地震科普知识，让师生了解地震、疏散等应急避险常识，提高师生在密集场所紧急避险、自救自护和应变能力，掌握地震发生时的逃生方法。组织全校师生模拟开展地震应急演练，宣传员对应急演练全部流程进行点评，并与学生进行现场交流、答疑解惑。

（王永强）

安全生产监督管理

【概况】 2022年，赤峰市紧盯重点领域、重点行业开展安全风险隐患排查。全市成立督导检查组2591个，检查单位3.01万家，整治各类问题隐患2.59万个、重大隐患23个，避免较大安全生产事故发生。贯彻落实国家、自治区和市危险化学品安全风险集中治理要求，防范化解危险化学品行业系统性安全风险，开展危化品专项整治。出台《赤峰市疫情防控期间安全生产十条措施》，实施“线上+线下”精准监管，不搞“一刀切”、停产停工，全市非煤矿山、危化品、冶金等重点行业在产企业稳中有增。截至年末，发生各类生产安全事故13起，死亡15人，比上年事故起数和死亡人数分别下降67.5%和67.3%。

【危化品危险源专项整治】 2022年7月18日，赤峰市采购第三方安全技术服务，对内蒙古大唐国际克什克腾煤制天然气有限责任公司等8家构成一级、二级危险化学品重大危险源的企业进行安全评估，对标对表夯实企业安全水平。重点对企业安全设计、设备管理、特殊作业管控、承包商管理、外部安全防护距离、应急处置能力等10个方面460项检查内容进行排查；创新采用集中出题加企业自主题库抽取部分试题的方式，对企业负责人及技术管理团队的履职能力进行综合测评，对岗位操作人员操作技能进行测试；综合固有风险、管理缺陷、团队领导力等因素，对企业安全风险按照“红、橙、黄、蓝”进行评估分级，对评定为“红”“橙”色的高风险企业重新核定安全生产条件；对2021年开展的安全评估及国家、自治区开展的重大危险源督导检查中发现问题的整改落实情况进行确认评估；对评估中出现的违法违规行为进行处罚，对重大隐患进行挂牌督办；对企业存在的安全隐患实行“一企一策”，提出针对性整改建议意见。

【交通安全生产监管】 2022年，赤峰市根据《交通运输安全生产强化年行动实施方案》，开展安全生产专项检查与综合排查5次；开展“公交车辆燃气泄漏隐患排查”等安全生产专项整治行动，累计检查生产经营单位2255家，全面排查治理各类安全隐患2198项。组织开展各类应急演练23次，提升突发事件的应急处置能力。优化应急救援队伍，全系统有应急救援队伍25支，应急救援人员675人。

【安全事故调查处理】 2022年，赤峰市未发生重特大事故。7月1日，自治区安全生产专项整治三年行动质效评估组到赤峰市开展现场评估工作，市安全生产委员会组织召开评估启动会。评估组对照《内蒙古自治区安全生产专项整治三年行动质效评估表》，以查阅资料、座谈问询的方式，对全市安全生产专项整治三年行动推进实施和学习宣传习近平总书记关于安全生产重要论述、落实企业安全生产主体责任2个专题以及危险化学品、煤矿、非煤矿山、金属冶炼、消防、道路运输、交通运输、渔业船舶、城市建设、工业园区、危险废物等14个专项行动开展现场评估。评估组随机抽取26家重点领域企业进行现场考察评估，发现问题隐患当场向企业反馈并提出整改建议。

【安全生产责任落实】 2022年，为落实国务院安全生产硬措施十五条，市应急管理局制定《落实国务院安委会安全生产十五条重要举措的60条具体措施》，明确各级领导干部安全生产职责。落实“三管三必须”（管行业必须管安全、管业务必须管安全、管生产经营必须管安全），出台《有关部门安全生产工作职责分工》，明确行业部门安全生产监管职责。通过定期分析、定期通报、挂牌督办、联合督查等方式，推动行业部门履职尽责。督促企业建立安全生产责任体系，健全企业安全管理制度，增加安全投入，强化安全教育培训，推进安全生产标准化建设，引导企业完善安全风险防控机制和安全风险辨识评估制度，压实全员安全责任。

【安全生产专项整治三年行动】 2022年，赤峰市制定《安全生产专项整治三年行动部门任务清单》，落实市级层面500余项重点工作任务，建立完善工作、例会、督办、信息报送等制度措施204项。强化三年行动督查考核，制定《安全生产专项整治三年行动工作考核细则及评分标准》，每季度进行专项检查，实地督查各旗县区三年行动落实情况，对存在的突出问题进行通报，推动各项工作措施落实。

【安全生产行政执法】 2022年，赤峰市开展安全生产“行政执法强化年”活动，对违法违规行为零容忍、严打击，促进企业安全生产主体责任落实。实施安全生产行政处罚2608.3万元，责令停产停业167家，暂扣吊销证照18家，避免较大安全生产事故发生。聘请国家、自治区、市级专家960人次联合开展执法检查，对企业进行安全生产技术诊断，将安全隐患消除在萌芽状态。

【安全生产知识宣传】 2022年，赤峰市以安全生产企业访谈、安全生产知识竞赛、安全生产巡游等方式开展安全生产知识宣传。加强安全生产培训考核，加强与专业院校合作，聘请专家授课，建立专业教育、职业教育、企业教育和社会化宣传教育于一体的安全生产宣传教育体系，完成煤矿主要负责人、安全生产管理人员和特种作业人员“三项岗位人员”培训考核2.5万人次。结合新修订的《中华人民共和国安全生产法》，为企业提供宣传培训服务，全年培训10次800余人。对旗县区在行政执法和事故处理方面提出建议，提供咨询意见40余次。

【“安全生产月”活动】 2022年6月是全国第21个“安全生产月”，主题为“遵守安全生产法 当好第一责任人”。全市24个市直部门和单位结合疫情防控常态化实际和本地区、本部门实际情况，组织开展各类活动，以活动促工作、以活动保安全。创新活动载体，开展安全生产集中宣讲、“6·16”安全生产宣传咨询日、安全生产访谈录、青年安全生产示范岗、安全宣传“五进”、综合应急演练、微信有奖竞答等宣传教育活动，普及安全常识。检查督促企业制定“安全生产月”活动方案，开展安全知识竞赛、安全演讲、安全讲座等活动，增强职工安全生产的自觉性和主动性。（王永强　张敏志）

消防减灾

【概况】 2022年，赤峰市有综合性救援队伍2支，其中消防救援支队430人、森林消防支队355人。有专业应急救援队伍4支，其中国家矿山应急救援平庄队178人、克什克腾旗矿山救护队31人、敖汉旗矿山救护队44人、巴林左旗矿山救护队33人。各类半专业应急救援队伍577支1.7万余人，均为苏木乡镇组建的基层救援队伍，成员为乡村年轻干部、民兵预备役、属地企业工人。军方应急救援队伍1支1.58万人。民间应急救援队伍2支，其中狼途民间救援队130人、消防安全协会队员36人。

【消防应急保障体系建设】 2022年，赤峰市消防救援支队与应急管理、公安、气象、水利、自然资源、民政等部门建立联合会商、信息通报、联勤联动工作机制，构建与“全灾种”相适应的战勤保障体系。与14家物流运输、油料、灭火药剂企业签订灭火救援服务或代储代供协议，实现平时厂家储存、战时紧急供应，拉长保障链条。加强经费使用管理，向训练、装备、科技等项目建设倾斜，购置消防车2辆、灭火药剂30吨以及地震、水域、灭火救援等各类器材和防护装备6800余件。制定《政府采购管理暂行办法》《限额标准以下采购管理规定》，建立“提、采、验”分离机制，完成消防装备部门集中采购项目。

【火灾隐患排查整治】 2022年，赤峰市消防救援系统开展“大排查大起底大整治”和“北疆蓝盾”消防安全大检查。聘请专家对“五供单位”（供水、供电、供气、供油、供热）进行全面体检。全市派出15个巡查小组，对村民自建房、群租房、“九小”场所（建筑面积300平方米以下的小商场、额定就餐人数100人以下的小饭店、床位数50张以下的小旅馆，以及小型的公共娱乐、休闲健身、医疗、教学、生产加工、易燃易爆危险品销售储存等场所）开展“拉网式”排查整治，检查单位5499家，发现火灾隐患6972处，督促整改6739处，临时查封69家，关停84家，罚款266万元。

【公共场所消防救援】 2022年，赤峰市集中开展大型商业综合体、高层建筑、危险化学品企业、涉疫场所、燃气安全等10余个专项整治活动。全市消防救援队伍接到各类警情任务3635起，出动消防车4299辆次、人员2.4万人次，营救被困群众343人，抢救财产价值4922.34万元，保护财产价值9654.94万元。

2022年2月17日，赤峰消防支队在中国石油赤峰分公司开展大跨度大空间灭火救援实战拉动演练 （赤峰消防支队 供图）

【森林防火】 2022年，赤峰市有1.1万名护林员在划定责任区开展巡护，设置卡站3384个，开展“三清”活动394次，清理野外火源347次。整改消除林区火灾隐患1660处，清理可燃物20余吨。教育和劝阻野外用火1300余人次，查处违规用火120余起。组建完善专业扑火队24支516人，组建半专业队伍135支3960人，兼职扑火队伍9070人。督促各旗县区加强防火物资储备、防火设施建设，提高预防、扑救森林草原火灾水平。

【城镇燃气安全隐患排查整治】 2022年，赤峰市制定印发《城镇燃气安全排查整治工作实施方案》《住建领域城镇燃气安全整治“百日行动”工作实施方案》和《城镇燃气安全排查整治隐患问题整改工作方案》，在全市范围内组织开展城镇燃气安全排查整治专项工作，成立燃气安全排查整治工作专班，指导各旗县区开展燃气安全排查整治工作。全市共发现问题隐患1.66万个，全部完成整改。

【消防宣传】 2022年，赤峰市围绕“习惯安全，人人消防”宣传工作理念，构建线上线下媒体双融合宣传体系。组织开展“敲门入户送安全”“亮屏行动”“安全童行”以及家“预”户“消”等活动，打造“5分钟消防”模式。在各级媒体发稿653篇，其中中央级媒体154篇、省级媒体499篇、短视频浏览量超500万人次的作品21个。

（杨　凯　张金龙）

旗（县、区）概况

责任编辑　王江南

旗（县、区）概况

阿鲁科尔沁旗

【概况】 阿鲁科尔沁旗位于内蒙古自治区东部、赤峰市东北部，与通辽市、锡林郭勒盟接壤，地处大兴安岭南麓向西辽河平原过渡地带。全旗总面积14555平方千米，地域南北狭长，南北最长达232千米，东西最宽为114千米。地势北高南低，北部以高山草地为主、中部以低山丘陵为主、南部以沙地平原为主；地貌形式多样，拥有林地、草原、沙地、湿地、湖泊、山峰等多种地貌景观。北部原生态游牧草原连绵起伏，是中国现存唯一一处保留完好的原生态草原游牧区，被联合国粮农组织确定为全球重要农业文化遗产。全旗辖16个苏木乡镇（街道），245个行政村。户籍总人口28.72万人，年末常住人口23.85万人，人口自然增长率0.37‰。全年环境空气质量优良天数350天，空气优良天数比例97%。

【经济发展】 2022年，阿鲁科尔沁旗地区生产总值110.2亿元，按可比价格计算，比上年增长4.1%。第一产业增加值29.55亿元，比上年增长3.9%；第二产业增加值29亿元，比上年下降7.8%；第三产业增加值51.64亿元，比上年增长2.7%。三次产业比为26.8∶26.3∶46.9。全社会完成500万元以上项目固定资产投资31.32亿元，比上年增长14.3%。一般公共预算收入3.82亿元，比上年增长3.66%；一般公共预算支出40.33亿元，比上年增长5.4%。居民人均可支配收入2.13万元，比上年增长7%；人均消费支出1.26万元，比上年增长1%。全旗农林牧渔业总产值47.88亿元，比上年增长4.4%。粮食作物播种面积13.4万公顷。粮食产量72万吨。造林2420公顷；人工种草保有面积5.53万公顷，牧草产量48万吨。建设高标准农田8333.33公顷。牲畜存栏总头数209.5万头只，比上年增长0.08%。金秋牛业优质肉牛种源基地、犇粤肉牛生态养殖基地投产运营，澳亚3座现代牧场年产鲜奶25万吨。新增优质牧草种子繁育基地666.67公顷，中化MAP现代农业科技示范园项目启动。全旗实现工业增加值16.77亿元，剔除价格因素，比上年下降1%。规模以上工业企业12家，主营业务收入24.4亿元，比上年增长0.8%。规模以上工业产品销售产值21.92亿元，比上年下降4.9%；利润总额3.5亿元，比上年增长36.8%；利税6.19亿元，比上年增长42.3%。建筑业增加值12.25亿元，比上年增长17.9%。500万元以上项目完成固定资产投资31.32亿元，比上年增长14.3%。其中工业投资完成10.07亿元，比上年增长176.6%。飞鹤智能化产业园项目签约落地，金元10万千瓦风力发电项目主体完工，山水水泥生产线完成节能技改，辽河油田阿鲁科尔沁旗分公司完成注册，新建标准化厂房10万平方米，新增规上工业企业3家。服务业增加值51.64亿元，比上年增长2.7%。社会消费品零售总额29.3亿元，比上年下降0.9%。金融机构年末各项存款余额127.93亿元，贷款余额97.4亿元，为中小企业提供贷款29.5亿元。引入固定资产投资超千万元企业47家，实施招商引资项目49个，引进旗外资金132亿元。亿元以上城乡商品交易市场1处，成交额12亿元，比上年下降33%。中海油燃气供应体系和现代服务区、中石油陶海加油加气站等项目已进入收尾阶段，博物馆陈列布展、乌兰牧骑剧场及业务用房等项目建设中。全年接待游客22.5万人次，旅游业收入2.9亿元。举办“纯净科尔沁·魅力消夏夜”促消费、“品味纯净阿旗·乐享悠闲时光”音乐美食节、“京蒙情·首都行”阿鲁科尔沁旗纯净绿色农畜产品走进北京昌平区专场推介等活动，全旗电子商务交易额4800万元。

【城乡建设】 2022年，阿鲁科尔沁旗实施乡村振兴项目40个，推进15个乡村振兴示范嘎查村、9个牧区现代化试点嘎查村建设，完成厕所改造2444户。前进路南段、公园街西段等新建项目开工，汉林街、益民路、天元巷、老渠巷完成升级改造，推进污水处理厂改扩建工程。改造老旧小区35个、1862户，实施城市重点区域绿化硬化10.6万平方米，城市生活垃圾实现“日产日清”。沙坝水库完成除险加固，欧沐沦河、昆都河、新开河等河道防洪治理工程开工建设。新建66千伏变电站1座，改造10千伏及以下农网194.68千米。省际通道改高速具备通车条件，乌丹至天山高速公路启动征地程序，省道210线巴拉奇如德至高日罕段公路开工建设，新建改造农村牧区公路33.6千米、桥梁4座。阿鲁科尔沁机场连续三年被评为华北地区民航安全达标单位。

【社会事业】 2022年，阿鲁科尔沁旗民生支出31.4亿元。城镇新增就业730人，城镇登记失业率4.5%。全旗最低生活保障救助人数2.66万人，比上年下降1.73%。参加城乡居民养老保险13.54万人，比上年减少0.1%；参加城乡居民基本医疗保险21.04万人，参保率98.4%。有国家级高新技术企业3家，自治区级农业科技示范园区1家，自治区级企业研究开发中心3家、高新技术特色产业化基地1家，市级科普示范基地2家，市级农业科技示范园区1家，科技型中小企业7家；落实上级科技项目10项，选派14名“三区”（边远贫困地区、边疆民族地区和革命老区）科技人才到7家企业开展科技服务工作，选派旗本级科技特派员33名为14个苏木乡镇提供科技服务。实施“双减”政策，高考本科上线率76.7%。旗直第四幼儿园、罕乌拉小学综合楼、天山五中综合楼等项目竣工，传染病治疗中心、牧区特困供养服务中心等项目主体完工，全国农村牧区社区治理实验区通过结项评估。

【草原游牧系统入选全球重要农业文化遗产】 2022年5月7日，阿鲁科尔沁草原游牧系统申报全球重要农业文化遗产实地考察工作以线上会议的形式进行。5月20日，联合国粮农组织正式认定阿鲁科尔沁草原游牧系统为全球重要农业文化遗产。

▶▶ 链接

阿鲁科尔沁草原游牧系统

阿鲁科尔沁草原游牧系统，2014年入选第二批中国重要农业文化遗产；2018年启动申报全球重要农业文化遗产工作；2019年11月通过联合国粮农组织初审，进入全球重要农业文化遗产预备名录；原定于2020年开展的联合国粮农组织专家实地勘察由于新冠疫情原因未能如期进行；经阿鲁科尔沁旗旗委政府积极争取、农业农村部多次沟通协调，至此以线上会议形式完成实地勘察和正式认定工作。阿鲁科尔沁草原游牧系统成功入选全球重要农业文化遗产，对保护和传承内蒙古阿鲁科尔沁草原游牧系统具有里程碑意义。

全球重要农业文化遗产——阿鲁科尔沁游牧系统夏日营地

（阿鲁科尔沁旗档案史志馆 供图）

【“赤子家乡行”活动】 2022年7月24日，阿鲁科尔沁旗举办“赤子家乡行”活动，开展实地考察和举行座谈交流会，使“赤子”了解重点项目运行情况，体会家乡发展变化。参会“赤子”在阿鲁科尔沁旗产业园、阿鲁科尔沁旗MAP技术服务中心、澳亚八场、天山口镇八家村十家段组、蒙古汗廷文化园考察。阿鲁科尔沁旗相关负责人对农牧业延链补链、生态旅游等15个招商引资项目进行宣传推介，12名返乡“赤子”交流发言，为推动阿鲁科尔沁旗高质量发展建言献策。 （张玉山）

巴林左旗

【概况】 巴林左旗位于赤峰市北部、大兴安岭中南段东南麓，是富河文化、契丹辽文化的发祥地，也是国家确认的文物大旗（县），发现历史上各个时期的各类文化遗存818处。距今1000多年前，契丹民族在此建立“草原第一都”，作为辽代的政治、经济、军事、文化中心200余年。全旗总面积6459平方千米，辖11个苏木乡镇、2个街道，184个嘎查村（社区）。户籍人口33.64万人，其中城镇人口7.1万人、乡村人口26.54万人。有少数民族15个，少数民族人口13.94万人。2022年，巴林左旗创建自治区卫生苏木乡镇4个、嘎查村8个，获评“四好农村路”全国示范县，福山公园获“内蒙古最美公园”称号。

【经济发展】 2022年，巴林左旗地区生产总值154.6亿元，比上年增长1.4%。其中，第一产业增加值

表 51　2022 年巴林左旗各苏木乡镇（街道）基本情况一览表

苏木乡镇（街道）	土地面积（平方千米）	年末人口（人）	耕地面积（公顷）	嘎查村（社区）（个）	粮食总产量（万吨）
林东镇	845.16	52116	29161.47	33	11.99
隆昌镇	833.94	49906	34041.74	32	11.81
十三敖包镇	495.02	34663	14966.08	20	7.11
碧流台镇	767.18	46581	22360.54	21	10.46
富河镇	847.76	22659	10836.68	10	4.50
白音勿拉镇	870.13	6214	6022.19	7	1.63
哈拉哈达镇	319.88	15360	10212.90	8	2.59
查干哈达苏木	371.50	7391	6255.33	8	2.07
乌兰达坝苏木	463.22	4924	2765.36	6	0.93
三山乡	319.14	11413	7336.99	7	2.94
花加拉嘎乡	327.55	17758	11791.97	13	4.69
西城街道	3.44	35005	1.68	10	0.01
东城街道	7.08	30350	11.44	9	0.29

（巴林左旗档案史志馆）

35.3 亿元，比上年增长 4.5%；第二产业增加值 56.7 亿元，比上年下降 2.2%；第三产业增加值 62.6 亿元，比上年增长 2.5%。三次产业比例为 22.8∶36.7∶40.5。全年固定资产投资完成 44.2 亿元，比上年增长 12.1%。社会消费品零售总额 47.6 亿元，比上年增长 0.3%。一般公共预算收入 4.89 亿元，比上年增长 6.8%。城乡常住居民人均可支配收入分别为 3.55 万元、1.5 万元，比上年分别增长 5.5% 和 8.8%。全年 500 万元以上项目固定资产投资增长 12.1%。全旗农作物播种面积 12.4 万公顷，比上年下降 1.8%。其中，粮食作物播种面积 10.2 万公顷，比上年增长 1.2%；经济作物播种面积 2.2 万公顷，比上年下降 14%。新建高标准农田 4666.67 公顷。设施农业、中药材种植面积分别为 3666.67 公顷、2800 公顷。粮食总产量 61 万吨，比上年增长 4.5%。肉牛饲养总量 35 万头，肉驴饲养总量 10 万头，肉羊存栏量 106 万只。销售收入 500 万以上农畜产品加工企业 57 家，农牧业产业化联合体实现销售收入 21.1 亿元，注册合作社 1220 个，拥有专业社会化服务组织 166 家，农牧业机械化率 77.49%。全年发放各类惠农补贴资金 2.18 亿元，发放“金牛贷”2.56 亿元。三山乡惠美中草药种植专业合作社被认证为国家级示范合作社。大辽王府粮贸有限公司连续 2 届通过“蒙”字标认证。全年全部工业增加值 46.4 亿元，比上年增长 3.7%，其中规模以上工业增加值增长 11.2%。全年规模以上工业企业营业收入 59.7 亿元，比上年增长 6.9%；利润总额 1.9 亿元，比上年下降 35.3%。规模以上工业企业产品产销率 98.2%。全年建筑业增加值 10.3 亿元，比上年下降 17.1%。具有建筑业资质等级的总承包和专业承包建筑企业 7 家，比上年减少 1 家。金峰化工氟化氢二期、富岭建材高活性氧化钙、万行再生资源基础配件等 12 个工业项目建成投产，完成有效投资 14.2 亿元。投资 3.3 亿元改造提升园区基础设施建设，智慧园区投入使用，新增标准化厂房 4 万平方米，全旗标准化厂房面积 9.3 万平方米。全年社会消费品零售总额 47.6 亿元，比上年增长 0.3%。社会消费品商品销售额 59 亿元，比上年下降 3.5%。全年接待游客 161.7 万人次，旅游综合收入 28.4 亿元。累计发放电子消费券 500 万元，实现交易金额 2736 万元，消费撬动比 555%。电子商务累计交易额 6.15 亿元，电子商务直接从业人员 3700 余人、间接从业人员 2.6 万人。实施 5000 万元以上市级调度重点项目 47 个，完成投资 40.4 亿元，超额完成年度投资任务。新增规模以上企业 4 家、限额以上贸易企业 8 家，新增登记各类市场主体 3106 个，比上年增长 4.16%，全旗在册市场主体总数 2.18 万个。落实各项助企纾困政策措施，累计减免退缓税费 3.7 亿元，盘活利用国有资产和沉淀资金 12.4 亿元，招商引资项目到位资金 11.7 亿元，争取到位转移支付、专项债券等上级资金 38.8 亿元，比上年增长 40%。统筹使用乡村振兴衔接资金和东西部协作帮扶、中央单位定点帮扶等各类资金 6.6 亿元，实施乡村振兴项目 348 个，“三峡 e 购”、京蒙消费平台农畜产品销售总额超 1.6 亿元。

【城乡建设】　2022 年，巴林左旗启动实施总投资 5.59 亿元的桃花岛片区组团开发项目，桃花源、桃花里小区一期工程开工建设，6.33 千米城市道路及雨污分流等配套管网工程破土动工。完成乾德路、清河街等 5 个片区 283 户棚改遗留户房屋征收工作，改造老旧小区 7 个 3.4 万平方米，商品房累计去库存 3011 套。建成区人均公园绿地面积 17.3 平方米。投资 8.08 亿元实施重点公路建设项目 15 项，覆盖里程 324.7 千米，大板至查白音他拉（巴林左旗）段高速公路主体完工，国道305线林东至下伙房段公路完成65%工程量建设，11.5千米西外环全线通车，停工10年、总投资42亿元的林白铁路巴林左旗段项目复工建设，集通铁路巴林左旗境内电气化改造工程全面启动，通用机场土建工程竣工并通过民航局第三方验收。沙那水库向工业园区实现供水，园区和城区中水、地表水供应量实现“双千万”目标，琥珀沟水利枢纽工程有序推进。实施饮水安全巩固提升工程32处，农村牧区危房改造144户，建成堆肥中心22处、垃圾填埋场28处。完成33个行政村村庄规划编制，提升4个旅游示范村、7个产业示范村发展动能。

【社会事业】 2022年，巴林左旗新增城镇就业800人，劳动力转移就业5.9万余人，城镇登记失业率降至2.4%，创历年新低。推进“全民参保”计划，基本养老保险超额完成上级下达目标任务，基本医疗保险参保率95%以上。全民健身中心建成投用。落实中高考改革和“双减”政策，投资1.2亿元新改建中小学校、幼儿园11所，义务教育巩固率100%。35所学校与顺义区19所学校结对共建，中组部组团帮扶20名优秀教师，顺义区脱产支教17名优秀教师，全旗84名教师进京跟岗学习培训。旗医院传染病区、宁心医院投入使用。健全基层退役军人服务体系，打造全国标杆型服务中心1个、示范型服务站197个。分级分类开展社会救助，认定管理低收入人口3.77万人，巴林左旗入选自治区级低收入人口动态监测和常态化救助帮扶试点。

【矛盾纠纷“五级调处”模式】 2022年，巴林左旗矛盾纠纷化解采取“嘎查村人民调解、基层法庭和司法所联动司法调解、苏木乡镇行政调解、旗级行业化解、旗联席会兜底化解”五级调处模式。在全旗166个嘎查村和18个社区全部成立人民调解委员会，旗财政每年安排专项资金130万元对人民调解综治员予以奖励性补助，全年共受理调解案件3927件，成功调解3338件。

【现代肉牛产业高质量发展科技示范园区建设】 2022年，巴林左旗现代肉牛产业高质量发展科技示范园区集胚胎移植、良种繁育、规模养殖、粪污处理、饲草种植、饲草交易、饲料生产、活畜交易、屠宰加工、奶食品加工、文创旅游综合示范为一体。园区规划按照“一核、两翼、八区”布局。其中，“一核”即规划建设以胚胎移植、良种繁育和科研中心为核心的科技示范及综合服务区；“两翼”即规划建设核心种群繁育区和肉牛产品深加工区；“八区”即规划建设家庭牧场聚集区、牧草种植区、饲草料加工及交易区、规模化养殖区、粪污资源化利用及污水处理区、肉牛交易区、奶食品加工区和牛产业文创旅游综合示范区。完成盛汇牧业和广汇牧业2家企业入驻、渤海旺达10万头肉牛育肥场项目和10万头肉牛屠宰加工项目签约。

【巴林左旗通用机场飞行区通过验收】 2022年，巴林左旗通用机场位于林东镇西南部、石桌子山（点将台）北侧。机场是内蒙古通用航空发展规划中的重点项目之一，由内蒙古航空旅游投资集团投资建设，属A1类通用机场。3月15日，开工建设；11月28日，机场飞行区竣工验收。验收内容包括飞行区土石方工程、道面工程、围界工程、消防工程、护坡工程、排水沟工程。机场投入运营缩短巴林左旗与周边城市通行时间，促进地方文化交流和旅游业发展。

【巴林左旗首届新时代文明实践志愿服务项目大赛】 2022年8月19日，巴林左旗首届新时代文明实践志愿服务项目大赛决赛开赛。经过激烈的角逐，碧流台镇“乡村青年行”志愿服务项目荣获一等奖；旗红十字会“残疾儿童关爱行动”、西城街道契丹街社区“好孩子自习室”志愿服务项目荣获二等奖；富河镇“红马甲爱心阿姨”、旗人民医院“从‘齿’健康与你‘童’行”、巴林左旗理论政策宣传志愿服务队“理润万家”志愿服务项目获三等奖。

【“投资左旗·圆梦上京”主题招商推介会】 2022年7月23日，“投资左旗·圆梦上京”主题招商推介会暨招商引资项目签约大会在巴林左旗

2022年7月23日，“投资左旗·圆梦上京”招商引资推介会暨招商引资项目签约大会在巴林左旗举办　　（巴林左旗档案史志馆　供图）

举办。200余名企业家、巴林左旗籍乡友和各界人士参加。签约仪式上，山东省赤峰商会、内蒙古万家房地产公司、赤峰鹏峰化工有限公司代表分别发言。中财荃兴数字化农业项目、中色锌业20万吨锌冶炼项目、氟满鑫15万吨氟系列产品及中间体项目、安车机动车检测、大良沟中医蒙药康养酒店等36个项目集中签约，签约额200.75亿元。巴林左旗为企业发展提供全周期"一对一"服务，坚持"一个项目一个专班"，旗级领导包联项目解难题、科级领导全程跟踪服务，完善全程代办机制，为项目落地、企业发展扫清障碍。

【三山乡入选全国"一村一品"示范村镇】 2022年11月1日，农业农村部公示第十二批全国"一村一品"示范村镇，巴林左旗三山乡因中药材苍术种植规模较大、经济效益较高名列公示名单。全旗种植中药材的农户500余户，三山乡中药材种植面积2000公顷，形成以三山乡为中心辐射富河镇、碧流台镇、哈拉哈达镇、林东镇的中药材种植基地，中药材种植品种有苍术、板蓝根、黄芪、桔梗、防风、黄芩、牛膝、赤芍等近20个。药材远销河北安国、安徽亳州药材市场及广西玉林制药厂、国药集团河北承德药材公司，年产值近1亿元。投资4308万元的巴林左旗现代中蒙药材产业科技示范园区一期工程开工建设。 （田忠岩）

巴林右旗

【概况】 巴林右旗位于内蒙古自治区东部，赤峰市北部，地处西拉木伦河北岸，大兴安岭南段山地。北部为山地，中部为丘陵，南部为平原区。东与巴林左旗、阿鲁科尔沁旗毗邻，南与翁牛特旗隔西拉木伦河相望，西与林西县相连，北与锡林郭勒盟西乌珠穆沁旗接壤。2022年，全旗总面积9837平方千米，辖4个苏木、5个镇、2个街道，162个嘎查村、14个社区，553个独贵龙（村民小组），总人口17.83万人。全年中心城区空气质量达到二级及二级以上标准天数356天，实际监测359天，优良率99.16%。全旗有一个国家级自然保护区（赛罕乌拉自然保护区），总面积10.04万公顷。西拉沐沦苏木沙布嘎嘎查被农业农村部、国家乡村振兴局评为国家乡村振兴示范村。

表52 2022年巴林右旗各苏木乡镇（街道）基本情况一览表

苏木乡镇（街道）	土地面积（平方千米）	年末人口（万人）	耕地面积（公顷）	嘎查村（社区）（个）	粮食总产量（万吨）
赛罕街道	113.50	3.15	392.26	12	0.15
达尔罕街道	97.30	4.30	1265.73	9	0.60
大板镇	1758.50	7.63	8361.93	30	3.36
索博日嘎镇	1586.66	2.18	6021.87	20	1.60
查干沐沦苏木	996.00	0.71	2978.94	12	0.71
巴彦塔拉苏木	830.00	1.01	11625.80	11	3.47
幸福之路苏木	1061.00	1.01	8737.20	18	2.95
宝日勿苏镇	1213.30	1.67	21864.07	19	7.97
查干诺尔镇	997.00	1.52	10503.13	14	3.45
西拉沐沦苏木	1310.00	1.38	33405.00	20	12.09
巴彦琥硕镇	426.67	0.72	3286.80	11	1.24

（巴林右旗档案史志馆）

【经济发展】 2022年，全旗地区生产总值69.9亿元，比上年增长1.8%。分产业看，第一产业总产值18.3亿元，比上年增长4.1%；第二产业总产值17.1亿元，比上年下降1.6%；第三产业总产值34.5亿元，比上年增长2.8%。三次产业比为26.2∶24.5∶49.3。三次产业对经济增长的贡献率分别为54.1%、-39.5%和85.4%，分别拉动经济增长0.9、-0.6和1.4个百分点。全年500万元以上固定资产投资比上年增长15.4%。一般公共预算收入6.2亿元，比上年增长1.2%。一般公共预算支出31.3亿元，比上年增长5.3%。居民人均可支配收入为2.58万元，比上年增长6.9%。实施重点项目71项，完成固定资产投资25.4亿元。全旗农作物播种面积13.3万公顷。粮食产量50.76万吨，比上年增长0.34%。农牧业机械总动力58.93万千瓦。肉牛肉羊存栏296.8万头只，全年出栏肉牛7万头，出栏肉羊150万只。完成肉牛冷配7万头，肉羊经济杂交改良40万只，肉牛肉羊良种覆盖率88%。肉类总产量5万吨，奶类总产量1万吨，毛绒总产量4200吨。投资1.5亿元，完成林业建设6566.67公顷、草原建设6000公顷、水土保持综合治理2500公顷、节水工程28处、修复治理矿山64个。全旗规模以上工业产值24.72亿元，比上年增长12.17%。销售产值实现24.85亿元，比上年增长13.1%。实现利润1.36亿元，比上年增加61.7%%。华能内蒙古东部能源有限公司巴林右旗20万千瓦高比例储能+生态修复风电项目32台风机全部吊装完成；内蒙古天壹诚信环保科技有限公司年产60万吨石油压裂剂采选项目取得核准备案、土地、环评等手续。通用机场按期建成，具备通航条件。全旗社会消费品零售总额18.2亿元，比上年增长1.2%。接待游客63万人次，比上年增长13%；实现旅游收入10亿元，比上年增长37%。金融机构各项存款余额95.6亿元，比上年增长14.3%。各项保险业务实现保费收入1.3亿元。各类赔款给付金额0.47亿元。新增限上商贸企业5家。围绕冷链物流、供应链金融等八个方面与京东集团实施战略合作，物流分拨转运中心、粮油仓储标准化厂房等一批项目开工建设。修编巴林湖旅游度假区总体规划，实施重点旅游景区景点提升工程，建成旅游公路14千米、旅游驿站11处、特色旅游商品生产基地1处。举办金秋文化旅游节、清凉夏日惠动季、夜市狂欢节等系列消费活动。推进重点产业链长制和重点领域专班制，开展“携手并进共享未来”等系列招商引资推介活动，在北京经开区等重点区域驻点招商，与浙江、辽宁等地“赤峰商会”建立招商合作关系。全年共签约项目62项，新开工入统项目27项，完成投资12.19亿元。

【城乡建设】 2022年，巴林右旗大板镇至查白音他拉段高速公路全线贯通，集通铁路K642平改立项目建成通车。国道305海拉苏至宝日勿苏段等公路养护项目竣工验收。投资1.7亿元，修建农村公路45.3千米，养护公路106.8千米，改造危桥6座，新建堤防2.93千米、护岸16.69千米，维修安全饮水工程91处。新改建城西、巴彦琥硕输变电10千伏线路60千米。巴林右旗大板镇区玛拉沁路、巴彦琥硕路、罕山路破损道路维修改造工程完成建设。改造完成老旧小区38个，受益1600户。投资4.9亿元，实施城市棚户区改造回迁安置房建设项目，规划新建安置住宅24栋1066套。发放保障性住房补贴155万元。开展物资小区和温馨家园小区经济适用房上市售卖工作。

【社会事业】 2022年，巴林右旗民生领域资金投入20.49亿元，占财政总支出的75.4%。落实稳就业政策，发放创业担保贷款930万元，城镇新增就业720人，农牧民转移就业2.3万人。招录和引进各类人才180名，公益性岗位安置746人。发放社会救助、拥军优抚、高龄津贴、残疾人两项补贴等资金9643万元，惠及4.7万人。为15名满18周岁的在校孤儿发放“福彩圆梦·孤儿助学工程”项目助学金18.5万元。赛罕街道多兰社区李志慧家庭被评为自治区“最美家庭”。查干沐沦苏木被列入第八批“全区民族团结进步示范区示范单位”。投资5399.3万元，新建续建实验小学综合教学楼、第四幼儿园等项目7个，维修改造中小学幼儿园26所。发放各类补助资金5309.6万元，惠及学生5.5万人次。普惠性幼儿园覆盖率97.22%。高考本科上线率88.9%。11个苏木镇（街道）开展“喜迎二十大书香润巴林”全民阅读启动仪式；嘎查村草原书屋开展全民阅读活动近1000次；举办巴林右旗首届金秋文化旅游节活动；组织开展文化旅游体育娱乐活动65余场次，参与群众6万余人次；“三区人才”下基层辅导服务近400场次；开展戏曲进乡村惠民演出54场；投入32.4万元，为162个草原书屋更新图书近1万册；召开申报第六批国家级非物质文化遗产代表性传承人专家评审会，并完成第六批国家级非物质文化遗产代表性传承人推荐工作。投入7363万元，实施格斯尔体育公园、乌兰牧骑艺术中心内部装修、庆州城围栏防护、庆陵安防等重点项目。格斯尔展演厅入选自治区非遗曲艺书场，乌兰牧骑获全区“五个一工程”舞蹈类优秀作品奖。举办第5届全民健身运动会，在自治区青少年射箭锦标赛中获2金、2银、1铜的成绩。“互联网+医疗健康”信息化建设实现全覆盖。两所社区卫生服务中心完成主体建设，旗医院呼吸肠道门诊呼吸科病房投入使用。旗妇幼保健院晋升为二级甲等妇幼保健院。

【奶制品加工日处理鲜奶30吨项目】 2022年，巴林右旗轻工产业园区奶制品加工日处理鲜奶30吨项目实施。总投资5000万元，其中京蒙协作资金2708万元、乡村振兴衔接资金1000万元、奶业振兴专项资金500万元、自筹792万元。项目占地1.33公顷，总建筑面积9000平方米。建有农畜产品检验用房1栋、奶制品加工车间3栋。每个生产车间由政府出资配备生产加工设备，实现标准化、集约化生产。政府监督入园企业与旗内奶牛养殖场、养殖户签订长期稳定的购销合同，年加工鲜奶1万吨，占到全旗牛奶产量的六分之一，带动100余户奶牛养殖户。园区企业通过定制标准化半成品，带动70余个自产自销户和手工坊发展。户均增收2万元以上，直接带动就业150人。

【华能巴林右旗20万千瓦高比例储能+生态修复风电项目】 2022年，华能巴林右旗20万千瓦高比例储能+生态修复风电项目位于查干诺尔镇，由华能巴林右旗新能源有限公司投资建设，项目核准总投资13.65亿元。项目总装机容量20万千瓦，安装6.25兆瓦风电机组32台，配置储能60兆瓦/120兆瓦时。5月17日开工建设，12月30日并网，在全市保障性并网新能源项目实现率先核准工作、率先完成前期、率先开工建设、率先全容量并网。该项目建设期缴纳税费1600余万元，建成后年发电量6.1亿千瓦时，年纳税4000万元。每年节约化石能源18.2万吨标准煤，年减少排放二氧化碳49.6万吨、二氧化硫95.5吨。投资1249万元，在施工沿线周边区域，通过种植优质牧草等生态修复方式，加强环境保护和生态

2022 年 5 月 17 日，华能巴林右旗 20 万千瓦高比例储能 + 生态修复风电项目开工仪式在巴林右旗产业园举行　（巴林右旗档案史志馆　供图）

修复，确保符合国家标准，实现风电项目与美丽环境有机融合。

【草原“小岗村”伊和德日苏】 内蒙古牧区改革最原始的珍贵文献，也是目前为止自治区内唯一一份牲畜包户蒙古文合同，跨越 42 年的改革足迹在巴林右旗档案史志馆留存。2022 年，巴林右旗档案史志馆以板报的形式展览伊和德日苏嘎查 35 户牧民 42 年前的牲畜包户合同，为公众还原牧区改革当年的情景。

▶▶ 链接

伊和德日苏改革

巴林右旗查干诺尔镇伊和德日苏嘎查 35 户牧民牲畜包户合同的签订时间为 1980 年 12 月 30 日，比中央文件肯定“包干到户”“联产承包制”分别提前 1 年、2 年。1982 年，巴林右旗在宝日勿苏苏木召开现场会，推广伊和德日苏大队的牲畜分户做法。此后，各地的牲畜存栏数量快速增长。伊和德日苏改革带动内蒙古牧区改革。

【格斯尔非物质文化遗产保护与传承系列活动】 2022 年 7 月 10—15 日，“习近平总书记关于格斯尔非物质文化遗产保护与传承重要指示三周年系列活动”在巴林右旗格斯尔传习所举行。系列活动包括三大史诗说唱艺人培训班、史诗展厅开展暨自治区非遗书场揭牌仪式、格斯尔学术研讨会议、“三大史诗”专场文艺演出等内容。来自呼和浩特市、通辽市、兴安盟，赤峰市阿鲁科尔沁旗、翁牛特旗的有关领导、专家学者、艺人和巴林右旗籍格斯尔传承人共 200 余人参加系列活动。其间培训班学员及与会专家学者开展非遗“文旅融合”大型田野调查。　（斯钦孟和）

林西县

【概况】 林西县位于赤峰市北部，北依大兴安岭与锡林郭勒盟相连，南隔西拉木伦河与翁牛特旗相望，西与克什克腾旗毗邻，东与巴林右旗接壤。县境内东北部为大兴安岭山脉，南部为低山丘陵区，属中温带大陆性季风气候，有西拉木伦河、查干沐沦河、嘎斯汰河、巴尔汰河 4 条较大的河流。全县辖 7 个镇、2 个乡、2 个街道，103 个行政村、13 个社区，总面积 3933 平方千米。户籍总人口 22.03 万人，常住人口 17.64 万人。全年城区空气质量优良率 99%。2022 年，林西县创建自治区级乡村振兴示范镇 1 个、示范村 4 个，获评自治区“四好农村路”示范县、自治区农业社会化服务拓展延伸试点县，进入自治区乡

表 53　2022 年林西县各乡镇（街道）基本情况一览表

乡镇（街道）	土地面积（平方千米）	年末人口（万人）	耕地面积（公顷）	嘎查村社区（个）	粮食总产量（万吨）
大营子乡	468.00	2.06	10260.00	13	5.30
十二吐乡	263.00	1.21	7567.00	7	2.60
大井镇	242.00	1.43	8400.00	9	3.10
官地镇	408.00	1.84	8267.00	10	3.55
统部镇	551.00	2.29	13533.00	15	5.22
五十家子镇	662.00	2.86	9465.00	16	4.07
新城子镇	613.00	1.86	9917.00	12	3.01
新林镇	516.00	1.95	11800.00	11	4.47
林西镇	167.00	6.54	2470.00	8	1.90
城南街道	15.00	—	151.30	7	0.04
城北街道	28.00	—	60.70	9	0.03

说明：林西镇、城南街道、城北街道在户籍管理系统中统一管理，统一为林西镇一个数据

（林西县档案史志馆）

村振兴示范县创建序列，“林西草原花菇”入选全国名特优新农产品目录。

【经济发展】 2022年，林西县实现地区生产总值97.61亿元，按不变价格计算，比上年增长1.7%。其中，第一产业增加值19.55亿元，比上年增长3.8%；第二产业增加值33.59亿元，比上年下降3%；第三产业增加值44.47亿元，比上年增长4.1%。三次产业比为20∶34.4∶45.6。人均地区生产总值5.46万元，比上年增长4.3%。公共财政预算收入3.6亿元，比上年下降17.6%。500万元以上固定资产投资（不含农户）比上年增长18.4%。城镇常住居民人均可支配收入3.55万元，比上年增长6.1%；城镇常住居民人均生活消费性支出2.07万元，比上年下降2.4%；农村常住居民人均可支配收入1.42万元，比上年增长8.9%；农村常住居民人均生活消费性支出1.42万元，比上年下降3%。全县耕地面积8.55万公顷，农作物播种面积7.37万公顷，粮食产量29.24万吨。农牧业机械总动力35.89万千瓦。新建高标准农田266.67公顷。新增改造设施农业400公顷、经济林133.33公顷，新增食用菌1480万棒、中药材1333.33公顷，肉牛养殖新增2万头。森林覆盖率和草原植被盖度分别提升至47.4%和45%。总投资2.8亿元的毡铺万头肉牛养殖产业园、改良繁育示范园、首农肉食品深加工项目建成投用。培育市级以上新型经营主体110家，成功创建自治区现代农牧业产业园。全县工业增加值24.19亿元，比上年增长7.8%。规模以上工业企业实现营业收入86.33亿元，比上年增长26.5%；实现利润-1.47亿元，比上年下降167.1%。新增规模以上工业企业8家，规模以上工业产值75.8亿元，比上年增长21%，增加值增速15.1%，居全市第2位。实施“工业转型”项目38个，完成投资11.5亿元。启动大井银铜矿等3处矿产资源整合，推动金源矿业、天成矿业技改扩能。富邦节能技改、振中次氧化锌项目开工建设，久日光引发剂、天一二氟乙烷项目建成投产。编制完成“十四五”新能源发展规划，大唐关沟光伏治理、14.5兆瓦分散式风电项目稳步推进。启动绿色园区和化工集中区认定，智慧园区监管平台建成投用。新建、盘活标准化厂房4.16万平方米，开发区水、汽等基础要素价格完成优化调整，10项区域评估全部实现成果共享。培育高新技术企业、科技型中小企业5家，取得实用新型专利49项，佰惠生甜菜品种选育获批自治区重大科技专项。全县接待旅游人数70.5万人次，旅游收入5.98亿元。坚持“文旅融合”“市场升级”双轮驱动，实施各类项目13个，完成投资1.84亿元。完成西拉沐沦湖生态休闲旅游度假区、福山生态旅游区总体规划编制和审查批复，新建改造旅游驿站13处。统部活畜交易市场完成升级改造，新城子中药材交易市场完成主体工程，国际万商城二手车交易市场有序运营。新增限上商贸企业9家。赤北物流园区入驻企业23家，交易额2.9亿元。电子商务服务中心实现社会化运行。举办首届房交会，组织各领域促销活动15次，拉动消费2.25亿元。全县金融机构存款余额119.18亿元，比上年增长8.4%；各项贷款余额92.72亿元，比上年增长16.5%。

【城乡建设】 2022年，林西县实施“五城共建”项目42个，其中五城分别指“红色之城”“生态之城”“文明之城”“活力之城”“幸福之城”，完成投资7.64亿元。新增商品房23.8万平方米，改造老旧小区7.2万平方米，探索社会化棚改和平房区围封整合，完成非成套住宅改造240户。翻修城市道路8000平方米，改造老旧小巷5条，扩容集中供热面积27万平方米。生态长廊联结工程完成建设，新增城区绿化3.75万平方米。供水管网改扩建工程具备供水条件，推进工业园区及东山示范园区供水、生活垃圾综合处理项目建设。东台子水库完成大坝基础防渗和土建工程，查干沐沦河防洪治理、灌区节水配套改造工程全面开工，南门外水库除险加固工程完成主体建设。支线机场飞行程序设计方案通过审核。省道504线桥梁基础工程全线开工，集通铁路站场南移完成路基、场站等重点控制性工程。新建改造通信基站164个、供电线路105千米。改造农村危房51户、户厕307户，实施安全饮水工程16处，新建农村公路24.2千米。完善产业联农带农机制，惠及脱贫人口7785户1.34万人。完成扶贫资产第三方核查，移交国资公司实体化运营。争取京蒙、中化资金7800万元，实施帮扶协作项目25个。开展人居环境整治优化提升行动，绿化美化重点行政村12个，试点推行农村生活垃圾收处体系建设，新城子镇环卫一体化项目完成主体工程，3处乡镇污水处理厂建成投用。推进农业农村改革，试点开展“三变”改革和“三位一体”综合合作组织体系建设。承办巩固拓展脱贫成果同乡村振兴有效衔接项目管理现场会，代表赤峰市迎接自治区脱贫攻坚后评估考核。实施乡村振兴项目76个，完成投资10.68亿元。

【社会事业】 2022年，林西县民生支出21.6亿元，占一般公共预算支出的71%，8项民生承诺全部兑现。参加城乡居民基本养老保险人数8.36万人，比上年下降0.9%。参加医疗保险参保人数18.41万人，城乡重点人员3.02万人全员参保。全县有城镇低保1787户2254人，保障标准为每人每月783元，全年发放城镇低保金1286.3万元、农村低保金7724.2万元。发放各类社会救助资金1.2亿元，完成农牧民冬季取暖用煤保障任务。新增城镇就业1846人，失业和困难人员再就业1162人。

人力资源产业园一期建成投用。退役军人及其他优抚对象优抚证办理率99.6%。老年养护中心完成主体工程，乡镇中心敬老院提标改造项目建成投用。政务服务大厅完成“一站式”升级改造，公共服务事项应进必进，三级政务服务体系实现一体化运行。高考本科上线率72.7%，4人被清华大学、北京大学录取。林西县进入全国135个义务教育优质均衡先行创建县行列。乡镇卫生院、村卫生室全部完成标准化改造，县医院入选全国首批“千县工程”名单。实施文化惠民工程，乌兰牧骑场馆完成建设。开展“双清双打”“三查一控”行动，被评为平安内蒙古建设示范县。

【统部镇入选全国“一村一品”示范村镇】 2022年11月，统部镇（肉牛）入选农业农村部第十二批全国“一村一品”示范村镇名单。统部镇位于赤峰市林西县北部43千米，北与锡林郭勒盟西乌珠穆沁旗接壤，西与赤峰市克什克腾旗毗邻，是典型的农牧结合区。肉牛产业是统部镇的主导产业，有牛存栏11万头，高标准棚圈85万平方米，养殖户3000余户，常住人口户均养殖牛9.5头。

【玉米皮贴画被评为自治区级非物质文化遗产】 2022年5月，玉米皮贴画入选第七批自治区级非物质文化遗产代表性项目。2022年，林西县玉米皮文创产业覆盖14个行政村，玉米皮手工艺产品有14类60个品种7000余件，林西县妇联开展玉米皮文创产业巾帼志愿服务项目，以“产业在家、留住妈妈”为主导思想，通过巾帼志愿者免费传授玉米皮粘贴画、编织技能。累计培训100余期，接受培训的妇女1500余人，培养技术骨干400余人，带动生活困难群众60余人，参与该产业妇女人均增收3000余元。通过志愿服务的形式，将玉米皮粘贴画打造成为特色文化扶贫产业，创建具有林西特色的“居家就业、巧手致富”样板。

▶▶ 链接

玉米皮贴画

玉米是林西县主要农作物，因昼夜温差大，林西玉米皮叶片宽大、纹理清晰，光泽度高，是玉米皮中制作粘贴画的最佳材料。制作玉米皮粘贴画，以玉米皮为主，根据制作内容的不同，搭配桦树皮、羽毛、树枝、石子、五谷等天然材料。制作时，根据玉米皮和桦树皮的纹理特点、自然色调，经过选材、熨、烫、剪、刻、编、粘贴等多道工序，方可制作完成。玉米贴画在林西县有110余年历史，任慧敏为林西县玉米皮粘贴画非遗传承人。

玉米皮贴画作品　　（赤峰日报社　供图）

【林西县东山生态文化旅游区晋升为国家AAA旅游景区】 2022年9月23日，内蒙古自治区文化和旅游厅发布《关于评定国家AAAAA级和AAA级旅游景区的公告》，林西县东山生态文化旅游区获评国家AAA级旅游景区。东山生态旅游景区位于林西县林西镇东部，园区距林西镇城区0.6千米。景区总体规划面积27.7平方千米，依托“一水三川四山”的自然生态格局，通过发展设施农业、旅游观光、餐饮娱乐、花卉种植、休闲健身等多元项目，打造林西县生态、文化、旅游、乡村振兴相融合大型生态园区。截至年末，东山生态旅游景区接待游客15.28万人次，收入7万余元。

（刘兴旺　宋　敏）

克什克腾旗

【概况】 克什克腾旗位于内蒙古自治区东部、赤峰市西北部。东依林西县、翁牛特旗，南连赤峰市松山区、河北省围场县，西接锡林郭勒盟多伦县、正蓝旗，北邻锡林浩特市、西乌珠穆沁旗。2022年，全旗辖13个苏木乡镇、3个街道，124个嘎查村、21个社区。户籍总人口24.01万人，常住人口17.92万人，常住人口城镇化率54.07%。总面积20673平方千米，平均海拔1100米，境内最高峰大光顶子山海拔2061米。天然草原总面积170.48万公顷，天然打草场面积22.67万公顷，人工草地面积2.26万公顷，年总产草量17万吨。地表水国考断面达标率为80%，优良天气比例95%以上。全旗有AAAAA级景区1个（阿斯哈图石林景区）、AAAA级景区1个（达里湖景区）、AAA级景区2个（克什克腾世界地质公园博物馆、龙口景区）、AA级景区1个（汗苏鲁国际生态观光牧场），工业旅游示范区1个、国家风景名胜区1处、国家级自然保护区2个、国家森林公园2个、自治区级森

表 54　2022 年克什克腾旗各苏木乡镇（街道）基本情况一览表

苏木乡镇（街道）	土地面积	户籍人口数（人）	耕地面积（公顷）	嘎查村（社区）（个）	粮食总产量（万吨）
经棚镇	1865.00	64209	14011.90	14	142.40
应昌街道	12.00	—	—	6	—
西拉沐沦街道	15.00	—	—	6	—
浩来呼热苏木	1640.00	6466	3382.60	5	61.50
宇宙地镇	684.00	17959	9778.80	8	282.40
土城子镇	986.00	27121	16100.00	15	554.60
芝瑞镇	2313.00	34071	21603.10	17	650.00
万合永镇	1845.00	22666	10844.80	12	332.40
同兴镇	1285.00	14579	7830.10	9	153.20
达来诺日镇	1542.00	5998	—	8	—
达日罕乌拉苏木	2334.00	7163	—	10	—
巴彦查干苏沐	3311.00	9131	—	15	—
红山子乡	1357.00	8994	9772.80	6	189.10
乌兰布统苏木	1200.00	6466	560.10	6	—
新开地乡	340.00	15465	9725.60	8	337.90
热水塘街道	44.00	291	—	1	—

说明：应昌街道、西拉沐沦街道人口数包括在经棚镇人口数内

（克什克腾旗档案史志馆）

林公园 2 个。克什克腾旗被农业农村部评为 2022 年全国休闲农业重点县；万合永镇关东车村、宇宙地镇东升村、乌兰布统苏木小红山子嘎查、经棚镇联丰村 4 个村被确定为自治区级乡村振兴示范村。

【经济发展】　2022 年，克什克腾旗地区生产总值 167.5 亿元，按不变价格计算，比上年增长 2.6%。其中，第一产业增加值 29.2 亿元，比上年增长 4%；第二产业增加值 90.7 亿元，比上年下降 0.4%；第三产业增加值 47.6 亿元，比上年增长 6.7%。三次产业对生产总值增长的贡献率分别为 26.3%、-8.7%、82.4%。落地招商引资项目 69 个，到位资金 53.42 亿元，其中“飞地经济”项目实现破零并达到 5 个。一般公共预算收入 7 亿元，比上年增长 4%；一般公共预算支出 32.11 亿元，比上年增长 15.8%。社会消费品零售总额 21.3 亿元，比上年增长 2%。居民可支配收入 2.57 万元，比上年增长 6.2%。全旗农作物总播种面积 10 万公顷。粮食总产量 30.5 万吨，比上年增长 2%。建设高标准农田 3066.67 公顷。农机总动力 52 万千瓦。牲畜存栏 253.7 万头只，比上年增长 3.55%。肉牛存栏 47.5 万头、肉羊存栏 200 万只，年出栏分别为 21 万头和 130 万只。举办首届肉牛改良成果评比展示暨草原那达慕大会，农畜产品加工园区、现代肉牛养殖示范园区、规模化养殖园区等重点项目建成投产，新增农畜产品年加工能力 1.5 万吨。全旗规模以上工业企业实现工业总产值 141.9 亿元，比上年增长 11.02%；实现利润 24.62 亿元，比上年增长 15.49%。规模以上工业企业产品销售率为 98.87%。新增规模以上企业 3 家、经济增长点 5 个，荣邦、光大、金都矿业技改升级项目建成达效，总投资近 200 亿元的锂电“低碳”产业园区项目签约，浑善达克 10 万千瓦光伏二期项目并网发电，芝瑞 120 万千瓦抽水蓄能电站项目完成投资 22.41 亿元，兴龙 20 万千瓦风电项目达成合作框架协议，广兴源 100 万千瓦抽水蓄能电站项目调入国家“十四五”规划，日产 70 万方 LNG（液化天然气）项目建成投产。全旗服务业增加值 47.6 亿元，比上年增长 6.7%。其中，批发和零售业增加值 13.1 亿元，比上年增长 13.7%；交通运输业增加值 2.9 亿元，比上年增长 5.5%；住宿和餐饮业增加值 2 亿元，比上年下降 11.3%；金融业增加值 3.6 亿元，比上年增长 4.2%。电子商务 O2O 线下惠民商超投入运营，124 个嘎查村分店铺开。培育商贸流通企业 20 家。注册“沐伦游礼”商标，开发 50 余种品牌农产品，并与巴特今生农牧业科技有限公司合作直播带货销售额 3.2 亿元，同步打造黑水桥、橘子梁、弯道梁等驿站及景区“沐伦游礼”线下直营店。全旗游客数量和旅游综合收入分别为 390.3 万人次和 45.95 亿元。承办赤峰市乡村文化旅游节；举办第 8 届观华子鱼洄游节、2022 世界草原歌会暨克什克腾北疆草原音乐节、中国北疆低空飞行节。

【城乡建设】　2022 年，克什克腾旗建筑业增加值比上年下降 3.2%。全年房地产开发投资 2.69 亿元，比上年下降 56.2%。商品房销售面积增长 124.7%，商品房销售额增长 179.7%。改造老旧小区 16 个，新建“耳朵公园”2 个、水冲厕所 16 座，经六街“断头路”、经九街、经十一

街建成投用。开展台子店水库维修加固、10座水库的维修养护工程，实施达来诺日镇镇区、新开地乡直属社区农村牧区饮水安全保障工程，启动克什克腾旗水系连通及水美乡村建设实施方案的编制工作。124个嘎查村全部通沥青或水泥路面，行政嘎查村通客车率100%。经乌高速、公经高速建成，省道220线罕达罕至乌兰布统段公路项目开工建设，完成通村通组公路建设41.8千米。

【社会事业】 2022年，克什克腾旗民生支出24.2亿元，占财政支出的75.6%。新增城镇就业994人，农牧民转移就业3.8万人次。投入教育资金4.17亿元，实施重点建设项目8个；全旗农村牧区中小学校煤改电清洁能源项目和经棚第二小学煤改电清洁能源供暖项目实现全面供暖；创建成立教育基金会并筹集资金800万元，发放奖励资金240余万元，表彰优秀师生近500人。全国科普示范旗创建工作通过自治区验收。新增自治区级科技园区（昭乌达肉羊肉牛科技园区）1家，新增市级技术创新企业（内蒙古拜仁矿业有限公司、内蒙古草原金峰畜牧有限公司、内蒙古兴安银铅冶炼有限公司、内蒙古大唐国际克什克腾煤制天然气有限责任公司）4家。科技型中小企业2家，企业研发中心3家，自治区级技术创新中心2家。建设创新联合体2家。争取国家和自治区专项资金310.8万元，引进各层次科技服务人才500余人次，112名“科技特派员”、10名科技志愿者服务队开展生产生活技术指导与服务。全旗有文化部门所属事业单位的乌兰牧骑1个，演职人员39人，文艺下乡演出130余场。央视“贺新春”走进克什克腾旗。制作《那山、那水、那草原》原创音乐作品。中蒙医院易址新建项目启动实施，旗医院和中蒙医院胸痛中心、卒中中心通过国家验收。举办庆新春系列体育比赛、全旗首届职工羽毛球比赛、全旗首届三人制篮球比赛、桦木沟景区低空飞行表演赛、全旗乒乓球团体赛、达里湖冬捕季冰雪运动会、冰雪江湖汽车拉力赛等赛事活动。

【全国草种质资源普查试点工作启动会议】 2022年7月28—30日，全国草种质资源普查试点工作启动会议在克什克腾旗召开。国家林业和草原局林场种苗司一级巡视员杨连清、自治区林业和草原局一级巡视员阿勇嘎出席会议。会议宣布全国草种质资源普查试点工作实施方案，针对普查试点技术标准与操作规程进行培训。来自中国林业科学研究院、山东省林草种质资源中心、鲁东大学滨海草业科学与技术研究院等科研单位和高校普查队员20人，借助遥感技术、无人机技术、先进样本保存技术等，对赤峰市境内的草种质资源情况开展集中普查和收集。

【“沐伦夜语 克旗有约”首届克什克腾文旅休闲夜经济活动】 2022年8月，克什克腾旗举办“沐伦夜语克旗有约”首届克什克腾文旅休闲夜经济活动。“沐伦夜语克旗有约”文旅休闲夜市集儿童游乐、特色美食、休闲购物等多种功能于一体，共设置餐饮排档20处、餐饮服务摊位60个、特色产品展销区140个。夜市入驻商户150户，带动就业人数1200人，拉动消费5500余万元。增加“夜语内容”，推出夜听音乐、夜游小镇、夜赏文创等系列主题活动，将新“夜”态作为旅游主推产品，从南线乌兰布统景区引客流至北线达里湖、阿斯哈图石林等景区，畅通旅游大循环，助推全旗社会消费品零售总额增速提升。8月5日，举办“沐伦夜语克旗有约”首届克什克腾文旅休闲夜经济暨群众性文体活动颁奖晚会。晚会现场，与会领导为克什克腾旗第11届业余歌手大奖赛、2022年克什克腾

2022年8月10日，“沐伦夜语　克旗有约”首届克什克腾文旅休闲夜经济活动在经棚镇举办　（克什克腾旗文旅局　供图）

旗原创广场舞大赛和全民健身系列活动三人制篮球比赛的获奖选手颁发奖杯和证书。（李春煜）

翁牛特旗

【概况】 翁牛特旗位于内蒙古自治区赤峰市中部，大兴安岭山脉与七老图山脉汇接地，科尔沁沙地边缘。东以老哈河为界与通辽市奈曼旗接壤，南与敖汉旗、松山区相连，西接克什克腾旗，北以西拉木伦河为界与林西县、巴林右旗、阿鲁科尔沁旗及通辽市开鲁县为邻。全旗总面积11882平方千米，辖4个苏木、2个乡、8个镇、2个街道、1个国有农牧场，229个嘎查村。常住人口32.9万人。中心城区环境空气质量优良天数349天，优良天数比例97.2%。2022年，翁牛特旗获全国流通服务强县、全国自然资源节约集约示范县、全区民族团结进步示范旗等称号。

【经济发展】 2022年，翁牛特旗实现地区生产总值176.7亿元，按可比价格计算，比上年增长5.3%。其中，第一产业增加值66.1亿元，比上年增长4.2%；第二产业增加值34.5亿元，比上年增长6.1%；第三产业增加值76.1亿元，比上年增长5.8%。从产业结构看，三次产业比为37.4：19.5：43.1，对经济增长的贡献率分别为28.1%、21.4%、50.5%，分别拉动经济增长1.5、1.1、2.7个百分点。人均地区生产总值5.35万元，比上年增长6.1%。一般公共预算收入4.9亿元，比上年增长5.3%；一般公共预算支出44.3亿元，比上年增长0.5%。人均可支配收入2.16万元，比上年增长6.4%。全年社会消费品零售总额34.7亿元，比上年增长1.4%。按经营地统计，城镇消费品零售额19.5亿元，比上年增长2.1%；乡村消费品零售额15.3亿元，比上年增长0.6%。全旗农作物播种面积22.8万公顷。其中，粮食作物播种面积19.57万公顷，比上年增长0.6%；经济作物播种面积3.23万公顷，比上年增长4.6%。粮食总产量91.23万吨，比上年增长4.2%。农林牧渔服务业增加值66.79亿元，按可比价计算，比上年增长4.3%。累计发放各项惠农惠牧补贴5.74亿元。发放“旺牛贷”贷款3.9亿元。推进源新园牧场、奶制品仓储中心等项目建设，泉渔种鸭一期、众信牲畜交易中心主体完工，强润奶牛养殖、畜牧业综合服务中心、沃金活畜交易市场、乡村振兴产业园一期建成投用。全旗工业增加值18.2亿元，比上年下降2.5%。规模以上工业企业营业收入37.7亿元，比上年增长26.1%；实现利润4.2亿元，比上年增长58.6%。新建盘活标准化厂房11.6万平方米。实施投资5000万元以上工业项目18个，完成投资15亿元。全旗服务业增加值76.1亿元，比上年增长5.8%。其中，批发和零售业增加值15.1亿元，比上年增长45.7%；交通运输、仓储和邮政业增加值5.8亿元，比上年增长0.6%；住宿和餐饮业增加值1.5亿元，比上年下降12.2%；房地产业增加值6.2亿元，比上年下降3.2%；金融业增加值8亿元，比上年增长7.4%。金融机构人民币各项存款余额181亿元，比上年增长14.1%；各项贷款余额136.3亿元，比上年增长14%。保险业金融机构15家，实现保费收入5.7亿元，比上年增长12.1%。持续开展农牧业保险服务，实现保费收入2.6亿元。接待游客153万人次，比上年增长0.8%；实现旅游收入21亿元，比上年增长1.4%。房交会销售商品房169套，交易金额9073万元。发

表55　2022年翁牛特旗各苏木乡镇（街道）基本情况一览表

苏木乡镇（街道）	土地面积（平方千米）	耕地面积（公顷）	嘎查村（社区）（个）	粮食总产量（万吨）
乌丹镇	1853.00	28466.70	27	21.89
广德公镇	653.60	22666.70	14	6.61
乌敦套海镇	545.33	17200.00	17	11.50
阿什罕苏木	966.70	3333.30	6	2.70
新苏莫苏木	802.00	34266.67	10	33.50
白音套海苏木	625.30	10000.00	13	7.90
格日僧苏木	966.00	16306.00	13	19.60
解放营子乡	476.00	10383.90	13	6.36
毛山东乡	550.00	15480.00	10	5.22
桥头镇	746.00	29333.30	23	18.12
梧桐花镇	830.69	44000.00	22	20.00
五分地镇	700.00	20000.00	14	10.40
海拉苏镇	812.70	7866.70	4	8.00
亿合公镇	983.53	21266.70	22	6.70
紫城街道	92.80	3133.33	9	3.04
全宁街道	122.24	3738.34	7	3.80

（翁牛特旗档案史志馆）

放电子消费券490万元，消费带动比557%。新增上限入统商贸企业19家；组织企业参加网上年货节、双品网购节等促销活动，营业额450余万元；新增4家企业入驻跨境电子商务综合试验区。红山湖景区一期、文旅集散中心、古榆小镇等项目建成投运，乌兰牧骑宫、根雕博物馆主体完工，“京东云仓·蒙东一号”建成试运行，红山路美食街区改造完成。成立全旗餐饮行业协会，举办首届“厨王争霸赛”。

【城乡建设】 2022年，翁牛特旗玉龙路、古城街改造等工程全部完工。省道210线翁牛特旗段、赤大白铁路乌丹客运站开工建设，梧桐花互通主体完工，国道305线大中修、阿浩线公路竣工通车。新建10千伏农网线路60千米，巴林—奈曼—阜新500千伏线路、西拉沐沦220千伏输变电、紫城输变电220千伏送出、庄头营风光汇集站66千伏送出、新苏莫等3座66千伏变电站改造工程建成投运。实施少郎河水环境综合治理、西拉木伦河防洪治理、玉瀑水库除险加固等项目，推进大兴灌区续建配套与节水改造工程。消除国省干道、旅游景区等区域通信信号盲点盲区，新建5G基站15座。实施户厕改建3049户。全年治理历史遗留和无责任主体矿山45个，建成绿色矿山1家。深化“河湖长+林长+检察长+警长”协作机制，完成入河排污口整治19个。综合治理沙地3866.67公顷，退化林分改造修复1466.67公顷，国家重点生态功能区县域考核在自治区内获第一名。

【社会事业】 2022年，翁牛特旗民生支出35.5亿元，占财政支出的80%。新增各类就业2763人，帮助就业困难退役士兵再就业219人，农牧民转移就业6.5万人。发放各类救助补助资金16.3亿元。城镇居民最低生活保障人数为877人，城镇最低生活保障标准较上一年度每人每年增加360元；农村牧区居民最低生活保障家庭2.77万户，农村最低生活保障人数4.58万人，农村牧区最低生活保障标准较上一年度每人每年增加560元。新苏莫小学综合楼、新苏莫幼儿园等项目竣工，完成10所农村牧区学校清洁能源供暖改造。高考本科上线率比上年增长12.7%。翁牛特旗医院扩建项目完工，妇女儿童医院、残疾人康复中心、殡仪馆综合楼投入使用，推进疾控中心、治未病中心、应急医疗救治中心、老年养护院等项目建设。大兴农场7个分场实行社区化管理。完成老旧小区改造1503户、棚户区改造57户、危房改造36户。完成安全生产专项整治三年行动，自建房、燃气安全、违法用地等专项整治取得成效。实施乡村振兴项目93个，落实京蒙协作和央企定点帮扶资金7838万元，完成消费帮扶5.3亿元。

【“红山稻”品牌打造】 “红山稻”品牌以“绿色、有机、健康、原生态”为核心价值，因与红山文化有着不可分割的历史和文化渊源得名“红山稻”。2022年，翁牛特旗有水稻种植面积1.67万公顷，占全市水稻种植面积的83%，是内蒙古自治区第三大水稻种植区，年产优质稻米12万吨。5月18日，由翁牛特旗委、旗政府主办的“红山稻”品牌推介会举行。推介会通过新华社现场云、内蒙古广播电视台奔腾融媒客户端、赤峰广播电视台智慧赤峰App等合计超千万人员矩阵进行现场直播。9—11月，以“品红山稻、游红山湖、探究红山文化”为主题的翁牛特旗红山稻云上丰收节活动开幕。期间进行盲盒抽奖、庆丰收系列大赛等活动，对红山稻品牌进行展示宣传推介。活动通过赤峰广播电视台智慧赤峰App、新闻综合频道抖音、快手官方平台以及新闻综合频道公众号同步直播，半小时内全网曝光量超40万次。

【第2届翁牛特文冠花文化旅游节】 2022年5月14日，第2届龙凤之乡翁牛特文冠花文化旅游节以“文冠花开·好运自来”为主题，由翁牛特旗委、旗政府主办，翁牛特旗文化旅游体育局承办，在全宁文化旅游创意产业园区东门开幕。原创主题曲《文冠花开》在开幕式上首度唱响。翁牛特旗创“世界成林面积最大的文冠果基地”世界纪录。活动期间开展“认养一棵文冠树”公益活动，将收益作为“文冠未来爱心基金”，用于资助品学兼优的少年儿童和贫困大学生。举办广场舞大赛、花海文艺演出、合影抽奖、花海自行车赛、微型马拉松、

翁牛特旗玉田皋万亩稻田　　（翁牛特旗档案史志馆　供图）

诗词朗诵大会、花海拉场戏、绘画摄影作品展、寻找“少儿花仙子”评选活动等系列线上线下活动，策划各乡镇苏木街道特色产品展销、翁牛特旗非物质文化遗产作品和助力乡村振兴直播带货活动。

【“中国旅游日”主题活动暨“畅游赤峰”智慧程序上线发布仪式】 2022年5月19日，以“感悟中华文化享受美好旅程”为主题的2022年“中国旅游日”赤峰主题活动暨“畅游赤峰”智慧程序上线发布仪式在翁牛特旗玉龙沙湖景区启动。内蒙古自治区在兴安盟阿尔山市设主会场，各盟市设立分会场，集中开展“中国旅游日”宣传活动。赤峰市分会场播放旅游宣传片、旗县区文旅局现场推介、文艺节目演出、优惠福利发放等多项活动。现场举行“畅游赤峰”智慧程序上线发布仪式，“畅游赤峰”前端以全域旅游+智慧出行+超值优惠、后端以大数据中心+公共服务+智慧营销构建全域智慧旅游综合平台，解决游客旅行前、旅行中、旅行后各环节痛点，推动赤峰吃、住、行、游、购、娱旅游全产业链发展。平台整合赤峰市景区、酒店、交通、美食、民俗、人文等内容，通过智慧地图、VR预订、3D展品、AI智能客服、自定义攻略、大数据后台等形式进行展示。推进赤峰数字化景区、数字化文博、数字化管理建设，推动赤峰文旅产业转型升级。（刘永春）

喀喇沁旗

【概况】 喀喇沁旗地处燕山山系七老图山脉东北麓，行政区域位于内蒙古自治区东部、东北与华北经济区域结合部。东与辽宁省建平县相邻，南与赤峰市宁城县毗邻，西与河北省围场县、隆化县交界，北与赤峰市松山区、红山区接壤。2022年，全旗总面积3006平方千米，辖7个镇、2个乡、2个街道，161个村和16个社区。常住人口26.1万人。锦山建成区大气环境质量符合二级标准，全年空气质量“优”175天，“良”166天，城区空气质量优良天数比例93.4%，城市生活垃圾无害化处理率100%，地下水达标率100%，地表水达标率100%。喀喇沁旗获国家级全域森林康养试点建设旗、自治区级民族团结进步示范旗等称号；马鞍山村获评国家乡村旅游重点村、全国民族团结进步示范村；三家村获评自治区乡村旅游重点村。自治区级以上乡村旅游重点村数量居全市首位。

表56　2022年喀喇沁旗各乡镇（街道）基本情况一览表

乡镇（街道）	土地面积（平方千米）	年末人口（万人）	耕地面积（公顷）	嘎查村（社区）（个）	财政收入（万元）	粮食总产量（万吨）
牛家营子镇	354.00	5.90	12207.40	18	3511.00	3.53
南台子乡	178.00	1.55	4857.00	11	—	6.80
王爷府镇	509.00	3.78	5676.00	24	459.70	3.13
美林镇	551.00	3.43	5264.00	18	2540.00	5.50
十家满族乡	341.00	2.72	6543.87	14	2131.82	3.26
乃林镇	141.00	2.30	9250.00	14	836.47	9.20
小牛群镇	328.00	1.40	7135.83	22	2690.71	6.34
锦山镇	141.00	1.95	2869.33	13	3004.49	1.30
河南街道	125.00	6.10	1685.00	6	1512.64	0.84
西桥镇	242.00	2.87	8883.44	15	2433.39	5.02

（喀喇沁旗档案史志馆）

【经济发展】 2022年，喀喇沁旗地区生产总值108.57万元，按可比价格计算，比上年增长1.3%。分产业看，第一产业增加值20.92万元，比上年增长4.6%；第二产业增加值40.61万元，比上年下降2.1%；第三产业增加值47.04万元，比上年增长2.7%。从产业结构看，三次产业比为19.3∶37.4∶43.3；三次产业对经济增长贡献率分别为60%、–56%和96%；三次产业分别拉动经济增长0.8、–0.7和1.2个百分点。规模以上固定资产投资（500万元以上项目）比上年增长23.2%。居民人均可支配收入2.37万元，比上年增长6.3%；居民人均消费性支出1.34万元，比上年增长0.1%。全旗农作物种植面积5.57万公顷，比上年增长3.5%。其中，粮食作物种植面积4.57万公顷，比上年增长2.2%。粮食总产量35万吨，比上年增长7.7%。家畜存栏总数51.14万头只，比上年增长6.79%。其中，牛存栏17.25万头、生猪存栏7.28万头、羊存栏25.97万只。家禽存栏252.1万羽，比上年减少16.64%。肉类产量7.43万吨，禽蛋产量1.52万吨，奶类产量3130吨。新建肉鸭养殖小区5处，新建改扩建规模肉牛养殖场小区15处。农牧业机械总动力44.06万千瓦，比上年增长16.9%；机耕面积2.77万公顷，比上年下降15%。中蒙药材、设施蔬菜种植面积分别为6666公顷以上，肉牛、肉鸭饲养量分别为23.3万头、3500万只，新建标准化养殖基地19万平方米。发展林业经济800公顷。中蒙药材标准化生态产业园主体完工，锦山现代农业产业园冷链物流项目投入运营。全旗有规模以上工业企业17家。工业增加值32.54亿元，按可比价格计算，比上年下降2.7%，其中规模以上工业增加值比上年增长3%。明岳高端氟新材料、瑞源新型建材等5个项目落地实施，宏毅富石新材料、北方输变电项目主体完工，远航水泥废石综合利用项目建成投产。锦山产城融合示范区发展规划编制完成，赤峰新材料产业园实现“七通一平”，新建标准化厂房3.2万平方米。全旗实现社会消费品零售总额32.08亿元，比上年增长0.1%。金融机构各项人民币存款余额173.05亿元，比上年增长13.9%；各项人民币贷款余额105.72亿元，比上年增长3.1%。保险业实现保费收入1.05亿元，比上年下降9.8%；赔付支出6902.4万元，比上年下降23.3%。举办各类文旅品牌活动10余次，吸引游客132万人，旅游综合收入9.8亿元。发放各类消费券和补贴1700万元，撬动消费6.5亿元。城市之光产业园、鑫秦商业综合楼等11个商贸物流项目全部开工，大洲·融金创客产业园、圣兴源冷链物流项目主体完工，新增限上商贸企业3家，和美园区实现销售收入75亿元。北京宏福、山东明岳等一批国内区外行业领军企业入驻喀喇沁旗，签约项目117个，到位资金比上年增长171%。统筹各类资金3.5亿元，推进六大核心景区建设，马鞍山文旅教育研学基地花海及8个场馆主体完工，王爷府民族团结进步教育基地“一园一寺一带”建设完成。

【城乡建设】 2022年，喀喇沁旗改造锦山老旧小区20个，实施街巷硬化、环卫提升等便民服务设施38处，雨污分流改造街路3条，锦山污水处理厂扩建项目启动实施，市民广场实现提档升级。实施和美新区市政基础设施补短板项目13个，临潢大街、家园路等5条主干道路建成通车，与中心城区全面实现互联互通。落实“双城”联创任务，施划停车位4475个，拆除违建4.5万平方米。牛家营子收费站撤销，省道206线锦山至赤峰路面升级改造工程启动，实施农村窄路加宽、旅游路修缮225千米，雷家营子、山戎部落、旺业甸至按丹沟等一批重要交通节点项目建成通车。新建5G基站153个，5G网络实现城区全覆盖。实施乡村振兴及京蒙协作项目72个，完成危房改造40户，排查整改户厕1.9万户，升级农村电网20千米，巩固提升饮水安全工程23处，打造乡村振兴示范村6个。完成锡伯河疏浚整治19千米，新建堤防、固岸工程23千米，推行河砂资源国有化运营。云铜原厂区污染土壤修复治理取得成效。十家满族乡石灰石矿山地质环境综合整治完成。改造提升森林面积1333.33公顷，完成退化林分修复208公顷，重点区域绿化76.6公顷，水土保持治理2000公顷。

【社会事业】 2022年，喀喇沁旗民生领域支出25亿元，占财政支出的78%。新增城镇就业1100人，农民转移就业5万人。基本养老保险参保23.41万人，基本医疗保险参保28.07万人。国家最低生活保障救济2.81万人，农村五保供养人数1846人。全旗有福利院1所、敬老院12所，床位1348张，收养378人。新建旗医院投入使用。全旗有文化馆1个，全年接待参观人数10万余人次；公共图书馆1个，全年接待阅读人数3.2万人次；博物馆1家，全年接待参观人数2.8万人次。锦山一小、乃林中心幼儿园等5个项目主体完工，和美学校与赤峰二中国际实验学校合作实现全市首个跨区域集团化办学，教育系统获4项国家级比赛奖项。旗文化馆入选国家首批公共文化智能服务典型案例。全旗拥有科技创新平台载体12个。其中，高新技术企业4个，自治区级科技创新平台和科技型中小企业6个，市级院士专家工作站及科技示范基地2个。新建内蒙古中广智通物联科技有限公司科技特派员工作站。组织申报自治区科技成果转化项目6个，争取科技成果转化和技术交易后补助专项扶持资金258万元。

【2022年推进高质量发展重点项目建设动员大会】 2022年4月2日，喀喇沁旗2022年推进高质量发展重点项目建设动员大会在赤峰新材料产业园召开。赤峰山水远航水泥有限公司日产4500吨水泥熟料退城搬迁项目、内蒙古九牧合农牧科技有限公司肉鸭生产基地项目、大洲·融金创客产业园建设项目、赤峰新材料产业园建设及基础设施配套项目等14个重点项目举行开复工仪式。

【全国第2届中药材（蒙药材）产业高质量发展大会】 2022年8月8日，由中国中药协会、中共喀喇沁旗委员会、喀喇沁旗人民政府联合主办的全国第2届中药材（蒙药材）产业高质量发展大会开幕式在喀喇沁旗赤峰新材料产业园开幕。中国中药协会的相关负责人，国内医药领域的知名专家学者和重点医药企业代表参会。大会以“推进药材产业高质量发展谱写乡村振兴新时代篇章”为主题，会上发布大会主题曲《塞外药乡喀喇沁》。颈复康药业、中国医药保健品、神威药业、桂林中南药业等7家知名药企代表为赤峰荣兴堂药业、荣兴堂蒙中药饮片厂、内蒙古蒙缘堂药业等7家本地企业授予“优质中药材（蒙药材）原料供应商”称号。会议期间还举行专题讲座、高峰论坛、技术交流、经验分享、现场观摩、资源对接、产品交易、项目洽谈等活动。

【喀喇沁旗第1届旅游文化艺术节】 2022年6月2日，喀喇沁旗第1届文化旅游节在王爷府镇王府漠南广场开幕，于6月30日结束。主会场举办“舌尖上的喀喇沁——王府烤肉大赛”，亚太森林组织多功能森林体验

2022 年 7 月 15 日，喀喇沁旗马鞍山文化旅游教育研学基地开工仪式在马鞍山村举行　（张愈佳　摄）

基地、美林谷亚高原运动休闲度假区、山戎部落景区、王爷府民族团结进步教育基地、马鞍山红色教育基地、玉龙川田园综合体“六大核心”景区同步互动，开展景区宣传展示、景区联票赠送、网红打卡等活动。喀喇沁旗电商中心在淘宝和抖音平台全程直播文化旅游节开幕式，持续 3 个小时，观看人数 2 万余人。

【马鞍山文化旅游教育研学基地开工】 2022 年 7 月 15 日，马鞍山文化旅游教育研学基地开工仪式在河南街道马鞍山村举行。仪式包括奠基、车览马鞍山汽车营地、参观马鞍山国家森林公园游客接待中心、农产品展示、参观马鞍山国家森林公园高山彩虹花园和玻璃观景台、千名党员沿登山步道参观马鞍山国家森林公园等活动。基地总规划面积 111.53 公顷，计划总投资 10 亿元，分 3 期建设，打造“博文”“优学”“乐享”“美宿”“趣游”等五类主题游览项目。喀喇沁旗以教育研学基地为中心，以提档升级马鞍山国家森林公园、建设马鞍山花海、平锦线马鞍山景区段道路外移、建设美食餐饮一条街为补充，建成集红色研学、文化体验、乡村旅游、休闲娱乐、森林康养于一体的马鞍山综合性旅游休闲度假区。　（张愈佳）

宁城县

【概况】 宁城县位于赤峰市南部，地处河北省、辽宁省、内蒙古自治区三省（区）交界处。东与辽宁省建平县、凌源市交界，南与河北省平泉县毗邻，西与河北省承德县、隆化县接壤，北与赤峰市喀喇沁旗相连。全县总面积 4305.47 平方千米，辖 15 个乡镇、3 个街道。户籍总人口 59.93 万人。2022 年，宁城县公安局获全国优秀公安局称号，忙农镇被评为全国“一村一品”示范镇，打虎石村被评为中国美丽休闲乡村。

【经济发展】 2022 年，宁城县实现地区生产总值 204.4 亿元，按可比价格计算，比上年增长 6.9%。其中，第一产业增加值 58 亿元，比上年增长 4.4%；第二产业增加值 57.6 亿元，比上年增长 16.1%；第三产业增加值 88.8 亿元，比上年下降 4.1%。三次产业比重为 28∶28∶44。第一、第二、第三产业分别拉动 GDP 增长 1.2 个、3.6 个、2.1 个百分点，三次产业对 GDP 增长的贡献率分别为 17.8%、

表 57　2022 年宁城县各乡镇（街道）基本情况一览表

乡镇（街道）	土地面积（平方千米）	年末人口（万人）	耕地面积（公顷）	嘎查村（社区）（个）	粮食总产量（万吨）
天义镇、铁东、铁西街道	188.00	11.72	6984.00	19	5.56
小城子镇	318.00	2.97	6030.00	19	4.14
大城子镇	384.00	3.73	7239.00	19	4.37
八里罕镇、温泉街道	373.00	4.17	4355.00	29	3.80
黑里河镇	531.00	2.62	2784.00	22	1.87
右北平镇	267.00	4.60	6569.00	22	4.66
大双庙镇	172.00	2.74	7673.00	16	5.19
汐子镇	342.00	6.04	16798.00	34	14.52
大明镇	174.00	3.83	9054.00	20	8.17
忙农镇	292.00	3.88	10988.00	15	9.47
五化镇	250.00	2.40	3900.00	16	2.75
三座店镇	216.00	2.97	5420.00	15	5.85
必斯营子镇	272.00	2.88	5743.00	20	4.55
一肯中乡	224.00	3.66	12050.00	25	9.62
存金沟乡	302.00	1.72	3016.00	14	2.46

（宁城县档案史志馆）

52.4%、29.8%。完成500万元以上项目固定资产投资68.2亿元，比上年增长22.7%。一般公共财政预算收入6.7亿元，比上年增长3.2%；一般公共财政支出50亿元，比上年下降3.1%。社会消费品零售总额46亿元，比上年增长1.8%。居民消费价格增长指数102.2%。人均可支配收入2.16万元，比上年增长6.1%。农林牧渔业实现总产值96.1亿元。农林牧渔服务业增加值0.98亿元，比上年增长17.9%。粮食作物播种面积10.16万公顷，比上年增长4.98%。粮食总产量86.98万吨，比上年增长3.6%。牲畜存栏数113.64万头只，比上年下降23.3%。农业机械总动力59.1万千瓦。新建改造设施农业1333.33公顷，大城子智慧农业园二期和汐子大樱桃智慧农业园建成投产。果树经济林提升改造1000公顷，新增仓储保鲜能力1万吨。新增肉牛存栏2万头，新建高标准肉牛养殖场10处，大双庙智慧肉牛养殖小区一期工程投入运营。五化乌苏育苗基地建成投产。整合涉农资金2.5亿元，落实京蒙协作、定点帮扶资金1亿元，实施各类项目51个。全年完成工业总产值170.7亿元，规模以上工业企业完成148.4亿元。中唐特钢270万吨精品钢项目竣工投产。建支40万吨精密铸件和20万吨流体铸件技改升级项目12条生产线建成投产。新增规模以上工业企业6家。投资13.8亿元，实施工业园区道路、中水回用、污水处理等扩容提质项目11个，收储土地187.13公顷，新建标准化厂房11万平方米，打虎石水库供水工程主管道铺设完成。全县有国家A级以上景区8处，各级重点文物保护单位10处。全年接待国内外游客225.5万人次，实现旅游总收入32.07亿元，比上年增长9%和11%。举办各类促消费活动90余次，实现销售额4000余万元。金融机构存贷款余额分别为296.9亿元和175.8亿元，较年初分别增长12.3%和6.8%。新增限额以上商贸企业6家。

【城乡建设】 2022年，宁城县建设或改造二级公路147.38千米，三、四级公路120.73千米。大明街东段、天马街东段、契丹街西段等9条道路新建改造工程全部完工，大明街和百合街下穿铁路立交桥引道完成路基工程，天汐线框架桥建成通车。智慧泊车及综合停车场项目完成主体工程，硬化小街小巷21条4.7万平方米，街路亮化26条，路沿石降高改造2.1万延长米。天义城区雨污分流管网改造工程全面启动，新建雨水管线4.5千米，缓解城区内涝。启动原造纸厂家属院棚户区改造，完成老旧小区改造14个746户，城中村集中供热改造422户10.6万平方米。市民公园交付使用，高铁片区绿化工程全部完成，新增绿化面积33万平方米。新建改造公厕10座、压缩式垃圾转运站20个，开展市容市貌专项整治行动，拆除违法构筑物8000余平方米。总投资4.1亿元，收回国道306线、省道505线道路收费权，撤销甸子收费站。省道505线铁匠营子至苍营子、国道306线小城子至南三十家子段公路完成全面整修，省道505线十家至大坝沟和原国道508苍营子至平泉交界改建工程建成通车。建设乌梁苏至打虎石等建制村通双车道26.7千米、较大自然村通硬化路17.7千米。新建改造10千伏线路35千米，完成户厕改造1400个。

【社会事业】 2022年，宁城县城镇新增就业3344人，失业人员和就业困难人员实现再就业1680人，开展技能培训1634人。农村劳动力转移就业11.6万人，劳务收入13亿元。发放低保、特困人员补助金等各类救助资金2.9亿元，受益群众10.3万人次。全年专利申请100件，新增有效专利71件。三中扩建、蒙中迁建、大城子蒙中宿舍楼、苏木皋小学附属幼儿园等7个办学条件改善项目建成。大双庙镇、黑里河镇、大明镇、大城子镇、八里罕镇等5个乡镇成功创建自治区级卫生城镇，52个行政村成功创建自治区级卫生村。完善三级养老服务体系，中心敬老院开工建设，殡仪馆迁建项目完成主体工程，城区“一刻钟”居家养老服务圈建成。启动全国民族团结进步示范县创建工作，打造3条民族团结进步创建示范带。

【赤峰市创新创优劳动竞赛暨“中唐杯”劳动和技能竞赛】 2022年4月25日，宁城县承办的赤峰市创新创优劳动竞赛暨全区引领性竞赛项目“中唐杯”劳动和技能竞赛启动仪式在中唐特钢有限公司举行。由赤峰市总工会、赤峰市人力资源和社会保障局主办，宁城县总工会、赤峰中唐特钢有限公司承办。竞赛包括宣传准备、岗前培训、岗位练兵、劳动和技能竞赛4个阶段，共设置电工基本技能、普通电焊、乙炔氧气割焊、二氧化碳气体保护焊、天车技能、叉车技能、普通切割、等离子切割等竞赛项目。评选出一二三等奖，分别进行奖励。

【宁城县右北平司机之家入围全国“最美工会户外劳动者服务站点”】 2022年12月12日，宁城县右北平“司机之家”户外劳动者服务站点被命名为2022年“最美工会户外劳动者服务站点”。宁城县总工会右北平“司机之家”于2021年11月25日正式投入使用，总投资50余万元，2022年6月6日挂牌。地处207省道最南端宁城县右北平镇十家村路西，与河北省平泉市相邻，日货车流量3000余车辆，用于货车司机进入疲劳期时进行补给。宁城县总工会右北平“司机之家”建筑面积210平方米，分为接待区、餐饮区、休息区、洗衣区、淋浴区、洗漱区6个区域。提供就餐、休息、淋浴、洗衣、安全停车等基本服务，配有热水器、电饭锅、电视机、Wi-Fi、空调、微波炉、

宁城县右北平司机之家　（李俊生　摄）

洗衣机、烘干机等基础设施，提供免费开水、免费药品、免费加水、免费充电、免费沐浴洗衣等10余项便捷特色服务。宁城县总工会右北平“司机之家”与周边汽修店合作，提供道路救援、汽车修理等服务。为1000余名货车司机提供服务，其中住宿休息司机200余人次，就餐司机800余人次。

【宁城县小塘山遗址被认定为自治区2021年度十大重要考古发现】 2022年1月，宁城县小塘山遗址被内蒙古自治区文物考古研究院认定为内蒙古自治区2021年度十大重要考古发现。小塘山遗址发掘面积约4000平方米，发现房址40余座、窖穴与灰坑32座、墓葬6座、陶窑1座，还发现“马面”式建筑、道路等，出土陶器、石器、骨器、青铜器、蚌器等各类器物标本750余件。结合小塘山遗址发现的遗迹及出土遗物，确定该遗址是中国北方夏家店下层文化时期一处重要的聚落遗址。夏家店下层文化年代距今4000—3400年，与中原夏王朝年代大体相当。小塘山遗址的发掘，对深入探讨夏家店下层文化所处社会发展阶段、社会组织结构、聚落布局及生产生活等具有重要的学术价值。　（魏利达　李文秀）

敖汉旗

【概况】 敖汉旗位于内蒙古自治区赤峰市东南部，地处燕山山脉东段努鲁尔虎山北麓、科尔沁沙地南缘，属于燕山山地向西辽河平原过渡地带，地貌特征为南部石质低山丘陵区，中部黄土丘陵区，北部沙质坨甸区。敖汉旗史前文化厚重，素有“人文敖汉”之称。距今8000年的兴隆洼文化遗址被考古界誉为“华夏第一村”。在兴隆沟遗址出土中国目前为止发现最早、最完整的红山文化整身陶塑人

表58　2022年敖汉旗各苏木乡镇（街道）基本情况一览表

苏木乡镇（街道）	土地面积（平方千米）	年末人口（万人）	耕地面积（公顷）	嘎查村（社区）（个）	粮食总产量（万吨）	人均可支配收入（元）
新州街道办	12.00	4.36	46.60	2	0.04	35670.00
惠州街道办	54.60	9.10	933.00	2	0.96	36700.00
新惠镇	858.35	3.02	20000.00	26	14.50	16456.00
四家子镇	425.71	4.45	12250.50	17	11.85	16345.00
长胜镇	370.00	4.10	13333.00	14	13.00	16000.00
贝子府镇	709.00	5.00	16000.00	21	1.80	15360.00
四道湾子镇	361.00	3.40	12666.00	14	8.24	15140.00
下洼镇	490.67	3.40	23100.00	12	12.00	15705.00
金厂沟梁镇	350.00	2.60	8466.00	14	16.73	16500.00
兴隆洼镇	548.12	2.40	16700.00	16	9.50	13942.00
黄洋洼镇	575.00	1.54	16864.00	15	37.00	16000.00
古鲁板蒿镇	604.00	3.80	19333.00	12	13.78	16125.00
牛古吐镇	732.29	2.40	15333.00	19	1.50	16000.00
木头营子乡	565.60	3.40	26000.00	15	3.30	15022.00
丰收乡	427.00	2.67	18700.00	12	6.00	15120.00
玛尼罕乡	455.05	2.10	19800.00	8	8.00	16456.00
萨力巴乡	386.67	2.10	13000.00	8	11.70	21300.00
敖润苏莫苏木	381.00	0.48	2830.00	6	1.04	17100.00

（敖汉旗档案史志馆）

像被誉为“中华祖神”；出土世界最早的玉器，发现中国最早龙的雏形，有“龙祖玉源”之称。全旗辖16个苏木乡镇，246个嘎查行政村。总面积8294平方千米，户籍人口59.59万人。少数民族15个，人口4.7万人。2022年，敖汉旗入选国家第五批节水型社会建设达标县、全国第七批率先基本实现主要农作物生产全程机械化示范县，被列为赤峰市唯一一家“自治区林长制试点单位”。敖汉旗检察院获全国“人民满意的公务员群体”称号，旗水利局被评为全国水土保持工作先进集体。旗良种繁育推广中心被评为国家级核心育种场，敖汉小米产业园被国家七部委认定为第三批国家农村产业融合发展示范园。贝子府镇获“自治区森林乡镇”称号。“连长山——三十二连山——马鞍山国家森林公园”入选中国青年运动史教育精品线路。打造自治区级以上文明村镇25个，成功创建国家级“四好农村路”示范县。

【经济发展】 2022年，敖汉旗地区生产总值177.3亿元，比上年增长0.9%。其中，第一产业增加值67.3亿元，第二产业增加值32.2亿元，第三产业增加值77.8亿元，三次产业比为38∶18.1∶43.9。一般公共财政预算收入4.7亿元，比上年增长6.1%；一般公共财政预算支出47.7亿元，比上年增长11.4%。500万元以上项目固定资产投资41.8亿元，比上年下降9.7%。社会消费品零售总额38亿元，比上年减少0.5%。居民人均可支配收入2.08万元，比上年增长6.5%；人均消费性支出1.5万元，比上年增长0.7%。全旗农林牧渔业总产值95.4亿元，比上年增长5.5%。粮食播种面积26.67万公顷，粮食总产量127.5万吨。家畜存栏313.5万头只，出栏344.2万头只；蛋鸡存栏1056万羽，肉鸭饲养量350万羽。新建高标准农田1.47万公顷。发展绿色有机谷子基地1.49万公顷。农机总动力108.8万千瓦，综合机械化率86.6%。打造肉牛托养代繁试点村5个、肉牛养殖专业嘎查村22个，新建500头以上肉牛养殖小区19个，肉牛存栏26.1万头，比上年增长45%。奶业振兴起步，完成20万头奶牛基地土地测绘选址工作，推进2个万头奶牛基地项目。博源种牛站投入运营。实施乡村振兴项目128个，投入资金2.19亿元，围绕“3+N”农牧业产业体系，打造现代化示范园区5个，带动9545户脱贫户稳定增收。发放助农贷款8.6亿元，支持5736户农牧户发展产业。深化中直机关定点帮扶和京蒙协作，争取帮扶资金8810万元，落地项目49个，消费帮扶累计销售农副产品11.07亿元。全旗完成营造林8000公顷，其中人工造林4000公顷。实施重点示范村绿化20个，开展林草有害生物防治6813.33公顷。全旗规模以上工业实现总产值58.9亿元，比上年增长16.6%。实施3000万元以上重点工业项目17个，完成投资12.26亿元；开工建设亿元以上项目10个。启动园区基础设施提升工程，新建道路5千米、各类管网25千米；智慧园区上线运行；新建和盘活标准化厂房10.96万平方米，引入企业14家。加强工业企业培育，支持引导7家小微企业发展为规模以上企业。吉隆矿业技改扩建及增储项目完成投资1.2亿元。全旗有绿色矿山4家。全旗服务业增加值77.8亿元，比上年增长5.4%。其中，批发和零售业增加值17.2亿元，比上年增长1.9%；交通运输、仓储及邮政业增加值5.9亿元，比上年增长5.4%；住宿和餐饮业增加值2.0亿元，比上年下降12.2%；金融业增加值6.6亿元，比上年增长4.9%；房地产业增加值6.2亿元，比上年下降2.9%。完成邮政行业业务总量7603万元，比上年增长18.9%。年末移动电话用户48万户，固定电话用户6900户，固定宽带用户11万户。物流园区入驻企业46家，商品交易额7.1亿元，五金机电家具城项目完成投资3亿元。举办大型促消费活动31场次，发放电子消费券600万元，带动消费5900余万元。依托叫来河自驾游基地、绿缘生态观光园、宋杖子古村落、热水温泉城等载体，打造精品休闲游线路5条，全年接待游客80万人次。

【城乡建设】 2022年，敖汉旗完成“三区三线”集中划定任务。国道305线大黑山至羊场段一级公路建设项目完成可研编制，新建通村公路22.1千米，实施农村公路修复养护工程44.9千米，国省干线优良路率98%。实施房地产开发30.38万平方米，改造老旧小区39个。新建供热、供水管网26.5千米，维修破损路面5.5万平方米，铺设人行道彩砖6.7万平方米。辽西北供水支线工程开工建设，叫来河治理工程完工。实施农网改造工程78处，全旗供电可靠率99.83%。行政村5G网络覆盖率98%。新惠城区增设停车位750个，机械化清扫率90%，物业管理实行“红黑榜”制度。城区公共厕所及生活垃圾中转站、垃圾焚烧热电项目完成建设。拆除违法建筑4600平方米，自建房排查整治专项行动累计核查问题图斑22.3万个。215个村庄规划落地实施。新建卫生厕所1250座。实施农村牧区供水保障工程40处，惠及群众2.9万人。

【社会事业】 2022年，敖汉旗参加城镇职工基本养老保险人数2.3万人；参加城乡居民社会养老保险人数25.1万人。参加基本医疗保险人数50.6万人。敖汉旗义务教育均衡发展通过国家督导评估，5所中小学、幼儿园完成主体工程。实施校长交流轮岗、教师跟岗培训机制，加强“两支队伍”建设。推进中高考改革，普通高考本科上线率64.48%，提升6.18个百分点。新惠镇第二中学被评为“全国文明校园”。全年专利申请56件，授权专利45件。签订技术合同2项。技术合同成交金额1450万元，比上年增长3.6%。开展“百名专家走进盟市旗县科普传播行”春秋两季活动。开展科普讲座25期、各类科普宣传活动19场次。建立科普e站的中小学23所。“科普敖汉”公众号累计发送科普信息460条。举办各类科技教育活动70余场，受益师生2.35万人次。武安州辽塔加固维修工程通过国家文物局验收，陈列馆开放运营。加强公共文化云平台建设，累计发布各类作品223部。开展惠民演出103场次，创排本土文艺作品2部。开展爱国卫生运动，通过自治区卫生旗县复审。全面推广家庭医生签约服务，重点人群签约率78%。社区养老服务设施实现全覆盖。打造市级民族团结进步示范点8处。敖汉旗文化馆入选国家首批公共文化智能服务典型案例，敖汉大鼓《硕果飘香秀扶贫》获自治区群星奖。城镇新增就业1247人，农牧民转移就业11万人，实现劳务收入22亿元，“敖汉小米农技工”“敖汉架线工”“望京保安”被认定为自治区级劳务品牌。

【第9届世界小米大会】 2022年12月27日，第9届世界小米起源与发展会议在敖汉干部学院召开。相关领域专家学者围绕“保护农业遗产，农耕续力前行”主题，分析敖汉小米在世界百年未有之大变局中面临的机遇和挑战。线上考古论坛同步召开，考古专家围绕“比较视野下的敖汉旱作农业与西辽河流域史前文明”开展主题研讨。会议通过新华社“快看”微信视频号、中央广播电视总台“快看好主播”视频号、内蒙古广播电视台奔腾融媒等全程现场直播。以敖汉小米为代表的旱作农业文化遗产保护减贫模式入选全球减贫最佳案例，敖汉小米入选“全国农遗良品十佳品牌”。

【评剧《赵锦棠》获第7届辽吉黑蒙四省区地方戏曲展演优秀演出奖】 2022年9月，该剧作为内蒙古自治区唯一选送节目，入选“菊苑流芳”——辽吉黑蒙四省区地方戏优秀剧目展演，获优秀演出奖。5月16日，经典评剧《赵锦棠》在敖汉旗会议中心礼堂正式演出，该剧讲述赵锦棠一家忠君报国的家国情怀，表现赵锦棠视婆为母的高尚情操，弘扬中华民族“百善孝为先”的传统美德。评剧《赵锦棠》共演出70余场次，受益人数18.8万人次。 （杨洪生）

红山区

【概况】 红山区位于内蒙古自治区东部、赤峰市南部，地处华北和东北地区结合部，是内蒙古自治区距离出口海岸较近的地区。辖区东部与元宝山区接壤，南部、西南部与喀喇沁旗毗邻，北部、西北部与松山区交界。红山区辖2个镇、11个街道、27个行政村、62个社区，有常住人口47.1万人。2022年，红山区入选“2021—2025年度第二批全国科普示范县（市、区）”，完成“第二批全国婚俗改革实验区”中期评估。红山区文化馆被评定为国家一级馆，魏氏花生炒货技艺、蒙医骨疗医术列入内蒙古非物质文化遗产代表性项目。

【经济发展】 2022年，红山区地区生产总值360.9亿元，比上年增长0.1%。其中，第一产业增加值10.3亿元，比上年增长1.8%；第二产业增加值149.4亿元，比上年下降1.4%；第三产业增加值201.2亿元，比上年增长1%。三次产业比例为2.9∶41.4∶55.7。人均生产总值7.67万元，比上年下降0.1%。全年一般

2022年5月17日，评剧《赵锦棠》在敖汉旗会议中心礼堂首演 （赤峰日报社 供图）

公共预算收入21.4亿元，比上年下降28.9%；一般公共预算支出20.9亿元，比上年下降26.6%，其中民生支出14.1亿元，占一般公共预算支出的67.5%。全年社会消费品零售总额162.1亿元，比上年下降1.4%；全体居民人均可支配收入4.38万元，比上年增长5.2%；全体居民人均生活消费性支出2.45万元，比上年下降2.8%。全区农作物总播种面积1.5万公顷，比上年增加222.8公顷。粮食种植面积1.3万公顷，比上年增加461公顷。粮食产量4.93万吨，比上年增加7.5%。家畜存栏6.05万头只，其中肉牛存栏3830头、肉羊存栏3.54万只、生猪存栏1.71万头、奶牛存栏1410头、马驴骡2720头；蛋鸡存栏42万羽，万只以上规模养殖户14个。年末家畜出栏6.19万头只，其中肉牛出栏4340头、肉羊出栏2.55万只、生猪出栏3.16万头、马驴骡出栏510头；禽出栏21.3万羽。肉类总产量5108吨，奶类总产量4063吨，蛋类总产量3632吨。新建高标准农田1000公顷。通滢、禾美产业园投产达效，新增"三品一标"6个，农畜产品加工转化率76%。全年全部工业增加值比上年下降1.9%，其中规模以上工业增加值增长3.5%。全年规模以上工业企业实现营业收入516.5亿元，比上年增长3.1%；实现利润10.7亿元，比上年下降45.6%；营业收入利润率为2.07%。年末规模以上工业企业资产负债率为57.7%，比上年下降4.1个百分点。规模以上工业企业产品销售率为99.4%。远联钢铁200万吨冷轧镀锌、艾克制药协同生产线、羊绒制品外贸转型升级基地技术中心建成投产。远联钢铁制氧机组转型升级技术改造、高炉转炉废气综合利用发电等项目投产达效。建设盘活标准化厂房20余万平方米。实行"赛马机制"、产业链长制，与中咨海外跨区域产业协作中心、中国个体劳动者协会达成合作，全年引进项目94个，引资121.5亿元。红山区注册个体工商户4.85万家，注册工商企业1.58万家。形成新华步行街商圈、桥北核心商圈、万达广场3个商圈，其中营业面积超过5000平方米的大型商场13家。建成运营市场19个，总营业面积190万平方米，年营业额131亿元，安置就业2.1万人，主要包含农业批发市场、农贸市场、建材家居、五金机电、汽车及二手车市场、小商品批发市场、钢材市场、石材市场、古玩字画市场等业态。全年实现社会消费品零售总额162.1亿元，比上年下降1.4%。红山物流园入驻企业及工商户2643家，完成各类投资3.5亿元，实现物流总额490亿元，实现税收7.8亿元，累计安置就业4.7万人。发放电子消费券2340万元，直接拉动消费9亿元。全区有A级以上旅游景区8家，自治区四星级接待户1家，自治区休闲农业与乡村牧区旅游示范点1家，市级休闲农业和乡村牧区旅游示范点1家。全年接待游客194万人次，比上年下降16.1%；实现旅游收入25.9亿元，比上年下降25.3%。

【城乡建设】 2022年，红山区房地产业投资54.8亿元，比上年下降27.8%。商品房销售面积46.4万平方米，比上年下降23.6%；商品房销售额62.4亿元，比上年下降16.7%。全区改造老旧小区90万平方米，建设市政道路10千米、雨污分流12千米，30条街路、背街小巷更新，钢铁大桥建成通车，阴河滨河景观带、铁南组团绿化工程完工，5G网络实现中心城区全覆盖；改造农村危桥3座，南大营子至石灰窑公路拓宽通车，农村问题户厕清零，垃圾分类示范小区扩面至7个。随着中心城区防洪及环城水系治理工程竣工，河道水质不断提升，几年来首次有10余只天鹅和大雁飞落赤峰中心城区环城水系阴河段水波上，市民生态宜居环境不断改善。

【社会事业】 2022年，红山区共有非物质文化遗产保护项目25个，有公共文化馆1个、公共图书馆2个、公共美术馆1个、公共博物馆2个。文化馆、图书馆分馆实现13个镇街全覆盖。有乡镇综合文化站2个、草原书屋27个、村级文化活动室27个、文化活动队伍137支。全年组织开展各类展演、展览、展示活动100余场，推出11个免费开放公益培训项目，开展线上线下公益培训班34场次，免费培训1.2万余人次。强化科技创新支撑，新增创新型中小企业、"专精特新"企业10家，累计认定国家、自治区级科创平台55家，争取科技资金2115万元，安快创业谷获评国家级科技企业孵化器。全年开展就业创业技能培训764人次，组织招聘会10场，参会企业899家，提供就业岗位1.5万余个，求职人员4万人次。全年城镇新增就业人数9211人，转移农村劳动力1.39万人次。城镇新增登记失业人数4738人，城镇登记失业率为4.7%。全区新登记各类市场主体9045户，比上年下降12%；实有各类市场主体6.46万户，增长3.4%。新改扩建中小学、幼儿园9所，晋升自治区一级甲等幼儿园4所。全面落实"双减"政策，校外培训机构实现归口规范管理。与北京海淀区教委建立帮扶机制，开展国培、区培、校本三级培训。红山区第二医院被评为自治区现代医院管理制度样板示范医院。建成街道养老服务中心11个，居家养老"一刻钟"服务圈覆盖率90%以上。二道井子遗址保护修缮工程竣工验收。

【工业互联网标识解析二级节点建设】 2022年5月，赤峰高新技术产业园区红山产业园入园企业"内蒙古朗坤科技有限公司"通过中国信息通信研究院批准，启动蒙东地区唯一一个国家工业互联网标识解析二级节点建设，9月接入国家顶级节点，具备为企业提供国家工业互联网标识服务的能力，为工业生产要素“人、机、物”赋予全球唯一标识码，并在标识码上载入生产要素相关数据，通过企业节点、二级节点、国家顶级节点之间互联互通的架构实现数据跨区域、跨企业、跨系统互联互通，用户通过标识码可以从任何一个二级节点或企业节点解析到不同权限的数据，基于解析到的数据围绕用户业务需求构建各类应用场景，为企业数字化管理、智能化生产、个性化定制、网络化协同、服务化延伸等创新发展模式提供支撑。

【商贸服务型国家物流枢纽承载城市创建】 2022年11月21日，内蒙古自治区首列通过“铁路快速通关”模式的中欧班列开行，节约通关时间20个小时，缩短整体运输时间3天，单箱节省费用200元以上。红山区为构建高效便捷的物流通道经济，着力推动铁路运输类海关特殊监管作业场所申建工作，推动粮食、肉类、木材等大宗进口货物指定场地申建，与中国铁路沈阳局集团有限公司对接协调，申请并力促中欧班列“赤峰号”双向常态化运行，全年开行8列，累计货值1.2亿元、货量800TEU（国际标准箱单位），主要货物为饲料添加剂、家用电器、塑料粒子、汽车发动机、轮胎等，开行目的地由俄罗斯莫斯科拓展到白俄罗斯科利亚季奇，吸引蒙东地区乃至全国外贸商品向赤峰地区集聚，以打造国际陆港和区域性集货中心。

【红山文化博物馆晋升为国家AAA级旅游景区】 2022年9月16日，内蒙古自治区文化和旅游厅发布公示，红山文化博物馆晋升为国家级AAA级旅游景区。红山文化博物馆位于内蒙古赤峰市红山脚下，现为赤峰市科普示范基地、红山区爱国主义教育基地、青年社会实践基地、少先队校外实践教育基地，是一座集典藏、研究、展示、教育、交流、服务于一体的红山文化专题博物馆。博物馆占地2公顷，主体建筑面积8422平方米，高17米，分为负一层、地上一层、局部二层。博物馆主展区为基本陈列展厅，面积2126平方米，包括序厅、文明曙光展厅、红山之瑰展厅、敬天法祖展厅、多元一体展厅、辉煌历程展厅、尾厅七部分，通过文字、文物、图片、沙盘、多媒体等展陈方式，全方位、多角度地展示红山文化发现至今的研究成果。公共区面积2241平方米，包括沉浸式影院、文创商店、学术报告厅、观景平台、临时展厅等。（刘海婷）

红山文化博物馆　（红山区融媒体中心　供图）

松山区

【概况】 松山区位于赤峰市南部，七老图山、努鲁儿虎山、赤峰黄土丘陵台地的复合截接部位，西辽河水系上游。东与敖汉旗相望，西与河北省围场县毗邻，西北与克什克腾旗搭界，南与喀喇沁旗、红山区、元宝山区接壤，北与翁牛特旗相连。2022年，全区辖9个镇5个乡、7个街道、1个街道筹备处，244个行政村、89个社区，总面积5629平方千米。户籍人口62.17万人。

【经济发展】 2022年，松山区实现地区生产总值313亿元，按可比价格计算，比上年增长0.4%。其中，第一产业增加值67.3亿元，比上年增长4.4%；第二产业增加值73.3亿元，比上年下降8.3%；第三产业增加值172.4亿元，比上年增长2.4%。三次产业比为21.5：23.4：55.1。公共财政预算收入15.5亿元，比上年下降33.4%；公共财政预算支出45亿元，比上年下降10.3%。社会消费品零售总额比上年下降0.3%。全年500万元以上固定资产投资比上年下降14.6%。城镇常住居民人均可支配收入4.17万元，比上年增长5%；农村牧区常住居民人均可支配收入2.15万元，比上年增长8%。全区农作物总播种面积14.95万公顷，比上年下降4.3%。粮食总产量85.78万吨，比上年增长5%。新改建设施农业1000公顷，新发展经济林2000公顷。废旧地膜当季回收率82%，秸秆综合利用率91%，绿色农畜产品抽检合格率100%。肉牛、肉羊年存栏分别为29万头、75万只，生猪出栏200万头。“三品一标”农畜产品46个。农牧业机械总动力96.6万千瓦，比上年增长10.5%。全区工业增加值43.6亿元，比上年下降0.7%。规模以上工业企业利润总额5.6亿元，比上年增

表 59　2022 年松山区各乡镇（街道）基本情况一览表

乡镇（街道）	户籍人口	耕地面积（公顷）	嘎查村社区（个）	财政收入（万元）	粮食总产量（万吨）
穆家营子镇	73351	7469.50	14	2511.40	2.30
安庆镇	31853	16975.00	13	1678.80	7.50
太平地镇	47249	18066.80	23	3314.80	26.50
哈拉道口镇	29386	18667.00	10	2397.80	13.40
初头朗镇	32281	13600.00	20	3963.40	3.50
王府镇	29695	6667.00	15	2197.70	4.60
上官地镇	20637	11460.00	14	2909.60	4.80
大庙镇	27981	8850.90	19	4887.70	4.80
老府镇	34383	8443.00	24	1626.20	4.80
夏家店乡	36647	15961.80	17	3427.90	5.50
当铺地满族乡	42900	14667.00	25	3623.00	7.50
城子乡	32037	11667.00	20	3640.50	6.40
岗子乡	16422	8400.00	13	2009.50	4.40
大夫营子	24255	8666.70	21	4004.20	5.50
向阳街道	14738	—	14	—	—
振兴街道	20505	—	13	—	—
松州街道	16232	—	10	—	—
铁东街道	9939	—	9	—	—
玉龙街道	28595	—	11	—	—
兴安街道	15311	—	14	—	—
全宁街道	29930	—	10	—	—

（松山区档案史志馆）

长 53%；税金总额 4.6 亿元，比上年增长 140.3%。新增规模以上工业企业 10 家，完成节能技改企业 10 家，规模以上工业总产值 61.4 亿元，增加值增速比上年增长 5.1%。认定“国高新”（国家高新技术企业）、“国科小”（国家科技型中小企业）38 家，工业企业科技成果转化实现倍增。推进安庆工业园区建设，20.6 万平方米标准化厂房、中水厂一期、智慧园区 3 个项目建设完成，新签约亿元以上项目 13 个，新入园企业 23 家，年产值 50 亿元。赤峰·中关村信息谷科技创新基地新入驻企业 14 家，总投资 6.77 亿元。投资 100 亿元的正威铜产品深加工、投资 30 亿元的欣旺达低碳产业园项目签约，实现百亿级工业项目零突破。全年完成招商引资项目 98 个，计划总投资 449 亿元，落地开工项目 55 个。全区服务业增加值 172.4 亿元，比上年增长 2.4%。新增市场主体 8903 户，全面落实“六税两费”、留抵退税等优惠政策，全年减税降费 6.78 亿元。商贸物流城 7 条街路绿化、给排水及照明工程投入使用。国家生猪市场——内蒙古运营中心建成运行，启动“赤诚峰味家门购”平台，入驻商户 1492 家。金融机构各项存款余额 453.7 亿元，比上年增长 15.7%；金融机构各项贷款余额 364.5 亿元，比上年增长 6%。全年保险公司保费收入 3.03 亿元，比上年增长 9.4%；保险业务支出 0.82 亿元，比上年下降 18.8%。全年接待游客 81.31 万人次，实现旅游收入 13.2 亿元。

【城乡建设】　2022 年，松山区实施国省干线养护工程 207 千米，道路优良率 98.99%。投资 2.6 亿元，完成王府大街、巴林大街等 9 条街路雨污分流改造 14.4 千米。完成锡伯河街建成投用、友谊巷等 5 条巷道治理，新增城市绿地 3.48 万平方米，改造老旧小区 64 个 63.14 万平方米，改造人行道 10 万平方米，提质住宅小区 15 个 29 万平方米，施划智能停车位 1.1 万个。智慧城管指挥中心全面升级，城市精细化管理向“一网统管、智能应用”发展。新建改造高、低压线路 127 千米，王家地电网改造项目获评 2022 年全国配电网“百佳工程”。完成 55 个行政村村庄绿化，实施供水保障工程 89 处，硬化通组路 19.3 千米，通村道路安全防护工程 28.62 千米，改造危桥 7 座。农村生活垃圾收运处置覆盖率 71%，完成农村户厕问题摸排整改“回头看”。实施生态修复 4866.67 公顷，营造林 3000 公顷，建设生态湿地 4 平方千米、生态屏障 11 平方千米，清理河道垃圾 10.13 万吨。中心城区空气优良率 97.3%，国省考断面水质年均优质率 100%，城市集中式饮用水水源地水质达标率 100%。实施煤改电试点行政事业单位 10 家，减少二氧化碳排放 1.5 万吨、硫氧化物等有害气体 100 吨。

【社会事业】　2022 年，松山区参加基本养老保险 7.35 万人，比上年增加 7%；参加医疗保险 52.72 万人，比上年减少 1.11%。松山区二十一小教学楼、十七幼、十八幼建成投用，地质二中新址、十五幼、十小艺体馆等项目主体完工，学前教育普惠园位比重提高至 80%。高考本科上线率 81%，创历史新高。公开招聘、引进教师 290 人。松山区第七、第八、第十三幼儿园获教育部“2021 年度全国足球特色幼儿园”称号；松山区职业教育培训中心获教育部“全国职业教育信息化标杆校”建设单位称号。松山十幼、富山嘉苑社区获自治区民族团结进步模范集体。区人武部被中央军委国防动员部表彰为正规化建设先进单位。全区有文化艺术馆站22个、博物馆1个、图书馆1个。全年举办摄影作品展、业余歌手大赛、赤峰市美术作品展、书法篆刻作品展等文化活动20余场；开展文化惠民公益演出（送戏下乡）12场；举办业余文艺骨干广场舞培训班，培训140人；在区政府广场连续举办15场“喜迎二十大·奋进新征程”系列文艺演出活动。图书馆新馆累计举办线上活动30次、线下活动8次，接待读者5.26人次，图书借阅1.26册。投资162.5万元，建设乡镇街道体育广场、活动室。投入创城健身路径资金60万元、自筹资金210万元，完善全区健身器材设施，松山区体育场地数量居全市第一位。《初头朗的故事与传说》、传统评剧、烫画葫芦、根雕木雕、李氏花饽饽制作技艺、辽瓷制作及烧制技艺、辽瓷倒装壶制作技艺、姜氏精芥肉制作技艺、拼布技艺、箫笛制作技艺列入第三批区级非物质文化遗产代表性项目名录。全区有非遗代表性项目总数30个，其中自治区级1个、市级7个、区级22个。大庙、王府和岗子区域性敬老院完成升级改造，嵌入式社区养老机构试点建设取得成效。完成36所基层医疗机构能力提升工程，中蒙医院康复科成功申报自治区重点专科。197个家庭医生团队签约服务30万人，重点人群签约服务率74.11%，脱贫人口等特殊群体签约服务率100%。获评自治区级卫生乡镇14个。

【大乌良苏村被认定为内蒙古自治区乡村旅游重点村】 2022年7月8日，内蒙古自治区文化和旅游厅、内蒙古自治区发展和改革委员会联合下发《关于公布第二批内蒙古自治区乡村旅游重点村镇名单的通知》，松山区老府镇大乌良苏村被认定为内蒙古自治区乡村旅游重点村。

【松山区政务服务中心投入使用】 2022年11月，松山区政务服务中心投入使用。中心位于松北新城百柳路与松岳街交汇处，总投资2.2亿元，总占地面积1.78万平方米，规划建筑面积4.34万平方米。按照功能划分为民生、综窗、税务、工改、公安、不动产登记、后台审批、交通运输、住房公积金等9个专区180余个服务窗口，配置自助专区、休息区、导询台、结婚登记颁证室、母婴室等配套设施。新政务服务中心大厅对场所标识、窗口设置、业务办理等进行系统规范。在传统审批服务的基础上，增加自助填单机、自助智能一体机、智能机器人等设备，充分运用大数据、人工智能、物联网等新技术，为办事群众提供智能、高效的政务服务。

（宫泽显）

2022年11月，赤峰市松山区政务服务中心投入使用

（松山区档案史志馆　供图）

元宝山区

【概况】 元宝山区位于内蒙古自治区东部，赤峰市中心城区东南方向，河北省、辽宁省与内蒙古自治区三省区交界处。元宝山区政府所在地平庄镇距市中心城区45千米，是内蒙古自治区最近的出海通道。元宝山区缘煤而建、因煤电而兴，是全国重点产煤区和国家重要能源基地。城乡交融、地企交错、工农杂居，是工矿型、城乡型煤电城市，是联结东北和华北两大经济区的重要交通枢纽。2022年，元宝山区总面积952.14平方千米，辖5个镇、1个乡、6个街道，66个村、53个社区。常住人口27.81万人。全年完成营造林600公顷，森林面积1.84万公顷，森林覆盖率19.51%。地表水国控断面达标率100%。全年环境空气质量优良天数330天。

【经济发展】 2022年，元宝山区地区生产总值207.7亿元，比上年增长1.2%。其中，第一产业增加值28.7亿元，比上年增长3.6%；第二产业增加值108.6亿元，比上年下降0.9%；第三产业增加值70.4亿元，比上年增长3%。三次产业结构比为13.8∶52.3∶33.9。500万元以上固定资产投资在库项目175个。一般公共预算收入15.86亿元，比上年增长8.2%。其中，税收收入11.36亿元，比上年下降1.7%，占一般公共预算收入的71.6%。一般公共预算支出32.98亿元，比上年增长6.3%。

表 60　2022 年元宝山区各乡镇（街道）基本情况一览表

乡镇（街道）	土地面积（平方千米）	年末人口（万人）	耕地面积（公顷）	行政村（社区）（个）	粮食总产量（万吨）
平庄镇	220.49	7.10	9049.60	24	6.20
元宝山镇	314.04	2.74	7741.29	16	4.30
风水沟镇	128.60	1.79	5510.00	8	3.79
美丽河镇	83.64	2.30	3886.33	7	3.20
五家镇	44.23	0.60	1986.67	6	0.96
小五家乡	140.44	0.20	4066.00	6	1.70
平庄城区街道	2.30	3.30	—	8	—
平庄东城街道	3.30	4.03	49.90	12	0.03
平庄西城街道	2.80	5.94	—	13	—
西露天街道	7.00	0.97	—	6	—
云杉路街道	3.80	3.16	—	10	—
马林街道	1.50	0.35	—	4	—

（元宝山区档案史志馆）

社会消费品零售总额 41.67 亿元，比上年增长 0.7%。居民人均可支配收入 3.94 万元，比上年增长 5.7%；居民人均消费支出 2.19 万元，比上年下降 2.9%。金融机构各项存款余额 308.11 亿元，比上年增长 16.2%；贷款余额 212.58 亿元，比上年增长 4.3%。保险业保费收入 6.32 亿元，比上年下降 4.3%。支付各类赔款及给付 2.03 亿元，比上年下降 1.8%。全区农作物播种面积 2.83 万公顷，比上年增长 3.4%。粮食作物产量 20.26 万吨，比上年增长 5.1%。新建高标准农田 2000 公顷，新建改造设施农业 133.33 公顷，种苗特色小镇育苗 3.5 亿株。改造提升奶牛牧场 7 家，奶牛存栏 2.2 万头。维聪乳业建成投产，日处理鲜奶 550 吨。新增能繁母牛 4 万头，新增生猪饲养能力 5.6 万头，禽类、生猪、肉牛存栏分别为 130 万只、25 万头、10 万头。实施衔接项目 11 个，稳岗就业 905 人。新增市级以上产业化龙头企业 5 家。认证“三品一标”农畜产品 5 个，“风水沟葡萄”“兴隆坡西瓜”入选全国名特优新农产品名录。全区工业增加值 91.93 亿元，比上年下降 3%，其中规模以上工业增加值比上年增长 0.1%。规模以上工业企业实现营业收入 238.13 亿元，比上年增长 2%，工业产品销售率 96.7%。支持引导利安隆、东山电厂等 8 家小微企业发展为规模以上企业。规模以上工业企业增至 53 家，产值 235 亿元，比上年增长 8%。康普药业、东汇化工投产达效，柏善药业、金旭药业建成投产。生物化工、医药化工、精细化工新材料产品群延伸拓展至 18 个。科为博、华天制药等 16 家企业技改升级，盛森硅业、鑫岩工贸等 4 家僵尸企业盘活出清，腾退利用闲置土地 28.75 公顷。建设和盘活标准化厂房 20.9 万平方米，入驻企业 13 家。元宝山产业园通过自治区化工园区认定，园区企业 140 余家，投资强度、亩均效益均居全市第一位。全区服务业增加值 70.4 亿元，比上年增长 3%。社会商品销售总额 72.25 亿元，比上年下降 14.1%。对外贸易进出口总额 119.11 亿元，比上年增长 34.96%。实际利用外商投资 0.3 亿美元。全区 5000 平方米以上大型商场、市场 10 个，年交易额超亿元 2 个（四道井子村葵花交易市场、新发地农产品批发市场）。农村牧区集贸市场 9 个。新增限额以上商贸企业 6 家。发放消费券、各类补贴 750 万元，举办房交会、嘉年华等促消费活动 8 场，带动消费 1.3 亿元。蒙东国际物流港日集货量和铁路发运量双破万，产值超 10 亿元。新增外贸企业 3 家，全区外贸进出口总额 119 亿元，居全市首位。全年旅游接待 64.5 万人次，实现旅游收入 6.2 亿元。元宝山发电有限责任公司获评国家工业文化专题实践教学基地。

【城乡建设】　2022 年，元宝山区实施牛头山治理、宝山路下穿框构桥等基础设施工程 6 个，延伸改造银河街、天山路，更新城市管网 3 千米；西美家园、露天家苑 D 区等 4 个棚户区改造、沉陷区治理项目全部竣工，改造老旧小区 16 个，惠及居民 2.2 万户；开展交通秩序、市容市貌、车辆停放等整治行动，修补路面 3.1 万平方米，整治飞线 272 千米，新增车位 6500 个。打造绿化美化示范村 10 个，列入国家乡村振兴示范村 4 个。垃圾“收、储、运”环卫一体化实现建制村全覆盖，生活垃圾无害化处理率 100%。实施农村供水保障工程 11 处，受益 1.3 万人。新建、翻修公路 50 千米，改造危桥 12 座，元宝山区获评“四好农村路”全国示范县。

【社会事业】　2022 年，元宝山区民生支出 26.4 亿元，占财政支出的 80.2%。新增城镇就业 2752 人，农民转移就业 2.06 万人次。参加基本医疗保险人员 27.72 万人。医疗救助惠及 1.23 万人，发放低保、特困供养等各类救补资金 7630 万元。企业职工养老保险实现全国统筹。年初承诺十件民生实事全部兑现。出台促进科技创新 9 条措施，新增科技型中小企业 25 家、高新技术企业 9 家，科技创新平台载体 27 家。瑞阳化工获评

2022 年 3 月 8 日，吉祥社区开展关爱老年人活动　（蒋超　摄）

自治区科技成果转移转化基地，富强机电获自治区科学技术进步一等奖。新改扩建中小学、幼儿园 5 所，新增学位 360 个。高考一本上线率和本科上线率居全市首位，6 人考入清华大学、北京大学。元宝山区入选全国义务教育优质均衡先行创建区，元宝山青少年活动中心获评自治区首批大中小学劳动教育实践基地。举办第 22 届文化艺术旅游节、第 14 届全民健身运动会。建成铸牢中华民族共同体意识综合教育实践基地。

【吉祥社区获评“全国示范性老年友好型社区”】 2022 年 10 月，吉祥社区获评“全国示范性老年友好型社区”。平庄城区街道吉祥社区成立于 2021 年，辖区常住居民 1665 户 3460 人。为加强小区道路设施、休憩设施等与老年人日常生活密切相关的设施和场所建设，吉祥社区内小区设有公园、儿童乐园等休闲场所；出入口设置人车分流标识牌；增设照明设施；在小广场处设置清晰明确的卫生间标识；主路设置应急救援、消防通道警示牌。为辖区老年人居住的厨房、卫生间设备、墙体、地面及上下水管道进行整体改造维修，重点对小区 12 栋步梯楼、45 个单元的一层坡道、楼梯、电梯、扶手等进行改造。利用社区日间照料中心及社会化资源为老年人提供生活照料、助餐、理发、心理咨询、法律援助、康复辅具租赁、精神慰藉等多样化养老服务。

【“风水沟镇兴隆坡西瓜”入选全国名特优新农产品名录】 2022 年 10 月，“风水沟镇兴隆坡西瓜”入选全国名特优新农产品名录。元宝山区风水沟镇兴隆坡村建成 3 个西瓜集约化育苗场，从一家一户育苗发展到集约化育苗，推广小型西瓜高密度栽培技术，定植密度从每公顷 53.36 株提升到每公顷 166.75 株；设施西瓜蜜蜂授粉技术取代人工授粉，应用率 80% 以上。与北京市农林科学院合作，成立北京（兴隆）西甜瓜产业技术研究院，引进农科院先进品种和技术资源。从以中果型西瓜为主向小果型西瓜转变，推广甜瓜、京彩一号等含糖量高、耐裂性好、挂果期长的适宜观光采摘的优良小型西瓜品种。采用大中棚、大拱、双拱、单膜 4 种模式种植，避免集中上市的弊端品种包括大果型、小果型等特色产品。现有特色西瓜种植冷棚 258 个，全年冷棚西瓜总产值 100 余万元。

【和润景区被评定为国家 AAA 级旅游景区】 2022 年 9 月 23 日，内蒙古自治区文化和旅游厅发布《关于评定国家 AAAA 级和 AAA 级旅游景区的公告》，和润景区获评国家 AAA 级旅游景区。和润景区位于元宝山区元宝山镇，占地面积 5 万平方米。景区分别打造万世民丰馆、丝路润和馆、异域风情馆、瓜蔬新艺馆、农耕乐园馆。在设计上涵盖中华民族伟大复兴、百年峥嵘党史、多彩花卉文化、热带丛林风情、乡村农耕文化、儿童科普体验、美食互动等诸多要素。在形式上体现“奋斗、筑梦、新奇、多彩、乡愁、欢乐、和谐”诸多内容。全年接待游客 5 万余人次，收入 300 余万元。（赵晓杰）

2022 年 6 月 18 日，元宝山区风水沟镇兴隆坡西瓜采摘现场　（刘宇　摄）

奖金2000
奖金2000
奖金3000
奖金5000
奖金1500
奖金1500
奖金1500
奖金1000
奖金4000
奖金1500
奖金1000
奖金1000
奖金1000

人物·荣誉

责任编辑　王　慧

新任市级领导

栾天猛 男，汉族，黑龙江哈尔滨人，1972年2月出生，1993年7月加入中国共产党，1995年7月参加工作，大学学历。1991年9月内蒙古师范大学教育系学校教育专业学习；1995年7月内蒙古自治区牙克石市公安局刑警大队民警；1997年10月任牙克石市公安局政治处副主任；1998年4月任牙克石市公安局刑警大队教导员；2000年10月任牙克石市公安局指挥室主任；2002年3月任牙克石市委办公室副主任；2006年8月任牙克石市委常委、办公室主任；2008年12月任呼伦贝尔市政府副秘书长；2011年12月任呼伦贝尔市组织部副部长、正处级组织员；2013年1月任扎兰屯市委副书记、代市长；2013年3月任扎兰屯市委副书记、市长；2015年9月任阿荣旗委书记；2020年4月任阿荣旗委书记、二级巡视员；2020年6月呼伦贝尔市副市长人选，任阿荣旗委书记；2020年7月任呼伦贝尔市副市长，阿荣旗委书记；2021年4月任内蒙古自治区政府副秘书长、办公厅党组成员；2022年2月任赤峰市委副书记、政法委书记。

孙艾芳 女，汉族，山东莱州人，1971年11月出生，1992年5月加入中国共产党，1993年7月参加工作，在职研究生学历。1989年9月内蒙古师范大学历史系历史专业学习；1993年7月内蒙古师范大学附属中学教师；1996年12月内蒙古自治区党委组织部党建研究所编辑、记者；2001年9月内蒙古自治区直属机关团工委干部；2003年3月内蒙古自治区直属机关团工委主任科员；2006年4月任内蒙古自治区直属机关团工委副书记；2011年3月内蒙古自治区公选副厅级领导干部，驻巴彦淖尔市副厅级信访督查专员；2011年9月任内蒙古自治区党委直属机关工委副书记；2012年7月任内蒙古自治区党委直属机关工委副书记，自治区红十字会副会长（兼）；2016年10月任巴彦淖尔市委常委、统战部部长；2020年6月任巴彦淖尔市委常委、统战部部长，市政协党组副书记（兼）；2020年9月任巴彦淖尔市委常委、统战部部长，市政协党组副书记（兼）、市社会主义学院院长（兼）；2021年1月任赤峰市委常委、组织部部长；2021年4月任赤峰市委常委、组织部长，市委党校校长，市行政学院院长；2021年12月任赤峰市委常委、组织部长，市人大常委会主任候选人提名人选，市委党校校长，市行政学院院长；2022年2月任赤峰市人大常委会党组书记、主任，市委常委、组织部部长，市委党校校长，市行政学院院长；2022年3月任赤峰市人大常委会党组书记、主任，市委党校校长，市行政学院院长；2022年5月任赤峰市人大常委会党组书记、主任。

睢　利 男，汉族，内蒙古乌海人，1970年10月出生，1992年6月加入中国共产党，1993年7月参加工作，在职研究生学历。1989年9月在内蒙古师范大学汉语言文学系汉语言文学专业学习；1993年7月内蒙古师范大学校长办公室干部；1996年12月内蒙古自治区党委政法委政治部干部；1998年9月内蒙古自治区党委政法委政治部副主任科员；2001年1月内蒙古自治区党委政法委政治部主任科员；2003年5月任内蒙古自治区党委政法委维稳办副处长；2004年5月任内蒙古自治区党委政法委政治部副主任；2009年7月任内蒙古自治区党委政法委综治办综合协调处处长；2009年11月任锡林郭勒盟盟委政法委副书记（正处级）；2011年1月任二连浩特市委常委、政法委书记；2011年10月任二连浩特市委常委、纪委书记；2017年12月内蒙古自治区纪委监委驻自治区人民检察院纪检监察组正处级干部；2018年9月内蒙古自治区人民检察院党组成员、纪检监察组组长；2021年12月赤峰市委常委，市纪委书记、监委主任候选人提名人选；2022年2月任赤峰市委常委，市纪委书记、监委主任。

乔雪峰　女，汉族，内蒙古丰镇人，1972年9月出生，1996年7月参加工作，2005年6月加入中国共产党，全日制研究生学历。1992年9月内蒙古师范大学中国现当代文学专业学习；1996年7月包头铁路第一中学任教师；1997年9月内蒙古师范大学中国现当代文学专业学习；2000年7月内蒙古日报社校对科、农牧部、经济新闻采访部记者、编辑、组长；2005年12月任内蒙古日报社编委会办公室主任助理（副处级）；2009年3月内蒙古日报社首席记者；2012年3月任内蒙古日报社首席记者、正处级监事（纪检员）兼汉文报时政新闻及评论理论部副主任；2012年7月任经济日报社内蒙古记者站副站长（正处级）；2017年12月任内蒙古新华发行集团股份有限公司副总经理；2020年9月任内蒙古新华发行集团股份有限公司党委委员、副总经理；2022年3月任赤峰市委常委、宣传部部长。

乔宇驰　男，汉族，内蒙古鄂托克旗人，1970年11月出生，1992年9月参加工作，1995年6月加入中国共产党，在职研究生学历。1988年9月内蒙古民族师院汉语言文学专业学习；1992年7月待安置；1992年9月伊克昭盟财经学校教师；1994年3月伊克昭盟编委机构编制科干事；1996年6月任伊克昭盟编委机构编制科副科长；1996年8月伊克昭盟党委组织部盟直干部科副科级干部、副主任科员；1998年5月任伊克昭盟党委组织部盟直干部科副科长；2001年9月任鄂尔多斯市委组织部市直干部科副科长；2002年6月鄂尔多斯市委组织部市直干部科副科长、正科级组织员；2003年4月内蒙古自治区党委组织部干部监督处主任科员；2007年3月内蒙古自治区党委组织部干部监督处副调研员；2009年10月任内蒙古自治区党委组织部干部监督处副处长；2010年12月任内蒙古自治区党委组织部干部三处副处长；2015年11月任内蒙古自治区党委组织部干部三处处长；2018年6月任内蒙古自治区党委组织部干部二处处长；2020年2月任内蒙古自治区党委组织部干部二处处长、一级调研员；2021年7月任内蒙古自治区党委组织部部务委员、干部二处处长；2022年3月任赤峰市委常委、组织部部长；2022年5月任赤峰市委常委、组织部部长，市委党校校长，市行政学院院长。

孟晓冰　男，蒙古族，内蒙古喀喇沁旗人，1971年10月出生，1991年6月加入中国共产党，1991年7月参加工作，在职研究生学历。1989年9月昭乌达蒙族师范专科学校学习；1991年7月赤峰市第六中学教师、团委书记；1995年6月政协赤峰市红山区委员会秘书；1997年12月任共青团内赤峰市红山区委员会副书记、书记；2002年7月任共青团赤峰市委员会副书记、党组成员；2007年9月任喀喇沁旗人民政府副旗长；2010年1月任赤峰市红十字会常务副会长；2013年1月任赤峰市阿鲁科尔沁旗委员会副书记、政府代旗长；2013年3月任赤峰市阿鲁科尔沁旗委员会副书记、政府旗长；2020年1月任赤峰市阿鲁科尔沁旗委员会副书记，政府旗长、一级调研员；2021年6月赤峰市阿鲁科尔沁旗人民政府一级调研员；2021年8月赤峰市人民政府副市长提名人选、一级调研员；2021年9月赤峰市人民政府党组成员、副市长提名人选；2022年2月任赤峰市人民政府党组成员、副市长；2022年12月任赤峰市委员会常委、秘书长，赤峰市委直属机关工作委员会书记。

田晨光　男，汉族，山东桓台人，1979年12月出生，2001年8月参加工作，2003年6月加入中国共产党，全日制本科学历。1997年9月山东大学计算机系计算机科学与技术专业学习，2001年7月待安置；2001年8月山东省淄博市桓台县委办公室科员；2005年7月挂职任淄博市桓台县田庄镇副镇长；2006年10月任山东省淄博市桓台县周家镇科技副镇长；2007年10月任山东省淄博市桓台县马桥镇党委副书记（正科级）；2009年1月任山东省淄博市人民防空办公室副主任；2009年7月任山东省淄博市人民防空办公室（淄博市民防局）副主任（副局长）；2010年4月任山东省淄博市人民防空办公室副主任、党组成员，援藏任昂仁县委常委、副县长；2013年8月任山东省淄博市人民防空办公室副主任、党组成员、调研员；2016年1月任山东省淄博市临淄区委副书记（正县级）；2016年11月任山东省沂源县委副书记（正县级）；2017年1月任山东省沂源县委副书记、县长；2020年3月任山东省沂源县委副书记、县长、一级调研员；2020年10月任山东省德州市陵城区委书记、一级调研员；2022年2月任山东省德州市副市长、陵城区委书记；2022年11月任赤峰市委常委，赤峰市政府党组副书记、副市长提名人选；2022年12月任赤峰市委常委，赤峰市政府党组副书记、副市长（负责政府常务工作）。

张继康　男，汉族，广西宾阳人，1974年6月出生，1995年1月加入中国共产党，1997年7月参加工作，全日制本科学历。1993年9月广西民族学院中文系汉语言文学专业学习；1997年7月友谊关边防检查站副连职干事；1998年10月武警广西边防总队秘书处副连职秘书；2001年11月武警广西边防总队秘书处正连职秘书；2004年12月武警广西边防总队秘书处副营职秘书；2006年9月广西壮族自治区民委文教处干部；2007年4月广西壮族自治区民委文教处副主任科员；2007年12月广西壮族自治区民委文教处主任科员；2008年9月广西壮族自治区人大法制委员会办公室、常委会法制工作委员会办公室主任科员；

2011年2月国家民委办公厅秘书处主任科员；2012年10月国家民委办公厅秘书处副处级秘书；2014年7月任国家民委财务司综合处副处长；2014年10月任国家民委财务司综合处处长；2019年11月任国家民委财务司综合处处长、一级调研员；2020年3月任国家民委财务司资产与基建管理处处长、一级调研员；2020年8月任中国民族博物馆党委副书记、纪委书记；2022年6月任赤峰市委常委，市政府党组成员、副市长提名人选；2022年7月，任赤峰市委常委，市政府党组成员、副市长。

高希华 男，蒙古族，内蒙古宁城县人，1969年7月出生，1997年3月加入中国共产党，1990年7月参加工作，大学学历。1986年9月北京林业大学水土保持专业学习；1990年7月赤峰市水利局水土保持站工程师；1996年2月任赤峰市农牧办公室副科长；1998年3月赤峰市人民政府办公厅副科级秘书；1999年11月任赤峰市人民政府办公厅政务二处副处长、正科级秘书；2000年10月任内赤峰市人民政府办公厅综合处副处长、正科级秘书；2002年6月任赤峰市人民政府办公厅网络技术处处长；2003年6月任赤峰市人民政府办公厅综合处处长；2004年2月任赤峰市林西县人民政府科技副县长；2007年1月任赤峰市克什克腾旗委常委、组织部部长；2008年7月任赤峰市人民政府副秘书长；2011年11月任赤峰市巴林左旗委副书记、旗人民政府代理旗长；2012年2月任赤峰市巴林左旗委副书记、政府旗长；2014年3月至2015年2月挂职中共中央组织部组织二局一处副处长；2015年8月任赤峰市喀喇沁旗委书记；2020年1月任赤峰市喀喇沁旗委书记、一级调研员；2020年4月任赤峰市喀喇沁旗委书记、二级巡视员；2021年5月任赤峰市喀喇沁旗委二级巡视员；2021年9月赤峰市人大常委会党组成员、喀喇沁旗委二级巡视员；2021年12月任赤峰市人大常委会党组成员、副主任提名人选，喀喇沁旗委二级巡视员；2022年2月任赤峰市人大常委会党组成员、副主任，喀喇沁旗委二级巡视员；2022年3月任赤峰市人大常委会党组成员、副主任。

孟和达来 男，蒙古族，内蒙古巴林右旗人，1967年1月出生，1986年6月加入中国共产党，1989年7月参加工作，大学学历。1985年9月内蒙古大学蒙古语言文学专业学习；1989年7月赤峰市巴林右旗人大常委会教科文卫干事、办公室秘书；1995年3月任赤峰市巴林右旗人大常委会民法委副主任；1996年12月任赤峰市巴林右旗委组织部副部长；1999年11月任赤峰市巴林右旗查干诺尔苏木党委书记；2000年11月任赤峰市巴林右旗委常委、宣传部部长、查干诺尔苏木党委书记；2001年5月任赤峰市巴林右旗委常委、宣传部部长；2003年12月任赤峰市巴林右旗副旗长；2005年5月至2005年8月挂职浙江省温州市苍南县县长助理；2006年6月任赤峰市巴林右旗委常委、副旗长；2007年10月任赤峰市巴林右旗委常委、常务副旗长；2007年3月至2008年2月挂职内蒙古自治区农牧业厅畜牧处副处长；2011年5月任赤峰市阿鲁科尔沁旗委副书记；2013年1月任赤峰市委组织部副部长；2013年4月任赤峰市委组织部副部长（正处级）；2015年8月任赤峰市巴林左旗旗委副书记、旗人民政府代旗长；2016年2月任赤峰市巴林左旗旗委副书记、旗人民政府旗长；2020年1月任赤峰市巴林左旗旗委副书记、旗人民政府旗长、一级调研员；2021年6月任赤峰市巴林左旗人民政府一级调研员；2021年9月任赤峰市人大常委会党组成员、巴林左旗人民政府一级调研员；2021年12月任赤峰市人大常委会党组成员、副主任候选人提名人选，巴林左旗人民政府一级调研员；2022年2月任赤峰市人大常委会党组成员、副主任。

赵志刚 男，汉族，内蒙古林西县人，1969年9月出生，1996年10月加入中国共产党，1991年8月参加工作，在职大学学历。1989年9月昭乌达蒙族师范专科学院中文专业学习；1991年7月待分配；1991年8月赤峰市林西县教育局干事；1992年12月赤峰市林西县教育局科员；1994年5月赤峰市林西县人民政府办公室秘书；1997年12月任赤峰市林西县人民政府副科级督察员；1999年11月任赤峰市林西县人民政府办公室副主任；2001年8月任赤峰市林西县下场乡委员会副书记、政府乡长；2004年6月任赤峰市林西县委员会办公室主任、县委机关党委书记；2006年6月任赤峰市林西县委员会常委、办公室主任、统战部部长、县委机关党委书记；2009年3月任赤峰市林西县人民政府副县长；2011年5月任赤峰市林西县委员会常委、政府副县长；2013年4月任赤峰市林西县委员会常委、政府副县长（常务）；2016年5月任赤峰市信访局党组书记；2016年6月任赤峰市信访局党组书记、局长；2019年1月任赤峰市教育局党组书记、局长；2021年12月任赤峰市人民政府副市长候选人提名人选，市教育局党组书记、局长；2022年1月任赤峰市人民政府党组成员、副市长候选人提名人选，市教育局党组书记、局长；2022年2月任赤峰市人民政府党组成员、副市长，市教育局党组书记、局长；2022年3月任赤峰市人民政府党组成员、副市长，市教育局局长；2022年4月任赤峰市人民政府党组成员、副市长。

付守利 男，汉族，内蒙古敖汉旗人，1971年9月出生，1997年11月加入中国共产党，1992年9月参加工作，在职大学学历。1989年9月内蒙古自治区新惠师范学校普师专业学习；1992年7月待分配；1992年9月赤峰市元宝山区马林镇中学教师；1994年1月赤峰市元宝山区直属实验小学教导处干事；1998年1月赤峰市人大常委会办公厅人事科科员；2001年11月任赤峰市人大常委会办公厅人事科副科长；2003年4月任赤峰市人大常委会办公厅人事科科长；2005年7月至2006年9月挂职元宝山区平庄镇党委副书记；2007年1月任赤峰市人大常委会城乡建设环境资源工作委员会副主任；2010年1月任赤峰市红山区委常委、纪委书记；2011年5月任赤峰市元宝山区委常委、副区长、党组成员；2015年8月任赤峰市林西县委员会副书记、县长提名人选、党组书记；2015年9月任赤峰市林西县委员会副书记、代县长；2016年1月任赤峰市林西县委员会副书记、县长；2016年5月任赤峰市元宝山区委副书记、代区长；2016年6月任赤峰市林西县委副书记、县长提名人选；2016年7月任赤峰市林西县委员会副书记、代县长；2017年1月任赤峰市林西县委员会副书记、县长；2020年1月任赤峰市林西县委员会副书记、县长、一级调研员；2021年5月任赤峰市宁城县委员会书记、一级调研员；2022年6月任赤峰市宁城县委员会书记、二级巡视员；2022年12月任赤峰市人民政府党组成员、副市长、宁城县委员会书记。

张国华 男，汉族，内蒙古阿鲁科尔沁旗人，1974年5月出生，1999年6月加入中国共产党，1995年7月参加工作，在职研究生学历。1991年1月抚顺煤炭工业学校地下采煤专业学习；1995年7月赤峰市红山区政府办公室秘书；2001年6月任赤峰市红山区团委副书记；2002年5月任赤峰市红山区政府办公室副主任；2004年3月任赤峰市红山区桥北镇党委副书记、镇长；2006年3月任赤峰市红山区物流园区建设管理办公室主任；2006年6月任赤峰市红山区委常委、宣传部长；2007年10月任赤峰市松山区人民政府副区长；2013年4月任赤峰市松山区委常委、常务副区长；2015年4月任赤峰市喀喇沁旗委员会副书记、旗长；2020年1月任赤峰市喀喇沁旗委员会副书记、旗长、一级调研员；2021年6月任赤峰市喀喇沁旗委员会书记、一级调研员；2022年12月任赤峰市人民政府党组成员、副市长，翁牛特旗委员会书记。

郭玉强 男，蒙古族，内蒙古赤峰松山区人，1972年8月出生，1995年10月加入中国共产党，1991年7月参加工作，在职法学博士学历。1989年9月内蒙古林学院治沙专业学习；1991年7月任赤峰市松山区安庆沟林场技术员、财务股股长；1996年7月任赤峰市松山区委办公室秘书；2001年12月任赤峰市松山区委员会副书记；2002年5月任赤峰市松山区委员会书记；2005年6月任赤峰市松山区木头沟乡党委副书记、乡长；2005年12月任赤峰市松山区初头朗镇党委副书记、镇长；2006年6月任赤峰市松山区委常委、区委办主任；2007年10月任赤峰市红山区政府副区长、党组成员；2011年5月任赤峰市红山区委常委、政府副区长；2013年1月任赤峰市政府副秘书长、市信访局党组书记；2013年4月任赤峰市政府副秘书长，市信访局党组书记、局长；2014年12月任内蒙古自治区赤峰市水利局党组书记、局长；2018年12月任赤峰市发改委党组书记、水利局局长；2019年1月任赤峰市发展和改革委员会党组书记、主任；2021年4月任赤峰市委员会常委、秘书长，赤峰市发展和改革委员会党组书记、主任；2021年6月任赤峰市委员会常委、秘书长，赤峰市发展和改革委员会党组书记、主任，赤峰市委直属机关工作委员会书记；2021年8月任赤峰市政协党组成员，赤峰市发展和改革委员会党组书记、主任；2021年9月任赤峰市政协党组成员，赤峰市发展和改革委员会主任；2021年10月任赤峰市政协党组成员；2022年2月任赤峰市政协党组成员、副主席。

王立恩 男，汉族，内蒙古敖汉旗人，1966年12月出生，1993年11月加入中国共产党，1987年7月参加工作，在职大学学历。1984年9月昭乌达蒙族师范专科学校中文专业学习；1987年7月赤峰市敖汉旗第二高中教师；1990年3月任赤峰市敖汉旗新惠中学语文教研室主任；1994年9月任赤峰市敖汉旗委宣传部干事、理论股股长、副主任科员；1997年8月赤峰市人大常委会秘书处科员、副主任科员；2000年12月赤峰市政府办公室综合科副科级秘书；2002年6月赤峰市政府办公厅综合科主任科员；2002年11月任赤峰市政府办公厅农牧科科长；2007年11月任赤峰市政府办公厅副主任；2010年1月任赤峰市政府副秘书长；2012年11月任赤峰市政府副秘书长、新闻办公室主任；2016年5月任赤峰市委政策研究室主任；2017年11月任赤峰市政府党组成员、秘书长、机关党组书记、办公室主任；2021年5月任赤峰市政府党组成员、秘书长、机关党组书记、办公室主任、一级调研员；2022年1月任赤峰市政协党组成员、市人民政府党组成员、秘书长、机关党组书记、办公室主任、一级调研员；2022年2月任赤峰市政协党组成员、副主席，市人民政府党组成员、秘书长、机关党组书记、办公室主任、一级调研员；2022年3月任赤峰市政协党组成员、副主席，市人民政府秘书长、办公室主任；2022年4月任赤峰市政协党组成员、副主席。

韩　勇 男，汉族，内蒙古和林格尔人，1970年4月出生，1991年10月参加工作，九三学社成员，在职研究生学历。1987年9月至北京农业大学农学系农学作物专业学习；1991年7月待分配；1991年10月呼和浩特市农业技术推广中心工作；1997年7月内蒙古科技厅农社处主任科员；2002年6月内蒙古科技厅发展计划处主任科员；2007年7月任内蒙古虚拟科学研究院副院长；2010年6月任内蒙古科技厅发展计划处副处长；2014年11月任内蒙古自治区科学技术厅政策法规处（创新体系建设办公室）处长；2019年2月任内蒙古自治区科学技术厅政策法规与监督处处长；2021年1月任内蒙古自治区科学技术厅社会发展科技处处长；2021年12月赤峰市政协副主席候选人提名人选；2022年2月任赤峰市政协副主席。

郜昕煜　女，汉族，山西忻州人，1970年12月出生，1991年11月参加工作，农工党成员，在职研究生学历。1989年9月内蒙古中山学院电子计算机应用与管理信息专业学习；1991年7月待分配；1991年11月内蒙古第一地球物理勘察院技术员、助理工程师、工程师；1999年1月内蒙古卫生厅国际交流中心经济师、高级经济师；2005年11月任内蒙古卫生厅国际交流中心副主任；2014年5月农工党内蒙古自治区委员会宣传部负责人；2014年12月农工民主党内蒙古自治区委员会宣传部调研员；2019年6月农工民主党内蒙古自治区委员会宣传部二级调研员；2019年12月农工民主党内蒙古自治区委员会宣传部一级调研员；2021年12月赤峰市政协副主席候选人提名人选；2022年2月任赤峰市政协副主席。（市委组织部）

先进人物

全国五一劳动奖章获得者

房延军　敖汉旗中远供暖有限责任公司维权站站长，也是一名把温暖送到千家万户的编外维修人员。7年来，他风雪无阻、昼夜不停地奋战在城市供暖第一线，被用户称为“维权的使者”，被公司称为“维修的尖兵”。2014年，获得赤峰市劳动模范称号。

中远公司是敖汉旗新惠镇唯一一家供暖企业，集中供热面积400万平方米，涉及居民2.6万户、门面房4000余个。房延军带领同事遍访每个供暖小区，检查每个风险点。接到求助或维权电话时，他带领同事在20分钟之内到达现场，及时排除故障，把温暖还给住户。

房延军要求自己和同事按照《内蒙古自治区城镇供暖条例》《中远公司职工一日行为规范》约束自己的行为，用“说一句温暖的话语，想一个温暖的办法，创一番温暖的业绩”，为用户营造温暖的空间。房延军的出色工作，为中远公司赢得两个“明显减少”：一是居民拖欠取暖费的现象明显减少，二是旗消费者协会接到的供暖投诉明显减少。

房延军的“双维”业绩得到上级领导部门的肯定。市市场监管局连续两年到中远公司考察，对公司的维权工作提出表扬。“一个旗级维权站，工作做得这样细致、实在，难能可贵！”2022年，房延军获得全国五一劳动奖章。

（市总工会）

全国三八红旗手

隋亚靖　现任赤峰市人民检察院第一检察部主任，2007年入职检察机关。

2018年，扫黑除恶专项斗争中，她加入办案专班，指导全市检察机关办理涉黑恶案件。她本人办理全市第一起涉黑案件，在批捕阶段就提出近百项补查意见，为后续指控犯罪夯实证据体系。案件被移送检察机关后，隋亚靖和同事夜以继日，审查案卷100余册，检察机关指控的近40起犯罪事实及提出的量刑建议均被法院采纳。在专项斗争中，她牵头起草实施方案、线索移送机制、提前介入工作机制、公检法司协调配合工作制度等文件6份，撰写工作汇报和整改报告30余份，联合公安机关分3批挂牌督办涉黑恶案件20余起，指导制发检察建议101份。

2021年，全国政法队伍教育整顿中，隋亚靖发现侦查机关针对举报事项的初核工作不够全面细致，果断对该条线索提出依法监督的意见，由检察机关启动相应监督程序，及时向举报人作出答复。因其出色表现和过硬的政治素质、业务能力，被中央第四督导组吸纳到全国第二批政法队伍教育整顿内蒙古小组工作，高质高效完成各项工作任务。

2022年，一起被最高检督办的养老诈骗案，隋亚靖制发的检察建议被自治区评为优秀文书；扫黄打非工作获自治区综治办表扬肯定；以检察建议促职能部门严密监管的做法被《检察日报》专题报道；她被评为赤峰市“担当作为好干部”，被中华全国妇女联合会授予“全国三八红旗手”称号。

（市妇联）

内蒙古自治区五一劳动奖章获得者

付　朋　中共党员，大学学历，赤峰新正电工技术服务有限公司安全部经理。2019年以来，他组织开展职工队伍素质提升工作，参与制定公司各项制度。先后被国网蒙东电力、国网赤峰供电公司评为岗位技术能手、服务之星，多次获公司“劳动模范”和“先进工作者”称号，2017年获赤峰市五一劳动奖章。2022年，获自治区五一劳动奖章。

苏　斌　女，中共党员，专科学历，现为赤峰市公共交通总公司第八分公司K100路五星级驾驶员。从业30年来，她扎根公交运营一线，践行“全心全意为乘客服务”企业宗旨和“爱公交、爱岗位、爱乘客”企业精神，在平凡工作岗位上做出贡献。曾获赤峰市五一劳动奖章，连续4年被总公司评为优秀共产党员、服务标兵、节能标兵。实现安全行驶70万余千米零安全责任事故、零服务投诉、零违章违纪的“三无”记录，为一线驾驶员竖起行业标杆。2022年，获自治区五一劳动奖章。

刘文杰　中共党员，大学学历，现任内蒙古黄冈矿业有限责任公司三区采场厂长。他带领三区采场完成公司下达的安全生产任务，获得多项技术改造奖。2016年获赤峰市五一劳动奖章。2022年，获自治区五一劳动奖章。

杨德华　中共党员，大学学历，翁牛特旗万达房地产开发有限公司工程部副经理。多年从事建筑行业，工作中严守工程质量，为公司做出突出贡献。2018年获赤峰市五一劳动奖章。2022年，获自治区五一劳动奖章。

王欣会　女，民盟盟员，大学学历，赤峰星之路自闭症儿童康复中心校长。现任中国精协孤独症委员会副秘书长、中国孤独症行业促进会副会长，国家二级心理咨询师、国家高级语言治疗师。2016年，推进赤峰民盟共建“星儿爱心图书室”，解决自闭症儿童书籍稀缺、看书难的问题。提交《关于完善自闭症患者专项扶助政策》的提案，被自治区民盟评为优秀提案，并写入第九辑《议政建言汇编》。2016年被民盟市委评为“参政议政先进个人”。2018年当选全国人大代表，作为全自治区唯一新阶层人士的全国人大代表到中央统战部参加培训。2019年被授予赤峰市劳动模范称号。2022年，获自治区五一劳动奖章。

王士军　满族，中共党员，大学学历，巴林左旗人民医院副院长。从医30多年来，他潜心钻研专业技术，在巴林左旗率先开展青光眼小梁切除术、非共同性斜视矫正术、泪小管断裂吻合术等16个新项目，在《中华眼科杂志》等期刊发表学术论文19篇。获自治区卫生厅先进工作者、自治区首届道德模范提名奖、赤峰市人民政府“白求恩式卫生工作者”、市红十字会志愿服务标兵，2016年获赤峰市五一劳动奖章。曾赴德国参加眼科学术交流、赴印度为白内障患者免费手术。2022年，获自治区五一劳动奖章。

程伟刚　大学学历，赤峰市诚联市政工程有限公司总经理（法人）。担任总经理以来，他参与项目技术创新研究，获得“一种建筑用固定式可升降砌砖墙标杆”的实用新型专利；2018年，申报“城市高强透水性纤维混土道路施工方法”“城市道路淤泥基挤压固化施工方法”两项专利；实施“城市透水暗管道路基施工工法”“城镇河道水体综合清污施工工法”等5项工法。2014年获赤峰市五一劳动奖章，2019年获赤峰市劳动模范，2019年被中国市政工程协会评为“全国市政工程建设QC小组活动优秀推进者”。2022年，获自治区五一劳动奖章。

周　洁　女，中共党员，大学学历，就职于中国邮政集团有限公司内蒙古自治区宁城县分公司忙农营业所。2012年参加工作以来，她扎根一线，发扬“安、专、迷”的精细服务和敬业精神，严谨求实，在平凡的岗位上奉献社会。2022年，获自治区五一劳动奖章。（市总工会）

北疆工匠

禹长征　中共党员，内蒙古平庄煤业（集团）有限责任公司元宝山露天煤矿采矿一部电气检修班班长，高级技师，曾获全国五一劳动奖章、全国技术能手、中国煤炭工业协会煤炭行业技能大师、全国能源化学地质系统大国工匠等称号。获得两项实用新型专利。参与德国移动式履带运输机-RT350安装调试工作，2台轮斗机行走变频器升级改造，31个胶带机配电站、3个破碎站控制系统由STEP 5升级为STEP 7以及光纤传输，316#输煤胶带机重锤处皮带跑偏的技术改造。先后攻关3#剥离线6千伏变电站使用零序电流互感器连接方案的技术难题；牵头设计并实施的231胶带机与113胶带机搭接、5#破碎站与1#、2#煤线搭接两项改造，年节约用电1000万度，直接创造效益800余万元。技术攻关6千伏高压电动机真空断路器更换为真空接触器出现“闪跳”的技术难题，先后参与技术改造30余次，为企业节约资金5000余万元。所带班组安全无事故。2022年，禹长征被评为北疆工匠。（市总工会）

赤峰年度新闻人物

傲　敏　女，蒙古族，2011年参加工作，中共党员，现任赤峰日报社综合新闻部副主任。

2011年8月，傲敏到赤峰日报社蒙编部总编室担任编辑记者工作后，每年编辑、翻译要闻版、时事新闻版稿件近18万字，策划编排版面70多个，超额完成各项指标任务。2015年8月，她编辑的时事新闻版面（4版）获内蒙古平面媒体选用新华社稿、专线稿最佳版式设计奖；2016年，她编辑的评论《同胞们，那达慕是否有点泛滥》在全国蒙古文报刊新闻奖评选中获得三等奖。2016年11

月，傲敏兼任《赤峰日报》（蒙文版）微信平台编辑制作管理工作。经常从早上一坐就是晚上九点、十点钟，特别是每逢特殊节假日为推出新媒体产品，更是需要通宵达旦工作。2017年，新媒体发表、编辑、翻译的工作量70万字。

2019年，她参与采写的《改革开放40年·硕果赤峰》系列报道获自治区新闻奖一等奖、全国新闻奖传统媒体类二等奖。2020年，参与采写制作的短视频新闻《大家好，这里是宁城蒙古语广播……》获全国蒙古文报刊新闻奖新媒体类三等奖。

2021年11月，傲敏担任赤峰日报社综合新闻部副主任，负责《赤峰日报》（蒙文版）要闻版、时政新闻版策划审核工作；2022年，她参加全市两会、党的二十大等重要会议前期策划、宣传报道工作，参加喜迎二十大系列报道、庆祝建团100周年系列报道策划采写工作，参与“两个打造”文化符号——格斯尔文化传承发展专栏策划采写工作。2022年，傲敏被评为赤峰市年度新闻人物。

（市委宣传部）

赤峰工匠

金广辉 1946年2月出生，满族，本科学历，中共党员，赤峰市中医蒙医医院三级主任医师。曾获中华中医药学会授予全国最美中医、全国基层名老中医药专家传承工作室建设项目专家、国医伤寒泰斗、国际经方大师称号，内蒙古著名中蒙医、内蒙古名中医、赤峰市人民政府“二等功”、赤峰市劳动模范。他在赤峰市、内蒙古自治区、国家各类期刊发表医学领域论文著作多篇。《强力骨痹丸、通络止痛胶囊治疗骨质增生治疗500例临床报告》获市级卫生科技进步一等奖；“疮疡治验”疮疡疾患治愈率100%，2004年被自治区卫生厅、自治区中医药学会定为适宜技术在全自治区推广。2022年被评为赤峰工匠。

于长海 1977年9月出生，满族，初中学历，赤峰正翔建筑工程有限公司一级技师。曾获赤峰市技术能手、自治区第五批草原英才、自治区技术能手、自治区青年岗位能手、自治区五一劳动奖章获得者、自治区劳动模范及全国劳动模范称号。在自治区技能大赛中获砌筑组第一名。2022年被评为赤峰工匠。

徐国彦 1966年12月出生，大专学历，中共党员，内蒙古禾为贵种业有限公司科研副总经理，中级农艺师。研发经农业农村部登记的高粱品种5种、谷子品种2种；经国家品种审定委员会审定通过的玉米品种2种；经自治区品种审定委员会审定的高粱品种1种、玉米品种1种。其中，自治区审定的禾粱1号，自审定以来累计推广面积4.33万公顷，纯增产值2.015亿元；国审品种禾为贵308，累计推广面积2.73万公顷，纯增产值1.17亿元；两个品种推广到全国各地。他在全国农业期刊《种子世界》和《中国种业》发表论文2篇。2022年被评为赤峰工匠。

徐金伟 1977年10月出生，大学学历，中共党员，内蒙古草原汇香食品科技有限公司经理。赤峰旅游协会副会长、内蒙古旅游协会副会长。所创办的公司获得内蒙古自治区农业产业化龙头企业、内蒙古自治区级技术中心、内蒙古自治区级菌业研究开发中心、内蒙古自治区级绿色工厂、国家高新技术企业、内蒙古自治区专精特新企业、内蒙古科技型中小企业等称号。个人及公司名下4项国家发明专利、6项实用新型专利，11项外观设计专利，均实现科技成果转化，公司实现年销售额8000万元，利税200余万元，解决近百人就业。打造草原汇香、草原传奇、乌兰布统、蘑范儿等多个品牌，其中草原汇香为内蒙古著名商标。获得国家发明专利的产品“草原白蘑酱”在全国30多个省市自治区、320多个城市销售。2022年被评为赤峰工匠。

李广金 1962年2月出生，大专学历，中共党员，现任阿鲁科尔沁旗广金建筑综合服务有限公司经理，高级技能三级手工木工。曾获“玉龙人才”“全国技术能手”称号，获自治区五一劳动奖章。2011年，在韩国首尔举行的第八届国际残疾人职业竞赛中代表国家队获得金牌，实现我国家具制作项目金奖零的突破；在第三届全国残疾人职业技能竞赛中获拼搏奖。第四届全国残疾人职业技能竞赛家具制作第二名，这是自治区在全国残疾人职业技能竞赛中获得的最高奖项。2022年被评为赤峰工匠。

李绍华 1982年12月出生，蒙古族，本科学历，自治区劳动模范、自治区五一劳动奖章获得者、赤峰市五一劳动奖章获得者。获赤峰市科学技术进步三等奖2次。获得发明专利1项、实用新型专利10项、外观设计专利1项。在北京大学核心期刊发表论文2篇；在部级期刊《科技与企业》发表论文1篇。2022年被评为赤峰工匠。

于海庆 1987年9月出生，本科学历，中共党员，内蒙古格林特制药有限责任公司总裁办公室主任兼项目部副部长。内蒙古自治区劳动模范、赤峰市劳动模范、赤峰市五一劳动奖章获得者。在原料药、医疗器械等多个领域获得专利证书21项，其中发明专利5件、实用新型专利16件，并促进成果转化，参与集团公司研发项目10余项，为企业创造经济价值超千万元。在社会科学刊物《内蒙古科技与经济》发表论文2篇。2022年被评为赤峰工匠。

高振杰 1968年9月出生，中共党员，内蒙古恒日新能源科技服务有限责任公司董事长，高级工程师。曾获“杰出民营企业家”、内蒙古青年科技创新杰出奖。其创办的恒日公司被市政府评为“科技创新先进企业”，高振杰被中国青年科技工作者协会吸纳为会员。研发13项实用新型专利和3项发明专利。2022年被评为赤峰工匠。

王　波 1979年4月10日出生，中共党员，赤峰中色锌业有限公司熔铸分厂厂长。曾获自治区劳动模范、赤峰市劳动模范。其研发的无缩孔、无修复锌铝合金，每吨锌节约电耗17千瓦时，每年按11万吨锌合金折算节约费用为82.28万元；改扒渣为捞渣，减少锌浮渣中产生的大块锌、明锌，把锌产品直收率从96.05%提高到96.12%，全年少产锌粒子等2000吨，节约用电费用14.96万元；创新5%镁锌铝镁合金的工艺技术条件，在镁的烧损、浇铸成型方面取得重大突破，由于锌铝镁批量生产销售，多创利润681.32万元。共获实用新型专利6项、发明专利1项，均被公司投入使用。2022年被评为赤峰工匠。

王广东 1982年7月出生，研究生学历，中共党员，内蒙古中亿建筑有限公司总经理，高级工程师。曾获赤峰市劳动模范、“玉龙英才”、自治区建筑业协会优秀项目经理、优秀企业家。取得国家质量控制成果2项、省级工法5种。获国家发明专利1项、国家实用新型专利4项。2022年被评为赤峰工匠。（市总工会）

赤峰市见义勇为模范

鞠耀祥 1953年7月出生，林西县五十家子镇轿顶山村村民。2020年11月4日上午，正在院里干农活的鞠耀祥，听到院外传来撞击声后立即跑出门，只见一辆满载货物的翻斗车与一辆农用车相撞，农用车司机被车体和货物困住。鞠耀祥急忙爬上农用车，用尽全力搬走压在被困司机身上的货物，一边奋力救援一边安慰被困司机。就在被困司机即将被救出时，鞠耀祥却因体力不支重重摔下车厢，因头部受伤不幸牺牲。

刘奕麟 2007年9月出生，蒙古族，红山区第八中学学生。2020年10月7日12时许，刘奕麟与同学张某、刘某在红山区水岸天街玩耍时，张某失足落水，刘某在救援时也不慎掉入水中。刘奕麟见状，奋不顾身上前拉拽二人时也被拽入水中。刘奕麟与刘某合力将张某推到岸上。刘某被岸边群众救起，但刘奕麟却因长时间在水中体力不支不幸牺牲。（市委政法委）

赤峰市见义勇为先进个人

艾文武 1977年5月出生，蒙古族，巴林左旗隆昌镇隆昌村村民。2021年5月22日晚，隆昌镇隆昌村一村民家发生火灾，大量干树根和10余立方米的废品熊熊燃烧，艾文武不顾个人安危，驾驶自家铲车进行救火，铲车被一个树根垫翻，驾驶室倒在起火点上，艾文武从驾驶室挣扎出来后又跳入火场继续救火。艾文武身体被大面积烧伤，晕倒在火场。由于伤势过重，艾文武被连夜送往市区医院进行治疗。

苑志民 1984年11月出生，喀喇沁旗个体工商户。2022年9月9日，韩某与陈某因债务纠纷发生口角，韩某手持蒙古刀刺向陈某，路过的苑志民立即上前阻拦并进行言语警告，韩某无视苑志民继续挥舞手中的刀具，苑志民与其进行搏斗并试图抢夺刀具，被划伤两处，鲜血直流。随即赶来的警察将韩某制服。

韩　雪 女，1984年4月出生，蒙古族，红山区人民政府办公室副主任。2019年10月8日，一青年在红山区水岸天街不慎落水，正在附近的韩雪发现后第一时间进行营救，由于河道湿滑坡陡，刚一入水韩雪便跌入水中。她不顾个人安危，拼尽全力游向落水者，将其拽回岸边，在岸边群众的帮助下将落水者救上岸。

潘广成 1962年12月出生，喀喇沁旗小牛群镇卡拉村村民。2022年5月10日下午，潘广成喂牛时发现有人坠入附近的机井，他一边呼救，一边跑向机井。看到落水者已经消失在水面，潘广成来不及脱去外套，便一头扎进井水中，几经努力终于将落水者拉出水面。闻讯赶来的村民和民警将两人拉回地面。落水者被送往医院治疗，潘广成因体力不支当场晕倒。

郭宝柱 1987年3月出生，敖汉旗众城环卫有限公司职员。2021年5月9日15时许，郭宝柱听到有人呼救，顺声音寻找，发现一名女子在橡胶坝附近的河水中奋力挣扎。郭宝柱迅速拿上救生圈跑到女子落水地点，使出全身力气向落水女子游去，并抓住落水女子游回岸边，在岸边群众的帮助下将其救出。（市委政法委）

赤峰市见义勇为积极分子

王雪东 1995年8月出生，蒙古族，国家统计局赤峰调查队机关干部。2019年11月28日，王雪东乘坐的21路公交车与一学生发生剐蹭。下车后，王雪东发现学生受伤，无法活动，他不顾凛冽的寒风，脱下外套为其御寒，并在周围指挥过往车辆绕行事故地点。当王雪东得知受伤学生家属均在外地时，便与医护人员一同将学生送往医院。经诊断，学生为骨盆粉碎性骨折，需要立即手术。王雪东为其垫付医药费，术后又对其进行照顾直至家属赶到医院后才离开。

张　勋 1982年2月出生，市人民检察院计划财务装备局干警。2020年4月29日13时，张勋下乡途中发现两辆大车发生事故，立即下车进行救援，并打开警笛，以防发生二次追尾事故。现场浓烟滚滚，张勋从车底爬过去看到一名司机被困驾驶室，立即与旁边的几名司机找来工具，经过半个多小时的救援，张勋卸下车门，成功救出被困司机。

郭　冉 1990年7月出生，满族，喀喇沁旗锦山镇个体工商户。2019年9月20日，喀喇沁旗水上公园内一儿童不慎落水，距离岸边已有 20 多米，郭冉发现后毫不犹豫跳入水中，奋力游向落水儿童。他一只手搂住孩子，另一只手拼命向岸边游去。救护车到达现场后，已经筋疲力尽的郭冉默默离开现场。

齐　新　1974 年 2 月出生，内蒙古草原福美食品有限公司职员。2020 年 5 月 19 日早 7 时许，齐新上班路上听见一名小女孩大声呼救，他急忙循声找去，发现小女孩掉入一口污水井中，身体蜷缩在污水里，无法活动。齐新立即顺着井壁的铁梯往下爬施救。因扶梯年久老化，不能同时承受齐新和小女孩两人的重量，齐新无法托举出小女孩。消防员赶到后，齐新让消防员先将孩子拉上去，自己随后被拉上来。

杜凤学　1964 年 7 月出生，敖汉旗新惠镇高家窝铺小学教师。2020 年 8 月 30 日，新惠镇银河公园内一名儿童失足落水，听到呼救后，杜凤学立即跑到现场，并找来一根长竹竿伸进水里，让孩子双手握住竹竿。杜凤学一边握紧竹竿快速将孩子拉至岸边，一边让围观群众联系公园的工作人员。孩子上岸后，杜凤学对其进行耐心细致的心理疏导，直至孩子情绪稳定后，委托公园的值班人员将孩子送回家。

侯佳音、苑晓军、刘金虎　侯佳音，女，1991 年 1 月出生，敖汉旗萨力巴乡张家营子村村民。苑晓军，1990 年 9 月出生，敖汉旗萨力巴乡张家营子村村民。刘金虎，1980 年 6 月出生，敖汉旗城市管理综合行政执法局干部。2021 年 7 月 8 日 17 时许，侯佳音、苑晓军与刘金虎途经敖汉旗新兴街北段第九小学西北处防洪渠附近时，听到“有人被洪水冲走了，快救命”的呼救声，立刻沿着河岸奔跑寻找落水者。看到 2 个孩子正在洪水中挣扎，情况十分危险，侯佳音等 3 人不顾一切跳入水中，将奄奄一息的 2 名落水儿童营救上岸。

乔日新、高艳杰　乔日新，1982 年 6 月出生，红山区四中街社区卫生服务站医生。高艳杰，女，1988 年 3 月出生，蒙古族，松山医院护士。2021 年 6 月 16 日傍晚，松山区政府幼儿园门口一位老人从电动车上跌落，面色苍白、意识丧失。经乔日新、高艳杰检查，老人已无颈动脉搏动和自主呼吸，2 人立即对老人进行胸外按压和人工呼吸。10 多分钟后老人出现微弱的呼吸，很快老人再度陷入昏迷，2 人又继续进行抢救，直至救护车和民警赶到将老人送至医院。

袁保全、芦春虎　袁保全，1968 年 10 月出生，元宝山区风水沟煤矿工人。芦春虎，1974 年 9 月出生，元宝山区风水沟煤矿工人。2021 年 6 月 13 日下午，马某与同伴在老哈河游泳，马某突发低血糖，浑身无力，开始在水中挣扎，同伴由于年龄较大无法对其进行施救。岸边路过的袁保全和芦春虎听到呼喊立即下水营救，此时的马某已经沉入水中，经过袁保全几次潜入水中搜寻，终于将其找到。二人奋力将马某拖上岸，并对其进行胸部按压和人工呼吸，马某获救。

董　泽　1969 年 5 月出生，巴林右旗大板镇和布特哈达村村民。2022 年 5 月 17 日，董泽在大板镇和布特哈达村东南泡子放羊时发现一名脸上有刀疤的人员。经交谈，董泽发现其神色紧张、言辞闪烁，形迹十分可疑。该人离开后，董泽立即向村支书汇报。随后董泽一边跟随男子一边报警，公安机关接警后认为该男子符合一命案逃犯的特征，于是按照董泽提供的线索将此人抓获。

布仁图　1982 年 4 月出生，蒙古族，巴林右旗西拉沐沦苏木达林台嘎查牧民。2022 年 6 月 13 日，连日强降雨引发西拉沐沦苏木哈达图河洪水，一牧民因横穿洪水被湍急的水流冲到下游，在河边路过的布仁图发现后将 7 岁的孩子安顿在河边，毫不犹豫跳入水中展开救援，经过 2 次奋力搭救，终于将其拖拽上岸。

刘日辉　1981 年 1 月出生，中国石油宁城经营部员工。2022 年 8 月 21 日，宁城县仁和医院门前一辆白色轿车突然失控撞击护栏后尾部起火，火势迅速蔓延，顿时浓烟四起，驾驶员跳车逃离。刘日辉立即冲向起火点，一边疏散周围的群众，一边在附近寻找灭火器。经过 20 多分钟的奋力扑救，最终将大火扑灭。

汪永亮　1982 年 8 月出生，蒙古族，巴林左旗哈拉哈达镇人民政府干部。2022 年 4 月 23 日，巴林左旗罕吐柏大桥发生车祸，一辆大挂车司机被困车中，四周大量柴油泄漏。汪永亮冒着生命危险从挡风玻璃处将被困司机救出，并拨打 120 求救。在大车前施放三角牌警示过往车辆。救护车到达后，汪永亮协助医护人员将伤者抬上救护车，直至交警到达现场后离开。（市委政法委）

二等功军人名录

杨艳飞　翁牛特旗人，1999 年 12 月出生，某部队侦察连班长。入伍 5 年获优秀士兵 3 次，被评为军事训练先进个人。2021 年，参加旅群众性练兵比武竞赛，获射击科目第一名，武装 3000 米第一名，400 米障碍第二名，获个人综合全能第一名，立个人二等功。

王小龙　松山区人，1991 年 11 月出生，大学本科学历，海军少校飞行员。驾驶过多种机型，多次参加重大演习演练任务，为航母事业发展做出贡献，立三等功 1 次。2021 年在执行重大任务中，完成任务出色，立个人二等功。

王皓天　松山区人，1994 年 4 月出生。现任某部连长。2022 年在单位演习中，各类目标发现率及命中率均达 100%，评分单位第一，被评为“优秀指挥员”。所在连队被表彰为“演习先进连”，包揽专业比武前 2 名。在上级比武中获第一名，所带连队受到上级表彰，立个人二等功。

柳雨林 敖汉旗人，1986 年 12 月出生，现任空军某部队中校飞行员。自招飞入伍以来，始终扎根戈壁，献身国防，心系蓝天。获嘉奖 5 次、三级表彰荣誉 2 次、个人三等功。2022 年 2 月因连续保证飞行安全立个人二等功。

纪方伟 敖汉旗人，1986 年 11 月出生，某部坦克技师。先后参加十余项大型军事活动，担任“东方 -2018”联合军演 5 个阅兵方队教练员。以演训活动锤炼过硬本领，创新训练模式带动基层骨干。多次获“技术标兵”“优秀教练员”“优秀士官”等称号，立三等功 4 次；2022 年 1 月，获集团军优秀士官标兵，立二等功。

（市退役军人事务局）

表 61　2022 年赤峰市五一劳动奖章获得者一览表

姓　名	性别	民　族	工　作　单　位　及　职　务
冷艳东	男	汉　族	阿鲁科尔沁旗长城热力有限责任公司保管员
傅宇晗	女	蒙古族	中国邮政集团阿鲁科尔沁旗分公司柜员
王志伟	男	汉　族	阿鲁科尔沁旗供电分公司综合事务技术工程师
王佳兆	男	蒙古族	阿鲁科尔沁旗卫生健康委员会副主任
刘立超	女	汉　族	阿鲁科尔沁旗政府服务中心主任
王　磊	男	汉　族	阿鲁科尔沁旗总工会办公室主任
斯琴高娃	女	蒙古族	阿鲁科尔沁旗农牧局科员
朱海岩	男	汉　族	赤峰永成建设集团有限公司办公室主任
朱伟军	男	汉　族	赤峰北方民族技工学校党支部书记
肖赛华	男	汉　族	阿鲁科尔沁旗直属机关第一幼儿园园长
钱宏远	男	汉　族	阿鲁科尔沁旗罕山林场场长
付　林	男	汉　族	阿鲁科尔沁旗天山宾馆有限责任公司总经理
崔景伟	男	汉　族	天山酒业有限责任公司总经理
薄志丽	女	汉　族	巴林左旗人民医院护士长
陈海涛	男	蒙古族	内蒙古吉安化工有限责任公司生产班长
韩艳慧	女	汉　族	巴林左旗红格尔花卉种植专业合作社工人
纪凤龙	男	汉　族	巴林左旗九龙运输有限责任公司驾驶员
李彩银	女	蒙古族	巴林左旗鑫达种业有限公司技术员
葛振坤	男	汉　族	巴林左旗税务局局长
孟昭民	男	汉　族	赤峰市华夏职业学校高级教师
刘　勇	男	汉　族	赤峰鲁蒙特种水泥有限公司总经理
王宝胜	男	汉　族	赤峰山金银铅有限公司总经理
王春芳	男	汉　族	巴林左旗林东第一中学教师
王秀玲	女	汉　族	巴林左旗东傲清洁制品有限公司烫画工
许　江	男	蒙古族	内蒙古乌兰坝自然保护区防火办主任
杨占武	男	蒙古族	赤峰中色白音诺尔矿业有限公司采矿事业部工人
张景林	男	汉　族	巴林左旗新城热力有限责任公司机电燃炉车间主任
张颖丽	女	蒙古族	巴林左旗林东第七小学教师
张　宇	男	汉　族	巴林左旗农牧局职工
刘新颖	女	蒙古族	巴林右旗妇幼保健院检验科医学检验技师
张　密	女	汉　族	中国邮政储蓄银行巴林右旗大板支行客户经理
穆丽光	女	汉　族	巴林右旗赛罕乌拉保护区管理局党办工作人员
赵海春	男	汉　族	巴林右旗农牧技术推广中心主任
张亚东	男	汉　族	巴林右旗公安局大板城区派出所所长
王　忠	男	汉　族	巴林右旗民政事业发展中心敬老院工人
苏洪岩	女	汉　族	赤峰金亿达物业服务有限公司职工
李　瑛	女	汉　族	巴林右旗大板第四中学教师
敖登高娃	女	蒙古族	巴林右旗大板第一中学教师

续表

姓名	性别	民族	工作单位及职务
柳景山	男	蒙古族	巴林右旗自来水有限公司董事长兼总经理
汤海源	男	汉族	巴林右旗索博日嘎镇党委书记
张志刚	男	汉族	赤峰东深羊绒制品有限公司燃气站维护员
展宏图	男	回族	赤峰富邦铜业有限责任公司冶炼厂副厂长
牟大伟	男	汉族	林西县城市管理综合行政执法大队大队长
刘树全	男	汉族	林西县公安局情报指挥中心主任
董欣灵	女	汉族	林西县牧丰源养殖农民专业合作社化验员
徐敏	女	汉族	林西县实验小学教师
刘全宇	男	汉族	林西县职业中学校长
蔡祥	男	汉族	林西县飞翔仓储有限公司安全员
张子庆	女	汉族	林西县中医蒙医医院感控科主任
刘德林	男	汉族	林西县自来水总公司总经理
潘笑梦	女	蒙古族	内蒙古宏远天呈科技发展有限公司化验员
宝永刚	男	蒙古族	克什克腾旗公路管护和运输保障中心养护股副股长
宝力德	男	蒙古族	赤峰时代园艺有限责任公司工艺品工人
贾国华	女	汉族	内蒙古拜仁矿业有限公司能源机电部变电所运行员
杨化庆	男	汉族	克什克腾旗向东建筑工程有限公司办公室资料员
宋玉民	男	汉族	克什克腾旗阳光热力物业有限责任公司炉工
唐振兴	男	汉族	克什克腾旗汇泽自来水有限责任公司副经理
王宗昌	男	汉族	赤峰博元科技有限公司机修车间加氢机泵班班长
贾淑晗	女	汉族	克什克腾旗疾病预防控制中心防疫科科长
陈立宏	女	汉族	克什克腾旗经棚镇一中教师
何雨佳	女	回族	克什克腾旗乌兰牧骑副队长
解晓敏	女	汉族	克什克腾旗中医蒙医医院感控科主任
张希武	男	汉族	克什克腾旗乡村振兴局副局长
吕文俊	男	汉族	内蒙古银都矿业有限责任公司总经理
付德彬	男	汉族	克什克腾旗达里湖渔业有限责任公司董事长
刘淑红	女	汉族	克什克腾旗总工会组织部负责人
吴静	女	蒙古族	克什克腾旗农牧技术推广中心主任
蔡亚峰	男	汉族	翁牛特旗消防救援大队政治教导员
陈晓伟	女	满族	翁牛特旗全宁酒店餐饮部经理
董晓龙	男	汉族	中国邮政集团翁牛特旗分公司分拣中心班长
高学志	男	汉族	翁牛特旗卫生健康委员会副主任
金桥	男	蒙古族	翁牛特旗乌丹蒙古族中学数学教师
李闯	男	汉族	翁牛特旗同路单采血浆有限公司总经理
吕超超	男	汉族	赤峰新胜风力发电有限公司安全环保监督部副主任
马红秋	女	汉族	翁牛特旗晨星保洁队清扫组组长
毛明清	男	汉族	翁牛特旗农村信用合作联社乌敦套海信用社业务员
那存乌力吉	男	蒙古族	翁牛特旗利源矿产有限公司矿产装载车司机
王天华	女	汉族	翁牛特旗教育教学研究中心物理教研员
姚鸿斌	男	汉族	翁牛特旗水利局水利农牧水利股负责人
于晓波	女	汉族	翁牛特旗乌丹第四小学副校长
刘学义	男	汉族	赤峰云铜有色金属有限公司电解厂吊车组班长
郭扬	女	蒙古族	喀喇沁旗供电分公司运检技术员
张秀娟	女	汉族	喀喇沁旗龙头山农业专业合作社技术员
孙景山	男	汉族	喀喇沁旗乃林镇政府财政所所长

续表

姓 名	性别	民 族	工 作 单 位 及 职 务
马红艳	女	满 族	喀喇沁旗十家满族乡政府乡村振兴办主任
徐泰锋	男	汉 族	赤峰云铜有色金属有限公司硫酸车间班组长
张建军	男	汉 族	赤峰锦城建筑有限公司项目经理
姜 漫	女	蒙古族	喀喇沁草原水泥有限责任公司控制班班长
陈 生	男	汉 族	赤峰建筑工程学校党支部书记
霍丽珍	女	蒙古族	喀喇沁旗人民医院医生
贾珍月	男	汉 族	内蒙古师范大学锦山实验中学教师
谢云松	男	蒙古族	喀喇沁旗人民政府副旗长、公安局长
王英洲	男	汉 族	赤峰中兴首创混凝土搅拌有限责任公司董事长
刘树有	男	汉 族	赤峰巨昌机械有限公司总装车间工人
朱 文	男	汉 族	宁城县显军机械有限公司电焊工
郭向勇	男	汉 族	内蒙古鸿马包装制品有限责任公司胶印工人
邹德富	男	蒙古族	宁城县昊丰热力有限责任公司收费员
范海艳	男	汉 族	燕京啤酒（中京）有限责任公司维修班副班长
禹治刚	男	蒙古族	赤峰中唐特钢有限公司维修工人
尹丽艳	女	汉 族	内蒙古顺鑫宁城老窖酒业有限公司技术中心副主任
蔡 婧	女	满 族	宁城县人民法院三级法官
李美玲	女	汉 族	赤峰市建支管业有限公司检验车间质检员
史俊婷	女	汉 族	宁城县供电分公司供电服务数据中心监控班值班员
刘秀悦	男	汉 族	宁城县城市用水服务中心维修安装队队员
宋彩萍	女	汉 族	内蒙古塞飞亚农业科技发展股份有限公司档案员
黄艳丽	女	汉 族	宁城县总工会组宣女工部部长、四级主任科员
杨 婧	女	蒙古族	宁城县中医蒙医医院治未病中心护士长
韩翔宇	女	汉 族	宁城县农牧业技术推广中心副主任
刘淑娜	女	满 族	宁城县第四中学教师
王睿婷	女	蒙古族	宁城高级中学化学学科主任
张宇宁	女	汉 族	中共宁城县委党校高级讲师
郭春莲	女	汉 族	宁城县天义第四小学教师
王立新	男	蒙古族	宁城县林业和草原局技术推广中心副主任
高松峰	男	汉 族	宁城县交通运输综合行政执法大队副大队长
温永波	男	汉 族	内蒙古自治区烟草公司宁城分公司经理
郭树军	男	汉 族	宁城县金兴珍珠岩矿董事长
范 勇	男	汉 族	中国邮政集团有限公司敖汉旗分公司邮件分拣员
高玉琼	女	汉 族	内蒙古蒙鑫农林产业科技有限公司车间主任
高志文	男	蒙古族	内蒙古金陶股份有限公司工会副主席
郭海中	男	汉 族	内蒙古广通矿山工程有限责任公司董事长
李红明	男	汉 族	赤峰瑞鑫建筑有限公司抹灰工
李欣瑜	女	汉 族	内蒙古金沟农业发展有限公司办公室主任
刘建南	男	汉 族	敖汉旗税务局贝子府镇税务所所长
刘瑞冰	女	汉 族	中国联合通信网络有限公司敖汉旗分公司班组长
吕龙清	男	汉 族	敖汉旗新惠镇中学教师
齐贺红	女	汉 族	内蒙古沙漠之花生态产业科技有限公司保管员
渠红亮	男	汉 族	内蒙古中敖食品有限公司采购专员
尚 才	男	汉 族	敖汉旗农牧局畜牧工作站副站长
宋红星	男	汉 族	敖汉旗惠州社区卫生服务中心主任
苏 艳	女	满 族	敖汉旗财政局副局长

续表

姓 名	性别	民 族	工 作 单 位 及 职 务
万春峰	男	汉 族	敖汉旗万家菌业有限公司董事长
王海燕	女	蒙古族	敖汉旗古鲁板蒿中心小学教师
王 伟	男	汉 族	敖汉旗盛远农副产品购销有限公司班长
杨艳东	男	汉 族	敖汉旗中远供暖有限责任公司员工
张亚男	女	蒙古族	敖汉旗人民医院感控科科长
赵淞青	男	蒙古族	敖汉农村商业银行股份有限公司董事长
周春青	男	汉 族	敖汉旗大黑山林场工人
周曙雷	男	汉 族	赤峰曙光装饰有限公司业务经理
徐海波	男	汉 族	赤峰吉隆矿业有限责任公司工区长
张志东	男	蒙古族	敖汉供电分公司经理
李彦明	男	蒙古族	内蒙古御延堂科技有限公司运营和生产部主任
郭振华	男	汉 族	赤峰供电公司配网调度指挥员
张 猛	男	满 族	赤峰通泰机械有限公司主任
高延军	女	蒙古族	红山区包鑫中医诊所副主任医师
林再春	男	汉 族	内蒙古格林特制药有限责任公司车间主任
王雅歌	女	回 族	赤峰乾元建筑工程有限公司工会主席
张艳艳	女	蒙古族	内蒙古多维尔生物科技股份有限公司车间主任
娄 琦	女	汉 族	赤峰圣伦绒毛制品有限公司外贸业务工艺员
李晓艳	女	汉 族	赤峰京环环境服务有限公司中队长
路文艳	女	汉 族	赤峰参棘天宝化妆品有限责任公司配料组组长
庞云雷	男	满 族	朝聚（赤峰）眼科医院美容整形科主任
宋志文	男	蒙古族	内蒙古安泊建设工程有限公司部门主管
孙敏杰	女	汉 族	颈复康药业集团赤峰丹龙药业有限公司质检员
吕晓艳	女	蒙古族	赤峰世鹏汽车贸易有限公司售后维修接待员
鲁剑波	男	蒙古族	赤峰市红山区政务服务局副局长
李晓艳	女	蒙古族	赤峰东黎羊绒股份有限公司车间主任
王 超	女	汉 族	红山区总工会社会化工作者
刘亚民	男	汉 族	赤峰建设建筑集团第二工程有限公司高级工程师
崔铁军	男	蒙古族	赤峰市岚迪汽车服务有限公司车间主任
关小磊	男	汉 族	内蒙古京迅递供应链科技有限公司京东快递配送员
尹晓东	女	蒙古族	赤峰紫芝中药有限公司质检部负责人
孙艳军	男	满 族	赤峰市艳军农机服务专业合作社经理
毛金磊	男	蒙古族	赤峰市第二中医蒙医医院内分泌科副主任
窦庆山	男	蒙古族	赤峰市第二医院主任医师
秦烨琼	女	蒙古族	赤峰第四中学教师
杨 玲	女	汉 族	红山区第三小学副校长
乌凤军	男	蒙古族	红山区融媒体中心副主任
刘铁成	男	蒙古族	红山区农村信用合作联社理事长
李明柱	男	汉 族	京能（赤峰）能源发展有限公司董事长
佘广宇	男	汉 族	内蒙古天奇蒙药集团有限公司董事长
王帏佟	女	汉 族	内蒙古佟明阡禾食品有限责任公司负责人
王丽娟	女	蒙古族	赤峰永城建筑有限责任公司项目经理
张鸿玲	女	汉 族	赤峰金地恒通物业服务公司和美家园客服部领班
赵永军	男	汉 族	赤峰市松山区国营老府林场管护站站长
杨爱平	男	汉 族	国能联合动力技术（赤峰）有限公司维修班长
杜百顺	男	汉 族	赤峰华卫医用科技有限公司保全工

续表

姓 名	性别	民 族	工 作 单 位 及 职 务
尚伟伟	男	汉 族	赤峰金鑫矿业有限公司选矿车间维修班长
张文涛	男	汉 族	松山区供电分公司运检技术员
翟志永	男	蒙古族	内蒙古中森建设有限公司项目经理
李 杰	男	汉 族	中国邮政集团有限公司赤峰市松山分公司投递员
白 雪	女	汉 族	松山区总工会办公室干事
宋丽娟	女	汉 族	赤峰市林业和草原局松山区分局种苗站站长
陆秀军	男	汉 族	松山区疾病预防控制中心检验科科长
曹华军	男	汉 族	松山区住房城乡建设局园林管护中心主任
孙国峰	男	汉 族	赤峰众益糖业有限公司车间副主任
李晓辉	男	汉 族	兴业银行股份有限公司赤峰分行客户经理
陈文真	女	蒙古族	阳光人寿保险股份有限公司赤峰电销中心副主任
杨伟光	男	蒙古族	赤峰乾凯建筑劳务有限公司木工班班长
徐佳悦	女	满 族	内蒙古五行建设工程有限责任公司起重信号司索工
杜宝存	男	蒙古族	赤峰星泽电力设备安装工程有限公司项目经理
贾国旭	男	汉 族	松山区第十小学校长
周宝玉	男	满 族	松山区第九中学校长
吕凤鸿	女	汉 族	松山区第六小学副校长
张国庆	男	汉 族	松山区职业技术教育培训中心中级教师
王晓杰	男	汉 族	松山区税务局办公室主任
侯成录	男	汉 族	赤峰柴胡栏子黄金矿业有限公司董事长、总经理
于 洋	男	蒙古族	赤峰众联广场商务管理有限公司总经理
肖志英	女	汉 族	内蒙古北方诚信工程项目管理有限公司总经理
韩海杰	女	汉 族	元宝山区实验小学教师
刘晓娟	女	蒙古族	元宝山区实验中学教师
王 君	男	汉 族	元宝山区疾病预防控制中心主任
鞠 伟	男	汉 族	赤峰贺邦机电制造有限责任公司车间工人
王嘉琪	女	汉 族	内蒙古长泰水务有限公司抄表员
王旭明	男	汉 族	赤峰天保项目管理有限公司监理工程师
孙光冉	男	汉 族	赤峰金通铜业有限公司电解车间运转班主操
李春光	男	蒙古族	赤峰市建昌营资产管理有限公司总经理
孟祥龙	男	汉 族	赤峰市宏文机电有限公司工人
范晓秋	女	汉 族	元宝山区人民检察院检察长
高 艳	女	汉 族	赤峰和润农业高新科技产业开发有限公司技术部部长
李佳怡	女	蒙古族	元宝山区平庄西城街道办事处社区工作者
周海燕	女	蒙古族	宝山医院感染科主任
王广伟	男	汉 族	赤峰市审计局民生科副科长
代玉花	女	汉 族	赤峰市公安局技侦支队支队长
秦学峰	男	汉 族	赤峰市邮政管理局松山区邮政快递员
刘向阳	女	汉 族	邮政有限责任公司振兴大街支局长
张志华	男	蒙古族	内蒙古中电物流路港有限公司赤峰铁路分公司纪委书记
赵雅男	女	蒙古族	赤峰市人民检察院第一检察部四级检察官助理
高 燕	女	汉 族	平煤投资有限责任公司工会女工部副主任
卢业宏	男	汉 族	赤峰市动物疫病预防控制中心主任
凌占坤	男	汉 族	燕京啤酒（赤峰）有限责任公司工人
张宏伟	女	汉 族	赤峰中色锌业有限公司产业工人
王亚学	男	汉 族	中国农业银行赤峰分行副行长

续表

姓 名	性别	民 族	工 作 单 位 及 职 务
崔 佳	女	汉 族	赤峰热电厂有限公司工会主任
霍宏竹	女	满 族	赤峰市经济研究和投资促进中心一级科员
牛显振	男	汉 族	赤峰市委统战部民教服务保障中心副主任
亢学柱	男	汉 族	赤峰市人大常委会办公室行政科科长
刘东亚	男	汉 族	赤峰交通职业技术学院纪检委综合室主任
王斌斌	男	汉 族	赤峰市不动产登记中心科员
刘立升	男	汉 族	赤峰市医疗保障局副局长
冯玉武	男	回 族	赤峰市税务局稽查分局局长
刘志宏	男	汉 族	赤峰永建混凝土有限责任公司董事长
王 玫	女	汉 族	赤峰市税务局三级主办
冶静华	女	满 族	赤峰九天国际酒店有限责任公司董事长
李泽元	男	汉 族	赤峰市委直属机关工委副书记
商国军	男	蒙古族	赤峰广电发射台大板台机房主任
张树国	男	满 族	赤峰市司法局复议一科科长
张隆隆	男	蒙古族	赤峰市应用技术职业学院安监处处长
杨 阳	女	蒙古族	赤峰市工业职业技术学院宣传部理论科科长
刘志博	男	汉 族	赤峰市政府督查室主任
王文鑫	男	蒙古族	赤峰市医院副院长
郑岳铭	男	汉 族	赤峰市财政局信息中心副主任
张 薇	女	汉 族	赤峰市政务服务局电子政务科副科
魏锡波	男	汉 族	工商银行股份有限公司赤峰分行行长
冯 适	男	蒙古族	赤峰市传染病防治医院院长助理、主治医师
焦泽华	男	蒙古族	赤峰市妇产医院生殖医学中心实验医室师
张晓荣	女	汉 族	赤峰市农牧技术推广中心专职副书记
王 平	男	汉 族	中国人民财产保险股份有限公司赤峰分公司总经理
侯 磊	男	汉 族	赤峰德润排水有限责任公司董事长助理
杨红军	男	汉 族	赤峰市三座店水库管护中心主任
阿斯娜	女	蒙古族	中国邮政储蓄银行股份有限公司赤峰分行营销主管
刘景旺	男	汉 族	赤峰市公路管护与运输保障中心客运科科长
梁小荣	女	蒙古族	赤峰市森林草原保护发展中心工程师
张立武	男	蒙古族	赤峰市宏泽供水有限责任公司总经理
安 强	男	汉 族	赤峰市中级人民法院司法警察
侯晓辉	男	汉 族	中国大唐集团有限公司赤峰新能源事业部总经理
宿颖惠	女	汉 族	赤峰市教育科学研究学中心教研员
薛 魏	男	汉 族	赤峰二中办公室主任
邵 华	男	汉 族	赤峰市公共交通有限责任公司总经理
姜国睿	男	汉 族	赤峰二中国际实验学校副校长
张寓诗	男	汉 族	赤峰市委党校社会培训部主任
刘 双	男	汉 族	赤峰市人事考试中心副主任
武澍峰	男	汉 族	大唐内蒙古分公司赤峰新能源事业部工会主管
刘 宏	男	汉 族	赤峰市总工会副主席
贺向红	女	蒙古族	赤峰市疾病预防控制中心科员
任永红	男	汉 族	赤峰市政协提案委员会办公室主任
王 波	男	汉 族	内蒙古大唐国际克什克腾煤制天然气有限责任公司董事
于贵森	男	汉 族	赤峰市生态环境局中级工程师
张德功	男	汉 族	市工业和数字经济产业促进中心副主任

续表

姓 名	性别	民 族	工 作 单 位 及 职 务
付占伦	男	汉 族	赤峰市民政局信息办负责人
马文超	男	汉 族	中国石化销售股份有限公司赤峰石油分公司经理
于跃江	男	满 族	赤峰市威信押运服务有限责任公司人资部部长
张国福	男	汉 族	赤峰制药有限公司 C03 车间主任
胡风燕	女	汉 族	赤峰市机关事务管理局副局长
范昕华	男	汉 族	赤峰市国有资产监督管理委员、工会主席
李志恒	男	汉 族	赤峰国有资本运营集团金惠印务有限责任公司工人
赵金国	男	汉 族	赤峰市自然资源储备整理中心副主任
谢 晖	男	汉 族	赤峰市市场监督管理局执法稽查局局长
郭志明	男	汉 族	赤峰富龙热力公司办公室主任
赵建国	男	汉 族	赤峰学院副教授
白彦辉	女	汉 族	赤峰学院数学与计算机科学院副教授
苏志勇	男	汉 族	赤峰市学院附属医院副院长
陈亚东	男	汉 族	元宝山发电有限责任公司董事长
车力彬	男	汉 族	平庄煤业集团老公营子煤矿安全检测班班长
李 磊	男	汉 族	平庄煤业集团六家煤矿机电区电气班副班长
尹宝庆	男	汉 族	平庄煤业集团西露天矿综采队工人
张 富	男	汉 族	平庄煤业集团工会工作部副主任
张鑫泽	男	汉 族	赤峰市委办公室秘书科科长
刘延昭	男	汉 族	中国联通网络通信有限公司宁城分公司网络经理

（市总工会）

先进集体

全国“人民满意的公务员集体”

2022年8月，敖汉旗人民检察院被中共中央、国务院命名为“人民满意的公务员集体”。2018年以来，敖汉旗人民检察院主动担当作为，严厉打击危害群众安全犯罪。加大刑事检察、民事检察、行政检察，公益诉讼力度，倾力守护百姓安全。依法惩治严重暴力犯罪103人，惩治网络犯罪268人，惩治贪腐犯罪21人，追赃挽损3000余万元，起诉黑恶犯罪54人。

2020年3月，敖汉旗人民检察院办理一起跨省特大非法吸收公众存款和集资诈骗案，涉及300多名集资者。经过退补，追诉漏犯2名，认定涉案数额高达4343万元，1名主犯被判处无期徒刑，其他5名被告人受到严惩。

敖汉旗人民检察院开展“法治进校园”全国巡讲活动，受到最高人民检察院通报表彰，被共青团中央评为“全国青少年维权岗”。成立未成年人检察“向阳花开”亲子教育工作室，向失责家长发出督促监护令，已帮助100余名涉案未成年人重塑家庭关系。2021年，在自治区首创“动态管理+分级处遇”工作机制，为涉案未成年人量身定制短期+长期矫治计划，跨省与大连一所职教中学搭建帮教平台，为失学、辍学孩子提供学习园地，助力32名未成年人重归正途。

2021年，敖汉旗人民检察院支持农民工讨薪维权34件，帮助农民工讨薪430余万元，经验做法在全市检察机关交流推广。2022年，敖汉旗人民检察院制定服务“六稳”“六保”具体措施22条，与5家企业进行“点对点”帮扶，解决法律问题36个。（市检察院）

全国工人先锋号

2022年，国家税务总局巴林右旗税务局第一税务分局（办税服务厅）被中华全国总工会评为“工人先锋号”。一分局坚持多措并举挖潜增收，税费收入实现稳步增长。窗口工作人员自觉提升职业道德修养，遵守职业纪律，提高服务标准、服务能力、服务质效。开展“便民办税春风行动暨我为纳税人缴费人办实事”活动，严格落实11大类35项105条具体便民措施。推行“最多跑一次”清单、新办企业“套餐式”服务，深化“放管服”改革，优化营商环境；推广电子税务局办税、手机App缴费等“非接触式”服务，让纳税人和缴费人多跑网路、少跑马路；推行首问责任制、蒙汉双语服务、“一窗受理、内部流转、限时办结”、三级导税等举措，增强纳税人和缴费人的获得感；开展便民办税春风行动，开设退税减税和简易注销“绿色通道”，提升纳税人和缴费人的满意度。

（市税务局）

全国优秀公安局

2022年5月，宁城县公安局被公安部评为“全国优秀公安局”。2017年以来，宁城县万人有警率在全市乃至自治区最低，但百名民警平均工作量始终位居全市第一位，年均侦破刑事案件1100余起，查结行政案件3000余起，连续多年在全市绩效考评中名列前茅。成功侦破多起有重要影响的公安部督办毒品案件，累计缴获毒品约5千克。5年来，共调解处理矛盾纠纷1.5万余起，连续12年保持命案全破，侦破刑事案件5385起，抓获犯罪嫌疑人5103人，抓获网上逃犯326人。查结行政案件1.32万起，行政处罚1.37万人。在扫黑除恶专项斗争中，打掉铲除涉恶团伙11个，扣押冻结查封涉案资产5662万元。

（市公安局）

全国司法行政系统先进单位

2022年8月，赤峰市司法局被人力资源和社会保障部和司法部评为全国司法行政系统先进单位。该局创新推行“融合党建+司法行政”工作新模式，党建引领“三调”联动被评为“2019年度自治区十大法治事件”，被自治区党委宣传部命名为全区示范“学习讲堂”。成立自治区首支法治乌兰牧骑，率先开展普法效果社会第三方评估，获评全国“七五”普法中期先进城市和全国普法工作先进单位。加强“智慧司法”建设，全国首创研发4K智能法律服务机顶盒，入选“全国智慧司法十大创新案例”。打造自治区首家盟市级公共法律服务网“12348”赤峰法网和信访法律事务公益服务中心，推行社区服刑人员适用前调查评估备案审查制度，创新推行社区矫正“3685”赤峰模式，社区服刑人员重新犯罪率为0.12%。打造“塞外枫桥”赤峰模式，全面试点推行“两所”联动、“三联六建”工作机制。

（市司法局）

全国“枫桥式公安派出所”

2022年4月，松山区公安分局向阳派出所获公安部“枫桥式公安派出所”称号。向阳派出所坚持和发展新时代“枫桥经验”，打造便捷警务、便利勤务、便民服务，为群众提供“贴身式”“管家式”“融合式”高品质公共安全服务的“三便三式”爱民利民工程。在全市率先推行“一室两队”警务模式改革，提升公安基层治理水平。创新“四联同步”矛盾纠纷化解机制，专门设置“纠纷调解室”，疏导化解各类矛盾纠纷351起，矛盾纠纷化解率95%以上。创新常住人口、流动人口、出租房屋管理举措，自主研发的Word超级链接，人口信息翔实度100%，解决长期以来流动人口、出租房屋失控漏管和消防安全隐患疏于防范的难题。建立专职化社区警务团队，推进社区警务与群众工作有机结合，为群众办好事、办实事、解难事800余件。设置“居民说事室”，成为第一时间听取群众呼声、掌握群众需求的平台。

（市公安局）

全国机关事务工作先进集体

2022年4月24日，赤峰市机关事务管理局公务管理科被人力资源和社会保障部、国家机关事务管理局授予“全国机关事务工作先进集体”。赤峰市机关事务管理局深化专项治理活动和用车制度改革，2011—2016年共清理豪华品牌、未经批准购置、违规借换用等公务用车422辆；2016年推进党政机关和事业单位公务用车制度改革，严格核定、削减公务用车683辆；研究指导巴林左旗三山乡保障基层公务出行创新做法，探索租赁本乡非行政编制人员私家车和社会车辆新模式，中央车改办督查调研组对三山乡实践创新做法给予肯定，评价赤峰市是“北方公务用车制度改革示范、扶植、引导地区”。实施公务用车集中统一管理，2020年1月推动完成市本级党政机关公务用车集中统一管理试点任务，中央、自治区车改办推荐23个地区到赤峰市考察交流工作；2021年自治区印发简报，向全自治区推广赤峰经验和巴林左旗三山乡保障基层公务出行模式做法。压实公务用车监督管理责任，2017年按自治区要求建设公务用车信息化监督平台，加强公务用车配备、使用、处置情况的督查检查；约束公务用车不离视线在“格子内”严加管理，促进机关公务保障规范、高效、透明、节约发展。

（市机关事务管理局）

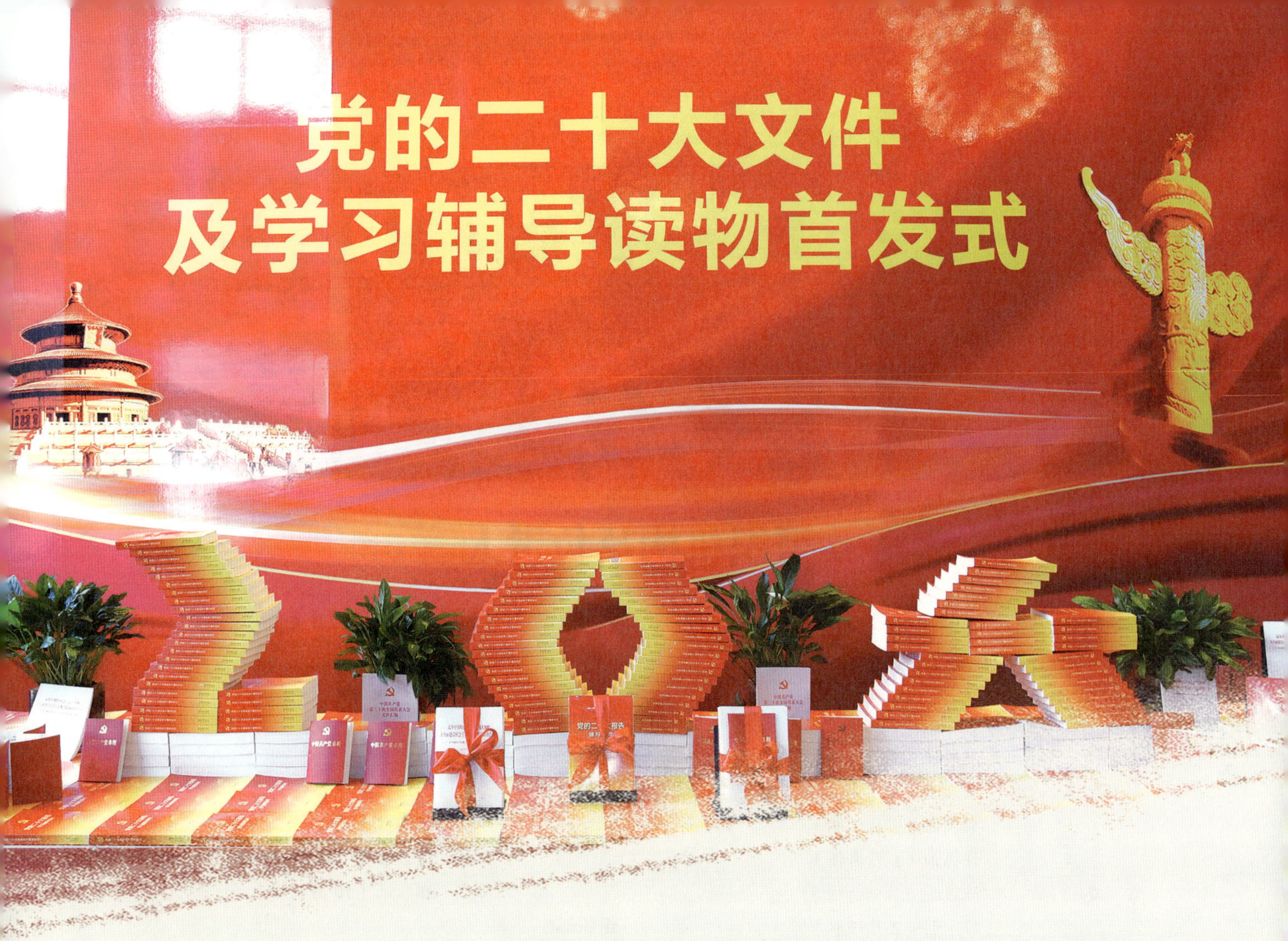

附　录

责任编辑　袁洪军

附录

组织机构及负责人

中共赤峰市委员会

书　记	万超岐
副书记	王旺盛（蒙古族）
	栾天猛（2月任职）
	许振山（1月离任）
常　委	陈占英
	睢　利（2月任职）
	乔雪峰（女　3月任职）
	王洪刚
	乔宇驰（3月任职）
	孟和巴特尔（蒙古族）
	孟晓冰（蒙古族　12月任职）
	田晨光
	张继康
	孙艾芳（女　3月离任）
秘书长	孟晓冰（蒙古族　12月任职）
	宋语健（蒙古族　11月离任）
副秘书长	卢联国
	韩耀新（3月任职）
	董久清（3月任职）
	姚金鹏（12月任职）
	樊洪华（3月离任）
	徐立军（3月离任）

市委工作部门及直属单位

市委办公室

主　任	卢联国
副主任	周春军（3月任职）
	鲍云东（12月离任）
纪检监察组组长	张　剑（12月任职）
	李海龙（12月离任）

档案史志馆

馆　长	吕雪生
副馆长	刘绍林（蒙古族）
	汪志红（女）
	白云玲（女　10月任职）
	郑　泉（10月离任）

组织部

部　长	乔宇驰（3月任职）
	孙艾芳（女　3月离任）
副部长	张广智（3月任职）
	孟祥军（7月任职）
	赵永明
	彭立新（3月任职）
	聂海明（9月任职）
	魏二利（12月任职）
	陈景华（3月离任）
纪检监察组组长	翟立民

宣传部

部　长	乔雪峰（女　3月任职）
副部长	李彦华（女　蒙古族）
	刘云国
	宋喜艳
	陈中责（蒙古族）
	李　强（9月任职）
	胡竞展（9月离任）
纪检监察组组长	刘海波（9月离任）

赤峰日报社（赤峰日报传媒集团）

党委书记 社　长	葛广玉
总编辑	解　萍（女）

副社长 宋景军
副总编辑 薛丽韫（女）
白雪冰
萨仁图娅（女 蒙古族）

赤峰广播电视台

党委书记
台 长 刘云国
总编辑 李永和
副台长 潘德华（蒙古族）
王文泉（蒙古族）
副总编辑 鲍剑飞（蒙古族）
刘海姝（女）

统战部

部 长 孟和巴特尔（蒙古族）
副部长 倪建华（3月任职）
丛培智（3月任职）
王晓军
梁明达
乌力吉（3月离任）
纪检监察组组长 于治泉

巡察办

主 任 李宗革（蒙古族）
副主任 王凤海（蒙古族 7月任职）
邢长青（9月任职）
董久清（3月离任）
雷南军（9月离任）

市委第一巡察组

组 长 董银鸽（9月任职）
程秀明（9月离任）
副组长 杨希东（满族）

市委第二巡察组

组 长 王景昕
副组长 何炳恒

市委第三巡察组

组 长 巴 图（蒙古族）
副组长 孙文丽（女）

政法委

书 记 栾天猛（2月任职）
许振山（1月离任）
副书记 张文凯（3月任职）
姜 海
于海潮（蒙古族）
崔万新（7月任职）

政策研究室

主 任 姚金鹏（9月任职）
董银鸽（9月离任）
副主任 陈 涌
杨东磊
刘敬轩（9月任职）

直属机关工作委员会

书 记 孟晓冰（蒙古族 12月任职）
宋语健（蒙古族 12月离任）
副书记 吕彦涵（女 蒙古族）
李泽元
刘晶晶（女 蒙古族 3月任职）
李鹏远（蒙古族）
房 敏（女 3月离任）

老干部局

局 长 魏二利（蒙古族）
副局长 尔树生
刘靖魁（7月任职）
韩旭明（7月离任）

机构编制委员会办公室

主 任 吴卫东（满族）
副主任 马国明
刘志聪（女）

市委党校

校 长 乔宇驰（3月任职）
孙艾芳（女 3月离任）
副校长 徐立军（3月任职）
张立平（女）
王玉新
刘丽丽（女）
冯玉斌（12月任职）
张喜柱（3月离任）
朱凤兰（女 9月离任）
吕海晨（9月离任）

赤峰市人大常务委员会

主 任 孙艾芳（女 3月任职）
张 华（3月离任）
副主任 边中悦（蒙古族）
田向存
骆秀燕（女）
张 恒
高希华（蒙古族 2月任职）
孟和达来（蒙古族 2月任职）
黄彦峰（2月离任）
秘书长 杨中新
副秘书长 刘明珠（女 9月任职）

杨志辉
昭日格图（蒙古族　9月离任）

办公室

主　任　杨中新

监司委

主　任　蒙玉清（女　满族）
副主任　徐东明（女　12月任职）
郭义茹（12月离任）

财经委

主　任　祝国耀
副主任　方　勃（女　蒙古族）

教科文卫委

主　任　王雪韬（女）
副主任　李仁义

城建环资委

主　任　郭义茹（12月任职）
姚向民（12月离任）
副主任　昭日格图（蒙古族　9月任职）
常义龙（9月离任）

民宗工作委

主　任　朝格巴达日胡（蒙古族）
副主任　李艳东（女　蒙古族）

农牧委

主　任　张　杰（女　12月任职）
于桂文（女　蒙古族　12月离任）
副主任　刘永军（蒙古族）

选举任免委

主　任　于桂文（女　蒙古族　12月任职）
王宏坚（蒙古族　12月离任）
副主任　刘晓欧（女　蒙古族　10月任职）

法制委

主　任　李海峰
副主任　马尚发

社建委

主　任　陈军力
副主任　崔广清

赤峰市人民政府

市　长　王旺盛（蒙古族）
副市长　田晨光（12月任职）
张继康（7月任职　挂职）
孙海涛
李靖靖（女）
杨　牧
赵志刚（4月任职）
付守利（12月任职）
张国华（12月任职）
生效友（8月离任）
孟晓冰（蒙古族　12月离任）
郭　喜（10月离任）
秘书长　陈景华（4月任职）
王立恩（4月离任）
副秘书长　梁志刚（挂职）
李恕臣
齐鑫森（蒙古族）
刘晓东（蒙古族　3月任职）
赵建业
王晨飞（10月任职）
王丽丛（3月离任）
韩耀新（3月离任）

市政府工作部门及直属单位

市政府办公室

主　任　陈景华（4月任职）
副主任　青　龙（蒙古族）
刘　波（女　3月任职）
张继涛（蒙古族　12月任职）

农牧局

局　长　薛德凯（满族）
副局长　谭　永
李旭东（10月任职）
王金环（女）
麦拉苏（蒙古族　9月任职）
焦学武（9月离任）
程瑞宝（7月离任）
农牧科学院院长　程瑞宝（7月任职）
纪检监察组组长　杜景云（女）

林业和草原局

局　长　李雨时
林业科学研究所所长　李显玉
副局长　杨志军
马晓军
韩婧华（女）
森林草原保护发展中心主任
张书理

水利局

局　长　马鹏飞
副局长　窦晓山（蒙古族）

王广会（满族）
陈永刚（蒙古族）
郑　莹（女　9月任职）
李砚田（9月离任）
纪检监察组组长　郑惠民

工业和信息化局

局　长　侯秋海
副局长　张展威
曹景东
刘渊波
梁晶晶（女　10月任职）
庄国俊（10月离任）
纪检监察组组长　李星伟

赤峰高新区管委会

主　任　张　启（蒙古族）
副主任　孙永丰（3月任职）
杨振龙（蒙古族　3月任职）
韩玉海
李　伟（7月任职）
李汇军（3月任职　7月离任）
纪工委书记　胡国强（蒙古族）

商务局

局　长　鲍爱民（蒙古族）
副局长　白景辉（蒙古族　12月任职）
王国良
李延光（10月任职）
刘　利（12月离任）
梁树军（9月离任）
赤峰市物流产业发展中心主任
霍向梅（女　蒙古族）
纪检监察组组长　兰志利（7月任职）
吴俊岭（7月离任）

供销合作社

主　任　吕世忠
副主任　时登友（12月任职）
樊蕾蕾（女　满族　12月任职）
邹恩海（12月离任）
孙立儒（9月离任）

文化和旅游局

局　长　黄　河（蒙古族　4月任职）
丛培智（4月离任）
副局长　吴立新
韩　雷
王文龙（满族）
韩　玲（女　蒙古族）
杨　光（3月离任）
赤峰文博院院长　陶建英（女　蒙古族）
纪检监察组组长　阿　荣（女　蒙古族　10月任职）
郑天春（3月离任）

金融工作办公室

主　任　王丽丛（4月任职）
康进玉（4月离任）
副主任　宋维刚
刘李娜（女　蒙古族）

交通运输局

局　长　王秀军（蒙古族）
副局长　王　帅
王君君
韩国鹏（7月任职）
纪检监察组组长　刘玉芬（女）

住房和城乡建设局

局　长　张子伟
副局长　孙广通（1月任职）
代英春
高广泽
李明琦
郝　彪（10月任职）
于国军（9月离任）
纪检监察组组长　苏文昌

生态环境局

局　长　李英男（蒙古族）
副局长　李大鹏（蒙古族）
于海军（蒙古族）
张树川
纪检监察组组长　孙晓红（女）

发展和改革委员会

主　任　钟佳阳（蒙古族）
副主任　姚东源（3月任职）
包双全（蒙古族　10月任职）
杨颖丽（女）
王伟东（蒙古族）
李学军（9月任职）
侯东辉（12月任职）
王焱民（9月离任）
白　魁（蒙古族　3月离任）
张志伟（1月离任）
纪检监察组组长　王瑞明

仲裁委员会秘书处

秘书长　李亦晨（蒙古族　10月任职）
张书华（蒙古族　10月离任）
副秘书长　孙志强
王振国

区域经济合作局

局　长　　王　利

副局长　　王洪江（9月任职）

刘志博（10月任职）

邵炳良（9月离任）

刘　志（7月离任）

自然资源局

局　长　　张颖达

副局长　　费景发

赵明权

李国利

吴俊岭（蒙古族　5月任职）

燕武洲（2月离任）

纪检监察组组长　马　军

自然资源储备整理中心主任

石　峰

不动产登记中心主任

秦朝阳（女）

市场监管局

局　长　　任　海（10月任职）

张国庆（10月离任）

副局长　　刘亚春（女）

马兴源（蒙古族）

成学阁

徐俊华

郑守强（12月任职）

高晓峰（9月离任）

纪检监察组组长　王德军

统计局

局　长　　白　玲（女　回族　10月任职）

杨树友（4月任职　10月离任）

尹洪山（4月离任）

副局长　　孔祥鹏

曹利剑

温延博（女）

统计调查中心主任

衡振华（12月任职）

刘鹤峰（7月离任）

应急管理局

局　长　　于兆飞

副局长　　李国增（蒙古族）

谢永利（蒙古族）

王　强（7月任职）

王树文

宁志杰（蒙古族）

姚东源（3月离任）

国有资产监督管理委员会

主　任　　金　仓（蒙古族）

副主任　　尹燕辰（1月任职）

杨景林

审计局

局　长　　潘存国（4月任职）

杨树友（4月离任）

副局长　　高忠泽（蒙古族）

王洪武（9月任职）

刘金超（9月任职）

曹立新（7月离任）

刘艳春（7月离任）

财政局

局　长　　刘亚东（10月任职）

高子林（10月离任）

副局长　　刘敬民

赵振义

刘艳春（7月任职）

张学林

王绍华（7月任职）

孙永利（7月离任）

郭锐锋（7月离任）

市公共财政保障中心主任

马文军

纪检监察组组长　武丽华

教育局

局　长　　刘玉海（蒙古族　4月任职）

赵志刚（4月离任）

副局长　　吕东辉

马海茹（女　满族　9月任职）

百乙拉（蒙古族　9月离任）

孙　涛（蒙古族　12月离任）

许　军（12月离任）

教科研中心主任　关耀忠

纪检监察组组长　彭向东（蒙古族）

科技局

党组书记　　卢秀萍（女）

局　长　　王　健

副局长　　袁凌峰

王亚军

民政局

局　长　　浩毕斯嘎拉图（蒙古族）

副局长　　贾广君（蒙古族）

李晓华（女）

于海波（蒙古族）

纪检监察组组长　周朝龙

退役军人事务局

局　长　　王　冰（蒙古族　10月任职）
　　　　　宝　民（蒙古族　10月离任）
副局长　　李宗军（满族）
　　　　　商誉融（蒙古族）
服务中心主任　刘宇波

民族事务委员会

主　任　　斯　钦（蒙古族）
副主任　　特木尔巴根（蒙古族）
　　　　　程国华

乡村振兴局

局　长　　郭泽民（4月任职）
　　　　　冯树鑫（4月离任）
副局长　　王　铁
　　　　　贾文志（蒙古族）
　　　　　孙志强（蒙古族）
　　　　　梁志刚（挂职）
　　　　　宋彦涛（挂职）
　　　　　张　杰（女　12月离任）

人力资源和社会保障局

局　长　　李彦彬
副局长　　项淑华（7月任职）
　　　　　郭建伟（蒙古族）
　　　　　于红林（蒙古族　9月任职）
　　　　　郭鲁蒙（12月任职）
　　　　　司银方（蒙古族　9月离任）
　　　　　周建华（9月离任）
就业服务中心主任　司银方（蒙古族　9月任职）
纪检监察组组长　梁　蕾（女　满族）

医疗保障局

局　长　　潘晓燕（女）
副局长　　杨智明
　　　　　靳玉双（9月任职）
　　　　　刘立升（9月离任）
医疗保险服务中心主任
　　　　　郭永明

卫生健康委员会

主　任　　刘成赋
副主任　　魏常春
　　　　　郝亚杰
　　　　　宋海波（女）
　　　　　彭国栋
　　　　　刘明珠（女　8月离任）
疾控中心书记　杨奉筠
主　任　　毕书峰
纪检监察组组长　刘子秀

体育局

局　长　　张吉信
副局长　　白大鹭（7月任职）
　　　　　姜　博（9月任职）
　　　　　高　升（9月离任）
　　　　　张莹君（5月离任）

公安局

局　长　　孙海涛
副局长　　贾建忠
　　　　　宋学军
　　　　　孙继国（12月任职）
　　　　　郑　伟（女　蒙古族）
　　　　　韩来风
　　　　　陈俊波（12月离任）
　　　　　李　英（5月离任）
　　　　　魏清军（9月离任）
政治部主任　于广明
纪检监察组组长　高振华

司法局

局　长　　鞠文林
副局长　　乔显军
　　　　　张洪新
　　　　　于　力（7月任职）
　　　　　王永国（10月任职）
　　　　　王　强（7月离任）
　　　　　李亦晨（蒙古族　10月离任）
强制隔离戒毒所所长
　　　　　李广怀
政　委　　赵国义

人防办

主　任　　侯东辉
副主任　　王光荣
　　　　　宋前德门（蒙古族　12月离任）
　　　　　余秀峰（6月离任）

信访局

局　长　　樊洪华（4月任职）
　　　　　刘玉海（蒙古族　4月离任）
副局长　　李玉庭
　　　　　张晓辉
　　　　　王凤清

政务服务局

局　长　　刘兴飞（蒙古族）
副局长　　曾晓峰
　　　　　吴爱彬（7月任职）
　　　　　李淑芬（女　10月任职）
　　　　　兰志利（7月离任）

宋　歌（女　9月离任）
纪检监察组组长　张光月（女　蒙古族）
公共资源交易中心主任
杨成雷
副主任　马凤清
吴晓波
政务服务中心主任　裴焕斌（7月任职）
李国玉（7月离任）
副主任　林学臣
赵　岩（蒙古族）

机关事务管理局
局　长　侯立巍
副局长　张　松
胡凤燕（女）

政协赤峰市委员会

主　席　苏雅勒其其格（女　蒙古族）
副主席　邱文博（蒙古族）
白洪波（蒙古族）
于凤先（蒙古族）
林晶华
郭玉强（蒙古族　2月任职）
王立恩（4月任职）
韩　勇（2月任职）
郜昕煜（女　2月任职）
张文革（2月离任）
王秉忠（蒙古族　5月离任）
高晓刚（2月离任）
南振虎（2月离任）
黄　鹂（女　蒙古族　2月离任）
马占国（蒙古族　2月离任）
秘书长　彭士明
副秘书长　姚志强
阚海峰

机关党组
书　记　彭士明
成　员　金子成
姚志强
阚海峰

提案委
主　任　白凤强
副主任　张宏源

经环委
主　任　刘长学
副主任　李汇军（8月任职）
江　红（女　8月离任）

教科卫体委
主　任　周桂清（女　蒙古族）
副主任　李宏杰（女）

文史委
主　任　黄双燕（女）
副主任　李梦晴（女 蒙古族）

民宗委
主　任　姜国华
副主任　徐广文（10月任职）
阿　荣（女　蒙古族　10月离任）

信息联络委
主　任　王彦杰
副主任　康　杰（蒙古族）

社法委
主　任　吴秀梅（女　蒙古族）
副主任　王志明（10月任职）
胡广文（10月离任）

中共赤峰市纪律检查委员会

书　记　睢　利（2月任职）
副书记　王　磊
李润贤
汪丽娜（女）
常　委　李宗革
邹吉龙
马振峰（9月任职）
陈立华（9月离任）
崔巍夷（蒙古族　7月离任）
陶梦虹（女　9月离任）

赤峰市监察委员会

主　任　睢　利（2月任职）
副主任　王　磊
李润贤
汪丽娜（女）
委　员　李宗革
王荣利
邹吉龙
陈立华（9月离任）
考晓峰（蒙古族）

马振峰（9 月任职）
崔巍夷（蒙古族 7 月离任）
陶梦虹（女 9 月离任）

市检察院、法院

人民检察院

检察长　陈雪梅（女 12 月任职）
李建平（8 月离任）
副检察长　包英兰（女 蒙古族）
焉建峰（蒙古族）
曲国锋
赵利民
政治部主任　雷南军（9 月任职）
张立国（5 月离任）
纪检监察组组长　巴曙光（蒙古族）

中级人民法院

院　长　梁建武
副院长　崔巍夷（蒙古族 9 月任职）
王英杰（女 蒙古族 9 月任职）
苗润生（蒙古族）
黄文忠
韩跃杰
纪检监察组组长　刘国龙
政治部主任　赵明利（蒙古族）
执行局长　王勇林（3 月任职）
孟宪业（3 月离任）

民主党派·工商联

民革赤峰市委员会

主任委员　王　健（蒙古族）
副主任委员　佟蒙飞
马尚发
贾俊梅（女）

民盟赤峰市委员会

主任委员　吕东明
副主任委员　刘凤华（女）
池洪泽
韩立伟（女）
周　虹（女）

民建赤峰市委员会

主任委员　骆秀燕（女）
副主任委员　迟全利
王丽云（女）
刘李娜（女 蒙古族）

民进赤峰市委员会

主任委员　刘彦华（女）
副主任委员　辛　辉（蒙古族）
张立平（女）
倪　榕（女）

农工民主党赤峰市委员会

主任委员　白凤强
副主任委员　李　伟
韩明玥（女）
张　军
刘灵艳（女）

九三学社赤峰市委员会

主任委员　孙德欣
副主任委员　李明杰
孙月玲（女）
李春生
程志颖

人民团体

市总工会

主　席　边中悦
副主席　于宝君
刘　宏
于艳文（女 蒙古族）
孙景华

共青团赤峰市委员会

书　记　鲁秀清（女）
副书记　芒　莱（蒙古族）
宋可钦（女 10 月任职）
马海茹（女 满族 10 月离任）

市妇女联合会

主　席　张　艳（女 9 月任职）
杨立红（女 9 月离任）
副主席　梅　花（女 蒙古族）
宋　歌（女 蒙古族 9 月任职）
项淑华（女 7 月离任）

市科学技术协会

主　席　文　辉（女 蒙古族 3 月任职）
白树森（蒙古族 3 月离任）
副主席　薛瑞鸣

市工商业联合会

党组书记　丛培智（3 月任职）
倪建华（3 月离任）
主　席　杜金宏（女）

副主席　宝希强（女　蒙古族）
王国刚
史　伟

市文学艺术界联合会

主　席　郭艳秋（女）
副主席　雷亚锋
李英达

市社会科学界联合会

主　席　张立雄（3月任职）
王树国（3月离任）
副主席　任志彬
赵光明

市归国华侨联合会

主　席　房　敏（女　4月任职）
刘济朋（蒙古族　4月离任）
副主席　焦桂林
唐婷婷（女）

市红十字会

党组书记　宝　民（蒙古族　9月任职）
李庆东（9月离任）
副会长　赵令国
副监事长　王静慧（女）

市残疾人联合会

党组书记　昭日格图
理事长　刘彦华
副理事长　鲍兰兰（女　12月任职）
张　剑（12月离任）

市慈善总会

常务副会长兼秘书长　丛雅丽（女）

中区直驻赤峰单位

税务局

局　长　赵　峰（蒙古族　8月任职）
吉伦白拉（蒙古族　8月离任）
副局长　孟凡江（蒙古族）
穆　华（蒙古族）
王　猛（蒙古族）
吴旭东（蒙古族）
韩　杰（8月离任）
纪检监察组组长　王　钢（1月任职）

人行赤峰市中心支行

行　长　吕永祥（8月任职）
副行长　庞福利（9月任职）
赵　平（10月任职）
黄忠海
刘国杰（蒙古族）
纪委书记　陈宝祥（蒙古族　11月任职）

赤峰银保监分局

局　长　王　刚
副局长　刘宏义
徐宏波
纪检监察组组长　董　堃

农发行赤峰市分行

行　长　朱瑞华
副行长　王云刚（蒙古族）
仝凤君
张文应

工行赤峰分行

行　长　岳志强（9月任职）
魏锡波（9月离任）
副行长　田　宇
万立辉（蒙古族）
张大伟（9月任职）
韩少华（12月离任）
王志超（12月离任）
纪委书记　王斌斌（女　蒙古族）

农行赤峰分行

行　长　马铁军（蒙古族）
副行长　王亚学
纪委书记　张　敏

中行赤峰分行

行　长　张丛林
副行长　杨鸿志（11月任职）
王文超（女）
田晟伟（回族）
王继红
王　磊（8月离任）
纪委书记　韩元恒

建行赤峰分行

行　长　李　刚（8月离任）
副行长　吕景斌（蒙古族）
李荣昌（蒙古族）
凌海军
唐晓驰
纪检监察组组长　武卫民

交通银行赤峰分行

行　长　郭玉石
副行长　朱彩红（女　蒙古族）
行长助理　田景波

邮储银行赤峰市分行

行　长　李瑞轩

副行长　高青龙
　　张海军
　　张娜娜（女）
　　党静军（10 月任职）

华夏银行赤峰分行

行　长　康　恺（12 月任职）
　　齐德胜（12 月离任）
副行长　国小军
　　伊雪松

蒙商银行赤峰分行

行　长　孙彦东（满族）
副行长　于海涛
行长助理　申伟东（蒙古族）
纪委书记　冯　勇（蒙古族）

人保财险赤峰分公司

总经理　王　平
副总经理　刘昶风（6 月任职）
　　徐建国
　　杨　亮（蒙古族）

人寿保险赤峰分公司

总经理　王　军
副总经理　侯文达
　　王金波
总经理助理　梁　斌（蒙古族）

平安财险赤峰中心支公司

总经理　李　强
副总经理　孙敬文
　　高　磊

太平洋财产保险赤峰市中心支公司

总经理　张　旭
副总经理　周永杰

中国电信赤峰分公司

总经理　李　财
副总经理　兰小汀
　　林小波
　　王振华
纪委书记　闫　俊

中国移动赤峰分公司

总经理　崔云峰
副总经理　董晓慧
　　卢和宇
　　石　浩
　　李宝强

中国联通赤峰市分公司

总经理　孙博瑛
副总经理　刘永强
　　吴延峰
　　刘建华
纪检监察组组长　马　强

中国铁塔赤峰分公司

总经理　于彦军
副总经理　娄自强（蒙古族）
　　尚风波

赤峰海关

关　长　徐　平
副关长　张爱军
　　王亚涛

邮政管理局

局　长　李　彬
副局长　何　宏

气象局

局　长　王　民
副局长　武金虎（蒙古族）
　　戚立仁
纪检监察组组长　安新宇（蒙古族）

盐业公司

总经理　包金成（6 月任职）
副总经理　邢建强（6 月任职）
　　张　琪（女　6 月任职）

烟草专卖局（公司）

局长（经理）　李义春
副局长　李柏华
　　周雪松
　　刘志勇
纪检监察组组长　崔荣春（7 月任职）

国网赤峰供电公司

总经理　张国力
副总经理　胡　浩（8 月任职）
　　孙　广
　　刘中明（蒙古族　11 月任职）
　　刘　波（8 月任职）
　　刘海生（11 月任职）
　　陈朝晖（蒙古族　11 月任职）

内蒙古民航机场赤峰分公司

总经理　杨云飞
党委书记　高云清
副总经理　刘晓辰
　　张大明
　　陈忠民

赤峰车务段

段　长　朱广武
副段长　王奇文（满族）

杜玉奎（蒙古族）
唐忠贺
辛晓宇
尹祥军（蒙古族　1月任职）
纪委书记　于红梅（女　蒙古族　3月任职）

中国石油赤峰分公司

经　理　曹文华
副经理　王弘钰
田雨江（蒙古族）
黄　义
荀杰彪
纪委书记　殷　实

大（中）专院校

赤峰学院

党委书记　刘万虎
校　长　王怀栋（6月任职）
党委副书记　韩永全（9月任职）
副校长　袁德忠
徐振军
布仁吉日嘎拉（蒙古族）
周建华
纪委书记　曲国光

赤峰工业职业技术学院

党委书记　霍　龙
院　长　王建军
党委副书记　董　岩（蒙古族）
副院长　马永军
刘国生
吴树会
纪委书记　满　仓（蒙古族）

内蒙古交通职业技术学院

党委书记　杨立红（女　8月任职）
院　长　范体贵
副书记　祁　山（8月离任）
副院长　郑广军
姚利军
纪委书记　杜崇峰

旗（县、区）

阿鲁科尔沁旗

中共阿鲁科尔沁旗委员会

书　记　魏必力格（蒙古族　3月任职）
于伟东（3月离任）
副书记　陈虎男（3月任职）
李凌宇（满族）
魏必力格（蒙古族　3月离任）
常　委　裴焕斌（7月离任）
贾智鸿（12月任职）
斯日古楞（蒙古族　12月离任）
孙建和（挂职）
特木热（蒙古族）
王远斌（挂职）
孙翔宇
聂海明（10月离任）
王欣慧（女　蒙古族）
郭　峰
姜常辉（10月任职）
王智勇（12月任职）

旗人大常委会

主　任　凌　河（蒙古族）
副主任　呼和巴拉（蒙古族）
杨慧焱（女）
秦跃国
张旭鹏
于丽华（女　10月离任）
宝　玉（蒙古族　9月离任）
根　柱（蒙古族　1月离任）

旗人民政府

旗　长　陈虎男（3月任职）
魏必力格（蒙古族　3月离任）
副旗长　贾智鸿（12月任职）
孙建和（挂职）
王远斌（挂职）
姜常辉
王京龙
韩　杰
刘智慧（女）
巴日斯巴特（蒙古族）
张亚新（8月任职　挂职）
闫雪涛（12月任职）
裴焕斌（8月离任）
斯日古楞（蒙古族　12月离任）

旗政协委员会

主　席　张　臣
副主席　王欣慧（女　蒙古族　挂职）
王金宝（蒙古族）
陈育明（蒙古族）
于伟华（女　蒙古族　7月任职）

徐东明（女　12月离任）

中共阿鲁科尔沁旗纪律检查委员会

书　记　　孙翔宇

旗监察委员会

主　任　　孙翔宇

巴林左旗

中共巴林左旗委员会

书　记　　任　玺
副书记　　秦怀东
　　　　　韩　颖（女）
常　委　　孙彦杰（蒙古族）
　　　　　贺希格巴图（蒙古族）
　　　　　马亚峰（挂职）
　　　　　赵宏图
　　　　　李宗明
　　　　　王艳波
　　　　　孙　鹤
　　　　　苏东颖（女）
　　　　　翟立军

旗人大常委会

主　任　　申志强
副主任　　马晓东
　　　　　田彩莉（蒙古族）
　　　　　李承革
　　　　　刘向东

旗人民政府

旗　长　　秦怀东
副旗长　　孙彦杰
　　　　　王瑞利（7月任职　挂职）
　　　　　田晓辉（12月任职）
　　　　　马亚峰（挂职）
　　　　　赵宏图
　　　　　左相龙
　　　　　张　燕（挂职）
　　　　　张映杰
　　　　　孟凡驰
　　　　　段志国
　　　　　包双全（蒙古族　12月离任）

旗政协委员会

主　席　　马树友
副主席　　薄志慧
　　　　　李朝辉
　　　　　吴卫东
　　　　　高　娃（蒙古族）

中共巴林左旗纪律检查委员会

书　记　　孙　鹤

旗监察委员会

主　任　　孙　鹤

巴林右旗

中共巴林右旗委员会

书　记　　靳江波
副书记　　李春雷（蒙古族）
　　　　　王　冰（9月离任）
　　　　　李向云（女　9月任职）
常　委　　李向云（女　12月离任）
　　　　　郝卫东（满族）
　　　　　斯日古楞（蒙古族　12月任职）
　　　　　宋　勇
　　　　　彭立新（3月离任）
　　　　　隽永伟（挂职）
　　　　　于筱虎
　　　　　刘立军
　　　　　阿拉坦图雅（女　蒙古族）
　　　　　张　雷
　　　　　王　赢（7月任职）

旗人大常委会

主　任　　哈斯陶格陶（蒙古族）
副主任　　张学磊
　　　　　孟和乌力吉（蒙古族）
　　　　　王艳霞（女　蒙古族　1月任职）
　　　　　牧　仁（蒙古族　1月任职）
　　　　　张凤艳（女　1月离任）
　　　　　阿拉坦陶亚（女　蒙古族　1月离任）

旗人民政府

旗　长　　李春雷（蒙古族　1月任职）
副旗长　　斯日古楞（蒙古族　12月任职）
　　　　　宋　勇
　　　　　隽永伟（挂职）
　　　　　王建军
　　　　　王冰清（女　挂职）
　　　　　邢亚军
　　　　　郭明锐（蒙古族）
　　　　　敖木格图（蒙古族）
　　　　　彭红艳（女）
　　　　　李向云（女　12月离任）

旗政协委员会

主　席　　蔡永慧（1月任职）
副主席　　哈斯牧仁（蒙古族）
　　　　　萨如拉（女　蒙古族）
　　　　　顿平方
　　　　　武永祥（蒙古族　1月任职）

中共巴林右旗纪律检查委员会

书　记　　于筱虎

旗监察委员会

主　任　　于筱虎

林西县

中共林西县委员会

书　记　　张志刚
副书记　　迟亚玲（女）
　　　　　李占勇（蒙古族）
常　委　　任　海（9月离任）
　　　　　旭　日（女　蒙古族）
　　　　　陈玉良（挂职）
　　　　　谢艳丽（女）
　　　　　魏振羽
　　　　　张　云
　　　　　武志新（12月任职）
　　　　　韩伟鹏
　　　　　石尚会（12月离任）
　　　　　赵会武（12月任职）
　　　　　殷　明（挂职）
　　　　　陈小波（挂职）

县人大常委会

主　任　　杨祥林（8月任职）
　　　　　曹海燕（女　8月离任）
副主任　　唐金祥
　　　　　徐贵峰
　　　　　马　鸣
　　　　　刁建华

县人民政府

县　长　　迟亚玲（女）
副县长　　张　云（9月任职）
　　　　　武志新
　　　　　殷　明（挂职）
　　　　　陈小波（挂职）
　　　　　孙德欣
　　　　　石尚会（12月任职）
　　　　　可　心
　　　　　刘威力
　　　　　孟庆辉
　　　　　马　婧（女　6月任职　挂职）
　　　　　任　海（9月离任）

县政协委员会

主　席　　刘靖鹏
副主席　　陈丽君
　　　　　赵国庆
　　　　　张　明
　　　　　刘天宇（9月任职）

中共林西县纪律检查委员会

书　记　　魏振羽

县监察委员会

主　任　　魏振羽

克什克腾旗

中共克什克腾旗委员会

书　记　　周井民
副书记　　王永春（蒙古族）
　　　　　李占杰（5月任职）
　　　　　黄　河（蒙古族　3月离任）
常　委　　姜惠勇
　　　　　曹正伟（12月任职）
　　　　　于畅夫（7月任职　挂职）
　　　　　李　伟
　　　　　毕力格图（蒙古族）
　　　　　高浩然
　　　　　郭宏杰（女）
　　　　　张志刚
　　　　　丛日敏（蒙古族　11月离任）

旗人大常委会

主　任　　胡日查（蒙古族　1月任职）
　　　　　图门白音（蒙古族　1月离任）
副主任　　孙长江（1月任职）
　　　　　仁　钦（蒙古族）
　　　　　马红梅（女　回族　1月任职）
　　　　　田　烨（1月任职）
　　　　　袁洪涛（1月离任）
　　　　　娜　仁（女　蒙古族　1月离任）

旗人民政府

旗　长　　王永春（蒙古族）
副旗长　　姜惠勇
　　　　　曹正伟（12月任职）
　　　　　于畅夫（7月任职　挂职）

牛啸宇
田海峰
王　彬（女）
燕学有
于　刚
丛日敏（11 月离任）

旗政协委员会

主　席　王义君
副主席　付　进（1 月任职）
张继东（蒙古族　1 月任职）
乌敦木其尔（蒙古族）
王　武
孙长江（1 月离任）
乌力吉巴图（蒙古族　1 月离任）
马红梅（女　回族　1 月离任）

中共克什克腾旗纪律检查委员会

书　记　李　伟

旗监察委员会

主　任　李　伟

翁牛特旗

中共翁牛特旗委员会

书　记　张国华
副书记　孟　和（蒙古族）
苗秀明
常　委　秦艳东（8 月离任）
白景辉（蒙古族）
侯国靖
孙明涛
高永武（12 月任职）
李亚军
班孟祺（女）
耿伟东（满族）
朱春永
张九坡（9 月任职）
安源良

旗人大常委会

主　任　吕华东（1 月任职）
张明君（1 月离任）
副主任　栾守武
敖敦其木格（女　1 月任职）
郑守学（1 月任职）
林　虎（1 月任职）
徐占国（1 月离任）
陈素梅（女　1 月离任）
白　音（蒙古族　1 月离任）

旗人民政府

旗　长　孟　和（蒙古族　1 月任职）
副旗长　孙明涛（8 月任职）
白景辉
安源良
代玉花（女　10 月任职）
高永武
查干巴特尔（蒙古族）
史志良
李　会
刘英全（蒙古族）
张烨炜（10 月任职）
秦艳东（8 月离任）
郑　伟（蒙古族　10 月离任）
苏　雅（蒙古族　10 月离任）

旗政协委员会

主　席　呼格吉乐图（1 月任职）
于　芝（女　蒙古族　1 月离任）
副主席　陈素梅（女　1 月任职）
李　燕（女）
赛音巴图（蒙古族）
杨宝森
敖敦其木格（女　蒙古族　1 月离任）

中共翁牛特旗纪律检查委员会

书　记　侯国靖

旗监察委员会

主　任　侯国靖

喀喇沁旗

中共喀喇沁旗委员会

书　记　房　瑞（蒙古族）
副书记　赵延宏
张　艳（女　9 月离任）
陶梦虹（女　9 月任职）
常　委　白　玲（女　回族　9 月离任）
李桂方
许建慧（蒙古族）
朱宏图（1 月任职）
马永刚（9 月任职）
董　磊
王秋野
杨文东（满族）
王文智（挂职）

旗人大常委会
主　任　　马敬华（蒙古族）
副主任　　叶风国
韩伟才（蒙古族）
马玉贵
荣喜峰（蒙古族）

旗人民政府
旗　长　　赵延宏（1月任职）
副旗长　　李桂方
马永刚
王文智（挂职）
比其格图（蒙古族）
王利国
谢云松
仪修泉
庄雯迪（女　12月任职）
刘　为（挂职）
白　玲（女　回族　12月离任）

旗政协委员会
主　席　　张　华
副主席　　李广军（蒙古族）
郑显慧（女）
赵靖川（9月任职）
任　林（女　蒙古族　9月任职）
冯志昕（女　蒙古族　9月离任）

中共喀喇沁旗纪律检查委员会
书　记　　许建慧（蒙古族）

旗监察委员会
主　任　　许建慧（蒙古族）

宁城县

中共宁城县委员会
书　记　　付守利
副书记　　张海轩
张文泽
常　委　　王铁钢
杨　磊
李国军（蒙古族）
张文静（女）
刘和鑫
任伟军
王　君（挂职）
李树敏
游建坤（挂职）
侯　哲（蒙古族）

县人大常委会
主　任　　钱荣新（蒙古族　1月任职）
张海琴（蒙古族　1月离任）
副主任　　撒占国（1月任职）
赵秀春（女　蒙古族　1月任职）
高鸣飞（1月任职）
赵向国（1月任职）
刘　军（蒙古族　1月离任）
魏利天（1月离任）
黄霄飞（女　蒙古族　1月离任）
吕清泉（1月离任）

县人民政府
县　长　　张海轩（1月任职）
副县长　　王铁钢
杨　磊
王　君（挂职）
游建坤（挂职）
白　音（蒙古族）
鞠李宏（女）
常建阔
于利民
刘柏清（6月任职　挂职）
卢振超（10月任职）
崔伟平（3月离任）

县政协委员会
主　席　　谢小双
副主席　　魏利天（1月任职）
朱会远（1月任职）
赵宇欣（女　8月任职）
周振才
马再林（8月离任）
赵秀春（1月离任）
孔凡斌（1月离任）

中共宁城县纪律检查委员会
书　记　　张文静（女　1月任职）

县监察委员会
主　任　　张文静（女　1月任职）

敖汉旗

中共敖汉旗委员会
书　记　　王永军
副书记　　马立华（蒙古族）
杨祥林（7月离任）
张圣合（7月任职）
常　委　　杨祥林（7月离任）

王德月（9月离任）
刘德海
吕希民
姚金鹏（9月离任）
周占利（9月任职）
郭玉玲（女　蒙古族）
夏立明
张启航
杨辉坡（10月任职）

旗人大常委会

主　任　叶秀丽（女）
副主任　李明玉
任　伟
冯云辉
赵常山

旗人民政府

旗　长　马立华（蒙古族）
副旗长　周占利（10月任职）
王文赞
何　伟
张启航（9月任职）
孙继国
吴春光
季旭东
宝林佳（女　蒙古族）
李秀华（女）
特日格乐（女　蒙古族　7月任职）
毕建民
张圣合（9月离任）
姚金鹏（9月离任）

敖汉旗政协委员会

主　席　国　华
副主席　李　丽（女）
武玉占（蒙古族）
张彦民
王晓辉（女　蒙古族）

中共敖汉旗纪律检查委员会

书　记　刘德海

旗监察委员会

主　任　刘德海

红山区

中共红山区委员会

书　记　陈占英
副书记　赵兰广
杨　猛（9月任职）
常　委　孟凡玲（女　蒙古族　9月任职）
李百川
张志强
丛日敏（蒙古族　11月任职）
张继海
梁晓明（女　蒙古族）
于春雨
王国锋（11月任职）
杨　猛（9月离任）
刁志刚（9月离任）

区人大常委会

主　任　王亚军
副主任　李文增
贾洪榛
马素梅（女）
刘冬华（女）

区人民政府

区　长　赵兰广
副区长　孟凡玲（女　蒙古族　9月任职）
林玉华
赵　彤
黄聪伟（蒙古族）
张海娟（女）
丛日敏（蒙古族　11月任职）
王振宇
杨　猛（9月离任）
李旭东（9月离任）

区政协委员会

主　席　史广海
副主席　王　力（蒙古族）
刘金福
徐春辉（女　1月任职）

中共红山区纪律检查委员会

书　记　张继海（1月任职）

区监察委员会

主　任　张继海（1月任职）

松山区

中共松山区委员会

书　记　姜　丛
副书记　钟青松
付　强
常　委　刘学琴（女）
赵亚东（蒙古族）

梁明泽（9月离任）
宋达夫
贾智鸿（12月离任）
王鹏飞（12月任职）
孙丽雯（女）
朱晓雷

区人大常委会

主　任　王　顺
副主任　苑春利
孙振海（1月任职）
史建彬（1月任职）
李国林（1月任职）

区人民政府

区　长　钟青松
副区长　王鹏飞
杨立功（蒙古族）
徐飞燕（女）
于化岩（满族）
李显付（11月任职）
陈砚勇（11月任职）
唐婷婷（女　8月任职　挂职）
梁明泽（11月离任）
贾智鸿（12月离任）
于红林（11月离任）

区政协委员会

主　席　秦玉浩（1月任职）
纪筑国（1月离任）
副主席　王凤君（女　蒙古族　1月任职）
刘万里（1月任职）
孙悦琴（女　1月任职）
姚学术（蒙古族　1月任职）
常富国（1月离任）
李晓辉（1月离任）
刁占学（1月离任）

中共松山区纪律检查委员会

书　记　赵亚东

区监察委员会

主　任　赵亚东

元宝山区

中共元宝山区委员会

书　记　曹智勇
副书记　孙广通（1月离任）
张志伟（1月任职）
尹燕辰（1月离任）
付秀辉（1月任职）
常　委　尹燕辰（1月离任）
李占杰（蒙古族　7月离任）
周占利（12月离任）
秦艳东（7月任职）
刘海洋
焦庆东（9月任职）
韩艳军
栾云贺（女）
李志刚
张立涛（1月任职）
刘　爽（7月任职　挂职）

区人大常委会

主　任　李　凯（1月任职）
尹素萍（女　1月离任）
副主任　李文军
张　群（女　蒙古族　1月任职）
贾树顺（1月任职）
于景春（蒙古族　1月任职）
李汉国（1月离任）
杨景君（1月离任）

区人民政府

区　长　张志伟（1月任职）
孙广通（1月离任）
副区长　秦艳东（7月任职）
焦庆东
刘　爽（7月任职　挂职）
李宗萌
金　明
彭晓娟（女）
鲍云东（蒙古族　12月任职）
金腾蛟（蒙古族　1月任职）
李占杰（蒙古族　7月离任）
付秀辉（1月离任）
褚海波（1月离任）
王　辉（12月离任）

区政协委员会

主　席　王振良
副主席　刘凤华（女）
于佐浩
丁晓宇（朝鲜族　2月任职）
刘灵艳（女　蒙古族　10月任职）

元宝山区纪律检查委员会

书　记　刘海洋（1月任职）

区监察委员会

主　任　刘海洋（1月任职）

重要文献

在中国共产党赤峰市第八届委员会第四次全体会议暨全市经济工作会议上的讲话

中共赤峰市委书记　万超岐

（2022 年 12 月 26 日）

一、关于市委常委会 2022 年的工作

2022 年是党的二十大召开之年，是贯彻落实自治区第十一次党代会、市第八次党代会精神的开局之年，也是赤峰发展进程中极不寻常、极为不易的一年。面对发展的压力、疫情的冲击，市委常委会全面贯彻习近平新时代中国特色社会主义思想，坚决落实“疫情要防住、经济要稳住、发展要安全”重要要求，围绕落实“五大任务”，聚焦实现“五个定位”，锚定建设“六个赤峰”，保持战略定力，精准研判形势，把握工作主动，团结带领广大干部群众凝心聚力、攻坚克难，推动全市高质量发展取得新成效。

一是全面加强党的政治建设。坚持正确政治方向，把“两个确立”“两个维护”作为最高政治原则和根本政治责任，时刻在思想上对标对表、行动上紧跟紧随、执行上坚定坚决。坚持强化理论武装，把学习贯彻习近平总书记重要讲话重要指示批示精神同学习贯彻党的十九届六中全会精神、党的二十大精神有机结合，在全市上下深入开展“全面现代化，赤峰怎么干”大讨论，召开市委常委会会议 34 次、市委理论学习中心组学习会 17 次、组织专题读书班 1 次，引领带动各级领导干部进一步增强政治判断力、政治领悟力、政治执行力。始终胸怀“两个大局”，心系“国之大者”，不折不扣贯彻执行党中央决策部署和自治区党委工作安排，确保全市发展始终同以习近平同志为核心的党中央保持高度一致。

二是切实加强党对经济工作的领导。坚决把经济工作作为中心工作，始终用政治眼光观察和分析经济问题，谋大事、议大事、抓大事，市委常委会、书记专题会 21 次研究部署经济工作。加强学习提高，转变与新时代新任务新要求不相适应的思维习惯、陈旧观念，提升驾驭经济工作的能力水平。加强规划设计，制定“五个定位”行动方案，研究“六个赤峰”实施意见，分产业制定完善一系列促进发展的行动方案，配套出台稳经济 38 条举措和助企纾困 10 项措施，细化促消费、稳就业、保市场主体专项扶持政策，着力稳住全市经济基本面。发挥四大班子整体效能，建立市级领导包联旗县区、重点企业、重大项目工作机制，帮助协调解决存在的问题和困难。强化报账意识、交卷意识、成果意识，通过集中拉练观摩、定期晾晒工作、实施督考联动等方式，促进各旗县区、各相关方面盯项目、提效率，把主要精力聚焦到抓经济、促发展上来。

三是全力推动经济高质量发展。狠抓经济运行调度，多措并举应对年初以来部分经济指标低位运行态势，保持经济运行在合理区间。狠抓产业结构优化，持续推动传统产业转型升级和新兴产业培育壮大，一批战略性新兴产业项目落地实施。狠抓招商引资，建立市级领导担纲的产业链招商方式，推行“春夏秋冬”四季集中签约、重点项目随时签约“长流水、不断线”的招商模式，累计签约项目 1028 个，到位资金 332.3 亿元，项目落地率 82.8%。狠抓项目建设，628 个重点项目完成投资 747 亿元，同比增长 64.4%。狠抓资源要素节约集约利用，“五个大起底”行动扎实开展，推动解决一批遗留问题项目。狠抓园区发展，完善管理体制，赤峰高新区产值突破千亿元。狠抓对外开放，开行中欧班列“赤峰号”，外贸进出口总额达到 138.1 亿元。狠抓创新驱动，全社会研究与试验发展经费投入突破 4 亿元，京蒙（亦庄・赤峰）科创产业园开工建设，农牧科技产业园和人力资源产业园投入运营。狠抓生态治理，第二轮中央环保督察问题整改全力推进，污染防治攻坚战成效显著。

四是统筹推进民生社会事业。全市民生支出占财政总支出 74%，城乡常住居民人均可支配收入持续增长。全力保就业、保民生，城镇新增就业 1.8 万人，农牧民转移就业 67.1 万人，养老保险、医保参保覆盖率分别达到 86% 和 97%。城乡最低生活保障标准同比分别增长 4% 和 10%，发放各类补助救助资金超 16.1 亿元。

全力以赴抓好疫情防控，加强全市统筹，强化扁平化指挥，有力保障全市人民健康。扎实推进巩固拓展脱贫攻坚成果同乡村振兴有效衔接，开工建设一批产业项目，实施一批城乡道路交通、供水供电、供气供热等基础设施工程，加强农村牧区人居环境整治。以“全国文明城市”创建为抓手，加强中心城区建设管理，提升市民的获得感和满意度。

五是持续加强和改进民族工作。牢牢把握铸牢中华民族共同体意识这条主线，广泛开展民族团结进步宣传教育和创建活动，让“三个离不开”“四个与共”“五个认同”深入人心，促进各民族交往交流交融，引导各族群众始终感党恩、听党话、跟党走。深入落实自治区全方位建设“模范自治区”要求，推动各民族互嵌式发展，积极构建“一家亲”民族团结进步党建联合体和“城市民族综合服务体”，各项工作更加有形、有感、有效。

六是坚决维护安全稳定。科学精准抓好疫情防控，疫情期间项目不停工、公路不封堵、重点企业不停产，疫情风险“零外溢”，保持全市平稳有序。常态化开展安全生产风险隐患排查整治，安全生产事故和死亡人数同比下降69.2%和67.4%。加强意识形态阵地管理，稳妥处置1600多件网络舆情，牢牢把握意识形态工作主动权。积极稳妥防范化解财政金融风险，市本级债务风险降为绿色，金融机构不良贷款率处于全自治区较低水平，妥善处置一批历史遗留问题。推进市域社会治理现代化，常态化开展扫黑除恶斗争，开展“化积案、治重访、促稳定”攻坚行动，化解各类信访事项1500余件。圆满完成中共二十大期间维稳安保任务，有力维护全市和谐稳定。

七是着力强化干部队伍建设。坚持新时代好干部标准，发挥各级党校主阵地和敖汉干部学院培训基地作用，开展政治能力履职能力提升班20期，选派干部到部委和北京、长三角、大湾区等发达地区学习，增强改革创新的能力本领。树立鲜明干事创业导向，出台激励担当作为16条具体措施，健全完善优秀干部发现、培养、管理、使用“全链条”机制，大张旗鼓表彰100名“担当作为好干部”。积极向自治区党委推荐使用优秀干部，全年共提拔重用处级干部142人，在工作一线识别、选拔72人。推动能上能下，建立常态化调整机制，免职和职务调整88人、组织处理3人。推进干部容错纠错，为受到不实举报的66名干部澄清正名，重新使用受处理处分影响期满干部37人。加大干部关心关爱力度，落实住房、探亲、异地交通补贴等保障措施，确保政策内待遇应享尽享。

八是深入推进全面从严治党。加强基层党组织建设，实施“三强三优”工程，全市“最强党支部”创建率45%，2060个嘎查村集体经济全部达到10万元，党群服务中心建设实现“15分钟服务圈”。狠抓作风建设，认真落实中央八项规定及其实施细则精神，驰而不息开展“四风”问题整治，着力解决“三多三少三慢”问题，查处“四风”问题101个，批评教育和处理192人，党纪政务处分127人。一体推进不敢腐、不能腐、不想腐，坚持以案促改、警示明纪、制度建设同向发力，推进粮食购销领域腐败问题专项整治、开发区腐败问题专项工作，开展疫情防控、营商环境、乡村振兴等专项监督，共处置各类问题线索2131件，立案994件，给予党纪政务处分1174人。

一年来，市委常委会高度重视自身建设，始终把政治建设摆在首位，坚持集体领导、民主决策，带头联系群众、改进作风、狠抓落实，全面履行领导责任。工作中还存在一些问题和不足，主要是：加强党的全面领导用力不均，在经济发展上用力较多、社会建设上相对薄弱，民生领域还有不少短板和欠账；一些事关全市长远发展的问题刚刚破题，尚未得到有效解决；高质量发展的基础尚不稳固，产业结构不优，创新驱动不足。社会治理还有很多不适应的地方，基层党组织建设有待加强，党组织战斗堡垒作用和党员干部先锋模范作用发挥不充分，组织群众、凝聚群众、服务群众的能力水平需要进一步提高。作风建设不到位，有的干部思想解放不够、创新意识不强，缺少干事创业激情，有的干部拈轻怕重，不敢担当、不愿作为，缺乏攻坚克难的锐气和勇气。对这些问题，市委常委会将高度重视，采取有针对性的措施加以解决。

二、关于《决定（讨论稿）》的起草说明

近期，市委梳理分析2021年的工作，特别是找问题、找不足、找原因，结合贯彻落实党的二十大精神，起草《中共赤峰市委关于以党的二十大精神为指引 凝心聚力推进赤峰全面现代化建设的决定（讨论稿）》，出发点是基于赤峰经济社会发展现状，对未来发展做进一步谋划。文件起草组认真研究党的二十大报告和大会文件，深入学习领会习近平总书记近期系列重要讲话和中央、自治区《决定》精神，深入研究赤峰发展实际和存在问题，与正在开展的“全面现代化，赤峰怎么干”大讨论有机结合，充分吸收各方面的研究成果和意见建议，形成文件初稿。12月上旬，组织召开9个不同层面的座谈会，广泛征求企业、各旗县区、市直部门和老干部的意见，专门到人大、政协听取意见建议。文件起草组对意见建议认真梳理、逐一研究，本着能采纳尽采纳的原则，充分吸收到文件中。随后，又书面征求四大班子、市直部门和旗县区意见。12月23日，市委常委会进行专题研究，进一步修改完善后，提交本次全会审议。主要有以下几点考虑：

一是贯彻党的二十大精神和自治区党委重要要求。《决定（讨论稿）》坚持全面把握和贯彻党的二十大精神，围绕自治区党委部署要求，在方向原则、任务举措、重大提法上同党中央、自治区党委保持一致，立足市情实际，制定了清晰明确的任务表和路线图，确保各项工作始终沿着正确方向前进。

二是注重前后协调衔接。《决定（讨论稿）》充分体现近年来市委不断完善丰富的发展思路和工作要求，与“十四五”规划、市第八次党代会的重大部署紧密衔接，保持了工作的连续性和稳定性。同时又根据党的二十大新部署新要求，结合形势任务的发展变化，对市委近期研究推出的一系列行之有效的思路举措和创新做法进行总结提炼，充实到决定稿中。

三是体现鲜明发展导向。《决定（讨论稿）》坚持以经济建设为中心，牢牢把握发展第一要务不动摇，既有推动高质量发展的战略谋划，也有推进工作的具体举措，还有推进现代化赤峰建设的全面保障，总的想法是，在疫情防控政策调整后，迅速把全市上下的精力集中到发展上来，推动全市经济迅速驶入快车道。

四是突出重点任务。《决定（讨论稿）》在全面落实党的二十大关于中国式现代化战略部署的基础上，对全力抓好习近平总书记交给内蒙古的“五大任务”单独列章进行部署。主要考虑就是坚持旗帜鲜明讲政治，坚决扛起政治责任，突出工作重点，有利于全市上下集中发力、持续攻坚，在完成“五大任务”上作出更多赤峰贡献。这里没有简单对应“五大任务”的排序，而是把“五大任务”相关内容作为一个整体来考虑，按照逻辑顺序重新做了排列。

五是突出创新实干导向。《决定（讨论稿）》没有直接套用中央和自治区《决定》的形式和内容，没搞上下一般粗，而是通篇突出一个“实”字，注重内容要实，办的事情要实，文风要实，不说空话套话。在部署重点任务方面，从目标到措施，都体现了实在、实干、务实、实效的要求，主要考虑就是让各地各部门更好地抓落实，真正通过实实在在的努力，收到实实在在的成效。

《决定》是赤峰市当前和今后一个时期贯彻落实党的二十大精神、指导推进赤峰全面现代化建设的重要文件。

三、关于2023年经济社会发展工作

2023年是全面贯彻落实党的二十大精神的开局之年，是实施“十四五”规划承上启下的关键之年，做好各项工作至关重要。前不久召开的中央经济工作会议深入分析当前的经济形势，强调做好经济工作“六个坚持”重要原则，提出明年经济工作的总体要求、政策取向和重点任务。自治区党委十一届五次全会暨全区经济工作会议，也就做好全年工作作出安排。特别是孙绍骋书记就端正发展观念提出“7个摒弃”的重要要求，要认真反思，树立正确的发展观、政绩观，在完整、准确、全面把握和贯彻新发展理念上下苦功夫，落实好中央和自治区会议精神。

当前赤峰同全国全区一样，压力和机遇并存。从自身发展看，疫情到现在的三年来，赤峰市经济承压明显，投资、消费、出口出现下滑，稳增长、保民生、促稳定的压力巨大。当前随着疫情防控政策不断调整，促发展促增长的任务日益迫切地摆在面前，实现经济高质量发展成为赤峰市的当务之急。从竞争态势看，当前，“拼经济”正在成为各地的共同选择，防疫政策刚刚调整，有的地方就立即组织企业包机出国抢订单，发布一系列稳增长的重磅政策，足见这些地方抓发展的决心之大、动作之快、招数之实。可以预见，疫情防控政策转向后，各地竞相发展的态势将更加明显，区域竞争将更趋激烈，作为欠发达地区的赤峰，我们不进是退、进得慢也是退。从政策机遇看，中央经济工作会议强调稳字当头、稳中求进，强调积极的财政政策要加力提效、稳健的货币政策要精准有力、产业政策要发展和安全并举、科技政策要聚焦自立自强、社会政策要兜牢民生底线，五大政策组合协同发力，必将形成推动经济好转的强大合力。前不久，党中央国务院还印发《扩大内需战略规划纲要（2022—2035年）》，国务院常务会议部署深入抓好稳经济一揽子政策措施落地见效。原有政策的深入实施、新政策的陆续出台，为我们提供难得的机遇。全市上下必须认清形势、把握大势、顺势而为、乘势而上，必须调整节奏、紧抓快干，聚精会神谋发展，全力以赴抓落实，奋力开创经济社会发展新局面。

根据中央经济工作会议和自治区党委十一届五次全会暨全区经济工作会议精神，结合赤峰工作实际，市委研究，做好明年全市经济工作的总体要求是：以习近平新时代中国特色社会主义思想为指导，深入贯彻党的二十大精神，全面落实中央经济工作会议、自治区党委十一届四次、五次全会部署要求，坚持稳中求进工作总基调，完整、准确、全面贯彻新发展理念，加快构建新发展格局，着眼推动高质量发展，推动赤峰发展驶入新的快车道，促进经济平稳健康运行，突出地区生产总值、固定资产投资、城乡居民人均可支配收入、一般公共预算收入、社会消费品零售总额等主要经济指标，奋力攻坚，担当作为，坚决实现预定目标任务，建设好现代化区域性中心城市。重点抓好几个方面工作：

（一）牢牢抓住经济高质量发展不动摇

一是要强化产业核心支撑。强化产业核心支撑，核心问题还是结构问题，必须持续用力调整产业结构，推动产业链向上下游延伸、价值链向中高端迈进。要制定完善促进产业发展专项行动方案，摸清家底、理清思路、算清收益，实行清单化管理、项目化推进。要把工业经济放在更加突出的位置。大力推进工业倍增，全力打造

千亿级冶金产业、千万千瓦级清洁能源基地、千亿级高新区，推动农畜产品加工、新型化工、生物医药、装备制造、绒毛加工等产业向百亿元迈进，同步引进培育战略性新兴产业，推动高新区向2000亿元目标迈进；力争通过3年努力，工业产值在2020年基础上翻一番；到2027年，工业产值比2022年再翻一番。当前特别要抓住国家鼓励高载能行业向西部清洁能源优势地区集聚的战略机遇期，强化新能源开发市级统筹，进一步摸清底数，谋划布局一批绿电消纳重大项目和零碳园区，科学测算赤峰市新能源装备制造产业承载能力，加快松山工业园区建设，加快形成全市工业新的增长点。要加快发展现代农牧业。持续实施好高标准农田建设工程，引导种植结构调整，强化农产品精深加工和产销衔接，促进农业增产、农民增收。要加快推进肉牛、肉羊、生猪、玉米、杂粮杂豆等传统优势产业提质增效，以三产融合拓展延伸产业链，以品牌质量赋能提升价值链，以平台网络支撑贯通供应链，切实提升现代农牧业产业竞争力。突出抓好奶业振兴、肉牛精深加工、种业振兴、特色种养、林下经济等产业发展，培育农牧业新的增长点。要加快发展现代服务业。推进商贸流通领域数字化、智能化改造和跨界融合发展，突出发展现代物流产业，合理规划布局仓储中心、专业市场、冷链物流体系以及寄递网点建设，打通市内外物流瓶颈制约。加快推进文旅融合发展，叫响“赤峰文旅”品牌，大力发展全域全季旅游，打造在全国具有重要影响力的特色旅游目的地。要推动县域经济高质量发展，围绕自身资源禀赋和优势，找准切入点，积极融入全市战略定位和产业布局，加快推动现有产业提质升级，结合自身优势发展特色产业，提升县域综合实力。

二是要发挥投资关键作用。2022年赤峰市投资完成情况不理想，这反映出优质项目谋划储备不足、招商引资实效性不高、争取上级专项资金力度不够、地区部门工作推进不平衡等问题。要把2023年作为全市重点项目建设提升年，集中力量打一场推动投资提速增量、项目建设提质增效的攻坚战。要注重投资有效性，深入研究国家、自治区政策走向和资金投向，围绕“两新一重”、产业结构调整和社会建设等重点领域，集中策划包装一批符合条件的重大项目，确保投资的短期和长期效益。抓住“十四五”规划中期调整的机遇，推动更多项目进入国家、自治区项目盘子。要拓宽投资项目资金来源，积极争取国家专项债券和项目资金，发挥政府投资基金引导作用，鼓励多种方式发展直接融资，完善支持社会资本参与投资的相关政策，破解重点项目资金瓶颈。要紧紧抓住扩大有效投资的窗口期、关键期，盯前期手续，盯项目开工，盯投资进度，进一步缩短全流程审批时间，做好征地拆迁、市政配套等开工前准备工作，推动尽早开工、尽快形成更多的实物工作量。

三是要发挥消费基础作用。市委、市政府研究制定一系列纾困解难的政策措施，各地区各部门要认真落实，积极帮助市场主体特别是中小微企业、个体工商户尽快恢复元气。要促进接触型消费加快恢复，有效落实国家对中小微企业和个体工商户的支持政策，继续实施实物消费促进政策，鼓励商贸企业营销促销，推动家具家电、汽车住房等大件实物消费扩大规模。要适应市场需求变化，积极扩大网络消费供给，探索培育首店经济、网红经济、户外经济、夜间经济等各种新场景新模式，不断激发消费新动能。要依托赤峰丰富的文化资源、旅游资源、绿色农畜产品资源，推动消费升级与城市建设、乡村振兴、产业发展融合匹配、互促共进，通过承办、举办各类大型展会和消费活动，发展会展经济，着力打造一批具有赤峰特色的消费地标、消费窗口、消费品牌，提升消费吸附力和区域辐射力。

四是要实施创新驱动战略。要大力实施创新驱动发展战略，深入落实科技创新支持政策，全面提升科技创新能力，加快推动发展由要素驱动为主向创新驱动为主转变。要建立政府投入刚性增长机制和社会多渠道投入激励机制，特别是要拿出支持企业加大研发投入、引导金融资本和民间资本进入创新领域的硬措施，保障科技投入和研发投入持续大幅增长。要突出抓好产品创新，紧盯农畜产品、冶金、能源、医药、化工等底子好、潜力大的传统优势产业，抓紧部署一批重大科技项目，集中攻克一批关键核心技术，接续开发一批重大创新产品，着力打造产业链创新链融合的新支点。要发挥企业创新主体作用，实施好高新技术企业和科技型中小企业“双倍增”行动，支持企业牵头组建创新联合体、承担重大科技项目，及时兑现各类科技奖补资金，通过政策引导促进各类创新要素向企业集聚。要加快建设特色创新平台载体，围绕我市产业集群和产业链的关键环节布局创新资源，积极推动赤峰科创中心、工业产业研究院、农业科技产业园、京蒙科创产业园等各类创新平台建设，高质量打造创新资源集聚高地。

五是要强化基础设施支撑。要坚持立足长远、适度超前，优化基础设施布局，加快构建现代化基础设施体系，为高质量发展提供坚实支撑。要抓紧谋划一批引领性、牵引性、带动性强的重大项目，全力推进电力外送通道、进京快捷高速铁路、现有铁路运力提升、海陆联运通道、水资源保障等方面的重点项目，通过“铁公机”齐上阵，“水讯气”齐发力，为经济社会高质量发展提供有力支撑。要围绕建设现代化区域性中心城市，加快老城改造提档、新城完善提质，推动产城融合、“城”“市”共建，让新城区现代时尚、业态丰富，让老城区特色鲜明、留住记忆。同步推进县域城镇化建设，重点规划建设一批中心镇、特色镇，进一步提升县城的承载力，推进以县城为主要载体的新型城镇化建设。

六是要坚定不移扩大对外开放。要深耕环渤海、长三角、珠三角经济圈，同时进一步拓展对外开放视野，积极对接长江中游经济带、成渝经济区、关中经济区、中部增长区等发展快的区域，着力承接产业链整体转移和关联产业协同转移，加强资本流动、人才培养、信息沟通、市场开发等方面合作，打造对外开放新高地。要紧紧抓住国家建设西部陆海新通道和自治区建设国家向北开放桥头堡等重大机遇，强化内蒙古向北开放腹地支撑作用，加快推动综合保税区、航空货运口岸申建，抓住自治区推动中欧班列东通道扩容增量的机遇，推动中欧班列常态化运行，大力发展泛口岸经济和“飞地经济”，努力在贯通国内外市场、提升内外贸水平方面取得新的突破。要持续做好对外宣传推介，积极参加重要展会，主动申办、承接全国性、区域性展会、会议、论坛，充分发挥“招商大军”和各地商会的作用，不断加强宣传赤峰，扩大赤峰的知名度、影响力。要持续加大招商引资力度，制定出台进一步加强招商引资工作的意见，优化招商引资政策，创新招商引资举措，争取一批延链补链强链项目落地实施，更加注重招商引资项目落地率和投资完成率，更加注重项目质量、对经济增长的贡献率，提高招商引资实效。

七是要加强全市统筹协调。继续坚持凝聚力量、握指成拳、集中发力抓发展、攻经济的做法，增强全市工作的整体性、联动性。市级层面要加强统筹，党委充分发挥总揽全局、协调各方的领导核心作用，统筹协调好人大、政府、政协之间的关系，努力形成党委领导下的有分有合、各显其能的工作局面。涉及全局性问题，市委、市政府要积极向自治区党委政府汇报，争取支持。人大、政协也要围绕中心工作发挥作用。各级之间要加强统筹，市旗两级必须要同心协力，心往一处想、劲往一处使，各旗县区要从全市大局出发，服从全市统一安排，上下形成“一盘棋”。各部门之间要加强统筹，围绕重点项目手续办理攻坚行动，继续开展联合作战，让并联审批成为常态。要强化服务意识，学会换位思考，多替旗县区着想，多帮忙、办成事。工作方法上要加强统筹，掌握好工作的时效，每个时期的工作都要扭住关键、突出重点、抓住难点、精准发力，不能乱了方寸、没了章法。工作布局上要加强统筹，突出集中集聚集约发展导向，依托各地区的资源禀赋和各园区的功能定位科学规划布局，用好“飞地经济”政策，推进集中集聚集约发展。项目推进上要加强统筹，对市级重大项目要成立专班推进，处理好领导班子分工和重点项目专班分工的关系，加强协调配合，握指成拳、集中发力，以重点项目的推进带动全市整体工作提升。

（二）持续改善生态环境质量

一是要加强生态保护和治理。要坚持节约优先、保护优先、自然恢复的方针，严格执行基本草原保护和草畜平衡、禁牧休牧制度，严格落实河湖长制、林草长制，加快实施退化林分改造、退化草原修复、规模化林场建设等项目，厚植高质量发展的生态底色。要大力实施重点区域生态保护和治理工程，加快西辽河重要源流区山水林田湖草沙一体化保护和修复，同步谋划推进老哈河、西拉木伦河、阴河、达里湖等重点区域生态治理，系统修复科尔沁和浑善达克两大沙地，争取有更多项目能够立项，推动山水林田湖草沙系统治理迈出新的步伐。要持续整改生态环保突出问题，不折不扣抓好中央环保督察反馈问题整改，紧盯重点排污企业和生态脆弱区域，既要防止出现问题反弹，又要避免新的生态问题发生。

二是要加快生态产业化、产业生态化步伐。要大力发展优质生态农牧业，继续打响“赤诚峰味”品牌，让赤峰小米、赤峰荞麦、赤峰牛肉、赤峰羊肉等优质绿色生态产品走向全国、走向世界。要着力发展林果产业和林下经济，突出抓好文冠果、沙棘、杏仁、中草药、食用菌等特色产业，并制定相应扶持政策，持续放大林业生态、经济、社会效益，让群众共享绿色发展成果。要实施“生态＋文旅”行动，依托优美自然风光、历史文化遗存，推进旅游、文化、体育、康养等产业深度融合发展，在最大限度减少人为扰动前提下，打造具有北方特色的旅游与康养休闲融合发展的生态旅游开发模式。

三是要深入打好污染防治攻坚战。要持续打好蓝天保卫战，实施重点区域大气污染联防联控，积极争取北方地区冬季清洁取暖试点城市，严格控制扬尘污染，加大挥发性有机物治理力度，坚决遏制臭氧上升趋势。近期市政府发布了中心城区限制燃放烟花爆竹的通告，群众很拥护，要继续强化宣传引导。要持续打好碧水保卫战，统筹水资源、水环境、水生态治理，实施好 LXB 供水支线、东台子水库等重点项目，谋划启动东台子水库向中心城区供水工程，深入落实《赤峰市地下水保护条例》，做好节水文章。要持续打好净土保卫战，减少面源污染，保持土壤环境质量总体稳定。

四是要推进发展方式绿色转型。要加快推动绿色低碳生产，大力推进传统产业清洁化和绿色化改造，积极推进低碳零碳园区建设，加快创建绿色矿山，让绿色生产成为企业的硬性约束和自觉行动。要实施全面节约战略，加快构建废弃物循环利用体系，做大做强生物质发电产业，扎实推动“五个大起底”行动。要倡导绿色生活方式，广泛宣传推广简约适度、绿色低碳的生活理念和生活方式，促进人与自然和谐共生。

（三）加强保障和改善民生

一是持续推动就业增收。要落实好更有针对性的助企纾困措施，帮助受疫情影响明显的小微企业渡过难关，扩大就业容量。千方百计创造就业机会，持续做好高校毕业生就业，促进农村牧区劳动力转移就业，加强退役军人就业保障，强化无业和困难群体就业兜底帮扶工作。要完善就业公共服务体系，加强就业监测和失业预警，加强职业教育和技能培训，加快推进人力资源服务产业园建设，深入开展“创业赤峰”行动，不断增强创业带动就业的倍增效应。要拓宽群众增收渠道，提高低收入群体收入，扩大中等收入群体范围。

二是提升社会保障水平。要加强社会保障体系建设，使社会保障兜底作用更加明显。特别要强化困难群众兜底保障，重点关注城市零收入家庭和暂时性困难群众，强化低收入人口动态监测，兜牢困难群众生活底线。要充分考虑赤峰人口和年龄结构特点，提早布局发展养老事业和养老产业，推进社区居家养老智能化、养老机构服务标准化、农村牧区养老服务网络化。要促进房地产业健康发展，根据实际再制定出台一些促进房地产业发展的政策，加快建立多主体供给、多渠道保障、租购并举的住房制度，保障群众住有所居。

三是扎实办好民生实事。要持续完善“我为群众办实事”长效工作机制，谋划一批民生实事，向社会公开，接受群众监督，年底向群众反馈办理情况。要围绕提升教育质量，解决上学难、看病贵等群众关心的实际问题，加大社会事业投入，推进优质教育、医疗资源扩容和区域均衡布局，加快区域医疗中心建设，完善基层医疗卫生服务体系，更好地满足疫情防控政策调整后群众的医疗救治需求，更加有力地保护人民健康。要围绕满足群众多样化精神文化需求，加强文化事业和文化产业发展，广泛开展多种多样的文体娱乐活动。市委宣传部牵头成立专班，加快推进红山文化申遗工作。弘扬社会主义核心价值观，落实好《赤峰文明行为促进条例》，全力创建“全国文明城市”。

（四）强化财政保障能力

一是保持财政收入平稳增长。要积极落实“开门稳”的要求，坚持稳字当头、稳中求进工作总基调，考虑经济运行和实施减税降费政策等因素影响，不断推动经济运行逐步好转，力争完成一般公共预算收入增长6%的目标。要加强收入监测调度，科学分析研判财政收入形势，督导监控重点税源、重点行业和重点地区，分级次、分部门、分项目落实一般公共预算收入增长的预期目标，以旬保月、以月保季、以季保年，均衡入库。

二是抓实抓好财源建设。要开展专项行动，摸清税源底数，认真挖掘增收潜力，巩固现有财源，培育后续财源，发展新型财源，强化税收征管，做到颗粒归仓。要加强政府性资源统筹管理，加强一般公共预算、政府性基金预算、国有资本经营预算和社会保险基金的统筹衔接，借助国家进一步促进房地产健康发展的意见实施，加大土地出让力度，将国有资产收入纳入预算管理。要盘活存量资产，着力强化国有资产收益管理，专门研究国有企业生产经营领域存在的问题，提出一揽子解决方案，激活“造血”能力。

三是积极争取上级专项和债券、盘活存量资金。要紧盯国家支持补短板重大基础设施项目、产业转型项目特别是制造业、新兴产业和技改项目等产业政策支持方向，提前准备，主动对接，尽最大可能争取上级专项转移支付。要积极争取新增债券资金，通过自治区代发地方政府债券资金，加大教育、医疗卫生、奶业振兴、市政基础设施建设等项目。要加大存量资金盘活力度，变“零钱”为“整钱”，用“整钱”办实事，防止产生“二次沉淀”。

四是规范预算支出管理。要合理安排支出预算规模，全力保障重点支出事项，坚持量入为出、精打细算，打破支出固化僵化格局。要大力优化财政支出结构，突出重点，坚持“三保”支出在财政支出中的优先顺序，全力保障民生等重点领域资金需求，筑实兜牢“三保”底线，不留硬缺口。要全面落实过“紧日子”要求，坚持“以收定支”，厉行节约办一切事业，严控“三公”经费、城市道路亮化预算、编外长聘人员规模和经费支出。要强化预算刚性约束，推行预算支出进度通报制度，明确预算执行主体责任，加快资金支付，确保资金尽早发挥效益，促进经济快速复苏。

（五）要高度关注制约经济社会发展的重大问题

一是关于人口流失问题。从人口总量上看，“七普”数据显示，近10年赤峰市常住人口减少30.5万人，12个旗县区有10个常住人口负增长；从人口结构上看，15～59岁常住人口减少60.52万人，劳动年龄人口比重从73.34%下降到63.61%，12个旗县区65岁及以上老年人口比重均超过7%，其中6个旗县区65岁及以上老年人口比重超过14%。没有足够人口特别是青壮年人口的支撑，不利于赤峰的长远发展。要加强人口发展战略研究，搞清楚人口流失详细情况，认真分析原因，有针对性地研究留住人、吸引人的措施和办法，强化赤峰的吸附力。

二是关于人才紧缺问题。一是人才总量不足、流失严重，全市人才总量仅占人口总量的10.7%，比全国低5个百分点，比全自治区低0.9个百分点，近5年赤峰市人才流失近万人。二是人才结构失衡、分布不合理，农村牧区科技人才、基层治理人才、专业技能型人才严重不足且平均年龄偏大，乡镇社区留人难、企业招人难的现象十分突出。三是中高等教育体系与本地产业需求脱节，校企联合不紧密，专业不对口，自己培养的人才留不下、用不了。市县两级都要围绕人才的“引、育、留、用”工作，进一步完善人才发展体制机制，提高政策含金量并及时兑现，搭建人才干事创业平台，营造良好的人才发展环境。

三是关于农村牧区问题。一是基础设施不完善，主要是农田设施、农村道路、供水、电力、通信等公共基础设施不健全，厕所、垃圾污水处理、村容村貌等人居环境条件还需持续改善。二是基本公共服务体系不健全，主要是城乡公共服务资源分布不均衡，农村牧区教育、医疗卫生、养老托幼等基本公共服务水平有待提高。三是有些地方土地、草牧场流转不规范，一些地方存在土地、草牧场权属重叠、“一地多证”等问题，容易引发信访问题。四是农村牧区空心化明显，目前全市农村牧区严重空心化的村达到124个，占比6%；常住人口占户籍人口比例低于50%的村有1000多个，占比近50%；低于40%的村将近500个，占比24%。五是乡村治理不够有效，一些地方道德失范、违背公序良俗的现象仍然存在。要坚持问题导向，勇于解决难题，巩固农村牧区改革发展成果。

四是关于城市管理问题。从表面上看，背街小巷、集贸市场、学校周边等重点场所环境秩序方面的问题比较突出，一些老旧小区设施老化、环境脏乱、物业弃管等问题依然存在，群众对交通堵、停车难、管网末端循环不畅等问题反映还很强烈。从深层次看，仍然是管理理念的问题。城市管理相对粗放，规划缺乏前瞻性、重建设轻管理，部分群众对城市管理认识程度和支持度、参与度不高，文明素质有待进一步提升。要坚持眼光放远，坚持不懈统筹谋划中心城市建设和县城、重点小城镇建设，做到“建”“管”并举、“里子”“面子”并重，完善基础设施配套，推进智慧城市建设，推动城市建设、管理和经营的现代化。

五是关于社会治理问题。基层治理体系不健全，有些地方网格管理不到位，运行机制不健全，制度不完善，没有发挥效能。有的基层党组织功能弱化，组织群众、发动群众能力不足，对上对下沟通协调不畅，战斗堡垒作用发挥不明显。基层治理法治化水平不高，运用法治思维和法治方式破解治理难题的能力不强。我们要坚持重心下移、力量下沉、资源下放，增强基层党组织政治功能和组织功能，完善网格化管理、精细化服务、信息化支撑的基层治理体系，使全市社会治理更加科学化、法治化，更加富有实效。

六是关于风险防范问题。在公共安全领域，赤峰市矿山危化企业、道路交通、公共场所等重点部位的安全隐患较多，环境安全、食品安全、消防安全、学校安全的监管压力较大。在经济安全领域，全市全口径债务余额达1252.8亿元，市县两级财政收支矛盾十分突出，完成“三保”底线目标压力很大。此外，涉众型经济案件和房地产领域纠纷也呈易发多发态势。必须强化筑牢祖国北疆安全稳定屏障的使命担当，把防范化解重大风险摆在重要位置，下好先手棋，打好主动仗，努力实现高质量发展和高水平安全良性互动。

七是关于体制机制问题。一是机构设置上，部分旗县区机构设置不能适应当前发展需要。比如，除红山、松山外，其他10个旗县区工信局、科技局、商务局三局合一，影响职能效能发挥。综合执法改革后，一些地方出现部门监管力度下降、基层执法队伍薄弱、专业化程度不高等问题；一些基层派出机构设置还未完全规范。在开发区管理上，开发区与属地之间、高新区与三区之间的管理体制还有待进一步捋顺，喀喇沁旗工业园区亟待有关方面认定。二是人员编制管理上，由于多种原因，存在管理不规范、人员混岗等情况。这些问题大家要研究解决，找准堵点、找出路径，一件一件破题，更好地保障改革发展稳定。

八是关于历史遗留问题。在重点项目方面，经过多方努力，基本解决林白铁路、赤大白客运专线、启辉氧化铝、宁保冶金等一批遗留问题。但受各方面因素影响，还有很多已定的事项还处于停滞状态，要尽快推动取得实质性进展。在资源环境方面，全市需要治理的遗留矿山问题以及需要盘活的停建项目、“僵尸企业”、批而未供土地、闲置土地等问题不少，都要列出计划，逐步销号。在房地产领域，因资金链断裂、涉法涉诉、规划建设不符等原因，全市逾期未交付楼盘55个（中心城区21个），形成“烂尾工程”2个，还有一些商业建筑完工后一直闲置。有关地区和部门要高度关注，认真研究，推动相关企业抓紧解决。

（六）着力提高干部队伍能力水平

一是增强政治意识。要坚决捍卫“两个确立”、做到“两个维护”，自觉同以习近平同志为核心的党中央保持高度一致。要始终牢记“国之大者”，一切工作都要以贯彻落实党中央安排部署和习近平总书记对内蒙古的重要讲话重要指示批示精神为前提来谋划和开展。要不断提高政治领悟力、政治判断力、政治执行力，遇事多想政治要求，办事多想政治规矩，处事多想政治影响，在任何时候任何情况下都做到政治立场不移、政治方向不偏。

二是积极担当作为。要敢于担当，对定了的事，绝不打折扣、降标准、搞选择，一推了之、一拖了之。市委一定会旗帜鲜明地褒奖提拔不图虚名、埋头苦干、狠抓落实的干部，积极向自治区党委推荐表现优秀、敢于攻坚、群众公认的干部，调整坐而论道、得过且过、无所作为的干部，问责弄虚作假、失职渎职、造成重大损失和严重后果的干部，切实让担当作为的干部受重用、有舞台。要敢于斗争、善于斗争，在矛盾困难面前敢抓敢管，在风险挑战面前敢闯敢试，完善与现代化建设相适应的知识结构，克服本领恐慌。要勇于争先进位，与强的争、与高的比、与优的赛，不断取得新的进步。

三是勇于开拓创新。要主动求变，自觉贯彻新发展理念，在思维方式、工作重点、方法路径等方面做出深度调整，真正把创新思维转化为含金量高的创新思路、创新政策、创新举措。要坚持走出去、请进来，广泛学习借鉴先进地区的发展理念、成功模式和工作方法，全面提升思想境界、目标定位和工作水平。要敢于突破，树牢“有解思维”，既研究政策的制约，又研究政策的通道，努力把更多的“不行”变成“可行”，把更多的“可为”变成“作为”。要对事业充满热情，有理想主义情怀，有干事创业的激情，有脚踏实地的干劲。所有干部都要做到说起发展、谈起项目眼睛放光，思路清晰、干劲十足，以创新实干推动事业发展。

四是提升工作效能。要锤炼严实工作作风，重点围绕解决“三多三少三慢”问题，从机制着手推进规范、精减、优化、提速，严肃查处班子副职、部门科长中梗阻、不担当、不作为现象。要强化报账意识、交卷意识、成果意识，工作一部署，马上去推动；任务一布置，马上抓落实；目标一完成，马上就反馈，推动工作节奏顺畅、工作速度加快、工作质效提升。要切实给基层减压减负，让基层干部有更多时间推动工作落实。

五是保持清正廉洁。要始终保持反腐高压态势，坚持惩治腐败力度决不减弱、零容忍态度决不改变，特别是要聚焦民生领域，深入整治损害群众利益的“微腐败”、彻底砸碎妨碍惠民政策落实的“绊脚石”。要驰而不息纠治“四风”，特别是形式主义、官僚主义，深入落实中央八项规定及其实施细则精神，健全作风建设长效机制，坚决防反弹回潮、防隐形变异、防疲劳厌战。要精准有效用好监督执纪“四种形态”，让广大党员干部自觉置身于法律监督、组织监督、舆论监督和群众监督之下，做到抓早抓小、防微杜渐。要推动以案促改、以案促建、以案促治常态化制度化，加强警示教育，加大典型案例通报曝光力度，以身边事教育身边人，切实营造积极向上、风清气正、干事创业的良好政治生态。（市委办公室）

政府工作报告

——在赤峰市第八届人民代表大会第二次会议上

赤峰市人民政府市长　王旺盛

（2023年1月2日）

一、2022年工作回顾

过去的一年，面对错综复杂的国际国内形势、艰巨繁重的改革发展稳定任务，全市上下坚持以习近平新时代中国特色社会主义思想为统领，坚决贯彻党中央“疫情要防住、经济要稳住、发展要安全”总体要求，承压负重、稳中求进，聚焦“五个发展定位”，全力加快“六个赤峰”建设，经济社会实现平稳健康发展。全市地区生产总值完成2148亿元，增长2.0%；500万元以上固定资产投资完成689亿元，增长6.5%；社会消费品零售总额完成611.6亿元，下降0.1%；一般公共预算收入完成113.9亿元，下降10.2%；城乡居民人均可支配收入分别为39416元、16547元，同比分别增长5.2%和8.3%。

一年来，顶住下行压力，克服重重困难，经济运行态势平稳向好。实施重点项目628个，完成投资747亿元。全面落实国家、自治区扎实稳住经济一揽子政策措施，先后制定出台稳经济38条措施、稳房地产29条政策，推出优化营商环境100条、高质量发展政策清单200条。累计缓退税费59亿元，发放稳岗返还资金、一次性留工培训补助1.76亿元。全市银行业机构累计办理延期还本2790户、延期付息207户。积极开展“我为企业找市场”、助企纾困活动，推动98家规上企业扭亏为盈、稳产运行。

一年来，聚焦转型升级，全力提质增效，现代产业体系加快构建。工业方面，中唐特钢精品钢、久日新材料等48个工业项目竣工投产。得丰焦化、富邦铜业等125个技改升级项目顺利实施。研究制定新能源产业发展思路和规划布局，谋划申报一批市场化并网和百万千瓦新能源大基地项目。7个总装机100万千瓦集中式保障性并网新能源项目有序推进。实施5个工业开发区基础设施提升工程，新建、盘活标准化厂房142万平方米。农牧业方面，新建高标准农田6.83万公顷。粮食产量连续10年保持在500万吨以上，荷斯坦奶牛、西门塔尔乳肉兼用牛存栏突破31万头。“赤诚峰味”农产品区域公用品牌正式发布。新增赤峰明绿豆、龙香大米等“绿色食品”农产品161个。赤峰市农牧科技产业园建成投用。服务业方面，组织开展各类促消费活动1000余场次，实现销售收入28.5亿元。发放电子消费券、各类补贴1.53亿元，消费撬动比达到1∶13。红山区电商基地建成运营。中欧班列“赤峰号”顺利开行，跨境电商进出口额实现3.2亿元。实施文旅产业重点项目71个、完成投资22亿元。喀旗马鞍山村、松山区大乌良苏村入选第四批全国乡村旅游重点村。市文旅集团挂牌成立。全市金融机构存贷款余额分别增长15%和6%。

一年来，完善基础设施，优化功能配套，城乡面貌得到有效改善。成功搭建物业管理服务监督平台，419个老旧小区实现物业管理全覆盖。实施总投资168.8亿元的中环路快速化改造、玉龙大街分车带综合改造等66项中心城区基础设施项目。新改扩建供水、供热、雨污分流等管网68.6公里。改造城镇棚户区240套、老旧小区247.6万平方米。省道505线十家至大坝沟、丹锡高速公路梧桐花互通等干线工程建成通车，经棚至乌兰布统高速公路、省道504线五十家子至林西等项目加快实施，开工建设530公里农村公路。集通铁路电气化改造工程顺利推进，林白铁路复工建设。玉龙新机场投入使用。跨区域调水支线工程、东台子水库工程有序推进。中燃朝阳至赤峰天然气长输管道主体工程建成完工。实施乡村振兴项目884个，完成户厕改建1万户。

一年来，突出保护优先，强化系统治理，生态安全屏障持续筑牢。完成市级国土空间规划编制，科学划定“三区三线”，29.74%的国土面积划入生态保护红线。中心城市优良天数比例97.4%，国考断面优良水体比例87.5%，土壤环境保持总体稳定。全年造林1.77万公顷、种草7.2万公顷、防沙治沙4万公顷、水土流失综合治理11.53万公顷。第一轮中央环保督察及“回头看”反馈问题全部完成整改，自治区环保督察反馈问题整改完成率达到99.3%。严格落实国家和自治区“双碳”战略，推动实施“碳达峰十大行动”。深化土地综合整治，消化批而未供土地1080公顷，处置闲置土地940公顷。

一年来，深化改革开放，优化营商环境，发展动力活力加速显现。国企改革三年行动圆满完成，重组混改取得实质性进展。中国·赤峰人力资源服务产业园启动运营。引进急需紧缺专业技术人才和双一流博士、硕士185人。新增国家和自治区级创新平台3家。京蒙（亦庄·赤峰）科创产业园开工建设。58项许可事项实现“市县同权”无差别办理、119个“一件事一次办”集成服务全面铺开。企业审批事项全程网办比例提高到62.6%。新注册企业全程电子化登记占比达到97%。项格推进招商引资，“一中心两专班”有效运行，“8+18”产业集群产业链机制进一步优化升级，成功举办“赤子峰会”、京津冀招商引资推介会、“投资赤峰·共赢未来”招商引资网签大会，全年引进签约项目730个，到位国内区外资金332亿元。

一年来，坚持以人为本，提升保障水平，民生福祉更加殷实厚重。发放创业担保贷款超1亿元。新增城镇就业1.8万人，农牧民转移就业67万人，安置退役军人203人。养老、低保、特困人员救助供养标准持续提高。医保DIP付费方式改革试点顺利实施。中高考改革、“双减”工作稳步推进，19所学校建成投用，11所学校完成主体工程。赤峰大学创建取得实质性进展。市医院新城分院被列为自治区级区域医疗中心，市儿童医院主体完工，市残疾人康复中心启动建设。连续27年保持“国家卫生城市”称号。在全区率先完成10.6万吨农牧民冬季取暖用煤拉运保障任务。文物大数据平台建成投用，辽上京国家考古遗址公园成功获批挂牌，武安州辽塔加固维修工程竣工验收，赤峰博物馆南馆开放试运营。《赤峰市文化志》《赤峰记忆》《赤峰市地名文化丛书》等系列丛书完成编撰。全民健身公共服务体系建设有序推进。民族团结进步示范市创建工作取得重要进展。

一年来，严守安全红线，着力防风化险，社会大局保持和谐稳定。深入开展工矿企业、交通运输、城镇燃气、经营性自建房等行业领域和场所部位风险隐患专项整治，排查发现问题全面清零，生产安全事故起数和死亡人数分别下降69.2%、67.4%。持续加强食药安全监管，建立食品安全“两个责任”，冷链食品、非冷链物品实现监管追溯全覆盖。扎实开展“化积案、治重访、促稳定”攻坚行动，中联办交办信访事项化解率99.8%，265个房地产遗留问题得到妥善解决。严密细致做好各领域风险防范化解工作，严厉打击各类违法犯罪活动，八类主要刑事案件和命案发案数实现“双下降”，社会治安持续向好。科学有效应对多轮疫情冲击，全人群全程免疫接种率达到87.7%。累计派出26批816名医务人员驰援吉林、呼和浩特、乌兰察布等地区，捐赠各类物资价值近1000万元。

2022年，深入贯彻落实党的二十大精神，自觉把党的领导落实到政府工作各领域各环节各方面，政府自身建设全面加强。修订《政府议事决策规则》，政府决策科学化、规范化、民主化水平不断提升。聚焦解决“三多、三少、三慢”问题，制定工作提质提速提效16条硬措施，创新推进督考一体工作机制，激励干部担当作为，推动工作见实见效。259件人大代表建议、362件政协委员提案全部办复，满意率达到100%。集中开展粮食购销、公共资源交易、疫苗采购、加油站审批等领域以案促改专项整治，“五个大起底”行动完成阶段性目标任务。退役军人、普法宣传、社会科学、未成年人保护、工会、共青团、妇联、残联、红十字会、慈善等事业稳步发展，民族宗教、国防动员、人防消防、审计统计、机关事务、外事侨务、档案史志、气象地震等工作取得新成绩。

站在新时代，面对党的二十大提出的新任务新要求，必须认清形势、读懂自己、做足准备，在推进中国式现代化进程中交好赤峰答卷。对照稳定经济大盘的新挑战，我们必须直面的是，受发展环境复杂严峻、疫情反复延宕等多重因素叠加影响，全市地区生产总值、社会消费品零售总额等经济指标虽然保持平稳增长，但未能完成年初预期目标，特别是由于减税降费、留抵退税、煤炭长期协议价格等原因，一般公共预算收入出现较大降幅。对照高质量发展的新要求，我们必须正视的是，产业链条短、层级低，倚能倚重问题突出，抵御市场风险能力不强；投资结构不合理，对房地产投资依赖程度大，支撑产业高质量发展的大项目、好项目不足；科技、人才、资金等要素保障不强，营商环境仍需进一步优化。对照人民群众的新期待，我们必须认清的是，巩固拓展脱贫攻坚成果同乡村振兴有效衔接的任务还十分繁重，就业、教育、医疗、养老等公共服务资源还存在供给不充分、配置不均衡的问题，与人民群众的期望和要求还有差距。对照全面从严治党的新形势，我们必须警惕的是，一些党员干部攻坚克难的精气神不足，不敢担当、不愿担当的问题客观存在，报账意识、交卷意识、成果意识还需增强，改进作风依然在路上。对于这些问题，我们一定高度重视，采取有效措施，切实加以解决。

二、2023年工作重点

2023年是贯彻落实党的二十大精神开局之年，是“十四五”规划承上启下之年，也是本届政府履职的关键之年，做好各项工作意义重大。

2023年政府工作的总体要求是：以习近平新时代中国特色社会主义思想为指导，深入贯彻党的二十大精神，全面落实中央经济工作会议、自治区党委十一届四次、五次全会和市委八届四次全会部署要求，坚持稳中求进工作总基调，完整、准确、全面贯彻新发展理念，积极融入和服务新发展格局，围绕落实“五大任务”，聚焦“双子星座”和“五个发展定位”要求，更好统筹疫情防控和经济社会发展，更好统筹发展和安全，全面提振市场信心，坚定不移稳增长、调结构、强基础、促改革、惠民生，恢复消费活力、激发经济动力、增强发展潜力，推动经济运行整体好转，实现质的有效提升和量的合理增长，加快建设区域性中心城市，全力推动现代化赤峰建设开好局、起好步。

全市经济社会发展主要预期目标是：地区生产总值增长6%以上，一般公共预算收入增长6%左右，规模以上固定资产投资增长15%左右，社会消费品零售总额增长7%左右，城乡常住居民人均可支配收入分别增长7%和7.5%左右。

突出抓好九个方面重点工作。

（一）坚持稳中求进，推动经济企稳向好

着力稳住市场主体。全面落实国家稳经济大盘一揽子政策，加强政策供需对接，推动政策红利直达快享。精准聚焦企业和行业发展需求，出台助企纾困若干政策措施，帮助民营企业解难题、渡难关，稳定预期、提振信心。加强政金企对接，引导金融机构加大对制造业、中小微企业、乡村振兴等领域支持力度，发放普惠小微贷款350亿元以上。抓好重点企业服务和培育，推动102家工业企业和45家限上贸易单位实现升规入统。认真做好第五次全国经济普查工作。

着力扩大有效投资。强力推进新建重点项目前期手续办理集中攻坚，确保456个新建项目如期开工，245个续建项目加快建设，全年完成投资1000亿元以上。全力加大专项债券、政策性金融工具等上级资金争取力度。进一步健全完善“一中心两专班”运行机制，精准对接国家、自治区重大战略、重大规划、重大布局，持续谋划、动态储备一批基础性、支撑性、引领性的大项目好项目。

着力推进精准招商。出台更有吸引力的招商引资政策，优化完善“链长制”运行机制，依托精准招商综合服务平台和产业图谱，全力推进八大产业集群和18条产业链招商。借力北京经开区、海淀区等8个对口帮扶区和中化、三峡集团等7个央企国企对口帮扶单位，同步发挥在外“赤子”和外埠商会作用，深耕环渤海、珠三角、长江经济带，主动承接产业链整体转移和关联产业协同转移。创新办好2023年“赤子峰会”和“投资赤峰·共赢未来”网签大会。全年签约项目1000个以上，到位资金380亿元以上。

（二）坚持培优引强，做大工业经济底盘

发展千亿级冶金产业。加大冶金上下游项目引进和实施力度，推动金通铜业二期、富邦铜业技改升级等项目加快建设，力促正威铜产品深加工、远联钢铁冷轧镀锌二期等项目开工建设，钨钼合金、启辉氧化铝、宁保冶金等项目建成投产。落实国家新一轮找矿突破战略行动，积极引进国内链主企业加大矿产资源勘探开发和增储上产力度，推动一批采选项目加快落地实施，年底前有色金属产业产值达到750亿元。

打造千万千瓦级清洁能源基地。抢抓新能源发展“风口”，围绕国家、自治区战略布局和产业定位，加快推进新能源多场景应用、全产业链发展。推动右旗、阿旗等7个集中式保障性并网、宁城整县分布式光伏等项目建成投产，力促工业园区绿色供电、全额自发自用、火电灵活性改造消纳新能源等9个自治区示范项目加快建设，新增新能源装机217万千瓦。启动右旗、东山产业园增量配电网工程建设，打造电价“洼地”，吸

引承接京津冀、长三角等地区重点产业转移。加快各领域新能源项目谋划、储备、申报、推进速度，积极推动远景、中电建等风光制氢一体化示范项目和翁旗百万千瓦新能源大基地项目开工。加快推进“巴林—奈曼—阜新”500千伏输变电线路和巴林500千伏主变扩建等工程，提高区域电力外送能力。

培育百亿级化工、医药、食品工业及电子信息和新材料等新兴产业。推动大唐煤制天然气Ⅱ系列、明岳高端含氟新材料产业园等项目建成投产，大地云天硫钛磷资源综合利用、国电化工重组等项目加快建设，引进实施一批生物化工和精细化工产业项目，年内化工产业产值突破100亿元。支持现有医药企业引联重组、技术转化和科技研发，推动泰领海创生物三期、博恩药业等项目加快建设，提升雷蒙欣、天奇、丹龙等医药企业品牌知名度，提高医药产品市场占有率，力争通过三年的努力，医药产业产值突破百亿。积极引进农牧业头部企业、百强企业，提高农畜产品精深加工水平，加快奶业全产业链发展，推动百亿级食品工业扩规提质。推动拓佳、恩沃、松山数创等产业园培优增效、延伸链条，加大装备制造、新材料、信息技术产业引进培育力度，加快打造百亿级新兴产业集群。

提升工业园区承载能力。完善园区投入机制，多渠道筹措资金，加强与华润集团合作，年内投资30亿元完善园区基础设施，新建、盘活标准化厂房140万平方米以上。设置专项奖励资金，加强工业园区亩均效益、绿色低碳、科技创新等指标考核评价，推动园区高端化、绿色化、智能化发展。推行“区域评估+标准地”模式，工业用地出让“标准地”占比达到30%以上。按照统一规划布局，推动具备条件的园区通过自治区化工园区评估认定。赤峰高新区产值稳定在千亿元以上，继续争取晋升为国家级高新区。

（三）坚持挖潜扩能，助推现代服务业提档升级

全力释放消费潜能。切实把恢复和扩大消费摆在优先位置，支持引导服务业市场主体开展各类促销活动，推动批发零售、住宿餐饮、文旅娱乐等消费恢复常态。支持万达、帝豪、永业等重点商圈创新发展，打造中心城区及旗县城关镇特色商业街区。提升农村牧区电商市场化水平，强化电商赋能传统产业，积极拓展直播经济，推动实体经济转型发展。大力培育发展文化创意、健康养老、商务会展等新兴服务业，满足群众多元化消费需求。推进千禧、大福、蒙东农机等市场退城进园，加快农产品交易、中药材、家具建材等专业市场建设，全力打造区域性物资采购中心，推动各类生产性服务业蓬勃发展。

加快构建现代物流体系。完善快递服务网络，畅通“工业品下乡”和“农产品进城”双向流通渠道，打造从生产端到消费端的点对点直供物流配送体系。新改建物流园区仓储库10万平方米，打造区域性标准化仓储配送中心。加快电商快递协同发展，推动全市物流降本增效。发挥“跨境电商综试区”政策集聚优势，鼓励企业在俄蒙等“一带一路”沿线国家建设海外仓。推动始发中欧班列“赤峰号”增量扩容，打造区域性集货中心，建设我国向北开放的重要节点城市。

力促文旅产业提标提效。围绕“一线一环一带”旅游发展格局，着力打造乌兰布统、七锅山等32个精品旅游景点，持续擦亮六张旅游王牌。推动玉龙沙湖、道须沟争创国家AAAAA级旅游景区。围绕克什克腾世界地质公园、辽上京国家考古遗址公园等景区景点，谋划实施2～3个超级休闲文旅IP项目，建设“农文旅商”融合现代休闲旅游产业聚集区。发挥市文旅集团作用，强化全市文旅资源整合、资本运作、业态引领、品牌统筹。高标准办好2023年全域旅游高质量发展大会。全年旅游收入增长12%以上。

（四）坚持强基固本，全面推进乡村振兴

持续巩固拓展脱贫攻坚成果。严格落实“四个不摘”要求，完善防返贫监测帮扶和联农带农机制，提高帮扶项目资金使用效益，加强扶贫资产管理，坚决防止出现规模性返贫。加快推动乡村振兴绿色转型示范区建设，支持阴河上游绿色转型示范区、锡伯河沿岸百公里农文旅融合发展试验产业带、科尔沁沙地综合治理区率先破题，培树乡村振兴示范苏木乡镇12个、示范嘎查村115个。选取36个嘎查村作为“三变”改革试点先行先试，推动23个“三位一体”综合合作组织实现有效运营，启动全市所有嘎查村资源资产底数摸排认定。

全方位夯实粮食安全根基。严格落实粮食安全党政同责，粮食播种面积只增不减，产量稳定在120亿斤以上。建设高标准农田74万亩。大力实施种业振兴行动，启动建设内蒙古东部作物种质资源库，创制新种质资源30份以上，新品种审定登记10个以上。支持松山区、敖汉旗发展制种主导产业。保持化肥农药总用量负增长，持续提升畜禽粪污综合利用率、废旧地膜回收率、秸秆有效利用率。

加快建设绿色农畜产品输出基地。因地制宜发展蔬菜、杂粮杂豆、中药材等特色农作物，新建及改造设施农业10万亩。深入实施奶业振兴行动，加快打造6个优质奶源基地，支持传统乳制品生产加工企业扩能升级、优化产品结构，年产牛奶80万吨。大力发展肉牛产业，打造“昭乌达肉牛”品牌，确保肉牛存栏突破340万头。培育市级以上农牧民专业合作社示范社30家以上。全方位宣传推介“赤诚峰味”农产品区域公用品牌，丰富完善“1+N+M”区域公用品牌体系。支持赤峰本土国企参与良种繁育、胚胎移植、动物防疫等生产性服务业。引进一批龙头企业、智库

外脑、技术专家、产业化服务机构进驻赤峰，助力农牧业转型升级。

实施乡村建设行动。加快完善农村基础设施和公共服务体系，因地制宜推进厕所革命、道路畅通、供水保障、数字乡村等8大工程，新改建农村公路500千米、卫生厕所2.17万户，自来水普及率达到78%以上。扎实推进农村牧区人居环境整治提升五年行动，完善生活垃圾收运处置体系，常态化开展村庄清洁行动，引导农牧民养成良好卫生习惯，推动村容村貌整体提升。健全乡村治理体系，推行网格化管理、数字化赋能、精细化服务，打造92个乡村治理示范嘎查村，建设宜居宜业和美乡村。

（五）坚持标本兼治，厚植绿色生态根基

持续深化生态治理。实施重点区域大气污染联防联控，推动钢铁、焦化行业企业超低排放改造。强力推进水污染防治，规范整治入河排污口。新建矿山一律达到绿色矿山标准。积极推动西辽河重要源流区山水林田湖草沙一体化保护修复工程纳入国家项目盘子。完成营造林26.5万亩、修复退化草原37万亩、治理沙化土地60万亩以上，改造修复退化林分35万亩。第二轮中央环保督察反馈问题整改完成率达到60%以上，自治区环保督察反馈问题全部清零。

全面加强生态保护。加快“三区三线”“三线一单”成果落地应用。严格落实河湖长、林草长制，加快信息化监管平台建设。强化禁牧休牧、草畜平衡等制度刚性约束，理顺林草执法体系，严厉打击破坏生态违法犯罪行为。深化西辽河流域量水而行、以水定需，推动农业用水缴费全覆盖。加快市旗乡三级国土空间总体规划编制，推行“一张图”系统支撑规划全周期管理。抓好国家湿地公园、重要湿地和野生动植物保护，提升生态系统多样性、稳定性、持续性。

推进绿色转型发展。扎实有序开展“碳达峰”行动，强化能耗强度标杆引导，严守产业准入门槛，新建项目严格执行“两个先进”审查标准，完成钢铁、有色、化工等传统产业50个技改升级项目，加快构建高效、清洁、低碳、循环绿色产业体系。开展节水控水行动，推动农业节水增效、工业节水减排、城镇节水降损。倡导简约适度、绿色低碳生活方式，增强全民环保意识、生态意识。

（六）坚持建管并重，力促城乡协同发展

高标准实施城市更新。加快推进中心城区中环路快速化改造、供水管网互联互通、大温差供热管网等79个城市补短板项目，新改扩建城市路网15.6千米，新建供水管网28千米、供热管线9千米。改造老旧小区198.5万平方米、棚户区2198套。积极争取国家海绵城市建设示范城市和北方地区冬季清洁取暖项目，打造宜居、韧性、智慧城市。

高水平经营管理城市。以创建全国文明城市为契机，常态化开展市容市貌、私搭乱建、扬尘污染等问题整治。加快“玉龙出行”智能停车平台建设，规范学校、医院、商超和农贸市场等重点区域停车秩序，提高城市精细化、智慧化管理水平。运用市场化方式推进城市经营管理，拓展产业发展空间。支持国有企业、社会资本参与城市建设，实施生活垃圾、医疗废物、建筑固废等城市垃圾处置项目，推动城市功能缺项与闲置资源有效适配，提高城市运营水平。

高质量建设基础设施。加快推进省道219线安庆至平庄、国道305线大黑山至羊场等5个项目前期工作，开工建设S28乌丹至天山高速公路、省道210线巴拉奇如德至高日罕等5个公路项目，确保省道220线罕达罕至乌兰布统、504线五十家子至林西完成主体工程，推进经棚至乌兰布统高速公路、国道508线小城子至平泉、国道305线林东至下伙房公路建成通车。加快集通铁路电气化改造、林白铁路建设进度。赤峰至大板铁路客运开通运营，完善大板铁路枢纽功能。争取左旗、右旗通用机场建成投运。全面推进跨区域调水支线工程。积极谋划赤峰至承德蒙东地区进京高铁新通道，争取省道219线平庄至天义、国道614线东六家至十家等公路项目纳入国家、自治区“十四五”规划。继续改造提升城乡电网，建设高压配电线路1000千米、低压线路600千米。提升农村牧区4G网络覆盖广度和深度。持续推动千兆光纤网络和5G网络建设，年内新建5G基站800座以上。

（七）坚持改革创新，激发经济发展活力

推进重点领域改革。启动实施国有企业增效提质三年行动，企业混改与项目混改同步推进，落地新能源开发、市政管网建设等领域混改项目20个以上，加快推动国企由功能性平台向市场化经营实体转型，进一步提高经营效益和贡献度。加快城市各类特许经营权改革，政府和部门全力支持赤峰本土国企参与开发经营。深化财政事权与支出责任改革。统筹推进教育均等化、产业功能队伍建设、医疗卫生服务、公安警务机制、国防动员体制等改革任务。深化“五个大起底”行动，加快推进“僵尸企业”“僵尸项目”清理处置，盘活销号所有“半拉子”工程。

实施创新驱动战略。深入推进“创新赤峰”建设，R&D投入强度达到0.3%以上，建设赤峰市产业技术研究院，谋划筹建内蒙古有色金属实验室等科技平台，用好乡村振兴研究院、工业产业创新研究院等平台载体，加快推进科技成果转化。高标准推进赤峰市农牧科技产业园科技孵化、创新智能发展两个中心建设，充分发挥肉牛种源繁育基地、农业试验基地等9个基地作用，提升农牧业科技支撑能力和水平。加快“赤诚小镇”建设，打造集农牧业创新研发、成果转化、文旅融合、研学实践等服务功能为一体的产城融合先导区。加快推进京蒙（亦庄·赤峰）科创产业园建设，打造反向飞地创新孵化器。实施创新型企业“双倍增”行动，鼓励规上工业企业设立研发机构，有研发活动的规上工业企业达到60家以上，新增高新技术企业10家。支持行业龙头企业与高校、科研院所、上下游企业合作组建创新联合体，通过“揭榜挂帅”等方式承接重大科研任务课题。推动中国·赤峰人力资源服务产业园建成自治区级园区。

塑造全域开放格局。落实自治区打造赤峰通辽“双子星座”部署要求，加快推动高铁新通道建设，加强农产品加工、生物制药、绿色新材料产业关联配套、功能互补，打造国家承接产业转移合作示范区。抢抓国家区域协同发展战略，全方位加强与周边地区产业发展、科技创新、基础设施、人才交流培训等方面合作，加快建设内蒙古融入京津冀协同发展先行区。推动赤峰航空货运口岸开放，谋划推进连接俄蒙海铁联运大通道，加快申建赤峰综合保税区。

持续优化营商环境。对标先进地区，在优化政务、诚信、市场、法治、金融环境方面形成一批制度性成果。扩大“容缺受理”“告知承诺”适用范围，提高跨部门“一次办”集成服务水平。落实优惠政策“免审即享”、涉企服务“免证办”、工业项目“拿地即开工”等改革举措，启动政务大数据一体化建设，全方位利企便民。规范政府采购和公共资源交易，提高12345热线服务水平。

（八）坚持共享发展，提高人民生活品质

落实就业优先战略。加强新就业形态劳动者权益保障，统筹做好高校毕业生、农民工、退役军人等重点群体就业帮扶和创业扶持。年内新增城镇就业1.8万人，农牧民转移就业65万人，确保零就业家庭保持动态清零。加快建设赤峰公共实训基地。实施“创业赤峰”行动，加强创业园、创业孵化基地建设，推动每个旗县区至少建设1处零工市场，实现更多灵活就业。

健全社会保障体系。持续提高社会救助保障标准，完善分层分类的综合救助体系。深入实施全民参保计划，城乡居民基本养老保险参保率稳定在90%以上，基本医疗保险参保率保持在95%以上。落实重特大疾病医疗保险和救助制度，充分发挥医疗救助托底保障功能。结合乡村振兴战略，推广并完善农村牧区居家养老新模式。启动中心城区养老服务示范中心、北部（克什克腾旗）区域中心养老院项目建设，提升托育服务普惠性。加大困难群众住房保障力度，建设保障性租赁住房727套。全面落实妇女儿童发展纲要，切实保障妇女儿童、残疾人合法权益。持续推进殡葬改革，有计划地启动开展镇村级公益性骨灰安放设施建设。

办好人民满意教育。落实《赤峰市推进教育高质量发展实施意见》，加强师德师风建设，稳步实施中高考改革，巩固“双减”工作成果，提高课后服务质量。推动15所学校开工建设，确保11所学校建成投用，新增学位8500个，持续擦亮基础教育金字招牌。扎实推动职业教育提质培优发展，全力推进赤峰大学创建工作。加快推进素质教育转型，谋划实施“赤诚小镇”中小学校外教育综合实践基地建设，拓展学校教育空间，促进德智体美劳全面发展。

提高人民健康水平。深入推进健康赤峰行动，努力提供全方位、全生命周期健康服务。加快实施市医院新城区分院、市妇幼保健院等30个重点项目。加强与首都医科大学宣武医院等国内知名医疗机构对接合作，引入社会资本参与，全场景谋划建设区域医疗中心。加快推进重大传染病救治、中医蒙医康养等“六大中心”建设，推动优质医疗资源扩容和区域均衡布局。创新医防协同、医防融合机制，增强重大突发公共卫生事件应对处置能力。统筹推进紧密型城市医疗集团、旗县区医共体建设，开展“优质服务基层行”活动。制定实施生育支持政策配套措施，促进人口长期均衡发展。大力开展爱国卫生运动，巩固国家卫生城市创建工作成果。落实新阶段疫情防控各项举措，强化医疗资源统筹，抓好老年人和患基础性疾病群体防控，扎实做好疫苗接种，切实守护群众健康安全。

繁荣发展文化事业。推动市图书馆文化综合体、赤峰美术馆项目加快建设，启动实施市群艺馆项目，建设“玉龙书屋”32个、乡村文化礼堂试点10个。打造城市社区“15分钟健身圈”，推动格斯尔体育公园等4个项目尽快投用。深入实施中华文明探源工程，推进红山文化申遗，启动西拉木伦河流域、老哈河流域考古调查。扎实做好文物保护和文化遗产保护传承工作，支持巴林右旗申报国家级格斯尔文化生态保护区。有形有感有效推进铸牢中华民族共同体意识宣传教育，建设主题体验馆，打造一批爱国主义教育实践基地。持续巩固双拥模范城工作成果。

（九）坚持底线思维，确保社会和谐安定

防范化解经济金融风险。强化政府债务监管，依法依规统筹盘活各类资金、资产、资源，加快化解债务存量，遏制隐性债务增量。加大抵债资产处置力度，清收压降不良贷款，稳妥有序做好金融风险防范，确保不发生区域性系统性风险。优化房地产市场供需配置，满足群众刚性和改善性住房需求，扎实做好保交楼、保民生、保稳定各项工作，因城施策制定出台土地供给、公积金贷款、房屋销售等方面政策措施，促进房地产业良性循环和健康发展。

持续抓好公共安全。常态化开展矿山、冶金工贸、消防等重点行业领域隐患排查治理，每个季度确定一个主题、解决一类安全生产领域突出问题，坚决遏制重特大事故发生。统筹后备力量应战和应急能力建设，推进应急救援指挥中心、应急物资储备

库、内蒙古中部应急救援基地、生命体验馆项目和民兵训练基地建设。加强消防责任体系建设，打通末端消防“最后一公里”。执行最严格的市场监管措施，确保人民群众饮食用药安全。

全力维护社会稳定。统筹抓好“五治”融合，创建首批全国市域社会治理现代化试点合格城市。坚持和发展新时代“枫桥经验”，创新矛盾纠纷排查化解机制，健全城乡社区治理体系，及时把矛盾纠纷化解在基层、化解在萌芽状态。依法管理宗教事务，加强社会治安整体防控，严厉打击各类违法犯罪活动，维护社会大局和谐稳定。

三、全面提升政府治理能力和水平

各位代表，站在新起点、奋进新征程、开创新局面，政府重任千钧。我们一定牢记使命、砥砺前行，躬身实干、履职尽责，推动党的二十大精神在赤峰落地生根、开花结果。

加强政治建设。坚持把学习贯彻党的二十大精神作为当前和今后一个时期的首要政治任务，深刻领悟“两个确立”的决定性意义，学懂弄通习近平新时代中国特色社会主义思想，在捍卫“两个确立”、践行“两个维护”上作表率，以政治建设引领前进航向。始终胸怀“国之大者”，坚决贯彻落实党中央重大决策部署，聚焦习近平总书记对内蒙古提出的“五大任务”和自治区赋予赤峰的“五个发展定位”，锚定市第八次党代会“六个赤峰”建设目标，细化任务举措、强化项目支撑、落实工作保障，凝心聚力抓发展、一个步调抓落实，以实绩实效践行政治忠诚。

坚持依法行政。深入贯彻落实习近平法治思想，会前学法、带头尊法、主动守法，自觉接受人大及其常委会法律监督、工作监督和政协民主监督。严格落实重大行政决策程序规定，积极邀请群众代表、专家学者参加决策，规范进行风险评估，推动“开门决策”制度化。落实行政执法“三项制度”，推进公正文明执法，全面提高政府工作人员依法行政能力。

锻造过硬本领。聚焦全面建设社会主义现代化的新任务、新要求，常态化加强干部学习培训，加快知识和观念更新，提升综合素养和专业水平。克服“机关化倾向”，推行“一线工作法”，引导干部投身经济发展、招商引资、项目建设主战场，深入企业去、到一线去、到问题中去，在实践中摔打、在实战中锤炼，不断提升抓经济、上项目、促转型、保民生的能力本领。坚决做到“七个摒弃”，树立长远思维、突出结果导向、敢于创新突破，推动更多工作进入全区全国先进行列。

狠抓工作落实。围绕自治区党委把内蒙古五个方面形象立起来的要求，以上率下规范、精简、提速，着力解决“三多、三少、三慢”问题，锚定目标抓落实、放开手脚抓落实、提速提效抓落实、领导干部带头抓落实，人人钉钉子、事事马上办、件件有着落，在工作实践中检验干部担当作为。进一步强化报账意识、交卷意识、成果意识，对项目建设、招商引资、营商环境、生态建设等年度各项重点工作，逐一量化任务、细化举措、压实责任、明确时限，形成“清单管理、台账推动、督考跟进、评估问效”的工作闭环模式，确保干一件成一件、落实一件销号一件。

恪守廉洁底线。落实全面从严治党主体责任，深入推进政府系统党风廉政建设和反腐败工作，加强审批服务、行政执法、工程建设、公共资源交易等重点领域监管，守牢重点领域、重要部门、关键岗位廉政底线，推动形成风清气正的政治生态。持之以恒纠治“四风”，深入整治民生领域“微腐败”，用铁的纪律护航民生民利、清除妨碍惠民政策落实的“绊脚石”。严控“三公”经费和一般性支出，把宝贵资金用在发展紧要处、民生急需处，以政府的“紧日子”换来市场主体的“稳日子”、人民群众的“好日子”。　（市政府办公室）

《政府工作报告》有关名词解释

六个赤峰：市第八次党代会在今后五年发展目标中提出，要加快建设绿色赤峰、创新赤峰、开放赤峰、法治赤峰、和谐赤峰、清廉赤峰。

市场化并网：指通过自建、合建共享调峰资源或购买服务等市场化方式落实并网条件，按照负荷需求增加并网规模。

保障性并网：指按照年度非水电可再生能源电力最低消纳责任权重确定并网条件，重点用于支持自治区经济社会高质量发展的重点工程。

国考断面：国家地表水考核断面，我市共计24个。

碳达峰十大行动：能源绿色低碳转型行动、节能降碳增效行动、工业领域碳达峰行动、城乡建设碳达峰行动、交通运输绿色低碳行动、循环经济助力降碳行动、绿色低碳科技创新行动、碳汇能力巩固提升行动、绿色低碳全民行动、各地区梯次有序碳达峰行动。

“三变”改革：通过改革创新，让农村牧区的土地、劳动力、资产、自然风光等要素活起来，让资源变资产、资金变股金、农民变股东。

“三位一体”：生产、供销、信用“三位一体”综合合作组织。

三区三线：“三区”指城镇空间、农业空间、生态空间三种类型的国土空间。“三线”分别对应在城镇空间、农业空间、生态空间划定的城镇开发边界、永久基本农田、生态保护红线三条控制线。

三线一单：指以生态保护红线、环境质量底线、资源利用上线为基础，编制生态环境准入清单，力求用“线”管住空间布局、用“单”规范发展行为，构建生态环境分区管控体系的环境管理机制。

一中心两专班：市旗两级发展研究中心、重点项目库建设专班和招商引资工作专班。

“五个大起底”行动：待批项目、“半拉子”工程、闲置土地、沉淀资金、开发区建设五个方面大起底行动。

R&D 投入：科学研究与试验发展资金投入。

医保 DIP 付费方式：全称为区域点数法总额预算和按病种分值付费，是深化医保支付方式改革的重要组成部分，是符合中国国情的一种原创付费方式。

三多、三少、三慢：“三多”是会议多、活动多、外出多；“三少”是调研报告少、工作思路少、解决实际问题少；“三慢”是决策慢、行动慢、结果慢。

食品安全“两个责任”：食品安全属地管理责任和企业食品安全主体责任。

一线一环一带：整合克旗、翁旗草原和大漠资源，打造草原观光、大漠探险为主题的草原自驾旅游线；串联喀旗、宁城等地区山水田园资源，打造服务中心城区百万人口的生态休闲、康养度假环；整合敖汉、左旗等地区的历史文化资源，打造文化体验为特色的世界级历史文化旅游带。

五个方面形象：自治区党委书记孙绍骋在调研时强调，要把内蒙古干部担当作为的形象立起来；把讲诚信、守信用的形象立起来；要把真善美的形象立起来；要把不拖拉的形象立起来；把办事有规矩的形象立起来。

七个摒弃：自治区党委书记孙绍骋在自治区党委十一届五次全会议暨全区经济工作会议提出，即摒弃“我不如人”的念头、“发展不用太急了”的想法、“重过程不重结果”的意识、“没有成方不敢开药”的想法、“看眼前不看长远”的思维、“不讲细节、差不多就行”的心态和“重生产轻经营”的观念。

“五治”融合：政治、法治、自治、德治、智治。

统计资料

表 62　2022 年赤峰市人口和自然资源一览表

项　　目	单　位	2022 年
一、人口资源		
年末总人口	万人	400.10
年末社会从业人员	万人	202.70
二、水利资源		
水资源总量	万立方米	308770.00
其中：地表水资源量	万立方米	209697.00
其中：地下水资源量	万立方米	209528.00
三、草原资源		
草原总面积	千公顷	2661.60
四、矿产资源（资源储量）		
煤	万吨	189082.51
铁（矿石）	万吨	56417.00
铜	万吨	225.17
铅	万吨	779.62
锌	万吨	1442.58
钨	万吨	5.50
锡	万吨	44.23
钼	万吨	51.05
金	吨	276.40
银	吨	52195.30
镉	吨	24852.99
沸石（矿石）	万吨	872.53
萤石（矿石）	万吨	520.04
巴林石（矿石）	吨	12431.00
高岭土（矿石）	万吨	128.26
膨润土（矿石）	万吨	2965.13
珍珠岩（矿石）	万吨	1471.72
砷	万吨	44.32

表 63　2022 年赤峰市国民经济主要指标一览表

项　　目	单　　位	2022 年
一、综合		
1. 地区生产总值（按当年价格计算）	亿元	2148.43
第一产业	亿元	450.44
第二产业	亿元	723.43
# 工业	亿元	545.43
第三产业	亿元	974.56
2. 人均生产总值	元	53577.00
二、固定资产投资（以上年价格为 100）		
500 万元以上项目固定资产投资	%	107.10
房地产开发投资	%	71.30
三、财政		
1. 一般公共预算收入	亿元	113.87
2. 一般公共预算支出	亿元	573.24
四、物价指数（以上年价格为 100）		
1. 居民消费价格指数	%	101.50
2. 商品零售价格指数	%	103.70
五、职工工资		
1. 职工工资总额	万元	2777530.00
2. 职工平均货币工资	元	89274.00
六、居民收入		
1. 城镇常住居民人均可支配收入	元	39416.00
2. 农村牧区常住居民人均可支配收入	元	16547.00
七、居民消费水平		
全体居民	元 / 人	17082.00
农村居民	元 / 人	13471.00
城镇居民	元 / 人	21239.00
八、农业		
1. 农业总产值（按当年价格计算）	万元	7266224.00
# 农业	万元	4090330.00
林业	万元	207925.00
牧业	万元	2783893.00
渔业	万元	26953.00
2. 主要农产品产量		
粮食	万吨	656.01
油料	万吨	10.17
甜菜	万吨	92.14
水果	万吨	31.80
肉类总产量	吨	548346.00
# 猪肉	吨	190797.00
牛肉	吨	132886.00
羊肉	吨	114572.00
3. 六月末家畜头数	万头只	—
大牲畜	万头	—
羊	万只	—
猪	万口	—
4. 十二月末家畜头数	万头只	1276.89
大牲畜	万头	174.29
羊	万只	937.25
猪	万口	165.35
九、工业		
1. 工业总产值	万元	17042920.60
轻工业	万元	2520319.30
重工业	万元	14522601.30

续表

项　　　　目	单　位	2022 年
2. 主要工业产品产量		
粗钢	万吨	601.60
发电量	亿千瓦时	367.30
原煤	万吨	1523.90
糖	吨	187125.00
白酒	千升	2923.00
啤酒	千升	245113.00
铅	万吨	26.36
锌	万吨	11.80
化肥（100%）	吨	379391.00
化学原料药	吨	29167.00
水泥	万吨	389.59
3. 规模以上工业企业主要指标		
固定资产原价	万元	17092600.00
资产总计	万元	23891739.00
十、能　源		
全社会能源消费总量	万吨标煤	1948.23
单位 GDP 能耗	吨标煤 / 万元	1.03
单位 GDP 能耗增减幅度	%	2.60
单位工业增加值能耗增减幅度	%	8.00
单位 GDP 电耗增减幅度	%	9.50
十一、公路运输、邮电		
货运量	万吨	19435.00
货物周转量	亿吨公里	247.56
客运量	万人	456.00
旅客周转量	亿人公里	6.01
邮政行业业务总量	亿元	9.46
十二、内外贸易		
1. 社会消费品零售总额	万元	6115911.00
城镇	万元	4907529.00
乡村	万元	1208382 .00
2. 外贸进出口总额	亿（美）元	154.20
# 出口	亿（美）元	40.30
十三、金融、保险		
1. 金融机构各项存款余额	万元	32587597.00
住户存款余额	万元	26422926.00
金融机构各项贷款余额	万元	25893925.00
2. 保险费收入	万元	1048979.00
赔款支出	万元	385623.00
十四、教育、卫生		
1. 小学在校生数	万人	25.10
普通中学在校生数	万人	21.00
中等专业学校在校生数	人	34694.00
高等学校在校生数	人	33844.00
2. 卫生机构数	个	4823.00
# 医院、卫生院	个	346.00
床位数	张	32214.00
# 医院、卫生院	张	30074.00
卫生技术人员数	人	35970.00
# 执业（助理）医师	人	15094.00
注册护士	人	14623.00

注：年末总人口为常住人口

表 64　2022 年赤峰市农作物播种面积及产量一览表

项　　目	面积（公顷）	单产（公斤/亩）	总产量（吨）
农作物总播种面积	1371878.00		
一、粮食作物合计	1134591.00	385.00	6560084.00
（一）谷　物	1001855.00	418.00	6276907.00
1. 稻　谷	15484.00	464.00	107873.00
（1）早　稻	—	—	—
（2）中稻和一季晚稻	15484.00	464.00	107873.00
（3）双季晚稻	—	—	—
2. 小　麦	29611.00	213.00	94821.00
（1）冬小麦	—	—	—
（2）春小麦	29611.00	213.00	94821.00
3. 玉　米	641130.00	509.00	4892833.00
4. 其他谷物	315630.00	250.00	1181380.00
其中：谷　子	197077.00	239.00	707678.00
高　粱	59924.00	395.00	354945.00
大　麦	274.00	143.00	588.00
燕　麦	15425.00	169.00	39016.00
荞　麦	33765.00	119.00	60159.00
其　他	9165.00	138.00	18994.00
（二）豆类合计	115812.00	97.00	168483.00
其中：大　豆	76253.00	112.00	127578.00
绿　豆	37671.00	68.00	38212.00
红小豆	213.00	106.00	340.00
其他杂豆	1676.00	94.00	2353.00
（三）薯　类	16924.00	452.00	143880.00
其中：马铃薯	16752.00	454.00	114116.00
甘　薯	172.00	224.00	579.00
二、经济作物合计	237286.74		
（一）油　料	35151.95	192.86	101692.71
其中：花　生	4010.37	164.32	9884.75
油菜籽	185.22	50.52	140.35
芝　麻	0	0	0
胡麻籽	20.53	75.00	23.10
葵花籽	30901.69	197.71	91644.51
（二）棉　花	—	—	—
（三）生　麻	0.27	500.00	2.00
（四）甜　菜	16832.78	3649.13	921375.85
（五）烟叶（未加工烟草）	923.23	298.14	4128.75
其中：烤烟（未去梗烤烟叶）	538.33	291.33	2352.48
（六）中草药材	20827.10	—	—
（七）蔬菜及食用菌	39328.49	5312.20	3133812.83
（八）瓜果类	—	—	—
（九）其他农作物	121548.31	—	—
其中：青饲料	66178.35	—	—

表 65 2022 年赤峰市主要工业产品产量一览表

项 目	单 位	2022 年
原煤	万吨	1523.90
发电量	万千瓦时	3673494.00
铁矿石原矿量	万吨	273.60
糖	吨	187124.50
配混合饲料	吨	454413.80
饮料酒	千升	248036.30
# 白酒	千升	2923.00
啤酒	千升	245113.30
乳制品	吨	136765.40
纱	吨	915.00
鲜冷藏冻肉	吨	109821.30
纸制品	吨	7755.00
硫酸（折 100%）	吨	3470962.90
化学原料药	吨	29166.50
中成药	吨	2682.50
塑料制品	吨	0.10
水泥	万吨	389.59
钢	万吨	711.91
精炼铜	万吨	67.96
粗铜	万吨	—
铅	万吨	26.36
锌	万吨	11.80
化肥	万吨	37.94

表 66 2021—2022 年赤峰市公路线路基本情况一览表

项 目	单位	2021 年	2022 年
一、公路年末到达数	**千米**	**28587.00**	**29542.10**
（一）按行政等级分			
1. 干线公路	千米	3723.00	3475.10
国 道	千米	1614.00	1674.00
省 道	千米	2109.00	1801.20
2. 县级公路	千米	5279.00	5273.40
3. 乡级公路	千米	5968.00	5941.50
4. 村级公路	千米	12907.00	13867.70
5. 专用公路	千米	74.00	74.30
（二）按技术等级分			
1. 等级公路	千米	28540.00	29523.00
高 速	千米	636.50	910.10

续表

项　　　　目	单位	2021 年	2022 年
一　级	千米	954.00	695.00
二　级	千米	2695.00	2770.60
三　级	千米	3052.00	3139.00
四　级	千米	21203.00	22008.30
2. 等外路	千米	47.00	19.10
二、公路桥梁	**座**	**3980.00**	**4167.00**
公路桥梁	延米	172038.00	185037.70
（一）按使用性质分			
1. 永久式	座 / 延米	3980/172038.00	4167/185037.70
2. 半永久式	座 / 延米	—	—
3. 临时式	座 / 延米	—	—
（二）按跨径总长分			
1. 特大型	座 / 延米	3/3231.00	3/3231.00
2. 大　型	座 / 延米	345/74140.00	381/79287.20
3. 中　型	座 / 延米	752/45497.00	840/51917.80
4. 小　型	座 / 延米	2880/49170.30	2943/50601.70
三、客货运量			
（一）客运量	万人	550.00	456.30
（二）客运周转量	万人千米	74816.00	60141.30
（三）货运量	万吨	20568.00	19435.40
（四）货运周转量	万吨千米	2588598.00	2475636.30

表 67　2021—2022 年赤峰市邮电基本情况一览表

项　　　　目	单位	2021 年	2022 年
邮政行业业务总量	**万元**	**98829.00**	**94621.00**
邮政局所数	处	264.00	264.00
# 提供全功能服务	处	264.00	264.00
邮路总条数	条	146.00	137.00
# 二级邮路数	条	3.00	3.00
邮政汽车	辆	267.00	273.00
函件	万件	36.70	23.80
包裹	万件	2.20	0.90
特快专递	万件	109.90	109.10
报刊期发数	万份	13.90	26.70
邮政路线总长度	千米	15413.00	14965.00
农村投递路线总长度	千米	26909.20	26589.50
移动电话用户	万户	462.30	468.60
年末互联网用户	万户	113.00	125.60

表 68　2021—2022 年赤峰市财政收入与财政支出一览表

单位：万元

项　　目	2021 年	2022 年
一、地方财政总收入	**2182226**	**1655528**
（一）一般公共预算收入	1267960	1138707
1. 税收收入小计	894764	724941
增值税	243702	169592
营业税	0	0
企业所得税	120932	107956
个人所得税	36503	25819
资源税	48658	49576
城建税	48017	40240
房产税	38989	43610
城镇土地使用税	40541	44101
土地增值税	141405	67389
耕地占用税	34094	60262
契税	85919	58612
其他税收收入	56004	57784
2. 非税收入小计	373196	413766
国有资本经营收入	68	9793
国有资源（资产）有偿使用收入	88491	115336
行政事业性收费收入	86733	72181
罚没收入	111153	143030
专项收入	45149	37474
其他收入	41602	35952
（二）上划中央税收入	697389	437563
（三）上划自治区收入	216877	79258
二、政府性基金收入	**687786**	**458541**
三、一般公共预算支出	**5716663**	**5732379**
一般公共服务	455415	534461
国防	3860	3457
公共安全	176508	169521
教育	911846	970065
科学技术	26469	26860
文化体育与传媒	99610	86619
社会保障和就业	898248	988936
医疗卫生	497581	540633
环境保护	100901	104711
城乡社区事务	688057	481113
农林水事务	979036	1005888
交通运输	291057	281251
资源勘探工业信息等支出	41402	48060
商业服务业等支出	16722	28739
金融支出	15009	10993
其他支出	287057	17604
四、政府性基金支出	**684471**	**696443**

表 69 2022 年赤峰市文化事业基本情况一览表

项目	单位	2022 年
一、文化艺术事业机构数	个	256.00
1. 艺术事业机构数	个	10.00
# 艺术表演团体	个	10.00
2. 群众文化事业机构数	个	232.00
（1）文化艺术馆（站）	个	194.00
（2）文物、博物馆（站、所）	个	24.00
（3）图书馆	个	14.00
3. 其他机构数	个	14.00
二、文化艺术事业人员数	人	1684.00
1. 艺术事业人员数	人	352.00
2. 群众文化事业人员数	人	1148.00
（1）文化艺术馆（站）	人	520.00
（2）文物、博物馆（站、所）	人	439.00
（3）图书馆	人	189.00
3. 其他人员数	人	184.00
三、艺术表演团体演出情况		
1. 演出场次	场	1013.00
# 到农村演出	场	693.00
2. 观众人数	万人次	68.89
四、博物馆、文物机构业务活动情况		
博物馆数	个	22.00
藏品	件	411616.00
# 一级品	件	661.00
陈列展览	个	74.00
参观人数	万人次	130.78
五、公共图书馆业务活动情况		
公共图书馆数	个	14.00
公共图书馆图书藏量	万册	225.09
书架总长度	万米	2.99
发放借书证数	万个	12.58
图书流通人次	万人次	90.65
书刊外借册次	万人次	53.66
公用房屋建筑面积	万平方米	3.77
其中：书库	万平方米	0.57
阅览室座席	万个	0.30
六、旅游活动情况		
国内游客	人次	15771700.00
国内旅游收入	万元	2021736.95
乡村游客	人次	5200600.00
乡村旅游收入	万元	536774.29

表70 2022年赤峰市科技事业基本情况一览表

项目	单位	2021年	2022年
一、科技奖励情况			
自治区科技进步奖	项	5.00	—
二、科技创新平台载体情况			
（一）国家高新技术企业	家	94.00	125.00
（二）科技企业孵化器			
国家级	家	—	3.00
自治区级	家	—	4.00
（三）重点实验室			
自治区级	家	9.00	9.00
市级	家	4.00	9.00
（四）自治区级企业研究开发中心	家	58.00	80.00
（五）科技型中小企业	家	51.00	137.00
三、技术贸易情况			
签订各类技术合同数	个	295.00	183.00
签订各类技术合同成交额	万元	16895.00	21359.00
其中：技术交易额	万元	16104.00	20652.00
四、科技成果登记	**项**	**34.00**	**107.00**
五、全社会科技活动基本情况			
研究与试验发展（R&D）人员	人	1903.00	4540.00
#研究人员	人	1284.00	1975.00
研究与试验发展（R&D）折合全时当量	人年	862.00	1944.00
#研究人员	人年	506.00	748.00
研究与试验发展（R&D）经费内部支出	万元	40526.00	62529.80
按活动类型分			
基础研究	万元	2061.00	3461.00
应用研究	万元	3528.00	1686.00
试验发展	万元	34938.00	57383.00
按支出用途分			
日常性支出	万元	39388.00	57506.00
资产性支出	万元	1139.00	5024.00
按资金来源分			
政府资金	万元	6031.00	5380.00
企业资金	万元	31608.00	55158.00
境外资金	万元	—	—
其他资金	万元	2888.00	1992.00
申请专利数	件	487.00	—
#发明专利	件	64.00	—
申请授权数	件	187.00	—
#发明专利	件	3.00	—
有效发明专利数	件	378.00	—
专利所有权转让及许可数	件	3.00	—

续表

项目	单位	2021 年	2022 年
发表科技论文	篇	677.00	—
出版科技著作	种	75.00	—
六、规模以上工业企业科技活动基本情况			
研究与试验发展（R&D）人员	人	737.00	3064.00
#研究人员	人	245.00	688.00
研究与试验发展（R&D）折合全时当量	人年	473.00	1491.00
#研究人员	人年	169.00	357.00
研究与试验发展（R&D）经费内部支出	万元	31850.00	52458.00
按活动类型分			
基础研究	万元	—	—
应用研究	万元	600.00	947.00
试验发展	万元	31250.00	51511.00
按支出用途分			
日常性支出	万元	31497.00	47835.00
资产性支出	万元	353.00	4623.00
按活动主体分			
政府资金	万元	1041.00	794.00
企业资金	万元	30809.00	51664.00
境外资金	万元	—	—
其他资金	万元	—	—

表 71　2022 年赤峰市教育事业基本情况一览表

项目	2021 年	2022 年
一、各级各类学校数（所）	**1508**	**1457**
（一）普通高等学校	5	5
（二）高中阶段学校	73	73
（1）中等职业学校	30	29
（2）普通高中	43	44
（三）义务教育	503	500
（1）普通初中	106	106
（2）小学	397	394
（四）幼儿园	917	869
（五）特殊教育学校	10	10
二、各类学校教职工人数（人）	**66045**	**68402**
（一）普通高等学校	2840	2852
（二）高中阶段学校	13142	13325
（1）中等职业学校	3205	3440
（2）普通高中	9937	9885
（三）义务教育	36469	38641
（1）普通初中	11815	14551
（2）小学	24654	24090

续表

项目	2021 年	2022 年
（四）幼儿园	13120	13115
（五）特殊教育学校	474	469
三、各类学校专任教师数（人）	**51337**	**51890**
（一）普通高等学校	1940	2193
（二）高中阶段学校	9989	10236
（1）中等职业学校	2700	2674
（2）普通高中	7289	7562
（三）义务教育	30985	31094
（1）普通初中	10984	11011
（2）小学	20001	20083
（四）幼儿园	7995	7598
（五）特殊教育学校	428	409
四、在校学生数（人）	**636326**	**640270**
（一）普通高等学校	25091	33844
（二）高中阶段学校	116360	116928
（1）中等职业学校	35088	34694
（2）普通高中	81272	82234
（三）义务教育	381888	378871
（1）普通初中	125226	127552
（2）小学	256662	251319
（四）幼儿园	111563	109197
（五）特殊教育学校	1424	1430
五、招生数（人）	**170685**	**162184**
（一）普通高等学校	8078	13805
（二）高中阶段学校	40497	37820
（1）中等职业学校	12724	11041
（2）普通高中	27773	26779
（三）义务教育	86448	79394
（1）普通初中	42779	42556
（2）小学	43669	36838
（四）幼儿园	35409	30960
（五）特殊教育学校	253	205
六、毕业生数（人）	**168663**	**165083**
（一）普通高等学校	6835	9051
（二）高中阶段学校	32571	36465
（1）中等职业学校	7557	10525
（2）普通高中	25014	25940
（三）义务教育	86809	83038
（1）普通初中	44134	40434
（2）小学	42675	42604
（四）幼儿园	42202	36299
（五）特殊教育学校	246	230

表 72　2022 年赤峰市卫生机构、

机构分类	机构个数	床位数	人员			
			合计	卫生		
				小计	执业（助理）医师	
						执业医师
总　计	4823	32214	44104	35970	15094	12442
一、医院	105	24430	26337	22683	8185	7832
二、基层医疗卫生机构	4672	6740	14922	10874	6065	3837
社区卫生服务中心（站）	115	827	1501	1369	611	487
卫生院	241	5644	5026	4620	2306	1620
村卫生室	3040	0	5097	1832	1583	367
门诊部	32	59	280	266	123	109
诊所、卫生所、医务室	1244	210	3018	2787	1442	1254
三、专业公共卫生机构	43	1042	2804	2398	838	770
疾病预防控制中心	13	0	840	685	325	297
专科疾病防治院（所、站）	1	81	79	57	23	20
结核病防治所（站、中心）	—	—	—	—	—	—
职业病防治所（站、中心）	—	—	—	—	—	—
健康教育所（站、中心）	1	—	19	11	7	6
妇幼保健院（所、站）	13	961	1455	1274	471	437
急救中心（站）	1	—	10	9	4	4
采供血机构	1	—	123	99	8	6
卫生监督所（中心）	13	—	278	263	—	—
四、其他卫生机构	3	2	41	15	6	3
医学科学研究机构	—	—	—	—	—	—
医学在职培训机构	—	—	—	—	—	—
其　他	3	2	41	15	6	3

床位、卫生人员数一览表

数（人）								
技术人员						其他技术人员	管理人员	工勤技能人员
注册护士	药师（士）	技师（士）		其他				
			检验师		见习医师			
14623	2094	1998	1233	1910	632	2156	1973	1322
11134	1095	1333	779	936	515	1560	1636	981
2797	917	374	214	721	94	314	256	233
547	103	53	32	55	7	68	69	46
1137	376	296	171	505	69	194	161	167
207	42	0	0	0	0	0	0	0
113	10	14	8	6	3	11	7	0
793	386	11	3	155	15	41	19	20
685	82	291	240	251	23	263	80	102
61	14	112	101	173	14	96	31	38
14	1	11	5	8	0	19	15	1
—	—	—	—	—	—	—	—	—
—	—	—	—	—	—	—	—	—
1	2	1	1	0	0	7	1	0
567	64	121	87	51	9	125	22	43
5	0	0	0	0	0	1	0	0
37	1	46	46	6	0	15	0	9
—	0	0	0	13	0	0	11	11
7	0	0	0	2	0	19	1	6
—	—	—	—	—	—	—	—	—
—	—	—	—	—	—	—	—	—
7	0	0	0	2	0	19	1	6

表 73　2022 年赤峰市体育事业基本情况一览表

项　　目	单位	2021 年	2022 年
一、体委系统职工人数	人	171	213
（一）专职教练员	人	115	113
（二）专职文化教师	人	25	19
（三）科技人员	人	1	1
（四）医务人员	人	1	0
（五）管理人员	人	10	10
（六）其他	人	19	22
二、等级运动员、裁判员发展情况			
（一）等级运动员当年发展数	人	23	75
（二）等级裁判员当年发展数	人	—	—
三、体育场馆情况			
（一）体育场地面积	万平方米	950.57	960.52
（二）体育场地数	个	10996	10948
按场地属性分			
（1）室内运动场	个	2309	2329
（2）室外运动场	个	8687	8619
按场地用途分			
（1）基础大型场地	个	558	556
# 田径场地	个	521	518
# 游泳场地	个	37	38
（2）球类运动场地	个	5994	6475
# 足球场地	个	578	578
# 篮球场地	个	2976	2933
# 排球场地	个	598	595
# 乒乓球场地	个	1681	1672
# 羽毛球场地	个	161	171
（3）冰雪运动场地	个	6	6
# 滑冰场地	个	3	3
# 滑雪场地	个	3	3
（4）体育健身场地	个、条	3162	3274
# 健身房	个	176	252
# 全民健身路径	条	2986	2968
# 健身步道	条	46	54

（市统计局）

索引

使用说明

1. 本索引分主题索引和表格索引。
2. 主题索引采用内容分析索引法编制，年鉴中有实质检索意义的正文内容均予以标引，以供检索使用。
3. 主题索引按汉语拼音顺序排列，首字相同时按第二个字音序排列，依此类推。数字优先，顺序依 0 ~ 9。
4. 索引标目后的阿拉伯数字表示内容所在的正文页码，仅标注所在页码，不标注分栏。
5. 表格索引，以表格题名为标目，仅标注所在页码，不标注分栏。索引按照表格在全书中的先后顺序排列。

主题索引

A

B

C

D

E

F

G

H

J

N

P

Q

R

S

T

W

X

Y

表格索引